Informatik aktuell

Herausgeber: W. Brauer
im Auftrag der Gesellschaft für Informatik (GI)

Springer
*Berlin
Heidelberg
New York
Barcelona
Hongkong
London
Mailand
Paris
Singapur
Tokio*

Ralf Steinmetz (Hrsg.)

Kommunikation in Verteilten Systemen (KiVS)

11. ITG/GI-Fachtagung
Darmstadt, 2.-5. März 1999

ITG INFORMATIONSTECHNISCHE
GESELLSCHAFT IM VDE

Herausgeber
Ralf Steinmetz
Technische Universität Darmstadt   *und*   GMD IPSI
Industrielle Prozeß- und Systemkommunikation   Dolivostr. 15
Merckstr. 25, D-64283 Darmstadt   D-64293 Darmstadt

Sponsoren   **Unterstützung und Mitwirkung**
DaimlerChrysler AG   Technische Universität Darmstadt
Deutsche Telekom AG   GMD
Ericsson   VDE ITG
IBM   GI

Programmausschuß
S. Abeck, Universität Karlsruhe (TH)   P. Kühn, Universität Stuttgart
H. van As, TU Wien   W. Lamersdorf, Universität Hamburg
T. Braun, Universität Bern   M. Leclerc, Dresdner Bank AG
B. Butscher, GMD FOKUS   C. Linnhoff-Popien, Universität München
O. Drobnik, Universität Frankfurt   F. Mattern, TU Darmstadt
J. Eberspächer, TU München   E. Neuhold, GMD IPSI
W. Effelsberg, Universität Mannheim   A. Puder, Deutsche Telekom AG
J. Encarnacao, FhG IGD   E. Raubold, Deutsche Telekom AG
G. Fries, T-Berkom   K. Rothermel, Universität Stuttgart
K. Geihs, Universität Frankfurt   A. Schill, TU Dresden
H. Hegering, Universität München   O. Spaniol, RWTH Aachen
B. Hohlfeld, DaimlerChrysler AG   R. Steinmetz, TU Darmstadt & GMD IPSI
E. Holler, FZK   (Vorsitz)
P. Horster, Universität Klagenfurt   H. Stüttgen, NEC Europe
K. Irmscher, Universität Leipzig   J. Swoboda, TU München
W. Johannsen, Andersen Consulting   H. Thielmann, GMD TKT
N. Kalt, Siemens AG   L. Wolf, TU Darmstadt
P. Kaufmann, DFN-Verein   A. Wolisz, TU Berlin
H. König, BTU Cottbus   M. Zitterbart, TU Braunschweig

Die Deutsche Bibliothek - CIP-Einheitsaufnahme
Kommunikation in verteilten Systemen: ...ITG/GI-Fachtagung. - Berlin; Heidelberg; New York; Barcelona; Hongkong; London; Mailand; Paris; Singapur; Tokio: Springer (Informatik aktuell)
Beitr. teilw. dt., teilw. engl. - Teilw. mit der Angabe: GI/ITG-Fachtagung
ISSN 0720-5503   11. Darmstadt, 2.-5. März 1999. - 1999

CR Subject Classification (1999): C.2

ISBN-13: 978-3-540-65597-8   e-ISBN-13: 978-3-642-60111-8
DOI: 10.1007/978-3-642-60111-8

Dieses Werk ist urheberrechtlich geschützt. Die dadurch begründeten Rechte, insbesondere die der Übersetzung, des Nachdrucks, des Vortrags, der Entnahme von Abbildungen und Tabellen, der Funksendung, der Mikroverfilmung oder der Vervielfältigung auf anderen Wegen und der Speicherung in Datenverarbeitungsanlagen, bleiben, auch bei nur auszugsweiser Verwertung, vorbehalten. Eine Vervielfältigung dieses Werkes oder von Teilen dieses Werkes ist auch im Einzelfall nur in den Grenzen der gesetzlichen Bestimmungen des Urheberrechtsgesetzes der Bundesrepublik Deutschland vom 9. September 1965 in der jeweils geltenden Fassung zulässig. Sie ist grundsätzlich vergütungspflichtig. Zuwiderhandlungen unterliegen den Strafbestimmungen des Urheberrechtsgesetzes.

© Springer-Verlag Berlin Heidelberg 1999

Satz: Reproduktionsfertige Vorlage vom Autor/Herausgeber

SPIN: 10573356   33/3142-543210 - Gedruckt auf säurefreiem Papier

Vorwort

Die KiVS als *die* deutschsprachige Konferenz im Bereich der "Kommunikation in Verteilten Systemen" blickt auf eine sehr erfolgreiche Reihe von Tagungen zurück. Nach den Veranstaltungen in Berlin, Aachen, Mannheim, München, Chemnitz und zuletzt Braunschweig findet sie nun in Darmstadt, im zentral gelegenen Rhein-Main-Gebiet, statt. Die nunmehr bereits 11. KiVS befaßt sich mit allen Aspekten der verteilten Systeme, den Anwendungen verteilter Systeme sowie den zugrunde liegenden Kommunikationstechnologien. An der Schwelle zum neuen Jahrtausend gelegen, dient die KiVS'99 als Forum zur Betrachtung des erreichten Entwicklungsstandes, zur Präsentation aktueller Arbeiten als auch zur Diskussion der Ansätze für die 'Kommunikation in Verteilten Systemen' für die nächsten Jahre.

Aus gut 90 eingereichten Beiträgen hat der Programmausschuß 39 Artikel zur Präsentation ausgewählt. Zusammen mit den Tutorials zu Sicherheit, Mobilität und multimediales Lernen bieten die beiden Arbeitsgespräche zu 'Infrastrukturen für Electronic Commerce' und 'Active Networks und Dienstgüte' hochaktuelle Foren des Wissensaustauschs. Die eingeladenen Vorträge zu Telematik-Dienstleister vom Vorstand der Deutschen Telekom AG (H. Hultzsch), zu Gigabit-Netzen in der Wissenschaft vom Geschäftsführer des DFN-Vereins (K. Ullmann) und zu Mobilität im Internet vom Urheber des Mobile-IP (C. Perkins) sind Höhepunkte im Tagungsprogramm. Die Beiträge sind in elf Sitzungen gruppiert worden, die sich mit den folgenden Themen befassen: Mobilität, Dienstgüte & Kosten, interaktives Lernen und Gruppenkommunikation, Sicherheit, verteilte objektorientierte Systeme, Multicast, Infrastrukturen für den elektronischen Markt, Industrie: Multimedia-Anwendungen und -Systeme, Leistungsmessung & -bewertung, Web & Multimedia-Dokumente, Wegewahl & Signalisierung.

Die Wissenschaftsstadt Darmstadt besitzt mit ihrem Umfeld zwischen Rhein, Main und Neckar eine signifikante Menge an hervorragenden Instituten und Firmen, die im Bereich der Kommunikations- und Informationstechnik mit viel Erfolg tätig sind. Die KiVS'99 soll in diesem Umfeld *das* deutschsprachige Forum sein, bei dem Gespräche zwischen Forschung & Anwendung, Theorie & Praxis, Universität & Industrie sowie natürlich auch innerhalb dieser Bereiche stattfinden können und somit nicht nur, aber auch, eine wissenschaftliche Tagung zu Kommunikation und verteilten Systemen sein und die Kommunikation aller in diesem Umfeld Tätigen ermöglichen.

Dem Programmausschuß und den zahlreichen kritischen Gutachtern sei an dieser Stelle für ihre zeitintensive Arbeit im Vorfeld der KiVS herzlich gedankt. Hier zuletzt, aber eigentlich an erster Stelle, möchte ich mich bei Herrn Dr. Wolf und seinem Mitarbeiterteam an der TU Darmstadt und GMD IPSI, insbesondere Herrn Steinacker und Herrn Meißner, für maßgebliche Beiträge zur Organisation und Planung der KiVS'99 bedanken.

Darmstadt, im Januar 1999   Ralf Steinmetz

Inhaltsverzeichnis

Eingeladene Vorträge (Kurzfassungen)

Der Telematikdienstleister Deutsche Telekom:
Neue Herausforderungen in den TIMES-Märkten 2
H. Hultzsch, Mitglied des Vorstands der Deutschen Telekom AG

Current Status of Mobile Internet Communication and Services 3
C. Perkins, SUN Microsystems

Gigabit-Netze für die deutsche Wissenschaft –
ein Beitrag zur technischen Innovation 4
K. Ullmann, DFN-Verein Berlin

Session 1: Mobilität

Eine Internet basierte Komponentenarchitektur für Fahrzeug
Client- und Serversysteme 6
M. Stümpfle, A. Jameel; DaimlerChrysler AG

Optimierung von Subnetzwechseln mit MobileIP 20
A. Fieger, J. Diederich, M. Zitterbart; TU Braunschweig

Mobile Agents as an Architectural Concept for
Internet-based Distributed Applications 32
S. Fünfrocken, F. Mattern; TU Darmstadt

Session 2: Dienstgüte und Kosten

Cost and Price Calculation for Internet Integrated Services 46
M. Karsten, J. Schmitt, L. Wolf, R. Steinmetz; TU Darmstadt & GMD IPSI

Lastabhängige Tarifierung von IP Multicast-Diensten mit
Dienstgüteunterstützung 58
G. Carle, T. Szeby, A. Wolisz; GMD FOKUS

Evaluation von Assured Service für das Internet 72
F. Baumgartner, T. Braun; Uni Bern

Session 3: Interaktives Lernen und Gruppenkommunikation

Systemumgebung für interaktive Lehr- und Lernumgebungen 88
K. Franze, O. Neumann, A. Schill; TU Dresden

Verteiltes QoS-Management am Beispiel des
Videokonferenzsystems GCSVA 102
I. Beier; TU Cottbus

Group Rendezvous in a Synchronous, Collaborative Environment 114
J. Roth, C. Unger; FernUni Hagen

Session 4: Sicherheit

Flexible mehrseitige Sicherheit für verteilte Anwendungen 130
A. Pfitzmann, A. Schill, A. Westfeld, G. Wicke, G. Wolf, J. Zöllner; TU Dresden

**VDMFA, eine verteilte dynamische Firewallarchitektur
für Multimedia-Dienste** 144
C. Rensing, U. Rödig, R. Ackermann, L. Wolf,
R. Steinmetz; TU Darmstadt & GMD IPSI

**Praktische Erfahrungen mit der Implementierung eines
DNS-Protokoll-Intrusion-Detection-Systems** 158
M. Albrecht, J. Pizzorno, J. Tölle; Uni Bonn

A Protocol Preventing Blackbox Tests of Mobile Agents 170
F. Hohl, K. Rothermel; Uni Stuttgart

Session 5: Verteilte objektorientierte Systeme

Generic QoS Specifications for CORBA 184
C. Becker, K. Geihs; Uni Frankfurt

Das Plug-In-Modell zur Realisierung mobiler CORBA-Objekte 196
C. Linnhoff-Popien, T. Haustein; RWTH Aachen

**Integration of SNMP into a CORBA- and Web-based
Management Environment** 210
G. Aschemann, T. Mohr, M. Ruppert; TU Darmstadt

**Incremental Test Case Generation for Distributed
Object-Oriented Systems** 222
H. Fuchs; Uni Magdeburg

Session 6: Multicast

Sub-Layer-Hopping: Optimierte Staukontrolle für IP-Multicast 238
S. Dresler, M. Hofmann, F. Müller; Uni Karlsruhe

The Case for FEC fueled TCP-like Congestion Control 250
F. Brockners; Uni Köln

**Reliable Multicast via Satellite: Uni-directional vs.
Bi-directional Communication** 264
M. Jung, J. Nonnenmacher, E.W. Biersack; Institut Eurecom

Towards Scalable Quality-based Heterogeneous Multicast Services 276
B. Metzler; TU Berlin; R. Wittmann, M. Zitterbart; TU Braunschweig

Session 7: Infrastrukturen für den elektronischen Markt

Mit TINA zum offenen Dienstemarkt 290
K.-P. Eckert, P. Hoepner, E. Rosa; GMD FOKUS; R. Farsi; Uni Frankfurt

Realisierung des VHE und maßgeschneiderter Dienste
in CORBA-basierten IN 302
A. Küpper; RWTH Aachen

Electronic Contracting im Internet 314
*M. Merz; Ponton Hamburg; F. Griffel, M. Boger, H. Weinreich,
W. Lamersdorf; Uni Hamburg*

Permanent Customer-Provider Relationships
for Electronic Service Markets 326
T. Preuß, J.H. Syrbe, H. König; TU Cottbus

Session 8: Industrie: Multimedia-Anwendungen und -Systeme

Digitale Netze in Wohnungen – Unterhaltungselektronik im Umbruch 340
S. Abramowski, H. Baldus, T. Helbig; Philips

Web Call Center 352
M. Lautenbacher; Siemens AG

Eine Dienstgüteabbildungs- und -steuerungsarchitektur zur
Gewährleistung unterschiedlicher Dienstgüteklassen für
Ferntraining und -lernen 363
R. Eberhardt, C. Rueß; DaimlerChrysler AG

Session 9: Leistungsmessung und -bewertung

Ein Tool für Performance-Messungen in IP-basierten Netzen 376
C. Roppel, R. Habermann, H. Dörken; Deutsche Telekom AG

Performance Comparison of Media Access Protocols for
Packet Oriented Satellite Channels 390
A. Weber; Uni Stuttgart

Performance and Cost Comparison of Mirroring- and Parity-Based
Reliability Schemes for Video Servers 402
J. Gafsi, E. W. Biersack; Institut Eurecom

Session 10: Web und Multimedia-Dokumente

WebRes: Towards a Web Operating System 418
O. Krone; Swisscom; S. Schubiger; Université de Fribourg

Distributed Cache Index 430
B. Lamparter, I. Fouquet; IBM Global Services

Hyperwave als Entwicklungsumgebung für einen Multimedia-Katalog 438
U. Steinmann; FernUni Hagen

Adaptive Scheduling of Multimedia Documents 450
S. Wirag; Uni Stuttgart

Session 11: Wegewahl und Signalisierung

Güte hierarchischer Wegewahl in PNNI 464
B. Quendt, B. Zumbusch; Uni München

Flexible Hardware Support for Gigabit Routing. 476
T. Harbaum, D. Meier, M. Zitterbart, D. Brökelmann; TU Braunschweig

Strategies for Minimizing the Average Cost of Paging on the Air Interface . 488
D. Kesdogan, A. Trofimov, D. Trossen; Uni Aachen

Simulative Untersuchung eines zentral organisierten Vielfachzugriffsverfahrens für drahtlose ATM-Systeme 500
J. Metzler; DaimlerChrysler AG

Preisträger

Traffic Modeling of Variable Bit Rate MPEG Video and its Impacts on ATM Networks 514
O. Rose, Uni Würzburg

System zur Validierung von Lokalisierungsmethoden für Mobile Objekte . . 520
C. Sieber, TU Dresden

LGMP/LGCP: Eine Protokoll-Suite für skalierbare Multicast-Kommunikation im Internet 528
M. Hofmann, Uni Karlsruhe

Ressourcenreservierung für Mobile Systeme 534
J. Diederich, TU Braunschweig

Index der Autoren. 540

**Eingeladene Vorträge
(Kurzfassungen)**

**Der Telematikdienstleister Deutsche Telekom:
Neue Herausforderungen in den TIMES-Märkten**
H. Hultzsch, Mitglied des Vorstands der Deutschen Telekom AG

Zum Leben wird der Mensch in der Industriegesellschaft in zehn Jahren pro Tag gegenüber heute unverändert im Mittel etwa vier Liter Flüssigkeit, 2.500 Kalorien und 50 km physische Beweglichkeit benötigen aber dramatisch verändert gegenüber heute 30 Gigabyte Individualinformation.

Das auf dieser Annahme basierende Zukunftsbild ist geprägt durch die **Telematik**, eine Disziplin, die sich aus dem zunehmenden Zusammenwachsen von Telekommunikation und Informationstechnologie mit hoher Geschwindigkeit und mit großer Bedeutung für unser tägliches Leben entwickelt. Telematik-Anwendungen sind es, die einen immer umfassenderen und schnelleren Informationsaustausch rund um die Welt ermöglichen.

Schon heute zeichnet sich ein breit gefächertes Spektrum von Telematik-Anwendungen ab, das von Telearbeit über Telekommerz bis hin zu Teleunterhaltung reicht. Im Mittelpunkt dieser Anwendungen steht das Individuum mit seinen Informations- und Kommunikationsaktivitäten, die bereits heute durch zunehmende Interaktivität geprägt sind und in Zukunft noch in einem viel größeren Maß durch weitere, heute vielfach noch kaum vorstellbare Formen von Interaktivität gekennzeichnet sein werden. Telematik-Anwendungen führen nicht nur zu einer deutlichen Erhöhung der Produktivität im unternehmerischen Umfeld und fördern die Herausbildung neuer Strukturen im Wirtschaftsleben. Vielmehr werden jedem einzelnen von uns neue individuelle Entfaltungsfreiräume geboten, was eine merkliche Erhöhung der Lebensqualität zur Folge hat. Die Telematik wird so zur unverzichtbaren Grundlage für die Wirtschaft und Gesellschaft des 21. Jahrhunderts. Vor dem Hintergrund dieser Entwicklung ist es das Ziel der Deutschen Telekom, sich vom Telekommunikationsanbieter zu einem der führenden umfassenden globalen Telematikdienstleister zu wandeln.

Das Zusammenwachsen von Telekommunikation und Informationstechnologie ist ein wesentlicher Bestandteil und eine der Triebfedern der übergreifenden Konvergenz der TIMES-Märkte, die wir derzeit bereits beobachten können (Telekommunikation, Informationstechnologie, Medien, Entertainment bzw. Erlebnis und Sicherheit). Für die Deutsche Telekom gilt es, die sich hieraus ergebenden Marktchancen zu nutzen und sich in diesen vielversprechenden Märkten zukunftsorientiert zu positionieren.

An die Herausforderungen der vor uns liegenden Telematik- und Innovationsgesellschaft gilt es jetzt mit unternehmerischem Elan heranzugehen, denn darin liegen die Chancen der Zukunft - für den Einzelnen genauso wie für unsere gesamte Wirtschaft und Gesellschaft.

Current Status of Mobile Internet Communication and Services
C. Perkins, SUN Microsystems

Mobile IP was standardized by the IETF in 1995, and has been the inspiration for many new research projects and publications. It has been implemented for all major platforms, and freeware implementations are available for most of them. Yet, for various reasons, Mobile IP is far from ubiquitous. In this presentation, I describe the current state of Mobile IP, the protocol, and some implementations. Mobile IPv6 is described, particularly as it contrasts with Mobile IP for IPv4. Recent work to make Mobile IP more suitable for applications in new generation cellular telephone networks will also be described. Finally, in order to place Mobile IP and its variations in a meaningful context for its application to mobile computing and mobile networking, the relationship of Mobile IP and other nomadic protocol requirements will be discussed.

Gigabit-Netze für die deutsche Wissenschaft – ein Beitrag zur technischen Innovation
K. Ullmann, DFN-Verein Berlin

Zur Zeit werden Wissenschaftler in Deutschland mit Datennetzen versorgt, die im allgemeinen Transferraten bis 155Mbit/s im Produktionsbetrieb möglich machen. Dies betrifft einmal den lokalen Bereich, in dem oft deutlich schlechtere Übertragungsraten möglich sind, und den Weitverkehrsbereich, der durch das Deutsche Forschungsnetz (DFN), genauer das Breitband-Wissenschaftsnetz (B-WiN) abgedeckt wird.

Die jährlichen Zuwächse an Transfervolumen und das Heranwachsen neuer multimedialer Kommunikationsformen zwischen Wissenschaftlern läßt eine Skalierung im Rahmen der eingesetzten Technik nur noch bis zum Jahr 2000 zu. Engpässe im Bereich der lokalen Versorgung sind bereits vorher an vielen Stellen zu befürchten. Für den Weitverkehrsbereich ist deshalb der Ausbau des jetzigen B-WiN zu einem Gigabit-Wissenschaftsnetz (G-WiN) dringend nötig.

In dem Vortrag werden zunächst die Planungshintergründe für den Aufbau eines Gigabit-Wissenschaftsnetzes dargestellt. Diese betreffen zunächst Architektur und technische Grundkomponenten des Netzes aber auch grundlegende Festlegungen der organisatorischen Randbedingungen. Danach werden die technischen Möglichkeiten skizziert, die das neue Netz für Nutzer bietet. Diese Möglichkeiten sind ein wesentliches Element der Innovation des G-WiN. Ein zweites Element der Innovation wird erwartet von einem wesentlich verbesserten Preis/Leistungsverhältnis für die dem Nutzer zur Verfügung stehende Bandbreite. Hier können völlig neue Nutzungen erschlossen werden, wenn nur die Kosten für Bandbreite drastisch gesenkt werden können.

Session 1:

Mobilität

Eine Internet basierte Komponentenarchitektur für Fahrzeug Client- und Serversysteme

Matthias Stümpfle und Akhtar Jameel

DaimlerChrysler AG

Forschung und Technologie 3, HPC T728, 70546 Stuttgart

{matthias.stuempfle, akhtar.jameel}@daimlerchrysler.com

Zusammenfassung: Der Beitrag beschreibt ein Software-Architekturkonzept, das zum Aufbau der in modernen Fahrzeugen verwendeten Software einen komponentenbasierten Ansatz verwendet. Die Komponenten können dabei dynamisch in das System aufgenommen und wieder davon entfernt werden. Außerdem erlaubt die aufgestellte Architektur, daß die bei einem System beteiligten Komponenten nicht ausschließlich im Fahrzeug liegen müssen, sondern auch in der Infrastruktur lokalisiert sein können.

1 Einleitung und Motivation

Moderne Fahrzeugsysteme zeichnen sich durch einen immer größer werdenden Anteil an Software aus. Anwendungen aus dem Bereich der Verkehrstelematik, wie zum Beispiel Pannenhilfsdienste oder dynamische Navigationsdienste, verlangen robuste und zukunftssichere Software-Lösungen. Durch derartige Dienste und neue Internet basierte Anwendungen kann dabei das Fahrzeug in Zukunft nicht mehr als isoliertes Einzelsystem betrachtet werden, sondern wird vielmehr zu einem aktiven Knoten in einem weltumspannenden verteilten Kommunikationssystem. Anwendungen im Fahrzeug werden dabei sowohl Client- als auch Serverfunktionen übernehmen.

In diesem Beitrag soll ein Konzept präsentiert werden, das auf einer Software-Engineering Entwicklung aufsetzt, die sich in den letzten Jahren immer stärker weg von zentralen Systemarchitekturen hin zu komponentenbasierten Systemen bewegt (component-based software development CBD [8]). Dabei wird die vom Gesamtsystem zu erbringende Funktion mittels Dekomposition in einzelne Funktionskomponenten zerlegt, die dann durch geeignete Verknüpfung und Kommunikation untereinander die gewünschte Gesamtfunktion erbringen. Die Aufteilung in Komponenten vereinfacht dabei zum einen die Wiederverwendung von Software und das damit verbundene Aufbauen komplexer Systeme aus diesen Komponenten, und zum anderen das Erstellen von robusten Komponenten selbst, da diese nur mit einem begrenzten und überschaubaren Funktionsumfang ausgestattet werden müssen. Charakterisierend für die Komponenten ist ihre nach außen gleichartige Architektur, die es auf einfache Weise ermöglicht, sie untereinander zu verknüpfen. Dabei ist die Funktion, die eine Komponente erbringt, zunächst unabhängig von dieser Architektur zu sehen. Funktionen im Zusammenhang mit Fahrzeugen sind z.B. die Benutzerschnittstelle, Kommunikation (intern und extern), Anwendungsunterstützung und die eigentlichen Anwendungen selbst.

Die hier vorgeschlagene Architektur basiert auf einer Anzahl von Komponenten mit unterschiedlichen Aufgaben. Eine Grundmenge von Komponenten orientiert sich an der vorhandenen Hardware des Fahrzeugs. Es werden dabei Funktionen wie z.B. der Zugriff auf Hardware-Schnittstellen für Kommunikationsgeräte oder die Anzeige- und Kontrollgeräte der Benutzerschnittstelle realisiert. Andere Komponenten sollen Dienste anbieten, welche die Rohinformation aus diesen Interface-Komponenten aggregieren. Diese Komponenten müssen dazu nicht notwendigerweise im Fahrzeug lokalisiert sein, sondern können auch in der Infrastruktur (Service Center, Service Provider) plaziert sein. Bei der letzten Gruppe von Komponenten handelt es sich um die eigentlichen Anwendungen, die sowohl auf diese Zwischenschicht als auch auf Interface-Komponenten Zugriff haben. Zur Verwaltung der Benutzerschnittstellen sind außerdem weitergehende Konzepte wie das eines „Presentation Managers" denkbar, welcher die von den Anwendungen kommende Information geeignet aufbereitet und situationsabhängig (z.B. Fahrzeug steht oder bewegt sich) an die Benutzer weitergibt.

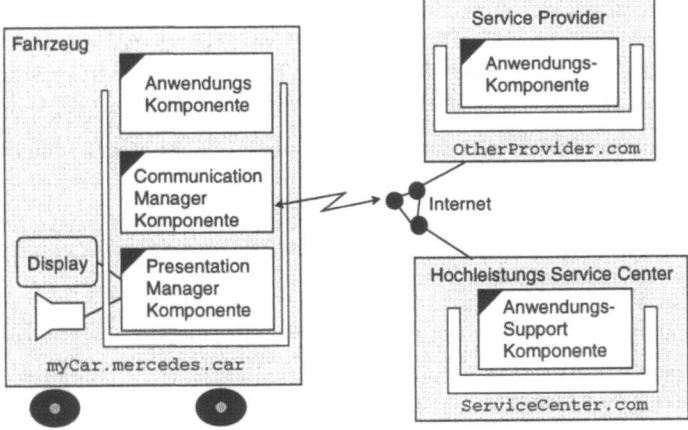

Abbildung 1: Gesamtarchitektur Fahrzeug und Infrastruktur

Einer der zentralen Punkte des vorgeschlagenen Systems ist die Möglichkeit, Komponenten dynamisch aus dem Fahrzeug hinaus in die Infrastruktur zu legen. Somit können verteilte Systeme realisiert werden, die sich mittels entsprechender Strategien an gegebene Randbedingungen (benötigte Rechenleistung, Vorhandensein von günstigen drahtlosen Kommunikationsdiensten) anpassen können. Für eine Auslagerung kommen insbesondere die oben angesprochenen aggregierenden und anwendungsunterstützenden Komponenten sowie die Anwendungen selbst in Frage.

Der vorliegende Beitrag gliedert sich wie folgt: Nach einer kurzen Einleitung in komponentenbasierte Systeme soll der prinzipielle Aufbau der verwendeten Komponenten erläutert werden. Die beispielhaften Funktionen eines „Port Managers", eines „Location Managers" und eines „Presentation Managers" sollen dann die Umsetzung der Komponentenarchitektur vermitteln. Der nachfolgende Abschnitt beschäftigt sich mit der Systemarchitektur, die sich aus den vorgestellten Komponenten erstellen läßt. Dabei wird der bereits angesprochene dynamische Austausch von Komponenten zwischen Fahrzeug und Infrastruktur diskutiert. Außerdem werden hier Fragen der Konfigurierung des Systems angesprochen. Hat man schließlich ein Baukastensystem an Komponenten zur Verfügung, dann können neue Anwendungen relativ leicht aufgebaut werden. Das letzte Kapitel gibt einen Einblick in die prototypische Realisierung des Konzepts in Java.

2 Komponentensysteme

Das explosive Wachstum des „World Wide Webs" und die Popularität von PCs, gepaart mit den Fortschritten im Bereich der Hochgeschwindigkeitsnetze, haben dazu geführt, daß verteilte Systeme immer mehr in das Zentrum des Interesses rücken. Um die Programmierung solcher Systeme zu erleichtern und um komponentenbasierte Systeme umsetzen zu können, haben sich immer mehr verteilte Objektmodelle etabliert. Softwareentwickler stützen sich dabei immer stärker auch auf Internet- orientierte Lösungen für diese Objektmodelle und realisieren sie mit Java RMI (Java Beans) [12] [10], Microsofts DCOM (ActiveX) [2] oder auf der Basis von CORBA[1] [13]. Eine gute Literaturübersicht zu Komponentensysteme liefert [9].

Der Trend hin zu objektorientierten Komponentenmodellen wird durch die folgenden Vorteile erklärbar [1]:

- Die Wiederverwendung existierender Software und damit verbunden die Möglichkeit zum „Rapid Prototyping" von Anwendungen durch „plug and play" Interaktion der Komponenten.

- Voneinander unabhängige Entwicklung und Implementierung von Komponenten.

- Effiziente Code-Wartung inklusive der systematischen Verteilung von Updates.

- „Lightweight" und „Thin clients", die mit infrastrukturbasierten Systemen, die dort an verschiedenen Stellen lokalisiert sein können, kommunizieren.

Eine der charakterisierenden Eigenschaften von Komponenten besteht darin, daß sie einer einheitlichen Architekturvorgabe folgen, die es erleichtert, Komponenten zu einem Gesamtsystem zusammenzufügen. Dabei hat diese Architektur primär nichts mit der eigentlichen Funktion der Komponente zu tun. Sie legt vielmehr fest, wie die Komponenten miteinander agieren, aber nicht worüber sie sich „unterhalten"[1].

Der oben genannte Trend äußert sich zur Zeit in Technologien, die verteilte Komponentensysteme unterstützen: Java Remote Method Invocation (RMI) als Basis für die JavaBeans Komponenten, die Common Object Request Broker Architecture (CORBA) und Microsofts Distributed Component Object Model (DCOM) zur Realisierung von ActiveX. Alle diese Modelle folgen dem Client/Server-Ansatz. Es kann und soll

---

[1] Obwohl hier nur von Software-Komponenten gesprochen werden soll, gilt diese Charakterisierung natürlich auch für Hardware-Komponenten.

hier keine Aussage darüber gemacht werden, welches dieser Systeme besser ist als die anderen, da die Vor- und Nachteile jeweils gegenüber den eigenen Anforderungen abgewogen werden müssen. Weitere Information kann in [1] und [2] gefunden werden.

Für die angestrebte Konzeptrealisierung wurde eine Java basierte Lösung gewählt, da sie neben der Plattformunabhängigkeit eine einfache Umsetzung der Konzepte ermöglicht.

2.1 Aufbau einer Komponente

Eine Komponente des hier vorgeschlagenen Systems zeichnet sich durch zwei Schnittstellen aus, eine Schnittstelle über welche die eigentliche Funktion der Komponente (ihr Dienst) angeboten wird und eine zweite Schnittstelle, die zur Konfigurierung der Komponente dient. Während der Sinn der ersten Schnittstelle eindeutig ist, mag es notwendig sein, die Konfigurationsschnittstelle zu erläutern. Der vorgeschlagene Ansatz soll es ermöglichen, neue Komponenten auch zur Systemlebenszeit einzubringen. Dies kann z.B. sein, wenn der Benutzer einen neuen Dienst in Anspruch nehmen will, oder wenn zu Diagnosezwecken Software temporär in das Fahrzeug gespielt wird. Um sich diesen ändernden Bedingungen im System anpassen zu können, müssen die neuen Komponenten und unter Umständen auch die alten Komponenten des Systems modifiziert werden. Dies kann z.B. bedeuten, daß die Adressen (d.h. die Servicezugangspunkte) der Komponenten untereinander bekannt gemacht werden müssen. Das hier vorgestellte System sieht vor, daß eine spezielle Instanz, ein Konfigurationsmanager, nach Überprüfung der Konsistenz der Komponenten, diese Aufgabe übernimmt. Er muß wissen, welche Komponenten im System sind und hat über die Konfigurationsschnittstelle modifizierenden Zugriff auf die Komponenten.

2.2 Funktionen von Komponenten

In den nachfolgenden Unterabschnitten sollen Funktionsbeispiele für Komponenten gegeben werden. Die erste Komponente kommt aus der Gruppe der Interface-Komponenten und ist für den seriellen Port eines Rechners zuständig, während die zweite Komponente aus der Gruppe der anwendungsunterstützenden Komponenten kommt und sich mit der Aggregation von Information zu einem Ortsdienst beschäftigt. Eine weitere Funktion ist die eines „Presentation Managers", der die Aufgabe wahrnimmt, Information der Anwendungen geeignet an die Benutzer weiterzugeben. Allen Komponenten ist gemein, daß sie ihre Dienste über „Remote Interfaces" anbieten, d.h. über Schnittstellen, die von beliebigen Knoten innerhalb des erreichbaren Netzes aufgerufen werden können.

2.2.1 Der Port Manager

Der Port-Manager gehört zu der Gruppe von hardwareunterstützenden Interface-Komponenten. Er erledigt die Funktionen eines „Treibers" und ist durch diese Rolle eng mit der Hardware des Systems verknüpft. Der Port Manager erlaubt den Zugriff auf die (serielle) Schnittstelle der Maschine, auf der er abläuft. Dabei werden die Zugriffsmethoden so zur Verfügung gestellt, daß auf sie von jeder (berechtigten) Remote Komponente zugegriffen werden kann. Der Port Manager muß die Schnittstellen des Systems kennen und verwaltet unter anderem die Zuordnung der Schnittstellen und der angeschlossenen Geräte. Er ist außerdem verantwortlich für die Regelung von konkurrierenden Aufrufen anderer Komponenten auf die Ports. Abbildung 2 zeigt die architektonische Einbettung des Port Managers in das System.

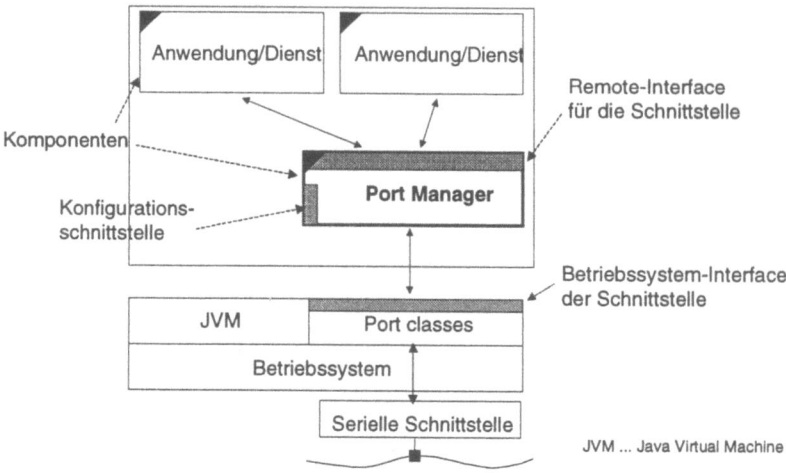

Abbildung 2: Der „Port Manager" als Komponente

Der Port Manager erlaubt über sein Remote-Interface einen Zugriff auf die Schnittstellen des Systems von jeder beliebigen Stelle im Netz. Dabei hat der Port Manager keine Information über den semantischen Inhalt der Information, die über ihn abgerufen/geschrieben wird. In der gewählten Java Implementierung muß die Java Virtual Machine durch zusätzliche Klassen („Port classes") in die Lage versetzt werden, einen physikalischen Zugriff auf die Schnittstelle zu erlauben.

2.2.2 Der Location Manager

Eine weitere Komponente, der Location Manager, hat zur Aufgabe, Positionsinformation zu sammeln und diese dann aggregiert als Ortsinformationsdienst anzubieten. Mögliche Quellen dieser Information sind z.B. ein GPS-Receiver und die Sensoren der Koppelnavigation (Radumdrehungszähler, Kompass). Der Location Manager greift dazu auf Interface-Komponenten. Um diese Funktion zu erfüllen muß diese Komponente nicht notwendigerweise auf der selben Maschine laufen wie die Interface-Komponenten, sondern kann sich dazu auch in der Infrastruktur befinden. Ob eine derartige Verlagerung Sinn macht, hängt von den Randbedingungen, insbesondere den Kommunikationskosten, ab.

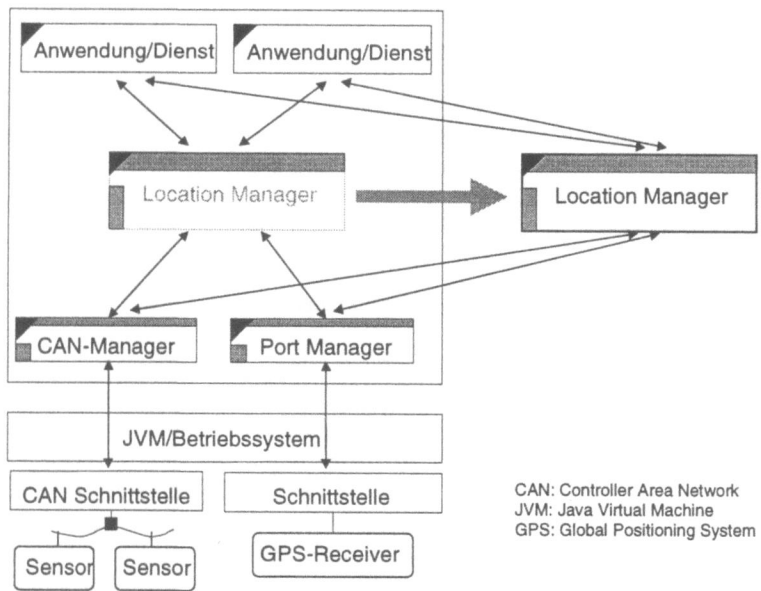

Abbildung 3: Der Location Manager in der Infrastruktur

Im Beispiel in Abbildung 3 greift der Location Manager auf zwei Interface-Komponenten, den CAN-Manager und den Port Manager zu, um die benötigten Rohdaten der Sensoren und des GPS-Receivers zur Ortsinformationsgewinnung zu erhalten.

2.2.3 Der Presentation Manager

Ein Presentation Manager ist für die Wiedergabe von Information der Anwendungen zuständig. Er gibt die Information in Abhängigkeit von austauschbaren Strategien an den Benutzer weiter. Diese Strategien können z.B. sein, daß während der Fahrt Information nur über Sprachausgabe stattfindet und daß ein Display nur im Stand aktiviert wird. Durch diese Strategien lassen sich die notwendigen Sicherheitsvorkehrungen in das System bringen, damit die Fahrer/Beifahrer nicht von ihrer eigentlichen Aufgabe abgelenkt werden. Der Presentation Manager hat für seine Aufgabe Zugriff auf MMI-Komponenten des Fahrzeugs wie z.B. „Touch-Screen", Sprachein- und ausgabegeräte.

Diese Anwendungsunterstützungskomponente muß eng mit dem Konfigurationsmanagement des Systems kooperieren, da Information darüber benötigt wird, welche Ein- und Ausgabegeräte im Fahrzeug vorhanden sind. Außerdem muß der Presentation Manager in der Lage sein, konkurrierende Ausgabeanforderungen der Anwendungen geeignet auflösen zu können (vergleichbar einem Window Manager).

3 Eine komponentenbasierte Systemarchitektur

Die geplante Systemarchitektur ist vollständig aus den beschriebenen Komponenten aufgebaut, welche, aus Software-Sicht, gleichberechtigt nebeneinander stehen. Dabei besitzt jedes Fahrzeug mindestens einen Komponenten-Lader; Infrastruktursysteme, die Komponenten aufnehemen können, müssen analog ausgerüstet sein. Nach der Beschreibung des Zusammewirkens der Komponenten, soll in einem weiteren Abschnitt eine funktionsorientierte Hierarchie vorgestellt werden.

3.1 Das Zusammenwirken von Komponenten

Das Zusammenwirken der Komponenten basiert auf einer vereinheitlichten Kommunikation. Das ist die notwendige Voraussetzung für den komponentenbasierten Ansatz. Das hier verwendete Kommunikationsmodell zwischen den Komponenten basiert auf den gleichen Ideen wie die Java Remote Method Invocation (RMI). Methoden einer Komponente, die von einer anderen Komponente aufgerufen werden sollen, müssen dazu in einer Interface-Datei (vergleichbar mit der CORBA Interface Description Language) beschrieben werden. Aus dieser Datei werden dann mit Hilfsprogrammen die nötigen Stubs generiert, die zu einer Komponente hinzugebunden werden. [7]

Zur Adressierung der Methoden wird der Uniform Resource Locator (URL) verwendet, mit dessen Hilfe die Maschine adressiert wird, auf dem die angesprochene Komponente läuft und weiterhin die Komponente selbst und die gewünschte Methode (mit Argumenten) angegeben werden kann. Durch die URL-Adressierung erreicht man die Ortstransparenz, da die Auflösung einer logischen Maschinenadresse unabhängig von der Client-Instanz erfolgt (z.B. über einen Domain Name Service, DNS).

3.2 Funktionsorientierte Hierarchie

Abbildung 5 zeigt eine funktionsorientierte Anordnung der Komponenten. Dabei bilden die Komponenten der obersten Schicht die eigentlichen Anwendungen. Zur Erfüllung ihrer Aufgaben greifen die Anwendungen auf eine Schicht von anwendungsunterstützenden Komponenten zu. In dieser Schicht werden Rohdaten, die aus verschiedenen Quellen im Fahrzeug und aus der Infrastruktur kommen können, geeignet aggregiert. (Als Beispiel einer derartigen Komponente wurde bereits der Location Manager vorgestellt.) Diese Komponenten greifen wiederum auf Komponenten zu, die eine physikalische Verbindung mit den Geräten im Fahrzeug realisieren (Interface-Komponenten).

Weiterhin unterstützt das System externe Geräte, die zum einen der Benutzerschnittstelle zuzuordnen sind, aber auch Geräte, die der Benutzer neu in das System einbringt. Sollten für diese externen Geräte keine Interface-Komponenten vorhanden sein, dann müssen sie, vergleichbar einem „Plug-in", nachträglich geladen werden.

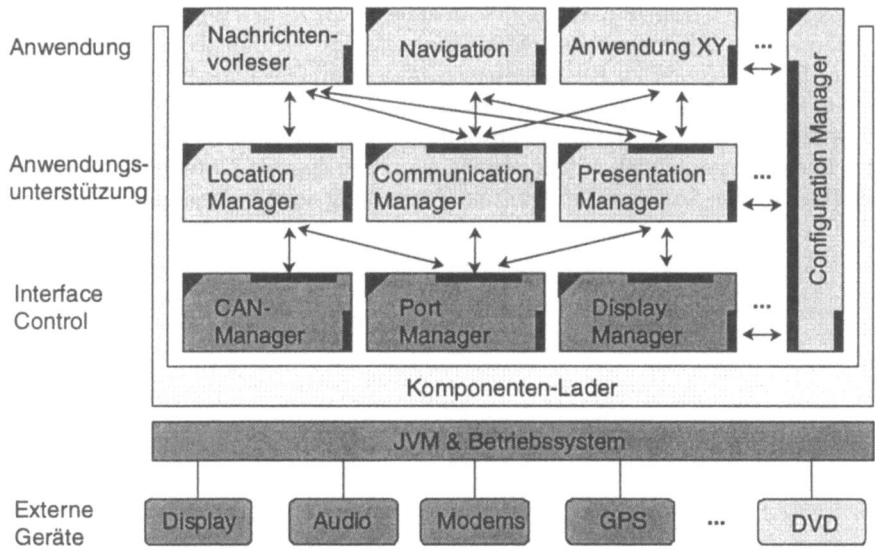

Abbildung 5: Beispielhafte Konfiguration einer Gesamtarchitektur des Fahrzeugs

Ein weiteres Feld für das Nachladen von Komponenten sind die Anwendungen selbst: für Fahrzeugsysteme kann im Moment ihrer Projektierung i.d.R. keine genaue Aussage gemacht werden, welche Dienste für einen Kunden über die Lebensdauer eines Fahrzeugs von Interesse sind. Durch ein späteres „Nachladen" kann aber mit Hilfe einer derartigen Plattform dieses Manko beseitigt werden. Insbesondere lassen sich auch Dienste vorstellen, welche die zum Nutzen des Dienstes notwendige Software zuerst in das Fahrzeug spielen.

Zentrales Element für das Nachladen der Komponenten ist die in Abbildung 5 dargestellte „Badewanne", der Komponenten-Lader. Er ermöglicht das Einbringen neuer Komponenten sowie das Entfernen von nicht mehr gebrauchten Komponenten.

3.3 Dynamisches Verlagern von Komponenten

Bei einem Konsumgut wie dem Fahrzeug sind die Kosten (Anschaffung und laufende Kosten) ein im Wettbewerb bestimmender Faktor. In den betrachteten Szenarien fallen Kommunikationskosten zur Ankopplung des Fahrzeugs an externe Netze sowie Kosten für die Vorrüstung des Fahrzeugs mit einem Computer an. Aus diesem Grund sind Modelle interessant, bei denen zum einen nur eine geringe Rechenleistung (= günstig) im Fahrzeug vorgehalten werden muß und die Hauptlast der Berechnung in der Infrastruktur erledigt wird. Zum anderen sollen natürlich die Kommunikationskosten so gering als möglich bleiben. Allerdings sind gerade die Kommunikationskosten nicht überall gleich: Während man in Europa zur Zeit noch hohe Kosten für eine

GSM-Ankopplung bezahlen muß, gibt es an anderen Orten der Welt durchaus günstigere Alternativen. Aber auch innerhalb Europas kann es durch die verschiedenen Tarife der Dienstanbieter zu Kostenunterschieden kommen. Betrachtet man die Mobilität von Fahrzeugen, so können sich diese Randbedingungen sogar während einer Fahrt ändern. Wird zudem noch die absolute Verfügbarkeit eines Kommunikationsdienstes in das Kostenmodell aufgenommen, so ergibt sich ein Optimierungsproblem, das mit einer starren Software-Struktur und -Verteilung nicht befriedigend lösbar ist.

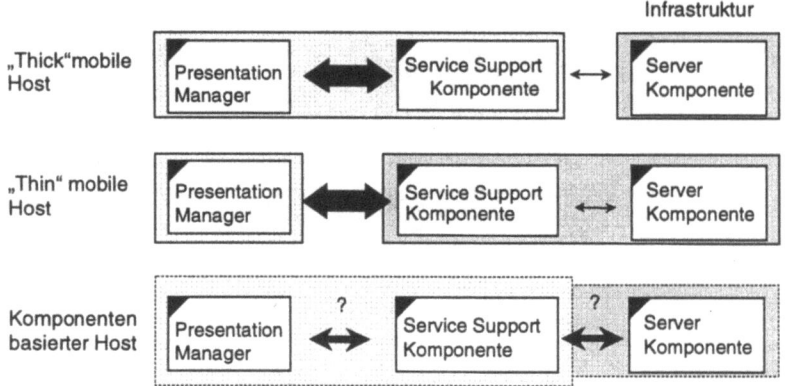

Abbildung 7: Kommunikationsszenarien und das dynamische Verlagern von Komponenten

Abbildung 7 zeigt unterschiedliche Szenarien, die ein Verlagern der Komponenten wünschenswert machen (vgl. [4]). Dabei wird von einem erweiterten Client/Server-Modell ausgegangen, bei dem zwischen Client (Presentation Manager) und Server noch eine Service Support Komponente zwischengeschaltet ist, die anstelle der Server-Komponente ebenfalls (in reduziertem Maß) Serverfunktionen ausführen kann. Es sind nun folgende Kostenmodelle interessant:

- Hohe Kosten für die Kommunikation zwischen Fahrzeug und Infrastruktur: Dann ist es wünschenswert, so wenig wie möglich zu kommunizieren und einen möglichst hohen Anteil der Berechnungen im Fahrzeug durchzuführen (1. Szenario: „Thick mobile Host"). Dies gilt insbesondere für den Fall, bei dem keine Kommunikation mit der Infrastruktur möglich ist. Man verlegt quasi eine reduzierte Version (Rechenaufwand, Dienstumfang) des Servers in das Fahrzeug.

- Geringe Kommunikationskosten mit der Infrastruktur: Die Server-Anteile liegen in der Infrastruktur und nutzen dort die Vorteile der größeren Rechenkapazität und die Verfügbarkeit weiterer, sich im Netz befindlicher Ressourcen (z.B. aktuelle Verkehrsdaten).

- Möchte und kann man sich nicht auf eines der beiden oben aufgeführten Modelle beschränken, so muß man, zur Laufzeit in der Lage sein, Komponenten zwischen der Infrastruktur und dem Fahrzeug hin und her zu verschieben (Szenario 3: „Komponentenbasierter Host").

Diese Szenarien sind Extremfälle und geben nur grob die Komplexität des Kostenmodells wieder. Hier sind weitere Untersuchungen notwendig, um geeignete Strategien für das Verlagern von Komponenten festlegen zu können.

4 Neue Dienste und Anwendungen

Sobald die Anforderungen von (Telematik-) Diensten besser bekannt sind, wird man in Fahrzeugen und in der Infrastruktur eine bestimmte Basismenge von Komponenten haben, die Dienste wie z.B. „Zeit", „Ort/Position" oder „Map-Matching" anbieten. Diese Basisdienste können dann von mehreren anderen Diensten verwendet werden. Als Beispiel möge die Ortsinformation dienen, die von einem Navigationsdienst gebraucht wird aber auch von einem Pannenhilfsdienst verwendet wird, der die aktuelle Position des Fahrzeugs an die Helfer weitergeben kann. Dienstanbieter müssen somit diesen Teil des Systems nicht wiederholt schreiben, sondern können auf die vorhandenen Komponenten aufsetzen.

In diesem Kapitel werden kurz Dienstmodelle und Beispiele für Dienste angesprochen, die sich mit Hilfe der vorgestellten komponentenbasierten Architektur realisieren lassen. Will man neue Dienste auf der Basis existierender Komponenten realisieren, so bieten sich dazu prinzipiell zwei Möglichkeiten an, die beide von dieser Systemarchitektur unterstützt werden, ein „schnittstellenbasiertes Modell" und ein ereignisgesteuertes Modell.

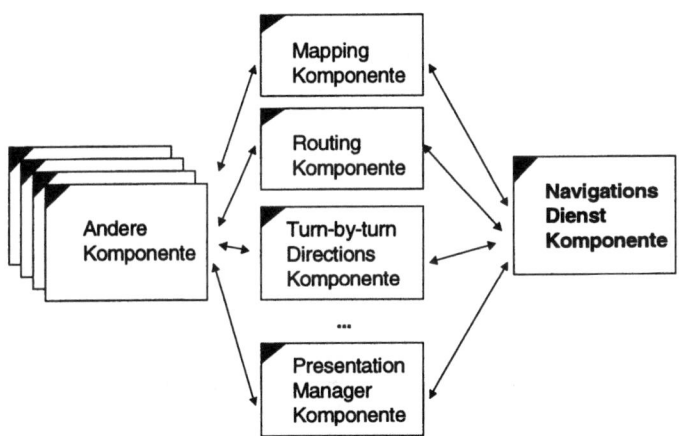

Abbildung 7: Komponentenbasiertes Navigationssystem auf der Basis von Diensteschnittstellen

Der Ansatz des ersteren Modells besteht darin, die existierenden Komponenten und ihre (u.U. umfangreichen) Diensteschnittstellen mit allen notwendigen Methoden zu kennen. Ein neuer Dienst kann dann einfach durch die Verwendung der existierenden

Funktionen erstellt werden. Problematisch hierbei ist, das notwendige Wissen (Wissen über die prinzipielle Existenz der Komponente, genauer Dienstumfang) über die existierenden Komponenten zu erhalten.

Abbildung 7 zeigt ein Navigationssystem, das auf dieses Modell aufgebaut wurde. Dabei greift die Komponente "Navigationsdienst" auf die Dienste anderer Komponenten zu, um ihren Dienst gegenüber dem Anwender zu erbringen. Bei der Programmierung dieser Komponente müssen die Schnittstellen der Komponenten, die verwendet werden, bekannt sein.

Ein ereignisgesteuerter Ansatz kann mittels eines „Shared Space Component" (Server basiertes Shared Memory) realisiert werden. In diese Komponente können andere im System vorhandene Komponenten bestimmte interessante Werte/Objekte einschreiben. Weiterhin können sich diese Komponenten beim „Shared Space" registrieren lassen, um im Falle eines neuen Wertes/Objektes, der für sie relevant ist, informiert zu werden (event triggered notification). Ansätze dieser Art (Linda Space [6], Java Spaces[11, Attribute Space[5]) verschieben das zuvor angesprochene „Existenzproblem" auf eine höhere Ebene: die Kommunikation untereinander findet stets über den „Shared Space" statt, der mit einer sehr kleinen API („Write", „Notify", „Register") realisiert werden kann und jeder Komponente bekannt ist. Allerdings müssen sich die Komponenten jetzt über die Inhalte (Datentypen) einigen, die in diesen „Shared Space" geschrieben werden.

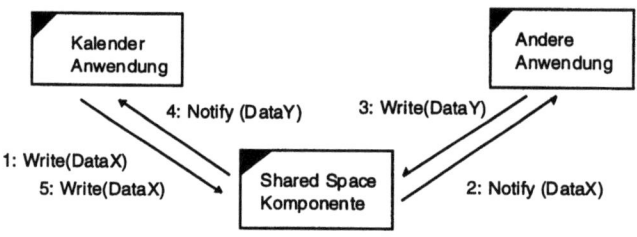

Abbildung 8: Dienstinteraktion über die Shared Space Komponente

Abbildung 8 zeigt ein Beispiel zweier Anwendungskomponenten, die über einen „Shared Space" zusammenarbeiten. Dazu liefert die Kalenderanwendung Neueinträge (1) in den Shared Space. Interessiert sich eine andere Anwendung für derartige Daten, dann kann sie sich beim Shared Space dafür registrieren lassen und erhält schließlich mittels *notify* (2) die neuen Daten übermittelt. Damit kann diese Komponente wiederum ein neues Datum generieren und den anderen Komponenten zur Verfügung stellen (3). Interessiert sich die Kalenderanwendung dafür, kann sie wiederum per *notify* davon unterrichtet werden (4) und der Kreislauf kann wieder von vorne beginnen. Der Vorteil dieses Ansatzes besteht in der voneinander unabhängigen Programmierung der Komponenten und dem geringen Umfang des Shared Space-APIs. Außerdem können neue Komponenten problemlos in das System genommen werden und sofort aktiv zur Erbringung von Mehrwertdiensten beitragen. Allerdings müssen Applikationen „kooperativ" geschrieben werden, d.h. daß sie relevante Information auch tatsächlich in den Shared Space schreiben. Problematisch kann außerdem die Beherrschung des Systemverhaltens werden, wenn es beim wechselseitigen Einschreiben neuer Werte zu „oszillierenden" Effekten zwischen den Komponenten kommt. Hier müssen in der Shared Space Komponente entsprechende Mechanismen (Zeitüberwachung, Transaktionsmodelle, etc.) realisiert werden, die ein derartiges Verhalten unterbinden.

Beide Ansätze weisen Vor- und Nachteile auf, die eine Kombination der Ansätze, abhängig von den jeweiligen Anwendungen, am sinnvollsten erscheinen läßt. (Es macht z.B. keinen Sinn, einen Motordrehzahlwert, der ständig in Abständen von wenigen ms zur Verfügung steht, in den Shared Space zu schreiben und alle potentiellen Abnehmerkomponenten darüber zu benachrichtigen). Das grundlegende Ontologieproblem, sich auf ein gemeinsames „Vokabular"/ein gemeinsames Protokoll einigen zu müssen, können beide Ansätze nicht lösen.

5 Realisierung

Für eine plattformunabhängige Realisierung dieses Forschungskonzepts wurde als Entwicklungs- und Implementierungsumgebung Java gewählt, da Java bereits an vielen Stellen die objektorientierte Implementierung von Komponenten direkt unterstützt. Weiterhin wurde als Komponenten-Lader der in Java implementierte ChaiServer der Fa. Hewlett-Packard [3] gewählt, der das Laden der Komponenten sowie das Routing von Methodenaufrufen an die entsprechenden Komponenten unterstützt.

Um einen Zugriff auf die Systemhardware zu ermöglichen, der von Java nicht standardmäßig vorgesehen ist, müssen zusätzliche Klassen in das System gebracht werden. Diese werden ebenfalls über das Systemkonfigurationsmanagement überwacht und nur bei Bedarf in das Fahrzeug geladen.

Für das dynamische Verlagern der Komponenten ist es außerdem wichtig, diese wieder aus der Umgebung herausnehmen zu können, um die Ressourcen wieder frei zu machen. Dies wird ebenfalls durch den ChaiServer unterstützt. Durch die Implementierung in Java erreicht man eine hohe Plattformunabhängigkeit; Komponenten können in einer Komponentendatenbank in der Infrastruktur gespeichert und bei Bedarf in die entsprechenden Systeme geladen werden.

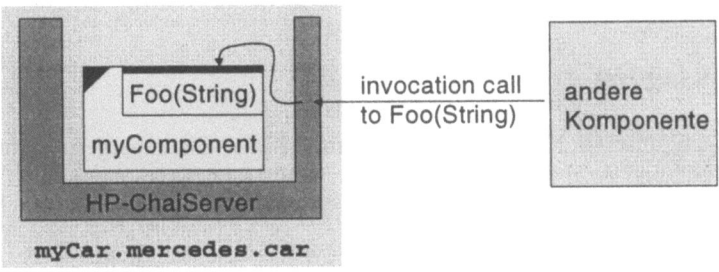

Abbildung 9: Aufruf einer Komponentenmethode

Methoden von Komponenten, die im Kontext des HP-ChaiServers laufen, werden mittels HTTP aufgerufen [7]. Die Verwendung von HTTP hat den Vorteil, daß es fast überall unterstützt wird und auch über Firewalls übertragbar ist. Allerdings muß man entsprechende Abstriche bei der Performance machen (die hier aber zunächst nicht weiter berücksichtigt wurde). Durch die bereits angesprochene Adressierung und Aufrufsyntax mittels URL erreicht man die gewünschte Ortstransparenz.

Abbildung 9 zeigt eine Beispielkomponente „myComponent", die auf der Maschine „myCar.mercedes.car" ausgeführt wird. Die Komponente stellt die Methode „Foo" zur Verfügung, die mit einem String-Argument aufgerufen wird. Das Ergebnis der Methode sei ein HTML-Dokument. Daraus ergibt sich die folgende Aufrufsyntax für diese Methode:

```
http://myCar.mercedes.car/myComponent?foo=html&String ="Hello"
```

6 Zusammenfassung und Ausblick

In diesem Beitrag wurde ein auf Komponenten basierendes Softwarekonzept vorgestellt, das eine flexible und dynamisch anpaßbare Umgebung für Dienste in Fahrzeugen bildet. Die objektorientierte Modellierung und die einfache Kombinierbarkeit der Komponenten durch ihre einheitlichen Remote-Interfaces erlauben es, rasch neue Dienste aufzubauen. Durch die zur Laufzeit stattfindende Verlagerung von Komponenten zwischen Fahrzeug und Infrastruktur wird es außerdem möglich, sich dynamisch ändernden Randbedingungen in der Infrastruktur anzupassen.

Weiterführende Untersuchungen müssen nun zeigen, wie weit ein derartiges Konzept sinnvoll umsetzbar ist. Dabei muß neben Leistungs- und Lastuntersuchungen (auch unter der Berücksichtigung von Echtzeitanforderungen an Dienste) als weiterer Aspekt die Zugangssicherheit in Betracht gezogen werden, die in diesem Beitrag nicht diskutiert wurde. Dies wird um so wichtiger, da durch das dynamische Laden von Komponenten externe Eingriffe in das Fahrzeug möglich werden. Unter diesem Aspekt muß auch der Ausfallsicherheit und der Zuverlässigkeit ein starkes Augenmerk gewidmet werden. Sind diese zusätzlichen Bedingungen erfüllbar, so ist mit dieser Architektur ein offenes, zukunftssicheres System realisierbar, das durch die Austauschbarkeit der Komponenten auch den Anforderungen der Zukunft gerecht wird.

7 Danksagung

Wir möchten unseren Kollegen Daniel Jiang, Klaus Eitzenberger, Tarun Jaiswal, Thomas Bock und Axel Fuchs für ihre befruchtenden Diskussionen und Kommentare danken. Besonderer Dank geht an Jeff Morgan von den HP Labs in Palo Alto, Kalifornien.

Dank gilt auch den anonymen Gutachtern, die dazu beigetragen haben, die Darstellung und Strukturierung dieses Berichts zu verbessern.

8 Literatur

[1] Albertson, Tom: „Best practices in distributed object application development: RMI, CORBA and DCOM", @ http://developer.com/news/techfocus/022398_dist1.htm, Feb.1998

[2] Chung, P.E. et al: "DCOM and CORBA Side by Side, Step by Step, and Layer by Layer", @ http://www.cs.wustl.edu/~schmidt/submit/Paper.html, Sept. 1997

[3] Hewlett-Packard: „HP ChaiServer: An overview" @ http://www.chai.hp.com/emso/pdf/chaiserverwp.pdf

[4] Hild, S; Robinson, P.: "Mobilizing Applications", *IEEE Personal Communications*, 4, No. 5, S. 26-34, 1997

[5] Jiang, D., Stuempfle, M.; Jameel, A.; Fuchs, A.: „Delivering Internet Based Services to Vehicles", Eingereicht bei *IEEE Internet Computing*, 1998

[6] Linda @ http://www.cs.yale.edu/HTML/YALE/CS/Linda/linda.html

[7] Morgan, J.: „The HEHAW Invocation Model", Broadband Information Systems Lab, Hewlett-Packard, Palo Alto, 1997

[8] Kiely, D.: „Are Components the Future of Software?", *IEEE Computer Magazine*, S. 10, Februar 1998

[9] Marchukov, M.: „Component Software Resources", @ http://www.cs.virginia.edu/~mvm3k/resources.html

[10] Sun Microsystems: „Java Beans", @ http://java.sun.com/beans/index.html

[11] Sun Microsystems: „Java Spaces", @ http://java.sun.com/products/javaspaces/specs

[12] Sun Microsystems: „Remote Method Iinvocation (RMI)" @ http://java.sun.com/products/jdk/rmi/index.html

[13] Vogel, A.; Duddy, K.; *Java Programming with CORBA*; John Wiley & Sons; 1997

Optimierung von Subnetzwechseln mit MobileIP

A. Fieger, J. Diederich, M. Zitterbart

Institut für Betriebssysteme und Rechnerverbund, TU Braunschweig
Email: {fieger|dieder|zit}@ibr.cs.tu-bs.de

Zusammenfassung Produkte zur drahtlosen Anbindung von mobilen Systemen an das Internet etablieren sich in jüngster Zeit zunehmend. Exemplarisch seien hier die Anbindung über GSM oder über drahtlose lokale Netze genannt. Für solche potentiell mobilen Systeme erfordert die Mobilität über mehrere Subnetze eine adäquate Unterstützung in der Vermittlungsschicht, beispielsweise durch MobileIP. Die durch einen Subnetzwechsel bedingten Unterbrechungszeiten steigen bei MobileIP linear mit der Entfernung der mobilen Station von ihrem Heimatsubnetz. In dieser Arbeit werden Verfahren vorgeschlagen, die die Unterbrechungszeiten signifikant reduzieren.

1 Einleitung

Kennzeichnend für die moderne Informationsgesellschaft ist neben den gestiegenen Anforderungen hinsichtlich der Übertragungsbandbreiten die Forderung nach Dienstgarantien und nach der Verfügbarkeit von Diensten auch für mobile Teilnehmer. Drahtlose Technologien der letzten Meile etablieren sich zunehmend. Nach proprietären Insellösungen verbreiten sich inzwischen zunehmend drahtlose lokale Netze, die konform zum dem IEEE 802.11 Standard sind. Auch im Bereich des zellularen Mobilfunks steigt die Bedeutung von Datendiensten beispielsweise bei General Packet Radio Service (GPRS).

Mobilität innerhalb eines Subnetzes wird von derzeit erhältlichen drahtlosen lokalen Netzen, z.B. WaveLAN [8], unterstützt. Soll Mobilität über Subnetzgrenzen hinaus realisiert werden, so kann dies durch MobileIP [7] erfolgen. MobileIP hat allerdings zur Folge, daß bei einem Subnetzwechsel die Kommunikationsbeziehung unterbrochen ist. Um auch Multimediaanwendungen zu unterstützen, sollte diese Unterbrechung möglichst minimiert werden. In diesem Zusammenhang muß untersucht werden, inwieweit der Einsatz von MobileIP Auswirkungen auf die QoS-Parameter Durchsatz, Delay und Verzögerungsjitter hat. Der Beitrag analysiert die bei einem Subnetzwechsel entstehenden Unterbrechungen und zeigt Mechanismen zu deren Verkürzung auf.

Der Beitrag ist inhaltlich wie folgt gegliedert. In Kapitel 2 werden die Basistechnologien der zum Verständnis notwendigen Protokolle und Ansätze, d.h. der indirekte Transportansatz und MobileIP, erläutert. Kapitel 3 beschäftigt sich mit den durch MobileIP bedingten Unterbrechungszeiten und präsentiert Mechanismen zur Verkürzung der Unterbrechungszeiten. Einer prototypische Implementierung und daran durchgeführte Messungen sind in Kapitel 4 beschrieben. In Kapitel 5 folgt eine Zusammenfassung.

2 Grundlagen

Mobile Systeme können sich sowohl innerhalb von Subnetzen als auch zwischen Subnetzen bewegen. Bei der Verwendung von MobileIP zur Anbindung mobiler System sind dedizierte Mechanismen zur Unterstützung von Subnetzwechseln erforderlich. Eine detaillierte Beschreibung dieser Mechanismen folgt in diesem Kapitel. Zuvor wird aber der dieser Arbeit zugrundeliegende indirekte Transportansatz in Kürze präsentiert.

2.1 Der Indirekte Transportansatz

Der sogenannte indirekte Transportansatz [1] unterteilt eine traditionell Ende-zu-Ende operierende Transportverbindung in mehrere über den einzelnen Teilstrecken operierende Verbindungen. Somit ist es möglich, über den einzelnen Teilstrecken speziell auf die Übertragungscharakteristika der jeweiligen Teilstrecken abgestimmte Transportprotokollmechanismen einzusetzen [5]. Die Kopplung der einzelnen Verbindungen erfolgt in einem sogenannten Transportgateway. Abb. 1 zeigt exemplarisch eine Unterteilung in zwei Transportverbindungen.

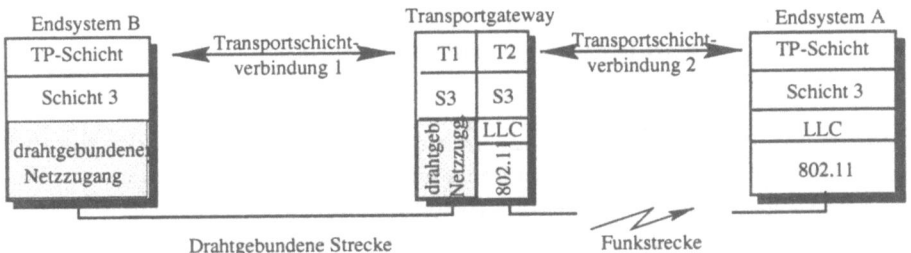

Abbildung 1. Indirekte Transport Verbindung

Der indirekte Ansatz ermöglicht eine schnellere Fehlerkorrektur, da verfälschte oder verlorene Datenpakete zwischen Transportgateway und mobilem System, d.h. nicht Ende-zu-Ende, erneut übertragen werden müssen. Um diesen Ansatz auch im Umfeld mobiler Systeme einsetzen zu können, sind geeignete Mechanismen zur Migration der auf dem Transportsystem gehaltenen Zustandsinformation der Transporschichtinstanzen notwendig. In diesem Zusammenhang ist die Zusammenarbeit dieses Ansatzes mit MobileIP von Interesse [4].

2.2 MobileIP

Funktionsweise von MobileIP

In dem von der IETF vorgeschlagenen MobileIP Ansatz [6], [7] werden zwei ausgewiesene Systeme neu eingeführt. Ein sogenannter Home Agent (HA) muß im Heimatsubnetz, d.h. in dem Subnetz, in dem ein mobiles System (MS) registriert ist, existieren. Darüber hinaus sollte in dem Subnetz, in dem sich das mobile System aktuell aufhält, ein Foreign Agent (FA) vorhanden sein. In [6] wird auch eine Betriebsart von MobileIP beschrieben, die ohne den FA im fremden Subnetz auskommt. Die in diesem Beitrag vorgestellten Untersuchungen konzentrieren sich auf ein Szenario mit FA. Dieser wird für die Unterstützung des indirekten Transportansatzes, der im Gestamtkontext des Projektes untersucht wird, benötigt.

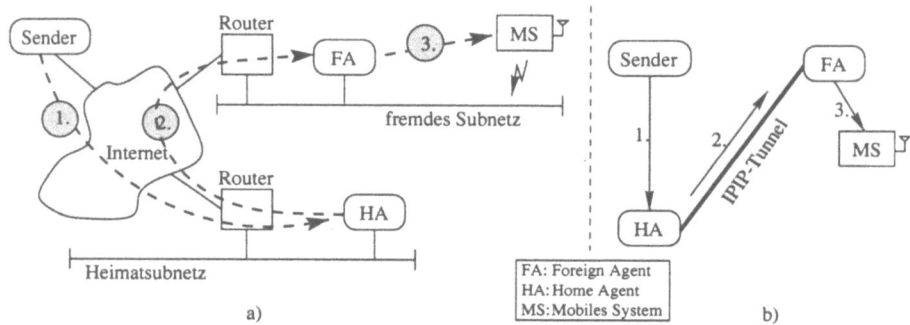

Abbildung 2. Architektur von MobileIP

Sendet ein stationäres System an ein mobiles System (MS), werden die Pakete vom IP-Routing in das Heimatsubnetz geroutet. Im Heimatsubnetz empfängt der Home Agent die für das mobile System bestimmten Pakete und leitet sie an den Foreign Agent des Subnetzes, in dem sich der mobile Teilnehmer aktuell befindet, weiter. Soll für das Weiterleiten auch das IP-Routing verwendet werden, so müssen für den Mobilteilnehmer bestimmte Datenpakete mittels eines sogenannten IPIP-Tunnels zum Foreign Agent übertragen werden. Die Pakete werden vom Home Agent mit einem zusätzlichen IP-Header versehen, d.h. in ein IP-Paket eingekapselt. Dieser zusätzliche Header wird beim Foreign Agent wieder entfernt. Das Zieladreßfeld des äußeren IP-Paketes enthält die Adresse des Foreign Agents. Abb. 2 zeigt auf der linken Seite ein Beispielszenario und auf der rechten Seite eine schematische Darstellung mit HA, FA und IPIP-Tunnel als den wesentlichen Komponenten.

Damit der HA Pakete zum jeweiligen FA tunneln kann, muß der HA über den aktuellen Aufenthaltsort eines mobilen Systems informiert sein. Dies erfolgt mittels einer sogenannten Registrierung. Im Falle eines Subnetzwechsels werden für das mobile System bestimmte Daten erst dann in das neue Subnetz geroutet, wenn die Registrierung erfolgreich abgeschlossen ist. Hierzu muß der Subnetzwechsel erkannt werden, eine neuer FA bestimmt und die Registrierung durchgeführt werden. Vom Erkennen des Subnetzwechsels bis zur Registrierung beim HA ist die Kommunikation unterbrochen. *Ziel* des vorliegenden Beitrages ist, Mechanismen zu untersuchen, die eine Verkürzung der Unterbrechungszeit ermöglichen. Im folgenden wird zunächst das Verhalten von MobileIP bei Subnetzwechseln analysiert.

MobileIP Unterbrechungen bei Subnetzwechseln

Die Unterbrechungszeit beim Subnetzwechsel setzt sich aus der Zeit zusammen, die vergeht, bis der Subnetzwechsel erkannt und daraufhin der neue FA bestimmt wurde, und der Zeit, die für die Registrierung beim Home Agent erforderlich ist.

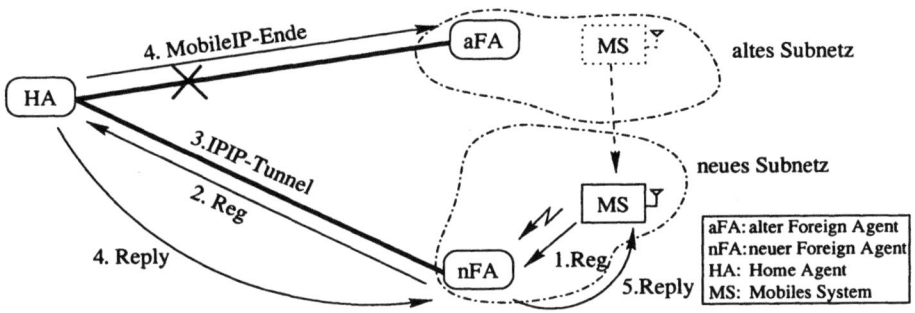

Abbildung 3. Wechsel des Subnetzes und FA

Abb. 3 skizziert den Wechsel eines mobilen Systems von einem alten in ein neues Subnetz.

In MobileIP senden Home Agents und Foreign Agents im Abstand von einer Sekunde per Multicast sogenannte *Advertisement* Meldungen. Empfängt eine mobile Station eine solche Meldung, so kann sie im Falle eines Subnetzwechsels an dieser Meldung erkennen, daß sie in ein anderes Subnetz gewechselt ist und somit eine neue Registrierung notwendig ist. In Abb. 3 enthält Meldung 1 diese Registrierung. Da die per Multicast übertragenen Advertisements nur jede Sekunde vom Agent gesendet werden, vergeht im schlimmsten Falle bis zu einer Sekunde, bis das mobile System die Notwendigkeit einer neuen Registrierung erkennt. Während dieser Zeit kann das System keine Daten empfangen. In Kapitel 3.1 wird ein Verfahren vorgestellt, das die Erkennung eines Subnetzwechsels erheblich beschleunigt.

Nachdem der neue Foreign Agent die Registrierung empfangen hat, leitet er sie an den Home Agent weiter, damit dieser den Tunnel entsprechend konfigurieren und daraufhin alle für das mobile System bestimmten Pakete zum neuen FA weiterleiten kann. Die Zeitdauer, die vergeht, bis erstmalig an das mobile System adressierte Pakete beim neuen FA eintreffen, ist direkt von der Paketlaufzeit zwischen Home Agent und neuem Foreign Agent abhängig. Je weiter Home Agent und Foreign Agent voneinander entfernt sind, umso länger dauert die Unterbrechung. Erst nachdem der Home Agent die neue Registrierung erhalten hat, leitet er die Pakete nicht mehr an den alten sondern an den neuen Foreign Agent weiter. In Kapitel 3.2 wird eine Modifikation an MobileIP vorgeschlagen, die die Unterbrechungszeiten signifikant verkürzt.

3 Konzepte zur Optimierung von Subnetzwechseln

3.1 Schnelles Agent Discovery

Kernidee dieses Ansatzes ist es, sich für die Erkennung eines Subnetzwechsels nicht auf die von den Agents ausgesendeten Advertisements zu verlassen. Stattdessen wird davon ausgegangen, daß die mobile Station auf Grund der von verschiedenen Basisstationen empfangenen Signale erkennen kann, von welcher Basisstation sie das beste Empfangssignal erhält und sich dann auch bei dieser Basisstation anmeldet. Das mobile System erkennt somit den Zeitpunkt eines Wechsels der Basisstation. Wird MobileIP über den Basisstationswechsel informiert, so ermittelt das mobile System per ICMP Nachricht im aktuellen Subnetz einen Agent, der als Foreign Agent fungieren will. Antwortet der Agent, der auch vor dem Funkzellenwechsel als Foreign Agent arbeitet, so hat die Mobilstation innerhalb desselben Subnetzes die Basisstation gewechselt, d.h. eine neue Registrierung beim Home Agent ist nicht erforderlich. Antwortet dagegen ein anderer Foreign Agent, so muß MobileIP eine entsprechende neue Registrierung beim Home Agent veranlassen. Durch das sogenannte schnelle Agent Discovery vergehen bis zur Anmeldung der mobilen Station beim neuen Foreign Agent ca. 20 ms anstatt wie oben erwähnt schlimmstenfalls 1000 ms und im Mittel 500 ms. Die Erkennungszeit kann also um eine Größenordnung reduziert werden. Die Unterbrechung, die durch die Laufzeiten der Registrierungen vom Foreign Agent bis zum Home Agent bedingt sind, lassen sich durch dieses Verfahren allerdings nicht reduzieren. Hierzu kann das im nächsten Abschnitt beschriebene Fast Forwarding Verfahren eingesetzt werden.

3.2 Das Fast Forwarding Protokoll

Um die durch die langen Laufzeiten zwischen HA und FA Agent bedingten Nachteile zu vermeiden, wird in [2] vorgeschlagen, sogenannte Domain Foreign Agents zu verwenden. Eine Domäne könnte beispielsweise ein Universitätsnetz sein. Wechselt ein mobiler Teilnehmer das Subnetz, aber nicht die Domäne, so muß lediglich der Domain Foreign Agent, aber nicht der Home Agent informiert werden. Somit lassen sich die Unterbrechungszeiten reduzieren.

Der im Rahmen dieser Arbeit verfolgte Ansatz erfordert hingegen keine weiteren speziellen Systeme in der Architektur von MobileIP. Beim Fast Forwarding Protokoll wird der alte Foreign Agent über den Subnetzwechsel und einen neuen FA informiert. Der alte Foreign Agent liefert in diesem Falle die für das mobile System bestimmten Pakete nicht im Subnetz aus, sondern leitet sie mittels Tunneling an den neuen Foreign Agent weiter. Man kann davon ausgehen, daß sich der alte und der neue Foreign Agent geographisch nahe beieinander befinden. Somit ist eine schnelle Übertragung der Registrierungsnachricht vom neuen an den alten Foreign Agent und die schnelle Einrichtung des Forwarding Tunnels sichergestellt. Wird bei jedem Subnetzwechsel statt des unter Umständen weit entfernten Home Agents der geographisch nahe alte Foreign Agent informiert, so lassen sich die dadurch bedingten Unterbrechungen deutlich reduzieren.

Abweichend von dem in Abb. 3 skizzierten Szenario wird in Abb. 4 lediglich ein Forwarding Tunnel zwischen dem alten und dem neuen Foreign Agent etabliert. Für die Einrichtung eines Tunnels vom alten Foreign Agent zum neuen Foreign Agent ist lediglich ein Nachrichtenaustausch zwischen diesen beiden Agents notwendig. Auf Grund der geographischen Nähe dieser beiden Systeme kann der Tunnel ohne wesentliche Verzögerung eingerichtet werden.

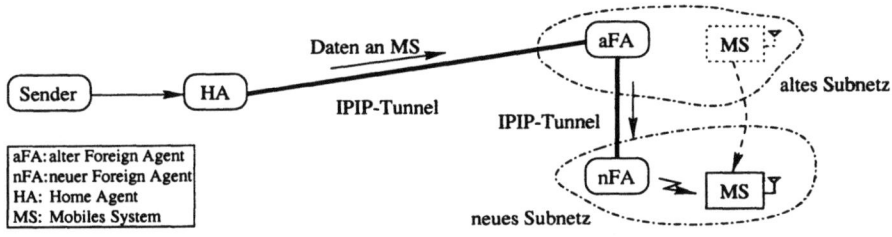

Abbildung 4. Fast Forwarding

Wechselt das mobile System mehrmals hintereinander in immer andere Subnetze, so bildet sich eine Kette von Forwarding Tunneln. In Abhängigkeit der Länge dieser Kette kann es unter Umständen sinnvoll sein, eine erneute direkte Registrierung beim Home Agent vorzunehmen. Eine Strategie hierfür ist Gegenstand weiterer Untersuchungen.

Darüber hinaus ist auch die Situation zu betrachten, daß ein mobiles System sich bei einem Foreign Agent anmeldet, der bereits in der Forwardingkette ist. In Abb. 5 war das mobile System nacheinander bei den Foreign Agents 1.FA, 2.FA, FFA und aFA registriert. Wechselt das System vom aFA zum 2.FA, so wird dieser zum neuen FA (nFA). Eine Schleifenauflösung ist in diesem Fall erforderlich. Der nFA kann die für das mobile System bestimmten Daten direkt ausliefern. Die Forwarding Tunnel zwischen nFA, FFA und aFA sind nicht mehr erforderlich.

4 Prototypische Implementierung und Messungen

Um die im letzten Abschnitt beschriebenen Konzepte in der Praxis zu überprüfen, wurden sie in eine prototypische Implementierung umgesetzt [3].

4.1 Prototyp

Abbildung 6 zeigt das zugrundeliegende Szenario. Der HA is an ein 100 Mbit/s Fast Ethernet angeschlossen, bei den beiden fremden Subnetzen handelt es sich

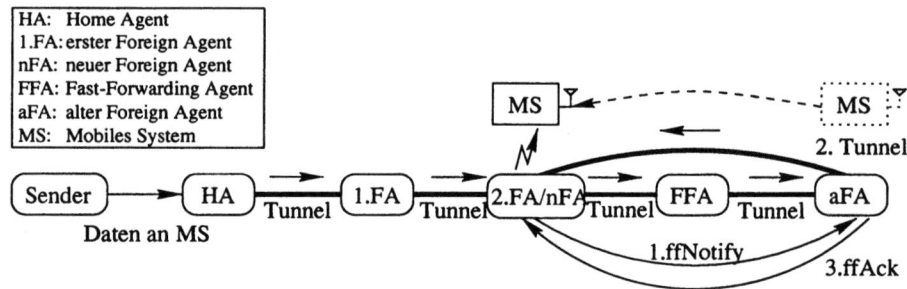

Abbildung 5. Fast Forwarding Kette

um 10 Mbit/s Ethernet Netze. Die Funkanbindung des mobilen Systems ist mittels eines drahtlosen WaveLan Netzes [8] mit 2 Mbit/s realisiert. Die Foreign Agents sind direkt auf den Routern, die die Subnetze miteinander verbinden, realisiert.

Die Basisstationen und das mobile System befinden sich in einem Raum, d.h. Übertragungsfehler auf dem Funkkanal spielen für die Messungen keine Rolle. Basisstationswechsel und somit auch Subnetzwechsel werden durch Modifikationen an den Treibern nachgebildet. Sie lassen sich somit deterministisch reproduzieren.

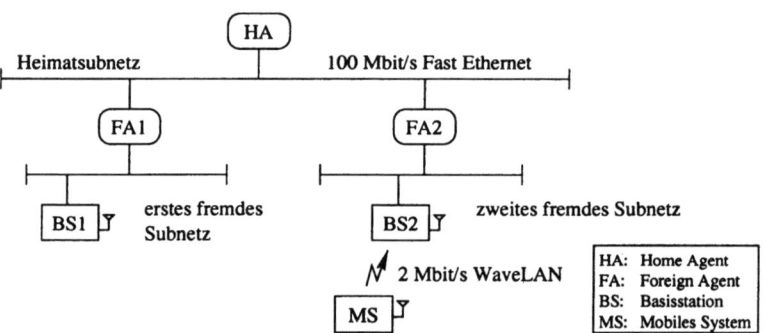

Abbildung 6. Testumgebung

Um mit diesem Szenario auch Weitverkehrsszenarien nachbilden zu können, wurden in den Kernel der Router, die das Heimatsubnetz mit dem jeweiligen fremden Subnetz verbinden, zusätzliche Verzögerungen eingebaut. Es werden lediglich IP-Pakete verzögert, deren Quelle oder deren Ziel das Heimatsubnetz ist. Pakete, die von einem fremden Subnetz in das andere fremde Subnetz übertragen werden, erfahren keine Verzögerung. Zwischen Heimatsubnetz und fremdem Subnetz übertragene Packet werden jeweils um 100 ms verzögert. Somit ergibt sich eine Umlaufzeit von 200 ms.

Das mobile System, der Home Agent und die beiden Foreign Agents sind jeweils Linux 2.1.97 basierte PC-Systeme. Die Implementierung des schnellen Agent Discovery erforderte Modifikationen am WaveLAN Linux Treiber des mobilen Systems. Der modifizierte Treiber wertet die von den Basisstationen ausgesandten Beacons aus und trifft auf Basis dieser Information die Entscheidung, ob ein Basisstationswechsel notwendig ist. Generell, wird nach einem Basisstationswechsel ein Signal an MobilIP geschickt, das daraufhin untersucht, ob ein Subnetzwechsel stattgefunden hat. Gegebenenfalls wird dann von MobileIP eine neue Registrierung vorgenommen.

4.2 Schnelles Agent Discovery

Vermessung des schnellen Agent Discovery Ansatzes haben ergeben, daß mittels dieses Ansatzes eine schnelle Registrierung beim neuen Foreign Agent möglich ist. Vom Erkennen eines Basisstationswechsel im WaveLan Treiber bis zu der von MobileIP veranlaßten Registrierung beim neuen Foreign Agent vergehen ca. 20 ms.

Zur erfolgreichen Registrierung sind drei Nachrichten erforderlich, zwei ICMP Nachrichten zur Bestimmung des FA und eine Registrierungsnachricht. Geht eine dieser Nachrichten verloren oder wird sie verzögert, so verzögert sich auch die Registrierung und damit verlängert sich die Unterbrechungszeit. Insbesondere unter hoher Last im WaveLAN Netz konnten längere Registrierungszeiten beobachtet werden. Würde man den Registrierungsnachrichten eine höhere Priorität zuordnen, so ließen sich auch im Falle hoher Last Unterbrechungszeiten von 20 ms erreichen. Eine derartiger Priorisierungsmechanismus wird von WaveLAN allerdings nicht unterstützt.

4.3 Fast Forwarding

Um den Nutzen des Fast Forwarding Ansatzes zu untersuchen, werden sowohl UDP als auch TCP Datenströme betrachtet. Das zuvor beschriebene schnelle Agent Discovery kommt zum Einsatz.

UDP Datenstrom

Eine auf dem Home Agent laufende Anwendung erzeugt einen 64 kbit/s Audio-Datenstrom. Dieser Datenstrom wird in UDP Paketen, die 160 Bytes Autiodaten enthalten, zum mobilen System übertragen. Vom Sender wird alle 20 ms ein Datenpaket an das Netzwerk übergeben. Im stationären Fall, d.h. falls das mobile System das Subnetz nicht wechselt, empfängt es auch alle 20 ms ein Audiodatenpaket. Besonderes Augenmerk bei den folgenden Betrachtungen liegt auf den Zeitpunkten, zu denen das mobile System das Subnetz wechselt.

Abb. 7 zeigt auf der linken Seite das Szenario ohne Fast Forwarding auf der rechten Seite dasjenige mit Fast Forwarding. Auf der x-Achse ist jeweils die Zeitdauer seit dem Start der Messung aufgetragen, auf der y-Achse die Zeit, die seit dem Empfang des letzten Audiopaketes vergangen ist.

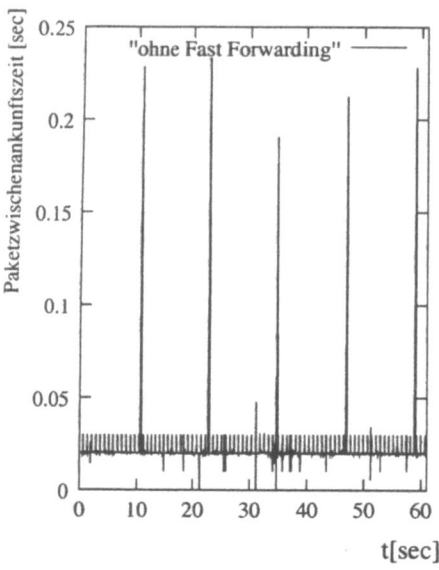 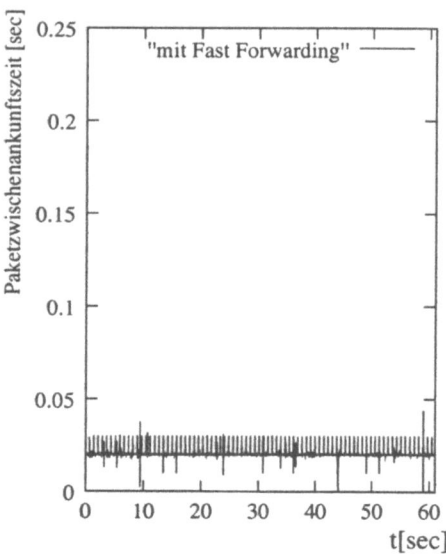

Abbildung 7. UDP Datenstrom

Es ist deutlich zu erkennen, daß bei der Variante ohne Fast Forwarding nach Subnetzwechseln für ca. 200 ms bis 230 ms die Verbindung unterbrochen ist, d.h. keine Audiopakete von der mobilen Station empfangen werden können. Ursache hierfür ist die Paketlaufzeit zwischen dem Foreign Agent und dem Home Agent. Es ergibt sich somit beim Ansatz ohne Fast Forwarding minimal eine Unterbrechung des Datenstroms von der Dauer einer RTT.

Kommt hingegen das Fast Forwarding zum Einsatz, so müssen lediglich der neue FA und der alte FA über den Subnetzwechsel des mobilen Systems informiert werden. Auf der rechten Seite von Abb. 7 ist deutlich zu erkennen, daß trotz Subnetzwechseln keine nennenswerten Unterbrechungen im Datenstrom und damit Datenverluste zu beobachten sind.

Die in Abbildung Abb. 7 erkennbare Schwankung der Paketzwischenankunftszeiten im Bereich zwischen 20 ms und 30 ms ergibt sich durch den künstlich eingefügten Delay auf den Routern. Betriebssystembedingt beträgt die minimale Granularität 10 ms, d.h. Delayschwankungen von bis zu 10 ms sind möglich.

TCP Datenstrom

Sowohl der Sender als auch der Empfänger verwenden selektive Bestätigungen in der TCP-Instanz. Auf dem Home Agent erzeugt eine Anwendung alle 10 ms Nutzdaten der Größe 1000 Bytes und übergibt diese an TCP zur Übertragung zum mobilen System. Ohne durch Subnetzwechsel bedingte Unterbrechungen steigt die erfolgreich übertragene Datenmenge linear mit der Zeit, da Übertragungsfehler wegen der räumlichen Nähe der Basisstationen und des mobilen Systems zu vernachlässigen sind.

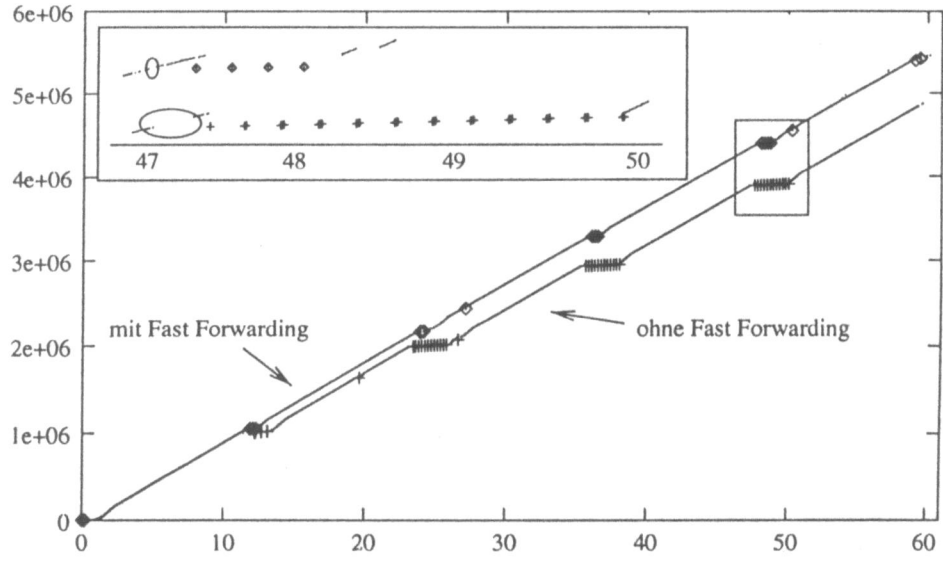

Abbildung 8. TCP Datenstrom

Abb. 8 zeigt die Sequenznummernentwicklung für den Fall, daß alle 12 sec ein Subnetzwechsel stattfindet. Auf der x-Achse ist die seit dem Start der TCP-Verbindung vergangene Zeit aufgetragen. Die y-Achse repräsentiert die Sequenznummer, der vom mobilen System empfangenen TCP-Pakete. Die Sequenznummer eines empfangenen Paketes wird durch einen Punkt dargestellt. Übertragungswiederholungen sind durch ein Quadrat (Fast Forwarding) bzw. ein Kreuz (kein Fast Forwarding) kenntlich gemacht.

Kommt das Fast Forwarding Verfahren zum Einsatz, so ergibt sich im beschriebenen Szenario nach 60 Sekunden ein um ca. 10 Prozent höherer Durchsatz als beim Verzicht auf das Fast Forwarding. Ursache für den relativ geringen Performancegewinn ist das Verhalten von TCP während bzw. kurz nach den durch die Subnetzwechsel bedingten Unterbrechungen. Abb. 8 zeigt hierzu einen Detailausschnitt der Sequenznummernentwicklung im Zeitraum von t=47 bis t=50. Deutlich zu erkennen ist, daß die durch Ellipsen kenntlich gemachte Dauer der durch MobileIP bedingten Unterbrechung, bei der Variante mit Fast Forwarding signifikant kürzer ist als bei der Variante ohne Fast Forwarding. Als unmittelbare Folgen gehen 4 bzw. 21 TCP-Datenpakete während der Unterbrechung verloren.

Die notwendigen Übertragungswiederholungen sind im Detail in der Ausschnittsvergrößerung von Abb. 8 dargestellt. Kommt das Fast Forwarding Verfahren zum Einsatz, so werden die vier Pakete mittels der Fast Recovery Strategie wiederholt. Nach der durch den Subnetzwechsel bedingten Unterbrechung von ca. 20 ms, generiert die TCP Instanz im Empfänger Duplikate Acknowledgements, die nach 100 ms beim Sender eintreffen. Der Sender wiederholt daraufhin das entsprechende Paket und reduziert das Lastkontrollfenster um den Faktor zwei. Nach weiteren 100 ms, d.h. 200 ms nach Ende der Unterbrechung, trifft das wiederholte Paket beim Empfänger ein. Das reduzierte Lastkontrollfenster kann dazu führen, daß für die selektive Übertragungswiederholung von Paketen kein Kredit mehr verfügbar ist. In diesem Falle wird genau ein Paket pro Paketumlaufzeit wiederholt und somit die erneute Übertragung unnötig lange verzögert. Der dargestellte Sequenznummernverlauf zeigt allerdings deutlich, daß nach der ersten Übertragungswiederholung nicht wiederholte Datenpakete übertragen wurden. Obwohl der Sender eigentlich durch die selektiven Bestätigungen hätte erkennen müssen, daß weitere drei Übertragungswiederholungen notwendig sind, überträgt er andere Datenpakete. Dieses Verhalten des linux 2.1.97 Kernels, neue Pakete bevorzugt vor zu wiederholenden Paketen zu übertragen, erscheint fragwürdig.

Die untere Kurve im Detailausschnitt zeigt den Sequenznummernverlauf, falls auf die Fast Forwarding Strategie verzichtet wird. Die Unterbrechung von ca. 200 ms bewirkt, daß das erste fehlende Datenpaket nicht mittels Fast Recovery wiederholt werden kann, sondern beim Sender ein Timeout erfolgt. Als unmittelbare Folge davon setzt der Sender das Lastkontrollfenster auf 1. Während des nachfolgenden Slowstarts wird das Fenster exponentiell geöffnet. In Abb. 8 enthält der erste Burst wiederholter Pakete ein Paket, der zweite zwei Pakete und alle weiteren Bursts vier Pakete. Das Lastkontrollfenster wird im beschriebenen Szenario nicht über die Größe vier hinaus geöffnet, da ein Burst jeweils nur 2 neue Datenpakete und 2 Übertragungswiederholungen enthält.

Die Fast Forwarding Strategie bietet hinsichtlich des Verhaltens von TCP somit den wesentlichen Vorteil, daß Übertragungswiederholungen mittels Fast Recovery erfolgen können, wohingegen beim Verzicht auf die Fast Forwarding Strategie Timeouts die Übertragungswiederholung veranlassen. Die Fast Forwarding Strategie kann somit einen Slow Start von TCP vermeiden helfen, der sich ansonsten ergeben würde. Insbesondere bei großen Paketumlaufzeiten läßt sich dieses Verfahren sinnvoll einsetzen.

Beide beschriebenen Strategien haben einen Start der Lastkontrolle, d.h. ein Verkleinern des Lastkontrollfensters, von TCP zur Folge, obwohl lediglich eine temporäre Verbindungsunterbrechung und keine Überlastsituation vorliegt. Da die Geschwindigkeit der Öffnung des Lastkontrollfensters von der Paketumlaufzeit abhängig ist, ergeben sich vor allem in Weitverkehrsszenarien Durchsatzeinbußen. Der in Kapitel 2.1 beschriebene indirekte Transportprotokoll Ansatz läßt sich hier gewinnbringend einsetzen. Bedingt durch die kurze Paketumlaufzeit zwischen dem Transportgateway und dem mobilen System würde sich ein schnelles Öffnen des Lastkontrollfensters ergeben. Darüber hinaus bietet der indirekte Ansatz auch die Möglichkeit, ein neuartiges Transportprotokoll über der drahtlosen Teilstrecke zu verwenden, das auf temporäre Verbindungsunterbrechungen, beispielsweise bedingt durch Subnetzwechsel, nicht mit einer Lastreduktion reagiert.

5 Zusammenfassung

Ziel dieser Arbeit war es, die durch MobileIP bedingten Unterbrechungen nach einem Subnetzwechsel eines mobilen Systems zu untersuchen. Für die Unterbrechungen sind zwei Mechanismen verantwortlich. Zum einen muß der Subnetzwechsel erkannt werden, zum anderen muß ggf. durch mobileIP eine neue Registrierung beim Home Agent vorgenommen werden. Das in [6] beschriebene Verfahren zur Erkennung eines Subnetzwechsels hat Unterbrechungen bis zu 1000 ms zur Folge. Die Zeitdauer bis zum Abschluß einer erfolgreichen Registrierung steigt linear mit der Paketumlaufzeit zwischen Home Agent und mobilem System.

Das in dieser Arbeit vorgeschlagene *Schnelle Agent Discovery* Verfahren Verfahren ermöglicht die Erkennung eines Subnetzwechsels innerhalb von 20 ms. Kernidee hierbei ist es, nach jedem Basisstationswechsel zu untersuchen, ob ein Subnetzwechsel stattgefunden hat. Das sogenannte *Fast Forwarding* Verfahren reduziert die durch die Registrierung bedingten Unterbrechungen. Anstatt eine Neuregistrierung vorzunehmen, wird ein Forwarding Tunnel zwischen dem alten und dem neuen Foreign Agent etabliert. Die durch die Registrierung bedingte Unterbrechung reduziert sich ebenfalls auf ca. 20 ms.

Messungen haben ergeben, daß sich für UDP Datenströme die vorgeschlagenen Verfahren sinnvoll einsetzen lassen und die Unterbrechungszeiten signifikant reduziert werden können. TCP Datenströme profitieren nicht in dem Maße von den vorgeschlagenen Verfahren wie UDP Datenströme, da die Unterbrechung fälschlicherweise als Stausituation interpretiert wird.

Literatur

1. A. Bakre und B.R. Badrinath. I-TCP: Indirect TCP for Mobile Hosts. Proceedings of 15th International Conf. on Distributed Computing Systems (ICDCS), May 1995.
2. Ramon Caceres und Venkata N. Padmanabhan. Fast and Scalable Handoffs for Wireless Internetworks. Proceedings of ACM MobiCom 96, Rye, NY, November 1996.
3. Jörg Diederich. Ressourcenreservierung für Mobile Systeme. Diplomarbeit, TU Braunschweig, 1998.
4. A. Fieger und M. Zitterbart. Evaluation of Migration Support for Indirect Transport Protocols. 2nd Global Internet Conference in conjunction with Globecom'97, Phoenix, Arizona, USA, November 1997.
5. A. Fieger und M. Zitterbart. Transport Protocols over Wireless Links. Proceedings of 2nd IEEE Symposium on Computer and Communications (ISCC'97), Alexandria, Egypt, July 1997.
6. C. Perkins. IP Mobility Support. RFC 2002, October 1996.
7. Charles E. Perkins. Mobile Networking through Mobile IP. IEEE Internet computing, January 1998 1998.
8. WaveLAN Air Interface Data Manual. Lucent Technologies, Bell Labs Innovations, April 1997.

Mobile Agents as an Architectural Concept for Internet-Based Distributed Applications
– The WASP Project Approach –

Stefan Fünfrocken, Friedemann Mattern

Department of Computer Science, Darmstadt University of Technology
Email: {fuenf,mattern}@informatik.tu-darmstadt.de

Abstract. After introducing the concept of mobile agents and potential application domains, we motivate why mobile agent technology is an interesting concept for large Internet-based system structures. We then describe the Java-based WASP agent environment which integrates agent execution platforms into WWW servers and thus promotes a world wide infrastructure for mobile agents. We sketch first prototype applications, and we mention some unique aspects of the WASP project such as fully transparent migration of Java objects. Finally we report on some experiences we gained when realizing our mobile agent system.

1 Mobile Agents

Mobile agents are software processes which can autonomously migrate from one host to another during their execution. While roaming the Internet or a proprietary intranet and visiting other machines, they do some useful work on behalf of their owners or originators.

By transmitting executable programs between (possibly heterogeneous) machines, agent-based computing introduces an important new paradigm for the implementation of distributed applications in an open and dynamically changing environment. This paradigm can even be understood as an *architectural concept* for the realization of distributed systems. It is particularly well-suited if adaptability and flexibility are among the main application requirements.

From the point of view of classical client-server computing, which nowadays is the prevalent architectural model for distributed systems, mobile agents can be seen as an extension or generalization of the well-known remote procedure call (RPC) principal. But whereas in the RPC case merely data is moved from the client to a procedure that already resides on the server (and the client usually remains idle while the remote procedure is executed), in an agent-based framework the client dispatches an agent which travels to the server and performs its task there by interacting locally with the server's resources.

Hence, mobile agents (which can be understood as an elaborated form of mobile code [4]) are able to emulate remote procedure calls, but more importantly, they also allow for much more flexible and dynamic structures than traditional systems based on the client-server paradigm. Compared to lower level mechanisms such as RPC or simple message passing, the use of mobile agents for distributed applications has several potential benefits:

- *Asynchronous task execution*: While the agent acts on behalf of the client on a remote site, the client may perform other tasks.
- *More dynamics*: It is not necessary to install a specific procedure at a server beforehand and to anticipate specific service request types; a client or a service provider may send different types of agents (e.g., realizing new service handlers) to a server without the need to reconfigure the server.
- *Reduced communication bandwidth*: If vast amounts of server data have to be processed (e.g., weather data) and if only a few relevant pieces of information have to be filtered out, it is more economical to transfer the computation (i.e., the agent) to the data than to ship the data to the computation.
- *Improved real time abilities*: Agents acting locally on a remote site may react faster to remote events than if these events and reactions to them have to be communicated between the remote machine and a central entity.
- *Higher degree of robustness*: A dispatched agent may be instructed how to deal with potential problems such as unavailable servers (e.g., go to alternate sources or retry at some later time). Although mobility introduces new failure cases, in general fault tolerance is promoted because a mobile agent has the potential to react dynamically to adverse situations.
- *Improved support of nomadic computing and intermittently connected devices*: Instead of being online for a longer period, a mobile user may develop an agent request while being disconnected, launch the agent during a brief connection session, and receive back the agent with the result at some later time.

Several academic research projects (e.g., [1, 8, 12]) explore the mobile agent paradigm, and several commercial systems (e.g., Aglets [9], Voyager [13], Concordia [14]) have been introduced recently. Most of these systems are based on Java for the programming of agents, but they largely differ in their migration and security models and most importantly in the support and services they provide for the agents. Some aspects of our own mobile agent project WASP ("Web Agent-based Service Providing") [5, 6] will be presented further down in Section 5.

2 Applications with Mobile Agents

Compared to traditional distributed computing schemes, mobile agents promise (at least in many cases) to cope more efficiently and elegantly with a dynamic, heterogeneous, and open environment which is characteristic for today's Internet. Hence, mobile agents can be useful in many applications.

Certainly, *electronic commerce* is one of the most attractive areas in that respect: a mobile agent may act (on behalf of a user or owner) as a seller, buyer, or trader of goods, services, and information. Accordingly, mobile agents may go on a shopping tour in the Internet: they may locate the best or cheapest offerings on WWW servers, and when equipped with a negotiation strategy, they may even do business transactions on behalf of their owners.

Another general application domain is *searching for information* in the Internet or information retrieval in large remote databases when queries cannot be anticipated: Agents may incorporate an implementation of a specific search query (i.e., a retrieval procedure) and thus allow for semantic information compression by remote filtering of data. In particular, collecting information spread across many sites and performing some kind of transactions when appropriate information is encountered, is a useful application for mobile agents.

Monitoring is also a typical application domain: Agents can be sent out to wait for certain events or certain kinds of information to become available and then react appropriately (e.g., by buying shares on a stock market host). Similarly, mobile agents may also be used for the automation of many tasks in *network configuration and management* (e.g., for remote diagnosis). Agents may install software on remote machines, or they may personalize remote devices and services.

Other uses of agent technology include *workflow management systems* and *groupware applications*: Active documents that contain semantic routines to process their content may be realized by agents which travel to appropriate places in an organization. One last example of a potential application area is *entertainment*: Mobile agents may enable distributed multi-user games, they may locate persons with a similar interest, and they may represent a player on a game host.

In general, mobile agents seem to be a promising technology for the emerging open Internet-based service market. They are well-suited for the personalization of services, and dynamic code installation by agents is an elegant means to extend the functionality of existing devices and systems. Agent technology therefore enables the rapid deployment of new and value-added services.

However, in order to become a widely accepted technology in practice, some problems remain to be resolved. The most important aspects are probably security concerns (protecting hosts from malicious agents, but more crucially also protecting agents and agent-based applications from malicious hosts) [3]; but interoperability with other systems, coordination and communication aspects, and the management of large societies of mobile agents also pose interesting challenges.

3 Mobile Agents for Internet-based System Structures

The emerging Internet-based electronic commerce infrastructure is several orders of magnitude larger than most traditional distributed systems [2]. Furthermore, these systems have to be highly flexible and have to cope with a number of challenging properties: Connectivity between nodes in the Internet is highly variable, mobility (which entails frequent and prolonged disconnections) plays an ever increasing role, and embedded systems and devices with limited resources and dynamic behavior (such as smartcards) are being integrated into these systems.

Conventional system architectures like remote procedure calls which were designed several years ago (i.e., before the WWW phenomenon) with a more static and reliable system structure in mind, may not be well suited for large Internet-based applications. Mobile agent technology, when combined with more traditional mechanisms in an appropriate way, enables architectural concepts (such as function shipping, 'call by visit', or code on demand) that deal much better with these conditions. Furthermore, mobile agents are a higher-level abstraction than messages or procedure calls, their inherently distributed nature often provides a natural view of a distributed system, and they seem to enable structures in a networked environment that fit more naturally with the real world.

It should also be noted that software agents, which bring together the two concepts "process" and "object", are interesting building blocks for flexible system architectures, even if they are not always mobile. In fact, *stationary* or permanently resident agents are probably as important as mobile agents: They encapsulate autonomous activities in a stronger way than classical objects, they communicate with other (mobile) agents via the same protocols and interfaces, and together with mobile agents they provide a uniform way to structure large distributed systems.

Since the dynamic creation of agents is a basic functionality of typical agent systems, agents are also an ideal mechanism to enable parallel processing. A typical example would be a search agent that sends out child agents to visit multiple machines in parallel. Of course, mechanisms to control the high degree of dynamism of such agent-enabled parallel computations then become a necessity.

In order to make use of existing distributed system functionality, it would be desirable to have interoperability mechanisms that connect agent platforms to middleware concepts like CORBA or emerging Internet infrastructures like Jini. In fact, the OMG recently proposed MASIF (Mobile Agent Systems Interoperability Facilities), a standard that deals with interoperability issues between different agent systems and CORBA services [11].

The ubiquitous availability of agent environments is a necessity for any successful usage of the mobile agent paradigm. The deployment of the mobile agent infrastructure, however, should not impose much overhead (such as the installation of a whole CORBA system). In our opinion, the only way to promote fast dissemination of mobile agent platforms is the usage of a well established and widely used technology: the World Wide Web.

However, in contrast to just using Web technology, a more interesting idea seems to be the integration of mobile agents and the WWW by enabling WWW servers to host mobile agents. WWW servers are ideal places for mobile agents, since most of the accessible data and electronic commerce shops in the Internet reside on WWW servers. Furthermore, almost every user has a WWW browser which can be used to communicate and control mobile agents running on WWW servers, and which could even serve as a home base for personal mobile agents. Our WASP project (see Section 5) builds upon this idea of using agent technology in conjunction with the WWW – by extending (and not just using) the WWW we aim at providing a ubiquitous mobile agent platform.

4 Infrastructure for Mobile Agents

In an agent-based computing scenario, hosts must provide a kind of a "docking station" for mobile agents which acts as a local environment or *agent platform*. Such a platform is responsible for launching, receiving, and providing residence to agents, and it has to provide the necessary services, resources, and runtime support. It may also act as a meeting point for agents or even provide a trusted computing base (e.g., a hardware-based secure execution environment). The main tasks of a local agent platform can be summarized as follows:

– *Mobility support*: Arriving agents have to be installed and registered, and the code together with the state of agents that want to migrate to other hosts has to be packed together and sent over the network.

- *Resource management*: Agents have to express their resource requirements (e.g., memory, cpu share, communication bandwidth) and the agent platform has to check authorizations, quotas, and also act as a firebreak against monopolization or excessive use of resources.
- *Execution support*: Agents must have access to runtime libraries and services. The agent platform should also support the creation of new agents.
- *Communication support*: Agents should be able to communicate with other locally residing agents, but also with remote agents and with their owner or creator. For that, the agent environment should support standard communication mechanisms and protocols.
- *Directory and information service*: Agents must be able to check the availability of services and they should also be able to learn about the local presence of other agents. They might also expect help in localizing remote agents.
- *Security support*: An agent platform must ensure the privacy and integrity of agents and its own infrastructure. For that, it needs means for encryption and decryption of agent code, and it must provide authentication, authorization, and access control mechanisms.
- *Event delivery service*: The information about pertinent events has to be conveyed to agents which have expressed an interest.
- *Support for fault tolerance*: Correct and reliable execution of agents should be guaranteed even when partial failures (e.g., missing resources, unreachable migration goal) occur.

Besides these mainly local tasks of an agent environment, there are tasks which require cooperation among several distributed agent platforms and hence necessitate standard protocols and interfaces. Examples of such generic global services are the localization of agents, forwarding of messages, and brokering facilities. Management of whole agent societies (e.g., finding lost agents or termination of agents that went astray) is also a global (and non-trivial) task of an agent infrastructure.

Certain application classes may require that agent platforms provide further, more specific services. An example of such services is support of application frameworks (e.g., for electronic cash). To support such frameworks, agent platforms should allow an easy integration of application specific resources and services.

One additional feature of a mobile agent platform not directly associated with its core functionality is the provision of agent programming functionality. Experienced agent programmers but also casual users might want support to tailor the behavior of an agent to their special needs or habits.

5 The WASP Mobile Agent Platform

To study the effects, benefits, and challenges of the mobile agent paradigm, and to experiment with some novel features, we designed and implemented our own mobile agent platform. The WASP platform (Web Agent-based Service Providing) provides most of the services and tasks described in the previous section, in particular support for resource management, mobility, agent execution, communication, and security. It is unique in the way it achieves theses tasks by relying on established Java distributed computing concepts and, more importantly, by integrating agent environments into WWW servers with the help of server extension modules. As an additional benefit of relying on the well-established WWW infrastructure, the WASP platform may easily be deployed in the Internet. In contrast to other mobile agent projects that make use of the WWW (e.g., [10]), we are not just using the HTTP protocol for agent transfer or control, but we integrate the new technology into the WWW by offering a module that can be combined with existing WWW severs, and by giving agents access to the local data of a host through a web-like interface.

Our primary intention was not to realize a complete general purpose agent platform, but to develop the platform, application scenarios, and concrete applications (starting with some modest prototypes) in parallel. Using this evolutionary approach we want to gain experience and learn about essential features of an agent environment. In contrast to other projects [1, 9, 12] which aim at providing a general mobile agent environment, we decided to develop a platform tailored to an application domain which in our opinion should offer the best chances for a wide range of mobile agent enhanced applications: electronic commerce on the WWW.

With respect to electronic commerce as our primary application domain, and in order to promote a seamless WWW integration, we emphasized the following points in the WASP project:

– Provision of identical access mechanisms to local WWW resources for users (e.g., via a WWW browser) and agents that act on behalf of a user.
– Support of payment mechanisms that allow electronic commerce transactions between agents as well as between an agent and a WWW based service.
– Easy interoperability of agent-based applications with existing services and legacy applications.
– Simple communication means for interactions between agents on the one hand and between users and agents on the other hand.
– Tools to support agent application developers (e.g., creation of new agents from patterns of similar agents, support of an adequate programming style).

5.1 WWW Integration

Serious applications based on mobile agents need ubiquitous availability of an agent environment. We think that the WWW is ideal in that respect since it can serve as a world wide platform for distributed, mobile agent-based applications. Therefore, we gave our platform the ability to get easily integrated into existing WWW servers. This is supported by using standard server extension interfaces (CGI and servlets) and by using the classical HTTP protocol for agent transfer.

Figure 1 shows the overall architecture of the WASP mobile agent platform: we developed a WWW server together with an agent-specific part called Server Agent Environment (SAE). We used Java as the implementation language since most WWW servers support Java's servlet interface (which we need to attach our SAE) and because of Java's ubiquitous availability – especially in Web browsers, which agents use to communicate with the user. The WWW server redirects all agent related request (e.g., agent start, agent migration) to its attached SAE (see [5] for further details). Agents may be started by an HTTP request to a URL

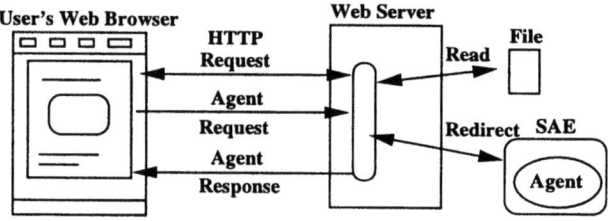

Fig. 1. The general architecture of the WASP platform

designating a particular agent type on some server. The actual start of the agent is done by the server's SAE. After being loaded and initialized by the SAE, the agent may send its Java-based GUI to the user's browser. The transfer of migrating agents is realized with an HTTP post request to a SAE specific URL at the target WWW server.

5.2 Communication Concepts

Communication is a necessity for mobile agents. A mobile agent platform should not restrain the availability of classical network communication schemes. Instead it should provide a set of standard mechanisms and an open internal architecture which allows an easy integration of new communication mechanisms. Therefore we designed our remote communication infrastructure such that it is easily extensible by using a modular approach. Our platform currently offers the following communication mechanisms to agents:

- Message-based communication, where agents can send messages to any other agent, whether the agent is local or resides in another SAE. The message can be sent asynchronously or synchronously.
- Stream-based communication, where agents can exchange Java streams. The streams are automatically reconnected when an agent migrates.
- Remote object communication, where agents can make use of CORBA, RMI (Remote Method Invocation), or other communication architectures that offer remote objects (e.g., DCOM). Agents can export such objects or can connect to remote objects that are exported by standard applications.
- Local object communication, where agents can export and import references to Java objects which are accessible at the local SAE.

5.3 Agent Localization

When realizing an agent platform, one would ideally like to import existing functionality from traditional middleware platforms. Unfortunately, this is not always possible, as the example of name services shows. A name service is basically used to find the location of an object. Unfortunately, a traditional name service such as DNS, NIS, or WINS is not designed to cope with mobile objects which move very dynamically. Any sensible name service for mobile agents has to use efficient mechanisms to keep track of the agents to reliably return the current location of an agent. Such a service could use, for example, mechanisms similar to those in mobile telecommunication systems as for example GSM.

Our platform does currently not include an agent name service to locate the agents, but uses URL-style naming conventions to name (and locate) agents and objects exported by agents. Since our agents move from WWW server to WWW server only, this is the most natural way for names in our system. We make use of the naming mechanism of the underlying system to locate a host offering a mobile agent enhanced WWW server. To find and communicate with a specific agent, the agent programmer currently has to make the agent to export a proxy object which is left behind on the original server and to which the agent has to connect regularly when underway in order to drop its new host address. This is not an ideal solution, of course, and should be replaced by a better mechanism in the future.

6 Agent Programming Support

As mentioned earlier, support for agent construction should be provided by the agent environment. Because of that, one part of the WASP project deals with support for agent programmers. On the one hand these might be agent users who want to program simple agents without requiring in-depth knowledge about agent programming and the agent platform. On the other hand service providers should be supported by a tool that enables the realization of more complex service agents. Language aspects and simplicity of migration at the language level are of course also an issue concerning usability.

6.1 Agent Construction Tool

To support programmers, we developed a tool that allows the graphical construction of agents from so-called agent templates. Basically, the tool is designed as a management tool for code templates and code fragments, and offers two kinds of functionality: high level construction and low level construction.

In high level construction mode, one can graphically insert so-called agent components into agent templates. Agent templates define and implement an agent's basic functionality. They require the presence of some particular subfunctionality, as for example a database query component, a payment component, a data carrier component, or a migration component. The agent programmer can then fill in the code for these components from a list of components that provide the required functionality but differ in their implementation.

We also considered to incorporate Java's component architecture Java Beans into our agent construction method. We found, however, that the design patterns, and in particular the asynchronous, event-based communication mechanism that is used by Java Beans, is not well suited for agent components. The reason is that from the viewpoint of an agent programmer the agent components should interact through method invocation, passing parameters over a known interface. Java Beans, however, do not rely on interface knowledge. Instead, they communicate over events in an anonymous way. Of course, one could simulate method invocation and parameter passing using the event model, but this is rather involved.

6.2 Transparent Migration

Migration is a key concept of mobile agents, which from the programmer's point of view comes in two different programming styles that reflect different capabilities of the underlying system:

- *non-transparent migration* which assumes that after migration an agent is restarted from the beginning or at a predefined code entry point, and
- *transparent migration* which assumes that an agent execution continues on the new target host directly after the instruction that initiated migration.

Transparent migration requires automatic capturing of the entire execution state of an agent, but poses much less burden on the agent programmer: there is no need to explicitly code the agent's suspend and restart procedures (which specify where to continue execution after migration and which variables have to be saved).

Unfortunately, Java does only support non-transparent migration. Because we consider transparent migration to be more convenient for the agent programmer, we developed a preprocessor which automatically converts Java code written in transparent migration programming style (i.e., including a "go to <target>" operation) into basic Java. To capture the necessary state information (i.e., the method call stack, the relevant variables, and the current value of the program counter), the preprocessor inserts code that saves (and later restores) this information. In this way we achieve, with modest overhead, transparent migration on the language level, without modifying the Java virtual machine ([7] describes the mechanism in detail).

7 WASP – Status and Current Work

Main parts and the basic functionality of the WASP platform have been implemented. Current work in the WASP project concentrates on prototype applications, support for security and electronic commerce services, and some general enhancements of the agent platform.

7.1 Prototype Applications

We have already realized several small applications with the WASP platform:

- A *WWW newspaper* as a simple electronic commerce application (see Figure 2). A user starts a newspaper agent and personalizes it. This user agent then creates one or more search agents that search the WWW for information corresponding to the profile of the user. This is done by migrating to information servers, communicating with the local information agent, and ordering the desired information. The local information agent then sends a data carrier agent to the user's machine. The data carrier agent has full control over the information it carries, and releases (i.e., decrypts) it under certain conditions only (e.g., when it is paid for).

- A *login trace* application, which traces user logins across a cluster of machines. A so-called walker agent is created at some machine and searches the system log to learn from which machines a specific user logged on to the current machine. The walker agent builds the transitive closure by recurrently migrating to machines from which remote logins originate. The collected login graph information is eventually carried back to the system administrator.
- An *application management* scenario. We are currently developing an agent-based system to manage a whole cluster of WASP-servers and their SAEs. This system is used to gain deeper insight in how mobile agents fit into traditional management tasks.

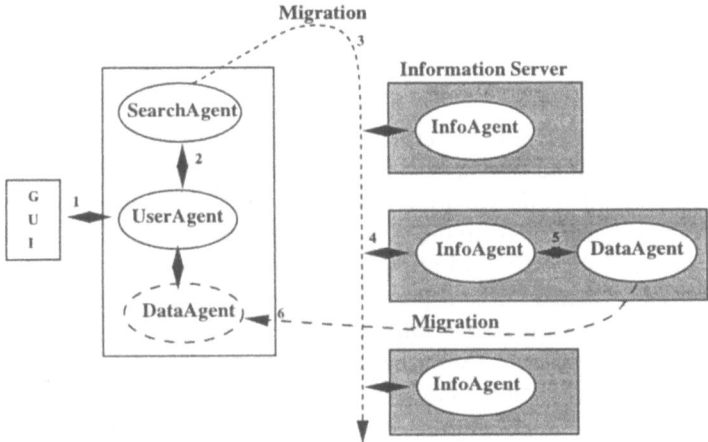

Fig. 2. WWW newspaper scenario

7.2 Security and the Java Card

Electronic commerce applications impose strong requirements on mobile agent security: since commerce agents act on behalf of users and may carry electronic money, agents have to be protected from malicious attacks, and users have to be securely identified before they can authorize agents to act on their behalf.

Besides the basic security mechanisms to protect a host from malicious agents [6], we are currently experimenting with the integration of the Java Card (a smartcard that contains a Java bytecode interpreter) into our system. In a first step the Java Card is used to authorize mobile agents to act on behalf of the user starting the agent. Here the Java Card simply identifies the user who signs the rights he or she grants to the agent.

In a second step we want to integrate the Java Card in a more appropriate manner: Since the card is able to run Java code, we plan to use it as a trusted computing base [15] for mobile agents. For that, the Java Card is attached to the host running our SAE. All such cards own a private key. Then an agent can carry code which is encrypted with the public key of a smartcard. Only the card itself can decrypt and execute this code. An encrypted agent moves its code (or parts of its code) from the SAE to the Java Card and executes it while running in this highly secure environment.

7.3 Electronic Commerce Framework

As mentioned earlier, we think that electronic commerce is one of the major application domains for mobile agents. Sun is currently working on the development of an electronic commerce framework based on Java (JECF), which offers an open payment platform for Web commerce. We are currently integrating JECF into the WASP system. During this integration we will examine what kind of payment mechanisms are reasonable for mobile agents, and what implications the dynamic generation of agents imposes on electronic commerce scenarios.

8 Experiences

Realizing a mobile agent infrastructure and implementing prototype applications on top of it is a major task: Support of mobility and implementation of security mechanisms for mobile code are among the main challenges, and even when building on established Internet technology (such as Java or WWW) and when relying on functionality from existing middleware platforms, much remains to be done.

One example is Java's built-in possibility to save and restore an object's state (i.e., object serialization and deserialization). As we have seen, this does not capture the execution state (i.e., the run time stack and the program counter). Also, it is unclear what the canonical environment of a mobile agent realized by a Java object should be: Is the class code of dynamically instantiated objects of an agent to be loaded from the local platform or does it have to be fetched remotely from the original server that created the agent (as it is done in our system)?

Besides such conceptual questions there are also numerous technical problems. For example, the Java virtual machine currently does not allow to unload class code (only object instances can be garbage collected) after all objects of the class are destroyed. Because of this, the code of all agents that once run in a virtual machine wastes memory. These and many other problems have to be solved when realizing a usable mobile agent environment.

Another important point are support services. Some services such as directory services or communication services are mandatory, others such as message forwarding or agent control would greatly simplify application development, but could be left out in a first step. Unfortunately, object mobility adds a new flavor also to those issues for which solutions exist in traditional middleware systems. This often renders existing solutions inappropriate (as we explained for the name service or Java's component model) and necessitates the implementation of services adapted to the mobile agent paradigm. This is unfortunate since it increases the size and complexity of agent platforms and thus hampers their widespread deployment.

We do not yet have much experience with the realization of mobile agent-based applications. We found it rather easy to program sets of communicating and cooperating agents, but design rules are still missing – often the best way to structure an application and to decompose the functionality into several agents is not clear.

9 Conclusions

The WASP project started in 1996 in order to explore the use of mobile agents in electronic commerce scenarios. In the beginning we were somewhat skeptical about the general applicability of this paradigm. Although we have learned that the realization of a general and widely deployable agent platform is non-trivial, we are now convinced that mobile agent technology, when appropriately combined with traditional middleware mechanisms, is ideally suited for large Internet-based applications. Some issues, such as security, fault tolerance, and interoperability remain to be solved in a satisfactory way, however. We believe that integration into the WWW infrastructure, as it is done in the WASP project, is almost mandatory for successful deployment and use of mobile agent technology.

References

1. Baumann J., Hohl F., Rothermel K., Straßer M., *Mole - Concepts of a Mobile Agent System*, WWW Journal, Special Issue on Applications and Techniques of Web Agents 1 (3), 123-137, 1998
2. Berbers Y., De Decker B., Joosen W., *Infrastructure for Mobile Agents*, Proc. 7th ACM SIGOPS European Workshop, 1996, pp 173-180
3. Farmer W.M., Guttmann J.D., Swarup V., *Security for Mobile Agents: Issues and Requirements*, Proc. NISSC96, 1996
4. Fugetta A., Picco G.P., Vigna G., *Understanding Code Mobility*, IEEE Trans. Softw. Eng. 24(5), 342-361, 1998
5. Fünfrocken S., *How to Integrate Mobile Agents into Web Servers*, Proc. WETICE'97 Workshop on Collaborative Agents in Distributed Web Applications, Boston, MA, June 18-20, 1997, pp 94-99
6. Fünfrocken S., *Integrating Java-based Mobile Agents into Web Servers under Security Concerns*, Proc. 31st Hawaii International Conference on System Sciences (HICSS 31), Kona, Hawaii, January 6-9, 1998, pp 34-43
7. Fünfrocken S., *Migration of Java-based Mobile Agents - Capturing and Reestablishing the State of Java Programs*, in Rothermel K., Hohl F. (eds), Mobile Agents (Proc. 2nd Int. Workshop), Springer-Verlag, LNCS 1477, 1998, pp 26-37
8. Gray R.S., *Agent Tcl: A Flexible and Secure Mobile-Agent System*, Proc. 4th Annual Tcl/Tk Workshop, Monterey, CA, 1996, pp 9-23
9. Lange D., Chang D.T., *IBM Aglets Workbench - Programming Mobile Agents in Java*, white paper, IBM Corporation, Japan, August 1996
10. Lingnau A., Drobnik O., Dömel P., *An HTTP-based Infrastructure for Mobile Agents*, WWW Journal 1, pp 461-471, 4th Int. WWW Conference, MA, Dec 1995
11. MASIF: http://www.camb.opengroup.org/RI/MAF/ ; http://www.osf.org/~dejan/papers/ma2.fr.ps.gz
12. Peine H., Stolpmann T., *The Architecture of the Ara Platform for Mobile Agents*, in Rothermel K., Popescu-Zeletin R. (eds), Mobile Agents (Proc. 1st Int. Workshop), Springer-Verlag, LNCS 1219, 1997, pp 50-61
13. Voyager: http://www.objectspace.com/voyager/
14. Wong D., Paciorek N., Walsh T, *Concordia: An Infrastructure for Collaborating Mobile Agents*, in Rothermel K., Popescu-Zeletin R. (eds), Mobile Agents (Proc. 1st Int. Workshop), Springer-Verlag, LNCS 1219, 1997, pp 86-97
15. Yee B., *A Sanctuary for Mobile Agents*, Proc. DARPA Workshop on Foundations for Secure Mobile Code, Monterey, CA, 1997

Session 2:

Dienstgüte und Kosten

Cost and Price Calculation for Internet Integrated Services

Martin Karsten[1], Jens Schmitt[1], Lars Wolf[1], and Ralf Steinmetz[1,2] *

1: Technische Universität Darmstadt
Merckstr. 25 • 64283 Darmstadt

2: GMD IPSI
Dolivostr. 15 • 64293 Darmstadt

Email: {Martin.Karsten,Jens.Schmitt,Lars.Wolf,Ralf.Steinmetz}@KOM.tu-darmstadt.de

Abstract Charging schemes are needed to protect an integrated services network from arbitrary resource reservations and to create a funding mechanism to extend network capacity at the most desired locations at the expense of those users that actually use these resources. While not being the only input into pricing and charging, cost calculation is an important part of a charging scheme. In this paper, we develop a technique called *virtual resource mapping* to apply well-known economic principles to an optimal pricing framework and other tasks related to charging. Additionally, we describe how *virtual resource parameters* can be used to express prices when being combined with protocol mechanisms for charging. We focus on rate-based service guarantees in the context of Internet Integrated Services (IntServ) combined with IP multicast and RSVP as signalling protocol. It turns out that under given aggregated price-demand patterns, resource costs can precisely be extracted for each service request. Thereby, virtual resource parameters can be considered as link between economic theory and technical reality.

Keywords Charging, Cost Calculation, Pricing, Rate-based QoS, Integrated Services.

1 Introduction

The transition of the Internet towards a commercially funded and used integrated services network raises, among others, the question about how network usage can be charged appropriately. Clearly, current charging schemes (mainly flat-fee access-based or time/volume-based) will not be sufficient in the presence of multiple service classes, resource reservations and discrimination between different usage requests [MMV97]. From an economic point of view, communication services are characterized by:
- availability of a non-storable resource (network capacity)
- high fixed costs & low variable costs

In economic theory, these characteristics, which are similar to traditional telephony, electricity, aircraft seats, etc., are dealt with by using a management technique called *Yield Management* [Lei98]. When Yield Management is used, prices are not calculated using full-cost or variable-cost based calculation. Instead, prices are highly differentiated depending on the expected demand. In the context of communication networks, granting a reservation request is profitable as long as the charge for this request is higher than its marginal cost. However, to reach the optimum profit, opportunity costs must be added to the marginal costs, i.e., a resource reservation prohibits using the resource for another request with a potentially higher revenue. In fact, opportunity costs dominate marginal costs by far, since variable costs are negligibly low. The main task is to optimize capacity and prices according to a given price elasticity (i.e. demand per price), such that the overall revenue is maximized. In [WPS97], a framework for optimal pricing and capacity planning of a generic guaranteed services network is given.

---

*. This work is sponsored in part by: Volkswagen-Stiftung, Hannover, and Deutsche Telekom AG, Darmstadt.

In this work, we assume the existence of a known aggregated price-demand function and therefore, knowledge about the optimal capacity and expected aggregated demand. We concentrate on the issue of cost calculation and allocation to service requests for different service classes. In order to keep cost calculation and pricing practically tractable, it is desirable to characterize resource usage by comparable parameters. Moreover, other charging tasks like cost allocation and protocol issues can be simplified by using comparable resource parameters or even a single generic parameter, as well. Opposite to this requirement, reservation requests for communication services in a multiple service class network are usually described by a multi-dimensional QoS vector, containing, for example, peak and average bandwidth and end-to-end delay, which cannot easily be compared between different service classes.

We focus on Internet Integrated Services (IntServ) [BCS94] and describe how to handle an actual reservation request containing a multi-dimensional flow specification. Our main contribution is a method to compare reservation requests and extract precise resource costs. Thereby, the practical use of an existing optimal pricing framework [WPS97] is simplified. We also briefly describe other fields of employment [FD98, HSE97]. Finally, we show how resource costs can be used for price representation using RSVP charging mechanisms as described in [KSWS98].

The structure of this paper follows the outline above. After discussing related work in Section 2, we discuss the IntServ service classes with respect to resource usage in Section 3. Afterwards, in Section 4, virtual resource mapping and a cost model using virtual resource parameters is described. We then show how to use this cost model for various calculation approaches in Section 5 and present a protocol related use in Section 6. In Section 7, we summarize our results and give an outlook to further research issues.

2 Related Work

The problem of charging for network communication can be split in multiple, partially interdependent aspects. In this section, we briefly consider existing work on these aspects.

Calculation Cost and price calculation provides the economic background for setting charges. Most of the currently available literature about charging considers economic aspects of network communication by seeking price models to optimize the overall welfare of all users [MMV95, SFY95, GSW95, KVA98, CSKW98] or the network provider's profit [WPS97]. While being very valuable, these approaches essentially represent an application of previously existing knowledge from economic theory to idealized or very general networking scenarios.

Protocol Calculation and charging is hardly possible based only on local knowledge, therefore protocol definitions are necessary to exchange charging related information between network entities. In [FSVP98, KSWS98, CSZ98], suggestions for defining protocol elements are made with differing levels of detail. It is important to realize the novel challenge for charging protocol elements, opposite to existing data communication technology: transmission of a protocol message might cause an immediate obligation to pay charges, therefore protocol definitions not only need to be functionally correct, but also must a concise definition of their legal semantics.

Architecture A charging architecture composes all charging components, including calculation, protocol aspects and billing. It is important that these components fit together, for example, charging protocol elements must carry all information necessary to set a price. In [SCEH96], the *Edge Pricing* paradigm was identified to be a crucial feature of any charging architecture. Furthermore, a charging architecture must be developed having in mind that any assumption about cooperation between network entities is not valid anymore when individual payment obligations are the consequence of participating in a charging mechanism.

This paper is focused on applying economic results on calculation of costs and prices to existing network technology. However, we also consider how our method can be used with regard to protocol-related aspects of charging. Similar work has been carried out in [CSKW98], but major differences exist. In [CSKW98], the underlying traffic model is based on the notion of effective bandwidth, which is a statistical value, and only considers a single service class. Furthermore, it is not stated how the results can be used by a charging architecture. In this paper, we highly simplify the problem by exploiting existing definitions of service classes and implicitly using the underlying worst-case oriented network calculus of the IntServ framework. Thereby, the work in [CSKW98] can partly be considered as more general, but also as less applicable by having a different foundation and direction.

3 Resource Usage of IntServ Service Classes

The IETF's IntServ framework [BCS94] defines services classes for reservation-based QoS provisioning in IP networks. Currently, the *Controlled Load* [Wro97] and the *Guaranteed* [SPG97] service classes are in the process of standardization. Because of its complementary relation to Guaranteed service, we additionally consider the proposed *Guaranteed Rate* [GGPR96] service class in this paper. We also feel that extending the set of service classes is useful to show the general applicability of our model.

In the IntServ framework, RSVP [BZB$^+$97] is used as control protocol to carry reservation requests and IntServ-enabled routers install reservations to discriminate among different data flows to guarantee a certain level of service to each of them. The full flexibility of the receiver-oriented and anonymous IP multicast model as well as the inherent robustness of a connectionless network protocol can be exploited by using this approach. In the following, while briefly reconsidering the IntServ service classes, we specify their properties with respect to resource usage.

3.1 Controlled Load Service

The definition of Controlled Load service is somewhat fuzzy, in that a traffic flow, characterized by a token bucket, receives a network service similar to best-effort service under "lightly loaded conditions". An imprecise service definition like this is highly unsuitable for commercial network services in the first place, because, as many authors point out, a charging scheme for transmission services requires a well-defined quality definition and measurable performance objectives [KSWS98, FD98, Asa98, Gal97]. While [Wro97] states implementation and evaluation guidelines for Controlled Load

service, there are still a number of implementation options left open. For different implementations, slightly different resource usage patterns can be expected, however, all of them have important aspects in common:
- The required service rate can occasionally exceed the token bucket rate.
- The required buffer can occasionally exceed the burst-capable buffer.

Both resources (especially the excessive parts) can be subject to pooling between multiple flows, as long as the probability of excessive loss or delay is fairly low.

3.2 Guaranteed Service

Guaranteed service is intended for applications that have stringent worst-case delay requirements, for example on-line conferencing or distributed interactive simulations. A traffic flow, characterized by a token bucket, receives its requested service rate at each router. If the service rate is enforced for all routers along a flow's path, a bound on the end-to-end delay can be guaranteed for all packets belonging to this flow as has been shown in [PG93, PG94]. This service can be implemented in several ways. A straightforward implementation uses weighted fair queuing (WFQ) [DKS89] to guarantee the service rate. Other approaches suggest to use a combination of traffic shaping and deadline-based scheduling [GGPR96] to obtain lower buffer requirements and jitter bounds, although this increases the average end-to-end delay.

From an economic point of view, there are some interesting aspects related to Guaranteed service. First, while tighter delay bounds result in a higher service rate, they actually reduce buffer requirements. Second, when a reservation for Guaranteed service is issued, it is distinguished between the token rate of the traffic description and the service rate which eventually determines quality of service. Usually, there is a difference between both, the sum of which (over all G flows) can be used to provide another service class, called *Guaranteed Rate* in [GGPR96]. The accumulated differences between token and service rate of all Guaranteed service flows can on the other hand also be used as the rate pool that is needed to provide the excess service rate for Controlled Load (see Section 3.1). However, in [DVR98], it is shown how careful setting of both values affects the end-to-end delay, which could lead to reservation requests where the token rate equals the service rate. Therefore, appropriate charging must provide an incentive to keep the token rate as low as possible yet reflecting the actual average data rate. We consider this by having separate cost components for token rate and service rate. At this point, we do not consider the optional *slackterm* parameter of a Guaranteed service QoS specification. It has no direct influence on cost and price calculation, because its usage only indirectly affects setting of other service parameters.

3.3 Guaranteed Rate Service

As mentioned in Section 3.2, the delay guarantees of Guaranteed service are actually achieved by overreserving a certain service rate, which however, remains unused most of the time. Therefore, [GGPR96] and others suggested to define the Guaranteed Rate service to make use of these unused resources in a more controlled fashion then by best-effort traffic. The semantics are a long-term guarantee about an average transmission rate, but no guarantees about the end-to-end delay. The underlying assumption of proposing this service is that even if there were not much demand for it in the first place, it might be possible to sell it that cheap that customers are attracted by it.

4 Resource Mapping for IntServ Service Classes

In this section, we first explain why buffer usage can be neglected for resource costs of IntServ service classes. Afterwards, we formulate a model to map the remaining rate parameters onto virtual resource parameters and use those to handle cost and price calculation.

4.1 Eliminating Buffer Consideration

It turns out that the IntServ service classes' resource usage can be described basically by rate and buffer parameters. As mentioned above, a router is not required to use per-flow rate-based scheduling, however, the rate-based semantics of the IntServ classes suggest that an implementation's resource usage will be similar to this scenario. We consider the buffer-to-rate ratio of service requests by dividing the required buffer space by the service rate. Even for a very large and bursty traffic stream, this ratio remains at approximately 1 $\frac{MB}{Mbit/s}$ (see appendix). In general, we expect that the quotient of both will hardly ever exceed 10 $\frac{MB}{Mbit/s}$. Therefore, we compare this number with real investment costs.

We (over)estimate the current price for memory with roughly US$ 5 per MB. The price of a leased line at OC-3 speed (155 Mbit/s) is assumed to be more than US$ 50000 per month plus a per-mile distance charge, while discounts up to 50% are possible (see [Lei98, FO98] and references herein). To handle a buffer-to-rate relation of 10 $\frac{MB}{Mbit/s}$ in an OC-3 interface, the amount of buffer needed is 1550 MB, which is equivalent to US$ 7750. Expecting 3 years of equipment usage and only US$ 25000 as monthly line costs, the total costs of buffer are still less than 1% of the total costs for the leased line. While we are aware that these costs will decrease over time, we in principle assume that the relation between buffer and link costs will remain roughly the same as with the current cost structure.

The conclusion from this observation is obvious: If it is feasible to equip an outgoing interface with sufficient buffer space, such that queuing buffer will never really become a bottleneck and if this buffer equipment comes at 1% of the link costs, then it is perfectly legitimate to neglect resource usage of buffer space for cost calculations.

4.2 Virtual Resource Mapping

In reality, only one resource parameter (service rate, i.e., forwarding capacity) denotes the rate resource of an outgoing link. However, there are up to two rate parameters, R and r, in IntServ service specifications with even different semantics depending on the actual service class. In order to allocate costs to reservation requests, we therefore establish a cost model using three *virtual resource parameters*, on which the IntServ rate parameters are mapped.

- The *token rate* (q_T) describes the forwarding rate that is always available and expected to be constantly used by a flow.
- The *clearing rate* (q_C) denotes a guaranteed forwarding rate on top of the token rate that is reserved per delay-guaranteed flow, but expected to be used only for bursts of data.
- The *residual rate* (q_R) is a forwarding rate on top of the token rate, which is only statistically available to a flow. This resource represents the unused capacity of q_C.

Using these parameters, mapping the R and r parameter from a flow specification to the virtual resource parameters is done according to Table 1:

service class	q_T	q_C	q_R
Guaranteed	r	R - r	-
Controlled Load	r	-	e
Guaranteed Rate	-	-	r

Table 1: Resource allocation for IntServ service classes

In Table 1, parameter e denotes the additional rate that is needed to support the occasional excess needs of Controlled Load service. Calculation of this parameter depends on the token bucket specification of a service request and is mainly dependent on the actual implementation choice for Controlled Load.

Our goal is to find a linear function

$$cost(x_T, x_C, x_R) = ax_T + bx_C + cx_R \qquad (1)$$

to assign resource costs to a flow requesting token rate x_T, clearing rate x_C and residual rate x_R. Costs are applicable per fixed time unit, which can be chosen arbitrarily small. In such a model, the time parameter is a constant scaling factor, therefore we do not explicitly consider it for the rest of this section.

4.3 Cost Model

When using Yield Management, a cyclic dependency (shown in Figure 1) exists between the various calculation steps. The following cost model is not intended to be a complete solution for the task of setting prices, but it is an important piece of this cyclic process. We artificially break the cycle by assuming the existence of a known price-demand curve for aggregated resource usage of each resource in each service class.

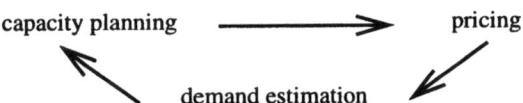

Figure 1: Cyclic dependency among calculation tasks

That given, it is possible to determine the optimum prices and provide capacity according to the demand, therefore we can calculate the expected demand and revenue for each resource parameter. Note that in reality it is usually not possible to estimate the correct price-demand curve, instead an approximation can be generated based on experience of past measurements. In this case, it is highly useful to only measure aggregated parameters. The expected demand can be mapped on the virtual resource parameters as well, hence we know the following revenue parameters:

Let $D_X(S)$ be the aggregated demand and $\qquad (2)$

let $rev_X(S)$ be the aggregated revenue $\qquad (3)$

for service class $S \in \{G, CL, GR\}$ and virtual resource q_X, $X \in \{T, C, R\}$ with

G: Guaranteed service, CL: Controlled Load, GR: Guaranteed Rate and

q_T: token rate, q_C: clearing rate, q_R: residual rate.

Of course, the corresponding accumulated values are known, as well:

$$\text{rev}(S) = \text{rev}_T(S) + \text{rev}_C(S) + \text{rev}_R(S) \text{ for service class } S \in \{G, CL, GR\} \text{ and} \quad (4)$$

$$D(S) = D_T(S) + D_C(S) + D_R(S) \text{ for service class } S \in \{G, CL, GR\} \quad (5)$$

We only consider opportunity costs which are equal to the respective price for each unit of virtual resources. To be precise, the coefficients a, b and c denote costs *and* price per resource unit. Therefore, using (1), (2), (4) and knowing the empty fields in Table 1, we can establish the following revenue equations:

$$\text{rev}(G) \quad = a \times D_T(G) \quad\quad + b \times D_C(G) \quad\quad\quad\quad\quad\quad\quad (6)$$
$$\text{rev}(CL) \quad = a \times D_T(CL) \quad\quad\quad\quad\quad\quad + c \times D_R(CL) \quad (7)$$
$$\text{rev}(GR) \quad = \quad\quad\quad\quad\quad\quad\quad\quad\quad\quad\quad c \times D_R(GR) \quad (8)$$

Solving these equations produces the coefficients for the cost function, as well. As the last step, the service-specific cost functions result from mapping the virtual resources back to the original parameters:

$$\text{cost}_G(r, R) = \text{cost}(r, R-r, 0) \quad = a \times r \quad\quad + b \times (R-r) \quad\quad\quad (9)$$
$$\text{cost}_{CL}(r) = \text{cost}(r, 0, e) \quad\quad = a \times r \quad\quad\quad\quad\quad\quad + c \times e \quad (10)$$
$$\text{cost}_{GR}(r) = \text{cost}(0, 0, r) \quad\quad = \quad\quad\quad\quad\quad\quad\quad\quad\quad c \times r \quad (11)$$

Depending on the context, it might be desirable to calculate a fraction of total costs for a service request, instead of calculating an absolute cost value. Using opportunity costs, this can be achieved by dividing the absolute cost value by the total revenue.

5 Application to Calculations

5.1 Optimal Pricing

The authors of [WPS97] present a very general and complete model for optimal pricing of multiple guaranteed service classes under consideration of price-demand functions. It is correctly pointed out that analytically solving the whole model is mathematically intractable, therefore a heuristic procedure is described to apply the results. While other research approaches often deal with optimal pricing in a sense of optimal welfare [MMV95, SFY95, GSW95, KVA98CSKW98], this pricing scheme is targeted to maximize profit for the provider. However, as noted in [WPS97], a similar model can be developed to maximize other objectives. Furthermore, any model can benefit from virtual resource parameters. We simplify the general model and apply virtual resource mapping for IntServ service classes in several ways:

- Instead of using very general assumptions about admission control and the properties of service classes, we exploit the knowledge about IntServ service classes to make requests for different classes comparable.
- We do not explicitly consider a spot market for best-effort traffic, because first, we do not believe this to be technically achievable and second, it is not desirable for customers, given the postulation that prices should be known ahead of time [FD98, KSWS98]. Instead, we believe that a certain fraction of the overall network capacity is assigned to best-effort traffic and priced according to a traditional method (flat-fee, etc.).

- In [WPS97], communication services and demand patterns are modelled by the notion of calls, i.e., call probability, call duration, static QoS, etc. While being applicable to ATM service classes, this model does not fit well with the IntServ framework. Instead, our model uses aggregated demand functions for each time period, which implicitly encompasses the above details and also covers dynamic QoS.

The core formula which shows the total revenue that is to be optimized can then be specified using (6), (7) and (8) and looks as follows (roughly using the notation of [WPS97]):

$$\int_0^{Tb} \left\{ \sum_{X = T, G, R} \gamma_X(p_X, t) \times p_X \right\} dt - K(C_{Tb}) \tag{12}$$

under constraints

$$\gamma_T(p_T, t) \le C_{Tb} \tag{13}$$

$$\gamma_G(p_G, t) \le C_{Tb} - \gamma_T(p_T, t) \tag{14}$$

$$\gamma_R(p_R, t) \le C_{Tb} - \gamma_T(p_T, t) \tag{15}$$

Variables used:

p_X: price for each unit of virtual resource q_X (equal to a, b or c from (1), resp.)

$\gamma_X(p_X, t)$: aggregated demand for q_X at time t, when price is p_X

Tb: duration of business cycle

C_{Tb}: total available service rate (reservable bandwidth)

$K(C_{Tb})$: amortization of capital investment over one cycle

Constraints (13), (14) and (15) denote the fact that the amount of service rate reserved as token rate cannot be re-used, whereas service rate used as clearing rate can be used simultaneously as residual rate.

Comparing (12) with the corresponding formula in [WPS97] shows that using virtual resource parameters and considering only aggregated demand significantly reduces the mathematical complexity. While being subject of ongoing work, it is our assumption that in such a way, the problem of optimal pricing might be analytically tractable. We are convinced that our approach is very useful to apply theoretic results in a real environment.

5.2 Full-Cost Calculation

In [FD98] it has been pointed out that there might be situations in which cost calculation has to be based on full costs, instead of opportunity costs. For example, if the communication market is regulated by a government agency, a network provider must prove real costs as the basis for its price calculation. In such a situation, a slightly modified cost model can be applied. Instead of estimating the revenue, full costs are assigned to a time period and divided among the service classes. The aggregated future demand is estimated for that time period as well, potentially based on past experience.

To operate economically, all costs have to be covered by the aggregated revenue, therefore the same methods can be applied as with opportunity costs, except in equations (6), (7) and (8) the left side is replaced by an appropriate fraction of the total cost. This procedure is highly useful, because it simplifies the task of estimating demand. This is due to the fact that aggregated demand can easier be estimated than exact demand on a small time-scale. Additionally, costs are better comparable between multiple service classes when using uniform cost coefficients in cost functions as in (9), (10) and (11).

5.3 Cost Allocation for Multicast Communication

The IntServ framework extensively builds upon usage of multicast communication. A thorough study of allocating costs among members of a multicast group is presented in [HSE97]. Cost allocation is described by splitting each link's costs among a defined subset of group members. Definition of the subset determines the allocation strategy. Of course, the sum of each cost fraction must equal the total costs for a link. Realizing such an approach becomes much simpler, if costs can be expressed as a linear function of resource parameters, especially if charges are shared among receivers with heterogeneous QoS requirements. The cost functions (9), (10) and (11) fulfil this requirement and therefore, simplify cost allocation for multicast communication.

6 Application to Charging Mechanisms

In [KSWS98], an approach to exchange charging information between RSVP routers is presented. The problem of appropriately representing prices was left open for further study. Using the methods presented in Section 4, we can establish a concise notion for prices which fits with the protocol-oriented approach of [KSWS98]. Although in [KSWS98] it was assumed that price representation probably depends on the service class, we can now formulate a single price function representing all service classes considered in this paper:

```
price :=      price for qT
              price for qC
              price for qR
              max buffer-rate ratio
              other charge components
```

Using this notion, all necessary QoS-dependent price information is transmitted. There might be other charge components, for example a flow setup fee. This is represented by the generic field <other charge components>. The field <max buffer-rate ratio> represents the limited buffer space of each router. As discussed in Section 4.1, routers can be equipped, such that buffer space should never really be a scarce resource. Prices can be accumulated at each hop and because the price function is linear, upstream charges can easily be split at multicast branches (see also Section 5.3).

Note that even when the charge coefficients for each router are largely stable, it is usually necessary to transmit price information with each PATH message (see [KSWS98] for details). According to the *Edge Pricing* paradigm [SCEH96], the price function expresses the total accumulated charges from the sender to the respective next hop. Therefore, accumulated price functions for different flows using different paths are very likely to differ.

It is clear that an indirect price representation like this adds additional complexity to the end systems, in that this price representation has to be translated into a user-friendly format. However, translation of QoS parameters has to take place for IntServ requests anyway and it is a common design paradigm in the Internet to push intelligence towards the end systems while letting the network technology be as simple as possible. Therefore, wo do not believe this slight additional complexity to be a problem.

7 Summary and Future Work

In this paper, we discussed charging and resource aspects related to cost and price calculation for IntServ communication services. We presented a method called *virtual resource mapping*, which can be used to apply well-known economic principles to IntServ cost calculation. We showed how existing theoretic results related to price and cost calculation can be used with virtual resource mapping and also how charging mechanisms can employ this method.

We are currently in the process of implementing the charging mechanisms introduced in [KSWS98], which are embedded in RSVP. With the forthcoming implementation we will be able to run extensive simulations of charging procedures and pricing algorithms incorporating the ideas presented in this paper.

References

[Asa98] Manjari Asawa. Measuring and Analyzing Service Levels: A Scalable Passive Approach. In *Proceedings of 6th IEEE/IFIP International Workshop on Quality of Service, Napa, CA, USA*, pages 3–12. IEEE/IFIP, May 18–20 1998.

[BCS94] Robert Braden, David Clark, and Scott Shenker. RFC 1633 - Integrated Services in the Internet Architecture: an Overview. Informational RFC, June 1994.

[BZB+97] Robert Braden, Lixia Zhang, Steve Berson, Shai Herzog, and Sugih Jamin. RFC 2205 - Resource ReSerVation Protocol (RSVP) – Version 1 Functional Specification. Proposed Standard, September 1997.

[CSKW98] C. Courcoubetis, V. A. Siris, F.P. Kelly, and R. Weber. A Study of Simple Usage-based Charging Schemes for Broadband Networks. In *Proceedings of Broadband Communications '98, Stuttgart, Germany*, April 1998.

[CSZ98] Georg Carle, Michael Smirnov, and Tanja Zseby. Charging and Accounting Architectures for IP Multicast Integrated Services over ATM. In *Proceedings of 4th International Symposium on Interworking, Ottawa, Canada*, July 1998.

[DKS89] Alan Demers, Srinivasan Keshav, and Scott Shenker. Analysis and Simulation of a Fair Queueing Algorithm. In *Proceedings of ACM SIGCOMM '89, Austin, TX, USA*, pages 1–12, September 1989.

[DVR98] Konstantinos Dovrolis, Maruthy Prasad Vedam, and Parameswaram Ramanathan. The Selection of the Token Bucket Parameters in the IETF Guaranteed Service Class. Technical report, University of Wisconsin-Madison, Madison, WI 53706-1691, USA, July 1998.

[FD98] Domenico Ferrari and Luca Delgrossi. Charging for QoS. In *Proceedings of 6th IEEE/IFIP International Workshop on Quality of Service, Napa, CA, USA*, pages vii–xiii. IEEE/IFIP, May 18–20 1998. Invited paper.

[FO98] Peter C. Fishburn and Andrew M. Odlyzko. Dynamic Behavior of Differential Pricing and Quality of Service Options for the Internet. In *Proceedings of First Intern. Conf. on Information and Computation Economies (ICE-98)*, 1998.

[FSVP98] George Fankhauser, Burkhard Stiller, Christoph Vögtli, and Bernhard Plattner. Reservation-based Charging in an Integrated Services Network. In *4th INFORMS Telecommunications Conference, Boca Raton, Florida, USA*, March 1998.

[Gal97] John Gallant. Are you ready for those management challenges? *Network World*, August 4 1997.

[GGPR96] Leonadis Georgiadis, Roch Guerin, V. Peris, and R. Rajan. Efficient Support of Delay and Rate Guarantees in an Internet. In *Proceedings of ACM SIGCOMM'96*, pages 106–116, August 1996.

[GSW95] Alok Gupta, Dale O. Stahl, and Andrew B. Whinston. A Stochastic Equilibrium Model of Internet Pricing. In *Seventh World Congress of the Econometrica Society, Tokyo, Japan*, August 1995.

[HSE97] Shai Herzog, Scott Shenker, and Deborah Estrin. Sharing the "Cost" of Multicast Trees: An Axiomatic Analysis. *IEEE/ACM Transactions on Networking*, 5(6):847–860, December 1997.

[KSWS98] Martin Karsten, Jens Schmitt, Lars Wolf, and Ralf Steinmetz. An Embedded Charging Approach for RSVP. In *Proceedings of 6th IEEE/IFIP International Workshop on Quality of Service, Napa, CA, USA*, pages 91–100. IEEE/IFIP, May 18–20 1998.

[KVA98] Yannis A. Korillis, Theodora A. Varvarigou, and Sudhir R. Ahuja. Incentive-Compatible Pricing Strategies in Noncooperative Networks. In *Proceedings of the 17th Annual Joint Conference of the IEEE Computer and Communications Societies (INFOCOM'98)*, March 1998.

[Lei98] Brett A. Leida. Cost Model of Internet Service Providers: Implications for Internet Telephony and Yield Management. Master's thesis, Massachusettes Institute of Technology, Cambridge, MA, USA, February 1998.

[MMV95] Jeffrey K. MacKie-Mason and Hal R. Varian. Pricing the Internet. In Brian Kahin and James Keller, editors, *Public Access to the Internet*, pages 269–314. MIT Press, Cambridge, 1995.

[MMV97] Jeffrey K. MacKie-Mason and Hal R. Varian. Economic FAQs About the Internet. In Joseph Bailey and Lee McKnight, editors, *Internet Economics*. MIT Press, Cambridge, 1997.

[PG93] Abhay K. Parekh and Robert G. Gallager. A Generalized Processor Sharing Approach to Flow Control in Integrated Services Networks: The Single-Node Case. *IEEE/ACM Transactions on Networking*, 1(3):344–357, June 1993.

[PG94] Abhay K. Parekh and Robert G. Gallager. A Generalized Processor Sharing Approach to Flow Control in Integrated Services Networks: The Multiple Node Case. *IEEE/ACM Transactions on Networking*, 2(2):137–150, April 1994.

[SCEH96] Scott Shenker, David Clark, Deborah Estrin, and Shai Herzog. Pricing in Computer Networks: Reshaping the Research Agenda. *ACM Computer Communication Review*, 26(2):19–43, April 1996.

[SFY95] Jakka Sairamesh, Donald F. Ferguson, and Yechiam Yemini. An Approach to Pricing, Optimal Allocation and Quality of Service Provisioning in High-Speed Packet Networks. In *Proceedings of the 14th Annual Joint Conference of the IEEE Computer and Communications Societies (INFOCOM'95)*, pages 1111–1119. IEEE Computer Society Press, June 1995.

[SPG97] Scott Shenker, Craig Partridge, and Roch Guerin. RFC 2212 - Specification of Guaranteed Service. Proposed Standard, September 1997.

[WPS97] Qiong Wang, Jon M. Peha, and Marvin A. Sirbu. Optimal Pricing for Integrated-Services Networks with Guaranteed Quality of Service. In Joseph Bailey and Lee McKnight, editors, *Internet Economics*. MIT Press, 1997. Available at http://www.ece.cmu.edu/%7epeha.

[Wro97] John Wroclawski. RFC 2211 - Specification of the Controlled-Load Network Element Service. Proposed Standard, September 1997.

Appendix

The following example calculations are provided to enable a real-world point of view on the relation of buffer and service rate requirements for IntServ data flows. Both examples are calculated using the formulas given in RFC 2212 [SPG97], although example 2 also roughly applies to a Controlled Load or Guaranteed Rate scenario. Usage of C and D error terms from Guaranteed service slightly increases the buffer requirements as can be seen in the appropriate formulas. Note that previous routers along the flow's path usually have smaller C and D values to cope with, hence, the buffer requirements would be smaller, as well.

Example 1 Conferencing using MPEG-1 sized video encoding

We consider a videostream with its typical 1.5 MBit/s average data rate. The burst rate is set to 3 times the average rate and the burst duration is set to 1.5 seconds. The required end-to-end delay is set to 300 milliseconds, such that humans will not explicitly notify any latency. This should cover a usual videoconferencing scenario.

traffic description (TSpec):

p	4.5 Mbit/s	b	4.5 Mbit	r	1.5 Mbit/s
M	1500 bytes	m	100 bytes		

error terms:

C_{tot} 15000 bytes D_{tot} 50 msec

requested bound on end-to-end delay: 300 msec

results:

   required service rate: 3931264 bit/s ≈ 4 Mbit/s
   required buffer: 147422 bytes
   buffer-to-rate ratio: approx. 0.0375 $\frac{MB}{Mbit/s}$.

Example 2 Playback of large and bursty videostream

In this example, we consider the transmission of a large and bursty videostream, for example for a high-quality video-on-demand application. We assume that delay does not matter, which in reality would require an end system to provide a large playout buffer. However, combination of a large burst size with a low service rate imposes the highest requirements on buffer space for routers, therefore this scenario was chosen.

traffic description (TSpec):

p	20 Mbit/s	b	40 Mbit	r	5 Mbit/s
M	1500 bytes	m	100 bytes		

error terms:

C_{tot} 15000 bytes D_{tot} 50 msec

requested service rate: 5 Mbit/s

results:

   resulting bound on end-to-end delay: 8074 msec
   required buffer: 5046250 bytes ≈ 5 MB
   buffer-to-rate ratio: approx. 1 $\frac{MB}{Mbit/s}$.

Lastabhängige Tarifierung von IP Multicast-Diensten mit Dienstgüteunterstützung

Georg Carle, Tanja Zseby, Adam Wolisz
GMD FOKUS
*Kaiserin-Augusta-Allee 31
D-10589 Berlin
[carle, zseby, wolisz]@fokus.gmd.de
http://www.fokus.gmd.de/glone/*

Kurzfassung

Die Bereitstellung von IP Diensten mit Dienstgüteunterstützung erfordert bei nichtkooperierenden Nutzern eine Tarifierung zur Regulierung der Vergabe von Netzressourcen. Die Tarifierung kann auf einer reinen Auswertung der reservierten Ressourcen basieren. Zur Realisierung einer verursachergerechten Tarifierung ist zusätzlich eine Ermittlung der vom Sender erzeugten Last erforderlich.

Es wird eine Architektur für Charging und Accounting vorgestellt, die eine effiziente Erfassung und Verarbeitung reservierter sowie genutzter Ressourcen erlaubt. Die Architektur unterstützt die Tarifierung von Unicast- und Multicast-Diensten und erlaubt eine variable Aufteilung der Kosten zwischen Sender und Empfänger.

Es werden Basisstrukturen für die Bildung von Accounting Records vorgestellt, welche die notwendigen Parameter zur Unterstützung verschiedener Tarifmodelle enthalten. Möglichkeiten des Einsatzes dieser Datenstrukturen für lastunabhängige und lastabhängige Verfahren werden erläutert. Eine effektive Lösung für den Einsatz in ATM-Netzen wird basierend auf dem Multicast Integration Server (MIS) entwickelt. Dies ermöglicht die Unterstützung von Multicast-Shortcuts und die Umsetzung von RSVP QoS-Parametern auf ATM QoS-Parameter.

1 Einleitung

Dienstqualitätsanforderungen lassen sich in IP-basierten Netzen gegenwärtig mit dem Integrated Services Modell [RFC1633, RFC2210, RFC2211, RFC2212] sowie dem Differentiated Services Modell [NiBl98] unterstützen. Ein Angebot verschiedener Dienstklassen kann nur dann sinnvoll realisiert werden, wenn zusätzlich eine Regulierung der Ressourcenvergabe stattfindet. Durch Anwendung geeigneter Tarifmodelle, die dem Nutzer die tatsächlichen Kosten seiner Aktionen vermitteln, kann ein bewußter Umgang mit Netzressourcen gefördert werden [CoES93, Clar97, WaKS97].

Flat-Rate-Tarifmodelle berücksichtigen keine nutzungsabhängige Variablen wie Reservierungsdauer und Nutzungsvolumen und führen daher durch die Vielfältigkeit von Nutzerprofilen zu einer nicht verursachergerechten Verteilung der Kosten.

Durch Tarifierung basierend auf reservierten Ressourcen läßt sich eine gerechtere Verteilung der Kosten erzielen [ShCE96]. Da nicht alle Nutzer die reservierten Ressourcen in vollem Umfang in Anspruch nehmen, kann ein Netzbetreiber durch Überbuchung eine bessere Ausnutzung der Netzressourcen erzielen. Wo die Last von Datenströmen a priori hinreichend genau angegeben werden kann, läßt sich durch Auswertung von Reservierungsinformationen ermitteln, bis zu welcher Überbuchung die erforderliche Dienstqualität gewährleistet werden kann. Wo sich die Last von Datenströmen nur schwer vorhersagen läßt und wo außerdem keine harten Garantien für die Dienstqualität gefordert werden, kann mit einer auf Messungen basierende Verbindungsannahmekontrolle (measurement-based admission control) eine verbesserte Ausnutzung der Netzressourcen erzielt werden [JaSD97].

Eine Tarifierung unter Berücksichtigung der vom Sender erzeugten Last läßt sich durch Messung der für die Verbindungsannahmekontrolle wesentlichen effektiven Bandbreite erreichen [Vier90, Kell96, CoKW97]. Bei Anwendungen, die a priori das zu erwartende Datenaufkommen nur ungenau vorhersagen können, wie beispielsweise für die Übertragung von komprimiertem Live-Video, läßt sich somit eine gerechtere Tarifierung erzielen.

Tarifmodelle, die nutzungsabhängige Komponenten wie Reservierungsdauer und die vom Sender erzeugte Last berücksichtigen, erfordern die Erfassung dieser Parameter und besitzen damit einen höheren Realisierungsaufwand. Im Falle von Multicast-Diensten mit heterogener Dienstqualität müssen darüberhinaus QoS-Parameter einzelner Empfänger ermittelt werden. Außerdem ist bei Bezahlung durch die Empfänger eine gerechte Aufteilung der Kosten zwischen den Empfängern wesentlich [Clar97]. Ein Ansatz zur Ermittlung der Kosten des Multicast-Baums und zur Kostenaufteilung ist in [HeSE95, Herz96] zu finden.

In diesem Dokument wird eine Architektur vorgestellt, die eine Anwendung unterschiedlicher Tarifmodelle unterstützt. Mit der Architektur lassen sich sowohl rein reservierungsbasierte als auch lastabhängige Tarifierungsverfahren realisieren.

Das Dokument ist wie folgt aufgebaut: Zunächst wird ein Überblick über andere Arbeiten auf dem Gebiet der Tarifierung für IP-Dienste mit Dienstgüteunterstützung gegeben. Anschließend erfolgt die Beschreibung einer generischen Charging und Accounting Architektur sowie einer Variante für den Einsatz in ATM-Netzen. Außerdem wird der Einsatz der Architektur unter Verwendung unterschiedlicher Tarifierungsverfahren erläutert.

2 Multicast-IP-Dienste mit Dienstqualitätsunterstützung und verursachergerechter Tarifierung

Beim IP Integrated Services Modells mit RSVP-Signalisierung [RFC2205] werden Reservierungen für einzelne Datenströme vorgenommen. Da Router dann eine Vielzahl von Datenströmen gleichzeitig verwalten müssen, können Skalierbarkeitsprobleme auftreten [PaSc98]. Diese lassen sich durch Modifikation von RSVP zur Aggregierung von Zustandsinformation [BeWi98] verringern.

Das alternative Dienstmodell der IP Differentiated Services [NiBl98] zeichnet sich durch sehr gute Skalierbarkeit aus. Hierbei lassen sich zusammengehörige IP-Datenflüsse, beispielsweise der gesamte Datenverkehr zwischen zwei Netzen, aggregieren und mit erhöhter Dienstqualität behandeln. Zur Unterstützung kurzlebiger Anwendungsdatenströme lassen sich Differentiated Services im Kernnetz in Kombination mit Zugangsroutern einsetzten, in denen eine Umsetzung von RSVP und IP Integrated Services auf Differentiated Services stattfindet [BeYF98].

Multicast-IP-Dienste mit Dienstqualitätsunterstützung lassen sich außerdem mit einem ATM-Kernnetz [GaBo97] und Zugangsroutern, die RSVP und IP Integrated Services unterstützen, erbringen. Mit dem EARTH-Protokoll [Smir97], welches zur Multicast-Adressauflösung und die Reservierung von Ressourcen über das Integrated Services Model für Punkt-zu-Mehrpunkt-Verbindungen dient, lassen sich ATM-Multicast-Shortcuts realisieren. Multicast-Shortcuts verringern die von Router verursachte Verzögerungszeiten und verbessern damit Effizienz und Skalierbarkeit [Bakr97, AnBD98]. Nachteilig sind die höhere Netzkomplexität mit Layer 2 und Layer 3 Routing sowie die senderbestimmte QoS von ATM, die zu Ineffizienz bei Multicast mit heterogener QoS führen kann.

2.1 Tarifierung von IP-Diensten mit Dienstqualitätsunterstützung

Es existieren eine Reihe von Vorschlägen zur Tarifierung von IP-Diensten mit Dienstqualitätsunterstützung.

In [KaKL98] wird basierend auf dem Differentiated Services Modell ein Simple Integrated Media Access (SIMA) Netzwerk vorgestellt, in dem QoS und Charging direkt gekoppelt sind. Der Kunde wählt einen Echtzeitdienst oder einen Nicht-Echtzeitdienst und kauft dazu eine nominale Bitrate (NBR). Ausschließlich die gewählte NBR bestimmt den Preis (z.B. monatliche Gebühr), den der Kunde zahlen muß. Der Kunde kann eine beliebige Bitrate senden. Die Dienstqualität seiner Verbindung sinkt jedoch, sobald er die nominale Bitrate überschreitet. Das auf Unicast-Verbindungen ausgelegte Modell basiert ausschließlich auf der Bandbreitenfestlegung am Zugangsknoten des Senders. Es bietet keine Unterstützung zur Aufteilung der Kosten zwischen Sender und Empfänger. Ein interessanter Aspekt des verwendeten Tarifierungsverfahrens ist seine Einfachheit. Dies macht die Preiskalkulation für den Kunden verständlich und erhöht die Akzeptanz des Systems.

In [FaSV98, StFP98] wird ein Charging und Accounting Protokoll vorgestellt, das auf einer vereinfachten Version von RSVP basiert. Mit diesem Protokoll wurden zwei Preisbildungsmodelle, eine Delta Auktion und eine adaptive netzlastbasierte Tarifierung, realisiert. Eine Messung der aktuellen Last zur Tarifierung wird nicht durchgeführt. Während der Ansatz für Unicast-Kommunikation eine Kostenaufteilung zwischen Sender und Empfänger ermöglicht, wird für Multicast-Kommunikation keine dynamische Kostenaufteilung unterstützt.

In [KaSW98] wird ein ähnlicher Ansatz verfolgt. RSVP PATH-Nachrichten transportieren hier Downstream Charging Policy Elemente (DCPE), mit denen Preise mehrerer Netzbetreiber auf dem Weg zum Empfänger eingesammelt werden. Von den Empfängern wird dann nach Erhalt der Informationen über die möglichen Reservierungen und den Preis ein Upstream Charging Policy Elemente (UCPE) erzeugt, das eine Bereitschaftserklärung zur Kostenübernahme enthält. Dieses Element wird als Objekt an die RSVP RESV-Nachricht angehängt. In dem Ansatz zur Protokollerweiterung in [KaSW98] wird auch die Kostenaufteilung bei Multicast-Kommunikation berücksichtigt. Herzog beschreibt in [Herz96] verschiedene Konzepte zur Aufteilung der Kosten zwischen den Empfänger einer Multicast-Gruppe. Zur Ermittlung der Struktur des Multicast-Baums und zur Verteilung der Kosteninformationen an die einzelnen Empfänger werden RSVP-Nachrichten verwendet. Unter Verwendung dieser Informationen lassen sich die Kosten jedes Teilabschnitts im Multicast-Baum auf die Empfänger aufteilen.

2.2 Zielsetzung

Mit der in diesem Beitrag vorgestellten Architektur soll sich ein Tarifierungsdienst realisieren lassen, dessen Funktionalität über bisherige Ansätze hinausgeht durch Unterstützung von:
- Verursacherabhängiger Tarifierung unter Berücksichtigung reservierter Ressourcen sowie der erzeugten Last;
- Multicast-IP-Dienste gemäß dem IP Integrated Services Modell über Betreibernetze mit und ohne RSVP-fähige Router im Kernnetz;
- Unterstützung unterschiedlicher Verfahren zur Kostenaufteilung zwischen den Empfängern;
- Zentrale oder dezentrale Berechnung von Kosten.

Um zahlreiche unterschiedliche Tarife realisieren zu können, sollen zur Berechnung der verursachungsbedingten Kosten die folgenden Parameter berücksichtigt werden: Ressourcenreservierung in den Egress-Routern, gemessene Last in den Ingress-Routern, sowie Distanz zwischen zwei Knoten im Multicast-Baum bzw. Distanz zwischen Ingress- und Egress-Routern.

Die Berücksichtigung der Distanz zwischen Sender und Empfänger ist im Hinblick auf die Charakteristika des Internets (keine Topologieinformationen in Adressen, Routingentscheidungen) unüblich. Da jedoch reale Kosten im wesentlichen nur durch die Bereitstellung des Netzwerkes (Router und Leitungen) anfallen und sich Preise an den anfallenden Kosten orientieren sollten [MaVa94], ist es plausibel, wenn Provider die Distanz in Tarifmodellen berücksichtigen. In der Distanzmetrik läßt sich neben der geografischen Distanz auch die Anzahl der Routing-Hops, die Pfadverzögerung, sowie die Engpaß-Bandbreite auf dem Pfad berücksichtigen. Zur Bestimmung der geografischen Distanz kann unter anderem das Geographical Location Information System [WaST96] eingesetzt werden.

Die Abhängigkeit der Kosten von den genannten Faktoren läßt sich mit folgender allgemeinen Funktion darstellen:

$$C = f(R_{\nu 1}, ... R_{\nu N}, L_{\mu 1}, ... L_{\mu M}, P_1, ..., P_K) \qquad (1)$$

mit

$\mu_1 ... \mu_m ... \mu_M$: Ingress-Router;

$\nu_1 ... \nu_n ... \nu_N$: Egress-Router;

$R_{\nu n}$: Reservierung im Knoten n aus der Menge der Egress-Router;

$L_{\mu m}$: Last im Knoten m aus der Menge der Ingress-Router;

P_k: Position eines Knoten im Multicast-Baum (für alle Knoten k=1,...,K);

Aus der Position ist ableitbar: D_{ij}: Distanz zwischen Knoten i und Knoten j.

Die Last an den Ingress-Routern läßt sich zur näherungsweisen Berücksichtigung des tatsächlichen Ressourcenbedarfs gemäß [CoKW97] in Form einer Approximation der effektiven Bandbreite (BW_{eff}) ermitteln.

3 Generischer Charging und Accounting Service (GenCAS)

Im folgenden wird eine Architektur zur Realisierung eines generischen Tarifierungs- und Abrechungsdiensts (GenCAS, Generic Charging and Accounting Service) vorgestellt. Die Architektur unterstützt die in 2.2 aufgeführten Ziele durch Komponenten zur:

- Erfassung der Ressourcenreservierung in den Egress-Routern;
- Messung der Last in den Ingress-Routern;
- Sammlung dieser Information in einem Sammelpunkt;
- Verteilte Kostenberechnung durch Verknüpfung dieser Information gemäß Kostenfunktion;
- Aufteilung bzw. Zuordnung der Kosten in einem Charging-Server;
- Weiterleitung der Kosten an einen Abrechnungsserver zur Rechnungserstellung.

Die Architektur ermöglicht durch die Erfassung der reservierten und der tatsächlich genutzten Ressourcen eine Ermittlung verursacherabhängiger Kosten. Durch Verknüpfung senderbasierter und empfängerbasierter Parameter lassen sich unterschiedliche Tarifmodelle realisieren. Darüber hinaus unterstützt die Architektur bei Multicast-Kommunikation unterschiedliche Modelle zur Aufteilung der Kosten zwischen Sender und Empfängern. Die Erfassung von Meßwerten und die Berechnung von Charging-Parametern findet in den Zugangsroutern des Betreibernetzes statt. Zur Übertragung von Accounting-Daten zwischen den Zugangsroutern im Netz wurde in [CaSZ98] ein Charging und Accounting Objekt Transfer Protokoll (CAP) definiert. Außerdem wird gezeigt, wie sich RSVP für diesen Zwecke einsetzen läßt. Nach der Sammlung der Informationen von verschiedenen Meßpunkten an einem Ort im Netz kann eine lokale Berechnung der Charging-Parameter erfolgen.

3.1 Basisstrukturen

Für den Transport von Charging und Accounting Informationen werden verschiedene Basiselemente zum Aufbau von Datenobjekten definiert. Die Basiselemente der CA-Objekte sind die Reservierungsinformation $rr(v_n)$ des Egress-Routers v_n, die im Ingress-Router μ_m ermittelten Meßwerte $umd(\mu_m)$ (Usage Metering Data) und Zusatzinformationen, wie Flow ID f_id und Router ID r_id, die der Zuordnung der ermittelten Werte dienen.

Die Basiselemente können sowohl in Datenstrukturen zum Austausch von CA-Objekten zwischen Netzwerkknoten als auch zur Weiterleitung von Informationen an einen Accounting Server kombiniert werden. Den Datenobjekten wird ein Header vorangestellt, der Informationen zum Meßintervall, zu Art und Länge der vorhandenen Elemente sowie zu möglichen Erweiterungen enthält. Eine Erweiterung der Datenstrukturen ist über die Verwendung des TLV (Type Length Value) Syntax möglich.

3.2 Datensammlung

Meßwerte werden ausschließlich in den Zugangsroutern (Ingress- und ggf. Egress-Routern) am Rand des Betreibernetzes erfaßt. Für jeden Datenstrom kann das gesen-

dete bzw. empfangene Datenvolumen in Bytes und die Anzahl der Pakete mit Hilfe einer Meßsoftware gemäß der in [RFC2063] vorgestellten RTFM Architektur aufgezeichnet werden.
Zur Ermittlung einiger Charging-Parameter (z.B. Distanz, anteilige Kosten an gemeinsam genutzter Teilstrecke) werden Daten von verschiedenen Knoten benötigt. Zur Übertragung von Daten innerhalb des Netzwerkes lassen sich RSVP-Nachrichten einsetzen. Ein Vorteil der Verwendung von RSVP stellt die Tatsache dar, daß RSVP-Nachrichten Informationen über die reservierten Ressourcen transportieren und damit bereits relevante Charging-Parameter enthalten.
Die Menge der versendeten Accounting-Nachrichten wächst mit der Gruppengröße in gleicher Weise wie die Menge der RSVP-Nachrichten. In vergleichbarer Weise zur Erhöhung der Skalierbarkeit von RSVP durch Merging [RFC2205] läßt sich die Skalierbarkeit des Accounting-Nachrichtentransports durch Aggregierung (siehe Abschnitt 3.4) verbessern. Der Punkt, an dem die Daten gesammelt werden, wird im folgenden als Usage Metering Data Collection Point (UMDCP) bezeichnet. Dieser wird für die generische Architektur in den Ingress-Routern plaziert [CaSZ98]. Die in den Routern erfaßten Daten werden in Charging und Accounting Objekten (CA-Objekten) an die RSVP Nachrichten angehängt und zum UMDCP transportiert (Bild 1). CA-Objekte können Reservierungsinformationen, reine Meßdaten oder auch errechnete Werte wie Teilkosten enthalten.
Im folgenden Kapitel wird gezeigt, daß sich für ein Betreibernetz mit ATM-Kernnetz ein Sonderfall ergibt, in dem eine weitere Alternative zur Plazierung des UMDCP attraktive Eigenschaften besitzt.

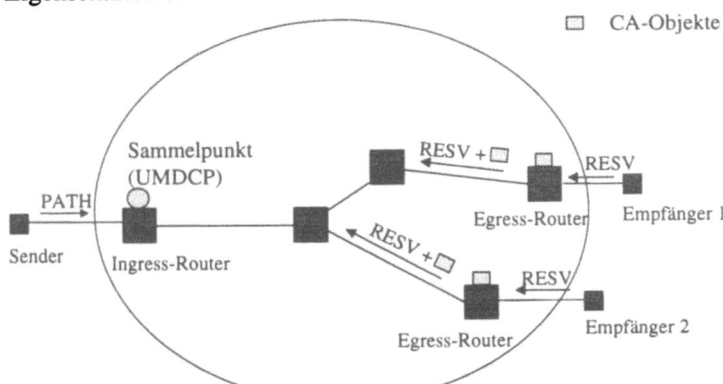

Bild 1: Datensammlung mit RSVP

3.3 Einsatz der GenCAS-Architektur in ATM Netzen

Die Integration von RSVP und ATM beim Aufbau von Reservierungen ermöglicht die dynamische Nutzung IP-basierter Dienste mit unterschiedlichen Dienstqualitäten und verbesserter Skalierbarkeit. Durch Kombination der Funktionen für Charging und Accounting der GenCAS-Architektur mit der nachfolgend beschriebene MIS-Architektur [SaCS97a] läßt sich eine faire, verursachergerechte Tarifierung in einer IP-über-ATM-Netzstruktur realisieren.

Durch die Nutzung der Fähigkeiten des MIS unterstützt diese Lösung Multicast-IP über signalisierte ATM-Verbindungen, die Umsetzung von RSVP-Dienstgütespezifikationen in ATM-QoS und die Verwendung von Multicast-Shortcuts. Darüber hinaus kann der Aufwand für das Sammeln der Daten durch geschickte Plazierung des UMDCP entscheidend reduziert werden.

Der MIS dient zur Unterstützung von IP Multicast über ATM mit QoS. Er integriert zwei Protokolle. Auf Schicht 2 (ATM) dient das EARTH-Protokoll [Smir97a] zur Adreßauflösung von IP-Multicast-Adressen zu ATM-Adressen. Auf Schicht 3 (IP) wird RSVP zur Signalisierung von QoS-Anforderungen verwendet.

Der Multicast Integration Server (MIS) besteht aus einem EARTH-Server, der die ATM-Adressen der Teilnehmer der aktiven Multicast-Gruppen verwaltet, sowie einem RSVP-Server, der eine Umsetzung von Integrated Services QoS-Parametern in ATM-Verkehrsparameter durchführt und für die Verteilung der RSVP-Nachrichten sorgt. Datenaustausch zwischen EARTH Protokoll (Schicht 2) und RSVP (Schicht 3) findet ausschließlich im MIS über Schnittstellen zwischen EARTH Server und RSVP Server statt. Der RSVP-Server nutzt einen Remote Admission Control Mechanismus [SaCS97a], um die RSVP-Zugangskontrolle mit dem ATM-Verbindungsaufbau zu koppeln. Hierbei werden über das EARTH-Protokoll Multicast-Shortcuts unterstützt. Kontroll- und Datenpfad sind voneinander getrennt. Alle RSVP-Nachrichten innerhalb eines ATM-Netzes werden über den RSVP-Server im MIS geleitet. Es ergibt sich damit ein Sonderfall, bei dem der UMDCP außerhalb des Datenpfads in den um CA-Funktionen erweiterten MIS (Multicast Integration Charging und Accounting Server - MICAS) gelegt und trotzdem RSVP für die Übertragung der CA-Objekte genutzt werden kann. Damit erhält man eine Lösung, die mit dem Transport geringer Datenmengen auskommt und keine zusätzlichen Verbindungen benötigt.

Ein Vorteil der Kombination von MIS und Charging-Server ergibt sich aus der Tatsache, daß im MIS nützliche Zusatzinformationen (z.B. ATM-Daten aus der EARTH-Tabelle) zur Verfügung stehen, die ebenfalls zur Preisberechnung herangezogen werden können.

3.4 Skalierbarkeit durch Aggregierung von CA-Objekten

Bei der Nutzung von Multicast müssen Daten von mehreren Empfängern gesammelt werden. Dies bewirkt, daß die durch das Netzwerk zu transportierende Datenmenge proportional zur Anzahl der Empfänger ansteigt. Um diesen Effekt zu vermindern und eine bessere Skalierbarkeit zu erzielen, können CA-Objekten in den Knotenpunkten des Multicast-Baums aggregiert werden. Empfänger eine Multicast-Gruppe erhalten in der PATH-Nachricht eine Empfehlung des Senders für die Reservierung (Tspec), die der Empfänger übernehmen kann. Daher ergibt sich in vielen Fällen, daß Empfänger einer Gruppe dieselbe Reservierung wählen. Wenn CA-Objekte verschiedener Empfänger ähnliche oder gleiche Elemente enthalten, können diese im Gabelungspunkt zu einem Wert zusammengefaßt werden. Damit läßt sich die zu übertragene Datenmenge stark reduzieren. Die hier vorgestellte Aggregierung ist, wie in [CaSZ98] gezeigt, konform mit dem Merging von Reservierungs-Nachrichten im IntServ-Modell. Werden Meßdaten über CA-Objekte im Netzwerk transportiert, so kann eine Aggregierung stattfinden, wenn die Werte gleich sind oder sich nur geringfügig unterscheiden. Der Grad des bei der Aggregierung zugelassenen Unterschieds läßt sich als Policy vom Provider festegen. In Bild 2 wird die Aggregierung von CA-Objekten dargestellt.

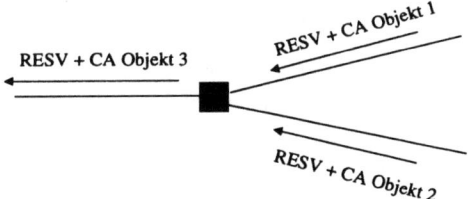

Bild 2: Aggregierung von CA-Objekten

Mit den folgenden CA-Objekten
  CA - Objekt 1 : < f_id, r_id(v_1), umd(v_1) >
  CA - Objekt 2 : < f_id, r_id(v_2), umd(v_2) >
ergibt sich das Aggregierungsschema:

$$CA\ Objekt\ 3 = \begin{cases} < f\_id, r\_id(v_1), r\_id(v_2), umd(v_1) > & falls\ umd(v_1) \approx umd(v_2) \\ < f\_id, r\_id(v_1), umd(v_1), r\_id(v_2), umd(v_2) > & sonst. \end{cases}$$

Bei der Übermittlung der Reservierungsinformationen verschiedener Empfänger, kann eine sehr effiziente und einfache Aggregierung erfolgen, indem das CA-Objekt um ein Equal Flag erweitert wird:

$$CA - Objekt\ 3 = \begin{cases} < r\_id(v_n), equal\_flag > & falls\ rr(v_n) = flowspec \\ < r\_id(v_n), 0, rr(v_n) > & sonst. \end{cases}$$

Entspricht die vom Empfänger geforderte Reservierung den in der RSVP Nachricht enthaltenen Parametern, so wird für diesen Empfänger das Equal Flag gesetzt und es folgen keinen weiteren Daten. Sind in Folge der Zusammenfassung von Reservierungen (Merging) die Information in der RESV-Nachricht und die vom Empfänger gewünschte Reservierung nicht mehr identisch (equal_flag = 0), so muß die individuelle Reservierung des Empfängers zusätzlich übertragen werden.

Bei einer Anzahl von N Empfängern muß ohne Aggregierung eine Datenmenge von $N \cdot rr(v_n)$ übertragen werden. Erfolgt Aggregierung, so reduziert sich die Datenmenge um die Reservierungsinfomationen der Empfänger N', deren Reservierung der in der RESV-Nachricht übertragenen Information entsprechen, auf $(N-N') \cdot rr(v_n)$. Solange eine Übereinstimmung der Reservierungsinformationen wahrscheinlich ist (N' also hoch), kann eine signifikante Datenreduktion erzielt werden.

3.5 Accounting Records

Accounting Records enthalten die vom Netzbetreiber angeforderten Daten für die Berechnung des Preises im Charging-Server. Dies können reine Meßdaten, wie z.B. das übertragene Volumen, oder bereits aus verschiedenen Meßdaten berechnete Charging-Parameter (wie z.B. die Burstiness, Distanz oder anteilige Kosten für Teilstrecken) sein.

Alle Accounting Records enthalten einen Kopf, der den Zugangsrouter identifiziert, von dem die Daten stammen. Dies wird über die Router-ID-Struktur (r_id) realisiert. Darüber hinaus wird der Typ des Records festgelegt. Da nicht alle Tarifierungsverfahren die gleichen Charging-Parameter benötigen, läßt sich durch Definition geeigneter Record-Typen die zu übertragende Datenmenge reduzieren.

Da die Reservierung empfängerspezifisch ist, sind zur Ermittlung der Gesamtkosten des Multicast-Baums die Reservierungsinformationen jedes einzelnen Empfängers zu berücksichtigen. Accounting Records müssen also die Reservierungsinformationen für jeden Egress-Router enthalten. Dabei wird die Datenreduktion, die durch die Aggregierung von CA-Objekten erfolgte, übernommen:

$<$r_id(μ_1), f_id $>$
$<$r_id(v_1), rr($v1$) $>$
$<$r_id(v_2), r_id(v_3), r_id(v_4), rr(v_2)$>$
......
$<$r_id(v_N), rr(v_N)$>$

Der Accounting Record enthält den Router-Identifikator r_id des Ingress-Routers, an dem die Daten gesammelt wurden, sowie den Flow-Identifikator f_id des betrachteten Datenstromes. Danach folgen die Router-Identifikatoren der Egress-Router mit den jeweiligen Reservierungsinformationen rr.

Bei der Verwendung von lastbasierten Tarifmodellen, die sowohl die reservierten als auch die tatsächlich genutzten Ressourcen berücksichtigen, enthält der Accounting Record neben Reservierungsparametern Informationen über die am Sender gemessene Last (Usage Metering Data, umd).

4 Einsatz der Architektur mit unterschiedlichen Tarifierungsverfahren

Im folgenden wird der Einsatz der Architektur zur Tarifierung von Multicast-Diensten mit unterschiedlichen Tarifierungsverfahren vorgestellt.

Das erste Verfahren eignet sich zum Einsatz in Netzen, die rein auf dem Integrated Services Modell basieren und auch im Kernnetz RSVP unterstützen. In diesen Netzen läßt sich durch Zusatzfunktionen in den Routern eine dezentrale Kostenberechnung realisieren.

Das zweite Verfahren ermöglicht zusätzlich eine Tarifierung für Netze, die im Kern keine RSVP-Unterstützung bieten. Zusatzfunktionen für Charging und Accounting müssen hierbei lediglich in den Zugangsroutern unterstützt werden.

4.1 Verfahren 1

Die Aufteilung der reservierungsbasierten Kosten im Multicast-Baum auf die einzelnen Empfänger erfolgt bei diesem Verfahren dezentral. Die Router innerhalb des Netzes stellen Zusatzfunktionen bereit, um die Kosten für Teilstrecken des Multicast-Baums zu ermitteln und gemäß der Kostenaufteilungsfunktion den Egress-Routern zuzuordnen. Informationen zur Berechnung der Kosten einer Teilstrecke werden in

CA-Objekten zu den Knoten transportiert, in denen die Berechnung stattfindet. Die Kosten für die Verbindung zwischen zwei Knoten i und j werden in Anlehnung an [KaSW98] mit c_{ij} bezeichnet. Die Kosten eines Links können durch eine beliebige Kostenfunktion in Abhängigkeit der reservierten Ressourcen lokal in den Routern bestimmt werden ($c_{ij}= f(R_j)$).
Nachfolgend können die Kosten eines gemeinsamen Links gemäß einem Kostenaufteilungsprinzip zwischen Sender sowie den einzelnen Empfänger untereinander aufgeteilt werden. Beim hier betrachten Kostenaufteilungsprinzip tragen alle Knoten, die mit Knoten j verbunden sind, einen Anteil an den Kosten der gemeinsam genutzten Strecke, der dem Anteil der individuellen Link-Kosten an der Summe aller individueller Link-Kosten entspricht. Motiviert ist diese Kostenaufteilungsstrategie durch die Annahme, daß die Übertragung eines Paketes auf der Teilstrecke c_{ij} für einen Empfänger der eine hohe QoS reserviert hat einen höheren Wert darstellt als für einen Empfänger, der eine geringere QoS reserviert hat.
Die Gesamtkosten eines einzelnen Empfängers können durch Addition der jeweiligen Teilkosten der Teilstrecken auf dem Weg zum Ingress-Router ermittelt werden. Das Verfahren kann mit CA-Objekten der folgenden Form realisiert werden:

<f_id, r_id (v_1), cost(v_1), ... r_id (v_n), cost(v_n), ... r_id (v_N), cost(v_N)>

Dabei wird in jedem Router i der dem Egress-Router v_n zugeordnete Wert cost(v_n) um den von v_n zu tragenden Anteil an den Kosten c_{ij} der Teilstrecke ij erhöht. Bei diesem Verfahren unterstützt die dezentrale Kostenberechnung die Skalierbarkeit von Charging und Accounting. In Netzen, die keine RSVP-Unterstützung im Kern bieten (Differentiated Services, ATM) kann keine dezentrale Kostenberechnung erfolgen.

4.2 Verfahren 2

Im Gegensatz zum vorherigen Verfahren werden hierbei keine Funktionen zur Kostenberechnung in den Routern des Betreibernetzes eingesetzt. Verfahren 2 basiert auf einer zentralen Kostenermittlung und Kostenaufteilung zwischen den Empfängern. In getrennten Schritten erfolgt die Ermittlung der Gesamtkosten für den Multicast-Baum und die Aufteilung der Kosten auf einzelne Empfänger.
Die Berechnung des Kostenanteils an den Gesamtkosten des Multicast-Baums, der einem einzelnen Empfänger zugeordnet wird, erfolgt bei diesem Verfahren in Abhängigkeit der reservierten Ressourcen und der Distanz zum Sender. Der einem Empfänger zugewiesene Kostenanteil muß nicht von der aktuellen Multicast-Topologie abgeleitet werden, sondern kann statt dessen auch von der (festen) Distanz zwischen Empfänger und Sender abhängig gemacht werden. Die Ersparnis durch die Verwendung von Multicast kann bei der Ermittlung des Kostenanteils ebenfalls berücksichtigt werden.
Es wird ein Tarifmodell angenommen, in dem die Kosten eines Empfängers von seiner Distanz $d_{v_n\mu_m}$ zum Ingress-Router μ_m und der Reservierung R_{vn} abhängt. Die Kosten, die sich bei einer Unicast-Übertragung für Empfänger v_n ergeben würden, werden mit $C_{vn,\,unicast}$ bezeichnet.

$$C_{v_n,unicast} = f(d_{v_n\mu_n}, R_{v_n}) \tag{2}$$

Die Gesamtkosten zur Bereitstellung des Multicast Baumes $C_{MC\text{-}Tree}$ hängen in der Regel von der Anzahl und Verteilung der Empfänger, sowie von den jeweils reservierten

QoS Werten ab. Zur Berücksichtigung der Ersparnis, die durch die Verwendung von Multicast erreicht wird, führen wir den Multicast-Gewinnfaktor G_{MC} (mit $G_{MC} \geq 1$) ein. Dieser drückt die Reduktion der Kosten durch die Verwendung von Multicast aus. Der Multicast-Gewinnfaktor G_{MC} läßt sich anhand der Gesamtkosten des Multicast-Baums $C_{MC\text{-}Tree}$ wie folgt bestimmen:

$$G_{MC} = \frac{\sum_{n=1}^{N} C_{v_n, unicast}}{C_{MC-Tree}} \quad (3)$$

Durch die Ersparnis, die sich durch die Verwendung von Multicast ergibt, reduziert sich der Kostenanteil eines Empfängers v_n zu

$$C_{v_n} = \frac{C_{v_n, unicast}}{G_{MC}} \quad (4)$$

Zur Bestimmung der Distanz können Routinginformationen ausgewertet werden. Mit der Anzahl von IntServ-Routing-Hops als Distanzmetrik lassen sich auch hopcount-Elemente in den RSVP-Nachrichten zur Distanzbestimmung einsetzen. Für dieses Verfahren kann der in 3.5 definierte Accounting Record verwendet werden. Zur Berücksichtigung der Distanz kann eine Zusatzstruktur (z.B. hopcount) durch Veränderung des Headers und mit Hilfe der TLV Syntax angefügt werden.
Dieses Verfahren eignet sich auch für eine vereinfachte Tarifierung mit reduziertem Realisierungsaufwand. In zahlreichen Fällen wird ein Netzbetreiber weniger an einer präzisen Ermittlung der tatsächlich angefallenen Kosten als an einer für den Empfänger nachvollziehbaren Kostenzuweisung interessiert sein. Durch Abschätzung des Multicast-Gewinnfaktors anstelle der tatsächlichen Ermittlung des Kosten des Multicast-Baums läßt sich der Berechnungsaufwand der Tarifierung deutlich reduzieren. Wie in [ChSi98] gezeigt, läßt sich der Multicast-Gewinnfaktor für homogene QoS und typische Topologien durch $G_{MC} \approx N^{0,8}$ approximieren, solange die Anzahl der Empfänger N hinreichend kleiner als die Anzahl der Netzknoten bleibt.
Zur Realisierung einer lastbasierten Tarifierung kann die vom Sender erzeugte Last in Form der normierten effektiven Bandbreite [CoKW97] in die Kostenfunktion integriert werden. Die Formel (4) zur reservierungsbasierten Tarifierung erweitert sich in diesem Fall um den lastbasierten Term $\beta \cdot BWeff_{\mu_m}$, woraus sich ergibt:

$$C_{v_n} = f(d_{v_n \mu_n}, R_{v_n}) \cdot (\alpha + \beta \cdot BWeff_{\mu_m}) \cdot \frac{1}{G_{MC}} \quad (5)$$

Mit den Gewichtungsfaktoren α und β läßt sich die Abhängigkeit der Gesamtkosten von den reservierten und tatsächlich genutzten Ressourcen steuern. Die effektive Bandbreite eines Senders kann gemäß den in [CoKW97] vorgestellten Verfahren ermittelt werden. Die reservierten Ressourcen der einzelnen Empfänger werden mit Hilfe von CA-Objekten im Ingress-Router gesammelt. Accounting Records müssen nun auch Meßdaten aus dem Ingress-Router enthalten. Dieses Verfahren eignet sich durch die Beschränkung der Zusatzfunktionen auf die Zugangsrouter auch für eine Anwendung in Netzen mit Differentiated Services oder ATM-Kernnetz.

5 Zusammenfassung und Ausblick

Es wurde eine Architektur für einen generischen Charging und Accounting Service (GenCAS) für IP Multicast Integrated Services vorgestellt. Die Architektur ist konform mit dem Integrated Services Modell und beinhaltet ein Protokoll für Charging und Accounting (CAP), das für den Transport von Accounting-Informationen innerhalb des Netzes dient. Es werden Charging-Parameter lokal in den Routern berechnet und in Form von Accounting Records an einen Charging-Server übermittelt. Basisstrukturen wurden definiert, aus denen CA-Objekte und Accounting Records zusammengesetzt werden können.

Die Unterstützung verschiedener Tarifmodelle durch die GenCAS-Architektur wurde anhand von Beispielen erläutert. Mit dem Einsatz der vorgestellten Aggregierungsalgorithmen kann eine signifikante Reduktion der zu transportierenden Datenmenge erreicht werden.

Eine Lösung für den Einsatz der GenCAS-Architektur in ATM-Netzen (MICAS) wurde auf der Basis der Multicast Integration Server (MIS) Architektur entwickelt. Damit werden die Umsetzung von RSVP-Dienstklassen auf ATM-QoS und Multicast-Shortcuts unterstützt. Bei der Entwicklung der MICAS-Lösung wurden die Fähigkeiten und Besonderheiten der MIS-Architektur zur Verbesserung der Leistungsfähigkeit des CA-Protokolls genutzt. Im Rahmen des ACTS-Projekts SUSIE (AC320) sollen unterschiedliche reservierungsbasierte und lastbasierte Tarifierungsverfahren erprobt werden. Dabei wird auch eine Übermittlung der Accounting-Daten an ein CORBA/TINA-basiertes Abrechnungssystem realisiert. Der hierbei vorgesehene Accounting Record wurde in ein aktuelles Dokument von ETSI zur Tarifierung IP-basierter Netze aufgenommen [ETSI98].

6 Literaturangaben

[AnBD98] T. Anker, D. Breitgand, D. Dolev, Z. Levy: IMSS: IP Multicast Shortcut Service, Internet Draft, Work in Progress, Juli 1997, draft-anker-congress-01.txt

[Bakr97] A. Bakre: IP Multicast over ATM Networks with Cut-through Forwarding, Internet Draft, Work in Progress, Nov. 1997, draft-bakre-mcast-atm-00.txt

[BeWi98] S. Berson, S. Vincent: Aggregation of Internet Integrated Services State, Proceedings of sixth IEEE/IFIP International Workshop on Quality of Service (IWQoS '98), Napa, CA, U.S.A., Mai 1998.

[BeYF98] Y. Bernet, R. Yavatkar, P. Ford, F. Baker, L. Zhang: A Framework for End-to-End QoS Combining RSVP/IntServ and Differentiated Services, Internet Draft, Work in Progress, März 1998, draft-bernet-intdiff-00.txt

[CaSZ98] G. Carle, M. Smirnow, T. Zseby: Charging and Accounting Architecture for IP Multicast Integrated Services, 4th International Symposium on Interworking (Interworking'98), Ottawa, Canada, Juli 1998.

[ChSi98] J. Chuang, M. Sirbu: Pricing Multicast Communication: A Cost-Based Approach, Proceedings of INET98, Genf, Juli 1998

[Clar97]   D. Clark: Internet cost allocation and pricing. In L. W. McKnight & J. P. Bailey, (Eds.), Internet Economics, The MIT Press, Cambridge, MA, 1997, pp. 215-252

[CoES93]   R. Cocchi, D. Estrin, S. Shenker, L. Zhang: Pricing in Computer Networks: Motivation, Formulation, and Example; IEEE/ACM Transactions on Networking, Vol. 1, No. 6, Dez. 1993, pp. 614 - 627

[CoKW97]   C. Courcoubetis; F. Kelly; R. Weber: Measurement-based charging in communication networks, Statistical Laboratory Research Report 1997-19, University of Cambridge, 1997

[ETSI98]   H. Orlamünder (Editor): Parameters and Mechanisms for Charging in IP based Networks [Network Aspects], TR/NA-080301 V1.0.4 (1998-06), ETSI Working Group NA8 Technical Document, 1998

[FaSV98]   G.Fankhauser, B. Stiller, C. Vögtli, B. Plattner: Reservation-based Charging in an Integrated Services Network, 4th INFORMS Telecomumnications Conference, Boca Raton, FL, U.S.A., März 1998

[GaBo97]   M. W. Garrett, M. Borden: Interoperation of Controlled-Load Service and Guaranteed Service with ATM, Internet-Draft, Work-in-progress, Nov. 1997, draft-ietf-issll-atm-mapping-04.txt

[Herz96]   S. Herzog: Accounting and Access Control for Multicast Distributions: Models and Mechanisms, PhD dissertation, University of Southern California, U.S.A., 1996

[HeSE95]   S. Herzog, S. Shenker, D. Estrin: Sharing the Cost of Multicast Trees: An Axiomatic Analysis; In Proceedings of ACM SIGCOMM'95, Aug. 1995

[JaDS95]   S. Jamin, P. B. Danzig, S. Shenker, L. Zhang: A Measurement-Based Admission Control Algorithm for Integrated Services Packet Networks, In Proceedings of ACM SIGCOMM'95, Cambridge, MA, U.S.A, Aug./Sept. 1995

[JaSD97]   S. Jamin, S. Shenker, and P. Danzig: Comparison of Measurement-based Admission Control Algorithms for Controlled-Load Service, Proc. of IEEE INFOCOM'97, Apr. 1997

[KaKL98]   M. Kalervo, K. Kilkki, C. Lanting, J. Ruutu: Multimedia services over an internet: horizontal and vertical aspects of Quality of Conveyance, 4th International Symposium on Interworking (Interworking'98), Ottawa, Canada, Juli 1998

[KaSW98]   M. Karsten, J. Schmitt, L. Wolf, R. Steimetz: An Embedded Charging Approach form RSVP, International .Workshop on Quality of Service '98 (IWQoS'98), Napa, CA, U.S.A, Mai, 1998

[Kell96]   F. P. Kelly. Charging and Accounting for Bursty Connections, in Internet Economics, J. Bailey and L. McKnight (Eds.) MIT Press, Boston, MA., U.S.A., 1996

[MaVa94]   J. K. Mackie-Mason and H. R. Varian: Pricing the Internet; In Second International Conference on Telecommunications Systems Modeling and Analysis, Nashville, Tennessee, März 1994, pp. 378-393

[MaVa95]   J. MacKie-Mason, H. Varian: Pricing Congestibel Network Resorces, IEEE Journal on Selected Areas in Communications, Vol. 13, Nr. 7, Sep. 1995, pp. 1141-1149

[NiBl98]   K. Nichols, S. Blake: Differentiated Services Operational Model and Definitions, Internet draft, Work in Progress, Feb. 1998, draft-nichols-dsopdef-00.txt

[PaSc98]   Ping Pan, Henning Schulzrinne: YESSIR: A simple reservation Mechanism for the Internet, 8th International Workshop on Network and Operating Systems Support for Digital Audio and Video (NOSSDAV'98), Cambridge, U.K., Juli 1998

[ReIz97]   D. Reininger and R. Izmailov. Soft Quality of Service with VBR+ Video, Proceedings of International Workshop on Audio-Visual Services over Packet Networks (AVSPN'97), Aberdeen, Scotland, Sep. 1997

[RFC1633] D. Clark, R. Braden, S. Shenker, Integrated Services in the Internet Architecture: an Overview, RFC 1633, IETF, Juni 1994

[RFC2063] N. Brownlee, C. Mills, G. Ruth: Traffic Flow Measurement: Architecture, RFC2063, IETF, Jan. 1997

[RFC2205] L. Zhang, R. Braden, S. Berson, S. Herzog, and S. Jamin: Resource ReSerVation Protocol (RSVP) - Version 1 Functional Specification, RFC2205, IETF, Sep. 1997

[RFC2210] J. Wroclawski: The Use of RSVP with IETF Integrated Services, RFC2210, IETF, Sep. 1997

[RFC2211] J. Wroclawski: Specification of the Controlled Load Quality of Service, RFC 2211, IETF, Sep. 1997

[RFC2212] S. Shenker, C. Partridge, and R. Guerin: Specification of the Guaranteed Quality of Service, RFC 2212, IETF, Sep. 1997

[SaCS97a] L. Salgarelli, A. Corghi, H. Sanneck, and D. Witaszek: Supporting IP Multicast Integrated Services in ATM Networks, In Proceedings of SPIE VV'97, Broadband Networking Technologies, Dallas, Texas, Nov. 1997

[SaCS97b] L. Salgarelli, A. Corghi, M. Smirnow, H. Sanneck, D. Witaszek: Supporting IP Multicast Integrated Services in ATM Networks, Internet Draft, Work in Progress, Nov. 97, draft-salgarelli-isslI-mis-00-11.ps

[ShCE96]   S. Shenker, D. Clark, D. Estrin and S. Herzog: Pricing in Computer Networks: Reshaping the Research Agenda; Communications Policy, Vol. 20, No. 1, 1996; ftp://parcftp.xerox.com/pub/net-research/picn.ps

[Shen95]   S. Shenker: Fundamental Design Issues for the Future Internet, in IEEE Journal on Selected Areas in Communications, Vol. 13, No. 7, Sept. 1995, pp.1176-1188

[Smir97]   M. Smirnov: Scalable and Efficient Multiprotocol IP Multicast over ATM. In Proceedings of SPIE VV'97 - Broadband Networking Technologies, Dallas - Texas, Nov. 1997

[StFP98]   B. Stiller, G. Fankhauser, B. Plattner, N. Weiler: Charging and Accounting for Integrated Internet Services - State of the Art, Problems and Trends, Proceedings of INET'98, Geneva, Switzerland, Juli 1998

[Vier90]   B. Viero: Traffic Measurement on Variable Bit Rate (VBR) Sources with Application to Charging Principles, Computer Networks and ISDN Systems 20, Elsevier Science Publishers (North Holland), 1990, pp. 435-445

[WaKS97]   D. Walker, F. Kelly, J. Solomon: Tariffing in the New IP/ATM Environment, Telecommunications Policy, Vol. 21, pp. 283-295, Mai 1997

[WaST96]   Y. Watanabe, A. Shionozaki, F. Teraoka, J. Murai: The Design and Implementation of the Geographical Location Information System, Proceedings INET'96, Montreal, Canada, Juni 1996

Evaluation von Assured Service für das Internet

Florian Baumgartner und Torsten Braun

Institut für Informatik und angewandte Mathematik
Neubrückstrasse 10, CH-3012 Bern, Schweiz
baumgart|braun@iam.unibe.ch

Zusammenfassung Der Assured Service wurde im Rahmen der Differentiated Services (Diffserv) Arbeitsgruppe der IETF als ein möglicher Diffserv-Dienst vorgeschlagen. Das Paper evaluiert das Konzept der Assured Services anhand von Simulationen verschiedener Netzszenarien und auf UDP bzw. TCP beruhenden Anwendungen. Hierbei wird gezeigt, daß durch Assured Services unterstützte Datenflüsse in Lastfällen wesentlich höhere Dienstgüten (Bandbreite und abhängig von Queuing-Varianten auch Verzögerungen) erreichen als Best-Effort Datenflüsse. Des weiteren wird ein Queuing-Verfahren vorgestellt, welches die Verzögerungen für hochpriore Datenflüsse verbessert und gleichzeitig Reihenfolgevertauschungen minimiert.

1 Einführung

Höherwertige Dienste als Best-Effort Dienste lassen sich mit dem auf RSVP [BZB+97] basierenden Integrated Services Ansatz - zumindest in großen IP-Netzen - aus Skalierungsgründen nicht erreichen [MBB+97]. Als Alternative - speziell für IP-Backbone Netze wurde das Konzept der Differentiated Services entwickelt [BBC+98]. Dieser Beitrag beschreibt in Kapitel 2 einen im Differentiated Services Umfeld definierten Dienst, den Assured Service. Abschnitt 3.1 stellt die Simulationsumgebung und das zur Bewertung von Assured Services verwendete Simulationsmodell dar. Die Ergebnisse der Simulationen werden in Kapitel 4 diskutiert. Dabei werden die in [CW97] veröffentlichten Ergebnisse um Verzögerungsaspekte erweitert Verbesserungsmöglichkeiten vorgeschlagen. Abschnitt 5 diskutiert eine Variante des Queuing-Verfahrens zur zusätzlichen Minimierung von Reihenfolgevertauschungen. Kapitel 6 faßt den Beitrag zusammen und gibt einen Ausblick auf zukünftige Arbeiten.

2 Differentiated Services

Der Differentiated Ansatz [BBC+98] basiert im Gegensatz zur Integrated Services Architektur auf einer Aggregation von Anwendungsdatenflüssen, d.h. Reservierungen sollen für eine Menge von zusammengehörenden Flüssen, z.B. für alle Flüsse zwischen zwei Subnetzen, erfolgen.

Hierbei werden die IP-Pakete durch den Benutzer (entweder im Endsystem oder durch einen Router) oder den Service Provider mit unterschiedlichen Prioritäten versehen. Den einzelnen Prioritätsklassen werden in den Routern dann entsprechende Mengen von Ressourcen (insbesondere Bandbreiten) zugewiesen. Ein Internet Service Provider (ISP) kann dadurch seinen Benutzern verschiedene, mit unterschiedlichen Kosten verbundenen Dienstgüteklassen anbieten. Zur Markierung der Pakete wird das sogenannte DS-Feld (Differentiated Services Field) im IP-Header verwendet, welches in IPv4 auf das Type-of-Service Oktett (ToS) und in IPv6 auf das Traffic-Class Oktett abgebildet wird [NBBB98].

Der Assured Service - als ein spezieller Differentiated-Service-Dienst - versucht einen Dienst anzubieten, der zwar nicht wie andere Dienste (z.B. der Premium Service [NJZ97]) Bandbreiten garantieren kann, bei dem aber mit einer hohen Wahrscheinlichkeit davon auszugehen ist, daß die mit hoher Priorität gekennzeichneten Pakete zuverlässig vom ISP übertragen werden. Die Charakteristik des Dienstes richtet sich dabei nach den in den Routern beim Shaping und Policing verwendeten Markierungsverfahren, die meist auf Token Buckets basieren. Die Wahrscheinlichkeit, daß die Pakete korrekt übertragen werden, hängt von der Dimensionierung des Netzes ab. Ein ISP kann zwar die Summe aller Bandbreiten für Assured Services so wählen, daß die Bandbreite des Links mit der niedrigsten Bitrate nicht übertroffen wird. In diesem Fall wird dann im ISP-Netz aber nur ein sehr geringer Anteil der verfügbaren Kapazität allokiert. In der Regel werden aber nicht alle Benutzer ihre Assured Service Pakete über den Engpaß-Link senden, so daß es durchaus sinnvoll erscheint, eine höhere Gesamtbitrate zuzulassen. Allerdings ist es dann nicht ausgeschlossen, daß in ungünstigen Momenten (genau dann wenn alle Anwender Daten über den Engpaß-Link senden) Pakete wegen Überlastungen weggeworfen werden müssen.

Der Benutzer kennzeichnet entweder im Endsystem oder im sogenannten First-Hop-Router zum ISP-Netz die Pakete als hochprior, d.h. versieht sie mit einem A-Bit. Um Änderungen in den Endsystemen zu vermeiden, kann auch der First-Hop-Router die weiterzuleitenden Pakete bezüglich ihrer IP-Adressen und UDP-/TCP-Ports analysieren und dann eine entsprechende Priorität zuordnen. Hierbei ist natürlich auch zu beachten, daß die vereinbarte maximale Rate von hochprioren (A-Bit) Paketen nicht überschritten wird. Dies wird durch

Shaping-Funktionen in den First-Hop-Routern und Re-Shaping-Funktionen in den Border-Routern des Anwenders am Übergang zum ISP-Netz sowie durch Policing im ISP Netz sichergestellt. Der Service-Provider muß aber auf jeden Fall überprüfen, ob sich der Benutzer an die maximale Rate hochpriorer Pakete hält, und muß gegebenenfalls Korrektur-Maßnahmen ergreifen, falls dies nicht der Fall ist. Hierzu werden am Netzeingang der Border-Router des ISP nichtkonforme Pakete als niederprior (out-of-service, out-of-profile) gekennzeichnet.

2.1 Implementierungsaspekte

Zur Implementierung von Assured Services sind in Routern gewisse Modifikationen erforderlich. Im wesentlichen müssen Klassifizierungs-, Markierungs-, Shaping- und Policing-Funktionen in die Router aufgenommen werden. Diese Funktionen sind immer beim Übergang von einem Netz zum anderen erforderlich, zum Beispiel beim Übergang von einem Benutzernetz zum ISP oder auch zwischen ISPs. Zwischen ISPs müssen ähnlich wie zwischen Benutzer und ISP Dienstparameter vereinbart werden.

Abb. 1 zeigt das Funktionsprinzip eines First-Hop-Routers sowie eines Egress Border Routers für Assured Service. Empfangene Pakete werden hierbei jeweils klassifiziert und das A-Bit wird in einem Paket gesetzt, falls es Assured Service erfahren soll. Als Klassifikationsparameter können Quell-, Zieladressen, oder Informationen höhere Protokolle (z.B. Port-Nummern) dienen. Ein reines Best-Effort Paket wird direkt in das Ausgangs-Queuing-System - in der Regel in eine sogenannte RIO-Queue - geschrieben. In dieses Ausgangs-Queuing-System gelangen auch die Assured Service Pakete. Das A-Bit wird nur dann gesetzt, wenn ein Token im Token Bucket vorhanden ist. Ansonsten wird das A-Bit nicht gesetzt bzw. gelöscht, und das Paket wird im folgenden wie ein Best-Effort Paket behandelt. Die Token Buckets werden entsprechend der ausgehandelten Bitraten und Burst-Parameter gefüllt. Der Token Bucket kann dabei mehrere Tokens aufnehmen, so daß kurzzeitige Bursts unterstützt werden können. Die Größe des Buckets hängt von den vereinbarten Burst-Eigenschaften ab. Der Unterschied zwischen einem First-Hop-Router und einem Egress-Border-Router besteht darin, daß der First-Hop-Router ein Paket erstmals klassifiziert und gegebenenfalls diese Klassifikation auch auf Informationen höherer Protokolle (z.B. TCP-Ports, Anwendungstyp) erfolgen kann.

Der ISP muß schließlich prüfen, ob der Anwender sich auch tatsächlich an die vereinbarten Verkehrscharakteristiken hält. Hierzu muß der ISP durch seinen Ingress Border-Router, d.h. der Router, bei dem die Pakete von einer anderen DS-Domäne in die DS-Domäne des ISP eintreten, die Pakete daraufhin überprüfen, ob das vereinbarte Dienstprofil eingehalten wird. Ein Ingress Border-Router des ISPs wird daher das A-Bit der nicht-konformen Assured Service Pakete zurücksetzen.

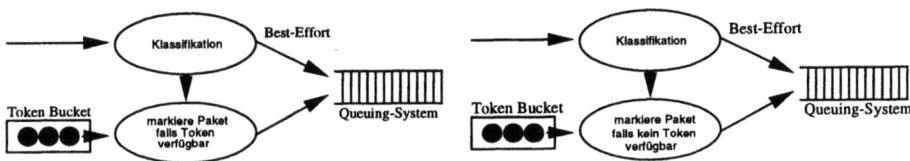

Abbildung1. links: First-Hop-Router und Egress Border-Router für Assured Service; rechts: Ingress Border-Router

2.2 Queuing

Ein wichtiges Element zur Implementierung von Assured Services sind geeignete Queue-Management-Verfahren zum Wegwerfen (Dropping) von Paketen in den Routern, um Überlastsituationen zu vermeiden. Für Assured Services wurde das sogenannte RIO-Queuing-Verfahren vorgeschlagen [CW97]. Als Basismechanismus von RIO wird der Random Early Detection (RED) [BCC+97] Mechanismus verwendet. RED ist ein Verfahren, welches versucht die Queue-Füllstände nicht über ein bestimmtes Limit anwachsen zu lassen, um so immer Reserven für Bursts bereitzuhalten. Dies erfolgt dadurch, daß Pakete bereits weggeworfen werden, wenn der Füllstand noch relativ gering ist. Unterhalb des unteren Schwellwerts werden dabei keine Pakete weggeworfen. Je stärker der Füllstand über den unteren Schwellwert ansteigt, desto höher ist die Dropping-Wahrscheinlichkeit für ein eintreffendes Paket, wobei das Wegwerfen der Pakete zufällig erfolgt und dadurch vermieden wird, daß nur Pakete eines bestimmten Anwendungsdatenflusses gelöscht werden. Erreicht der Füllstand schließlich den oberen Grenzwert, so werden alle Pakete weggeworfen.

RED kann insbesondere die verfügbare Bandbreite unter TCP-Datenflüssen in fairer Weise aufteilen, da Paketverluste automatisch zu einer Reduzierung der Paketrate eines TCP-Datenflusses führen. Problematischer ist die Situation bei nicht-TCP-konformen Datenflüssen wie z.B. auf UDP aufsetzenden Realzeitanwendungen oder Multicast-Anwendungen. Anwendungsdatenflüsse, die auf Paketverluste nicht entsprechend mit einer Anpassung der Datenrate reagieren, müssen besonders behandelt werden, um eine Überlastung des Netzes durch solche Datenflüsse zu verhindern.

RIO (RED with In and Out) ist eine Erweiterung des RED-Mechanismus. Für in-profile Pakete und für out-of-profile Pakete ist dabei eine gemeinsame Queue vorgesehen. Allerdings werden zwei unterschiedliche Dropping-Verfahren angewendet. Dieses soll sicherstellen, daß bei Überlast zunächst Best-Effort-Pakete und keine Assured Service Pakete weggeworfen werden. Durch die gemeinsame RIO-Queue können Reihefolgevertauschungen vermieden werden, was speziell für TCP-Implementierungen aus Leistungsaspekten sehr vorteilhaft ist. Der Dropper für out-of-profile Pakete (Out-Dropper) wirft Pakete sehr viel früher weg, d.h. bei einem wesentlich niedrigeren Füllstand als der Dropper für in-profile-Pakete (In-Dropper), d.h. für Pakete mit gesetztem A-Bit. Des weiteren steigen die Dropping-Wahrscheinlichkeiten des Out-Droppers sehr viel stärker an als beim In-Dropper. Dadurch wird versucht, die Wahrscheinlichkeit für das Wegwerfen von in-profile Paketen gering zu halten. Während der Out-Dropper zur Berechnung der Dropping-Wahrscheinlichkeit die Gesamtzahl der in der RIO-Queue enthaltenen Pakete berechnet, legt der In-Dropper nur die in-profile Pakete zugrunde. Ein Nachteil beim Einsatz von RIO-Queuing besteht sicherlich darin, daß in-profile Pakete die gleiche Verzögerung erfahren wie in die Queue aufgenommene out-of-profile Pakete. Durch das Setzen der Dropping-Wahrscheinlichkeit auf 1 für out-of-profile Pakete bei geringen Queue-Längen, kann dieser Nachteil reduziert aber nicht vollständig eliminiert werden.

3 Simulative Bewertung von Assured Services

Ziel der Simulationen ist die Untersuchung von Bandbreite und Verzögerung bei der Interaktion verschiedener Arten von Datenverkehr. So sichert der ISP jeweils zwei Kommunikationspartnern (beispielsweise zum Aufbau eines virtuellen privaten Netzes, VPN) eine bestimmte Bandbreite zu, während gleichzeitig niedrigpriorer Best-Effort-Verkehr transportiert werden soll.

3.1 Simulationsszenario

Zur Evaluation des Assured Service wurden Simulationen des in 2 dargestellten Szenarios vorgenommen. Sechs Netze verschiedener Benutzer mit Client- (C_{1-3})

und Server-Systemen (S_{1-3}) sind über einen ISP miteinander verbunden. In den Benutzer-Netzen sind First-Hop-Router und Border-Router in einem Router zusammengefaßt. Für Verkehr vom Netz mit S_1 zum Netz mit C_1 sind Assured Service Dienstvereinbarungen getroffen, dasselbe gilt für die Netze mit C_1 und S_1. Sämtliche Netz-Links haben eine Kapazität von 1 Mbit/s, so daß der Link zwischen den beiden ISP-Border-Routern den Engpaß darstellt. Im Gegensatz zu [IN98] wird dabei nicht nur die Interaktion von TCP Datenflüssen, sondern das Verhalten der Bandbreiten und Verzögerungen bei verschiedenen Arten von Verkehr (TCP und UDP) untersucht.

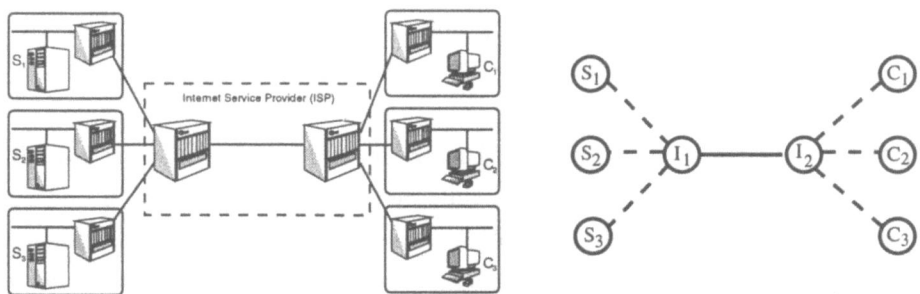

Abbildung 2. Simulationsszenario

3.2 Implementierung in ns

Das in Abb. 2 dargestellte Simulationsszenario wurde auf ein Simulationsmodell für den Network Simulator [ns] wie folgt abgebildet. Zur Realisierung von Assured Services in ns wurden zwei Komponenten, sogenannte ns-Queues, implementiert. Die erste Komponente, der Tagger, übernimmt die Funktion des Egress-Border-Routers des Benutzers, d.h. er markiert anhand des Dienstgütenprofils (eine zugesicherten Bandbreite) die vom Kunden an den ISP gesendeten Pakete. Die zweite Komponente entspricht dem in [CW97] beschriebenen RIO Queuing-Verfahren.

Abb. 2 zeigt die Realisierung beschriebenen Topologie in ns. Die beiden Komponenten Tagger und RIO-Queue sind als Linien (Links) dargestellt, d.h. die Tagger-Komponente als gestrichelte Linie, die RIO-Queuing-Komponente als durchgezogene Linie. Hierbei wurde aus Vereinfachungsgründen auf die Modellierung der RIO-Queue in den Benutzer-Routern sowie auf die Tagging-Komponente in den ISP-Routern verzichtet, da sie die Simulation nicht beeinflussen. S_1 bis S_3 entsprechen den Servern, welche die unterschiedlichen Arten von Verkehr erzeugen, C_1 bis C_3 den entsprechenden Clients. I_1 und I_2 sind Knoten des Internet Service Providers.

Tagger Die Aufgabe der Tagger-Komponente ist die Beurteilung, ob ein Paket innerhalb oder außerhalb des vereinbarten Dienstgütenprofils ist und die entsprechende Markierung zu setzen. Abb. 4 zeigt die Wahrscheinlichkeit für ein Paket als in-profile markiert zu werden in Abhängigkeit von der gesendeten Bandbreite. Die Kurve stellt dabei das vereinbarte Dienstprofil dar. Die übertragene Bandbreite wird aus der Paketgröße und der Zeitspanne zwischen zwei Paketen errechnet, wobei über jeweils beide Größen der exponentiell gewichtete Durchschnitt gebildet wird. Für eine problemlose Interaktion mit TCP/IP ist es dabei essentiell, nur langsam auf Änderungen der Bandbreite zu reagieren.

RIO Queues Generell gibt es zwei Ansätze für die Implementierung des RIO-Verfahrens. Im allgemeinen wird mit einer gemeinsamen Queue für in und out-of-profile Pakete gearbeitet. Die höhere Priorität von in-profile Paketen wird durch eine andere Dropping-Wahrscheinlichkeit realisiert. Neben dem Vorteil der recht einfachen Implementierung stellt dieser Algorithmus sicher, daß die Paketreihenfolge erhalten bleibt.
Eine anderer - hier vorgeschlagener - Ansatz sieht zwei unterschiedliche Queues für in-profile und out-of-profile Verkehr vor. Da die in-Queue bevorzugt geleert wird, kann in Stausituationen der hochpriore Verkehr am normalen Best-Effort Verkehr „vorbeigeleitet" werden. Gleichzeitig vereinfacht dieses Verfahren die Einhaltung einer maximalen Verzögerung innerhalb der Queue. Der große Nachteil allerdings ist, daß bei Flüssen, die teils aus in-profile und teils aus out-of-profile Paketen bestehen, die Paketreihenfolge vertauscht werden kann.

3.3 Durchführung der Simulationen

Bei den Simulationen wurde das Zusammenwirken verschiedener Arten von Verkehr untersucht. So laufen parallel eine ftp-Verbindung und eine telnet-Sitzung. Zusätzlich ist einer Verbindung mit konstanter Bitrate aktiv, die als nicht TCP konformer Sender eingesetzt wird. Gemessen wird jeweils die erreichte Bandbreite der einzelnen Flüsse und die Verzögerung der Pakete. Gemäß der zugesicherten Bandbreite wird in den Tagger-Komponenten ein Teil der Pakete als in-profile markiert, in der RIO Queue zwischen I_1 und I_2 werden dann bei Überlastung die einzelnen Pakete mit unterschiedlicher Wahrscheinlichkeit verworfen. Gemessen wird der Verkehr an dem Endpunkt der RIO-Queue am Knoten I2.

4 Ergebnisse

In diesem Kapitel werden die Simulationsergebnisse vorgestellt und diskutiert, die mit dem in Abschnitt 3 dargestellten Simulationsszenario gewonnen wurden. Zunächst wird dabei das Verhalten der untersuchten Datenströme ohne Assured Service Unterstützung untersucht, danach wird der Einfluß von Assured Service Unterstützung analysiert.

Zu Vergleichszwecken wird zunächst das Verhalten der Flüsse ohne Zusicherung von Bandbreiten dargestellt. Abb. 3 zeigt die von den einzelnen Datenflüssen erreichten Bandbreitenwerte, Abb. 3 stellt die Verzögerung der Datenpakete dar. Die einzelnen Datenquellen beginnen dabei zeitlich versetzt zu senden. Statt des RIO-Queuings wurde auf dem Link I_1-I_2 ein einfaches RED-Queuing simuliert, wobei ab einer halbvollen Warteschlange Pakete mit linear steigender Wahrscheinlichkeit verworfen werden. Die ftp- Verbindung zwischen S_1 und C_1 wird in der 10. Sekunde aufgebaut und lastet die Verbindung (maximale Bandbreite 1 Mbit/s) komplett aus, die Telnet-Sitzung zwischen S2 und C2 startet 10 Sekunden später in der 20. Sekunde, verfügt über die gleiche maximale Bandbreite, erzeugt jedoch typischerweise sehr wenig Verkehr. In der 30. Sekunde beginnt S3 Datenpakete mit einer konstanten Bitrate von 0.8 Mbit/s an C3 zu senden. Wie aus Abb. 3 ersichtlich ist, erreicht der aggressive Fluß fast seine volle Bandbreite von 0.8 Mbit/s, der ftp-Sender reagiert aufgrund der in TCP integrierten Staukontrolle auf die Stausituation und drosselt die Bandbreite. Damit erhält der nicht-TCP-konforme CBR-Datenfluß auf Kosten der TCP-konformen ftp-Anwendung den Großteil der verfügbaren Bandbreite.

Die Paketverzögerungen auf den drei Verbindungen verhalten sich erwartungsgemäß weitestgehend identisch. Die telnet-Sitzung wird in der 90. Sekunde, der aggressive CBR-Datenfluß in der 100. Sekunde beendet, so daß ftp wieder die volle Bandbreite bei optimalen Verzögerungen ausnutzen kann.

4.1 Verhalten bei Assured Service

In diesem Abschnitt wird nun der Einfluß einer Assured Service Vereinbarung zwischen den Benutzern und dem ISP untersucht. Hierbei wird zunächst das für

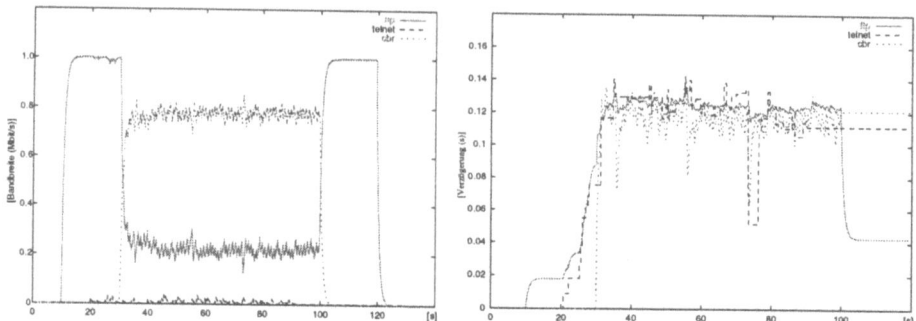

Abbildung 3. Bandbreite und Verzögerung der einzelnen Flüsse bei RED und ohne Assured Service

Assured Service vorgeschlagene RIO-Queuing Verfahren herangezogen. Da sich bei den Simulationen zeigte, daß RIO-Queuing in bestimmten Fällen Nachteile bezüglich Verzögerungen verursachen kann, wurde das RIO-Queuing-System durch eine zweifache Queue (eine Queue für in-profile-Pakete, eine weitere für out-of-profile Pakete) ersetzt.

RIO Queuing mit einer Queue Das in Abb. 2 dargestellte Szenario wird nun dahingehend erweitert, daß der ftp-Verbindung und der telnet-Sitzung mit dem Assured Service Bandbreiten zugesichert werden. Als Queuing-Verfahren wird nun die RIO Variante mit einer Queue eingesetzt, die Dropping-Wahrscheinlichkeiten für die beiden verschiedenen Pakettypen ergeben sich aus Abb. 4 und hängen von dem Füllstand der Queue ab. Ist die Queue zu mehr als 40% gefüllt, werden nur noch in-profile Pakete, aber keine out-of-profile Pakete mehr weitergeleitet.

Außer der Zusicherung der Bandbreiten durch Assured Service Unterstützung wurde also das gleiche Simulationsszenario mit den gleichen Senderaten verwendet. Die ftp-Verbindung zwischen S_1 und C_1 erhält eine zugesicherte Bandbreite von 0.5 Mbit/s die Telnet-Sitzung zwischen S_2 und C_2 0.2 Mbit/s. Der aggressive Sender mit konstanter Bitrate (constant bit rate, CBR) erzeugt normalen Best-Effort, d.h. out-of-profile, Verkehr.

Abb. 5 zeigt die erreichten Bandbreiten der einzelnen Flüsse bei Assured Service für die ftp-Verbindung und die Telnet-Sitzung. Im Gegensatz zu dem Szenario ohne Assured Service dominiert nicht der CBR-Datenfluß die verfügbare Bandbreite, sondern überläßt der ftp-Verbindung die zugesicherte Bandbreite.

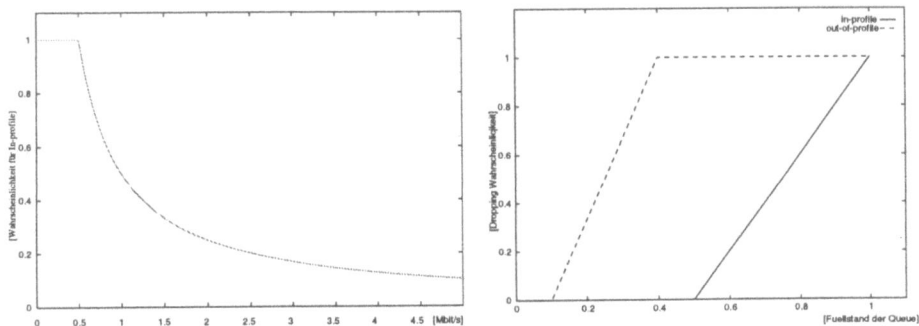

Abbildung 4. links: Wahrscheinlichkeit P für in-profile-Tagging bei 500 kbit/s zugesicherter Bandbreite in Abhängigkeit der gesendeten Bandbreite; rechts: Dropping-Wahrscheinlichkeiten für in und out-of-profile Pakete

Ein Nachteil des RIO-Queuing-Verfahrens mit einer Queue besteht darin, daß bei Bursts oder Stausituationen in-profile und out-of-profile Pakete bis zu einem gewissen Füllstand der Queue gleich behandelt werden. Sofern das Netz für in-profile Verkehr ausreichend dimensioniert ist, hängt in Stausituationen die Verzögerung von in-profile Paketen davon ab, bis zu welchem Füllstand der Queue out-of-profile Pakete zugelassen werden. Je früher out-of-profile Pakete verworfen werden, desto geringer ist die maximale Verzögerung der hochprioren Pakete. Damit haben out-of-profile Pakete, die an ihr Ziel gelangen, eine mindestens ebenso gute Verzögerung wie in-profile Pakete (siehe Abb. 5). Da nach Beenden des CBR-Datenflusses und der Telnet-Sitzung nach 100 Sekunden nur noch die ftp-Quelle aktiv bleibt, sinkt die Verzögerung für diese wieder ab. Das ursprüngliche Minimum wird nicht mehr erreicht, da die Router-Queue sich aufgrund der Dimensionierung der Links nicht wieder komplett leeren kann.

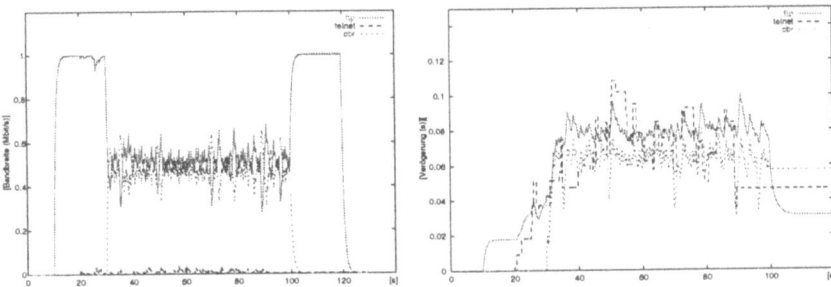

Abbildung 5. Bandbreiten und Verzögerung bei RIO-Queuing und Assured Service

RIO Queuing mit zwei Queues Da es wünschenswert ist, mit dem Assured Service neben der Zusicherung von Bandbreite auch eine bestimmte maximale Verzögerung zu unterstützen, liegt es nahe für jeden Pakettyp (in-profile und out-of-profile) eine eigene Queue im Router zu implementieren, da das Verfahren mit einer Queue wie in Abschnitt 4.1 gezeigt, die gleiche Verzögerung für out-of-profile Pakete und in-profile-Pakete generiert. Der Nachteil des auf zwei Queues basierenden Verfahrens ist, daß es zu Paketvertauschungen kommen kann, wenn ein Datenfluß sowohl in-profile als auch out-of-profile Pakete enthält.

Das Simulationsszenario wurde beibehalten, lediglich das Queuing-Verfahren wurde modifiziert. Abb. 6 zeigt die erreichten Bandbreiten der einzelnen Datenflüsse. Das Verhalten bezüglich der Bandbreite entspricht dabei exakt dem des RIO-Queuing-Algorithmus mit einer Queue. In Abb. 6 sind die Verzögerungen aufgetragen. Durch die Bevorzugung der in-profile Queue erfahren die ftp-Verbindung und die telnet-Sitzung eine wesentlich bessere Verzögerung gegenüber Abb. 5) trotz des sehr aggressiven CBR-Datenflusses. Demgegenüber steigen die Verzögerungen des CBR-Datenflusses gegenüber dem RIO-Queuing-Verfahren mit einer Queue jedoch stark an.

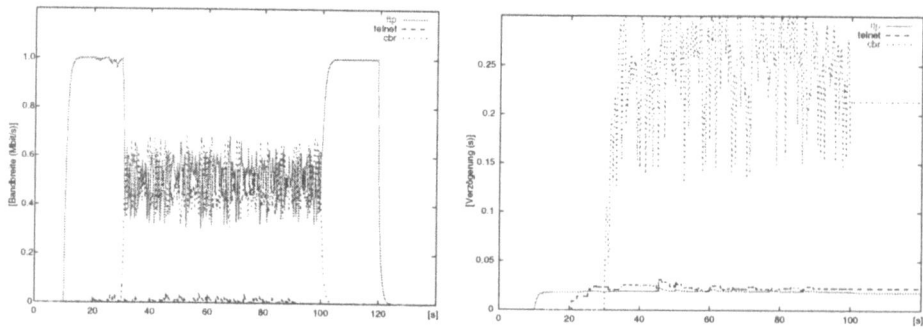

Abbildung 6. Bandbreiten und Verzögerung bei RIO-Queuing mit zwei Queues und Assured Service

5 Erweiterung des RIO Verfahrens

Eine Erweiterung des RIO Verfahrens mit zwei Queues ist in Abb. 5 dargestellt. Ziel der Erweiterung ist, die beim RIO-Queuing mit zwei Queues auftretenden Reihenfolgevertauschungen zu minimieren. Bei der Erweiterung sind daher wieder zwei getrennte Queues für in-profile und out-of-profile Pakete vorgesehen.

Zusätzlich wird jedes Paket beim Eintritt in den Router mit einem Zeitstempel versehen, um später die Ankunftsreihenfolge rekonstruieren zu können. Am Ende der Queue befindet sich eine Komponente (Mixer), die - sofern in beiden Queues Pakete vorhanden sind - entscheidet, welcher Pakettyp (d.h. in-profile oder out-of-profile) übertragen werden soll. Im Gegensatz zu dem in Abschnitt 4.1 beschriebenen Verfahren, wird nun dem Router explizit eine maximal erlaubte Verzögerung für in-profile-Pakete vorgegeben. Der Mixer nutzt diese erlaubte Verzögerung aus, um zwischen den einzelnen in-profile Paketen möglichst viele out-of-profile Pakete zu übertragen. Indem der Mixer out-of-profile Pakete, die er nicht reihenfolgetreu zwischen in-profile-Paketen übertragen kann löscht, ließen sich alle Paketvertauschungen verhindern. Dieser Ansatz wird allerdings hier nicht weiter verfolgt. Alternativ (siehe Abb. 5 wird versucht, die Paketreihenfolge soweit möglich beizubehalten. Abb. 8 zeigt die Anzahl der Paketvertauschungen bei den verschiedenen Queuing-Verfahren mit zwei Queues in Abhängigkeit der Bandbreiten, mit denen der aggressive CBR-Sender sendet. Abb. 8 zeigt die dabei auftretenden Verzögerungen. Dabei wird deutlich, daß bei ftp Paketlaufzeiten auftreten, sie sich im Bereich der vorgeschrieben maximalen Verzögerung bewegen.

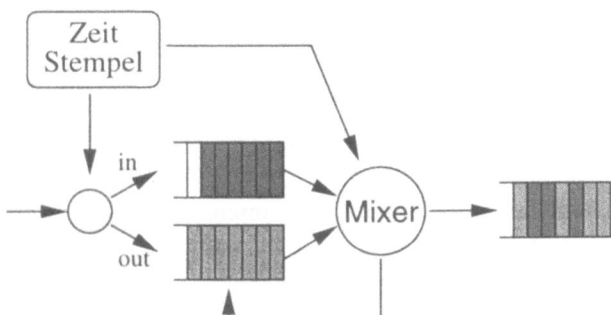

Abbildung 7. verbessertes RIO Queuing mit Reihenfolgewiederherstellung

Ein interessantes Ergebnis konnte des weiteren bei der Betrachtung der tatsächlich erreichten Bandbreiten feststellen. So erreicht ftp im gleichen Szenario durch das verbesserte Qeuing-Verfahren eine deutlich höhere, gleichmäßigere Datenrate von ca. 600kbit/s als in Abb. 6. Dies läßt sich dadurch erklären, daß nur ein Teil der ftp Pakete als in-profile übertragen werden und bei dem hier

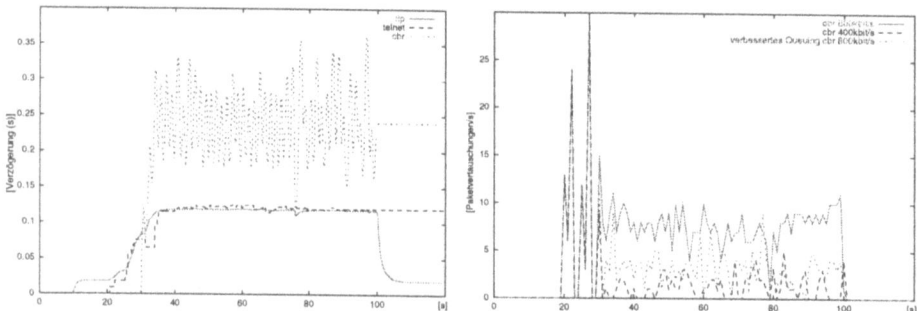

Abbildung 8. Verzögerungen der einzelnen Datenflüsse bei einer maximalen Verzögerung von 100 ms für in-profile Traffic im RIO Queue und Anzahl der Paketvertauschungen auf der ftp Verbindung bei unterschiedlichen Senderaten der cbr Quelle

dargestellen Verfahren der ursprüngliche TCP-Datenstrom weniger gestört wird, als bei den anderen RIO Varianten.

6 Zusammenfassung

Die in diesem Beitrag vorgestellten Simulationsergebnisse zeigen, daß der Assured Service einen vielversprechenden Ansatz darstellt, um Dienstgüten in großen IP-Netzen zu unterstützen. Darüber hinaus ist Assured Service durchaus in der Lage, TCP-konforme Datenflüsse auch gegenüber nicht-TCP-konformen Datenflüssen zu schützen. Entscheidend für die Wahrscheinlichkeit, daß mit Hilfe des Assured Service die gewünschte Bandbreite einem Benutzer zur Verfügung gestellt werden kann, ist jedoch eine gute Dimensionierung des Netzes durch den ISP. Hierzu sind sicherlich noch geeignete Methoden und Verfahren zu entwickeln.

Neben der simulativen Bewertung des Assured Service Konzepts schlägt der Beitrag auch diverse Verbesserungen für Queuing-Mechanismen vor, um für Datenflüsse, die durch den Assured Service unterstützt werden, nicht nur höhere Bandbreitenwerte aber auch bessere verzögerungseigenschaften zu erzielen. Hierzu wurde ein Algorithmus vorgestellt, welcher in der Lage ist nicht nur Verzögerungen zu begrenzen, sondern auch Reihenfolgevertauschungen möglichst gering zu halten. Zukünftige Arbeiten werden den Assured Service und die in diesem Zusammenhang vorgeschlagenen Modifikationen der Queuing-Verfahren auch für HTTP-Verkehr bewerten.

Literatur

[BBC+98] S. Blake, D. Black, M. Carlson, E. Davies, Z. Wang, and W. Weis. An architecture for differentiated services. Internet Draft `draft-ietf-diffserv-arch-02.txt`, October 1998. work in progress.

[BCC+97] B. Braden, D. Clark, J. Crowcroft, B. Davie, S. Deering, D. Estrin, S. Floyd, V. Jacobson, G. Minshall, C. Partridge, L. Peterson, L. Ramakrishnan, S. Shenker, J. Wroclawski, and L. Zhang. Recommendations on queue management and congestion avoidance in the internet. Internet Draft `draft-irtf-e2e-queue-mgt-00.txt`, March 1997. work in progress.

[BZB+97] B. Braden, L. Zhang, S. Berson, S. Herzog, and S. Jamin. Resource reservation protocol (rsvp) -version 1 functional specification. Request for Comments 2205, September 1997.

[CW97] D. Clark and J. Wroclawski. An approach to service allocation in the internet, work in progress. Internet Draft `draft-clark-diff-svc-alloc-00.txt`, Juli 1997. work in progress.

[FJ95] Sally Floyd and Van Jacobson. Link-sharing and resource management models for packet networks. *IEEE/ACM Transactions on Networking*, 3(4), August 1995.

[IN98] J. Ibanez and K. Nichols. Preliminary simulation evaluation of assured service. Internet Draft `draft-ibanez-diffserv-assured-evald-00.txt`, August 1998. work in progress.

[Kes91] S. Keshav. *Congestion Control in Computer Networks*. PhD thesis, Berkeley, September 1991.

[MBB+97] A. Mankin, F. Baker, B. Braden, S. Bradner, M. O'Dell, A. Romanow, A. Weinrib, and L. Zhang. Resource reservation protocol (rsvp) version 1 applicability statement. Request for Comments 2208, September 1997.

[NBBB98] K. Nichols, S. Blake, F. Baker, and D. Black. Definition of the differentiated services field (ds field) in the ipv4 and ipv6 headers. Internet Draft `draft-ietf-diffserv-header-04.txt`, October 1998. work in progress.

[NJZ97] K. Nichols, Van Jacobson, and L. Zhang. A two-bit differentiated services architecture for the internet. Internet Draft `draft-nichols-diff-svc-arch-00.txt`, November 1997. work in progress.

[ns] Ucb/lbnl/vint network simulator - ns (version 2). URL: http://www-mash.CS.Berkeley.EDU/ns/.

Session 3:

Interaktives Lernen und Gruppenkommunikation

Systemumgebung für interaktive Lehr- und Lernumgebungen

Katrin Franze, Olaf Neumann, Alexander Schill
Fakultät Informatik, TU Dresden, 01062 Dresden

Keywords: Multimedia, Teleteaching, Telelearning, Evaluation, Akzeptanz, Interaktive Lernmaterialien

Kurzfassung

An den Technischen Universitäten Dresden und Freiberg wird seit 3 Jahren im Bereich Teleteaching und Telelearning gearbeitet. Dieser Artikel berichtet über die Erfahrungen auf diesem Gebiet und gibt einen Überblick über die Lehr-/Lernumgebung JaTeK (Java Based Teleteaching Kit). So werden neben der Betrachtung der Studier- und Lehrarbeitsplätze von JaTeK auch Einblicke in die Repräsentation von Lehrmaterialien in JaTeK und in die Struktur des JaTeK-Systems gegeben. Um die Akzeptanz unter den Studenten zu verdeutlichen, wurden Umfragen durchgeführt, deren Ergebnisse hier vorgestellt werden. Außerdem werden in einem Ausblick weitere Aktivitäten dargelegt.

1 Einleitung

Die Bereiche Teleteaching und Telelearning sind derzeit von einer rasanten Entwicklung gekennzeichnet. So sind in den letzten Jahren eine Vielzahl von Produkten für den Bereich des Lehren & Lernen entwickelt worden. Als Beispiele sind hier vor allem die Entwicklungen von Macromedia: Macromedia-Director, Macromedia-Pathware und Macromedia-Shockwave /Macr98/ zu nennen. Diese Produkte sind jedoch meist so realisiert, daß sie für eine große Bandbreite von Aus- und Weiterbildungsformen verwendbar sind, ohne die Spezifika der einzelnen Bildungsformen zu berücksichtigen. Weitere Ansätze konzentrieren sich hauptsächlich auf die Durchführung synchroner Lehrveranstaltungen. So wurden beispielsweise im Rahmen von DFN-Projekten sowohl an der Universität Mannheim /Eff95/ als auch der Universität Freiburg speziell für den Betrieb im Lehr-/Lernbereich Whiteboards entwickelt: dlb /Gey98/ und AOFwb /Ott97/. Die Forschungsarbeit an der Old Dominion University konzentriert sich vor allem auf die Durchführung von Lehrveranstaltungen in verteilten Klassenräumen. Das entwickelte IRI-System macht es erforderlich, daß jeder der teilnehmenden Studenten an einer eigenen über ein spezielles Netzwerk verbundenen Workstation arbeitet /Maly97/. Somit ist die Arbeit nur in einem verhältnismäßig kleinen Rahmen möglich.

Auch im Rahmen des DFN-Projektes Teleteaching Dresden-Freiberg wurden Untersuchungen bezüglich der Audio/Videoübertragung von Lehrveranstaltungen gemacht. Die Ergebnisse zeigten jedoch, daß unter den Studenten besonders auch der Bedarf nach dem Abrufen von Vorlesungsinhalten sowie Interaktionsmöglichkeiten besteht. Aus diesem Grund wird an den Universitäten Dresden und Freiberg seit einiger Zeit ein System entwickelt (JaTeK), welches speziell die an Hochschulen vorzufindenden Lehr- und Lernszenarien unterstützt /NRS97/. Neben

Vorlesungsmaterialien spielen auch Übungen und die Vorbereitung auf Prüfungen eine wichtige Rolle. Dieses kann durch Suchfunktionen und die einfache Integration von Folien bzw. die computerunterstützte Erarbeitung von Übungsmaterial unterstützt werden. JaTeK hat weiterhin den Anspruch, für Studenten leicht verfügbar zu sein, was durch Nutzung des World Wide Web als Übertragungsmedium und die Verwendung der Programmiersprache Java erleichtert wird.

Während das Projekt DIALEKT der FU Berlin /DIAL97/ viel Wert auf die individuelle Erstellung von Kursmaterial legt, bietet JaTeK Werkzeuge an, die das Erzeugen und Integrieren von Material erleichtern sollen. Die Entwickler des Systems GENTLE der Technischen Universität Graz stützen sich bei der Realisierung auf Hyperwave /DiMa98/. Dies läßt allerdings nicht den Spielraum, den JaTeK z.B. bei kooperativen Arbeiten bieten kann.

Die bisher durchgeführten Evaluationen demonstrieren eindeutig, daß von den Studenten verstärkt Interaktion im System gewünscht wird /ScFN98/. So sind derzeit drei Lehrveranstaltungen in das System integriert. Dies sind die Vorlesung Rechnernetze, die Vorlesung Psychologie des Lehrens und Lernens und die Veranstaltung Interkulturelle Didaktik. Die Integration weiterer Veranstaltungen, wie z. B. Bürokommunikation ist in Arbeit. Ziel ist es, das System zu einer umfassenden Plattform für Teleteaching/Telelearning-Applikationen auszubauen.

Ein modularer Ansatz und die einfache Erweiterbarkeit des Systems sollen dabei helfen, den Autor durch die Integration geeigneter Werkzeuge bei seiner Arbeit mit diesem System besser zu unterstützen und den Studenten eine Lernumgebung mit hohen Qualitätsansprüchen zur Verfügung zu stellen.

2 JaTeK – Java Based Teleteaching System

Das System JaTeK gliedert sich für den Anwender in zwei Teile. Zum einen steht der Studierarbeitsplatz und zum anderen der Lehrarbeitsplatz zur Verfügung, die auch eine funktionale Trennung anbieten. Auf Seite des Lehrarbeitsplatzes wird der JaTeK-Editor angeboten, der optional um weitere Komponenten für spezifische Aufgaben, sei es Audio-/Videoschnitt oder grafische Editoren, ergänzt werden kann. Für den Studierarbeitsplatz steht ein Java-Applet bereit, welches alle nötigen Funktionalitäten für den Studenten bietet. Damit wird der Installationsprozeß vereinfacht und eine Arbeit im Wohnheim oder zu Hause per ISDN ermöglicht.

2.1 Lehrarbeitsplatz

Der Lehrarbeitsplatz hat die Aufgabe, den Tutor die Arbeit zu erleichtern und bietet den Inhaltsanbietern ein einfaches Autorenwerkzeug. Dabei wird der Benutzer des Lehrarbeitsplatzes in folgenden Arbeiten unterstützt:

- An Universitäten steht der Zugriff auf Lehrmaterialien im Vordergrund. Aus diesem Grunde stellt das Erarbeiten sowie die Integration von Folien eine der Hauptaufgaben dar. JaTeK bietet diese Funktionalität sowie die Möglichkeit der Annotation der Folien durch Audiodaten.

- Außerdem steht in JaTeK die Integration verschiedener Medien im Mittelpunkt. Neben Bildern und Text ist eine Komponente zur Verwaltung von Videos integriert. Dabei ist das Erfassen relevanter Meta-Informationen (wie z. B. Autor, Keywords, Produzent etc.) möglich. Die Aufspaltung der Videos in einzelne Sequenzen (Clips) ermöglicht die Zuordnung zu entsprechendem Lehrmaterial.
- Um den Studenten die Möglichkeit zu geben, ihr erworbenes Wissen zu überprüfen, stellen Übungen ein sehr wichtiges Kriterium dar. Das Erarbeiten von Übungsaufgaben wird durch die Bereitstellung entsprechender Schablonen unterstützt. In der Schablone *Folie* z.B. hat der Dozent die Möglichkeit, graphische Objekte und optional Audio-Sequenzen anzugeben. Im Message-Diagramm können Aufgaben erstellt werden, die speziell im Bereich Rechnernetze/Betriebssysteme Bedeutung besitzen. Das Anlegen einer solchen Aufgabe geschieht durch Eingabe eines Aufgabentextes, von in der Aufgabe möglichen Message-Bezeichnern sowie einer Ausgangs- und einer Lösungssituation. Optional können auch Hinweise eingegeben werden.
- Weiterhin bietet JaTeK eine Evaluationskomponente (Javal − Java Based Evaluation System), welche die Erfassung von Evaluationsdaten des eingesetzten Materials erlaubt.
- Die Strukturierung des Materials erfolgt in Kursen und Kapiteln.
- Zur Indizierung des Datenbestandes stehen dem Benutzer des Lehrarbeitsplatzes Werkzeuge zur Erstellung eines Index sowie eines Glossars zur Verfügung.
- Außerdem verfügt JaTeK über eine umfangreiche Nutzerverwaltung. Diese ermöglicht das Management der Benutzer sowie deren Zuordnung zu bestimmten Gruppen. Die Bedeutung dieser Funktionalität wird speziell im Bereich der Kooperation in Lerngruppen deutlich.
- Mit der Nutzerverwaltung eng verknüpft ist die integrierte leistungsfähige Rechteverwaltung. Mit deren Hilfe kann bei der Bearbeitung das Material mit Zugriffsrechten für den kontrollierten Zugriff anderer Benutzer und Gruppen versehen werden.
- Der Tutor hat ferner die Möglichkeit, seine erarbeitete Materialsammlung auch innerhalb der Vorlesung zu verwenden, um z. B. Animationen, Videos oder Experimente in seine Lehrveranstaltung einfließen zu lassen.

2.2 *Studierarbeitsplatz*

Der Studierarbeitsplatz dient den Lernenden/Studierenden zur Vor-/Nachbearbeitung der Vorlesung im Wohnheim oder zu Hause, zur Prüfungsvorbereitung und dem Vertiefen und Überprüfen des erworbenen Wissens durch Lösen von Übungen.
- Besonders in der Phase der Prüfungsvorbereitung schätzen es die Studenten, nochmals auf das Material des Semesters zurückgreifen zu können. Dabei spielen Suchmöglichkeiten wie Index und Glossar eine große Rolle, um nach bestimmten Begriffen zu recherchieren.
- Der Student kann das bereitgestellte Material mit persönlichen und personengebundenen Kommentaren versehen.

- Er hat die Möglichkeit, Experimente auszuführen, Aufgaben zu lösen und bei Problemen den Übungsleiter zu kontaktieren, und mit ihm über Mail oder das schwarze Brett zu kommunizieren.
- Die Arbeit in Gruppen wird durch Werkzeuge wie Chat, Whiteboard und Blackboard unterstützt.

2.3   Phasen der Kursentwicklung

Die vorgestellten Aktionen werden in drei Nutzungsphasen der Kursbearbeitung durch das JaTeK-System unterschiedlich unterstützt. In der ersten Phase der Entwicklung des Kurses dienen Werkzeuge vorwiegend den Inhaltsanbietern und den Tutoren. Daran schließt sich die Phase der Kursdurchführung an, in der Lernende das Material, das in Form der verschiedenen Medien bereitgestellt wird, überarbeiten und kommentieren sowie Experimente durchführen können. Danach folgt die Phase der Evaluation, in deren Ergebnis ein verbessertes Inhaltsangebot und ein verbessertes Kursdesign sowie die Forderung nach angepaßten oder neuen Werkzeugen steht. So kann zu Übungen dedizierte Hilfe angeboten und die Frequentierung einzelner Inhalte wiedergegeben werden. Als weiteres Ergebnis der Evaluationsphase ist auch eine Überarbeitung des Systemdesigns denkbar, das durch die Komponentenarchitektur von JaTeK unterstützt wird. Eine solche Überarbeitung wurde im Rahmen des Projekts in mehreren Iterationsschritten auch konkret vorgenommen.

2.4   Systemkomponenten

Während sich z. B. das System *CLEW* stark auf den Workflow-Ansatz stützt /RiNF98/, um das Kooperationsszenario beim Lernen zu fördern, bietet JaTeK Raum für mehrere unterschiedliche Funktionalitätsanforderungen. Aus diesem Grund besteht es aus den drei Komponenten: JaTeK – Mainmodul, JaWoS – Java Based Workgroup Support und JavaI – Java Based Evaluation System. Diese Architektur wurde deshalb gewählt, um eine spätere Erweiterbarkeit zu ermöglichen und funktionelle Einheiten auch konzeptionell zu trennen.
Innerhalb der JaTeK-Architektur unterteilen sich die oben erwähnten Komponenten in einzelne Server und Clients (siehe Abbildung 1). Die Clients sind, mit Ausnahme des Editors, welcher Administrations- und Authoringfunktionalität übernimmt, als Java-Applets realisiert. Der Editor ist aus Gründen der starken Sicherheitseinschränkungen, denen Applets unterliegen, als Applikation implementiert. Die Server teilen sich in einen funktionellen Teil der einzelnen Komponenten und in den Teil der Datenbank auf.

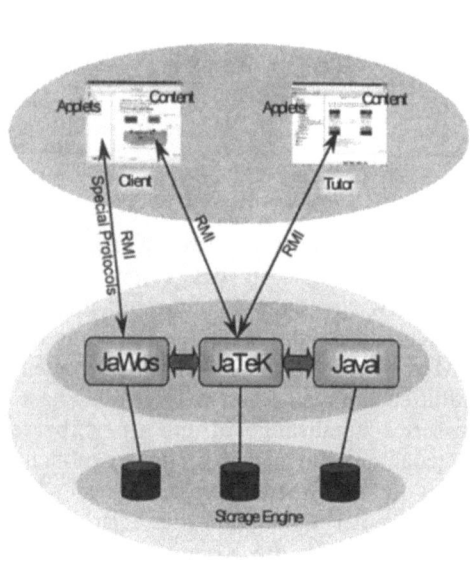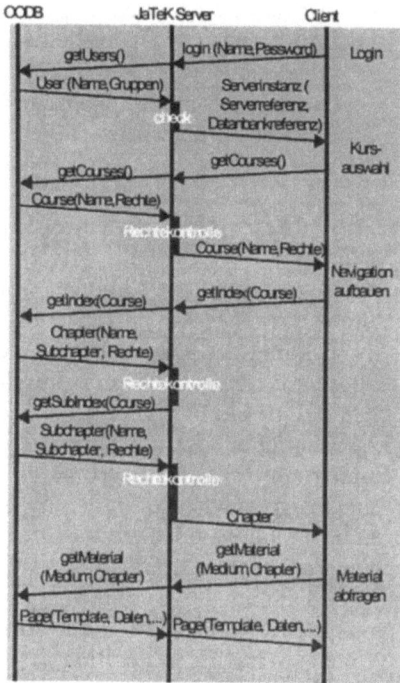

Abbildung 1: JaTeK – Struktur

Die Kommunikation zwischen den Clients und den Servern erfolgt vollständig über RMI (Remote Method Invocation). Die rechte Spalte der Abbildung 1 zeigt ein Beispiel für die Kommunikation zwischen einem Client, dem JaTeK-Server und der objektorientierten Datenbank (OODB). Der Nachrichtenaustausch im Beispiel verdeutlicht das Aufrufen entfernter Methoden und der Parameterübergabe während des Einloggen eines Nutzers im System und der Anzeige der zugreiffbaren Kurse sowie der zugreifbaren Kapitel. Mit jedem Login eines Benutzers wird für diesen ein separater Kontext auf dem Server angelegt. Dieser ermöglicht, wie in dem Beispiel demonstriert ist, die Überprüfung, ob ein Nutzer berechtigt ist, auf einen Kurs, ein Kapitel bzw. einer Seite des Lehrmaterials zuzugreifen.

Die Erfahrungen zeigen, daß die Reaktionszeiten beim Zugriff auf den Server über RMI als unkritisch angesehen werden können. Jedoch ist es sinnvoll, häufig benutzte Objekte (z. B. die Kursstruktur, Index, Glossar) auf den Clients zwischenzuspeichern. Weiterhin ist die Bandbreite bei der Verwendung von Video als kritisch anzusehen. Abhilfe kann hier die Anpassung der Daten während der Übertragung bzw. das Vorliegen der Daten in verschiedenen Datenformaten schaffen, was bereits praktiziert wird.

Der bereits erwähnte Nutzerkontext auf dem Server ermöglicht später die personengebundenen Annotationen des Benutzers. Außerdem läßt sich so ein Monitoring der Zugriffe durchführen, das sowohl für Evaluationsstatistiken als auch für ein späteres Accounting genutzt werden kann. Die Monitoring-Komponente wird außerdem für Fehlermeldungen der Server verwendet und bietet somit den Administratoren ein Mittel zur Fernüberwachung.

Der JaWoS - Service verwaltet die Dienste für die Gruppenarbeit. So können neue Dienste registriert werden und Anforderungen für Clients bestimmt werden. Diese werden bei der Benutzung des Dienstes überprüft. So können beispielsweise Audio- und Videodienste nur dann vom Client in Anspruch genommen werden, wenn entsprechende Hard- und Software verfügbar ist. Zusammen mit dem *Java Extension Framework* wird die automatische Installation von Software ermöglicht. Zur Zeit sind ein Chat-Dienst sowie ein Forum-Dienst implementiert. Ein Whiteboard-Dienst befindet sich in der Realisierung.

Zum automatischen Starten der JaWoS-Server (Chat, Blackboard, Whiteboard) wurde ein entsprechender Mechanismus entwickelt. Dabei kann die Funktionalität von RMI ausgenutzt werden, um Services mit Hilfe der *rmiregistry* zu etablieren. In Verbindung mit dem dynamischen Laden von Java-Klassen steht somit ein flexibles und leistungsfähiges Werkzeug zur Verfügung.

Die oben genannte Rechtekontrolle erfolgt über ein System, welches beliebigen JaTeK-Objekten Rechte zuweisen kann. Dabei existieren die Grundrechte *Read* (nur Lesen), *Change* (Lesen und Schreiben), *Delete* (Lesen, Schreiben und Löschen), *Full* (Lesen, Schreiben, Löschen und Rechte ändern). Die Rechte werden beim Anlegen von Unterkapiteln bzw. Material von den Kursen/Kapiteln vererbt und können im Editor editiert werden. Ein Beispiel hierfür ist in Abbildung 2 zu sehen.

Ein wichtiger Bestandteil des JaTeK ist die Storage Engine. Als Storage Engine wird in JaTeK z. Zt. Objectstore PSE verwendet. Da die verwendete Storage Engine eine objektorientierte Abspeicherung der Objekte erlaubt, ist es nicht notwendig, diese Objekte erst in eine andere Struktur, wie es z. B. bei Verwendung einer SQL-Datenbank der Fall wäre, zu konvertieren. So werden im JaTeK-Server persistente Objekte verwaltet und Referenzen auf diese Objekte an die Clients gegeben.

Auf diesen allgemeinen persistenten Objekten aufbauend wurde eine Objektstruktur für Kurse, Kapitel und Seiten erzeugt, wie Abbildung 3 zeigt.

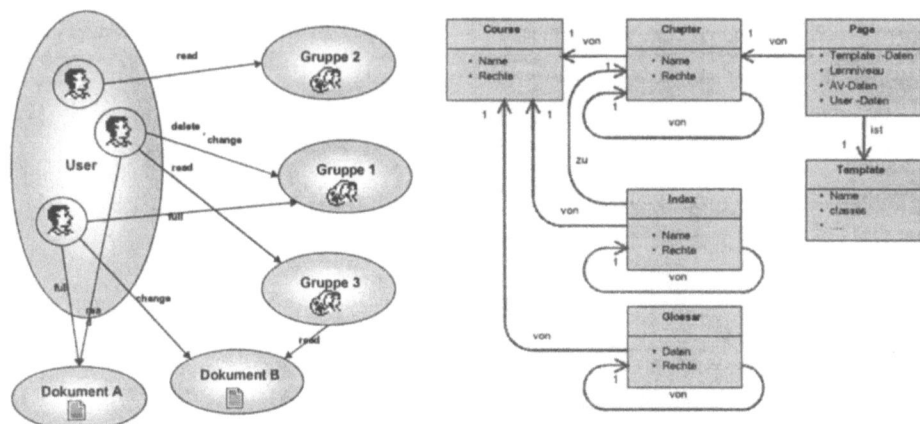

Abbildung 2: Struktur der JaTeK – Rechte   Abbildung 3: JaTeK-Objektstruktur

Die Persistenz ist für Entwickler vollständig transparent, d. h. die Objekte enthalten eine Serverreferenz und ihre Datenbankreferenz und ermöglichen so den automatischen Zugriff über die Serverschnittstelle auf die Datenbank. Erfolgt ein Zugriff auf die Objekte in der Datenbank, z. B. durch eine Clientanfrage, so werden diese auf den Rechteanspruch getestet. Bei Verletzung der Rechte oder bei Inkonsistenzen in der Objektstruktur (z. B. Zugriff auf gelöschte Objekte) werden Exceptions an den Client gegeben. Die Inkonsistenzen entstehen aus der Forderung eines Zwischenspeichers auf Seite des Clients. Der Client kann dann durch ein Update seines Zwischenspeichers und/oder einer entsprechenden Mitteilung an den Benutzer reagieren. Das Objectstore PSE wird aus Kostengründen eingesetzt, da eine kostenlose Version mit eingeschränkten Leistungsmerkmalen zur Verfügung steht. Außerdem ist PSE vollständig in Java implementiert, was eine Portierung auf andere Plattformen erleichtert. Andere Datenbanksysteme bieten in puncto Benutzerverwaltung, Recovery und entferntem Zugriff bessere Fähigkeiten, sind aber meist nur für C++ und/oder zu erhöhten Kosten verfügbar. Derzeit werden diese Systeme auf einen möglichen Einsatz in JaTeK hin untersucht. Besonders interessant erscheinen dabei POET, Jasmine und Objectivity. Sollte sich bei verstärkter Umsetzung des ODMG-Standards in den ODBMS zeigen, daß eines dieser Systeme den Ansprüchen von JaTeK entsprechen kann, so ist eine Umstellung der JaTeK-Datenbank denkbar.

Schablonen	Beschreibung
Standard	
Folie	Es können Folien aus PowerPoint, die im WMF-Format vorliegen, importiert werden. Audioclips aus der Vorlesung können zugefügt werden.
WWW-Seite	Externe WWW-Seiten können referenziert werden, um Verweise auf anderes Material herzustellen.
Video	Vorhandene Videos können in Clips unterteilt werden und dem Material zugeordnet werden. Eine Suchfunktion ist in Arbeit.
Freitext-Aufgaben	Der Student hat die Lösung zu einer vorgegebenen Aufgabe einzugeben. Diese wird per E-Mail an den Tutor gesandt.
Multiple-Choice	Einfache Übungen vom Typ Multiple-Choice können erstellt werden. Die Eingabe einer Lösung ermöglicht die Auswertung beim Studenten.
Lückentext	Nach Eingabe eines Textes kann durch Klicken auf ein Wort eine Lücke erstellt werden.
Entity-Relationship-Diagramme	Es können Übungen erstellt werden, die ein Schema in der Form Entity-Relationship als Ergebnis haben sollen.
Zuordnungstabellen	In einer vorgegebenen Matrix müssen zusammengehörige Ausdrücke gegenübergestellt werden.
Bereich Rechnernetze	
Modulation	Erlaubt die Zuordnung einer Output-Funktion zu einer entsprechenden Input-Funktion. Diese findet für die Amplitudenmodulation etc. Anwendung.
Message Diagram	Hiermit können Weg-/Zeit-Diagramme erstellt werden. Es sind Kollisionen darstellbar und eine Referenzlösung zuordenbar.
ATM	Neben einer Animation, deren Parameter eingestellt werden können, ist die Erstellung einfacher Aufgaben möglich.
Kryptoverfahren	Eine Animation erläutert verschiedene Verfahren. Ergänzt wird es durch einige Aufgaben zur Verschlüsselung.
Routing, ...	Aus dem Projekt Teleteaching Mannheim-Heidelberg übernommene Arbeiten
Bereich Psychologie	
Gedächtnis	Ermöglicht das Training des Kurzzeitgedächtnis. Es werden Zahlen oder Bilder präsentiert, die später wieder abgefragt werden. Die erreichten Zeiten beim Test werden gespeichert und können später ausgewertet werden.
Hitcurve	Ausgehend von Beschreibungen muß der Student Lernkurven entwerfen.

Tabelle 1: Auflistung der verfügbaren und in Realisierung befindlichen Schablonen

Der Editor für den Lehrarbeitsplatz hat neben der Administration des Systems die Aufgabe der Verwaltung der Struktur der Kurse und Kapitel, des Index und des Glossars sowie der Rechte. Die Erstellung von Seiten wird durch vorgefertigte Schablonen ermöglicht. Folgende in Tabelle 1 zusammengefaßte Schablonen sind im Einsatz bzw. geplant.

Die Verwendung von Schablonen ist ein leistungsfähiger Mechanismus, der die Flexibilität für Erweiterungen bietet. So bietet beispielsweise *WorldView* die Funktionalität /FGFM98/, Material strukturiert bereitzustellen als auch einen Sicherheitsmechanismus ähnlich dem in JaTeK, jedoch können dynamische Dokumente, wie sie in JaTeK durch die Verwendung der Schablonen existieren, nicht genutzt werden. Ein weiterer Vorteil von Schalblonen besteht darin, daß somit leicht Daten aus anderen Dokumenten übernommen werden können. Diese Dokumente werden dann vererbt und entsprechend angepaßt. Wie Abbildung 3 zeigt, besitzt jedes Objekt, so auch die Schablonen, spezielle Attribute, die es näher spezifizieren. Anlehnend an /AeDM98/ sollen diese Attribute erweitert werden, um das Lehrmaterial stärker an die Bedürfnisse der Studenten anpassen zu können. Durch die ausschließlich objektorientierte Sichtweise vereinfachen sich solche Arbeiten deutlich.

Neben der Verwaltung von Kursen kann ein Index angelegt werden (siehe Abbildung 3). Die angelegten Stichworte verweisen auf die entsprechenden Seiten des Kurses. Die Zuordnung erfolgt im Editor durch Drag & Drop. Im Glossar können einzelne Stichworte erläutert werden. Die Verbindung von Stichworten innerhalb des Erklärungstextes erfolgt automatisch.

Eine weitere wichtige Eigenschaft von Autorenwerkzeugen ist die Import- und Exportfähigkeit von Daten. JaTeK bietet für den Import z. Zt. mehrere Formate an. So können Windows-Metafile-Dateien zum Import der Folien genutzt werden. HTML- und RTF-Dateien können durch die Funktionalität von Java / JFC (Java Foundation Classes) integriert werden. Die Integration von Audio und Video orientiert sich an den Formaten, die das JMF (Java Media Framework) zur Verfügung stellt. Das sind zur Zeit eine Reihe von AVI-Formaten, GSM, SUN-AU und bei den Videos MOV, MPEG und einige AVI-Formate. Die Export-Funktionalität wird Teil weiterer Arbeiten im Projekt sein. Neben dem Export der eben beschriebenen Formate sollen dann auch Experimentierdaten, annotierte Seiten und eigenes erarbeitetes Material exportierbar sein.

3 Evaluierung

Im Rahmen des Projektes wurden sowohl die Lehrveranstaltungen, deren Inhalte zwischen den Partneruniversitäten Dresden und Freiberg per Video übertragen wurden, evaluiert als auch das System JaTeK. Die ermittelten Evaluierungsergebnisse halfen wesentlich, weitere Arbeiten zu koordinieren, Änderungen im technischen sowie inhaltlichen Umfeld einzubringen und die Motivation für die Entwicklung von JaTeK zu unterstreichen.

3.1 Evaluierung der durchgeführten Videoübertragungen von Lehrveranstaltungen

Die Videoübertragung der Lehrveranstaltungen erfolgte hauptsächlich unter Nutzung der MBone-Tools. Dabei mußten eine Reihe von Problemen überwunden werden, die darin bestanden, daß das Linux-System, welches hauptsächlich von den Studenten in den Wohnheimen eingesetzt wird, nicht Multicast-fähig war und somit durch ein BSD-UNIX-System ersetzt werden mußte. Dadurch mußte die Video-Framerate im Vergleich zu Intranet-Kommunikation relativ niedrig gehalten werden. Jedoch haben die Erfahrungen gezeigt, daß die Übertragung von Videobildern im Vergleich zu hochqualitativer Audio- und Lehrmaterialübertragung weit weniger wichtig ist.

Das Hauptproblem bei Audioübertragungen bestand in der mangelnden Kompatibilität zwischen heterogenen Plattformen. Aus diesem Grund wurden nun verschiedene alternative Audioformate angeboten. So kann abhängig von den Möglichkeiten der Plattform und den unterstützten Formaten auf der Clientseite sowie abhängig von der verfügbaren Bandbreite ein passendes Format gewählt werden.

Als Lehrmaterial wurde Material eingesetzt, welches in Form von animierten Powerpoint-Folien aufbereitet und über das MBone-Whiteboard (*wb*) präsentiert wurde. Obwohl diese Vorgehensweise hervorragend für das einfache Anzeigen von Material geeignet ist, kann es nicht zum Präsentieren des Verhaltens von komplexen Prozessen und Prozeduren verwendet werden. Dies erfordert spezielle Werkzeuge, wie z. B. das bereits erwähnte *dlb*, bzw. für den Web-Bereich WWW- und Java-basierte Ansätze, welche mit der Entwicklung von JaTeK verfolgt wurden. Da die übertragenen Lehrveranstaltungen hauptsächlich solche technologischen Ansätze wie Java, HTML, EDIFACT, RPC etc. betrachteten, existierte hier natürliche eine enge Korrelation zwischen dem Inhalt und der eingesetzten Technologie. Diese Tatsache unterstützte die Argumentation zur Einführung und Nutzung von Teleteaching-Technologien und führte zu einer hohen Akzeptanz der Lehrveranstaltung unter den Studenten.

So wurden die angebotenen Möglichkeiten der Teleteaching-Umgebung intensiv von einer großen Zahl von Studenten genutzt. Die Online-Animationen haben die Studenten im hohen Maße als lernunterstützend eingeschätzt. Des weiteren wurden die Lehrmaterialien auch für die Präsentation im Web aufbereitet. Da dies mit einem hohen Aufwand verbunden ist, entschlossen wir uns, im JaTeK u. a. Werkzeuge zur Autorenunterstützung zu entwickeln und weitere vorhandene Tools einzusetzen.

Die oben genannten Probleme sowie eine Umfrage unter den Studenten, die sich mehr Interaktionsmöglichkeiten beim Lernen wünschen, führten schließlich zur Entwicklung der verteilten Umgebung für entferntes Lernen über das Internet (JaTeK). Ein weiteres Ziel von JaTeK konzentriert sich außerdem verstärkt auf die weitere Erhöhung der Lehrqualität durch motivationssteigernde Elemente.

3.2 Evaluierung des Lehr-/Lernsystems JaTeK

Die Evaluierung von JaTeK gestaltet sich auf 2 Ebenen: Durchführung von Umfragen und Umsetzung von Hinweisen der Studenten in der Implementierung.

Bereits der erste JaTeK-Prototyp enthielt die Funktionalität, die den praktischen Betrieb erlaubte. Die Studenten hatten somit die Möglichkeit, sich mit Hilfe von JaTeK intensiv auf die Lehrveranstaltungen und Prüfungen vorzubereiten. Das Projektteam bekam dadurch die Möglichkeit, Feedback aus der Praxis zu sammeln und bei der weiteren Entwicklung zu berücksichtigen. So wurden Verbesserungen am Userinterface vorgenommen und die Funktionalität erweitert.

Um spezielle Gesichtspunkte bzgl. der bestehenden Oberfläche sowie der Präsentation der bereits eingebrachten Lehrinhalte evaluieren zu können, wurde in Zusammenarbeit mit den im Projekt mitwirkenden Psychologen ein Umfragebogen entwickelt, der über das WWW durch die Studenten abgerufen werden konnte. Die ermittelten Daten wurden mittels der Active Server Pages-Komponente des MS Internet Information Servers automatisch in eine Datenbank eingebracht und konnten auf diese Weise auch ausgewertet werden.

Die Umfrage wurde in 4 Hauptbereiche unterteilt:
- Mit Hilfe der Fragen zu *globalen Aspekten* sollte ein allgemeiner Überblick über die derzeitige Lernsituation, die technischen Voraussetzungen sowie die prinzipielle Akzeptanz alternativer Lernangebote durch die Studenten geschaffen werden.
- Die Evaluierung der *Oberflächenaspekte* ermöglicht einen Überblick über die Gestaltung des Userinterfaces. Dabei wurde besonderer Wert auf die Evaluierung didaktischer Punkte gelegt (d. h. inwieweit das System die Lernmotivation unterstützen kann).
- Mit dem Bereich der *inhaltlichen Aspekte* wurden die Studenten zu ersten Eindrücken des bereits entwickelten Materials befragt. Aufgrund der Tatsache, daß die Entwicklung von didaktisch hochwertigem Lehrmaterial sehr aufwendig ist, sind die Werkzeuge zur Erstellung multimedialen Materials noch nicht ausgereift. Mit Hilfe der Auswertung der Fragen zu diesem Bereich erhofft sich das Projektteam wesentliche Ansatzpunkte für die Realisierung entsprechender Authoring-Werkzeuge.
- Mit dem vierten Bereich sollte den Studenten die Möglichkeit gegeben werden, Aussagen zur Akzeptanz des JaTeK-Systems zu machen sowie Kommentare zu geben.

Sehr intensiv wurde außerdem die Möglichkeit der Eingabe freier Kommentare genutzt, die manche statischen Werte durch Hinweise begründen konnten. Eine Frage, die u. a. die wesentliche Richtung der Weiterentwicklung des Systems bestimmte, berührte die Hauptziele der Studenten, während sie ein Lernsystem nutzen. Den Studenten wurde eine Reihe von möglichen Zielen angeboten (siehe Abbildung 4). Wie sich zeigte, wurden *sporadisches Aufsuchen von Informationen* und das *Nachschlagen von Sachverhalten*, die in der Vorlesung ungeklärt blieben, mit 54 % von den Studenten am meisten genannt. Außerdem sehen die Studenten das System als Wissensquelle zur Vorbereitung auf die Prüfungen (31 %). Aufgrund dieser Antworten wurde großer Wert auf die Integration eines Index und Glossars verwandt. Außerdem wurde die Gliederung von Kursen durch entsprechende visuelle Strukturierung stärker hervorgehoben.

Auf die sich anknüpfende Frage, in welcher Funktion sie JaTeK zukünftig nutzen würden, antworteten immerhin 68 % der Studenten mit der Antwort *als Ergänzung zum traditionellen Studium*. 54 % würden es *zur Vor- und Nachbereitung von*

Vorlesungen und 40 % der Studenten zur *Vorbereitung auf Prüfungen* nutzen. Nur 4 % der Studenten können sich vorstellen, JaTeK auch *als Ersatz für die Vorlesungen* zu verwenden. Damit wird die Zielsetzung der JaTeK-Projektgruppe bestätigt, ein System bereitzustellen, welches den Vorlesungsbetrieb **nicht** ersetzen, sondern direkt unterstützen soll.

Im Bereich der inhaltlichen Aspekte wurden die Studenten nach ihrer Meinung zum inzwischen integrierten Material befragt. So antworteten 4 % der Studenten, daß die Vorlesung absolute Voraussetzung für das Verständnis des Lehrmaterials ist, 59 % meinen, daß einige Vorkenntnisse ausreichend wären. Und 13 % benötigen keine Vorkenntnisse, um optimal mit dem Material in JaTeK lernen zu können. Besonders der Einsatz verschiedener Medien empfindet der Großteil der Studenten (82 %) als eine Bereicherung für Ihr Studium. Bei der Beantwortung der Frage nach den Medien, die auf den Lernprozeß am förderlichsten wirken, zeigte sich (Abbildung 5), daß zwar Text (54 %), Textaufgaben (45 %) und Literaturverweise (31 %) als wichtig empfunden werden, jedoch den größten Einfluß auf den Lernerfolg nehmen Übungsapplets (77 % der befragten Studenten) und Verweise auf Informationen zum Thema im Web (68 %). Eine ähnliche Relevanz zeigt das Angebot von Animationen (63 %). Dies bedeutet für das Projektteam, daß verstärkt die Realisierung von Übungen und Animationen im Auge behalten werden soll.

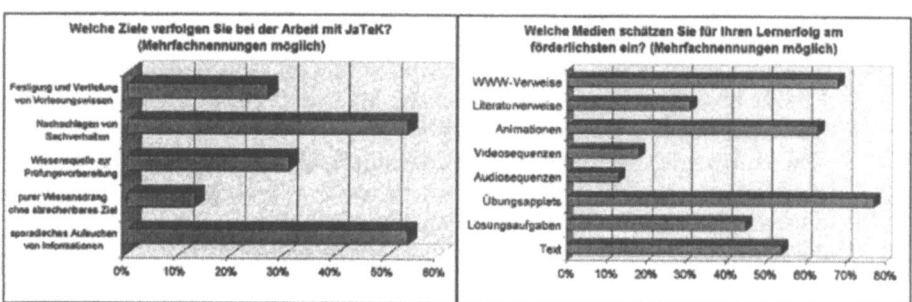

Abbildung 4: Ziele beim Lernen mit JaTeK   Abbildung 5: den Lernprozeß fördernde Medien

Zusammenfassend kann festgestellt werden, daß eine hohe Akzeptanz sowie Bedarf unter den Studenten für ein Teleteaching-System, wie es JaTeK darstellt, vorhanden ist. Durch die Evaluierung des Systems kristallisierten sich außerdem weitere Punkte heraus, die die nächsten Phasen der Entwicklung von JaTeK bestimmen werden: die Einführung von weiterführenden Benutzerprofilen, die z. B. die technische Ausrüstung, den jeweiligen Wissensstand und/oder die konkreten Ziele der Nutzung des Systems durch den Benutzer beinhalten, sowie die Entwicklung von Frameworks für Animationen, Simulationen und Übungsapplets.

3.3 Werkzeuge zur Unterstützung der automatisierten Evaluierung

Da sich der Evaluierungsprozeß häufig sehr komplex und zeitintensiv gestaltet, hat sich das Projektteam zur Aufgabe gemacht, diesen weitgehend zu automatisieren.

Aus diesem Grund ist in JaTeK ein weiteres Modul vorgesehen, das diese Aufgabe übernehmen soll: Javal (Java Based Evaluation System). Mit Hilfe dieser Komponente erhält der Dozent die Möglichkeit, einen Überblick über die Effektivität seines Lehrmaterials zu erhalten. Javal baut auf 2 Hauptkomponenten auf, dem Fragebogengenerator und der Zugriffsanalyse. Später soll eine weitere Komponente zur automatischen Anpassung von Lehrmaterial an die Bedürfnisse der Lernenden und zur Auswertung komplexer Übungen integriert werden.

Im *Fragebogengenerator* kommen 3 Werkzeuge zum Einsatz. Für die Entwicklung eines Fragebogens steht dem Dozenten ein entsprechendes Editiertool zur Verfügung. Die evaluierenden Personen können sich den Fragebogen mit Hilfe eines Anzeigetools darstellen lassen. Über ein Auswertetool erhält der Dozent, der den Fragebogen erstellt hat, eine statistische Auswertung über die erhobenen Daten.

Des weiteren wird eine Evaluierung der Lehrmaterialien und des Lernerfolges der Studenten durch Protokollierung von Zugriffsdaten möglich sein. Die *Zugriffsanalyse* protokolliert dabei Zugriffe auf bzw. in einem Lehrmaterial. Die Daten werden in einer Datenbank gespeichert und auf entsprechende Anfragen analysiert und zur Anzeige gebracht. Ziel ist dabei nicht die Kontrolle der Studenten (z. B. Ableiten von persönlichen Merkmalen des Studenten), sondern vielmehr das Beobachten des Nutzerverhaltens und ein Ableiten von Qualitätsmerkmalen (Erfüllung des Schwierigkeitsgrads, angemessener Informationsgehalt etc.) für das Lehrmaterial aus Zugriffszeiten und -häufigkeit und bei Übungen durch Protokollieren von Zeiten bis zum ersten Lösungsversuch und bis zur gefundenen Lösung sowie der Anzahl der Lösungsversuche u. a. Ein ähnlicher Ansatz wird im Multimedia-Authoring-Tool TSUMIKI /TSUM98/ verfolgt. Jedoch werden da die Zugriffe hauptsächlich mit dem Ziel der Evaluierung des Lernerfolges der Studenten aufgezeichnet.

4 Ausblick

Das JaTeK-System weist bereits jetzt verschiedene Funktionalitäten auf, die das Lehren und Lernen im Hochschulbereich durch hohe Qualitätsmerkmale bereichert. Durch die im folgenden erwähnten Erweiterungen kann es weiter an Akzeptanz sowohl unter den Studenten als auch den Dozenten gewinnen.

So ist die Kursstrukturierung in JaTeK an die Strukturierung angelehnt, die man bei Vorlesungen im Hochschulbereich üblicherweise findet. Es gibt eine Reihe von Ansätzen beim Entwurf von Kursen. So ist es in weiteren Arbeiten denkbar, Schablonen für den Kursaufbau bereitzustellen, damit einem Kurs automatisch eine bestimmte Struktur zugeordnet werden kann. Der Kurs ließe sich so auch weiter in Units und Lessons untergliedern und am Ende dieser Einheiten Platzhalter für Tests reservieren. Außerdem ist das Einführen von Lernerniveaus und Abhängigkeiten im Material wünschenswert. Diese können dann dazu genutzt werden, den Lernenden spezifisches Material anzubieten. Weiterhin sind Materialverknüpfungen denkbar, um den Lernenden gezielte Verweise innerhalb des gerade bearbeiteten Stoffes zu ermöglichen (Problem lost in hyperspace). Zur Zeit ist das Anbringen von Kommentaren an das Material auch eine wesentliche Hilfe für den Lernenden. Eine Suche über diese Menge soll ermöglicht werden. Die Funktionalität des Einbringens von Kommentaren ist nicht in allen Fällen ausreichend. So sollten mindestens Texte von den Lernenden änderbar bzw. markierbar sein. Dies läßt sich mit den neuen Werkzeugen, die durch die JFC (Java Foundation Classes) jetzt bereitgestellt werden, einfacher lösen.

Ein weiteres wesentliches Ziel für JaTeK bildet der Ausbau der Materialschablonen. Insbesondere eine Unterstützung für die Erstellung von Animationen ist wünschenswert. Dieses kann durch die Integration leistungsfähiger Werkzeuge wie Macromedia Shockwave erfolgen. Der Ausbau der Übungen soll zunächst bei Aufgaben fortgesetzt werden, die das Entwerfen von Diagrammen und Beziehungen zulassen. Eine derartige Schablone besteht derzeit als Prototyp und wurde schon erfolgreich getestet. Auch die Audiokommunikation mit dem Übungsleiter kann bei der Klärung eines Problems helfen. So sollte neben dem Chat auch eine Audiokonferenz möglich sein. Der kooperative Dokumentenentwurf (shared document authoring) kann mit Hilfe des *Shared Data Toolkit* von Swing realisiert werden und wäre ein Dienst, der die Funktionalität von JaWoS erhöhen könnte. Das Richten von Fragen an den Tutor ist durch die Integration eines Mailtool denkbar, das außerdem integrierte Verweise auf die Lernumgebung, insbesondere auf das vom Lernenden bearbeitete Material, beinhaltet.

Die Indexerstellung und Erstellung des Glossar kann halbautomatisch erfolgen. Der Index könnte so durch Scannen des vorhandenen Materials generiert werden und den Erstellenden somit unterstützen. Worte, die der Erstellende als bereits erklärt oder allgemeingültig kennzeichnet, würden in einer Datenbank gespeichert und nicht mehr erneut dem Erstellenden des Index präsentiert werden. Das Glossar sollte durch die Verwendung vorliegender Lexika erweiterbar sein.

Die Evaluation kann in Richtung übungsspezifische Datensammlung ausgebaut werden. So sind JavaBeans mit eingebauten Evaluierungsfunktionen nötig, um den Entwickler zu entlasten und diese Funktionalität transparent zu gestalten. Komplexe Aufgaben wie Message-Diagramme und Entity-Relationship-Diagramme lassen sich nur mit Hilfe angepaßter Methoden wie Ablauffolge und Netzwerkkonstellation evaluieren und darauf aufbauend Hilfestellung erteilen.

Zur Leistungserhöhung ist ein verbesserter Caching-Mechanismus erforderlich. Ein weiteres Ziel des Caching ist es, die Einbeziehung lokaler Medien unter dem Gesichtspunkt der eingeschränkten Freiheit beim Datenzugriff von Applets aus zu ermöglichen. Die Rechte sind dann auf das lokale Medium geeignet zu übertragen. Sinnvoll ist ebenfalls die Einführung kursspezifischer Gruppen und das Setzen von Rechten ausgehend vom Materialobjekt zum Kurs, um Materialobjekte erreichbar zu machen.

Als eine weitere mögliche Komponente ist das Monitoring zu nennen. Dies erlaubt einen späteren Ausbau des JaTeK-Systems um eine Accounting-Komponente, die im Umfeld der privaten Aus- und Weiterbildung zum Einsatz kommen könnte.

5 Danksagung

Das Projekt Teleteaching Dresden-Freiberg wird vom BMBF über den Verein zur Förderung eines Deutschen Forschungsnetzes e.V. (DFN-Verein) gefördert. Wir möchten allen Kollegen unseren Dank aussprechen, die uns bei der Realisisierung von JaTeK unterstützen.

6 Literaturverweise

/Macr98/ World-Wide-Web-Beschreibung zu den Produkten: Macromedia-Director, Macromedia-Pathware, Macromedia-Shockwave (http://www.macromedia.com/software/)

/AeDM98/ I. Aedo, P. Díaz and S. Montero: A Visual Tool to Define Multimedia Exercises; Proceedings of ED-MEDIA/ED-TELECOM 98; S. 90-97, Freiburg, Juni 1998

/DIAL97/ World-Wide-Web-Beschreibung des Projektes DIALEKT "Digitale interaktive Lektionen in der Studentenausbildung"; FU Berlin, 1997; (http://www.wiwiss.fu-berlin.de/fakult/wrz/projekte/dialect/index.htm)

/DiMa98/ T. Dietinger, H. Maurer: GENTLE - (GEneral Networked Training and Learning Environment); Proceedings of ED-MEDIA/ED-TELECOM 98; S. 358-364, Freiburg, Juni 1998

/Eff95/ Effelsberg, W.: Das Projekt TeleTeaching der Universitäten Heidelberg und Mannheim; Universität Mannheim, 1995;http://www.informatik.uni-mannheim.de/informatik/pi4/projects/teleTeaching /index.html

/FGFM98/ P. Furtado, P. Gonçalves, P. Ferro, H. Madeira: WorldView: A System for Information Merging and Sharing;); Proceedings of ED-MEDIA/ED-TELECOM 98; S. 451-456, Freiburg, Juni 1998

/Gey98/ Geyer, W.: World Wide Web-Beschreibung des Digital Lecture Board; Universität Mannheim, 1998; (http://www.informatik.uni-mannheim.de/~geyer/dlb/dlb.eng.html)

/Maly97/ K. Maly et al.: Reliability, Scalability and Robustness Issues in IRI; Proceedings of the Sixth Workshops on Enabling Technologies: Infrastructure for Collaborative Enterprises; S.320-325, Cambridge, Juni 1997

/NRS97/ Neumann, O., Rennecke, S., Schill, A.: Using Distributed Multimedia Infrastructures for Advanced Teleteaching Applications; ACM/IEEE Int. Workshop on Interactive Distributed Multimedia Systems and Telecommunication Services, Darmstadt, Sept. 1997, LNCS 1309, Springer-Verlag, pp. 376-385

/Ott97/ Th. Ottmann: Entwicklung und Nutzung eines erweiterten Whiteboards für Teleteaching und "Authoring on the fly"; Albert-Ludwigs-Universität Freiburg, 1997;http://ad.informatik.uni-freiburg.de/mmgroup.projects.dfn

/RiNF98/ Marcelo Blois Ribeiro, Ricardo Choren Noya & Hugo Fuks: CLEW a Cooperative Learning Environment for the Web; Proceedings of ED-MEDIA/ED-TELECOM 98; S. 1205-1210, Freiburg, Juni 1998

/ScFN98/ A. Schill, K. Franze, O. Neumann: Internet-Based Telelearning: Architectural Support and Experiences; Proceedings of ED-MEDIA/ED-TELECOM 98; S. 1924-1925, Freiburg, Juni 1998

/TSUM98/ Matsumoto, T. et. al.: An Authoring Tool for CAI for End-User Modification using Feedback from the Learning Process; Proceedings of ED-MEDIA/ED-TELECOM 98; S. 1423-1427, Freiburg, Juni 1998

Verteiltes QoS-Management am Beispiel des Videokonferenzsystems *GCSVA*

Ines Beier
Brandenburgische Technische Universität Cottbus
Lehrstuhl Rechnernetze und Kommunikationssysteme
PF 101344, 03013 Cottbus

Tel./Fax: +49-355-69-2236
email: beier@informatik.tu-cottbus.de

Zusammenfassung

Das QoS-Management für verteilte interaktive Multimedia-Anwendungen basiert derzeit meist auf zentralen Ansätzen, in denen zentrale Server das QoS-Management für eine Gruppe von Kommunikationspartnern realisieren. Zentrale Ansätze sind einfacher in der Realisierung. Der zentrale Server kann jedoch durch Systemfehler, Ausfälle oder Leistungsengpässe zum Schwachpunkt des Systems werden. Um die Probleme zentraler Server zu vermeiden, und um die Anwendungen in den Endsystemen besser zu unterstützen, scheint ein verteiltes QoS-Management auf Anwendungsebene mit Unterstützung durch alle darunterliegenden Schichten geeigneter. Im Vortrag wird ein verteiltes QoS-Management für das Videokonferenzsystem GCSVA als Beispiel für eine verteilte multimediale Anwendung vorgestellt. Die Datenrate der Videoströme wird in GCSVA mittels Filterung, sowohl auf Sender- als auch auf Empfängerseite, der Kapazität der einzelnen Endsysteme angepaßt. Da das System direkt auf ATM basiert, erfolgt die Skalierung ausschließlich in den Endsystemen. Die Konsistenz der QoS-Daten in den Endsystemen wird durch ein spezielles Gruppenkommunikationsprotokoll gewährleistet, das eine zuverlässige, atomare und geordnete Kommunikation gewährleistet.

Schlüsselworte: Verteilte interaktive Multimedia-Anwendungen, Videokonferenzsysteme, Gruppenkommunikation, Verteiltes QoS-Management

1. Motivation

Der zunehmende Einsatz verteilter interaktiver Multimedia-Anwendungen wie *Joint Editing* oder *Videoconferencing* für CSCW-Anwendungen (*Computer Supported Cooperative Work*), erfordert geeignete Mechanismen zur Verwaltung und Überwachung der Dienstgüte- bzw. Quality-of-Service-(*QoS*) Anforderungen. Die meisten existierenden Videokonferenzsysteme bieten keine umfassende Systemunterstützung für das QoS- und Bandbreiten-Management. Insbesondere unterstützen sie nicht die Skalierung der Videoströme bezüglich der Anzahl der Konferenzteilnehmer und der Leistungsfähigkeit der benutzten Endsysteme. Der Anwender muß häufig durch „trial-and-error" eine akzeptable Dienstgüte auf der Basis einer *best-effort*-Absicherung selber bestimmen.

Während zu Beginn der Forschungsarbeiten, die sich mit der Problematik der Dienstgüte (*Quality of Service QoS*) befassen, zunächst die Frage im Mittelpunkt stand, ob und wie das Netzwerk die Übertragung eines multimedialen Stromes ausreichend unterstützen kann [8], [17], wurden mit den ersten verteilten Multimedia-Anwendungen komplexere QoS-Mechanismen notwendig. In [5] beispielsweise wird das QoS-Management für einen *News-on-Demand* - Dienst beschrieben. Allerdings liegt auch hier die Annahme zugrunde, daß ein Nutzer, der den *News-on-Demand*-Dienst in Anspruch nimmt, seine speziellen QoS-Anforderungen mit dem Dienstanbieter und dem Netzwerk aushandelt. Mehrere Nutzer können den Dienst gleichzeitig nutzen, stehen aber in keiner unmittelbaren Beziehung zueinander. Einen guten Überblick über aktuelle Forschungsarbeiten auf dem Gebiet der Dienstgüte für verteilte Multimedia-Anwendungen wird in [2] gegeben. Es sind z.T. sehr komplexe sogenannte QoS-Frameworks, die den Anwendungen verschiedene Dienste verbunden mit unterschiedlicher Dienstgüte zur Verfügung stellen. Die QoS-Parameter werden stets für einen Strom ausgehandelt, der auch ein Multicast-Strom sein kann.

In *Multiparty Interactive Multimedia Applications* (MIM), wie Konferenzsystemen, fließen jedoch nicht nur multimediale Ströme von einer oder wenigen ausgewählten Quellen zu verschiedenen Empfängern, sondern es fließen unter Umständen mehrere Ströme von jedem Konferenzteilnehmer[1] zu allen anderen, d. h. jeder Teilnehmer hat mehrere ankommende Ströme zu verarbeiten. Im Gegensatz zur Komprimierung von Videoströmen, die meist von den Videokarten in Hardware realisiert wird, erfolgt die Dekomprimierung in Software, wodurch die CPU erheblich belastet wird.[2] Die gleichzeitige Dekomprimierung mehrerer Videoströme kann zur Überlastung der Endsysteme führen. Das QoS-Management muß deshalb die Leistungsfähigkeit der Endsysteme mit berücksichtigen. Eine Aushandlung der QoS-Parameter im traditionellen Sinn [21] zwischen allen Kommunikationspartnern und dem Netzwerk für die verschiedenen zu übertragenden Ströme wird zu komplex und müßte bei jeder Änderung der Zusammensetzung der Konferenz oder der Netzparameter wiederholt werden. Es erscheint daher sinnvoller, anstatt eines umfassenden QoS-Frameworks eine spezifische Lösung für bestimmte Arten von Anwendungen zu entwerfen, die genau auf deren Erfordernisse zugeschnitten sind.

Die meisten existierenden Konferenzsysteme bieten kaum Unterstützung zur flexiblen Vergabe von unterschiedlichen Dienstgüteparametern für die verschiedenen Video- und Audioströme bzw. zum Management der Bandbreite, insbesondere, wenn die Leistungsfähigkeit der beteiligten Workstations sehr unterschiedlich ist [14], [18], [20]. Das Ziel muß es sein, daß unterschiedlich leistungsfähige Endsysteme die multimedialen Ströme mit der ihnen genehmen Dienstgüte behandeln. Sie müssen vor Überlastung geschützt werden. Zugleich ist die Vergeudung von Netzwerkressourcen zu vermeiden.

---

1. Im folgenden bezeichnet „Teilnehmer" einen Host, an dem eine in eine Konferenz involvierte Person sitzt.
2. Bei der Dekomprimierung in Hardware kann meist nur ein Strom dekomprimiert werden.

In [11] stellen die Quellen multimedialer Ströme diese in 3 verschiedenen Qualitäten bzgl. Framerate, Farbtiefe und Bildauflösung zur Verfügung. Der Empfänger kann entsprechend seiner Wünsche und Leistungsfähigkeit die passende Qualität wählen. Solch ein Ansatz ist geeignet für *On-Demand*-Dienste oder Teleteaching, wo im wesentlichen eine Quelle an mehrere Empfänger sendet. In einem Konferenzsystem müßte jeder Sender mehrere Ströme unterschiedlicher Qualität in Echtzeit aufnehmen und senden, was zur Überlastung des Netzwerkes und des Senders führen kann.

Ein interessanter Ansatz ist das „*Receiver-driven layered Multicast*". Jede Quelle sendet einen Strom, der aus verschiedenen Ebenen besteht, die über verschiedene Kanäle übertragen werden [15]. Die Empfänger wählen aus, welche Kanäle sie empfangen möchten, und bestimmen damit die Qualität des empfangenen Stromes. Zusätzlich können die Quellen mit einer Wichtung seitens der Empfänger versehen werden [1]. Diese Wichtungen (Prioritäten) werden regelmäßig bekanntgegeben. Damit werden wichtigere Quellen von weniger wichtigen (aus Empfängersicht) unterschieden. Entsprechend ihrer Wichtung können die Quellen die verschiedenen Ebenen ihrer Videoströme (*signal layers*) über die entsprechenden Netzwerk-Kanäle übertragen. Allerdings wird für dieses Verfahren ein spezielles Videokompressionsverfahren benutzt [16].

In [7] wird ein reines Videokonferenzsystem vorgestellt, in dem ein zentraler Server das QoS-Management vornimmt. Die Gesamtbandbreite aller zu übertragenden Videoströme wird so gewählt, daß der leistungsschwächste der beteiligten Hosts nicht überlastet wird. Mit dieser Variante werden die Empfänger vor Überlastung geschützt und Netzwerkressourcen gespart. Allerdings müssen sich in einer Konferenz mit sehr unterschiedlich leistungsstarken Hosts alle nach dem leistungsschwächsten richten. Für leistungsstarke Workstations, die durchaus in der Lage wären, mehrere Videos mit höherer Qualität zu verarbeiten, ist das unbefriedigend. Die Steuerung der Konferenz einschließlich des QoS-Managements wird über einen zentralen Server realisiert. Der Initiator einer Konferenz ist automatisch dieser Server. Fällt er aus oder verläßt er die Konferenz, ist diese beendet. Um die Probleme zentraler Server, wie Serverausfälle und Leistungsengpässe auf der Serverseite zu vermeiden, und um die Anwendungen in den Endsystemen besser zu unterstützen, erscheint ein verteilter Ansatz geeigneter.

Im vorliegenden Beitrag wird ein Ansatz für ein verteiltes QoS-Management für multimediale Konferenzsysteme vorgestellt. Dieser Ansatz wird in dem Konferenzsystem *GCSVA (Group Communication and Scalability in Videoconferencing over ATM)* realisiert, das gegenwärtig an der Brandenburgischen Technischen Universität Cottbus entwickelt wird. In Abschnitt 2. werden zunächst die Struktur des *GCSVA*-Systems sowie die Einordnung des QoS-Managements in das Gesamtsystem vorgestellt. Abschnitt 3. beschreibt die in *GCSVA* benutzte Floor-Kontrolle. Abschnitt 4. befaßt sich mit dem QoS-Management auf Anwendungsebene. Das verteilte QoS-Management basiert auf dem *Group Communication Protocol* GCP, das in Abschnitt 5. kurz erläutert wird. Abschnitt 6. enthält die Zusammenfassung und einen Ausblick auf die weiteren Forschungsvorhaben.

2. Prinzip des QoS-Managements im *GCSVA*

GCSVA ist ein Videokonferenzsystem, das zur Unterstützung von CSCW-Anwendungen entworfen wurde [4]. Es soll speziell kleinere Diskussionsgruppen unterstützen. *GCSVA* zeichnet sich durch eine verteilte Organisation des Gruppen- und QoS-Managements aus. Das System setzt unmittelbar auf ATM auf.

GCSVA verwendet eine geregelte Floor-Kontrolle unter Verwendung einer Warteschlange. Der jeweils erste in der Warteschlange bekommt das Sprechrecht. Die Audio- und Videoströme des Sprechers werden mit der höchsten Dienstgüte übertragen. Für alle anderen Teilnehmer besteht die Möglichkeit zu kurzen Zwischenfragen, die jedoch nicht das Sprechrecht ändern.

Abbildung 1 zeigt die Struktur des *GCSVA*-Systems, die auf jedem teilnehmenden Endsystem installiert sein muß. Wir stellen einleitend die wichtigsten Komponenten kurz vor.

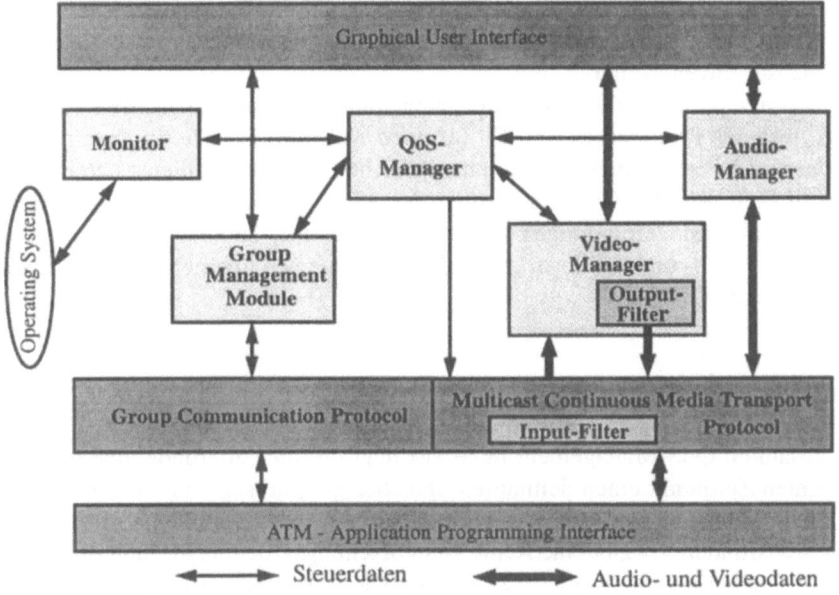

Abbildung 1 Architektur des Videokonferenzsystems auf einem beteiligten Host

Die **Gruppenmanagement-Module (GMMs)** überwachen den Zustand der Gruppe. Sie tauschen Nachrichten über die Zusammensetzung und die Struktur der Gruppe sowie zur Steuerung der Gruppe aus. Ihnen obliegt ebenfalls das QoS-Management. Ziel des QoS-Managements ist die Skalierung der Videoströme in Abhängigkeit der Anzahl und der Leistungsfähigkeit der beteiligten Endsysteme. Es soll die Endnutzer, die gewöhnlich keine tiefergehenden Kenntnisse über QoS-Parameter und ihre Zusammenhänge haben, von jeglichem QoS-Management befreien. Das QoS-Management ist wie folgt organisiert. Für die ATM-Verbindungen werden die QoS-Parameter während des Verbindungsaufbaus festgelegt. Sie sind danach nicht mehr änderbar. Eine Reservierung von Netzwerkressourcen für eine bestmögliche Übertragung der Ströme von allen Teilnehmern zu allen Teilnehmern, hieße Netzwerkressourcen zu verschwenden (und höhere Kosten zu verursachen). Da in *GCSVA* nicht alle Teilnehmer stets mit höchstmöglicher Qualität senden, werden auf ATM-Ebene beim Verbindungsaufbau QoS-Parameter für eine Übertragung mittlerer Qualität angefordert. Das eigentliche QoS-Management wird der Anwendungsebene, d. h. dem *GCSVA*, überlassen. Das Gruppen- und QoS-Management erfolgt dezentral ohne Verwendung eines zentralen Servers. Mit dem dezentralen Ansatz sollen die Schwachpunkte zentraler Server wie Systemfehler, Ausfälle oder Leistungsengpässe vermieden werden. Die Kommunikation zwischen den Gruppenmanagement-Modulen wird über das Multicast-Protokoll **GCP** (*Group Communication Protocol*) realisiert. GCP sichert eine zuverlässige, atomare und vollständig geordnete Kommunikation zwischen den Gruppenmanagement-Modulen, wodurch die Konsistenz der QoS-Parameter in den Endsystemen gewährleistet wird. Die Arbeit der lokalen QoS-Manager wird durch den **Monitor** unterstützt. Der Monitor beobachtet die aktuelle CPU-Auslastung und übermittelt diese Informationen an den lokalen **QoS-Manager**, der darauf basierend festlegt, wie die eintreffenden Videoströme zu skalieren sind.

Die Übertragung der Audio- und Videodaten vom Sender zu den anderen Teilnehmern erfolgt über das Protokoll **MCM-TP** (*Multicast Continuous Media Transport Protocol*), das einen verbindungsorientierten ungesicherten Multicastdienst bereitstellt. Das Protokoll läuft wie das GCP direkt über der *ATM Adaptation Layer 5* (AAL5) und nutzt die Multicast-Verbindungen von jedem Teilnehmer zu allen anderen. Die Verarbeitung der Video- und Audioströme in den Endsystemen übernehmen die **Video-** und **Audio-Manager.**

3. Floor-Kontrolle

Dem gesamten QoS-Management in *GCSVA* liegt die Idee zugrunde, daß es zu einem bestimmten Zeitpunkt einen definierten Sprecher gibt, dessen Videostrom mit höherer Dienstgüte behandelt wird. Dies ist eine Übernahme des Verhaltens in vielen realen Diskussionsrunden. Es gibt eine Reihe von Forschungsarbeiten, die sich mit der Steuerung der Diskussion in Konferenzsystemen (*floor control*) befassen [6], [10], um soziales Verhalten in Konferenzsystemen möglichst natürlich nachzubilden. In der gegenwärtigen Entwicklungsphase von *GCSVA* werden keine verfeinerten Steuerungsmechanismen betrachtet, da wir uns auf die Realisierung des verteilten Gruppen- und QoS-Managements konzentrieren. Dies ist für eine spätere Entwicklungsphase vorgesehen.

Die Vergabe des Sprechrechts wird in *GCSVA* über eine Sprecherwarteschlange geregelt. Der Kopf der Warteschlange bestimmt den jeweiligen Sprecher. Dadurch entfallen aufwendige Verfahren zur Sprechererkennung und es ist jederzeit bekannt, wer der aktuelle Sprecher ist. Unabhängig davon können die anderen Teilnehmer Zwischenbemerkungen machen. Diese Audioströme werden bei den Empfängern mit dem des

Sprechers gemixt. Dadurch werden sie jedoch nicht automatisch Sprecher und es ändern sich nicht die QoS-Parameter. Die Möglichkeit zu Zwischenfragen kann abgeschaltet werden.
Entsprechend des verteilten Konzeptes von *GCSVA* gibt es nicht eine zentrale Warteschlange, sondern jeder Teilnehmer verfügt über eine eigene Warteschlange, die auf dem Bildschirm angezeigt wird. Die Warteschlangen können durch die Teilnehmer manipuliert werden, z. B,. kann ein Teilnehmer jederzeit die Warteschlange wieder verlassen. Die Konsistenz der Warteschlangen wird durch das Gruppenmanagement unter Verwendung des GCP gewährleistet.
Der Sprecher besitzt eine höhere Dienstgüte als die anderen Teilnehmer (*Zuhörer*). Sein Audiostrom wird mit garantierter Dienstgüte zu den Zuhörern übertragen. Der Videostrom des Sprechers besitzt ebenfalls die höchste Priorität. Er hat den größten Anteil an der Bandbreite, die garantiert übertragen wird. Der Sprecher wird bei den Zuhörern in einem größeren Fensterformat dargestellt. Sein Videostrom wird auf Zuhörerseite am wenigsten skaliert. Die Audio- und Videoströme der anderen Teilnehmer werden mit geringerer QoS auf einer *best effort*-Basis übermittelt. Ihre Videoströme werden auf der Empfängerseite zuerst skaliert.

4. QoS-Management

4.1. Grundidee

Die Gesamtbandbreite wird in *GCSVA* vom leistungsstärksten Teilnehmer bestimmt. Die leistungsschwächeren Teilnehmer müssen durch Input-Filter die ankommenden Videoströme skalieren. Im Extremfall werden einzelne Ströme beim Empfänger zu 100% gefiltert, d. h., es wird ein Standbild angezeigt.
Die Gesamtbandbreite wird zwischen den einzelnen Teilnehmern aufgeteilt. Derzeit wird dafür ein sehr einfaches Prinzip gewählt: Der Videostrom des aktuellen Sprechers (vergl. Abschnitt 3.) hat Priorität, d. h., er wird mit höherer Qualität aufgenommen und übertragen. Die anderen Teilnehmer teilen sich die verbleibende Bandbreite zu gleichen Anteilen. Die Zuhörer skalieren ihre zu sendenden Ströme mittels des Output-Filters. Aus der Gesamtbandbreite, ihrer Aufteilung auf die verschiedenen Ströme und aus den Informationen über die Belastung des lokalen Endsystems ermitteln die lokalen QoS-Manager, wie die ankommenden Videoströme zu filtern sind.
Abbildung 2 zeigt ein Beispielszenario, bei dem aus Gründen des besseren Verständnisses nur die Framerate und die Eingangsfilter betrachtet werden. Teilnehmer c ist der leistungsstärkste. Er kann insgesamt bis zu 60 Frames/s verarbeiten. Dies ist die Gesamtbandbreite aller zu übertragenden Videoströme. Der Sprecher (Teilnehmer b) bekommt einen Anteil von 20 Frames/s. Die anderen Teilnehmer, einschließlich Teilnehmer c, dürfen mit 10 Frames/s senden. Teilnehmer a muß von 60 Frames/s auf 40 Frames/s filtern. Es liegt bei Teilnehmer a, wie diese 40 Frames/s auf die einzelnen ankommenden Videoströme aufgeteilt werden. Beispielsweise kann der Sprecher mit 20 Frames/s angezeigt werden, und die anderen 3 Ströme werden mit jeweils 6 Fra-

mes/s angezeigt. Teilnehmer d ist der leistungsschwächste. Er könnte den Videostrom des Sprechers mit 20 Frames/s abspielen und für die anderen 3 Teilnehmer ein Standbild anzeigen.

Das QoS-Management erfolgt auf Anwendungsebene. Um den Entscheidungsprozeß so einfach wie möglich zu gestalten, werden als QoS-Parameter nur die Framerate und die Bildauflösung betrachtet. Der Videostrom des Sprechers wird mit höherer Framerate und höherer Bildauflösung aufgenommen und übertragen. Alle anderen Teilnehmer senden mit geringerer Framerate und Bildauflösung, wobei gegenwärtig diese Parameter für alle Nicht-Sprecher gleich sind.

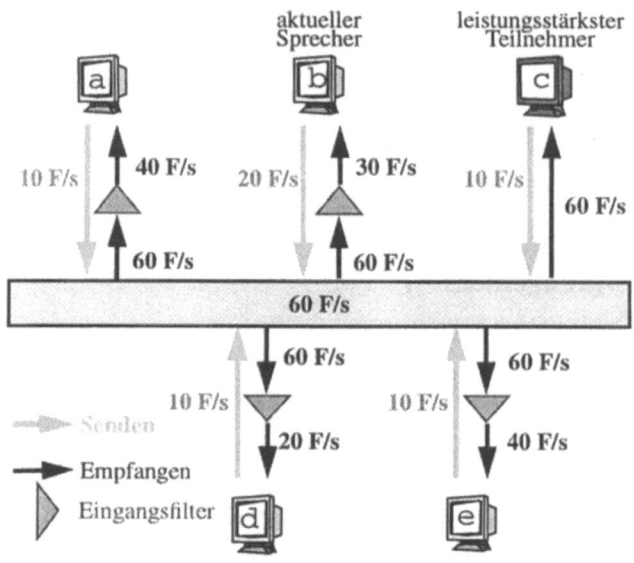

Abbildung 2   Beispielszenario[1]

4.2. Bestimmung der QoS-Parameter für das Gesamtsystem

Eine Konferenz wird sukzessive aufgebaut, d.h., neue Teilnehmer werden nacheinander hinzugefügt (JOIN). Bei jedem neuen JOIN tauschen alle Teilnehmer einschließlich des neu hinzukommenden ihre QoS-Parameter aus. Um den Entscheidungsprozeß bzgl. der endgültigen, systemweit gültigen Parameter überschaubar zu gestalten, werden nur die Framerate und die Bildauflösung (*frame size*) betrachtet. In der jetzigen Version werden diese Werte der *Management Information Base* MIB entnommen.

---

1. Aus Gründen der Übersichtlichkeit werden nur die Framerate und die Eingangsfilter betrachtet

Dabei wird angenommen, daß auf den Hosts neben dem Konferenzsystem keine weitere Anwendung läuft. Zukünftig soll ein Monitor die CPU-Belastung überwachen, und daraus die möglichen QoS-Parameter ableiten.

Da der Sprecher die höchste Priorität hat, gibt jeder Teilnehmer an, mit welchen Parametern er den Videostrom des Sprechers und mit welchen Parametern er die Videoströme aller anderen Teilnehmer empfangen kann. Gegenwärtig werden alle „Nicht-Sprecher" gleichbehandelt, also mit den gleichen QoS-Parametern aufgenommen und übertragen. Die Anzahl der Konferenzteilnehmer ist dem QoS-Management bekannt. Das QoS-Request-Paket jedes Teilnehmers enthält somit folgende Werte:

$$\text{QoS-Request} = (\overline{QoS_S}, \overline{QoS_{NS}})$$

$$\overline{QoS_S} = (\overline{FR_S}, \overline{FS_S})$$

$$\overline{QoS_{NS}} = (\overline{FR_{NS}}, \overline{FS_{NS}})$$

wobei $\overline{FR_S}$ die gewünschte Framerate für den Videostrom des Sprechers, $\overline{FS_S}$ die gewünschte Bildauflösung (Pixel x Pixel) für den Videostrom des Sprechers, $\overline{FR_{NS}}$ die gewünschte Framerate für einen Videostrom eines Nicht-Sprechers und $\overline{FS_{NS}}$ die gewünschte Bildauflösung für einen Videostrom eines Nicht-Sprechers bezeichnet.

Nachdem alle Teilnehmer ihre QoS-Request-Pakete ausgetauscht haben, wird bei jedem Teilnehmer der Algorithmus zur Bestimmung der systemweit gültigen QoS-Parameter abgearbeitet. Wie unter 4.1. ausgeführt, sollen das die vom leistungsstärksten Teilnehmer geforderten Parameter sein. Da Bildgröße und Framerate unterschiedlich sein können, muß ein Weg gefunden werden, die QoS-Anforderungen der einzelnen Teilnehmer vergleichbar zu machen.

In einem Videokonferenzsystem werden in der Regel nur Bilder der Kopf-Schulter-Perspektive der kommunizierenden Personen übertragen. Anders als beispielsweise in einem Spielfilm treten hier nur geringe Änderungen in aufeinanderfolgenden Frames auf. Der Einfluß der Interframe-Kodierung auf die Übertragungsrate kann deshalb bei den folgenden Überlegungen vernachlässigt werden. Die Übertragungsrate der Videoströme wird durch die Bildauflösung und die Framerate bestimmt. Die Abhängigkeiten sind linear.

Da der Sprecher in unserem System die Priorität besitzt, müssen zusätzlich Wichtungen vergeben werden. Der Sprecher wird im Vergleich zu den Nicht-Sprechern mit dem doppelten Wert gewichtet. Alle Nicht-Sprecher besitzen die gleiche Wichtung. Die Summe der Wichtungen aller Teilnehmer ergibt 1. Sei n die Anzahl der Teilnehmer und W_x die Wichtung für Teilnehmer x, dann gilt:

$$W_S = \frac{2}{n+1} \quad \text{und} \quad W_{NS} = \frac{1}{n+1}$$

Mit der folgenden Formel wird der Wert C ermittelt, anhand dessen die QoS-Anforderungen der einzelnen Teilnehmer verglichen werden. Für die QoS-Anforderungen von Teilnehmer i wird ermittelt:

$$C_i = (W_S \cdot \overline{FR_{S,i}} \cdot \overline{FS_{S,i}}) + (n-1) \cdot (W_{NS} \cdot \overline{FR_{NS,i}} \cdot \overline{FS_{NS,i}})$$

Soll der lokale Videostrom nicht mit angezeigt werden, gilt (n-2) statt (n-1).

Die systemweit gültige QoS-Konfiguration $\overrightarrow{QoS}$ bzgl. des Sendens ist dann die von Teilnehmer k angeforderte, für die das Maximum $\vec{C}$ aller C_i ermittelt wurde:

$$\overrightarrow{QoS} = (\overrightarrow{QoS_S}, \overrightarrow{QoS_{NS}})$$

$$= ((\overrightarrow{QoS_S}, \overrightarrow{QoS_{NS}})_k \mid \vec{C} = C_k = \text{MAX}(C_i), i = 1(1)n, (1 \leq k \leq n))$$

$\overrightarrow{QoS}$ muß stets neu ermittelt werden, wenn ein neuer Teilnehmer der Konferenz beitritt (JOIN) oder ein Teilnehmer die Konferenz verläßt (LEAVE).
Bei jedem Wechsel des Sprechers muß der neue Sprecher mit den ermittelten QoS-Parametern des Sprechers $\overrightarrow{QoS_S}$ senden und alle anderen Teilnehmer einschließlich des vorherigen Sprechers mit den QoS-Parametern der Zuhörer $\overrightarrow{QoS_{NS}}$. Alle Teilnehmer müssen diese Änderung beim Empfang der entsprechenden Videoströme beachten.

4.3. Bestimmung der lokalen QoS-Parameter bei jedem Teilnehmer

Nachdem die systemweit gültigen Parameter für das Senden der Videoströme $\overrightarrow{QoS} = (\overrightarrow{QoS_S}, \overrightarrow{QoS_{NS}}) = ((\overrightarrow{FR_S}, \overrightarrow{FS_S}), (\overrightarrow{FR_{NS}}, \overrightarrow{FS_{NS}}))$ bestimmt wurden, muß jeder Teilnehmer für sich ermitteln, wie er die ankommenden Videoströme zu filtern hat. Da die Bildauflösung bei einem ankommenden (bereits aufgenommenen) Videostrom nur mit erneutem Rechenaufwand durch Teilkomprimierung veränderbar ist, empfangen und verarbeiten alle Teilnehmer die ankommenden Videoströme mit der festgelegten Bildauflösung $\overrightarrow{FS}$. Eine Skalierung ist nur durch Änderung der Framerate möglich. Dazu werden sogenannte *Frame-dropping*-Filter benutzt. Die Framerate des Videostroms vom Sprecher, die von Teilnehmer i bei der vorgegebenen Bildgröße $\overrightarrow{FS_S}$ verarbeitet werden kann, sei $\widehat{FR_{S,i}}$. Dann gilt:

$$\widehat{FR_{S,i}} = \frac{\overline{FR_{S,i}} \cdot \overline{FS_{S,i}}}{\overrightarrow{FS_S}}$$

Die Filter müssen die Framerate der ankommenden Ströme von $\overrightarrow{FS_S}$ auf $\widehat{FR}_{S,i}$ skalieren. Für die Framerate der Videoströme der Nicht-Sprecher $\widehat{FR}_{NS,i}$ gilt sinngemäß das gleiche.

Diese Parameter müssen ebenfalls bei jeder Änderung der Gruppenzusammensetzung und bei jedem Wechsel des Sprechers neu berechnet werden.

5. Das Group Communication Protocol GCP

Die Steuerdaten der GMMs müssen zuverlässig übertragen werden. Es muß gesichert sein, daß die Gruppenmanagementmodule aller Teilnehmer jede Nachricht erhalten (Atomarität). Nachrichten, die in einem kausalen Zusammenhang stehen (z. B. Nachrichten bzgl. der Sprecherwarteschlange) müssen an alle Gruppenmanagementmodule in der gleichen Reihenfolge ausgeliefert werden (kausale Ordnung). Zu diesem Zweck wurde das *Group Communication Protocol* GCP entworfen, das die obigen Anforderungen umsetzt. Eine ausführliche Beschreibung des Protokolls ist in [3] enthalten.

Entsprechend des verteilten Ansatzes, der *GCSVA* zugrunde liegt, ist auch das GCP verteilt organisiert. Von jedem Teilnehmer werden Multicast-Verbindungen zu allen anderen Teilnehmern aufgebaut. Sämtliche PDUs (*Protocol Data Units*) werden über diese Multicast-Verbindungen stets an alle anderen Gruppenmitglieder geschickt. Zur Übertragung der Steuerdaten der Gruppenmanagementmodule nutzt das GCP seinerseits AAL5 - Multicast-Verbindungen. Im Falle von Multicast -Verbindungen bietet AAL5 jedoch nur einen ungesicherten Dienst [13], so daß das GCP die genannten Funktionen erfüllen muß.

Das GCP sollte möglichst einfach sein, um den durch das GCP verursachten Overhead gering zu halten, da die Verarbeitung und Übertragung der Videoströme alle Systemressourcen belastet. Deshalb wurde ein Tokenverfahren zur Einhaltung der Ordnung eingesetzt, d. h. alle Teilnehmer bilden einen logischen Ring, auf dem ein Token kreist. Nur der Tokenbesitzer darf eine Nachricht senden. Damit wird eine totale Ordnung erreicht, die allerdings nicht unbedingt nötig wäre. Da das Konferenzsystem *GCSVA* für eine kleine Gruppe von Kommunikationspartnern konzipiert wurde, ist die Verzögerung akzeptabel, die jeder Teilnehmer warten muß, bis er das Token wieder erhält. Da das Token auch dann weitergereicht wird, wenn keine Nachrichten zu senden sind, ist der Ausfall eines Teilnehmers schnell erkennbar, da in diesem Fall die Bestätigung des Tokenerhaltes ausbleibt. Durch das Verfahren wird Fairness zwischen allen Teilnehmern garantiert.

Ein wesentlicher Teil des Protokolles ist der sogenannte LEAVE - Mechanismus. Er kommt zum Einsatz, wenn ein Teilnehmer die Konferenz verlassen will oder wenn Bestätigungen auf PDUs ausbleiben. Im zweiten Fall wird der LEAVE-Mechanismus von dem Teilnehmer in Gang gesetzt, der das Ausbleiben von Bestätigungen bemerkt. Da das Ausbleiben von Bestätigungen auf einen Ausfall oder zumindest auf eine Störung schließen läßt, wird dieser Teilnehmer aus der Konferenz ausgeschlossen. Im Falle einer Videokonferenz ist der Mensch aktiv in die Kommunikation involviert, d.h. der ausgeschlossene Teilnehmer kann der Konferenz erneut beitreten, sofern die Störung beseitigt wurde. Da Teilnehmer, die den Empfang von Nachrichten nicht bestätigen, ausgeschlossen werden, ist die Atomarität gesichert.

6. Zusammenfassung und Ausblick

Der Artikel beschreibt das multimediale Konferenzsystem *GCSVA*, dessen Gesamtkonzept auf einem verteilten Ansatz beruht. Sowohl das QoS-Management als auch das darunterliegende *Group Communication Protocol* sind verteilt organisiert. Damit werden die Probleme serverbasierter Ansätze, wie Serverausfälle und Leistungsengpässe auf Serverseite, vermieden.

Das QoS-Management bildet die Basis für eine dynamische Skalierung der Videoströme in Abhängigkeit der Anzahl, Leistungsfähigkeit und momentanen Belastung der beteiligten Hosts. Der Vorteil besteht darin, daß dies automatisch geschieht, ohne daß der Nutzer eingreifen muß. Durch den kombinierten Ansatz, bei dem sowohl Sender als auch jeder einzelne Empfänger an der Skalierung beteiligt sind, gelingt eine Anpassung der Dienstgüte der Videoströme an die Erfordernisse der einzelnen Empfänger. Gegenwärtig werden die QoS-Parameter, die die Basis für das QoS-Management darstellen, der *Management Information Base* entnommen. Nach der Fertigstellung der Implementierung des Monitors ist die tatsächliche Belastung des Teilnehmerhosts die Basis für das QoS-Management.

Eine Prototyp-Implementierung des *GCSVA* auf vier SUN Workstations unterschiedlicher Leistungsfähigkeit steht unmittelbar vor dem Abschluß. Das experimentelle ATM-Netz besteht aus einem Switch ASX200WG und ATM-Karten SBA200. Nach der Fertigstellung der Prototypimplementierung sind Messungen zur Leistungsbewertung geplant.

In zukünftigen Forschungsarbeiten soll das QoS-Management flexibler gestaltet werden, so daß eine breitere Palette von QoS-Parametern zur Verfügung steht. Möglichkeiten zur Einflußnahme der Nutzer auf das QoS-Management sind zu untersuchen und zu entwickeln.

Literatur

[1] Amir,E.; McCanne,St.; Katz,R.: Receiver-driven Bandwidth Adaptation for Light-weight Sessions, ACM Multimedia, Nov. 97, Seattle, WA.

[2] Aurrecoechea,C.; Campbell,A.T.; Hauw,L.: A Survey of QoS Architectures, ACM/Springer Multimedia Systems Journal, 6(1998)3, 138-151

[3] Beier,I.; König,H.: A Protocol Supporting Distributed Group and QoS Management, IEEE Conference on Protocols for Multimedia Systems - Multimedia Networking PROMS-MmNet'97, Proceedings, 213-222, Santiago, Chile, Nov. 97

[4] Beier,I.; König,H.: *GCSVA* - A Multiparty Videoconferencing System with Distributed Group and QoS Management, 7th International IEEE Conference on Computer Communications and Networks (IC3N'98), Louisiana, Oct. 98, 594-598

[5] Bochmann,G.; Hafid,A.: Some Principles for Quality of Service Management, Distributed Systems Engineering Jounal, 4 (1997), 16-27

[6] Brand,O.; Zitterbart,M.: Steuerung von Konferenz- und Kollaborations-Anwendungen, PIK 20(1997)4, pp. 209-216

[7] Chan,D.L.S.; Chanson,S.T.: Scalability Support for Multiparty Multimedia Communications, ACM/Springer Verlag Multimedia Systems Journal, 6(1998)2, 75-87

[8] Danthine,A.; Bonaventure,O.; Leduc,G.: The QoS Enhancements in OSI95, in Danthine,A.: The OSI95 Transport Service with Multimedia Support, Springer Verlag, Berlin, Heidelberg, New York, 1994

[9] Delgrossi,L.; Halstrick,C.; Hehmann,D.; Herrtwich,R.G.; Krone,O.; Sandvoss,J.; Vogt,C.: Media scaling in a multimedia communication system, Multimedia Systems, 2(1994), 172-180

[10] Dommel,H.-P.; Garcia-Luna-Aceves,J.J.: Floor control for multimedia conferencing and collaboration, Multimedia Systems 5(1997), 23-38

[11] Fischer,S; Hafid,A.; v.Bochmann,G.; de Meer,H.: Cooperative QoS Management for Multimedia Applications, 4th IEEE Int. Conference on Multimedia Computing and Systems (ICMCS'97), Ottawa, June 1997, 303-310

[12] ITU-T: ITU-T Recommendation I.362, B-ISDN ATM Adaptation Layer (AAL) functional description, Geneva, 1993

[13] TU-T: ITU-T Recommendation I.363, B-ISDN ATM Adaptation Layer (AAL) specification, Geneva, 1993

[14] Leymann,N.: Eine Videokomponente für das Videokonferenzsystem Multimedia Collaboration, Diplomarbeit, Fachbereich Informatik, TU Berlin, 1996

[15] McCanne,St.; Jacobson,V.; Vetterli,M.: Receiver-driven Layered Multicast, ACM SIGCOMM, Stanford, CA, Aug 1996, 117-130

[16] McCanne,St.; Vetterli,M.; Jacobson,V.: Low-complexity Video Coding for Receiver-driven Layered Multicast, IEEE Journal on Selected Areas in Communications JSAC 16(1997)6, 983-1001

[17] Miloucheva, I.: QoS-Management within high speed transport system, Workshop on Distributed Multimedia Application and QoS-Verification, Montreal, Quebec, 1994

[18] Sun Microsystems: The Complete Guide to ShowMe 2.0.1, May 1994

[19] Szyperski,C.; Ventre,G.: Efficient Group Communication with Guaranteed Quality of Service, 4th IEEE Workshop on Future Trends in Distributed Computing Systems, Lisboa, Portugal, Sept 1993

[20] Turletti, T.; Huitema, C.: Videoconferencing on the Internet, ACM Transactions on Networking, 4(1996)3

[21] Vogel, A.; Kerheve,B.: QoS Negotiation for Distributed Multimedia Presentational Applications, Workshop on Distributed Multimedia Applications and QoS-Verification, Montreal, Quebec, 1994

[22] Yeadon,N.; Mauthe,A.; Garcia,F.; Hutchinson,D. „QoS Filters: Adressing the Heterogenity Gap", In Butscher,B. et al. (eds.): Interactive Distributed Multimedia Systems and Services IDMS'96, Proceedings, Berlin, March 96

Group Rendezvous in a Synchronous, Collaborative Environment

Jörg Roth, Claus Unger

University of Hagen, Department for Computer Science, 58084 Hagen, Germany
{Joerg.Roth, Claus.Unger}@Fernuni-Hagen.de

Abstract. Before a session in a synchronous, collaborative environment can really start, various actions have to be performed: users have to be informed about planned sessions, network access paths between session participants have to be determined, etc. In the following, we call all these actions *group rendezvous*. In existing groupware systems, the group rendezvous is often neglected, i.e. it is assumed that a team has already formed, session information has been distributed and network paths are known. In reality, this assumption often does not hold: members with dial-up connections are not permanently online, if they get their network addresses from an address pool, e.g. via a network access provider, they are difficult to find even when they are online. This paper describes a fully decentralised group rendezvous system, which addresses these problems. Besides session distribution, the system has a component for resolving variable network addresses. It has been integrated into the synchronous groupware system *DreamTeam* [RU98].

1 Introduction

Synchronous groupware brings together users which are geographically distributed and connected via a network. Many synchronous groupware systems are based upon the session metaphor [RG96] (also known as „groupware as meeting"), where users can join an existing session, can collaborate with other team members and finally can leave a session when their work is done.

To build a session, the date, the place (in terms of network locations), the collaborative environment as well as the session topics have to be specified and distributed; shortly before a session starts, it has further to be determined, who is currently online and how other group members can really be accessed. We call all these operations *group rendezvous*.

[Scho96] defines the rendezvous as the action of inviting other users or scanning for open sessions. This includes Email or WWW-based systems. This kind of rendezvous has a long-term character - inviting someone via Email or posting a meeting date on a bulletin board is usually performed hours or days before the session starts. We call this kind of rendezvous *long-term rendezvous*. In contrast, the last actions, which are to be performed shortly (i.e. a few minutes or even seconds) before a session starts, are called *short-term rendezvous*. In this phase, the group members connect to the network if necessary (e.g. establish a modem connection) and start their groupware systems which then try to detect other members.

A centralised rendezvous approach, as it is realised in many existing groupware systems, requires a well-known server which holds the states of all group members as well as the session profiles. The realisation of such an approach is easy: a system simply asks the central server (or the *registrar* [RG96b]) for a session list. When a newcomer wants to join, he gets a list of all group members in the session and their network addresses. The registrar on the other hand stores the newcomer's address for further queries. The registrar must be highly reliable, with regard to hardware as well as software. A stopped or failed registrar prevents a session from being started, even if the following communication would run in a decentralised way. Thus, a registrar can be viewed as the weak point of a groupware system.

Our approach is based upon a fully decentralised architecture and provides a solution for both rendezvous phases. The corresponding rendezvous component is an integral part of our own groupware system *DreamTeam* ([RU98], [RU98b]), which will be briefly described in the next chapter.

2 The DreamTeam environment

DreamTeam is a platform for synchronous collaboration and offers a variety of services for application developers as well as for end-users. The DreamTeam environment allows the developer to develop co-operative applications like single user applications, without struggling with network details, synchronisation algorithms, etc. The environment consists of three parts: a development environment, a runtime environment and a simulation environment. The development environment [Roth98] mainly consists of a huge Java class library which contains groupware specific problem solutions as building blocks. The runtime environment provides an infrastructure with special groupware facilities. A front-end on top of the runtime environment allows end-users to control and configure the system. Finally, collaborative applications can be tested in the simulation environment, which allows to simulate network characteristics on a single computer.

DreamTeam is based upon a completely decentralised architecture, thus there is no central server holding session states. The decentralised architecture leads to more complex algorithms, nevertheless performance bottlenecks are avoided and the system is much more reliable. Based on this architecture, we realised a rendezvous component, which will be described in the following in some more detail.

3 Group rendezvous

As mentioned above, we distinguish between long-term rendezvous and short-term rendezvous. As they are based upon different concepts, we will describe them in different chapters.

3.1 Long-term rendezvous

If a team starts organising a session via a synchronous groupware system, several decisions have to be made: regarding the date and duration of the session, the tools to be used during the session, participation restrictions etc. Such a set of information is called a *session profile*.

The DreamTeam session concept allows team members to define session profiles. The user, who starts a session using a session profile, is called the *originator*. Only the originator is allowed to start and stop a session or to modify the session profile. In addition to sessions which are defined by local users, profiles of remote sessions are stored by the groupware system. The list of all available session profiles is called the *session list*, which gives the user an overview about planned sessions.

Once a session has been started, other team members may join. In order to join, the session profile has to be made available locally, i.e. has to be copied to each member's session list *before* the session starts.

Since DreamTeam does not provide a central server, session information must be distributed in a decentralised way, based on standard Internet services. We use the Email and Newsgroup services for session announcements (Figure 1).

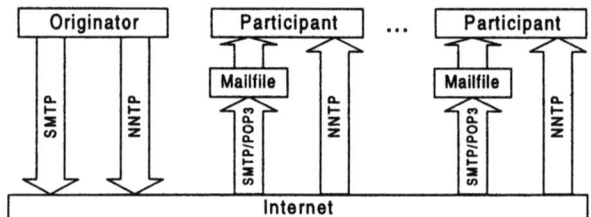

Figure 1: Session announcement mechanism

An originator who has created a session profile and wants to distribute this information to other group members, can either send emails or put an announcement in a predefined newsgroup. For this, the DreamTeam rendezvous component supports SMTP (simple mail transfer protocol [Pos82]) as well as NNTP (network news transfer protocol [KL86]). Announcements can simply be posted within the DreamTeam environment without using external tools (e.g. news or mail reader).

Besides a user defined announcement text, the binary representation of the corresponding session profile is attached to the message. Whenever a DreamTeam environment is started, it scans the corresponding mailbox's incoming file and the newsgroup. When the scan is successful, the announcement message is presented to the user and the binary session information is decoded. Afterwards, the session profile can be included into the local session list, which in turn enables the user to join the corresponding session.

3.2 Short-term rendezvous

While long-term rendezvous support long-term planning and announcements of sessions, at the moment the session actually starts, the user's system must get additional information, which cannot be included in the session profile. This information consists of
- the current list of users who want to attend the session,
- the list of their corresponding network addresses.

Especially network address resolution is not easy in a decentralised system. Since current network addresses are often not assigned before a user goes online, an Email or Newsgroup based approach is too slow. Before presenting our solution to this problem, we introduce a few definitions.

3.2.1 The short-term rendezvous problem in general

Let $H = \{h_1,...h_n\}$ denote the set of hosts in the collaborative group. To every $h_i \in H$ we assign a unique identifier ID_i.

In a decentralised rendezvous, there does not exist a well-known host which holds network addresses or online states. The problem becomes even worse, if there exist hosts with variable network addresses. To identify such hosts inside a network, it is necessary to send messages to all potential addresses and wait for an answer. If no answer returns, with high probability the corresponding host is offline, otherwise the answer includes the correct network address. Each host has to maintain a list of all potential addresses of all other hosts.

Let $adr_{pot}(h)$ denote a set of potential addresses of host h. The value of $adr_{pot}(h)$ can be determined:

We assume that a host either permanently belongs to a LAN or can be connected to the network via a dial-up connection (e.g. modem or ISDN). We further assume that a host never changes this characteristic during its lifetime.

In the first case the network address is fix, thus $adr_{pot}(h)$ has only one element. Hosts with dial-up connections get their addresses from a pool of reserved addresses, normally administered by an access provider. Since for each dial-up point this pool is fixed, $adr_{pot}(h)$ can be set to this pool's addresses.

The considerations above lead to a number of algorithms for solving the short-term rendezvous problem. One possibility is to find all other hosts in H via multicast. Such an algorithm is described in [Fu98]. Unfortunately, this method leads to an unacceptable high network load. Since every newcomer h performs a multicast search for every other host, a total of $\sum_{m \in H \setminus \{h\}} |adr_{pot}(m)|$ addresses has to be checked. Even the absence of a reply message does not necessarily mean that the corresponding host is really offline. Thus, addresses have to be tested multiple times, which even increases the load of the network.

The following approach significantly reduces the average network load.

3.2.2 The idea

In the following, we introduce a decentralised algorithm, which avoids bulky multicasting and thus reduces the average network load. Multicasting cannot always be avoided, because there may be situations, where no host with a permanent network address is online. The algorithm works as follows:

Every host h stores a list L_h of entries $<ID_1, adr_1, t_1>$, $<ID_2, adr_2, t_2>$, ..., $<ID_n, adr_n, t_n>$. We call L_h in the following the *online list* of h. Each element stores the actual state of every host h_i. The entries are

- ID_i: the host identifier,
- adr_i: the current network address, or „off" if the host is offline,
- t_i: the local time host h_i made the last state change (see chapter 3.2.3).

Whenever a group member wants to join a session, his system first builds its own online list. Hereto its rendezvous component queries all known hosts - beginning with permanent addresses. A query is successful, if another host is already online and answers the request. This other host has already built its own online list which it now transfers to the newcomer. The newcomer can now ask all hosts on his actual online list to update their online lists. This procedure ensures that, after a certain delay, all hosts know the state and address of all other hosts in their group. Even in case of variable addresses, a broadcast can be avoided if at least one group member with a permanent address is online. In the worst case (every group members have variable addresses), a broadcast is necessary.

Figure 2 shows a sample session. Every O_i denotes the set of hosts, which host h_i views as online. We assume that host 1 and 2 are already online, host 3 is offline and host 4 is about to start. The first query of host 4 is directed to host 3 which is unable to reply. The second query is directed to host 2 which transfers its own online list. Host 4 now knows that there is a host 1 which has to be informed. After this, the newcomer host 4 as well as all other hosts have correct online lists.

The example continues with host 3 going online and host 1 going offline.

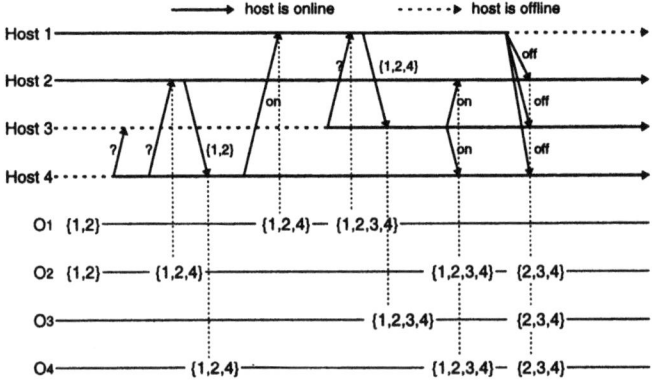

Figure 2: Short-term rendezvous session

In pseudo code, the algorithm for host h reads as follows:

Main Program:
state:="going online";
build a list Lh and initialise it with $<IDi,\text{"off"},0>$ for all hosts $hi \in H$;
replace element $<IDh,adrh,th>$ in Lh by $<IDh,\text{local network address,current time}>$;
find another host which is in the state "doing work" and get its online list ; // see below
inform all other hosts hi in Lh with $adri<>\text{"off"}$ about going online;
state:="doing work";
// perform tasks, e.g. join a session
...
// task terminated
state:="going offline";
replace element $<IDh,adrh,th>$ in Lh by $<IDh,\text{"off"},\text{current time}>$;
inform all other hosts hi in Lh with $adri<>\text{"off"}$ about going offline;

In this algorithm, the find operation is the most complex one and will later be described in more detail. If necessary at all, broadcasting is limited to the find operation, i.e. after a find has been performed, no further message to $adr_{pot}(h)$ is necessary.

3.2.3 Avoiding race conditions

Unfortunately, the algorithm above can cause race conditions which may result in wrong online lists. All race scenarios have in common that state changes are happening during a short period of time. An online list just being transferred from another host may be outdated when it reaches its target.

To address this problem we use the time stamps ti. Whenever host h receives a state change message from m, both online lists are compared. If one list contains a newer entry, this entry replaces the older entry in the other list. This operation is called *balance* operation (see below). The following listing describes the complete algorithm, which avoids races:

Main Program:
state:="going online";
build list Lh and initialise it with $<IDi,\text{"off"},0>$ for all hosts $hi \in H$;
replace element $<IDh,adrh,th>$ in Lh by $<IDh,\text{local network address,current time}>$;
find another host which is in the state "doing work" and get its online list ; // see below
while (there exists a host i in Lh with $adri<>\text{"off"}$ which has not been informed yet)
begin
    send(inform-online, Lh) to i;
    receive(Li);
    balance(Lh, Li);
end
state:="doing work";
// perform tasks, e.g. join a session
...
// task terminated
state:="going offline";
replace element $<IDh,adrh,th>$ in Lh by $<IDh,\text{"off"},\text{current time}>$;

```
while (there exists a host i in Lh with adri<>"off" which has not been informed yet)
begin
    send(inform-offline, Lh) to i;
    receive(Li);
    balance(Lh, Li);
end
```

The following thread is being executed, whenever a the host receives a message:

Receive Message:
```
receive(message kind, Lm);
balance(Lh, Lm);
case message kind:
    inform-online, inform-offline:
        send(Lm) to m;
end
```

The balance operation reads as follows:

balance(Lh, Lm):
```
for each element <IDi,adri,ti> in Lm begin
    get element <IDj,adrj,tj> of Lh with IDi=IDj;
    if (ti>tj)
        replace element <IDj,adrj,tj> in Lh by <IDi,adri,ti>;
    fi
end
```

Note that the list Lm is added to every state change message, host m performs. On the other hand, the host h has to reply Lh in order to update m's list.

The balance operation ensures, that at least when a newcomer informs all other hosts about going online, the new state information is exchanged. No time synchronisation problems can occur, since ti and tj were measured by the same host ($IDi=IDj$). Instead of using a real-time clock for setting ti, a counter can be used as well.

3.2.4 States and abnormal terminations

Figure 3 shows all rendezvous states. The state „offline" is not a program state in the usual sense, since terminated programs have no variables nor can they react on messages.

A normal life cycle runs clockwise through all these states. An abnormal termination leads to consistency problems. A host which terminates abnormally (e.g. because of hardware problems) is no longer able to inform other hosts about its state change. Other hosts would view such a host as online until they try to communicate. A communication request to a terminated host results in a time-out which can be used to correct the state information about this host.

Figure 3: States

In order to find abnormally terminated hosts, even if no communication is in progress, the rendezvous component cyclically sends test messages to each other host, thus ensuring that after a certain time an abnormal termination is detected.

3.2.5 Performing the *find* operation

To avoid unnecessary multicast operations, it is useful to try hosts with permanent addresses first. Another criterion may be the average time, a host was online in the past. The longer a host was online on average, the higher is the probability that he is online when a find operation is performed. We define the average online time as follows:

$$ot: H \times I\!R \times I\!R \to [0,1], \; ot(h, t_{past}, t_{end}) = \frac{\int_{t_{end}-t_{past}}^{t_{end}} \delta(h,t)dt}{t_{past}} \; \text{where} \; \delta(h,t) = \begin{cases} 1 \text{ if } h \in O(t) \\ 0 \text{ otherwise} \end{cases}$$

The average online time can only be recorded by a host itself, but can easily be distributed inside the *balance* operation. Since a host can only compute the online time inside an online period, t_{end} cannot be chosen arbitrarily. Thus, we use a further definition:

$$ot_{last}: H \times I\!R \times I\!R \to [0,1], \; ot_{last}(h, t_{past}, t) = ot(h, t_{past}, \max\{\tau | \tau \leq t \wedge h \in O(\tau)\})$$

We can now construct a *find* operation:

Find:
found:=false;
build a sorted list of all $m \in H \setminus \{h\}$,

   sorted by $|adr_{pot}(m)| \cdot weight_1 - ot_{last}(m, t_{past}, \text{current time}) \cdot weight_2$;

for each host m in the list begin
   send(find-request, Lh) as multicast to $adr_{pot}(m)$;
   wait($twait_1$);
   if (found) stop; fi

end
wait(*twait2*);

The receive thread has to be extended as follows:

Receive Message:
receive(message kind, *Lm*,);
balance(*Lh*, *Lm*);
case message kind:
    find-request:
        send(find-reply, *Lh*, state) to *m*;
    find-reply:
        receive(statem);
        if (statem ="doing work") found:=true; fi
    inform-online, inform-offline:
        send(*Lm*) to *m*;
end

Note that the balance operation has also to be executed for message kinds find-request and find-reply in order to avoid race conditions during start-up.
The find operation depends on the following constants which can be tailored to specific environments:

constant	function	sample value
weight1	weighting the number of potential addresses	1.0
weight2	weighting online time in the past	1.0
tpast	how long in the past should the online time be considered	5 days
twait1	delay after each trial	100 ms
twait2	time-out after which no reply is expected anymore	3 s

Table 1: Parameters for the find operation

From these parameters, *twait1* is the most crucial one. If the value is small, all messages are delivered before the first reply arrives, which causes a high network load but very short response times. On the other hand, if the value is too big, the procedure takes a long time. The optimal value depends on the specific environment.
A high value of *twait2* can cause a newcomer waiting too long, if no other host is online. *twait1* + *twait2* should be at least as big as the time, a reply from the most distant host needs to cross the network. If both times are to small, potential replies are ignored. In the worst case this can cause wrong online lists.

3.2.6 MBone enhancements
MBone technology [Dee89] offers new possibilities, especially for the rendezvous problem. MBone is a network facility which reduces network load if a sender sends the same message to a group of receivers. Inside an MBone-enabled network, a data package which is directed to many receivers is duplicated at the very last moment,

thus network resources are used economically. It is more efficient to use MBone rather than transmitting the same data package inside a loop, especially in case of bulky real-time transfers e.g. video or audio.

We are interested in a different feature of the MBone technology: to attend a multicast group, a receiver has not to check in centrally. The entire architecture of MBone is decentralised, thus it significantly speeds up our decentralised rendezvous algorithm.

Unfortunately, MBone multicasts are like UDP datagrams [Pos80] and are not suitable for protocols which rely on correct delivery and packet ordering. Whereas our algorithm as a whole is therefore not a good candidate for using MBone, the find operation can benefit from MBone multicast. We modify the find operation as follows:

Find:
found:=false;
send a multicast message to a predefined multicast group;
wait(*twait1*);
if (found) stop; fi
build a sorted list... // rest see above

If the newcomer and at least one other host are connected to an MBone-enabled network, the operation is completed immediately, thus no further multicasts are required. Otherwise, only the time *twait1* is wasted. This method uses MBone capabilities whenever they are available. Nevertheless, MBone technology is not a prerequisite for the correct execution of our algorithm.

3.2.7 Discussion of correctness

In the following we assume that busy periods, where several hosts change their states, are followed by sufficiently long idle periods where state information is exchanged between hosts. We will sketch a proof that after a certain time all hosts have identical online lists.

Let us assume that at time t_0 there exists a non-empty set of hosts $L=\{hi\}$ with correct online lists. Let us further assume that two new hosts h' and h'' join the network at t_0.

Case 1: both new hosts request online lists from the same $hi \in L$: either h' or h'' gets the correct online list and updates all online lists of $L \cup \{h',h''\}$;

Case 2: h' requests an online list from hi, h'' requests an online list from hj; $hi,hj \in L$, $i \neq j$; in the worst case, both online lists are incorrect, i.e. don't contain correct information about h'' or h'. Both hosts, h' and h'', send their online lists to all hosts of L. Let t'_i and t''_i denote the times when hi gets online lists from h' and h''.

$t''_i < t'_i$: h' gets from hi the correct online list and distributes it to all hosts $L \cup \{h',h''\}$

$t'_i < t''_i$: h'' gets from hi the correct online list and distributes it to all hosts $L \cup \{h',h''\}$.

The proof can easily be extended to the case, where more than two hosts go online at the 'same' time. The new host $h*$ which finally updates the online list of hi, gets back the correct online list and forwards it to all new and old hosts.

The algorithm even works if no host is already online at t_0. At least one of the new hosts, when vainly searching for a host being in the "doing work" state, successfully contacts all other new hosts, and, through the balancing operation, correctly updates its and their online lists.

3.3 The front-end

As described above, the rendezvous component is part of the *DreamTeam* collaborative environment. The rendezvous front-end is seamlessly integrated into the Dream-Team front-end. The rendezvous algorithms are implemented as threads and run in the background, more or less independently from the rest of the program. Important state changes open notification windows, which have to be confirmed by the user. Figure 4 shows a typical desktop.

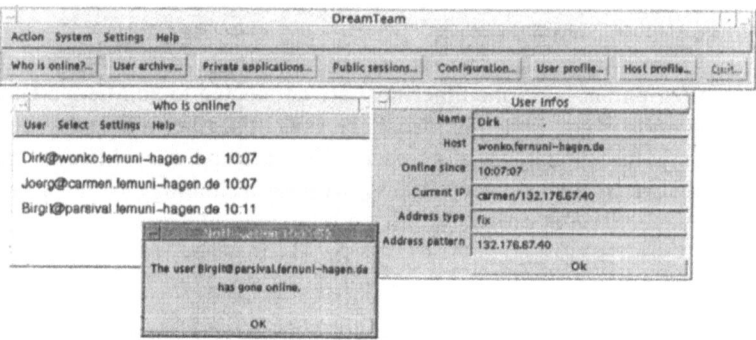

Figure 4: The rendezvous front-end

The left window shows the current online list. Besides the system user name („name@host"), the time the user went online is displayed. The right window provides additional information.

4 Related Work

Snapshot problem/distributed termination detection: The distributed termination detection as well as the snapshot problem [CL85] are related to the short-term rendezvous problem. The distributed termination detection finds out, when a distributed computation has been finished or run into a specific state. Snapshot algorithms determine a consistent global state in a distributed computation. Both algorithms have to deal with similar problems as the rendezvous algorithm. Nevertheless, there are two major differences:

- The definition of „state" in the rendezvous problem includes the offline state which in terms of the algorithms above is not a state at all. A state for the snapshot algorithm as well as for the distributed termination detection means a specific point of computation and applies only to programs which are currently running.
- Both problems assume that all group members can be accessed by a well-known and stable address.

Thus solutions for the problems above cannot be applied to the short-term rendezvous problem.

Registrars: Centralised solutions which we mentioned in the beginning are realised in a variety of session-oriented groupware systems. *Groupkit* and *Habanero* may serve as examples.

Groupkit [RG96b] is based upon a decentralised architecture, the only exception being the group rendezvous. A registrar runs on a well-known server and is the only centralised process required in the Groupkit environment. Whenever a session is created, the session profile is directed to the registrar. A user can load a list of all sessions (running or not) from the registrar and get information for joining. The registrar itself does not handle the creation of sessions, nor is he involved in users joining or leaving sessions. Such requests are relayed to local session managers.

Habanero [NCSA] is fully centralised, thus the group rendezvous is easily integrated into the session management process. In order to enable collaboration, a server application has to run on a well-known server. Once the Habanero server is started, a user can start a client application. Since session profiles reside on the central server, a list of running sessions as well as the network addresses of current participants can be loaded.

Directory services: The session directory service *sdr* [Han96] gives an example for a completely decentralised service. It is based on IP multicast and provides functions for announcing and scheduling sessions (e.g. video conferences). The announcement system can be compared with a radio sender transmitting announcements. The creator of a session distributes session announcements periodically on a multicast channel. Everyone who is interested in announcements has to scan this channel. Whenever an announcement is received, it is added to a local session list. If a receiver fails to receive a specific session announcement for a certain time, the receiver concludes that this session is cancelled and deletes it from the local list.

Besides the announcement system, sdr provides a protocol for distributing session descriptions and scheduling sessions.

Four11 [Four] provides another centralised directory service, the central server is a WWW server which can be accessed via a common web browser. Four11 clients are included into several conference systems such as *CU-SeeMe* [CU] and *Netscape Conference* [Net]. The main idea of the Four11 service is to manage a huge database of registered users. In order to register, users have to submit their names and email addresses. Via this information, it is possible to search for other users manually. In addition, Four11 provides rendezvous support for conference tools. During start-up, the current user is checked into Four11 as being „online". In order to build sessions, the tool can then retrieve a list of other users which are currently online.

Mobile IP: The *Mobile IP* concept ([Per96], [JP97]) addresses a problem related to the group rendezvous: address resolution. The current IP implementation assumes that a host always resides in the same subnet during lifetime. Since the subnet address is part of the Internet address, a host cannot migrate to another subnet without changing its address. After an address has changed, messages to the old address cannot be delivered any more.

The Mobile IP concept solves this problem. Mobile computers (e.g. laptops) can be connected to the Internet via different subnets without changing their addresses. A so-called *home agent* intercepts incoming messages for the mobile node and sends them to the current address. The sender has not to know about this mechanism. Mobile IP exists as a draft for the actual IP implementation (IPv4) but will be included in the next IP realisation (IPv6).

Comparison: Many existing groupware systems neglect the group rendezvous. Especially long-term rendezvous are often not integrated into the environment and have to be handled manually by an external communication system or tool. We strongly feel that rendezvous support should be integrated into a groupware environment in order to gain acceptance by end-users. The registrar concept is the most often used approach for rendezvous support in existing groupware systems, even if the session communication is decentralised. The registrar is a straight-forward approach for systems which are already organised in a centralised way, but we feel that a decentralised rendezvous much better fits decentralised systems.

The session directory service *sdr* is an example for a decentralised architecture, but covers only session announcements. The lack of persistence mechanisms leads to long online times, both for the sender as well as for a receiver of announcements. In addition, MBone technology is not accessible for a big community, thus a rendezvous system should not solely be based upon MBone. Mobile IP covers only the address resolution problem. Online states as well as session announcements have to be distributed separately.

5 Conclusion

This paper presents a solution for the rendezvous problem. While long-term rendezvous, which emphasises session announcements, short-term rendezvous manages online lists and perform address resolution.

Our solution covers both rendezvous and is based upon a completely decentralised architecture. The long-term rendezvous uses two mechanisms. One mechanism directly exchanges session profiles when two or more members are online at the same time. A second mechanism uses the standard services Email and Newsgroup for distributing session profiles.

The short-time rendezvous is supported by an algorithm which is economically from the view of network traffic. Bulky broadcasts are avoided as far as possible, MBone enabled networks are used to further reduce network loads.

References

[CL85] Chandy K. M., Lamport L.: *Distributed Snapshots: Determining Global States of Distributed Systems*, ACM Transactions on Computer Systems, Vol. 3, No. 1, Feb. 1985, 63-75

[CU] *Enhanced CU-SeeMe Home Page* http://www.cu-seeme.com

[Dee89] Deering S.: *RFC 1112:Host Extensions for IP Multicasting*, Request For Comments, Aug. 1989

[Four] *Four11 directory service*, http://www.four11.com/

[Fu98] Fuchs T.: *Entwurf und Realisierung einer Rendezvous-Komponente für eine dezentrale, synchrone CSCW Umgebung*, Diploma thesis, Fernuniversität Hagen, Apr. 1998

[JP97] Johnson D. B., Perkins C.: *Mobility Support in IPv6*, Mobility Support Working Group, Internet Draft, Nov. 1997

[Han96] Handley M.: *The sdr Session Directory: An Mbone Conference Scheduling and Booking System*, Department of Computer Science, University College London, Apr. 1996

[KL86] Kantor B., Lapsley P.: *RFC 977: Network News Transfer Protocol*, Request For Comments, Feb. 1986

[NCSA] *NCSA Habanero Homepage* http://www.ncsa.uiuc.edu/SDG/Software/Habanero/HabaneroHome.html

[Net] *Netscape Home Page* http://www.netscape.com

[Per96] Perkins C. (ed): *RFC 2002: IP Mobility Support*, Request For Comments, Nov. 1996

[Pos80] Postel J.: *RFC 768: User Datagram Protocol*, Request For Comments, Aug. 1980

[Pos82] Postel J.: *RFC 821: Simple Mail Transfer Protocol*, Request For Comments, Aug. 1982

[RG96] Roseman M., Greenberg S.: *TeamRooms: Network Places for Collaboration*, Proc. of the ACM Conference on Computer Supported Cooperative Work, ACM Press, Nov. 1996, 325-333

[RG96b] Roseman M., Greenberg S.: *Building Real-Time Groupware with GroupKit, A Groupware Toolkit*, ACM Transactions on Computer-Human Interaction, Vol. 3, No. 1, Mar. 1996, 66-106

[Roth98] Roth J., *How to write shared applications with „DreamTeam"*, Technical Reference, Fernuniversität Hagen, Jan. 1998

[RU98] Roth J., Unger C.: *Dream Team - a synchronous CSCW environment for distance education*, Proc. of the ED-MEDIA / ED-TELECOM 98, Freiburg, Jun. 1998

[RU98b] Roth J., Unger C.: *Dream Team - a platform for synchronous collaborative applications*, in Th. Herrmann, K. Just-Hahn (eds): Groupware und organisatorische Innovation (D-CSCW'98), B. G. Teubner Stuttgard 1998, 153-165

[Scho96] Schooler E. M.: *Conferencing and collaborative computing*, Multimedia Systems, Vol. 4, 1996, 210-225

Session 4:

Sicherheit

Flexible mehrseitige Sicherheit für verteilte Anwendungen[*]

A. Pfitzmann[**], A. Schill[*], A. Westfeld[**], G. Wicke[**], G. Wolf[*], J. Zöllner[*]

Technische Universität Dresden, 01062 Dresden
[*]Institut für Betriebssysteme, Datenbanken und Rechnernetze
[**]Institut für Theoretische Informatik
{pfitza, schill, westfeld, wicke, g.wolf, zoellner}@inf.tu-dresden.de

Zusammenfassung. Wir stellen eine prototypische Implementierung einer Sicherheitsarchitektur vor. Sie unterstützt die Nutzer und Entwickler verteilter Anwendungen bei der Umsetzung bzw. Integration von mehrseitiger Sicherheit. Schutzziele wie Vertraulichkeit und Integrität und ihnen zugeordnete kryptographische Mechanismen werden sowohl nutzer- als auch anwendungsbezogen formulierbar bzw. konfigurierbar. Der konkrete Schutz einer Kommunikation, z.B. über offene Datennetze, wird zwischen den Partnern ausgehandelt. Heterogenen Anforderungen der Nutzer bzw. Applikationen und heterogenen Eigenschaften der Schutzmechanismen wird durch Architekturkomponenten für Konfigurierung (mit Modulen für Rating und Performance-Test) und Aushandlung sowie Sicherheitsgateways Rechnung getragen. Die Architektur setzt jeweils lokal sichere Basissysteme voraus und ermöglicht darauf aufbauend flexible mehrseitige Sicherheit für verteilte Anwendungen.

1 Einführung

Der im folgenden vorgestellten Sicherheitsarchitektur liegt das Prinzip der mehrseitigen Sicherheit [vgl. FePf_97] zugrunde. Es besagt, daß alle Nutzer eines informationstechnischen (Teil-)Systems in der Wahrung ihrer Schutzinteressen gleichberechtigt zu unterstützen sind, und zwar so, daß ihre Sicherheit so wenig wie möglich von der Gutwilligkeit anderer abhängt. Besonderer Wert wird auf die Möglichkeit differenzierter Widerspiegelung der Schutzinteressen gelegt.

Den Nutzern soll ein Mittel in die Hand gegeben werden, das ihnen erlaubt, ihr Schutzniveau bei kommunizierenden Applikationen weitgehend selbst zu bestimmen, mit dem Kommunikationspartner darüber zu verhandeln, eventuelle Konflikte aufzudecken und zu lösen. Die Architektur unterstützt den Nutzer u.a. durch Abstraktion und Automatisierung von Abläufen. Eine prototypische Implementierung

---

[*] Diese Arbeit wurde finanziell unterstützt vom Bundesministerium für Bildung, Wissenschaft, Forschung und Technologie (BMBF).

ist im Rahmen des BMBF-Projektes SSONET (Sicherheit und Schutz in offenen Datennetzen) entstanden [PSWW_98].

Ziel des vorliegenden Beitrags ist es, ein im Gegensatz zu anderen existierenden Ansätzen flexibleres Konzept einer Sicherheitsplattform vorzustellen, das explizit am Prinzip der mehrseitigen Sicherheit orientiert ist und dieses durch neue Abstraktions-, Verhandlungs- und Konfigurierungsmechanismen praktisch umsetzt.

Mittlerweile stehen zahlreiche Sicherheitsmechanismen und -plattformen mit unterschiedlichen Zielsetzungen zur Verfügung, die in bezug auf Kryptoverfahren und Protokolle recht weit entwickelt sind. Als Beispiele seien insbesondere die CORBA Security Services [OMG_97], die Mechanismen im Bereich der Internet Security wie Secure Socket Layer [SSL_97] und die Weiterentwicklung als Transport Layer Security [TLS_97]) sowie ausgewählte Sicherheitsplattformen wie *SECUDE* - Security Development Environment [SECU_98], *LiSA* - Library for Secure Applications [BKMS_96], CryptoManager++ [Kann_94] und PLASMA - Platform for Secure Multimedia Applications [GeKo_95, Kran_96] genannt.

Im Gegensatz zum hier verfolgten Ansatz realisieren sie in der Regel jedoch fest vorgegebene, einheitliche Sicherheitskonzepte. Sie unterstützen kaum heterogene Szenarien (wie Electronic Commerce) mit unterschiedlichen Sicherheitspolitiken im Sinne mehrseitiger Sicherheit, wechselnden Anforderungen an Sicherheitsmechanismen und unterschiedlicher Leistungsfähigkeit der Endsysteme durch eine nutzer- und anwendungsspezifische Aushandlung und Konfigurierung.

Unser Beitrag gliedert sich wie folgt: In Kapitel 2 wird die Gesamtarchitektur des SSONET-Systems vorgestellt und insbesondere erläutert, wie die Aushandlungs- und Konfigurierungsmechanismen realisiert wurden und ablaufen. Weiterhin wird das Konzept der Sicherheitsgateways als Mechanismus zur Transformation sicherer Kommunikationsvorgänge bei inkompatiblen Systemvoraussetzungen oder inkompatiblen Einschätzungen der Sicherheit kryptographischer Mechanismen beschrieben. Kapitel 3 detailliert die Realisierung und Validierung der Ergebnisse und Kapitel 4 gibt einen Ausblick auf weiterführende Fragestellungen.

2 Die SSONET-Architektur für flexible mehrseitige Sicherheit

2.1 Übersicht

Die SSONET-Architektur liegt als prototypische Implementierung in JAVA™ vor und ist für den Einsatz auf heterogenen Plattformen geeignet. Als generische Systemarchitektur für mehrseitige Sicherheit hat sie folgende konstituierende Architekturbausteine: eine Konfigurations- und eine Aushandlungskomponente sowie ein umfangreiches sog. Security Management Interface und ein Application Programming Interface. Über dieses können Anwendungen auf Sicherheitsdienste und -mechanismen in Bibliotheken zugreifen (Abbildung 1).

Das Security Management Interface (SMI, vgl. Abschnitt 2.2.1) bietet dem Nutzer Oberflächen zur Eingabe und Modifikation seiner Sicherheitsinteressen an, dazu dienen sowohl Grund- als auch Anwendungskonfiguration.

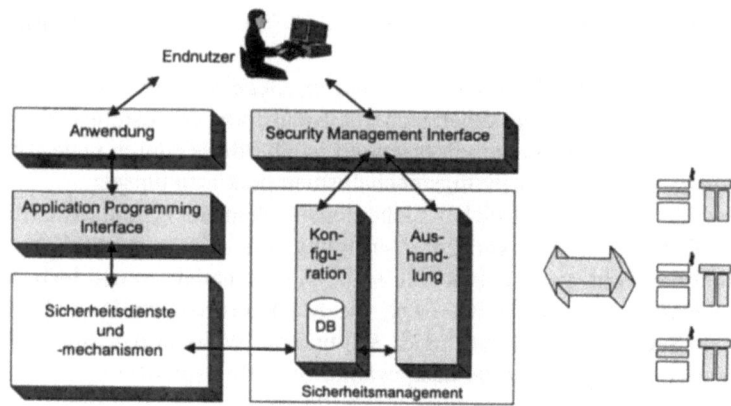

Abbildung 1: Die SSONET-Architektur

Die zuvor vom Anwendungsentwickler festgelegten Anwendungsanforderungen stellen das Mindestmaß an notwendiger Sicherheits-funktionalität für eine Anwendung bzw. deren Aktionen dar. Ist das lokale System und die Anwendung konfiguriert und will der Endbenutzer die Anwendung starten, so wird eine möglichst automatisch ablaufende Aushandlungsphase (siehe Abschnitt 2.3) angestoßen, im Laufe derer sich die Kommunikationspartner auf eine Kommunikationsgrundlage einigen. Anschließend nutzt die Anwendung ent-sprechend der ausgehandelten Konfiguration die über das API zugreifbaren Mechanismen (beispielsweise TripleDES im CBC-Modus für Vertraulichkeit) für die zu schützende Kommunikation.

2.2 Lokales Sicherheitsmanagement

Bei der Nutzung der Sicherheitsplattform muß der Anwender beim Umgang mit heterogenen und für verschiedene Systeme und Anwendungen unterschiedlich geeigneten Sicherheitsmechanismen unterstützt werden. Die Plattform muß also von spezifischen Details der Sicherheitsmechanismen, der Implementierung oder der Mechanismenintegration abstrahieren, um dem Nutzer eine homogene Schnittstelle anzubieten.

2.2.1 Konfigurierung

Die SSONET-Architektur beinhaltet im Grundzustand ein Standardeinstellungs-Set für die Grundkonfiguration. Diese berechnet sich teilweise aus den im Rating (siehe Abschnitt 2.2.2) gewonnenen Erkenntnissen über Sicherheit, Performance und Kosten für den Einsatz der Mechanismen und bezieht sich auf die standardmäßig mit der Architektur mitgelieferten Mechanismen. Der Nutzer kann alternativ aber auch ein Rating erstellen lassen, das die Sicherheitsmechanismen entsprechend seiner Wichtung der Kriterien (Sicherheit, Performance, Kosten) bewertet und so in eine halbautomatisch erstellte Präferenzliste einordnet. Beide Listen – das Standard-Set als auch die benutzergewichtete Präferenzliste – können in den Dialogfenstern der Grundkonfiguration über das SMI (Security Management Interface) entsprechend den Nutzerwünschen (weiter) modifiziert werden.

Im linken Teil der Abbildung 2 ist als Beispiel das Fenster für das Editieren der Präferenzliste zum Schutzziel Zurechenbarkeit (Erstellen bzw. Akzeptieren digitaler Signaturen) gezeigt. Im rechten Teil der Abbildung 2 ist wiederum als Beispiel ein Detailfenster für die Auswahl der Betriebsarten für den Sicherheitsmechanismus RSA abgebildet. Weitere konfigurierbare Details sind die zu verwendende Schlüssellänge und der zu verwendende Hash-Mechanismus.

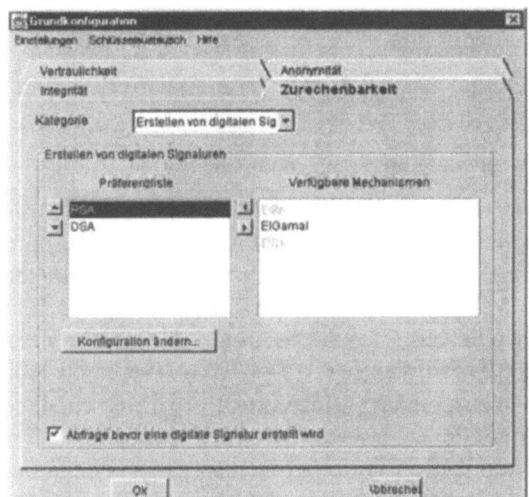
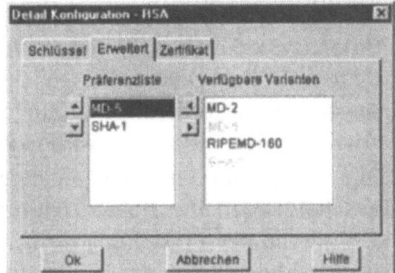

Abbildung 2: Präferenzliste und Detailkonfiguration der Mechanismen

Für auf der SSONET-Plattform lauffähige Anwendungen werden durch den Anwendungsentwickler oder Experten Anwendungsanforderungen festgelegt. Die Anwendungsanforderungen stellen ein aus Sicht der Experten nicht zu unterschreitendes Mindestmaß an Sicherheitsfunktionalität dar, das für eine Anwendung notwendig ist. Die geforderten Schutzziele werden pro Anwendungsaktion festgelegt und können aus den fünf Präferenzen always (immer), if possible (möglichst), don't care (egal), if needed (wenn nötig) und never (nie) ausgewählt werden [vgl. auch GaPS_98].

Die Präferenzen dienen direkt der Beeinflussung des Aushandlungsprozesses über die Schutzziele in Phase 1 (siehe Abschnitt 2.3.1). Dabei sind always und never die härtesten Forderungen und bedeuten, daß der Nutzer generell nicht bereit ist, von seinen Sicherheitsanforderungen abzuweichen. Für ein Schutzziel never als harte Forderung einzustellen, kann zum Beispiel sinnvoll sein für Zurechenbarkeit, wenn anonym kommuniziert werden soll. Die Anwendungsanforderung kann don't care (egal) sein, wenn während einer Aktion keine sensiblen bzw. besonders schutzbedürftigen Daten übertragen werden. Die Präferenz `if possible` wird benötigt, um zu kennzeichnen, daß die Erreichung eines Schutzzieles sinnvoll ist, aber nicht zwingend notwendig. Analoges gilt für die Einstellung `if needed`; es ist in manchen Fällen (z. B. wenn nicht anonym kommuniziert werden soll) nicht zwingend notwendig, „keine Zurechenbarkeit" hart zu fordern, der Nutzer könnte aber durchaus auch bereit sein, Zurechenbarkeitsmechanismen anzuwenden. Die Tabelle 1 gibt beispielhaft die festgelegten Anwendungsanforderungen für die Aktion „Abschicken der Bestellung" an.

	Partner A (sender)	Partner B (recipient)
	Customer	Merchant
SecurityGoal \ Action	SendOrder	ReceiveOrder
confidentiality	if needed	always
anonymity	never	never
accountability	if needed	always
integrity	always	always

Tabelle 1: Beispiel für Anwendungsanforderungen für eine Aktion

Startet der Endbenutzer eine Anwendung, so werden im Dialogfenster für die Anwendungskonfiguration die zuvor festgelegten Anwendungsanforderungen pro Aktion angezeigt. Nutzer können entsprechend ihrer Schutzziele andere Einstellungen wählen. Dabei gelten die gleichen 5 Präferenzen wie bei der Festlegung der Anwendungsanforderungen. Zur zusätzlichen Charakterisierung der Präferenzen `always` und `never` wurde die Auswahl-Box `negotiable` (verhandelbar) eingeführt, um in der späteren Aushandlung interaktive, partnerbezogene Entscheidungen über Schutzziele zu ermöglichen.

Während der Einstellung der Anwendungskonfiguration werden entsprechend der ausgewählten Präferenz „dynamisch" Icons angezeigt, die insbesondere Nicht-Experten unterstützen und ihnen die Benutzung der SSONET-Plattform vereinfachen sollen. Zum Beispiel wird für die Forderung des Schutzzieles Vertraulichkeit ein verschlossener Briefumschlag als Symbol der geschützten Nachrichteninhalte angezeigt, andernfalls eine Postkarte als Symbol für „ungehindertes Mitlesen auf der Übertragungsstrecke".

Plausibilitätstest: Bevor Grund- und Anwendungskonfiguration in einer sicheren Datenbank abgespeichert werden, testet die Sicherheitsplattform mit einem Plausibilitätstest die Konsistenz der Einstellungen. Für diesen Test werden Regeln verwendet, die z.B. folgenden Klassen angehören können: gegenseitiger Ausschluß von Schutzzielen, gemeinsame Anwendung zweier Schutzziele oder zwingende Auswahl eines Algorithmus aufgrund von Schutzzielkombinationen. Ausgewählte Beispielregeln sind in Tabelle 2 beschrieben. Die Erfüllung einiger solcher Regeln kann bereits durch ein geeignetes Oberflächen- bzw. Systemdesign erreicht werden (harte Regeln); bei anderen Regeln mit Empfehlungscharakter bedarf es der Fehlermeldung an den Nutzer und einer Nutzerentscheidung über das weitere Vorgehen zur Beseitigung inkonsistenter Einstellungen.

wenn	dann: durch System automatisieren	dann: Nutzerinformation
Sender-anonymität	Zurechenbarkeit nicht wählbar → keine personenbezogenen digitalen Signaturen leistbar → Verschlüsselung automatisch ausgewählt	• Hinweis, daß Inhaltsdaten keinen Absenderbezug enthalten sollten; • Hinweis, daß Verschlüsselung empfehlenswert ist und deshalb ausgewählt wurde
Empfänger-anonymität	Zurechenbarkeit nicht wählbar → keine Empfangsquittungen leistbar → Verschlüsselung automatisch ausgewählt	• Hinweis, daß Verschlüsselung empfehlenswert ist und deshalb ausgewählt wurde
Unbeobachtbarkeit der Kommunikationsbeziehung	Verkettbarkeit über Inhalte vermeiden → Verschlüsselung (indeterministisch) automatisch augewählt zeitliche Verkettbarkeit vermeiden → dummy traffic (Senden bedeutungsloser Nachrichten)	• Hinweis, daß Verschlüsselung empfehlenswert ist und deshalb ausgewählt wurde • Hinweis, daß Verfahren aufwendig sind und möglicherweise Performance-Einbußen hervorrufen können
Zurechenbarkeit	Integrität automatisch ausgewählt; Verfahren Digitale Signatur wird verwendet	• Hinweis, daß Zurechenbarkeit auch die Beweisbarkeit gegenüber Dritten ermöglicht; Willensäußerung ist notwendig

Tabelle 2: Beispielregeln für den Plausibilitätstest

2.2.2 Bewertung von Mechanismen

Performance-Test: Durch die Ausführung eines Performance-Tests wird die Leistungsfähigkeit der auf dem lokalen System verfügbaren Sicherheitsmechanismen für jedes Schutzziel unter den aktuellen Gegebenheiten (z.B. CPU-Last durch verschiedene Anwendungen) getestet. Die Ergebnisse dieses Tests[1] werden für den Nutzer veranschaulicht. Darüber hinaus fließen die Meßergebnisse automatisch in das Rating (s.u.) ein, wo sie einen Teilwert zur Gesamtbewertung der Sicherheitsmechanismen beisteuern.

Selbst auf dem eigenen lokalen System können in bestimmten Systemsituationen unterschiedliche Grenzen für die Einsetzbarkeit leistungsstärkerer oder -schwächerer Mechanismen gelten. Somit kann es durchaus sinnvoll sein, in regelmäßigen Abständen oder in speziellen Systemsituationen erneut einen Performance-Test durchzuführen, um aufgrund von aktuellen Testergebnissen Entscheidungen über zu nutzende Mechanismen zu treffen.

Rating: Das Rating bildet ein Rahmenwerk zur interaktiven Ermittlung präferierter Sicherheitsmechanismen. Es wurde integriert, um Nutzer und insbesondere Nicht-Experten während der Konfigurierung zu unterstützen. Der Endbenutzer kann sich anzeigen lassen, wie die Mechanismen von Experten bewertet werden und wird in die

---

[1] Auftretende Unterschiede der Dauer von Ver- bzw. Entschlüsselung setzen sich aus mehreren Komponenten zusammen:
1. Algorithmenspezifika
2. Spezifika des Java-Interpreters bzw. Compilers und der virtuellen Maschine.

Lage versetzt, Wichtungen für einzelne Bewertungskriterien zu vergeben, anhand derer programmintern unter Zuhilfenahme der Expertenbewertung mittels Formel (1) ein Gesamtwert G_{Mech} für jeden Mechanismus errechnet wird:

$$G_{Mech} = \sum_{i=1}^{k} a_i \cdot v_i \quad (1)$$

Dabei ist a die Wichtung durch den Nutzer für ein Kriterium, also der Faktor zur Multiplikation mit den Expertenwerten v. Der Index i geht über die folgenden Kriterien k:
1. Sicherheit des Algorithmus $v_{1,1}$ (kryptografische Stärke, Schlüssellänge) und Sicherheit der Implementierung $v_{1,2}$ (korrekte Umsetzung einer vollständigen Spezifikation), wobei

$$v_1 = min\ (v_{1,1},\ v_{1,2}) \quad (2)$$

2. Performance (durch Messung ermittelt),
3. niedrige Beschaffungskosten und Kosten für Einrichtung und Wartung (Schätzwert).

Weiterhin kann der Nutzer für die Kriterien „minimaler Durchsatz" (durch Messung ermittelt) und „maximale Kosten" jeweils den gewünschten unteren bzw. oberen Grenzwert angeben.

Der Vergleich aller verfügbaren Mechanismen auf dieser Basis liefert als Ergebnis ein benutzergewichtetes Rating. Dies stellt die für alle verfügbaren Mechanismen ermittelten Gesamtwerte in einem Balkendiagramm zueinander ins Verhältnis. Je nach Nutzergewichtung (abhängig vom Zweck und den Bedingungen des Einsatzes) kann jedoch der Endbenutzer auch unter bestimmten Voraussetzungen unsichere bzw. gebrochene Mechanismen zur Auswahl zulassen. Die Gesamtbewertung erfolgt pro Schutzziel, da einige Mechanismen für mehrere Schutzziele anwendbar sind.

Durch die gezeigten Mechanismen Konfigurierung, Plausibilitätstest, Performance-Test und Rating wird dem Nutzer ermöglicht, die Heterogenität von Sicherheitsmechanismen einzuschätzen, davon zu abstrahieren und seine Sicherheitsinteressen zu formulieren.

2.3 Aushandlung gesicherter Aktionen

Um mehrseitig sichere Kommunikation zu ermöglichen, müssen sich die Partner auf eine von den Beteiligten akzeptierte gemeinsame Basis (Schutzziele und Mechanismen) einigen. Um heterogene Sicherheitsanforderungen abstimmen zu können, werden Aushandlungsprotokolle benötigt. Die Aushandlung in SSONET geht von folgenden Voraussetzungen aus:
1. Es werden jeweils bilaterale Aktionen verhandelt, d.h. an einer Aushandlung sind nur zwei Partner beteiligt[2].
2. Jeder Teilnehmer hat Einstellungen getroffen (oder die Default-Konfiguration aktiviert), aus denen Aushandlungsvorschläge generiert werden. Sie befinden sich persistent in Dateien zur Grundkonfiguration (Mechanismen) und zur

---

[2] Eine multilaterale Aushandlung setzt sich aus mehreren bilateralen Aushandlungen und Konfigurationen zusammen.

Anwendungskonfiguration (Schutzziele). Die Schutzziele sind dabei nach vom Anwendungsprogrammierer definierten Aktionen der Anwendung (z.B. Geschäftsbeziehungs-Transaktionen) aufgegliedert.
3. Die Einstellungen (Grund-, Anwendungskonfiguration) für alle potentiellen Partner sind gleich (d.h. unabhängig vom konkreten Partner) und erlauben eine weitgehend automatische Aushandlung.
4. In Abhängigkeit vom Partner können Abweichungen von den Einstellungen in der Anwendungskonfiguration, und zwar bei den Maximalforderungen always bzw. never zugelassen (Einstellung negotiable) und interaktiv entschieden werden. Damit ist eine Berücksichtigung des konkreten Partners (und damit unterschiedliche Aushandlung trotz gleicher Einstellungen für alle potentiellen Partner) möglich.
5. Die Architektur implementiert eine Tendenz „pro Sicherheit", die bei unentschiedenen Situationen zum Tragen kommt.
6. Mit der Architektur mitgeliefert wird ein Mechanismus für digitale Signaturen zum Schutz der Aushandlung vor Verfälschung. Der jeweils zugehörige nutzergenerierte öffentliche Schlüssel ist zertifiziert[3].

Der Ablauf erfolgt in zwei Phasen. Die erste Phase (Abbildung 3) beinhaltet die Aushandlung der Schutzziele bezüglich einer auszuführenden Aktion der zu schützenden Applikation; eine zweite Phase behandelt die Mechanismen zu deren Umsetzung.

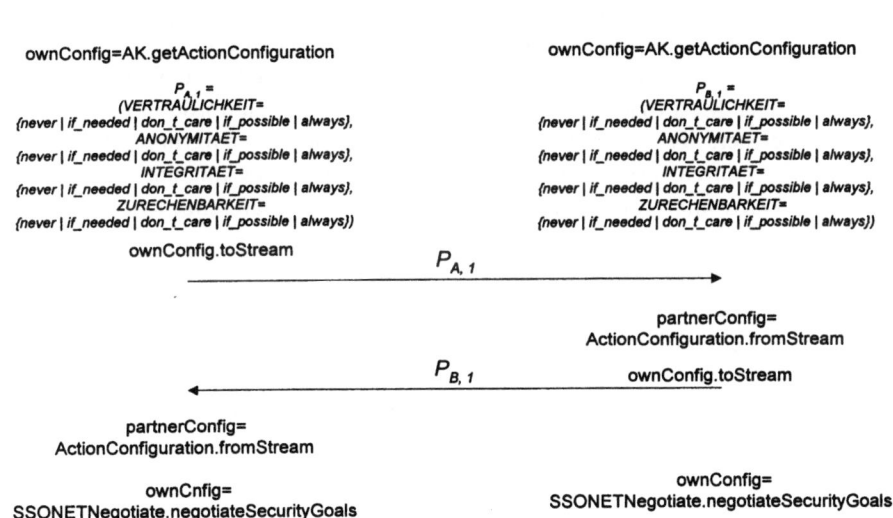

Abbildung 3: Aushandlung der Schutzziele für Aktion

---

[3] Zertifikate können dezentral erzeugt und auf Pseudonyme ausgestellt werden. Sie müssen nicht unbedingt rechtsverbindlich sein.

Aushandlung der Schutzziele: Mit den Aushandlungsvorschlägen (Abbildung 3) werden zunächst nur die Präferenzen, ohne eine eventuelle partnerbezogene Charakterisierung der Maximalforderungen (never und always) durch negotiable, übertragen. Jeder empfangene Aushandlungsvorschlag s_B wird mit dem eigenen Vorschlag s_A über eine Entscheidungstabelle (Tabelle 3) verknüpft, so daß bis auf zwei Ausnahmen automatisch ein Ergebnis ermittelt werden kann.

$s_A \setminus s_B$	never	if needed	don't care	if possible	always
never	nein	nein	nein	nein	k.E.
if needed	nein	nein	nein	ja	ja
don't care	nein	nein	*	ja	ja
if possible	nein	ja	ja	ja	ja
always	k.E.	ja	ja	ja	ja

$s_A \setminus s_B$	von Partner A \ Partner B übermittelte Präferenz	k.E.	keine Einigung
ja	Schutzziel durchsetzen	*	Einigung auf Standardvorschlag
nein	Schutzziel ignorieren		Tendenz „pro Sicherheit" wirkt

Tabelle 3: Entscheidungstabelle für Präferenzen

Falls keine Einigung (k.E.) erzielt wird, liegt ein Konflikt vor, der zu einer Interaktion mit eventueller Modifizierung der Maximalforderungen führt. Eine Einigung auf einen Standardvorschlag bedeutet, daß mitgelieferte Vorgaben Dritter wie des Anwendungsprogrammierers oder der Architektur (Tendenz „pro Sicherheit") bzw. die Verfügbarkeit des Mechanismus den Ausschlag geben.

Ein auftretender Schutzziel-Konflikt durch eine strukturierte Liste mit den in Konflikt stehenden Einstellungen visualisiert. Zusätzlich gibt es eine Beschreibung der Folgen einer Modifizierung von verhandelbaren Maximalforderungen in einem separaten Fenster. Es erfolgt jetzt eine Entscheidung aufgrund der Option negotiable durch Nachverhandlung mit erneuter Übertragung (endgültiger) Vorschläge. Dazu muß von jedem, der bei den internen Präferenzen negotiable gewählt hat, interaktiv eine Entscheidung getroffen werden:

- bei never, negotiable auf never oder auf if needed und
- bei always, negotiable auf always oder auf if possible.

Sollte hier keine Einigung zustande kommen (k.E.), so kann die Aktion der Applikation (bis zur nächsten Änderung der Konfiguration bei einem der beiden Partner und erneuter Aushandlung) nicht ausgeführt werden. In allen anderen Fällen findet Kommunikation statt.

Aushandlung der Mechanismen: Für gemeinsame Schutzziele werden anschließend gemeinsam akzeptierte Schutzmechanismen ausgehandelt. Die Mechanismen sind in einer lokalen Präferenzliste geordnet. Alle Mechanismen sind der Architektur mit Namen bekannt. Die Aushandlung geschieht nun, indem sich beide ihre nach Präferenz geordneten Mechanismen mitteilen und anschließend jeweils lokal eine Schnittmengen- und Maximumbildung vornehmen. Bei Gleichstand mehrerer Mechanismen entscheidet die Präferenz der Architektur („pro Sicherheit"-Strategie).

Ein Mechanismen-Konflikt (der bei leerer Schnittmenge vorliegt) ist lösbar, falls die Sicherung der Kommunikation (d.h. hier der aktuellen Aktion der Anwendung) durch
a) einen Sicherheitsgateway-Dienst,
b) die kombinierte Verwendung von Mechanismen beider Partner oder
c) das Nachladen fehlender Mechanismen

erreicht werden kann und der oder die Partner dies wollen. Sonst kann keine Kommunikation stattfinden. Das bedeutet auch, daß die Anwendung jetzt keine unsichere Kommunikation aufbaut, da dies ein Widerspruch zu dem bereits erfolgreich ausgehandelten Schutzziel wäre.

Beispiel: Für eine Teleshopping-Applikation haben die Kommunikationspartner folgende Präferenzen:
- Kunde A: für A sichere Kommunikation > keine Kommunikation > für A unsichere Kommunikation.
- Händler B: für B sichere Kommunikation > keine Kommunikation > für B unsichere Kommunikation[4].

Ein Konflikt kann nun in der Weise auftreten, daß der Kunde A eine Kombination vorschlägt, die zwar für ihn sicher ist (bzw. die A für sicher hält), aber nicht für den Händler B (bzw. die B nicht für sicher hält). Das kann beispielsweise bei Schutzzielen der Fall sein (der Kunde fordert Vertraulichkeit für die Aktion „Bestellung senden" während der Händler dies ablehnt) oder bei Mechanismen (der Kunde will obige Aktion mit IDEA im CFB-Modus vertraulich halten, während der Händler nur über DES im ECB-Modus verfügt).

Für das Schutzziel bedeutet das: A bewegt sich mit seinen Entscheidungen im Bereich if possible / always, B im Bereich never / if needed. Die besten verbleibenden Lösungen nach Tabelle 3 bei Schutzzielpaarungen (s_A, s_B) für den Kunden A wären (if possible, if needed)→ja und (always, if needed)→ja. Schlechter wäre (always, never)→k.E. Die schlechteste verbleibende Lösung für A wäre (if possible, never)→nein. Für den Händler B kehrt sich das um, die schlechteste Lösung für den Kunden ist seine beste und umgekehrt. Folglich wurde im ersten Aushandlungsvorschlag die Kombination (always, never) getroffen, da jeder unabhängig vom anderen konfiguriert, d. h. entscheidet. Für die Nachverhandlung bedeutet das, daß einer von beiden oder beide die Präferenzen ändern müssen, wenn die Anwendung kommunizieren soll.

---

[4] Eine alternative denkbare Reihenfolge wäre: für Händler B sichere Kommunikation > für B unsichere Kommunikation > keine Kommunikation. Sie ist dann interessant, wenn Schutz durch Mechanismen unter bestimmten Rahmenbedingungen, z. B. durch Leistungen aus Versicherungsverträgen kompensiert werden kann, wobei hier Haftungsfragen klärbar sein müssen.

2.4 Sicherheitsgateways

Der notwendige Aushandlungsprozeß soll einerseits so automatisiert wie möglich ablaufen und anderseits alle Möglichkeiten für eine gesicherte Kommunikation entsprechend der Vorgaben der Partner ausschöpfen. Es sind grundsätzlich zwei Möglichkeiten denkbar, warum diese Ziele nicht erreichbar sein können:
- Die Benutzer haben unterschiedliche Präferenzen bezüglich der Schutzziele.
- Die Kommunikationspartner können sich zwar auf zu verwendende Schutzziele einigen, jedoch nicht bezüglich der zu verwendenden Mechanismen.

Im ersten Fall ist manuelles Eingreifen notwendig, da hier Interessenkonflikte vorliegen, die nur durch persönliche Entscheidungen der Nutzer gelöst werden können (siehe Abschnitt 2.3). Im zweiten Fall bestehen keine grundsätzlichen Meinungsverschiedenheiten, aber die technische Umsetzung ist zunächst nicht möglich, läßt sich jedoch durch Sicherheitsgateways erreichen, welche die Transformation von verschiedenen Mechanismen und Verfahren auf nachweisbare und rechtsverbindliche Art und Weise übernehmen und die Verbindung zwischen beiden Parteien herstellen.

Mittels des Gateways wird die von einer oder beiden Seiten als unsicher oder nicht realisierbar empfundene Verbindung (hier zwischen Kunde und Händler) in zwei aufgetrennt, der die jeweils angeschlossenen Teilnehmer (Kunde/Gateway bzw. Gateway/Händler) vertrauen können. Das Gateway nimmt eine nachprüfbare Konvertierung vor, für die es haftet. Entsprechend kann es sich seinen Aufwand vergüten lassen. Die folgende Tabelle 4 faßt zusammen, was Gateways leisten können.

Transformation	Wirkung
Digitale Signatur ➔ Digitale Signatur	Integrität bleibt gewährleistet, ohne daß dem Gateway vertraut werden muß, da jeder Mißbrauch Dritten beweisbar ist
Symmetrische Authentikation ➔ Symmetrische Authentikation	Integrität bleibt nur gewährleistet, wenn das Gateway vertrauenswürdig ist. Betrug ist feststellbar, wenn der Agent nicht zu jedem Zeitpunkt alle Kommunikationswege zwischen den Partnern kontrollieren kann (Beachtung der Systemgrenzen)
Konzelation ➔ Konzelation	Vertraulichkeit bleibt nur gewährleistet, wenn das Gateway vertrauenswürdig ist, da Kenntnisnahme der geheimen Nachricht notwendig; unerlaubte Weiterverbreitung ist nicht feststellbar
Anonymität des Senders	Analog zur Verwendung von Mixen etc.: Gateway muß vertrauenswürdig sein
Anonymität des Empfängers	Realisierbar (z.B. Broadcast-Generierung durch Gateway)
Unbeobachtbarkeit der Kommunikationsbeziehung	Realisierbar

Tabelle 4: Transformierbarkeit von Schutzzielen

Werden Kombinationen transformiert (also Elemente der Potenzmenge aus digitaler Signatur, symmetrischer Authentikation und Konzelation), so kombinieren sich die Wirkungen entsprechend, es gibt keine Wechselwirkungen.

3 Prototypische Implementierung

Dem Anwendungsentwickler stehen mehrere Möglichkeiten zur Verfügung, seine Anwendung kommunizieren zu lassen. In JAVA™ kann dies z.B. über RMI (Remote Method Invocation) oder über Socket-Verbindungen geschehen. Letzteres wurde für die SSONET-Architektur gewählt. Es werden bidirektionale Streams zum Austausch von Datenpaketen verwendet, die als Input-/Output-Stream gleichermaßen durch Einbeziehung der ausgehandelten Mechanismen geschützt werden.

Für den Verbindungsaufbau wurden Leistungsdaten ermittelt. Folgende Rechnerarchitektur kam zum Einsatz:
1. Rechner: AMD K6 233MHz, 64MByte RAM, Windows NT, Java-VM
2. Rechner: Pentium Pro 200MHz, 64Mbyte RAM, Windows 95, Java-VM
3. Netz: 10 Mbit/s Ethernet, Paketantwortzeiten (Ping) innerhalb Subnetz bei 4096 Bit von 10 ms; über mit LAN-Technologie verbundene Subnetze bei 4096 Bit von 20 ms.

Die Sicherheitsarchitektur wurde für Client und Server der Teleshopping-Applikation konfiguriert. Dabei wurden verschiedene Szenarien kombiniert getestet:
1. Für Aushandlung der Schutzziele: Konfiguration der Schutzziele (Anwendungskonfiguration) so, daß keine Mechanismen verwendet werden müssen, d. h. alle Schutzziele never (Fall 1a) bzw. Konfiguration der Schutzziele so, daß zu jedem Schutzziel ein Mechanismus verwendet werden muß, d. h. alle Schutzziele always (alle Schutzziele verlangen Mechanismus - Fall 1b).
2. Für Aushandlung der Mechanismen: Konfiguration der Mechanismen (Grundkonfiguration) so, daß beide Partner den gleichen und den schnellsten aller Mechanismen am höchsten priorisiert haben (Partner voll übereinstimmend - Fall 2a) bzw. nur der Mechanismus mit der jeweils letzten Priorität übereinstimmend ist und überdies der langsamste Kryptomechanismus ist (Partner schwach übereinstimmend - Fall 2b).
3. Für gesicherte Kommunikation: verschiedene Nachrichtenlängen (1Byte, 1kByte).

Die Tabelle 5 zeigt Meßergebnisse für die Dauer des Aufbaus und der Durchführung einer durch Kryptomechanismeneinsatz gesicherten Kommunikation (Aktion der Applikation). Die Werte stehen in folgendem Zusammenhang untereinander (am Beispiel der vierten Meßwertspalte): 10,21s + (30-1)*0,37s + 6,72s = 27,66s.

Sobald in der Anwendungskonfiguration Schutzziele für ihre Umsetzung Mechanismen verlangen, steigen sowohl die Dauer der Aushandlung als auch die benötigte Zeit für eine Nachricht stark an. Dies ist darauf zurückzuführen, daß sämtliche benötigten Mechanismenklassen instantiiert und Nachrichten mit dem je Schutzziel geforderten Mechanismus bearbeitet werden müssen. Bei den Versuchen einigten sich die Partner im Fall schwach übereinstimmender Grundkonfiguration z.B. beim Schutzziel Vertraulichkeit auf den Mechanismus RSA mit 4096 Bit Schlüssellänge. Dieser wurde von beiden gering priorisiert, war aber der einzige übereinstimmende.

1) Anwendungskonfiguration	a) kein Schutzziel verlangt Mechanismus		b) alle Schutzziele verlangen Mechanismus			
2) Grundkonfiguration	-		a) Partner voll übereinstimmend		b) Partner schwach übereinstimmend	
3) Nachrichtengröße	1 Byte	1 kByte	1 Byte	1 kByte	1 Byte	1 kByte
Anzahl der gesendeten Nachrichten	3000	3000	30	30	30	30
Gesamtdauer mit Aushandlung [s]	5,33	5,48	24,98	27,66	58,23	85,51
Aushandlung [s]	0,76		6,72		27,65	
Erste Nachricht [s]	0,17	0,20	14,20	10,21	9,12	10,30
Mittelwert ab 2.Nachricht [s]	<0,01	<0,01	0,14	0,37	0,74	1,64
Maximum ab 2.Nachricht [s]	0,02	0,04	0,16	0,50	0,99	1,69
Minimum ab 2.Nachricht [s]	<0,01	<0,01	0,13	0,31	0,72	1,59

Tabelle 5: Dauer der Aushandlung und der gesicherten Aktion (Mittelwerte über drei Versuche, Kommunikation über mehrere Subnetze hinweg)

Es fällt eine deutlich größere Verweilzeit der jeweils ersten Nachricht gegenüber folgenden auf. Hier werden zunächst Klassen instantiiert. Es zeigt sich, daß für die lokal auszuführenden Aktivitäten (Laden der Java-Klassen, Interpretieren) relativ gesehen wesentlich mehr Zeit benötigt wird als für die eigentliche Übertragung und auch mehr Zeit als für die Sicherung mit Hilfe der Kryptomechanismen bei relativ kurzen Nachrichten. Hier besteht Optimierungsbedarf.

4 Zusammenfassung und Ausblick

Der vorliegende Beitrag gab einen Überblick über die SSONET-Architektur zur Realisierung flexibler mehrseitiger Sicherheit. Als wesentliche Eigenschaften wurden die Mechanismen zur Aushandlung von Sicherheitsanforderungen sowie zur Konfigurierung entsprechender Sicherheitsmechanismen vorgestellt. Mit dem zusätzlichen Konzept der Sicherheitsgateways lassen sich auch bei grundsätzlich inkompatiblen Sicherheitsanforderungen Kommunikationsvorgänge unter Wahrung von Sicherheitseigenschaften realisieren.

Die vorgestellten Ansätze wurden vollständig realisiert und am Beispiel einer Electronic-Commerce-Anwendung validiert. Im Gegensatz zu existierenden Ansätzen wie CORBA Security, Secure Socket Layer oder verschiedenen Sicherheitsplattformen zeichnet sich SSONET gerade durch die verstärkte Flexibilisierung bei der Nutzung von Sicherheitsmechanismen aus.

Im Rahmen weiterführender Arbeiten ist geplant, die SSONET-Konzepte direkt mit konkreten Systemlösungen und Produkten im Umfeld von Internet-Anwendungen zu integrieren. Aus konzeptioneller Sicht sollen die Ansätze zu Sicherheitsgateways weiter verfeinert und formalisiert werden. Auch verschiedene Weiterentwicklungen der Aushandlungsprotokolle sind vorgesehen. Durch die Einführung von Aktionsklassen für bestimmte Anwendungsabläufe mit einheitlichen Sicherheitseigenschaften soll ferner ein noch höheres Abstraktionsniveau bei der Spezifikation von Sicherheitsanforderungen angeboten werden.

Literatur

BKMS_96   I. Biehl, H. Kenn, B. Meyer, J. Schwarz, C. Thiel: LISA - Library for Secure Applications. Universität des Saarlandes, 1996

FePf_97   H. Federrath, A. Pfitzmann: Bausteine zur Realisierung mehrseitiger Sicherheit. in: G. Müller, A. Pfitzmann (Hrsg.): Mehrseitige Sicherheit in der Kommunikationstechnik, Addison-Wesley-Longman 1997, 83-104

GaPS_98   G. Gattung, U. Pordesch, M.J. Schneider: Der mobile persönliche Sicherheitsmanager. GMD Report 24, GMD-Forschungszentrum Informationstechnik GmbH, 1998

GeKo_95   M. Gehrke, E. Koch: A Security Platform for Future Telecommunication Applications and Services. In Proc. of the 6th Joint European Networking Conference (JENC6), Israel, 1995, http://www.igd.fhg.de/www/igd-a8/pub/pub.html

Kann_94   R. Kanne: Eine objektorientierte Klassenbibliothek für kryptographische Systeme. Diplomarbeit, Universität Hildesheim, 1994

Kran_96   A. Krannig: PLASMA - Platform for Secure Multimedia Applications. In Proceedings Communications and Multimedia Security II, Essen, 1996

OMG_97   Object Management Group: CORBA Services; Updated Revised Edition; OMG Document 97-12-02, Framingham, USA, 1997

PSWW_98   A. Pfitzmann, A. Schill, A. Westfeld, G. Wicke, G. Wolf, J. Zöllner: A Java-Based Distributed Platform for Multilateral Security. In: W. Lamersdorf, M. Merz (Hrsg.): Trends in Distributed Systems for Electronic Commerce, TREC'98, Lecture Notes of Computer Science (LNCS) 1402, Springer, Berlin 1998, 52-64

SECU_98   SECUDE Overview.http://saturn.darmstadt.gmd.de/TKT/security/secude/

SSL_97   A. O. Freier, P. Karlton, P. C. Kocher: The SSL Protocol Version 3.0, INTERNET-DRAFT. http://www.consensus.com/ietf-tls/tls-ssl-version3-00.txt Tansport Layer Security Working Group

TLS_97   T. Dierks, C. Allen: The TLS Protocol Version 1.0, INTERNET-DRAFT. http://www.consensus.com/ietf-tls/tls-protocol-03.txt. Transport Layer Security Working Group

VDMFA, eine verteilte dynamische Firewallarchitektur für Multimedia-Dienste

Christoph Rensing[1], Utz Rödig[1], Ralf Ackerman[1], Lars Wolf[1], Ralf Steinmetz[1,2]

[1]
Technische Universität Darmstadt
Merckstr. 25 • D-64283 Darmstadt

[2]
GMD IPSI
Dolivostr. 15 • 64293 Darmstadt

Email:{Christoph.Rensing, Utz.Roedig, Ralf.Ackermann, Lars.Wolf, Ralf.Steinmetz}
@KOM.tu-darmstadt.de

Kurzfassung Im Rahmen einer umfassenden Security Policy stellen Firewalls eine wichtige Maßnahme zum Schutz eines privaten Netzes vor Angriffen aus dem Internet dar. Sie basieren in der Regel auf IP-Filtern und Proxies. Filter selektieren an den Netzgrenzen Datenströme nach definierten Regeln, zumeist über TCP- oder UDP-Portnummern, die einen Dienst identifizieren, leiten sie weiter oder blocken sie ab. Die Selektion über bestimmte Portnummern ist bei vielen Protokollen nicht statisch möglich, da diese erst zur Verbindungszeit dynamisch bestimmt werden. Daher kommen - sollen solche Dienste die Firewall passieren - sogenannte Proxies zum Einsatz. Proxies stellen den Endpunkt der Kommunikation zu beiden Seiten (lokales Netz und Internet) dar und leiten die Daten auf Anwendungsebene weiter. Sie müssen für jedes Protokoll der Anwendungsebene neu entwickelt werden. Eine Alternative bildet eine dynamische, vom Protokollstatus abhängige Erweiterung der Regeln einer filterbasierten Firewall während der Verbindungszeit. Bestehende kommerzielle Ansätze realisieren diese Dynamik heute im Kern der Firewall selbst, indem in diesen Kenntnisse über die Semantik der Protokolle auf Anwendungsebene integriert werden. Wünschenswert ist aber eine allgemeinere Architektur, wie die Verteilte Dynamische Multimedia Firewallarchitektur VDMFA, die es erlaubt, einfache filterbasierte Firewalls flexibel für neue, insbesondere multimediale Protokolle zu erweitern. Die Funktionsweise der VDMFA basiert auf einer dynamischen Anpassung von Filterregeln über die intelligente Komponente VDMFA-Core, welche wiederum per Skriptsprache oder ein benutzerfreundliches Front-end gesteuert wird. In diesem Beitrag werden die VDMFA vorgestellt und Einsatzmöglichkeiten der Firewallarchitektur für Internet Telefonie Anwendungen aufgezeigt.

1 Motivation

Durch die Anbindung von privaten Netzen an das globale Internet sind diese zunehmend auch potentiellen Angriffen ausgesetzt. Um ein privates Netz zu schützen, errichtet man sogenannte Firewalls an den Grenzen zum Internet, die nur ausgewählten Datenströmen von und zum privaten Netz den Transfer ermöglichen. Dies geschieht zum einen über IP-Paketfilter, die zumeist statisch definiert werden, und über Proxies, die auf Anwendungsebene arbeiten. Dazu müssen diese weite Teile der Protokolle dieser Ebene implementieren.

Die Entwicklung der im Internet verfügbaren Dienste ist heute durch eine enorme Dynamik gekennzeichnet. Die einzusetzenden Protokolle werden dabei teilweise sehr umfangreich, viele Anwendungen erfordern auch mehrere parallele Netzverbindungen. Der Anteil dynamischer Komponenten (z.B. zur Laufzeit ausgehandelter Ports) nimmt gerade bei komplexen Protokollen und Anwendungen zu. Heute gängige Firewallkonzepte sind nur bedingt geeignet, um die Forderung nach einer kurzen Zeitspanne bis zur Unterstützung eines Dienstes zu erfüllen und der Komplexität und Dynamik gerecht zu werden. Wünschenswert ist daher eine allgemeinere Architektur, die es ermöglicht, in bestehende, nicht spezifisch ausgeprägte Firewalls mittels eines einheitlichen Werkzeugs auf systemunabhängiger Ebene schnell die Unterstützung neuer oder veränderter Protokolle zu integrieren. Die VDMFA bietet die Grundlage für eine solche Lösung, dabei werden bestehende Firewalls um zusätzliche Komponenten erweitert und die vorhandenen IP-Filter dynamisch konfiguriert.

Am Beispiel des ITU Standards H.323 für Internet Telefonie werden zunächst die von uns zu betrachtenden typischen Szenarien, Anforderungen und Schwierigkeiten der Behandlung von Datenströmen in einer Firewall vorgestellt. In diesem Rahmen erfolgt eine Beschreibung der grundlegenden Firewallkomponenten, ihrer Arbeitsweise und Interaktion. Anschließend stellen wir in Abschnitt 4 die prinzipielle Architektur und die zusätzlichen Module und die Arbeitsweise der VDMFA vor. Die konkreten Einsatzmöglichkeiten der VDMFA werden im Beispiel der Internet Telefonie nach H.323 im Abschnitt 5 erläutert, bevor zum Abschluß eine kritische Betrachtung der Gefahren und des weiteren Potentials des Ansatzes, sowie eine Einordnung in Bezug auf Arbeiten mit gleicher oder ähnlicher Ausrichtung erfolgt.

2 Verwendung dynamischer zugewiesener Ports bei Internetprotokollen

Internetanwendungen verwenden die Protokolle IP, TCP und UDP, die der Anwendung einen gesicherten oder ungesicherten Datentransport zur Verfügung stellen. Die Adressierung eines Dienstes auf einem Endsystem erfolgt durch die Spezifizierung von TCP oder UDP Ports, die im Paket-Header angegeben werden. Viele, insbesondere neuere Dienste beschränken sich nicht auf die Verwendung nur einer Verbindung. Für die initiale Verbindung einer Session wird in der Regel ein fest definierter Port (well-known-port) verwendet. Die Anzahl der folgenden Verbindungen sowie die für sie verwendeten Ports werden erst während der Nutzung des Dienstes durch die Kommunikationspartner bestimmt. Ein solches Vorgehen ist insbesondere dann oftmals vorgesehen, wenn mehrere Verbindungen für den Nutzdatentransfer getrennt von Steuerungskanälen aufgebaut werden müssen. Typische Beispiele finden sich gerade bei Protokollen zum Transport multimedialer Daten aber auch bei einfachen Anwendungen wie z.B. nach dem File Transfer Protokoll [1].

Exemplarisch soll an dieser Stelle der Verbindungsaufbau für Internet-Telefonie nach dem ITU Standard H.323 erläutert werden, da an ihm in Abschnitt 5 die Funktionsweise der Komponenten der VDMFA genauer beschrieben werden. H.323 in der Version 1 [3] bezeichnet eine Protokollfamilie für multimediale Kommunikation über lokale Netze, die keine Dienstgüte garantieren. Mit der zweiten Version von H.323 [4] erfolgte eine Erweiterung auf alle IP-basierten Netze. H.323 stellt somit neben dem primär vorgesehenen Einsatzfall für lokale Netze einen wichtigen Standard für die Internet-Telefonie dar und wird heute von vielen Produktanbietern zumindest in der Version 1 implementiert.

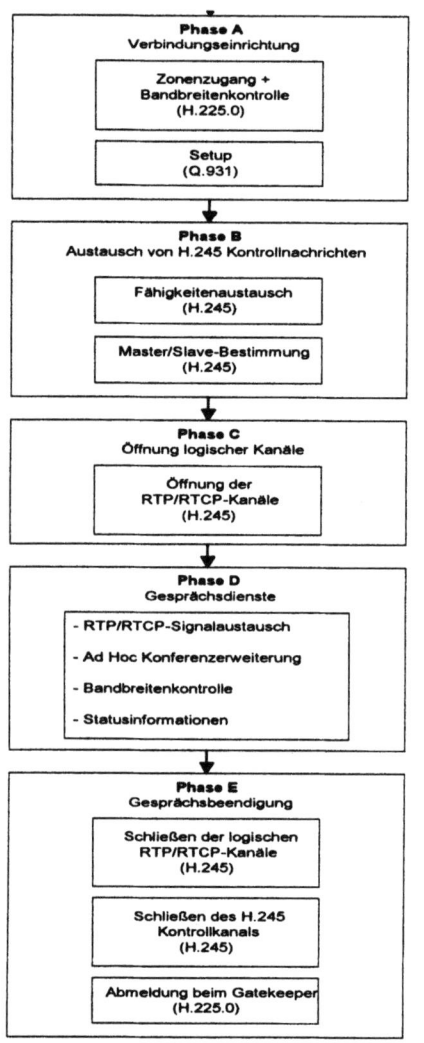

Abbildung 1: Internet-Telefonie nach H.323

Die H.323 Empfehlung beschreibt alle Komponenten eines H.323 Systems und die Kommunikation dieser Komponenten untereinander durch Spezifizikation der Kontrollnachrichten und Prozeduren.

Für Rufaufbau und Nutzdatentransfer sind eine Vielzahl von Protokollen, wie das von der IETF spezifizierte und zum Transport von Echtzeitdaten vorgesehene Realtime Transport Protocol RTP[5], weitere ITU Protokolle wie H.225.0 und H.245 sowie mehrere obligat oder alternativ zu unterstützende Audio- und Videokodierungsverfahren einbezogen.

Eine Internet-Telefonie Sitzung nach dem Standard H.323 verläuft in verschiedenen Phasen, die zusammenfassend in Abbildung 1 dargestellt werden. In dieser Arbeit werden die Phasen A und C genauer betrachtet (vgl. Abbildung 2: Dynamische Ports sind kursiv dargestellt.), da nur diese für das betrachtete Zusammenwirken mit Firewallkomponenten relevant sind.

In der Phase A der Verbindungseinrichtung wird eine TCP-Verbindung zwischen den Endpunkten der Verbindung initiiert. Der Verbindungsaufbau erfolgt dabei stets zum Port 1720.

Über die Verbindung wird eine Q.931 Setup Nachricht an den Gesprächspartner versandt. Der gerufene Partner zeigt den einkommenden Ruf durch ein Alerting an, bestimmt einen dynamischen Port für die nachfolgende H.245 Kommunikation und sendet dessen Nummer in einer Connect Nachricht zurück. In der zweiten Phase wird eine neue TCP-Verbindung, der sogenannte H.245 Kontrollkanal unter Benutzung des dynamisch bestimmten Ports eröffnet. Über diesen Kanal werden nachfolgend eine Vielzahl von Kontrolldaten ausgetauscht. In Phase C werden über den H.245 Kanal die logischen Kanäle für den Nutzdatentransfer ausgehandelt und aufgebaut. Für diesen verwendet man zwei unidirektionale RTP Kanäle und einen zur Kontrolle dienenden bidirektionalen RTCP Kanal. Die von den Verbindungen zu nutzenden Ports werden wiederum dynamisch ermittelt und ausgetauscht.

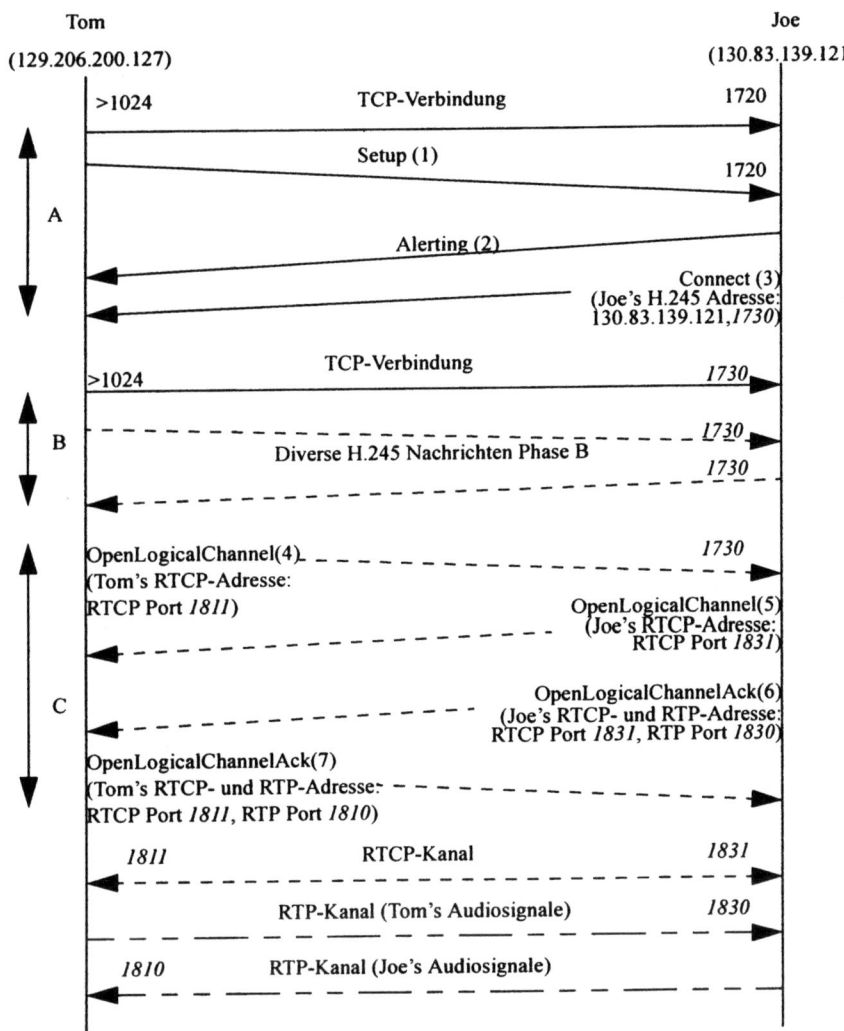

Abbildung 2: Verbindungsaufbau nach H.323

3 IP-Filter und Proxies als wichtigste Firewallkomponenten

Firewalls haben im Rahmen einer umfassenden Security Policy die Aufgabe, ein privates Netz vor unerlaubten Zugriffen aus dem Internet zu schützen, aber auch unerwünschte Zugriffe der Anwender innerhalb des privaten Netzes auf Dienste des Internets zu unterbinden. In diesem Abschnitt werden die wesentlichen Komponenten einer Firewall beschrieben und die Probleme im Zusammenspiel mit den zuvor vorgestellten Szenarien aufgezeigt.

3.1 Statische und dynamische IP-Filter

IP-Filter [2] verwenden ein sehr einfach zu realisierendes, zumeist statisches Verfahren zur Sicherung eines privaten Netzes. Ein IP-Filter untersucht die IP- oder TCP- bzw. UDP-Header eines Datenpaketes und entscheidet anhand der Liste seiner Regeln, ob das betreffende Paket blockiert oder weitergeleitet wird. Damit selektiert er Datenpakete nach - konkreten Bytefolgen an einem speziellen Offset zugeordneten - inhaltlichen Merkmalen wie Protokolltyp (ICMP, TCP, UDP), IP-Quell- und Zieladresse, TCP/ UDP-Quell- und Zielport oder auch ICMP-Nachrichtentyp. Ein einfacher Paketfilter arbeitet nur auf der Transportebene.

Für eine Vielzahl von Protokollen, insbesondere auch für multimediale Anwendungen sind einfache Paketfilter nicht unmittelbar verwendbar, da die Selektionskriterien nicht festzulegen sind. So können z.B. dynamisch zugewiesene Ports in den Filterregeln nicht angegeben werden. Für eine FTP Anfrage aus dem privaten Netz an einen Server im Internet müßten für alle Verbindungen mit Quellport 20 die eingehenden Portnummern > 1023 freigeschaltet werden, da der Server eine Verbindung zu einem dieser Ports aufbaut. Grundsätzlich besitzen statische IP-Filter keine Kenntnisse der Protokolle auf Anwendungsebene und können daher den Status eines Protokolles nicht berücksichtigen.

Eine erste Erweiterung der IP-Filter stellt die Realisierung sogenannter Keep-State Mechanismen dar. Keep-State Mechanismen erweitern nach einmaligem, aufgrund einer statischen Regel erlaubten Weiterleiten eines TCP-Paketes in einer Richtung das Regelwerk der Firewall dynamisch in der Weise, daß auch nachfolgende TCP-Pakete und in Gegenrichtung versandte Pakete, welche die identischen Ports und IP-Adressen verwenden, bis zum Abbau der TCP-Verbindung erlaubt werden. Somit kann die TCP-Verbindung durchgängig ermöglicht werden, ohne daß dazu manuell eine Regel erzeugt werden muß.

Um die Problematik der nicht vorhersehbaren Bestimmung und Nutzung von Ports zu lösen, gibt es aktuell weitergehende Anstrengungen, IP-Filter um eine sogenannte dynamische Komponente zu erweitern [6]. Diese führt eine protokollspezifische Analyse des Datenanteils eines TCP-Paketes durch. Gelingt es, die Daten zu interpretieren und die ausgehandelten Kommunikationsparameter zu bestimmen, dann können dynamisch neue Regeln erzeugt werden. Dieses Verfahren wird auch Stateful Inspection Firewall Technology [7] oder Stateful Filtering Firewall [8] genannt. Zur Realisierung der dynamischen Filter ist eine genaue Kenntnis der Anwendungsprotokolle notwendig; die dynamische Komponente wird in uns bekannten Ansätzen für jede Anwendung spezifisch im Code der Firewall implementiert.

3.2 Application Level Gateways - Proxies

Im Gegensatz zu einem Paketfilter, greift ein Proxy* oder Application Level Ga-

---

* Ein Proxy wird hier als Application Level Proxy verstanden. Auf den Einsatz von Circuit Level Proxies wird hier nicht eingegangen, da sie den Datenstrom nur zu einem anderen, gesicherten Rechner umleiten und die Probleme der Verwendung von dynamischen Ports nicht lösen.

teway [6] auf Anwendungsebene in eine Verbindung ein. Bei seinem Einsatz wird die direkte Verbindung zwischen den angeschlossenen Netzen grundsätzlich oder für den vom Proxy umzusetzenden Dienst unterbunden. Dies kann man z.B. durch einen entsprechend konfigurierten Paketfilter erreichen. Eintreffende Pakete werden durch diesen nicht an die eigentliche Zieladresse versandt, sondern dem Proxy übergeben. Dieser kennt das jeweilige Anwendungsprotokoll, interpretiert die Daten und simuliert den eigentlichen Zielrechner, zu dem er eine eigene Verbindung aufbaut. Dabei ist er auch in der Lage, selektiv in den Datenstrom einzugreifen und Teile zu unterdrücken, zu verändern oder hinzuzufügen. Durch die Kenntnis der Semantik der übertragenen Daten ist es möglich, einzelne Interaktionen auf Anwendungsebene zu erlauben oder zu verbieten (z.B. Sperren des FTP "get"-Befehls). Des weiteren können vom Proxy zusätzliche Funktionen ausgeführt werden, so kann er z.B. eine Authentifizierung des Benutzers anfordern. Auch die Protokollierung und Auswertung von Aktivitäten zur Entdeckung von Angriffsversuchen ist realisierbar.

Wertend gegenüber der Vielzahl der genannten Vorteile ist zu beachten, daß jeder neue bzw. geänderte Dienst einen Neuimplementierung oder Veränderung eines Proxies erfordert und es durch das Durchlaufen des gesamten Anwendungsstacks zu einer nicht unerheblichen und gerade für Echtzeitanwendungen möglicherweise nicht tolerierbaren zusätzlichen Verzögerung kommen kann.

3.3 Bewertung existierender Lösungen

Die Leistungsfähigkeit der beschriebenen Paketfilter und Proxies hängt von der Ebene ab, in der die Kommunikation unterbrochen und beeinflußt wird. Proxies müssen jeweils spezifisch zur Verfügung gestellt werden und führen zu größeren Verzögerungszeiten, da die Pakete bis in die Anwendungsschicht verarbeitet werden. Paketfilter arbeiten dagegen schneller, sind aber weniger flexibel.

In der Regel ist es wünschenswert, aber oftmals nicht möglich, das Vorhandensein bzw. Verhalten eines Proxies transparent für die betroffenen Anwendungen zu gestalten. Dann ist es notwendig, Programme entsprechend zu konfigurieren bzw. zu modifizieren, was ebenfalls nicht in jedem Falle einfach realisierbar ist.

Ein weiterer Vorteil von Proxies stellt die Realisierungsmöglichkeit von zentralen Logging- und Warnsystemen dar, wohingegen ein einfacher und nicht wie nachfolgend beschrieben erweiterter Paketfilter nur Debuginformationen schreiben kann, die sehr schwer auszuwerten sind.

4 Die Verteilte Dynamische Multimedia Firewallarchitektur - VDMFA

4.1 Lösungsansatz und VDMFA Konzept

Die bisher beschriebenen Probleme können teilweise gelöst werden, wenn es gelingt, aufbauend auf die Analyse des Datenstromes dynamisch neue Regeln zu erzeugen und diese in den Firewalls durch Parametrisierung der vorhandenen IP-Filter entsprechend umzusetzen. Bisher dazu vorhandene Lösungen sind in der Regel wenig flexibel und werden vom Anbieter von Firewall-Software fest im Programmcode eingebettet.

Unser Ansatz versucht:
- die für die Konfiguration der Firewall auszuwertenden Datenströme geeignet zu einer Auswertekomponente hinzuleiten.
- eine Auswertung der Daten in flexibler Art und Weise durchzuführen und auf dieser Grundlage Kommandos für Paketfilter auf einem hohen und zunächst implementierungsunabhängigen Niveau zu generieren.
- die generierten Kommandos in einer heterogenen Landschaft von Firewalls zu verteilen und zu deren Konfiguration zu benutzen.
- völlige Transparenz für die kommunizierenden Teilnehmer zu schaffen.

Die Steuerung dieser Aktivitäten soll in einer durch den Anwender zur Laufzeit beeinfluß- und erweiterbaren Weise erfolgen. Durch ein modulares Design wird sichergestellt, daß neue Protokolle einfach und schnell in das System integriert werden können und mehrere Firewalls (bzw. die einzelnen Systemkomponenten einer Firewall) gemeinschaftlich konfiguriert und in ihrem Zusammenwirken koordiniert werden können.

Neben der eigentlichen Aufgabe, die Filtermöglichkeiten eines Firewall-Systems zu erweitern, kann die VDMFA für weitere Funktionen wie die Überwachung von Aktivitäten an den Netzübergängen und die gezielte Auslösung von Maßnahmen im Angriffs- oder Fehlerfall genutzt werden. Die Gesamtarchitektur ist in Abbildung 3 aufgezeigt und wird nachfolgend beschrieben.

4.2 Komponenten der VDMFA

Die VDMFA wird neben der oder den verwendeten auf IP-Filtern basierenden Firewalls, an die keine speziellen Anforderungen gestellt werden müssen, aus mehreren zusätzlichen Interface-Komponenten, einer Core-Komponente und einer Client-Komponente gebildet.

Für jede Firewall, die in das System integriert werden soll, wird eine Interface-Komponente benötigt. Diese stellt die Schnittstelle zur VDMFA dar, und ist daher für jeden Firewall-/Filtertyp neu zu entwickeln. Sie hat die Aufgabe, die von der Core-Komponente benötigten Daten zu liefern und die von ihr generierten Konfigurationsanweisungen entsprechend der Spezifika (Kommandoschnittstelle/Sprachumfang) der Firewall umzusetzen und auszuführen.

Die Core-Komponente realisiert die Kernfunktionalität, die nötig ist, um Datenströme auf der Anwendungsebene in für die Konfiguration der Firewall relevanter Hinsicht zu verarbeiten und entsprechende Aktionen auszulösen. Die Konfiguration der VDMFA Komponenten erfolgt über eine Multi-User fähige Netz-Schnittstelle. In der jetzigen experimentellen Implementierung ist der Client als Texteingabemodul gestaltet. Für eine automatische Initialisierung des Systems, aber auch zur Automatisierung sich wiederholender Abläufe ist eine Stapelverarbeitungsschnittstelle sinnvoll.

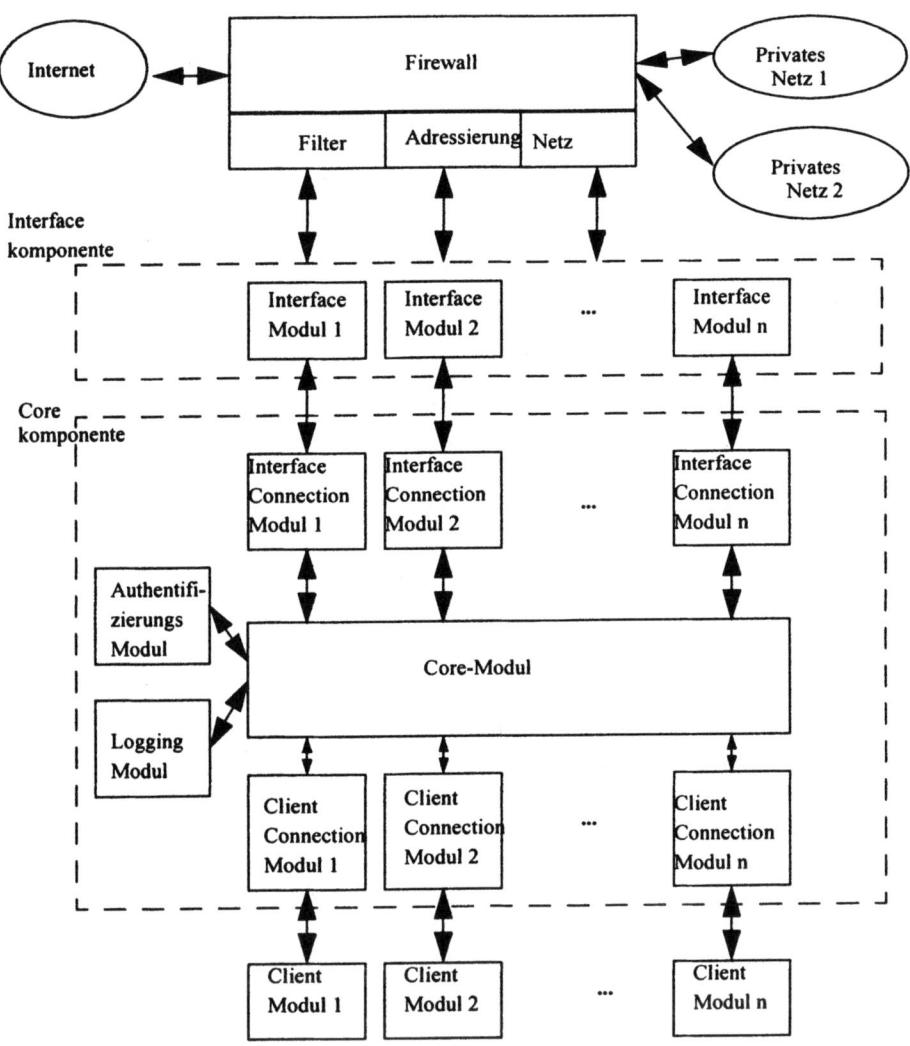

Abbildung 3: Komponenten der VDMFA

4.3 Beschreibung der Funktionalität durch Regeln

Die für die Beschreibung der Arbeitsweise notwendigen Regeln können vom Anwender mit Hilfe einer einfachen regulären Sprache notiert werden, die durch das System zur Programmlaufzeit entsprechend ausgewertet wird. Die Formulierung der Sprache, deren Regeln nachfolgend auszugsweise und teilweise informal beschrieben werden, erfolgte unter dem Aspekt der einfachen und kompakten Beschreibbarkeit der gewünschten Funktionalität und der einfachen Implementierbarkeit bei gleichzeitiger hinreichender Mächtigkeit. Im Abschnitt 5 werden wir die formale Beschreibung an einem Anwendungsszenario aus der IP-Telefonie praktisch darstellen.

Startsymbol der Sprache ist *Regelsystem*.

Regelsystem	→	Regel; Regelsystem
	|	ε
Regel	→	if Prädikat { Regel } else { Regel }
	|	Aktionsfolge

Als Prüfoperationen über den Daten des aktuellen Paketes ist ein Test auf Vorhandensein einer bestimmten Bit-Folge im Paket und zusätzlich an einem speziellen Offset, aber auch eine komplexere Operation wie das Auswerten des Paketes durch einen aus z.B. der ASN.1 Notation des zu behandelnden Protokolls abgeleiteten Parser möglich.

Prädikat	→	True
	|	False
	|	„Prüfoperation über Paketdaten"
	|	TEST_MODULE Modulbezeichner „Vektor zur Parametrisierung"

Zu diesem Zweck kann ein Programmmodul mit Hilfe seines Klassennamens spezifiziert werden. Dieses besitzt eine Methode mit folgender Signatur (in Java Notation)

```
boolean TestMethod(byte[] data, Vector para_in, Vector para_out)
```

und kann in der von uns gewählten Java-Realisierung zur Laufzeit dynamisch anhand des angegebenen Klassennamens (Modulbezeichners) geladen werden. Parameter werden als Kombination aus einem String als Identifikator und einem Wert in Vektoren sowohl über- als auch zurückgegeben. Damit ist eine weitestgehende Unabhängigkeit und Flexibilität möglich, entsprechende Module können einem Anwender auch für seinen individuellen Einsatzzweck als Primitive zur Formulierung von Regeln zur Verfügung gestellt werden, ohne daß er die genauen Spezifika des zu behandelnden Datenstromes kennt. Zusätzlich ist es möglich, bestimmte Prüfaktionen auch zustandsbehaftet auszuführen. Damit ermöglicht man, geeignet auf fragmentierte Daten oder eine bekannte logische Abfolge von Paketen zu reagieren.

Eine Aktionsfolge beschreibt - in einer Aufzählung von Einzelaktionen - Aktionen zur Steuerung des Gesamtsystems wie die Generierung und Parametrisierung neuer Module und Konfigurationskommandos für die IP-Filter in einer von der konkret anzusprechenden Firewall unabhängigen Meta-Notation. Dabei ist die Bezugnahme auf die von einem Testmodul gelieferten Rückgabeparameter über deren Namen möglich.

Aktionsfolge	→	Aktion; Aktionsfolge
	|	ε
Aktion	→	"Konfigurationsanweisung für IP-Filter"
	|	"Anweisung zur Steuerung des Gesamtsystems"

4.4 Core-Modul

Das Core-Modul ist die wichtigste Komponente der Gesamtarchitektur. Es hat die zentrale Aufgabe, die formalen Regeln zu verwalten und abzuarbeiten. Des weiteren werden von ihm Aufgaben wie Logging, Authentifizierung und die Bereitstellung der Konfigurationsschnittstelle übernommen.

Für jeden formalen Regelsatz der an das Core-Modul übergeben wird, wird ein Interface Connection Modul erzeugt. Dieses realisiert eine Verbindung zur entsprechenden Firewall, die das Modul mit Daten versorgt, einen Parser, der die Regeln umsetzt sowie einen Paket Decoder und einen Paket-Encoder, die für die Kommunikation mit dem Interface-Modul benötigt werden. Wird ein Paket von einem Interface-Modul an das Interface Connection Modul geschickt, so klassifiziert der Paket Decoder, um was für eine Information es sich handelt. Erkennt er eine Instruktion, dann wird entweder eine Anweisung an das Core-Module oder direkt an den Paket-Coder weitergegeben. Handelt es sich um ein Daten-Paket, so wird es an den Parser weitergereicht. Dieser analysiert das Paket anhand der zuvor eingegebenen Befehle (siehe Sprach-Syntax), erzeugt wenn nötig neue Interface Module und die gewünschten Konfigurationsanweisungen für die Firewall oder überführt das Gesamtsystem in einen neuen Zustand.

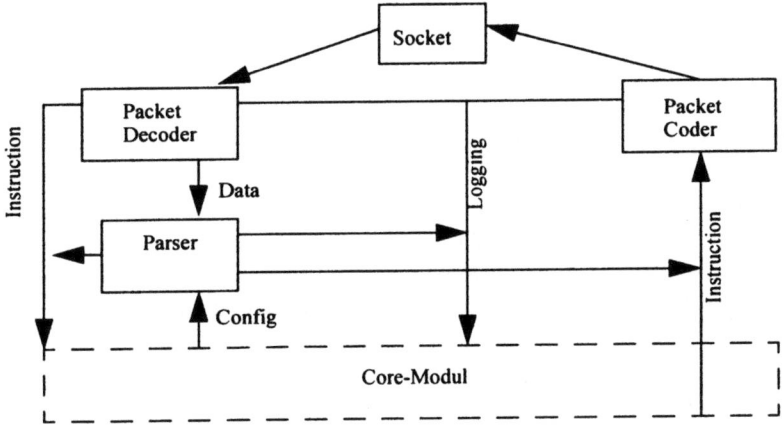

Abbildung 4: Interface Connection Modul

4.5 Interface-Modul

Diese Komponente ist das Verbindungsglied zwischen der Firewall und dem Core-Modul. Sie muß auf der Firewall Zugang zu den Interfaces haben, um den Netzverkehr abzuhören. Wird im Core-Modul ein neuer Regelsatz definiert, so erzeugt dieses ein Interface Connection Modul, welches dann das Interface-Modul auf der Firewall kontaktiert und es konfiguriert. Dabei wird dem Interface-Modul mitgeteilt, nach welchen Kriterien es die Pakete, die es an das Core-Modul weiterleiten muß, selektieren soll. Zur Entscheidung über die Selektion stehen dem Core-Modul die Header der IP-, TCP- und UDP-Pakete zur Verfügung. Wurde ein Paket selektiert, so wird es an das Core-Modul übergeben und dort wird die Semantik der Daten bis auf Anwendungsebene analysiert. Gegebenenfalls erhält das Interface-Modul über die Verbindung zum Core-Modul eine Anweisung, die Firewall neu zu konfigurieren.Unter Kontrolle des Interface-Moduls werden, falls notwendig, auch Daten in einer Richtung verzögert, um sicherzustellen, daß zunächst ein Kanal für die Antwort geöffnet werden kann.

Wenn das Core-Modul und das Interface-Modul nicht zwingend auf dem gleichen Host lokalisiert sind, besteht die Notwendigkeit, die zu untersuchenden Pakete über das

Netz zu transportieren. Da es sich bei den selektierten Paketen in den von uns zu behandelnden Szenarien um Kontrolldaten handelt, ist die daraus resultierende Mehrbelastung des Netzes schwach. Die in der Regel volumenintensiven Nutzdaten einer Verbindung, wie z.B. die RTP-Pakete einer Sprachübertragung werden nicht an das Core-Module weitergegeben.

4.6 Implementierungsspezifische Umsetzung

Jede einzelne Komponente wird als Dämon implementiert und kann auf verschiedene Hosts lokalisiert werden. Zwischen den einzelnen Systemen und dem Firewallhost werden Netzverbindung aufgebaut, die unter Nutzung einer Authentifizierungs- und Verschlüsselungskomponente kryptographisch abgesichert werden, um eine Manipulation zu verhindern. Um das System möglichst portabel zu gestalten, wurde die Core-Komponente in Java realisiert. Die systemnahe Interface-Komponente ist in C implementiert, da sie auf die Netz-Interfaces des Systems zugreift; Aufgaben die ein Java-Programm nur schwer elegant und performant lösen kann.

5 Die VDMFA für den H.323 IP-Telefonie Verbindungsaufbau

Nachfolgend werden das Zusammenspiel der einzelnen Komponenten, die zu behandelnden Datenströme und die für die Konfiguration der Paketfilter der Firewall generierten Regeln am Beispiel des Verbindungsaufbaus bei einer IP-Telefonie-Verbindung nach dem Standard H.323 erläutert. Die Darstellung erfolgt zur besseren Verständlichkeit informal und nimmt Bezug auf die in Abschnitt 2 gezeigte Abbildung 2.

Für den Q.931 Verbindungsaufbau wird eine TCP-Verbindung an den "wellknown" Port 1720 benutzt. Soll von der Firewall ein Internet-Telefonie-Verbindungsaufbau erlaubt werden, so sind die Regeln des statischen IP-Filters wie in Tabelle 1 beschrieben zu konfigurieren. Die Firewallregeln werden dabei von uns in einer leicht verständlichen, allgemeinen und nicht filterspezifischen Notation angegeben. Dabei wird von Netzdevices abstrahiert, indem die Richtung der Verbindung (Incoming: aus dem Internet in das private Netz; Outgoing: aus dem privaten Netz in das Internet) angegeben wird.

Action	Direction	Source	Port	Destination	Port
Allow	Incoming	*	> 1024	<our host>	1720
Allow	Outgoing	<our host>	> 1024	*	1720

Tabelle 1: IP-Filter Ausgangskonfiguration

Mittels eines Clients wird ein Interface Modul "Q.931-Outgoing" mit der entsprechenden Regel erzeugt.

```
Int.Mod-Q.931-Outgoing:Select all TCP where(Outgoing,<our
hosts>,*,*,1720)
```

Dies bedeutet, daß alle TCP Pakete, die von einem internen Host von einem beliebigen Port an einen beliebigen externen Host an den Port 1720 gesendet werden, selektiert und an das Interface Connection Modul "Q.931-Outgoing" geschickt werden. Analog

muß über einen Client ein Interface Modul "Q.931-Incoming" erzeugt werden.
```
Int.Mod-Q.931-Incoming:Select all TCP where (Incoming, *, *, <our
hosts>, 1720)
```
Sendet nun Tom (siehe Abbildung 2) über die TCP-Verbindung an Port 1720 die Setup Nachricht, so wird die Regel des Interface Moduls "Q.931-Incoming" aktiviert und das TCP Paket wird von diesem an die Socket Schnittstelle des zugehörigen Interface Connection Modul geschickt. Der Paket Decoder erkennt, daß es sich um ein TCP Datenpaket handelt und übergibt dies an den Parser. Dieser besitzt die Fähigkeit, die Inhalte des Paketes gemäß der ASN.1 Protokollspezifikation zu interpretieren. Im betrachteten Fall muß er folgende Werte aus dem TCP Paket ermitteln:
```
SI:=Source IP-Adresse
DI:=Destination IP-Adresse
PT:=PDU-Type
```
sowie im Falle einer Connect-PDU:
```
H245P:=Cnnct_UUIE_h245Adress:port
```
Der Regelsatz für die Q.931 spezifische Auswertung läßt sich wie folgt beschreiben:
```
if PT=Setup {;}
if PT=Alerting {;}
if PT=Connect { create on firewall IP-Filter-Rule(Allow, incoming,
DI, *, SI, H245P);
create Int.Mod-H.245-Incoming(Incoming, DI, *, SI, H245P);
create Int.Mod-H.245-Outgoing(Outgoing, SI, H245P, SI, *);}
```
Bei einer Setup- und Alerting-Nachricht sind keine neuen Instruktionen notwendig. Bei einer Connect-Nachricht müssen die IP-Filterregeln um eine Regel, welche die TCP-Verbindung für den H.245 Kanal an den dynamisch bestimmten Port erlaubt, erweitert werden. Zusätzlich sind für diesen H.245 Kanal zwei neue Interface Module, mit den nachfolgend aufgeführten Regeln, dynamisch zu erzeugen, welche die ein- und ausgehenden Datenpakete auf dieser TCP-Verbindung kontrollieren.
```
if PT=Connect {
create IP-Filter-Rule(Allow, incoming, 129.206.200.127, *,
130.83.139.121, 1730);
create Int.Mod-H.245-Incoming(Incoming, 129.206.200.127, *,
130.83.139.121, 1730);
create Int.Mod-H.245-Outgoing(Outgoing, 130.83.139.121, 1730,
129.206.200,127, *);}
```
Die vom Parser erzeugten Interface Module haben folgende Spezifika:
```
Int.Mod-H.245-Incoming:Select all TCP where (Incoming, DI, *, SI,
H245P)
Int.Mod-H.245-Outgoing:Select all TCP where (Outgoing, SI, H245P,
SI, *)
```
Der Parser des H.245 Interface Connection Moduls analysiert nun die Datenpakete:
```
SI-245:=Source IP-Adresse
SP-245:=Source Port
DI-245:=Destination IP-Adresse
DP-245:=Destination Port
PT-245:=PDU-Type
```

sowie im Falle einer OpenLogicalChannel-PDU:
```
RTCPP:=fLCPs_mPs_h2250LCPs:H2250LCPs_mdCntrlChnnl:TSAPIdentifier
```
bzw. im Falle einer OpenLogicalChannelAck-PDU:
```
RTCPP:=fLCPs_mPs_h2250LCPs:H2250LCPs_mdCntrlChnnl:TSAPIdentifier
RTPP:=fLCPs_mPs_h2250LCPs:H2250LCPs_mdChnnl:TSAPIdentifier
```
Der Befehlssatz des H.245-Parsers kann wie folgt beschrieben werden:
```
if PT=TerminalCapabilitySet {;}
if PT=TerminalCapabilitySetAck {;}
if PT=MasterSlaveDetermination {;}
if PT=MasterSlaveDeterminationAck {;}
if PT=OpenLogicalChannel and Direction=Received {
  create IP-Filter-Rule(Allow, Outgoing, SI-245, RTCPP, DI-245, *);}
if PT=OpenLogicalChannel and Direction=Sent {
  create IP-Filter-Rule(Allow, Outgoing, SI-245, RTCPP, DI-245, *);}
if PT=OpenLogicalChannelAck and Direction=Received {
  create IP-Filter-Rule(Allow, Outgoing, SI-245, RTPP, DI-245, *);}
if PT=OpenLogicalChannelAck and Direction=Sent {
  create IP-Filter-Rule(Allow, Incoming, DI-245, *, SI-245, RTPP);}
if PT=CloseLogicalChannel and Direction=Received {
  delete IP-Filter-Rule(Allow, Outgoing, SI-245, RTCPP, DI-245, *);}
if PT=CloseLogicalChannel and Direction=Sent {
  delete IP-Filter-Rule(Allow, Outgoing, SI-245, RTCPP, DI-245, *);}
if PT=CloseLogicalChannelAck and Direction=Received {
  delete IP-Filter-Rule(Allow, Outgoing, SI-245, RTPP, DI-245, *);}
if PT=CloseLogicalChannelAck and Direction=Sent {
  delete IP-Filter-Rule(Allow, Outgoing, SI-245, RTPP, DI-245, *);}
if PT=EndSessionCommand {
  delete IP-Filter-Rule(Allow, incoming, DI, DP-245, SI, SP-245);
  exit;}
```
Bei den Nachrichten der Phase B des Verbindungsaufbaues sind keine neuen Instruktionen notwendig. Mit einer OpenLogicalChannel-Nachricht werden die RTCP Ports mitgeteilt, mit einer OpenLogicalChannelAck-Nachricht zusätzlich die für die Audiodatenübertragung verwendeten RTP Ports. Mit deren Kenntnis können die IP-Filterregeln dynamisch erweitert werden, um nachfolgend die RTP und RTCP Kanäle freizugeben. Beim Verbindungsabbau werden wiederum H.245 Kontrollnachrichten gesendet, in deren Folge die RTP und RTCP Kanäle geschlossen werden, weshalb der Parser Befehle zum Löschen der IP-Filterregeln erzeugt. Als Reaktion auf das EndSessionCommand zum Beenden der H.245-Verbindung werden die entsprechende Filterregel gelöscht und zuletzt das H.245 InterfaceConnectionModul selbst beendet.

6 Zusammenfassung

Beim Design unserer VDMFA lag der Schwerpunkt auf einem modularen Aufbau und der Forderung, eine Architektur zu schaffen, die es ermöglicht, die vorhandenen, bewährten und schnellen IP-Filter auch für komplexe Protokolle zu verwenden. Für neue Protokolle müssen neue Interface Modul Regeln beschrieben und ein zugehöriges Interface Connection Modul realisiert werden. Dies ist mit relativ geringem Aufwand und als dynamische Ergänzung des bestehenden Gesamtsystems möglich.

Damit unterscheidet sich unser Ansatz von anderen uns bekannten dynamischen Erweiterungen [7][8], bei denen für jede neue Anwendung ein Softwaremodul entwickelt und statisch in die Firewall eingebettet werden muß. Er zeichnet sich auch durch eine kürzere mögliche Reaktionszeit bis zur Unterstützung eines neuen Dienstes und eine hohe Flexibilität bei veränderten Anforderungen aus. Im nächsten Schritt beabsichtigen wir, ein Authentifizierungs- und ein Warningmodul zu realisieren. Das Warningmodul stellt eine für IP-Filter sehr wichtige Erweiterung dar, da seine Funktionalität bei reinen IP-Filtern nur sehr schlecht realisierbar ist. Auch ist durch die Modularisierung und Verwendung von formalen Regeln die Möglichkeit gegeben, Firewalls mehrerer Hersteller mit nur einem Client konsistent zu konfigurieren; es muß nur das entsprechende Interface-Modul implementiert werden.

IP-Filter zeichnen sich gegenüber Proxies durch eine geringere Verzögerung aus, da die Daten nicht auf Anwendungsebene analysiert werden. Diesen Vorteil macht sich auch die VDMFA zunutze, das Interface Module analysiert nur Kontrolldatenströme. Die Nutzdatenströme hingegen durchlaufen nur IP-Filter, wodurch die Verzögerung gering gehalten wird, was gerade für multimediale Audio- und Videodaten von großer Bedeutung ist.

Bei einer Erweiterung sicherheitsrelevanter Systeme um neue Komponenten muß auch stets deren eigene Absicherung hinterfragt werden. So ist in unserer Architektur zum Beispiel zu gewährleisten, daß die Komponente Core-Modul auf einem sicheren Rechner lokalisiert ist, damit ein Angreifer die Regeln und Befehlssätze nicht modifizieren kann. Inwieweit mit den neuen Komponente der VDMFA neue Angriffspunkte für Angreifer geschaffen werden, wird von uns aktuell im Detail untersucht. Der Entwurf erfolgte unter Beachtung uns bekannter Erfahrungen zum Aufbau von Sicherungsinfrastrukturen.

Literatur

[1]   D. E. Comer: Internetworking with TCP/IP Volume I, 2nd Edition, Prentice Hall, 1991

[2]   W. R. Cheswick, S. Bellovin: Firewalls and Internet Security, Addison Wesley, 1994.

[3]   ITU-T Recommendation H.323 "Visual telephone Systems and Equipment for Local Area Networks Which Provide A Non-Guraranteed Quality of Service.", Genf, 1996

[4]   ITU-T Recommendation H.323 V.2 "Packet-Based Multimedia Communication Systems", Genf, 1998

[5]   H. Schulzrinne, S. Casner, R. Frederick, V. Jacobson: RTP: A Transport Protocol for Real-Time Applications, RFC 1889, Internet Engineering Task Force, January 1996

[6]   S. Strobel: Firewalls für das Netz der Netze, dpunkt-Verlag, 1997

[7]   Anonymous, Stateful Inspection Firewall Technology Tech Note, Whitepaper, http://www.checkpoint.com/products/technology/stateful1.html

[8]   Anonymous, Cisco's PIX Firewall Series an Stateful Firewall Security, Whitepaper, http://www.cisco.com/warp/public/751/pix/nat_wp.htm

[9]   D. Chouinard, J. Richardson, M. Khare, "H.323 and firewalls: The problems and pitfalls of getting H.323 safely through firewalls." Revision 2, White Paper, Intel Corporation, October 1997

Praktische Erfahrungen mit der Implementierung eines DNS-Protokoll-Intrusion-Detection-Systems

Markus Albrecht[1], Juan Altmayer Pizzorno[2], Jens Tölle[1]

[1] Universität Bonn, Institut für Informatik IV, Römerstraße 164, D-53117 Bonn
e-mail: {sukram, toelle}@cs.uni-bonn.de

[2] DETECON GmbH, D-53222 Bonn
e-mail: altmayer@cs.uni-bonn.de

Zusammenfassung

Sicherheitsaspekte in Kommunikationssystemen gewinnen zunehmend an Bedeutung. Zur Zeit werden zur Absicherung von Rechnernetzen hauptsächlich Firewalls eingesetzt, die ein Netz in einen inneren, geschützten Teil und in einen äußeren Teil auftrennen. Der Verkehr zwischen den beiden Teilnetzen läuft ausschließlich über den Firewall-Rechner, der über die Weitergabe von Nachrichten entscheidet. Firewalls werden häufig zwischen öffentlich zugänglichen Netzen und einem privaten oder Firmennetzwerk installiert. Damit ist auch schon ein Schwachpunkt beschrieben. Eine Firewall schützt nicht gegen Angriffe, deren Ursprung im Inneren des abgesicherten Bereichs liegen. Da jedoch zum Beispiel Angriffe auf Firmenrechner zu einem großen Prozentsatz durch Angehörige der Firma durchgeführt werden, gewährleistet die Firewall hier keinen Schutz. Aus diesem Grund ist die Arbeit an Intrusion-Detection-Systemen, deren Ziel die Erkennung von Angriffen ist, ein aktueller Forschungsschwerpunkt.
Dieser Beitrag faßt die Erfahrungen bei der Entwicklung und Implementierung eines Intrusion-Detection-Systems für das DNS-Protokoll (Domain-Name-System) zusammen.

1. Das Domain-Name-System

Für die Kommunikation innerhalb des Internet ist es notwendig, daß die IP-Adressen der Rechner, mit denen man kommunizieren möchte, bekannt sind. Zur Bezeichnung von Rechnern im Internet haben sich jedoch eindeutige Namen durchgesetzt, da diese für Menschen wesentlich besser zu merken sind als Ziffernkombinationen. Um die Eindeutigkeit der Namen weltweit sicherzustellen, wurde das Konzept der *domains* entwickelt. Der Name eines Rechners besteht aus einer Folge von *labels*, getrennt durch Punkte, wobei der allgemeinste *label* rechts steht. Es ergibt sich somit eine hierarchische Struktur für die Bezeichnung von Rechnern im Internet.

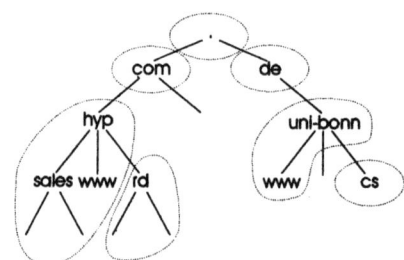

Abbildung 1: Zonen im *domain name space*

Die Zuordnung dieser Namen zu den zugehörigen IP-Adressen erfolgt nun durch das Domain-Name-System. Aus Effizienzgründen und zur Delegation der Vergabe von Namen ist das System durch eine verteilte Datenbank realisiert, deren Funktionsweise im folgenden beschrieben wird. Das im Internet genutzte Domain-Name-System [1][2] besteht aus drei wesentlichen Komponenten:

- *Domain name space* und *resource records*: Der Namensraum ist baumartig strukturiert und enthält als Pfad von der Wurzel zu einem Blatt den vollständigen Namen eines Rechners im Internet. *Resource records* sind Einträge, die aktuell in der Datenbank gespeichert sind und Blättern oder Knoten innerhalb des Baumes entsprechen.
- *Name server* sind Server, die Daten über *domain*-Namen und über die zugehörigen *resource records* speichern.
- *Resolver* ist die Bezeichnung für Programme, die anderen Applikationen Zugang zum *name service* anbieten, indem sie über das Netzwerk mit Name-Servern kommunizieren.

DNS-Nachrichten werden sowohl über UDP als auch über TCP transportiert. Bevorzugt wird dabei aufgrund des geringen Overheads UDP. Auf TCP wird zurückgegriffen, wenn die Länge einer einzelnen DNS-Nachricht 512 Byte übersteigt.

1.1 Angriffe auf DNS

Die verteilte Struktur des DNS ermöglicht einige Angriffe auf die Sicherheit des Systems. Ein Name-Server, der verfälschte Daten hält, gefährdet damit den Betrieb in der von ihm zu betreuenden Zone.

Gefahr besteht überall dort, wo Rechner über ihren Namen angesprochen werden. Ein Beispiel hierfür ist die Verwendung der „Berkeley r-commands", die beispielsweise das Einloggen auf Rechner ohne zusätzliche Authentifizierung ermöglichen. Als Zugangsberechtigung wird bereits eine verzeichnete Quelladresse der Netzwerkverbindung gewertet. Die Zuordnung von Rechnernamen und Adressen geschieht auch an dieser Stelle über das *domain-name-system*.

Bei der Verwendung des DNS-Protokolls sind einige Verwundbarkeiten bekannt, auf die jetzt näher eingegangen wird.

Malformed PDUs

Diese Methode nutzt Lücken in der Implementierung von Name-Servern aus. Das Problem ist eine unzureichende Überprüfung der Kodierung der eintreffenden PDUs (*Protocol data units*) durch die Dekodierroutinen. Bewußt falsch kodierte PDUs können zu nicht vorhersagbaren Ergebnissen führen.

Malicious records

Ein Beispiel für diese Methode ist das bereits oben angesprochene Verfahren, Zugang zu einem Rechner lediglich aufgrund des Namens des anfragenden Rechners zu geben. Dieser Name wird durch eine Anfrage an den zuständigen Name-Server auf eine IP-Adresse abgebildet, die mit der Absender-Adresse der Anfrage verglichen wird. Wenn ein Angreifer Zugang zu dem zuständigen Name-Server hat, dann kann er dort gefälschte *resource records* hinterlegen, die Namen beliebigen Rechners zu Adressen eigener Maschinen zuordnen.

Cache poisoning

Zur Steigerung der Effizienz des Systems werden im Regelfall alle Daten, die durch Antworten erhalten worden sind, in einen lokalen Cache des *resolvers* übernommen. Ausnahmen sollen die in der Anfrage nicht verlangten, zusätzlichen Daten sein. Diese Überprüfung wird jedoch nicht von allen Implementierungen des DNS-Protokolls durchgeführt. Versionen der weitverbreiteten BIND-Implementierung [3] führen einige realisierbare Sicherheitsüberprüfungen nicht durch. Damit ist es für einen Angreifer leicht, zusätzliche Informationen in den Cache des *resolvers* einzuschleusen. Ein Angreifer kann einen eigenen Name-Server so modifizieren, daß er bei der Beantwortung von Fragen eine zusätzliche Abbildung eines beliebigen Rechnernamens auf eine eigene Adresse mitsendet.

Man in the middle

Für diesen Angriff benötigt man Zugang zu einem Netzwerk zwischen einem *resolver* und dem antwortendem *name server*. Der Angreifer kann dann auf eine Anfrage des *resolvers* eine gefälschte Antwort versenden. Sofern diese Antwort vor der Antwort des *name servers* am *resolver* eintrifft, wird mit den gefälschten Daten weitergearbeitet. Wenn sich der DNS-Server in einem anderen Netzsegment befindet, der Angreifer aber im gleichen Segment wie der *resolver*, dann ist es sehr wahrscheinlich, daß dieser Angriff gelingt.

ID guessing

Dieser Angriff ist ähnlich zum zuletzt beschriebenen Angriff, er erfordert jedoch nicht das Mitlesen einer Anfrage. Statt dessen werden gestellte Anfragen und die in den Anfragen benutzten Identifikationsnummern erraten. Auch dieser Angriff gelingt, wenn das erzeugte Antwortpaket vor der Antwort des zuständigen *name servers* am Ziel ankommt. Eine Möglichkeit, die Erfolgswahrscheinlichkeit des Angriffs zu erhöhen, bietet sich, wenn man mehrere mögliche Antwortpakete unmittelbar nacheinander versendet. Im Extremfall kann man zum Beispiel Pakete mit allen 65536 möglichen Identifikationsnummern versenden.

2. Intrusion Detection Systeme (IDS)

In diesem Abschnitt werden verschiedene Konzepte für die Erkennung von Angriffen vorgestellt. Erfolgversprechend ist eine Mischung der verschiedenen Konzepte, da dadurch Nachteile einzelner Methoden weniger ins Gewicht fallen und Stärken verschiedener Methoden kombiniert werden können.

2.1 Configuration Analysis

Die Konfigurationsanalyse wird auch „statische Analyse" genannt, da nur statische Eigenschaften des Systems und nicht die Aktivitäten im System betrachtet werden. Es wird versucht, Angriffe durch nicht autorisierte Modifikationen der aktuellen Konfiguration zu entdecken. Werkzeuge zur Konfigurationsanalyse untersuchen das System häufig auch nach bekannten Verwundbarkeiten. Ein Beispiel für ein solches System ist Tripwire [4].

Ein Vorteil dieses Verfahrens ist, daß es bei Bedarf eingesetzt werden kann und ansonsten keine zusätzliche Last auf bereits belasteten Systemen erzeugt. Nicht erkannt werden können Angriffe, die den statischen Systemzustand nicht verändern oder wieder zurücksetzen.

2.2 Threshold Detection

Ein anderer Ansatz wird als Threshold Detection bezeichnet. Die einfache Grundidee liegt in der Zählung von Ereignissen, z. B. fehlgeschlagenen Login-Versuchen, innerhalb bestimmter Zeiträume.
Ein kritischer Teil dieses Ansatzes ist die geeignete Wahl von Zeiträumen und Schwellwerten. Das Verfahren wird aus diesem Grund häufig mit anderen *Intrusion Detection*-Verfahren zusammen eingesetzt. In [5] finden sich weitere Informationen dazu.

2.3 Anomaly Detection

Der Ansatz dieses Verfahrens ist die Idee, daß Angriffe durch „unnormales" Verhalten erkannt werden können. Es kann sich hierbei um ungewöhnliches Verhalten von Nutzern handeln, zum Beispiel eine nächtliche Nutzung eines Accounts, der normalerweise nur tagsüber genutzt wird, oder plötzlich stark abweichende Ressourcen-Nutzung eines Prozesses.
Bei diesem Verfahren bietet es sich an, im laufenden Betrieb ständig Informationen über das Verhalten von Nutzern und Prozessen zu sammeln und diese gesammelten Daten dann als Profil der „normalen" Nutzung zu speichern. Dadurch sind auch Änderungen im Nutzungsverhalten möglich. Hierbei besteht natürlich die Gefahr, daß ein Angreifer das System so trainiert, daß ein später durchgeführter Angriff nicht mehr erkannt werden kann.
Ein Vorteil dieses Verfahrens ist es, daß möglicherweise auch neue Angriffsverfahren erkannt werden können.

2.4 Misuse Detection

Das Ziel dieser Methode ist die Erkennung bekannter Angriffsmuster. Eine Annahme ist dabei, daß man bekannte Angriffe kodieren kann und automatische Vergleiche mit aktuellen Daten aus dem Netzwerk anstellen kann.
Für die Vergleiche wird dabei auf regelbasierte und modellbasierte [6] Verfahren zurückgegriffen. Auch Mustererkennungsverfahren wurden zusammen mit Petri-Netzen [7] für diesen IDS-Ansatz benutzt. Ein Nachteil dieses Verfahrens ist wiederum die Beschränkung auf bekannte und kodierte Angriffe.

2.5 Specification-based Detection

Als letzter Ansatz sei hier die *specification-based detection* erwähnt. Dabei wird das erlaubte, „normale" Verhalten von Programmen, Benutzern oder Protokollen beschrieben. Abweichungen von diesem erlaubten Verhalten können erkannt werden und zeigen einen potentiellen Angriff. Ein solches System ist das IDS von Ko [8], der mit Grammatiken erlaubte Operationen beschrieben hat. Die Erkennung von Abweichungen kann nun durch das Parsen des Datenstromes geschehen.
Specification-based detection stellt somit in gewisser Weise ein Gegenstück zu *misuse detection* dar, da im ersten Fall erlaubte Aktionen spezifiziert werden, während im zweiten Fall verbotene Aktionen beschrieben werden.

3. Ein Konzept für ein DNS-Protokoll-Intrusion Detection System

1997 wurde in [9] eine Erweiterung des Protokolls vorgestellt, die einige der oben beschriebenen Verwundbarkeiten durch Public Key Verschlüsselungen beseitigt. Es ist jedoch sehr unwahrscheinlich, daß diese DNSSEC genannten Erweiterungen des Protokolls in der nächsten Zeit weite Verbreitung finden werden. Auch eine flächendeckende Einführung von DNSSEC macht die Nutzung zusätzlicher, IDS-Komponenten nicht überflüssig, da diese eine unabhängige Kontrolle des Systems bieten. Aus diesem Grund wird hier eine Lösung für die angesprochenen Probleme entwickelt.

Ein wichtiger Punkt bei der Konzeption eines Intrusion-Detection-Systems ist immer die Gewinnung geeigneter Daten. Häufig stellt sich die Frage, ob vorhandene Logfiles genutzt oder die Daten vom System gesammelt werden sollen. Die Entscheidung fällt in diesem Fall leicht, da die standardmäßig angelegten Logfiles keine hinreichenden Daten enthalten. Die abzuspeichernden Datenmengen wären viel zu umfangreich. Aus diesem Grund muß das IDS die benötigten Daten im Netz lesen und unmittelbar bearbeiten.

3.1 Designüberlegungen

Für die Erkennung von Angriffen auf das DNS ist die Untersuchung der DNS-bezogenen Pakete innerhalb des Netzes notwendig. Als Ort für das IDS bietet sich innerhalb von *broadcast*-Medien wie z.B. Ethernet ein Rechner an, der ein Netzsegment mit dem Name Server teilt. Es ist selbstverständlich auch möglich, daß das IDS auf dem selben Rechner wie der Name Server läuft.

Durch Benutzung der Netzkarte des IDS-Rechners im *promiscuous mode* wird von jedem Paket, das über das Netzwerk transportiert wird, eine Kopie an das IDS weitergereicht, unabhängig von der Adressierung des Paketes. Bibliotheken, die solche Funktionen zur Verfügung stellen, sind insbesondere für UNIX-Systeme problemlos verfügbar [10].

Da es sich bei dem System nur um eine exemplarische Implementierung handelt, die den Nachweis erbringen soll, daß die angesprochenen Verwundbarkeiten des DNS-Protokolls zu beherrschen sind, werden hier ausschließlich die UDP-Pakete überwacht. Einer Erweiterung des Systems auf TCP-Pakete stehen keine grundsätzlichen Probleme entgegen.

3.2 Filterung

Aus Geschwindigkeitsgründen sollten bereits so früh wie möglich alle Pakete, die nicht zum UDP-Verkehr gehören, aussortiert werden. Benötigt werden IP-Pakete, die in ihrem Protokollfeld den Eintrag 11h für UDP enthalten. Pakete mit anderen Kennzahlen können direkt verworfen werden. Das Aussortieren der DNS-Pakete aus der Menge der UDP-Pakete wird jetzt aufgrund fehlender Protokollkennzeichnungen im UDP-Paket komplizierter. Einziger Hinweis sind die Ports, die Absender oder Empfänger der Nachricht sind. Name Server erwarten Anfragen grundsätzlich am Port 53. Pakete mit Zielport 53 sind somit Anfragen an Name Server. Pakete mit Absenderport 53 sind Antworten des Servers. Damit könnten nun bereits alle regulären DNS-Pakete aussortiert werden. Ein Problem stellen jedoch gefälschte Antwortpakete dar, die nicht zwangsläufig den Absenderport 53 haben müssen. Aus diesem Grund werden hier die Herkunftsports von Anfragen an Name Server für einen Zeitraum gespeichert, und alle in diesem Zeitraum an diesen Port auf der gleichen Maschine gesendeten Pakete werden als DNS-Antworten interpretiert. Die Länge des Zeitraumes, für den dieser Port überwacht wird, ist entscheidend für ein gutes Filter-Ergebnis. Durch zu kurze Zeiträume können gefälschte Pakete unentdeckt bleiben, während bei zu langen Zeiträumen möglicherweise Pakete an das IDS weitergereicht werden, die keine DNS-Pakete sind.

3.3 Probleme durch verworfene Pakete

Probleme beim Einsatz des IDS können durch nicht hinreichend schnelle Komponenten entstehen. Einerseits ist es wünschenswert, daß das IDS keine Belastung für das Gesamtsystem oder den Rechner, auf dem es läuft, darstellt. Andererseits besteht die Gefahr der Fehlfunktion, wenn relevante Pakete vor dem Erreichen des IDS verworfen werden. Verlorene Anfragen können zu einer fälschlicherweise erzeugten Alarmmeldung führen (*false positive*), da eine scheinbar unverlangte Antwort aufgefangen wird, während eine verlorene Antwort zu einem *false negative*, also zu einem Angriff ohne zugehörige Alarmmeldung führen könnte, da mehrfache, unterschiedliche Antworten nicht erkannt werden. Zwei Stellen, an denen Paketverluste auftreten können, sind

- die Netzwerkkarte, die Pakete verwerfen muß, falls das Netz schneller Pakete anliefert als sie vom Treiber abgeholt werden können und
- der Treiber, der Pakete in den begrenzten Systemspeicher kopiert und verwerfen muß, falls kurzfristig kein Speicherplatz zur Verfügung steht.

4. Implementierung

Als Implementierung sind drei Programme mit den Namen nscapture, nsview und nscheck entstanden:
- nscapture liest Daten aus dem Netzwerk, filtert DNS-Verkehr nach den oben erklärten Kriterien heraus und schreibt diese Daten in eine Datei und ermöglicht dadurch reproduzierbare Testläufe.
- nsview ist ein Werkzeug zur Dekodierung und zur Klartextanzeige von DNS-Paketen.
- nscheck ist das eigentliche IDS-Programm und wird im folgenden Abschnitt eingehend betrachtet.

4.1 nscheck

Der Kernpunkt des Intrusion Detection Systems ist der Detektionsalgorithmus. Es hat sich im Lauf der Entwicklung gezeigt, daß der folgende vierstufige Prozeß geeignet für die Untersuchung des DNS-Verkehrs ist.
Die Untersuchung geschieht in den Schritten:
1. Überprüfung der Kodierung der PDUs
2. Konsistenzüberprüfung für einzelne Nachrichten
3. Kontext-Konsistenzüberprüfung
4. Verifikation von Daten

Schritt 1

Durch die Überprüfung der Kodierung im ersten Schritt können bereits *malformed packets* erkannt werden. Auf der Ebene des Ethernet-Rahmens werden Quell- und Zieladresse sowie Typfeld kontrolliert. Im IP-Paket wird getestet, ob der im IP-Längenfeld gespeicherte Wert der tatsächlichen Paketlänge entspricht, um dadurch manipulierte Pakete zu erkennen. Es existieren auch Angriffe, die auf der Basis fragmentierter, überlappender IP-Pakete arbeiten. Dieses Risiko kann durch Kontrolle des Paketoffsets ausgeschlossen werden. Als letzter Test wird die Checksumme des IP-Pakets bestimmt und mit der gespeicherten Summe verglichen.

Auch der UDP-Header enthält ein Längenfeld, das keinesfalls einen geringeren Wert als das IP-Längenfeld enthalten sollte, da das IP-Paket sonst zusätzliche Daten enthält, die nicht zum übertragenen UDP-Paket gehören. Als abschließender Test der vom DNS genutzten Protokolle folgt ein Test der UDP-Checksumme. Die Tests sind hier nur verkürzt wiedergegeben. Ausführliche Beschreibungen finden sich in [11].

Erst wenn bei diesen Überprüfungen keine Probleme mit den unteren Protokollschichten aufgetreten sind, beginnen die Kontrollen des DNS-Paketes. Die einwandfreie und widerspruchsfreie Kodierung der einzelnen Header-Einträge wird überprüft, und die Einhaltung der nach [2] maximal erlaubten Länge eines *domain name´s* von 255 Byte wird getestet. Sollte der *domain name* Sprünge enthalten, dann ist sicherzustellen, daß der Sprung weder zu einer Endlosschleife noch in einen Speicherbereich außerhalb des DNS-Paketes führt. Endlosschleifen werden dadurch erkannt, daß die Länge eines *domain name* während des Einlesens über die Länge des DNS-Paketes anwächst. Als letzte Kontrolle des ersten Schrittes folgt eine Überprüfung, ob alle Daten des UDP-Paketes eingelesen und sinnvoll als DNS-Nachricht interpretiert worden sind. Zusammenfassend können somit in diesem ersten Schritt Probleme der Kategorie *malformed packets* erkannt werden.

Schritt 2

Im zweiten Schritt des Detektionsalgorithmus wird eine Konsistenzprüfung einzelner DNS-Nachrichten durchgeführt. Eine einzelne Nachricht kann eine normale Anfrage, eine Antwort darauf, eine inverse Anfrage (dient der Abbildung von Antworten auf Fragen) oder eine Antwort auf eine inverse Anfrage sein.

- Normale Anfragen sollen genau eine Frage enthalten. Wenn mehr als eine Frage gestellt wird, dann könnte es sich zwar um sinnvolle Fragen handeln, die Reaktion der *name server* darauf ist jedoch nicht festgelegt. Anfragen mit null Fragen sind nicht sinnvoll. Fragen dürfen auch generell keine Eintragungen im Antwortfeld der PDU aufweisen.
- Antworten auf normale Anfragen müssen eine Kopie der Frage enthalten. Im Antwortfeld angegebene *domain names* müssen in ihrer Schreibweise exakt dem Namen aus dem Fragefeld oder den im Antwortfeld bereits angegebenen Aliasnamen (CNAME) entsprechen. Durch eine Zusammenstellung der in der Frage-, Antwort- und Authority-Sektion benutzten *domain names* erkennt man durch einen Abgleich mit den in der *additional records*-Sektion benutzten Namen einfach eingeschmuggelte Einträge (sog. Piggybacking).
- Bei inversen Anfragen kann man überprüfen, ob exakt eine Antwort vorgegeben wurde, keine zusätzliche Frage enthalten ist sowie andere Protokollfelder nicht

ausgefüllt sind (*authority* und *additional resource records*), da die Bedeutung dieser Felder in diesem Zusammenhang nicht spezifiziert ist.
- Für die Antworten auf inverse Fragen gelten sinngemäß die gleichen Bedingungen wie für normale Antworten. Das *answer*-Feld soll einen Eintrag enthalten, die Einträge im *question*-Feld müssen zum vorgegebenen Eintrag passen und Felder, deren Bedeutung in diesem Kontext nicht spezifiziert ist, dürfen nicht ausgefüllt sein.

Durch diese Überprüfungen gelingt es, durch einfaches Einschmuggeln von falschen Informationen in Frage- und Antwortpaketen verursachte Störungen des DNS-Betriebs zu erkennen.

Schritt 3

Der dritte Schritt der Überprüfung bezieht nun den Kontext des DNS-Verkehrs mit ein, da sich manche Angriffe nicht anhand einzelner Pakete erkennen lassen. Zur Erfüllung dieser Aufgaben verwaltet das Programm eine Kontext-Tabelle, in der zum Beispiel Informationen über gerade gesendete Anfragen gespeichert werden.
Jeder Tabelleneintrag hat folgendes Format:
- IP-Quelladresse, UDP-Quellport, DNS-Identifikationsnummer und Opcode (wird zur Unterscheidung von normalen und inversen Anfragen genutzt).
- Eine Kopie vom Inhalt und von der Art der Frage (Antwort bei inversen Fragen).
- Eine Liste der auf die Anfrage passenden Nachrichten. Sie enthält die Seriennummer des Paketes, einen Zeitstempel, eine vollständige Kopie des Paketes (um Vergleiche zu ermöglichen), Zeiger auf IP-, UDP- und DNS-Header innerhalb des Paketes (um einen effizienten Zugang zu Header-Informationen zu gewähren) und eventuelle Verweise auf identische Pakete.

Mit diesen Informationen kann die Kontextanalyse durchgeführt werden. Zusammengehörige Fragen und Antworten werden über passende IP-Adressen und UDP-Ports erkannt. Ein Problem, das dadurch erkannt werden kann, sind Antworten auf nicht gestellte Fragen. Doppelte Antworten auf gestellte Fragen müssen näher betrachtet werden. Es könnte sich um Paketverdoppelungen handeln, die bei der Übertragung im Netz entstanden sind und vor denen IP und UDP nicht schützen. Exakte Duplikate von Quell- und Zieladressen sowie DNS-Inhalten stellen hier kein Problem dar, veränderte DNS-Inhalte verdienen jedoch eine ausführlichere Betrachtung. An dieser Stelle muß der Algorithmus unterscheiden, ob eine *man-in-the-middle-attack* stattgefunden hat oder ob der Server auf die zweite (duplizierte) Anfrage (aus Gründen des Lastausgleichs) mit einer veränderten Reihenfolge der Einträge im Antwortfeld geantwortet hat. Auch dieser letzte Fall kann natürlich durch einen Angreifer provoziert worden sein, um Anfragen an einen bestimmten Rechner weiterzuleiten, so daß an dieser Stelle zumindest eine Warnung angemessen ist.
Eine Anfrage darf nicht unmittelbar nach dem Eintreffen einer ersten Antwort aus der Kontext-Tabelle gelöscht werden, weil sonst alle Probleme mit mehrfachen Antworten nicht erkannt werden können. Andererseits sollten Anfragen nicht beliebig lange gespeichert werden, weil dadurch Speicherplatz verbraucht wird und Suchzeiten in der Kontext-Tabelle ansteigen. Bei extrem langen Verweilzeiten kommen zusätzlich Probleme mit wiederverwendeten Abfrage-Identifikationsnummern hinzu. Ein wichtiger Parameter für den Einsatz des Systems in der Praxis ist somit die geeignete Wahl der Verweildauer einer Anfrage in der Kontext-Tabelle.

Schritt 4

Als vierter und letzter Schritt der Detektion folgt die Verifikation der erhaltenen Daten, um mit den vorangegangenen Untersuchungen noch nicht entdeckte Angriffe zu erkennen. Dazu besitzt das System einen eigenen *resolver*, der direkt die *authoritative servers* anspricht. Überprüft wird eine Auswahl der Pakete. Nicht notwendig ist die Überprüfung von
- Anfragen,
- Duplikaten von bereits überprüften Antworten sowie
- Antworten auf die Fragen des internen Resolvers.

Zur Steigerung der Bearbeitungsgeschwindigkeit hat sich eine *resolver*-interne Anfrageliste bewährt, die parallel bearbeitet wird. Für die Funktionsweise des internen *resolvers* wird eine Abwandlung des Resolver-Algorithmus aus [1] genutzt:
1. Initialisierung der Liste geeigneter Server
2. Anfrage an die Server der Liste und Erwarten einer Antwort.
3. Analyse der Antwort
    a) Vergleiche eine erhaltene Antwort mit den vom Netz abgehörten Daten.
    b) Bei Verweisen auf andere Server wiederhole ab Schritt 1.
    c) Wenn die Antwort einen Aliasnamen enthält, dann wähle diesen Namen für die nächste Abfrage und wiederhole ab Schritt 1.
    d) Falls die Antwort einen Server-Fehler anzeigt, dann wird der Name des Servers aus der Serverliste gelöscht und ab Schritt 2 wiederholt.

Nachteile dieses Verfahrens sollen nicht unerwähnt bleiben:
- Auch der eingebaute *resolver* ist durch *man-in-the-middle*-Angriffe und *ID-guessing* verwundbar.
- Durch die eigenen Anfragen wird das System von außen wahrnehmbar und hört nicht mehr nur passiv den Verkehr ab.
- Der *resolver* kann selbst eine große Menge Verkehr erzeugen.
- Zwei nscheck-Instanzen im gleichen Netz dürfen nicht beide Anfragen verifizieren, da es sonst zu Endlosschleifen kommt, die durch zyklische Überprüfungen der Antworten auf die Kontrollanfragen der anderen Instanz entstehen.
- Probleme treten auf, falls die überprüften Daten erst zwischengespeichert werden. Je älter die Daten sind, desto wahrscheinlicher werden Fehlalarme, weil sich *name space* und zugehörige *resource records* ständig verändern..

5. Meßergebnisse

Nach dem Design und der Implementierung des Systems stellt sich die Frage nach dem Verhalten im praktischen Einsatz. Als Frage stellt sich zuerst, ob
- vorhandene Angriffe erkannt werden (Abwesenheit von *false negatives*) und
- keine Angriffe entdeckt werden, wo keine sind (Abwesenheit von *false positives*).

Desweiteren sind Aussagen über die Geschwindigkeit des Systems notwendig.
Tests mit der Durchführung bekannter Angriffe und mit normaler DNS-Nutzung haben die erhofften Ergebnisse gebracht, obwohl zu bedenken ist, daß Tests weder die Abwesenheit von *false positives* noch von *false negatives* beweisen können. *Cache-poisoning*-Attacken mit dem Tool jizz und Tools der Gruppe „The Apostols" [12] wurden problemlos erkannt. *Malformed PDUs* und *man-in-the-middle*-Angriffe des

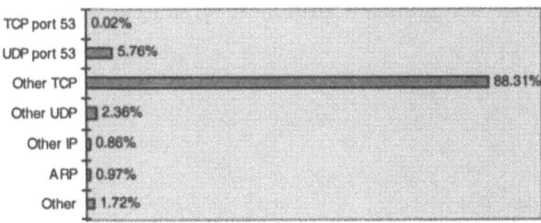

Abbildung 2: Prozentueller Anteil des Datenvolumens verschiedener Protokolle am Verkehr

implementierten Tools `nsfake` stellten ebenfalls kein Problem dar. *ID-guessing*-Angriffe sind nicht in `nsfake` implementiert, werden jedoch von `nscheck` aufgrund der mit *man-in-the-middle*-Angriffen vergleichbaren Symptome erkannt. Ein Problem stellen lediglich *malicious records* dar, die nicht durch Abweichungen des DNS-Protokolls verursacht werden.

Zur Beurteilung der Geschwindigkeit des laufenden Systems wurde eine Abschätzung durchgeführt, welcher Prozentsatz der Daten im regulären Betrieb eines Netzes DNS-Verkehr entspricht.

Die Daten wurden in einem mit dem Internet verbundenen Firmennetz gesammelt, das PCs mit verschiedenen Betriebssystemen verbindet und für *file transfer*, E-Mail, WWW-Zugang, Dateizugriffe und DNS-Abfragen genutzt wird. Es ergab sich eine Aufteilung des Verkehrs auf die einzelnen Protokolle gemäß Abbildung 2.

Diese Ergebnisse sind jedoch nur als Schnappschuß des speziellen Netzes zur Testzeit zu verstehen. Generelle Aussagen können durch diese Messung nicht getätigt werden. Zwei Punkte dieser Messung bestätigen die Erwartungen:

- DNS-Verkehr ist nur zu einem geringen Prozentsatz am Gesamtverkehr beteiligt, in diesem Fall weniger als acht Prozent des Gesamtverkehrs.
- DNS-Verkehr über TCP ist vernachlässigbar gegenüber dem DNS-Verkehr über UDP.

Um die Leistungsfähigkeit der Filtermechanismen zu bewerten, wurden Tests mit unterschiedlicher Netzlast in einem abgetrennten 10Mbit/s-Ethernetsegment durchgeführt. Ein PC (Pentium 100 MHz, 32MB RAM, Red Hat Linux 5.0, Kernel 2.0.32) diente als Plattform für `nscheck`. Ein Sparc-Rechner (UltraSparc AXi 300MHz, 256 MB RAM, Solaris 2.6) diente zur Erzeugung einer reproduzierbaren Netzlast.

Paketverluste können sowohl in der Netzkarte des empfangenden Systems als auch beim Filtern der Pakete auftreten. Untersuchungen über die Anzahl verworfener Pakete ergaben die in Abbildung 3 zu sehenden Ergebnisse.

Hierbei ist `nscheck` das gesamte IDS, `nscapture` führt die gleichen Filterungen durch, speichert die Pakete dann aber auf der lokalen Festplatte, während `recveth` lediglich die Anzahl empfangener Pakete zählt. Dieser letzte Wert ist eine obere Schranke für die maximal zu erzielende Verarbeitungsgeschwindigkeit mit den gegebenen Bibliotheken und der vorhandenen Hardware. Enttäuschend sind die frühen Paketverluste von `nscheck` bei geringen Datenraten (ab 71 KB/s), da

Filetransfer-Tests mit der gleichen Maschine erzielbare Datenraten von 900 KB/s ergeben haben.

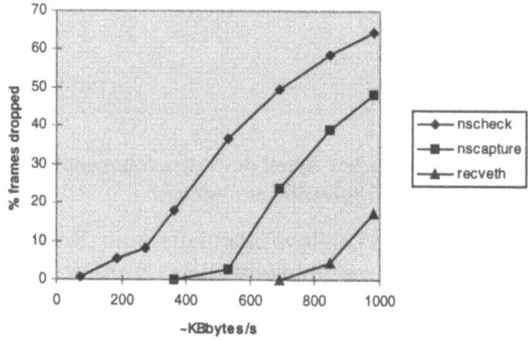

Abbildung 3: Frame-Verluste bei unterschiedlichen Datenraten

Ein Geschwindigkeitstest, bei dem die Daten nicht über das Netz, sondern von einer lokalen Festplatte geliefert wurden, ergab erzielbare Durchsätze von ungefähr 459 KB/s. Damit ist nachgewiesen, daß der Engpaß nicht in der Prozessorleistung des Systems liegt. Einen Hinweis auf einen Engpaß ergab ein Profiling der nscheck-Routinen. Deutlich über 90% der Rechenzeit wurde für den dritten Schritt des Detektionsalgorithmus, die Arbeit mit der Kontext-Tabelle, benötigt. Durch Optimierung der benutzten Datenstrukturen ergab sich das in Abbildung 4 gezeigte Ergebnis.
Durch diese Verbesserung wird ein praktischer Einsatz des Verfahrens möglich.

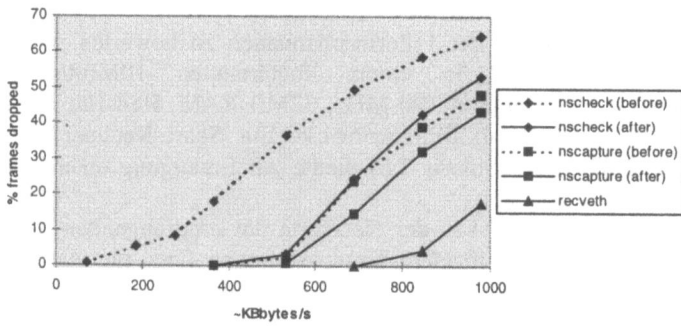

Abbildung 4: Frame-Verluste in der optimierten Version

6. Zusammenfassung und Ausblick

In diesem Artikel wurde ein Überblick über die Entwicklung und die praktischen Erfahrungen mit einem DNS-Protokoll-Intrusion-Detection-System gegeben. Das System liest im laufenden Betrieb die Daten in einem Netzwerk, filtert DNS-relevante Daten heraus und versucht in einem vierstufigen Prozeß, Angriffe auf das DNS zu erkennen und vor ihnen zu warnen.

Der gewählte IDS-Ansatz ist eine Mischung aus *specification-based-detection*, da das Detektionsverfahren eine implizite Beschreibung der Protokollspezifikation enthält, sowie *misuse-detection*, da das Wissen über bekannte Angriffsverfahren in die Entwicklung des Systems eingeflossen ist. Die im Rahmen des Detektionsverfahrens implementierten Überprüfungen sind manuell erzeugt. Für die Zukunft sind automatische Ansätze zur Beschreibung von Protokollen geplant.

Auch die konkrete Implementierung dieses Verfahrens läßt noch Ergänzungen zu. Durch eine zusätzliche Pufferung der Datenpakete zwischen Netzkarte und Filterung wird sich die Zahl verworfener Pakete weiter reduzieren lassen, so daß berechtigte Hoffnung besteht, mit einem schnelleren Rechner für das IDS auch den DNS-Verkehr in Netzen höherer Bandbreite (Fast-Ethernet, 100Mbit/s) überwachen zu können.

Literaturverzeichnis

[1]   P. Mockapetris: *Domain Names - Concepts and Facilities*, RFC 1034, November 1987.

[2]   P. Mockapetris: *Domain Names - Implementation and Specification*, RFC 1035, November 1987.

[3]   Internet Software Consortium's home page for the BIND DNS implementation, on http://www.isc.org/bind.html.

[4]   GeneH. Kim, Eugenen H. Spafford: *The Design and Implementation of Tripwire: A File System Integrity Checker*, Technical Report CSD-TR93-071, Purdue University, 1993.

[5]   Koral Ilgun, Richard A. Kemmerer, Phillip A. Porras: *State Transition Analysis: A Rule-Based Intrusion Detection Approach*, IEEE Transactions on Software Engineering, Volume 21, Number 3, pp. 181-199, March 1995.

[6]   Thomas D. Garvey, Teresa F. Lunt: *Model-Based Intrusion Detection*, Proceedings of the 14th National Computer Security Conference, pp. 372-385, October 1991.

[7]   Sandeep Kumar, Eugene H. Spafford: *An Application of Pattern Matching in Intrusion Detection*, Technical Report CSD-TR94-013, Purdue University, June 1994.

[8]   Calvin W. Ko: *Execution Monitoring of Security-Critical Programs in a Distributed System: A Specification-Based Approach*, PhD Thesis, University of California, Davis, 1996.

[9]   D. Eastlake, C. Kaufman: *Domain Name System Security Extensions*, RFC 2065, January 1997.

[10] The libpcap library is available from: ftp://ftp.ee.lbl.gov/libpcap.tar.z

[11] Juan Altmayer Pizzorno: *Protocol Intrusion Detection for the Internet Domain Name System*, Universität Bonn, 1998

[12] http://apostols.org/toolz/

A Protocol Preventing Blackbox Tests of Mobile Agents [1]

Fritz Hohl, Kurt Rothermel

Institute of Parallel and Distributed High-Performance Systems (IPVR),
University of Stuttgart, Breitwiesenstr. 20/22, D-70565 Stuttgart Germany
{Fritz.Hohl,Kurt.Rothermel}@informatik.uni-stuttgart.de

Abstract. For protecting mobile agents from attacks by malicious hosts, some current approaches try to create a blackbox out of an unprotected agent. A blackbox is a special mobile agent whose internals - code and data - are principally "invisible" for attackers. Although allowing a high degree of security, even blackboxes can be attacked by means of testing attacks. A blackbox testing attack executes an agent several times with different input parameters. After each execution, the attacker observes the effect, either explicit results like output values or characteristic "activity patterns". This paper presents a protocol that prevents testing attacks against blackbox protected mobile agents. The protocol exploits the fact that input data can be used as a sort of challenge. It uses registries, i.e. services on other, trusted nodes. It is shown that the presented protocol has a reasonable overhead compared to a non-migrating alternative.

1 Introduction

Mobile agents and other mobile code entities allow to execute programs on computers that are not maintained by the employer of that program. In this case, different parties are involved in running a program. Therefore, guarantees have to be given that no party harms the other.

One aspect of this problem is the fear of the computer owners of inviting viruses, worms and trojan horses to damage their system. As the owners normally do not know the arriving program in advance, and as normal application-type programs such as word processors or games may damage a computer system in a severe manner, there have to be technical means that prevent mobile programs from harming their host. Fortunately, a lot of work has already been invested to achieve exactly such a protection as e.g. Java applets need these mechanisms.

The other aspect of the fact that a program is not executed by its employer anymore is the need to protect a mobile program against potential attacks by the executing party. Apart from code modification attacks which can be prevented by using signatures, especially the state of a program has to be protected. Here, the problem is not already solved by mobile code systems as state is not an important issue for mobile code entities like applets. In contrary to mobile code, state is very important for mobile agent sys-

---

[1] This work was funded by the German Research Community (DFG)

tems, as this is the difference between mobile code entities and mobile agents: mobile agents differ from each other by the state that persist over the different execution nodes. This aspect is as important as the previous one if the agent system is open in the sense that everybody can connect new agent execution nodes, or hosts, to the system, and if the agent carries information which is valuable somehow to its owner. Currently two approaches address the whole problem technically ([2], [3]). Both approaches convert an agent specification into an executable agent that is protected from some attacks by their runtime environments. The attacker, although able to execute the agent, is not able to determine the inner semantic mechanisms of the agent. Therefore, the attacker cannot read protected informations from the agent or manipulate the execution in a controlled manner.

From the attacker's point of view, the agent has become a blackbox. The input and output of the blackbox can be observed by the attacker, and it is possible to execute the agent. Therefore, a potential attack strategy is to run blackbox tests to determine characteristics of the inside of the "black box". This is done by executing the blackbox with different input parameters and by watching the effects. The recorded reactions can be explicit results like output values or characteristic "activity patterns". In this paper a protocol is presented that prevents blackbox tests of mobile agents that are blackboxes.

The rest of the paper is organized as follows: Section 2 defines the blackbox property, i.e. the characteristics of mobile agents that can be protected by our approach, Section 3 presents blackbox testing attacks, and Section 4 describes one way to prevent such attacks. Section 5 shows a protocol that realizes this way, Section 6 gives an overview over the programming interface of the mechanism. Section 7 describes our current implementation of the protocol, and Section 8 concludes and gives a short view on future work.

2 Assumption: Blackbox Property of Agents

After its creation, an agent may migrate from node to node of an agent system. We distinguish between trusted and non-trusted nodes. Non-trusted nodes may be malicious, while trusted nodes are assumed to behave as expected. Different agents may have different views on the trustworthiness of nodes. On trusted nodes, visiting agents are assumed to be activated and performed at most once - failures and/or access control mechanisms may cause an agent to be aborted or refused, respectively. In contrast, non-trusted nodes may try to run visitors several times in order to spy out an agent by means of „blackbox testing".

For the protocols proposed in this paper we assume agents to appear as blackboxes to non-trusted nodes. In other words, we assume a mechanism that converts a "plain" agent into a blackbox agent, with both versions of the agent having the same functionality. The blackbox version of the agent can migrate to non-trusted nodes, which can execute them without further conversions.

An agent is defined to have the blackbox property if its internals - code and data - are principally "invisible" for attackers. In other words, an attacker is prevented from spying out the blackbox agent or modifying its code and data in a purposeful manner.

Although blackbox agents do not have the same level of autonomy and protection like agents that reside on a trusted node and that communicate remotely, the blackbox property allows agents to use basic cryptographic mechanisms like authentication, encryption and the establishment of secure communication channels in an almost unmodified manner (see [2] for a discussion of this aspect).

Algorithms for realizing the blackbox property are an active research area and early results are available and encouraging. Sander and Tschudin propose in [3] a way to use *encrypted programs* as a means to protect agents from malicious hosts. In their notion, encrypted programs consist of special operations that work on encrypted data. Encrypted agents are created by converting an agent specification into some executable code plus initial, encrypted data. Since the attacker cannot break the encryption of the data, it cannot read or manipulate the original data. The advantage of this approach is that its cryptographic complexity is computable. On the other hand, its limitation is that only a very specific form of agents (those that can be expressed as polynomial functions) are supported so far.

Another approach ([2]) uses code obfuscating techniques to implement the blackbox property. This approach accepts any agent program, however it guarantees the blackbox property only for a limited amount of time. Each agent is associated with a (non-forgeable) expiration date, and the underlying mechanism ensures that an agent and the data it carries (e.g., digital cash or cryptographic keys) becomes invalid when the expiration date is reached. The length of the expiration interval depends on the strength of the applied code obfuscating algorithm. This constrained variant of the blackbox property is called time-limited blackbox property. For the mechanism described in this paper we will assume agents with time-limited blackbox property.

3 Blackbox Testing Attacks

Unfortunately, implementing the blackbox property is not enough for protecting agents against attacks. Malicious hosts may apply blackbox testing techniques in order to attack agents. For that purpose, the agent is executed several times with different input parameters. This can be done either sequentially or in parallel. After each execution, the attacker observes the effect. The recorded reactions can be explicit results like output values or characteristic "activity patterns".

The attacker either wants to know the set of input parameters that results in a given effect or it tries to determine a certain property of the agent. To illustrate this attack let us consider the following example.

For the example we will use an agent that has to book a journey consisting of booking a flight, reservation of a hotel room and renting a car. The data area and the central procedure `start()`, which is called every time the agent arrives at a node, could look like this:

```
1      public class TourBookingAgent {
2          private Price maxhotelprice = $200;
3          private Price hotelprice;
4          private Data hoteldata = "St.Malo-Fra,b,tv,lbed:5.10.97,6.10.97,7.10.97";
```

```
5        private Record hotelbooking, carbooking, flightbooking;
6        private Data hotelinformation;
7        private Price maxcarflightprice = $1000;
8        private Data flightdata = "STR-Ger,STM-Fra,5.10.97,Arrival:10.00,Business";
9        private Data cardata = "St.Malo-France, 5.10.97, BMW";
12       public start() {
13          ServiceProvider sp = node.getProviderFor(hoteldata);
14          hotelinformation = sp.getGeneralInformation();
15          hotelprice = sp.getOffer();
16          if (hotelprice <= maxhotelprice) {
17             hotelbooking = sp.book(hotelprice); }
19          ServiceProvider spc = node.getProviderFor(cardata);
20          Price carprice = spc.getOffer();
21          ServiceProvider spf = node.getProviderFor(flightdata);
22          Price flightprice = spf.getOffer();
24          if ((carprice + flightprice) <= maxcarflightprice) {
25             carbooking = spc.book(carprice);
26             flightbooking = spf.book(flightprice); }
27       } }
```

In this agent, the value of the variable `maxhotelprice` determines the maximum amount of money the agent owner is willing to pay for renting a hotel room. Assume that the aim of the attacker is to determine the value of `maxhotelprice` to use this knowledge to maximize the price for the room by making an insignificantly better offer. If the attacker knows the code, it knows that, if the offer is accepted by the agent, the procedure `book()` will be called by the agent. The attacker can now start a blackbox testing attack by executing the central procedure with decreasing offers until the agent calls `book()`. Note that the attacker can stop the execution of the code as soon as line 19 is executed in case `book()` was not called.

4 Preventing Blackbox Testing Attacks

In this section we will develop a mechanism that is able to prevent blackbox testing attacks. First we will present the main idea, then we will have a look on the agent execution in more detail.

4.1 The main idea

The only way to influence the behaviour of a visiting agent is by means of input events. If two instances receive exactly the same data in the same order, they behave in exactly the same way. Consequently, blackbox testing is only possible if two instances of the same agent are executed with different input data at the same set of input events.

Note that the term "input event" denotes any type of data received by an agent. Therefore, not only messages deliver input data, but also system library calls.

One way to prevent blackbox testing is to avoid the occurrence of a series of input events that have been executed before. Unfortunately, the fulfilment of this requirement requires a registration mechanism based on agent generated challenges, i.e. random numbers. Generating random numbers in a non-trusted environment is not that easy (maybe even impossible) as the generation process requires values or events provided by the non-trusted environment.

The second way to prevent blackbox test attacks is to allow the existence of series of input events that have been executed before but to require them to deliver the same data. The protocol presented below follows this idea. To ensure this property, we need a component that controls the mechanism. Unfortunately, such an attempt requires to use a trusted component. Therefore, this component, the *registry*, has to be placed on a trusted host.

4.2 Agent execution model

In the following, we will model the execution of an agent on a node visited by that agent. So we will only consider an agent's execution on a particular node instead of its entire life, during which it may visit an arbitrary number of nodes.

During its lifetime, an agent may visit a particular node several times. To distinguish between different visits of the same place we will use the concept of *hop counts*, which are incremented whenever the agent moves to the next node. A visit of an agent on a node can thus be specified by a pair (NodeId, HopCount).

Usually, an agent that visits a node is performed once and then terminates or migrates on to the next node. A malicious node, however, may run a visiting agent several times for the purpose of blackbox spying. This can be done either sequentially or in parallel. We will call an activation of a visiting agent a *visitor instance*. In other words, a trusted node performs at most one instance of a visitor, while malicious nodes may execute more than one instance.

Figure 1 depicts our execution model of a visitor instance. When an agent arrives on a node, it carries state information that describes its initial execution state on that node. This state is denoted as S_{inital}. Once activated, a visitor instance may interact with its environment by input and output events. Eventually, it will reach its final state, S_{final}, and then will either terminate or migrate to another node.

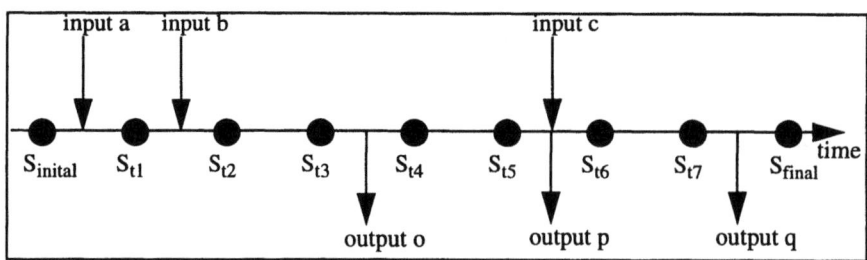

Fig. 1. Agent execution model on one host

At any point of time t_i, the attacker can decide whether the current state S_{ti} is different from the state before. During its execution, an agent may receive an input event where a value x serves as an input parameter. Whenever the attacker can observe an action to the outside of the blackbox, this action is an output event, sometimes associated with a value y. When the agent actively asks for input, e.g. by issuing something like a "getNextMessage" command, this is also an action. Therefore, sometimes, input and output events appear together. When an agent receives input in a passive manner (e.g. another agent may have called a procedure of the blackbox agent), input events are not associated with output events.

At the agent side, we have to be able to identify single input events and to distinguish equal series of input events with different values. Such an identifier scheme can be implemented as follows. We assume that each input statement has an identifier that is unique within the agent program. For example, this can be achieved by assigning a sequence number to each input statement, based on the static structure of the program. In the context of a given visitor, an input statement is identified uniquely by a pair (`i_stmt#`, n), where n denotes the nth execution of the input statement identified by `i_stmt#`.

In Figure 2, there are two input statements, identified by number 10 and 23. Input statement 10 is executed once, resulting in interaction 10.1, while the receive operation in the loop is performed three times, causing statements 23.1, 23.2 and 23.3.

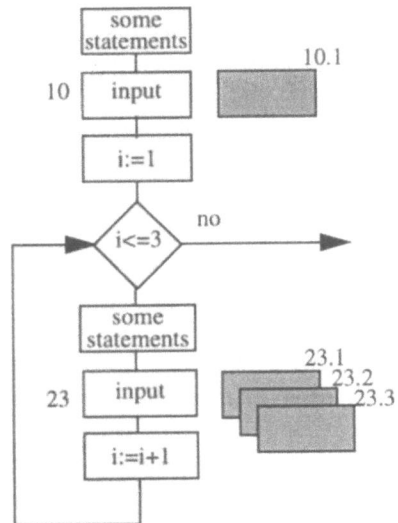

Fig. 2. Statement identifier scheme

If a malicious node runs more than one instance of a visitor, the various instances may perform input statements with the same identifier. Two input statements of two instances of a given visitor are defined to be *corresponding* if they have the same identifier. If the example program depicted in Figure 2 is executed n times, there might be at most n corresponding input statements for each of the four identifiers.

4.3 Requirements

In this section, we will describe the requirement for our registration mechanism described below. We claim that blackbox spying is impossible if this requirement is fulfilled.

The only way to influence the behaviour of a visitor instance is by means of input events. If two instances receive exactly the same data in the same order, they behave in exactly the same way. Consequently, blackbox spying is only possible if corresponding input events are allowed to deliver different data.

One way to prevent blackbox spying is to avoid the existence of corresponding input events at all. In other words, it may never happen that two or more input events with the same identifier are performed for a given visitor. Unfortunately, the fulfilment of this requirement requires a registration mechanism based on agent generated random numbers to guarantee the freshness of the registration reactions (these random numbers are then called "challenges"). Obviously, generating random numbers in a non-trusted environment is not that easy as the generation process requires values or events provided by the non-trusted environment.

The second way to prevent blackbox spying is to allow the existence of corresponding input events but to require them to deliver the same data. This leads to the following requirement:

Requirement R: All input events of a particular visitor are protected, where an input event is called *protected* if it is guaranteed that all input events corresponding to it - if any - deliver the same data.

With R we require each interaction to be protected. In many situations, however, this requirement can be relaxed: often it is sufficient to only protect a subset of the input events. Which interactions must be protected depends on the agent logic and hence must be specified by the agent programmer (see Section 6).

4.4 Authentication

A malicious node could fake the next place by just "migrating" the agent to itself. In order to make sure that a visiting agent actually resides at the expected place, a two-way authentication has to be performed when the agent moves to a new node. Due to the blackbox property of agents, the agent can run this protocol even when it already resides on the new node. For authentication, a standard protocol can be applied. The only modification consists in the specification that an agent must not communicate before the successful authentication of both partners. The reason for that specification lies in the possibility that an attacking host may mask itself as another host by sending out an agent to this other host. This agent then could simply act as a relay for the malicious host, forwarding the messages from the other agent and sending back the answers from the correct host. Apart from that, no modifications are needed here. Therefore, we will not elaborate further on this aspect, and will concentrate on the registration procedure.

5 Registration Protocol

In order to fulfil requirement R, an agent registers protected input events at a trusted registry whenever such an interaction occurs. The information registered for a protected input event includes (a hash of) the data this interaction delivered to the agent. A registry only returns a positive response if either the interaction is unknown or it has been registered with exactly the same data. An agent only continues its execution if it receives a positive response from the registry.

Registries are located on trusted nodes. Each trusted node may be the home of a registry. An agent is supposed to use the same registry for all input events during a particular visit, and it may use different registries for different visits.

An agent is assumed to carry the following information:
- AgentId: The identity of the agent
- Exp: The request expiration date
- LocId: Identifies the current place of the agent.
- Hop: A count that is incremented whenever the agent moves to another node

- Public Key of an authority for key certification
- Reg: PlaceId --> (RegistryId;PubKey)
  This mapping defines which Registry is responsible for which place to be visited.

We call a pair (i_stmt#,n) a *local interaction identifier* as it uniquely identifies an input event only in the context of a particular visit of a particular agent. An interaction is globally unique identified by a quadruple (AgentId, Exp, VisitId, Local_InteractionId), where VisitId consists of a pair (LocId,Hop) and identifies a particular visit of AgentId at LocId. We call this *a global interaction identifier (GID)*.

The following protocol is used to register protected input events:

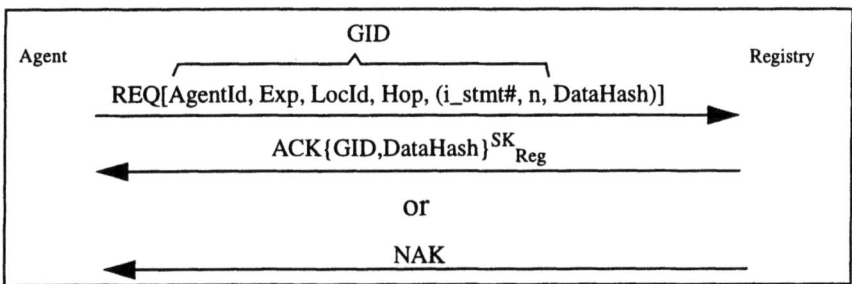

Fig. 3. Registration protocol

The register request, REQ, is sent to the registry. It contains the global interaction identifier (GID), and a hash value of the input data, DataHash. The hash value is used as a kind of special challenge which is characteristic for the input data. Therefore, not many different input data values shall result in the same hash value, at least, the other data values shall be difficult to compute. For this purpose, secure hash functions such as MD4 or MD5 can be used.

Having received the request, the registry decides whether to accept or to reject the request. If the registry accepts, it sends a positive acknowledgement (ACK) back. This acknowledgement contains the same data as the register request and is signed by the registry. If the registry rejects the request, it simply sends a negative acknowledgement back (NAK).

Note that neither the register request nor the negative acknowledgement are protected anyhow. The register request does not need to be protected since the agent can check the integrity of the request by checking the signature of the positive acknowledgement. Note that this signature also authenticates the registry. Any attacker, be it the host or any other party, can modify the request in a way that either the registry rejects the request or the agent refuses to continue its program, but this is, at least for the host, always an option (simply by suppressing any interaction of the agent). The negative acknowledgment is not protected for the same reason. If denial-of-service attacks by other parties than the host have to be prevented, the agent has to be authenticated against the registry and the complete ACK and NAK messages have to be signed by the registry.

An ACK response is returned and the input event is registered if
- the expiration date (Exp) of the the request has not yet expired, and

- there exists no entry with the same global interaction identifer *and* different hash value (DataHash)

This strategy requires to store all accepted requests until the expiration date allows to remove them. The expiration date determines when a registry can remove an entry, i.e. after which time it is impossible that an attacker can test an blackbox agent. Note that this relates directly to the question of how long an agent is valid in the agent system. If an agent is potentially valid for an unlimited amount of time, e.g. because it is protected by a blackbox mechanism without time constraints, a registry cannot ever forget at least current entries. Current entries are the one that are used to decide about a request. For the time-limited blackbox approach, the expiration date that is part of the request and the expiration date of the agent are identical since agents after this date are not valid anymore and the results of a blackbox attack do not have effects.

6 The Programming Interface

When is the registration of an input interaction performed? One possibility is to register immediately after the input interaction has been executed (i.e. the data has been received). This can be done automatically e.g. by instrumenting the agent code, i.e. by automatically inserting registration code after input statements. Although possible, this solution would require a message transfer for the execution of every single input statement. When we examine normal agent code, we can notice that it is not required to register after every input. Using the example from Section 3, we illustrate this:

```
12      public start() {
13          ServiceProvider sp = node.getProviderFor(hoteldata);
14          hotelinformation = sp.getGeneralInformation(NotProtected);
15          hotelprice = sp.getOffer(Protected);
16          if (hotelprice <= maxhotelprice) {
17              hotelbooking = sp.book(hotelprice); }
19          ServiceProvider spc = node.getProviderFor(cardata);
20          Price carprice = spc.getOffer(ProtectedExplicit);
21          ServiceProvider spf = node.getProviderFor(flightdata);
22          Price flightprice = spf.getOffer(ProtectedExplicit);
23          register();
24          if ((carprice + flightprice) <= maxcarflightprice) { ... } }
```

Among others, the lines 14, 15, 20 and 22 contain input statements. An attacker could use the input data delivered in line 15 to find out the value of the variable maxhotelprice, therefore the input interaction in line 15 has to be protected by a registration. The attacker can also use the interactions in line 20 and 22 to find out the value of the variable maxcarflightprice, therefore, these interactions have to be registered also. In contrast to these interactions, the input statement in line 14 cannot be used to find out another property of the agent (the received value is stored, but not further used). Therefore, this interaction statement does not need to be protected.

The programmer can specify which input interactions have to be protected by assigning a *protected* attribute to the corresponding input statements. Protected input interactions are registered implicitly, i.e., in the agent code no „register" call is needed. Implicit registration takes place after the input statement was executed, as then potential effects such as "activity patterns" and output events can be observed.

In some situations, it is more efficient to defer registration and let the programmer control when to register. In our example, this is the case for the statements in line 20 and 22. In this case, the corresponding input operation is assigned a *protected_explicit* attribute. When a protected_explicit input interaction is performed, the registration message is only locally recorded. The programmer can control when registration takes place by calling the *register* operation. When register is called, all registration messages that have been recorded so far are sent in one message to the corresponding registry, which returns one message including the corresponding ACK/NACKs. For that purpose, the request message has to be extended to allow multiple local interaction identifiers to be included.

7 Protocol Implementation

The protocol was implemented as a pure Java application in [1]. The implementation consists of two parts: the blackbox agent and a registry. Both components were implemented as stand-alone applications; they communicate over Java RMI. The main computation steps for a registration request are depicted in Figure 4.

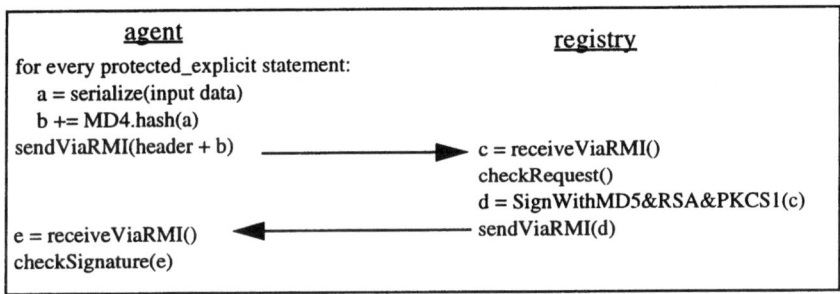

Fig. 4. Main computation steps

For hashing the input data, we used MD4, for signing the registry answers, a combination of MD5, RSA and PKCS1 using a 1024 bit key was employed. Using this implementation, we measured the overhead for the protocol. For this purpose, the agent was located at our institute, the registry was located on another site some 100 km away, both nodes were connected by a WAN over a 10 hop connection, The round-trip time, measured with ping between both locations, was 7ms in average.

We measured with three different input objects:

1. an empty String object with a serialized length of 7 bytes
2. a String object with a serialized length of 1031 bytes
3. a more complex object with a serialized length of 10,025 bytes

Since protected statements were implemented as a protected_explicit statement plus a register operation, we only measured three series of protected_implicit plus register combinations. The first series consists of 1 input object, the second of 5, and the third series of 10 input objects. For every series, we measured 100 iterations and computed the average time need for every series. The results are presented in Table 1:

Table 1. Protocol overhead

Input object	number of protected_ explicit operations	**Testing prevention protocol in [ms]**	*Testing prevention protocol in [ms] corrected values*	**Non-migrating alternative in [ms]**	*Non-migrating alternative in [ms] corrected values*
Empty String	1	**192**	*73*	**145**	*23*
Empty String	5	**208**	*86*	**713**	*113*
Empty String	10	**217**	*97*	**1441**	*231*
1k String	1	**217**	*94*	**155**	*34*
1k String	5	**279**	*158*	**816**	*181*
1k String	10	**360**	*238*	**1610**	*350*
10k Object	1	**385**	*259*	**393**	*240*
10k Object	5	**1362**	*1230*	**1951**	*1271*
10k Object	10	**2146**	*2014*	**4127**	*2707*

The third column contains the overhead for using the protocol. Although theses times are rather high, a comparison has to take into account the time needed for the alternatives.

If we cannot guarantee the security of the mobile agent, it has to operate from a trusted node without migrating to the interaction partner. In this case, the input parameters have to be sent over the network, which causes in Java the serialization of the parameters and results. If data is sent over an insecure network, often these data has to be encrypted, or, at least, signed by the sender. The fifth column contains the measured times for the alternative case. In this scenario, the input data are signed and transported via RMI. For signing the data, we used the same function as in our protocol.

As we had to use also for the alternative a pure Java implementation, we corrected the measured times for signing both by the registry and by the interaction partner in the alternative model by dividing the times by a speed-up number (in this case 10), as real implementations would use native code·implementations for signing data. See column 4 and 6 for the corrected times.

What is missing in the table above is the additional overhead for migrating an agent to the (possibly) malicious host, as the migration time depends on the size of the agent, which, in turn, depends on the functionality of the agent. Also missing is the overhead for using blackboxes, as this overhead is not known yet.

Note that for about 5 protected_explicit interactions, the protocol needs less time than the alternative. This is easily understandable when we consider that the protocol moves normally less data than the alternative, as the agent computes the (fixed-length) hash of the input parameters. As soon as the time for computing the hash and some overhead is less than the time for transporting the data with Java RMI, the usage of the migrated agent with a protection against testing is faster than the client-server interaction.

8 Conclusion & Future Work

Blackbox protection is a concept to prevent most attacks of malicious hosts against mobile agents. Although offering a strong level of security, one important attack is still possible: blackbox testing. This attack consists of several executions of the same agent with different input parameters, and in observing the effects of the execution. The aim of the attacker is to determine properties of the agent or gaining a certain effect.

Blackbox testing attacks can be prevented using a protocol that needs a small service, a registry, on a trusted node. The protocol uses the fact that in this case, input data (or the hash of it) can be used as some kind of challenge which ensures enough freshness of messages between an agent and a registry. The underlying assumption requires participating agents to have the blackbox property, i.e. to be protected against read and modification attacks by its host.

Compared to the case in which the agent does not migrate to a possibly malicious host and communicates with this host remotely, the cost of the protocol seems to be higher when a small amount of data is communicated, the cost are as high when some kilobytes of data are transported, and the cost of using the protocol are less when a lot of data is transported over the network.

For future work, three enhancements should be implemented. First, a faster characteristic function should replace the secure hash function for performance reasons. One way to achieve this is the usage of code provided by the agent programmer, as the programmer knows the structure of incoming data. For short data elements, the elements itself could e.g. be used as the characteristic values. Second, the implementation should optimize the registry by using native code. Third, an automatic mechanism should replace the manual insertion of protected and protected_explicit attributes for the input statements, allowing the transparent usage of the protocol.

Acknowledgements

The authors thank Andreas Fritz, who wrote the implementation of the protocol, and Holger Peine, who provided an account for the measurements.

References

1. [Fri98] Fritz, Andreas: Realisierung eines vorgegebenen Mechanismus zur Verhinderung von "Testing"-Angriffen gegen "Blackbox"- geschützte Agenten, Diplomarbeit Nr. 1696, Fakultät Informatik, Universität Stuttgart, Germany, 1998

2. [Hoh98] Hohl, Fritz: Time Limited Blackbox Security: Protecting Mobile Agents From Malicious Hosts, in: Vigna, Giovanni (Ed.): Mobile Agents and Security, LNCS Nr. 1419, Springer-Verlag, 1998.

3. [ST98a] Sander, Tomas; Tschudin, Christian: Protecting Mobile Agents Against Malicious Hosts, in: Vigna, Giovanni (Ed.): Mobile Agents and Security, Springer-Verlag, 1998.

Session 5:

Verteilte objektorientierte Systeme

Generic QoS Specifications for CORBA

Christian Becker *   Kurt Geihs

University of Frankfurt/Main
Computer Science Department
(becker|geihs)@informatik.uni-frankfurt.de

Keywords: QoS, object-oriented middleware, CORBA, IDL

Abstract. Quality of Service (QoS) integration is a growing demand on nowadays networks and distributed systems. While QoS has originally been a domain of networking protocols and multimedia applications, a generalized view includes all aspects related to service quality that a client experiences. Object-oriented middleware like CORBA, DCOM or Java/RMI are popular but the current standards lack means for QoS integration. Some efforts have been made to integrate QoS in such middleware. But so far, all of them are restricted to specialized QoS categories like real-time, fault-tolerance or multimedia. A general approach is still missing. In this paper we present an approach how QoS definitions for a broad variety of QoS categories can be integrated into CORBA.

1 Introduction

Many abstractions have been proposed that support an easier programming of distributed applications compared to rather low-level network abstractions like sockets. Beside paradigms like message passing or remote procedure call, the strengths and popularity of the object model has lead to object-oriented middleware. A major objective of such middleware platforms is distribution transparency. However, runtime constraints put some restrictions on distribution transparency. Dynamic performance changes, partial failures and other problems arising from the distribution of objects cannot be controlled adequately nowadays. All those aspects which are not related to the functional interface of a service but to its quality towards the client are refered to as *Quality of Service (QoS)*.

QoS integration in middleware platforms still is an open problem. Several research approaches have addressed this issue. Typically, they solve some specific domain of the problem space well but lack a general handling of QoS. A variety of QoS categories can be encountered in large enterprise object systems. Using specialized solutions may lead to a mix of different platforms which may not be interoperable. Therefore a general approach to QoS integration in object-oriented middleware is needed.

This paper presents a general solution for the integration of QoS into CORBA. The focus is on the QoS specification and on the QoS framework that together

---
* This work has been funded by the DFG under SFB 403.

suppport the QoS implementor and the service implementor. In the following we will first define the scope of QoS. After that specific requirements on QoS definitions are determined. The interface definition language QIDL — our approach to meet the described requirements — is then presented. A brief overview over the framework components is given before the paper closes with an overview of related work, future work, and conclusions.

2 Scope of Quality of Service

QoS considerations originated in the area of communication networks and more recently in the domain of multimedia applications[1]. An *end to end* view on such systems introduces protocol layers which are hierarchically dependent on each other. The delivered QoS of a layer depends on the underlying layers. Typically, the QoS specifications in such systems are related to issues like throughput, delay and reliability. Though this is still a major concern of QoS, the popularity and the increasing use of *object-oriented middleware*, such as CORBA, DCOM or Java/RMI for enterprise distributed computing, requires an enhanced, application-oriented view on QoS, that goes beyond the traditional communication-oriented QoS discussions. The number of QoS-related aspects increases in distributed applications. In this section we will give a brief overview of QoS in the context of object-oriented middleware.

2.1 QoS - an Enhanced View

Typically communication in object-oriented middleware is request-response based. A client issues requests to a service by calling methods exposed by an interface that the service offers. The contract between client and service is manifested by this interface. In contrast to this *functional aspect* one could define QoS to be the *non-functional aspects* of service interaction between client and service. Non functional and service related aspects could be:

- *Reliability:* Availability, fault-tolerance or data integrity.
- *Real-Time:* Execution of requests and the ordering is bounded by deadlines and guaranteed.
- *Performance:* The potential parallelism of distributed systems may lead to better performance.
- *Multimedia:* Synchronization of streams, jitter and delay of packets must be ensured.
- *Security:* Requests are protected towards third parties and communication partners are authenticated.

Most of the above QoS categories are induced by the distribution of an application. There are many distributed applications, that cannot tolerate QoS violations. Therefore integration of QoS management is desirable for object-oriented middleware, i.e. a general approach which supports the integration of a variety of different QoS categories in a consistent, re-usable manner.

2.2 CORBA and QoS

CORBA is an object-oriented middleware architecture which is based on the object model[10]. By using an Interface Definition Language (IDL) CORBA allows programming language independent interaction of objects. The Object Request Broker (ORB) encapsulates the heterogeneity of different platforms (OS, hardware).

The integration of QoS in CORBA has been addressed from different directions. There are research platforms, which integrate QoS handling for special QoS categories (e.g. realtime, availability) as well as standardization efforts which address QoS handling in distinct contexts, like CORBA Common Object Services (COS)[11]. Since all these approaches are tied to specific QoS categories, i.e. they lack a general handling of QoS, we refer with the following definitions to [12] which is an effort to define the necessary extensions to the Object Management Architecture — CORBA's underlying object model — to provide a unifying approach of QoS integration in CORBA.

2.3 QoS Definitions

Fundamental concepts of the QoS integration in CORBA are:

- *QoS category and QoS characteristic:* Different user applications and their different QoS requirements lead to different QoS categories. Examples are fault-tolerance or real-time. A QoS category contains a set of related QoS characteristics. QoS characteristics represent quantifyable aspects of a QoS. For example, in the QoS category fault-tolerance a QoS characteristic could be availability.
- *QoS parameter:* QoS parameters are concrete values related to QoS, that are exchanged between entities in the system. They refer to a certain QoS characteristic and represent a certain level or value of a characteristic in the system. A QoS parameter for availability could be represented by a float which contains the MTTF in seconds.
- *QoS agreement:* A QoS-enabled service and a potential client negotiate about a distinct QoS for the duration of service invocations. The desired and the agreed QoS is expressed by QoS parameters.

2.4 QoS Integration

The integration of the previously described QoS properties result in architectural changes of CORBA. Two major phases of QoS integration can be distinguished:

1. *Design and Implementation:* Integration of QoS in IDL and defining a language mapping such that the QoS implementation and the service implementation is facilitated.
2. *Runtime:* Providing infrastructure services and mechanisms such that QoS negotiation, monitoring and accounting is supported by the system to provide QoS enabled service interaction.

In this paper we focus on the design and implementation phase. QoS support in a CORBA system can address one or more QoS categories which are customized by the user. Specification of QoS and assignment to entities can be established by different approaches:

- *Original CORBA IDL:* IDL is not exposed to any changes. QoS parameters are defined by IDL types or CORBA services like the property service[11]. The advantage of this approach is that the original CORBA is left unchanged.
- *QoS Language Definitions:* Instead of using standard CORBA definitions or a modified IDL, a new language for QoS definitions and assignment to entities could be defined in addition to IDL. A disadvantage of such an approach is the scattered contract definition in IDL and the QoS language.
- *Implicit IDL Enhancement:* Special, reserved identifiers in IDL are parsed by an enhanced IDL compiler and treated as QoS definitions. The intended advantage of not altering IDL conceils the inherent lack of portability. The combination of IDL definitions and QoS definitions in the same language offer the possibility to generate assisting code for QoS implementors and users as well.
- *Explicit IDL Enhancement:* IDL is enhanced with special keywords and constructs to express QoS definitons and the assignment to entities. As an advantage, QoS definitions and assignments are made explicit and therefore easy to be recognized. An altered IDL compiler can generate assisting code for QoS implementors and users.

A CORBA platform which only supports a fixed set of QoS characteristics would typically provide data structures containing the corresponding values for these characteristics. When aiming at a generic QoS architecture based on CORBA, it is important to allow flexible QoS definition which allow a broad range of QoS characteristics to be expressed. This would include management interfaces of a QoS implementation as well as interfaces for user interaction.

2.5 Requirements of QoS Integration

Regardless of the concrete technical approach for QoS integration, the following requirements of must be satisfied by a multi-category QoS support:

- *Genericity:* QoS parameters shall be defined with great flexibility in order to allow a broad range of QoS categories to be defined.
- *Coherence:* The integration of QoS shall not violate the design principles of the underlying middleware, i.e. CORBA.
- *Separation:*
  1. *QoS Definition and Implementation:* A QoS interface shall be separated from its implementation. This allows language independent definition and generation of assisting code.
  2. *QoS Interface and Service Interface:* Service, Client and QoS implementation shall be separated in order to achieve a better reusability of these entities.

– *Adaptation:* Depending on environments with resource guarantees or best-effort environments different handling alternatives according to resource availability should be established (resource control, adaptive applications). Hybrid applications, which allow adaptation and integration of resource control, seem to respond well to typical performance situations [5].

The requirements above only reflect the design and implementation phase of QoS integration. The QoS-enabled communication between client and service needs additional support at runtime from the underlying layers and from infrastructure services such as trading, monitoring, accounting and resource control. This is beyond the scope of this paper.

3 Generic QoS Definitions with QIDL

In this section we will present an overview of QIDL, our extension to IDL, which provides generic QoS definitions to CORBA. These QoS definitions are mapped to an implementation language by our QIDL compiler. A framework supports the implementation of the generated entities.

3.1 Key concepts in QIDL

The key concepts in QIDL for QoS specification are the *QoS interface* and the *QoS assignment*. A QoS interface collects the QoS parameters, i.e. the data types which represent values of a QoS characteristic in the system. Additionally, the QoS interface offers the possibility to define QoS-related operations. This offers flexibility for the QoS implementation. A QoS implementor can use these operations for internal QoS management activities, e.g. to transfer data needed by the implementation between client and service. Evaluation functions can be implemented using these operations as well as operations available to clients in order to set parameters or QoS related functionality.

A QoS assignment ties one or more QoS interfaces to a service interface. This seems to be an appropriate granularity, since QoS assigned to modules, i.e. CORBA IDL modules, would be too coarse, since all interfaces of a module would have the same QoS capabilities. A finer differentiation would lead to rather complex structures by introducing overloading of QoS assignments when additional or conflicting QoS are assigned to interfaces within that module. A finer granularity, like assigning QoS to operations or even parameters, may result in conflicts which are hard to solve. Keeping in mind that an interface in CORBA is implemented by an object which is executed on the server side, some conflicts are evident. For example, consider an interface with two operations with different QoS for "best-effort" and "replication". The object cannot provide both QoS at the same time without violating one of them. Thus, a restriction on QoS assignment to interfaces seems appropriate.

3.2 Syntax

One of the goals of QIDL is to keep changes to CORBA small in order to provide portability to other CORBA implementations. Only the two keywords "qos" and "withQoS" are added to IDL for QoS interface definition and assignment, respectively.
A QoS interface definition contains parameters and operations:

```
qos Name {
  Type-1 Parameter-1;
  ...
  Type-n Parameter-n;
  interface {
    Operation-Def-1;
    ...
    Operation-Def-m;
  };
};
```

Fig. 1 QoS definition in QIDL

Figure 1 illustrates a QoS definition in QIDL. The definition consists of the QoS parameter definition and the QoS operation definition. Together they constitute the "Interface" of a QoS. All IDL types including user defined types are allowed for types of a QoS parameter. This provides the user with a great flexibility for defining QoS parameters.

A QoS is assigned to an interface using the **withQoS** keyword. Several QoS interfaces can be assigned to an interface. During runtime a negotiation procedure leads to the selection of a particular QoS which is then valid during service interactions until renegotiation or a QoS violation ends the agreed QoS.

3.3 Example

This subsection introduces a small example to illustrate the flexibility of our QoS specification approach.

```
qos Replica {
  short ServerNum;
  sequence<string> HostNames;
  interface {
    void get_state(out any state);
    void put_state(in any state);
    string get_addr();
    void set_policy(in short replicanumber);
  };
};
```

Fig. 2 A replica QoS for availability in QIDL

The replica QoS in figure 2 shows the usage of operations and IDL types for QoS parameters. The QoS interface contains two parameters which model the replica group from a client's perspective. By using the parameter ServerNum the client can refer to a replica group with a distinct size. The client does not care about locations of the servers. The second parameter HostNames allows the explicit inclusion of hosts into the replica set. This can be used if a client has preferences about the distribution, i.e. if different server hosts are mandatory or if distinct hardware platforms are required. Since all IDL types are allowed as QoS parameters, QIDL offers flexibility for modelling and defining QoS parameters. The QoS operations in the above example demonstrate the application of QoS operations:

- *Client invocations:* The set_policy operation allows clients to set the number of desired replicas in a group. These kinds of operations in a QoS are used by clients to retrieve actual states of a QoS or configure the QoS.
- *QoS implementation:* A multicast implementation for a Replica QoS must collect the addresses of the replicas in order to configure the transport system. The QoS implementor can define internal operations to exchange data which is used to set up the QoS enabled connection between client and service.
- *Service responsibilities:* As mentioned before, QoS can generally not be encapsulated completely. The above example explains this well. When a service shall be run in a replica group, replicas of the service have to be started according to the client requests. These newly started relicas must contain the same state as the original service. Therefore the service has to implement operations like *put_state* and *get_state* to transfer the state to the replicas. Since these functions cannot be provided by the QoS implementor, a QoS-enabled service must implement these functions in order to provide the Replica QoS.

The service responsibilities point to a problem of QoS integration. In general it is not possible to encapsulate a QoS which makes it cumbersome to provide abstractions for reusability of implemented QoS. QoS is an *aspect* in the sense of Aspect Oriented Programming (AOP)[8][4]. AOP introduces the concept of an *Aspect Weaver* which simplifies the use of aspects. In our system the QIDL compiler is reponsible for weaving the QoS aspects with the functional aspects of CORBA objects.

```
qos Replica {
...
};
interface naming {
...
};
interface replicatedNaming : naming withQoS Replica {
};
```

Fig. 3 Assigning QoS to interfaces in QIDL

The example in figure 3 shows the assignment of a Replica QoS to a naming service. The replicatedNaming service is derived from the interface naming and the QoS Replica is assigned to this interface with the withQoS keyword. Note that there are no definitions of operations in the replicatedNaming interface. All operations needed are inherited. In the next section on the language mapping, we will discuss what the responsibilities are and who has to fullfill them.

3.4 Language Mapping

In the section on QoS requirements we proposed the separation of a QoS definition and its implementation. This is accomplished by using an enhanced IDL, i.e. our QIDL. The interface of a QoS defined in QIDL must result in the generation of skeletons for the implementation. The assignment of a QoS to an interface as has to be provided in the language mapping of QIDL as well. Two roles can be identified:

- *QoS implementor:* The QoS implementor provides the QoS interface, the implementation, and the documentation about the QoS. The documentation must provide information about possible operations which have to be implemented by the QoS enabled service. All QoS related tasks — which typically are quite system dependent — are implemented by the QoS implementor.
- *Service implementor:* The service implementor implements the functionality of the service. If the service should be QoS enabled, the service implementor adds the corresponding QIDL extensions in the IDL definition of the service, and makes appropriate calls to the QoS operations.

QoS aware clients and services as well have to implement certain behaviour according to the QoS they support. By encapsulating the QoS mechanisms and offering an interface to these, the application programmer can rely on higher abstractions as opposed to QoS implementations which are typically more system dependent an implemented using lower abstractions in the ORB, operating system or network.

Figure 4 illustrates the corresponding entities generated by the QIDL compiler when a QoS is assigned to an interface.

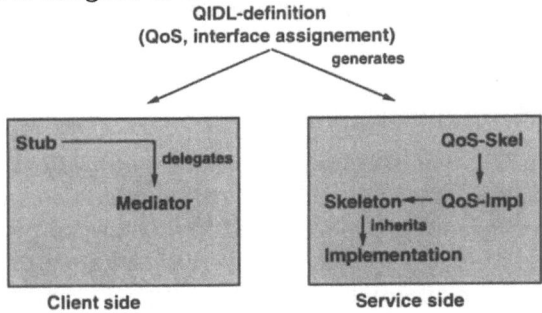

Fig. 4 QIDL language mapping

The generation of entities from QIDL takes place on the service side as well as on the client side. The generated entities reflect the QIDL–C++ mapping. It is possible to define other mappings for other programming languages, but right now C++ is the only supported language.

Service side In CORBA an interface is implemented by using inheritance and implementing the operations defined in a so called *skeleton* which is generated by the IDL compiler. The definition of a QoS in QIDL is mapped to two entities in C++:

1. *QoS Skeleton:* The QoS skeleton reflects the QoS operations defined in the QoS interface definition. The QoS implementor provides the operations which relate to the QoS and not to the service. The operations that a QoS implementor cannot supply, because they are service dependent, must be implemented by the service implementor. The QoS implementation is inherited by the interface skeleton using implementation inheritance of the target language. Thus the implementation of the QoS is reused by the service implementor. The remaining operations are delegated to the service interface by means of inheritance. Additionally some helper functions are generated by the QIDL compiler to assist the service implementor with the negotiation procedure.
2. *QoS Attribute:* The QoS parameters of a QoS interface are mapped to a struct containing all QoS parameters — the QoS attribute. A CORBA typecode is generated, which makes the exchange of QoS attributes possible. If a service supports a variety of different QoS the selection of the desired QoS is done by the client by sending the QoS attribute of the desired QoS filled with the expected QoS parameters.

Client side Since an end-to-end view applies to QoS, the client side must provide mechanisms for QoS implementation as well. For example, a QoS for security by encryption must provide actions for encryption on service side as well as on client side. The QoS implementation on client side is realized by a so called *mediator*. A mediator is an object between stub and ORB which takes all requests and issues the corresponding QoS handling. For each QoS interface there is a mediator. The corresponding mediator is installed in the stub after the negotiation with the service.

3.5 Framework Support

Common tasks in QoS enabled interactions are negotiation between client and service to reach a QoS agreement and notifications about a change of QoS parameters at runtime. Since every QoS enabled service has to provide a mechanism for negotiation it is feasible to combine this into a framework. The basis of negotiation as well as for adaption is the QoS attribute, which contains the QoS parameters. The QoS parameters reflect the actual state of the QoS in the case of a notification or the desired/offered QoS in a negotiation.

```
typedef Any QoSParam;
typedef sequence<QoSParam> QoSParams;
interface QoSSrvFW {                              // service interface
  QoSParams GetOfferedQoS();                      // list all supported QoS
  void Negotiate(inout QoSParam desiredQoS );// offers best matching QoS
  bool Accept(in QoSParam offeredQoS);            // accept offered QoS
  void Notification( in QoSParam actualQoS);      // change of QoS happened
};
interface QoSCLFW {                               // client interface
  void Notification(in QoSParam actualQoS);       // change of QoS happened
};
```

Fig. 5 Elements of the QoS core framework

Figure 5 shows the elements of our QoS core framework. QoS parameters are fundamental for the negotiation and adaption process. They are modelled as a CORBA::Any, a container for arbitrary types.

QoS enabled servers and clients both implement a QoS related interface. The client interface QoSCLFW only contains one operation for a notification. Every client which uses QoS enabled services must provide this interface. If a change of the agreed QoS happens the client can be notified immediatly. When no interface is provided by clients, notifications can only be delivered on behalf of an issued request, e.g. by exceptions.

The server interface QoSSrvFW offers the functionality for negotiation. A client invokes the Negotiate operation with the desired QoS as parameter. On behalf of the typecode the appropriate QoS can be identified. The server returns the best matching QoS it can provide to the client. If the client is willing to accept this QoS offer, the Accept operation is used for confirmation. Notification works as on the client side.

Since all QoS enabled services must provide the core framework it is possible for the QIDL compiler to generate skeletons for the operations of the framework. This eases the use of the framework.

The above described negotiation procedure however is too simple for most real world situations. The server needs information about the clients degradation path to provide the best matching QoS if the desired QoS is not available. Therefore an additional specification for client QoS preferences is needed.

4 Related Work

In the last years QoS architectures have been a popular target for research. Many projects are related to multimedia applications and rely on proprietary middleware. Some approaches are based on object-oriented middleware.

TAO[14] is a CORBA based platform for real-time systems. TAO provides implicit IDL enhancements for QoS definitions related to scheduling and deadlines. Implementation of user defined QoS as well as other QoS categories are not supported.

A CORBA platform for reliability through multicasts is ELECTRA[9] which provides abstractions for object groups. There is no explicit encapsulation for the QoS handling. The user has access to a set of functions to configure the groups and extract the results.

The OMG has released a specification for the management of Audio and Video streams[15]. QoS is restricted to multimedia issues here and described by properties, i.e. string pairs, taking the name and value of a QoS parameter.

QuO[16] provides a powerfull runtime support for CORBA objects. Though restricted to mainly continous media, i.e. multimedia support, the QoS IDL embedment consists of three different languages for contract, resource and structure description.

5 Outlook and Conclusions

In this paper we have presented an integration of QoS specifications into CORBA which provides flexibility of QoS definitions and implementations. Our project MAQS – Management Architecture for QoS – aims at an integration of generic QoS management and object-oriented middleware, i.e. CORBA. The runtime support offers two layers of abstractions for QoS implementations through an extended ORB. Besides that, additional services for trading, monitoring, accounting, and resource control will provide an infrastructure for QoS management. A deeper discussion of the runtime support can be found in [3].

We have designed the MAQS architecture and implemented the QIDL compiler and the ORB extensions based on MICO[13], a CORBA 2.2 implementation developed by members of our research group.

Right now now various QoS categories are implemented to test the viability of MAQS. Already implemented and tested are QoS extensions for availability and data integrity based on a multicast transport and a simple stream service. The negotiation takes into account client preferences specified in QML[7], a language for multi-category QoS negotiation. The COS trading service will be augmented by this negotiation component. Resource control and accounting will be the next step to provide infrastructure support for MAQS.

CORBA is a suitable platform for QoS integration because of clear abstractions and availability of implementations. QoS integration requires means for the specification of QoS. Enhancing the CORBA IDL seems the appropriate approach for QoS integration in CORBA, since IDL represents the contract definition for objects. The combination of QoS attributes and QoS operations as part of a QoS interface definition provides a flexible approach for generic QoS management. Code generated from the enhanced IDL in a framework for QoS eases the QoS implementation and supports the reusability of QoS implementations independent from service implementations.

Acknowledgements

We thank Marcus Müller for implementing the QIDL compiler and Jan Gramberg for valuable comments.

References

1. C. Aurrecoechea, A.T. Campbell, and L. Hauw. A Survey of QoS Architectures. *ACM/Springer Verlag Multimedia Systems Journal*, Special Issue on QoS Architecture, Vol. 6(3), 138-151, 1998.
2. C. Becker and K. Geihs. MAQS – Generic QoS Management for Adaptive Applications. In *IEEE Workshop on Middleware for Distributed Real-Time Systems and Services*, San Francisco, USA, December 1997.
3. C. Becker and K. Geihs. Qos as a competitive advantage for distributed object systems. In *Proceedings of EDOC'98*, La Jolla, USA, November 1998.
4. C. Becker and K. Geihs. Quality of service - aspects of distributed programs. In *Proceedings of the Second Workshop on Aspect-Oriented Programming*, Kyoto, Japan, April 1998.
5. A. Fladenmuller, A. Seneviratne, and E. Horlait. A hybrid qos management scheme for distributed multimedia applications. In *Proceedings of the Second Workshop on PROMS*, Salzburg, Austria, October 1995.
6. S. Frølund and J. Koistinen. Quality of Service Aware Distributed Object Systems. Technical Report HPL-98-142, HP-Labs, Palo Alto, 1998.
7. S. Frølund and J. Koistinen. Quality of service specification in distributed object system design. In *Proceedings of the COOTS 98*, Santa Fee, USA, March 1998.
8. G. Kiczales et al. Aspect-Oriented Programming. Technical Report SPL97-008P9710042, Xerox Palo Alto Research Center, 1997.
9. S. Maffeis. Adding Group Communication and Fault-Tolerance to CORBA. In *Proceedings of the USENIX Conference on Object-Oriented Technologies*, June 1995.
10. Object Management Group (OMG). *The Common Object Request Broker: Architecture and Specification (Revision 2.0)*, July 1995.
11. Object Management Group (OMG). *CORBAservices: Common Object Services Specification*, March 1995.
12. OMG. Quality of Service (QoS) OMG Green Paper, 97-06-04, June 1997.
13. K. Römer. MICO –MICO is CORBA, Eine erweiterbare CORBA-Implementierung für Forschung und Ausbildung. Diplomarbeit, Fachbereich Informatik, Goethe Universität, Frankfurt, February 1998.
14. D. C. Schmidt, D. L. Levine, and S. Mungee. The Design of the TAO Real-Time Object Request Broker. *Computer Communications Journal*, 1997.
15. IONA Technologies, Lucent Technologies, and Siemens-Nixdorf. Control and Management of Audio/Video Streams,omg rfp submission, revised submission, telecom/97-05-07, 1997.
16. J. A. Zinky, D. E. Bakken, and R. E. Schantz. Architectural Support for Quality of Service for CORBA Objects. *Theory and Practice of Object Systems*, Vol. 3(1), 55-73, 1997.

Das Plug-In-Modell zur Realisierung mobiler CORBA-Objekte

Claudia Linnhoff-Popien, Tobias Haustein
RWTH Aachen, Informatik IV Ahornstr. 55, D-52056 Aachen
Tel.: +49-241-8021415, Fax: +49-241-8888220
E-mail: {popien, haustein}@i4.informatik.rwth-aachen.de

Abstract

Zur Realisierung mobiler CORBA-Objekte soll der Java zugrundeliegende Ansatz auf CORBA übertragen werden. Während Java-Quelltext jedoch ausschließlich in einer Programmiersprache vorliegt, kann eine solche Einschränkung bei CORBA nicht getroffen werden. Ferner besitzt eine Realisierung von Mobilität in Java den Vorteil des plattformunabhängigen Bytecodes, während der Programmcode eines CORBA-Objekts gerade in heterogenen Systemen praktisch nicht übertragbar ist.

Im folgenden Artikel wird ein Migrationsmechanismus vorgestellt, der den Programmcode für ein einzelnes CORBA-Objekt isoliert und die Möglichkeit bietet, diesen Code auf einem anderen Rechner weiter zu verwenden. Die Implementierung wird unter verschiedenen Kriterien bewertet.

Keywords: CORBA, Mobile CORBA, Java, Objektmigration, Plug-In-Modell

1 Einleitung

Internet und leistungsfähige Computer ermöglichen einen weltweiten Datenzugriff. Doch die unterschiedliche Hard- und Software verhindert in der Regel einen Zugriff auf Programme und Funktionen entfernter Rechner. Abhilfe soll durch die Einführung von Verteilten Systemen und entsprechender Programmierplattformen geschaffen werden.

Ein Verteiltes System besteht aus einer Vielzahl von Komponenten, und Objekte sollen über Prozeß- und Rechnergrenzen hinweg genutzt werden können. Deshalb wurde das Objektmodell in Richtung eines Verteilten Objektmodells weiterentwickelt. Dieser Ansatz liegt der Common Object Request Broker Architecture (CORBA) zugrunde [OMG97a], der in seiner ersten Version im Dezember 1991 und in der erweiterten Version 2.0 im Jahre 1994 von der Object Management Group vorgestellt wurde. CORBA bietet einen Softwarebus, der die Verwaltung von Objekten und Methodenaufrufen regelt, wobei sowohl Programmiersprachen- als auch Plattformunabhängigkeit zum Ziel gesetzt war. Damit ist es möglich, den o.g. Anforderungen gerecht zu werden, d.h. Objekte in einer beliebigen Sprache zu implementieren und auf beliebigen Rechnern auszuführen. Ein im Verteilten System existierender entfernter Client kann dann über den sogenannten ORB (Object Request Broker) eine Objektreferenz auf dieses Objekt abfragen, Methodenaufrufe übermitteln und das entsprechende Ergebnis erhalten. Um zur Laufzeit ein Management des Verteilten Systems zu realisieren, ist es von Vorteil, Objekte dynamisch replizieren bzw. auf andere Rechner migrieren zu können. Ein dynamischer Lastausgleich kann dann für eine bessere Leistung sorgen. An dieser Stelle setzt der vorliegende Artikel an, der eine Möglichkeit zur Migration von CORBA-Objekten vorstellt.

Das folgende Kapitel beschäftigt sich allgemein mit der Thematik Mobiler CORBA-Objekte. Dabei wird auf bestehende Ansätze zur Objektreplikation und –migration eingegangen. Das dritte Kapitel stellt das Plug-In-Modell zur Realisierung von Mobilität unter CORBA vor, im vierten Kapitel wird dieser Ansatz bewertet. Abschließend erfolgt eine Zusammenfassung der erzielten Ergebnisse.

2 Mobilität und CORBA

Die Mobilität eines Objekts unter CORBA ist ein wesentlicher Bestandteil des – innerhalb der CORBAservices [OMG97b] spezifizierten – Life Cycle Services. Für ein „Objektleben" sind neben der Migration auch dessen Erzeugung, Terminierung und Replikation von Bedeutung. Diese Funktionalitäten stehen in einem engen Zusammenhang.

Obwohl diese Thematik von großer Bedeutung ist, existieren in den wenigsten CORBA-Produkten auch Realisierungen dieses CORBAservices. Die meisten Produkte bieten diese Funktionalität gar nicht an, einige Implementierungen enthalten Teilrealisierungen. Da ein Objekt sowohl über seinen Zustand als auch sein Verhalten definiert ist, ist seine Behandlung wesentlich komplexer als die reiner Datenstrukturen. Aus diesem Grund genügen auch bestehende Algorithmen den bei Objekten bestehenden Anforderungen hinsichtlich einer Behandlung von statischen Daten und dynamischem Verhalten nicht.

Zur Unterstützung von Replikation und Migration existieren – zunächst unabhängig von CORBA - zahlreiche Ansätze [Li98], die im folgenden in vier Klassen eingeteilt werden.

Server-Pool-Modell
Das Server-Pool-Modell geht davon aus, daß verbundene Objekte einer Implementierung in einem Server liegen. Es werden nicht selektiv bestimmte Objekte migriert, sondern alle Objekte im Adreßraum eines Prozesses. Dieses Modell verfolgt prinzipiell den Ansatz der Prozeßmigration anstelle der Objektmigration.

Object-Stream-Modell
Bei diesem Modell wird nur das gewünschte Objekt migriert. Der Zustand wird mit dem zugehörigen Programmcode in einem Datenstrom gespeichert und an den Empfänger übertragen, der aus dem entpackten Code das Objekt erzeugt. Dieses Modell ist nur dann realisierbar, wenn Programmiersprachen verwendet werden, die einen vom Prozessor unabhängigen Zwischencode verwenden. Obwohl ein Streaming-Mechanismus auf den ersten Blick trivial erscheinen mag, sind die Anforderungen sehr hoch. Innerhalb reiner Java-Umgebungen wird dieses Modell zur Realisierung Mobiler Java-Objekte verwendet.

Factory-Object-Modell
Dieses Modell umgeht das Transformieren von Objekten in Datenströme und umgekehrt, indem es sich eines sogenannten Factory Objects bedient. Auf einem entfernten Server wird das Objekt neu erzeugt, sein Zustand angepaßt und auf dem alten termi-

niert. Da sich Factory Objects nur dazu eigenen, Objekte innerhalb eines Servers anzulegen, ist es notwendig, daß der Zielserver die Implementierung des zu migrierenden Objekttyps besitzt. Dieser Ansatz war bereits Anfang der 90er Jahre Bestandteil der ANSAware und wird gewöhnlich auch in CORBA für Migrationszwecke verwendet.

Factory-Server-Modell
Dieses Modell erweitert das Factory-Object-Modell. Auf jedem Rechner laufen nun beliebig viele Factory Server, die unterschiedliche Factory Objects enthalten. In Systemen mit häufigen Änderungen der Menge zu migrierender Objekte weist das Factory-Server-Modell ein besseres Leistung/Kosten-Verhältnis auf. Untersuchungen bezüglich CORBA werden in [Me97] beschrieben.

Ergänzend zu diesen Modellen wird im folgenden Abschnitt ein neues Modell vorgestellt.

3 Prinzip und Implementierung des Plug-In-Modells

Das Plug-In-Modell besitzt einige Ähnlichkeiten mit dem Konzept der Programmiersprache Java (vgl. Abb. 1).

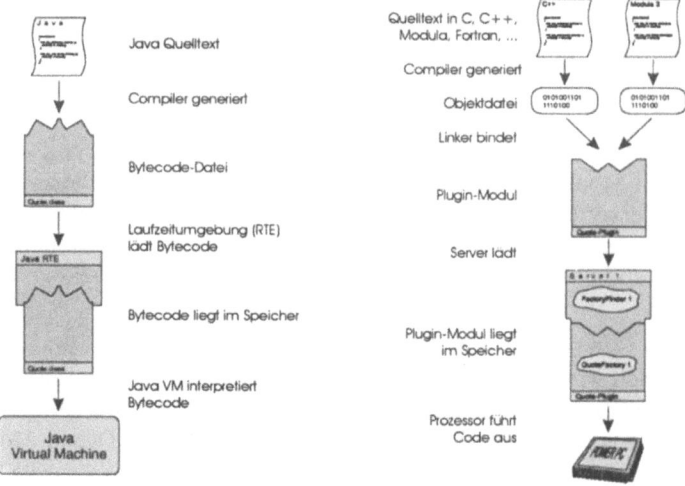

Abb. 1. Vergleich von Java- und Plug-In-Modell

In Java geschriebene Programme werden vom Java-Compiler in einen plattformunabhängigen Bytecode übersetzt, der von einem Interpreter – der Java Virtual Maschine – Befehl für Befehl aufgeführt wird [HAK+97]. Die einzelnen Objektklassen werden in jeweils einer eigenen Quelltextdatei abgelegt, aus welcher der Compiler eine Bytecode-Datei generiert. Diese Dateien werden nicht durch einen Linker verbunden, sondern erst zur Laufzeit von der Laufzeitumgebung geladen. Der Vorteil – beispielsweise bei der

Verwendung im Zusammenhang mit dem Internet – besteht darin, daß zunächst nur unbedingt nötiger Code zu laden ist und weiterer Code erst bei Bedarf angefordert wird.

Die Grundidee des Plug-In-Modells besteht darin, ein Objekt aus einem Factory Object zu erzeugen, das für jeden Objekttyp zur Verfügung steht [Ha98]. Dieser Gedanke ist an den Ansatz des Factory-Object-Modells angelehnt. Aus dem Object-Stream-Modell wird der Gedanke eines Datenstroms übernommen, welcher den kompletten Objektzustand beschreibt. Dieser Datenstrom wird dem Factory Object übergeben, und das neue Objekt wird direkt mit den aktuellen Daten initialisiert. Der Zustand wird also nicht nach der Initialisierung angepaßt, sondern direkt korrekt gesetzt, was deutlich effizienter und weniger fehleranfällig ist, als eine Standardinitialisierung mit anschließender Anpassung des Zustands. Wird beim klassischen Factory-Object-Modell dem System ein neuer Objekttyp hinzugefügt, so ist es notwendig, den Server neu zu compilieren und zu starten. Das Factory-Server-Modell umgeht dieses Problem, indem jeder Objekttyp einfach in einen eigenen Server verlagert wird.

Beim Plug-In-Modell besteht der Server aus einem Prozeß, der mit dem ORB kommuniziert. Dieser Prozeß enthält nur ein Objekt – einen Factory Finder – über der den Prozeß von anderen Objekten angesprochen werden kann. Außerdem verfügt der Prozeß über eine Schnittstelle zu speziellen Modulen, den Plug-In-Modulen. Für ein Beispielobjekt Account wird ein Plug-In-Modul erstellt, in welchem die Implementation der Klasse Account, einer passenden Factory sowie der Code, um das Modul an einen Server zu binden, enthalten sind.

Die Factory hat dabei drei Methoden: `supports` und `create_object`, die von der GenericFactory aus dem Life Cycle Service geerbt werden und `open_account`. `supports` prüft, ob die Factory den gewünschten Objekttyp erzeugen kann, die beiden anderen Methoden dienen der Erzeugung neuer Objekte.

Der Server kann beliebig viele dieser Plug-In-Module an sich binden, so daß die Module quasi zu einem großen Prozeß bzw. Server verschmelzen. Dabei befinden sich alle Objekte der einzelnen Module in einem gemeinsamen Adreßraum, so daß sie untereinander nicht über den ORB kommunizieren müssen, sondern – wesentlich schneller – direkte Methodenaufrufe nutzen können. Jedes Plug-In-Modul enthält den kompletten Code, der zur Implementierung eines Objekts nötig ist, und den Code für ein passendes Factory Object. Lädt der Server das Plug-In-Modul, so erzeugt er je eine Instanz der in diesem Modul definierten Factory Objects und registriert diese bei dem Factory Finder. Dieses Konzept der Plug-In-Module ermöglicht eine maximale Flexibilität. Ein laufendes System läßt sich einfach um Objekttypen erweitern. Für die Objektmigration ist es hilfreich, wenn jeder Server jedes beliebige Objekt beherbergen kann.

Das Plug-In-Modul wird gemeinsam mit dem Zustand des Objekts in einen Datenstrom verpackt und an den Zielserver gesendet, wo das Auspacken erfolgt. Die Zustandssicherung sieht für das Kontoobjekt folgendermaßen aus:

```c++
void Account_i::externalize( Externalizer & aExternalizer )
{
  // zuerst werden alle Basisklassen gesichert
  ThAbstract_Account::externalize( aExternalizer );

  // anschließend speichern wir den eigenen Inhalt
```

```
        aExternalizer << BEGIN_OF_OBJECT
                     << mBalance
                     << mNameOfHolder
                     << mAccountNumber
                     << END_OF_OBJECT;
}
```

Dieser Gedanke entspricht dem Object-Stream-Modell. Da eine CORBA-Implementierung i.d.R. über eine geringe Kommunikationsbandbreite verfügt, wird alternativ der Ansatz gewählt, Plug-In-Module auf einem File Server – dem Plug-In-Server – abzulegen. Während die eigentliche Kommunikation zwischen den Servern mittels RPC über den ORB erfolgt, werden die Plug-In-Module über FTP von dem Plug-In-Server bezogen.

Beim Plug-In-Modell können die Module in einer beliebigen Programmiersprache erstellt werden. Aus dem Quelltext generiert ein passender Compiler eine Objektdatei, die mittels eines Linkers zu einem Plug-In-Modul gebunden wird. Dabei ist es möglich, Teile des Plug-In-Moduls in verschiedenen Sprachen zu schreiben. Ein Plug-In-Modul ist als Dynamic Link Library (DLL) realisiert. Der Server bindet das Plug-In-Modul zur Laufzeit über Funktionen des Betriebssystems ein und kann direkt die implementierten Funktionen ausführen. Im Unterschied zu Java liegt bei diesem Ansatz kein Byte- sondern Maschinencode vor, der direkt und damit besonders schnell auf dem Prozessor ausgeführt werden kann.

Die Fähigkeit, Programme erst zur Laufzeit zu binden und die gleiche Programmdatei auf unterschiedlichen Plattformen ausführen zu können, ist die wesentliche Stärke interpretierter Programmiersprachen. Das Plug-In-Modell macht diese Technologie nun auch für compilierende Sprachen zugänglich, deren Vorteil in einer höheren Geschwindigkeit und einer besseren Fehlerprüfung besteht.

Im folgenden soll der Zustand des zu migrierenden Objekts betrachtet werden. Wird dieser in einem binären Datenstrom gesichert oder als String repräsentiert, so können die – bei heterogenen Plattformen – durch CORBA erhaltenen Vorteile der Datenkonvertierung verlorengehen. Als Alternative wird daher eine unbeschränkte Sequenz von beliebigen Datentypen definiert, in die alle Daten eingefügt werden. Die Zustandssicherung eines Objekts in einem Initialisierungsstrom muß dabei durch den Programmierer erfolgen, der für jedes Objekt und jeden neuen Datentyp eine spezielle Funktion schreiben muß. Der Programmierer wird dabei jedoch soweit möglich durch spezielle Hilfsklassen unterstützt.

Bei den Datentypen kann es sich auch um Referenzen auf andere CORBA-Objekte handeln. Dynamische Datenstrukturen – insbesondere Zeiger – müssen dabei besonders behandelt werden. Da ein Zeiger nur lokal in seinem Ursprungsprozeß gültig ist, darf weder der Zeigerinhalt noch das Objekt, auf das der Zeiger verweist, ausgegeben werden. Beim Plug-In-Modell werden alle zu übertragenen Zeiger in einer Tabelle gespeichert. Bei einer erstmaligen Zeigerübertragung wird auch das komplette Objekt in den Datenstrom geschrieben und mit übertragen. Auf der Empfängerseite werden alle eintreffenden Zeiger in einer Tabelle abgelegt, welche auch lokale Zeiger beinhaltet. Ist ein Zeiger in dieser Tabelle noch nicht enthalten, so wird das Objekt mittels der Informationen aus dem Datenstrom neu erzeugt und der Zeiger auf dieses Objekt gespeichert.

Eine Objektreferenz kann in CORBA in zwei Formen existieren – als Zeichenkette und als Zeiger auf ein Objekt. Dabei ist eine Konvertierung zwischen diesen Formen möglich. Ein Zeiger verweist immer auf ein lokales Objekt, welches das CORBA-Objekt repräsentiert. Liegt das CORBA-Objekt im gleichen Prozeß, verweist der Zeiger direkt auf dieses Objekt, anderenfalls zeigt er auf ein Proxy, das alle Aufrufe über den ORB an das entfernte Objekt überträgt. Würde man einen Zeiger auf eine lokale Implementation oder ein lokales Proxy an andere Prozesse übertragen, so wäre er in der neuen Umgebung ungültig. Abhilfe wird dadurch geschaffen, eine Objektreferenz als einen String darzustellen, in Anlehnung an [SHH+97] soll dafür auch der Begriff der Kontaktadresse verwendet werden. Um die Kontaktadresse zu ermitteln, wird ein zweistufiger Ansatz verwendet. Ein Naming Service bildet einen Objektnamen auf ein ortsunabhängiges und systemweit eindeutiges Object Handle ab. Diesem wird dann mittels eines Location Services die aktuelle Kontaktadresse zugeordnet. Neben der Abfrage der Kontaktadresse ist der Location Service auch für die Aktualisierung dieser Adresse nach einer erfolgreichen Migration zuständig.

Wird eine Kontaktadresse mit der Methode `string_to_object` in eine Objektreferenz umgewandelt, oder wird eine Objektreferenz als Ergebnis eines entfernten Prozeduraufrufs zurückgegeben – dann wird die CORBA-Laufzeitumgebung aktiv. Zunächst untersucht sie, ob das referenzierte Objekt lokal auf dem Server liegt. In diesem Fall wird ein Zeiger darauf zurückgegeben. Alternativ handelt es sich um ein entferntes Objekt, für das ggf. ein Proxy existieren kann. Ist dies der Fall, so wird ein Zeiger auf das Proxy zurückgegeben, anderenfalls erzeugt die Laufzeitumgebung ein Proxy und gibt dessen Adresse zurück.

Die Migration von Objekten bringt diese Ordnung nun durcheinander.

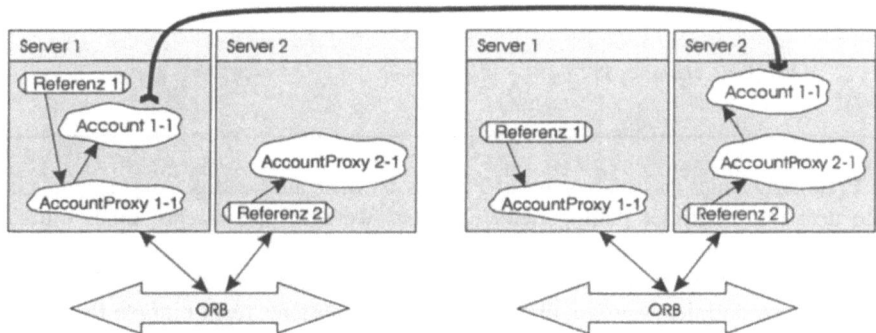

Abb. 2. Objekt und Smart-Proxies vor und nach der Migration

Es ist möglich, daß der Quellserver noch gültige Zeiger auf das Objekt besitzt. Nach der Migration sollte dann ein Proxy existieren, damit die bestehenden Zeiger gültig bleiben. Empfängerseitig muß ein gegebenenfalls bestehender Proxy durch die Implementation ausgetauscht werden. Anstelle eines Zeigers können dazu intelligentere Proxies verwendet werden, die im folgenden als Smart-Proxies bezeichnet werden. Mit der Erzeugung eines Objekts wird automatisch ein solcher Smart-Proxy angelegt, der intern einen

Zeiger auf das Objekt speichert. Eine Referenz verweist dabei immer auf den Proxy, der auch nach einer Migration weiter existiert (vgl. Abb. 2 für das Beispielobjekt Account).

Der Smart-Proxy ist bei einer Migration stets zu aktualisieren. Zu diesem Zweck wird in einem Prozeß eine Liste aller Smart-Proxies verwaltet. Migriert ein Objekt in den Prozeß, wird der Smart-Proxy anhand des Object Handles gesucht, sofern dieser nicht noch erzeugt werden muß. Dann wird eine Aktualisierung vorgenommen, indem ein Zeiger auf das lokal liegende Objekt eingetragen wird. Vor dem Aufruf einer Methode überprüft der Smart-Proxy, ob es ein lokales Objekt gibt – dann wird die Methode lokal aufgerufen, anderenfalls wird die Methode des Proxies aufgerufen, um das entfernte Objekt anzusprechen. Am Beispiel der Methode pay_in des Objekts Account soll der Code eines Smart-Proxies gezeigt werden:

```C++
void         ThProxy_Account::pay_in( Money aAmount )
{
  ProxyInUseGuard< ThProxy_Account > guard( this );

  if( mLocalObject ) {
    // liegt Objekt lokal, können wir die Methode direkt ausführen
    mLocalObject->pay_in( aAmount );
  }
  else {
    do {
      // Versuch, die Methode über den normalen Proxy aufzurufen
      try {
        Account::pay_in( aAmount );
        break;
      }
      catch( CORBA::SystemException& ) {
        // bei Fehler - Objekt mittels Location-Service finden
        if( !findMigratedObject( this ) )
          // Kontaktadresse nicht ermittelbar oder vorher bekannt
          throw;
      }
    } while( true );
  }
}
```

Die Erstellung eines passenden Smart-Proxies ist sehr aufwendig. Aus diesem Grund sollte der IDL-Compiler dahingehend erweitert werden, daß er statt eines einfachen Proxies direkt einen Smart-Proxy generiert, was jedoch nur der Hersteller einer CORBA-Implementierung übernehmen könnte. Alternativ können in einer Header-Datei einige Makros definiert werden, über die der Programmierer recht einfach Proxies definieren kann. Für das Beispielobjekt Account sieht die Definition dann wie folgt aus:

```C++
DEFINE_INTERFACE_BEGIN( Account )
  INTERFACE_FUNCTIONV1( Account, pay_out, Money );
  INTERFACE_FUNCTIONV1( Account, pay_in, Money );
  INTERFACE_FUNCTION0( Money, Account, balance );
  INTERFACE_FUNCTION0( char *, Account, nameOfHolder );
  INTERFACE_FUNCTION0( char *, Account, accountNumber );
DEFINE_INTERFACE_END( Account )

DEFINE_PROXY_BEGIN( Account, ThAccount_Account_IR )
```

```
PROXY_FUNCTIONV1( Account, pay_out, Money );
PROXY_FUNCTIONV1( Account, pay_in, Money );
PROXY_FUNCTION0( Money, Account, balance );
PROXY_FUNCTION0( char *, Account, nameOfHolder );
PROXY_FUNCTION0( char *, Account, accountNumber );
DEFINE_PROXY_END
```

Nach einer erfolgreichen Migration eines Objekts ist das alte Objekt schließlich zu terminieren. Dabei ist zu beachten, daß die Ressourcen, die das alte Objekt belegt hat, nicht automatisch freigegeben werden. Denn diese Ressourcen werden unter Umständen noch von der migrierten Instanz verwendet. Ferner darf auch eine Kontaktadresse im Location Service erst gelöscht werden, wenn die letzte Instanz des Objekts gelöscht worden ist.

Ein Client kann damit auf ein entferntes Objekt zugreifen, hat jedoch nicht die Möglichkeit, Ziel einer Migration zu sein. Dennoch muß der Client den Smart-Proxy verwenden, da dieser den Location Service anspricht, wenn das Objekt nicht mehr an der bisherigen Adresse erreichbar ist.

Da Orbix Multithreading unterstützt und ein Server mehrere Anfragen parallel bearbeiten kann, ist der Fall denkbar, daß während der Migration eines Objekts ein weiterer Zugriff darauf erfolgt. Da alle Zugriffe auf ein Objekt über den Smart-Proxy ausgeführt werden, soll dort auch ein Zugriffsschutz integriert werden. Mehrere Threads dürfen über einen Proxy zwar parallel Methoden aufrufen – aber sender- und empfängerseitig darf ein Proxy nicht verändert werden, während ein anderer Thread darauf zugreift. Zur Lösung dieses Problems wird ein Mutex eingesetzt, wie er für das Readers-/Writers-Problem verwendet wird. Dabei werden alle normalen Methodenaufrufe als lesende Operationen betrachtet, während eine Migration als schreibender Zugriff gewertet wird.

Im folgenden soll ein Objekt 1-1 vom Typ Account von Server 1 auf Server 2 migriert werden (vgl. Abb. 3).

Vom Client geht zunächst ein Aufruf einer Migrationsmethode move an das Objekt 1-1 (1). Im Client wird dieser Aufruf über einen Client-Proxy und den ORB zu dem 1-1-Proxy geleitet. Dieser Proxy ruft dann die Migrationsmethode in der Basisklasse des Objekts 1-1 auf. Die Migrationsmethode sperrt den lokalen 1-1-Proxy mittels lockExclusive und fragt den Factory Finder des Servers 2 nach einer geeigneten Factory (2). Dann lädt dieser Server das passende Plug-In-Modul (3) und initialisiert es. Hierdurch wird eine 2-1-Factory auf Server 2 erzeugt, ihre Referenz wird als Antwort an die Migrationsmethode übermittelt (4).

Der Objektzustand wird nun in einen Datenstrom gesichert (5) und die Methode create_object der 2-1-Factory auf Server 2 aufgerufen (6). Ferner bekommt diese Methode den Datenstrom übergeben. So kann die Factory eine neue Kopie des 1-1-Objekts vom Typ Account erzeugen (7), und es wird ein Proxy erzeugt, in den das Objekt eingetragen wird. Schließlich gibt create_object die neue Kontaktadresse an die Migrationsmethode zurück (8). Diese Adresse wird dann in den Location Service eingetragen (9). Der 1-1-Proxy auf dem Server 1 wird nun mit der neuen Kontaktadresse initialisiert (10) und der Mutex wieder freigegeben. Das 1-1-Objekt kann auf dem Server 1 als migriert betrachtet und demzufolge gelöscht werden (11). Danach kehrt die Kontrolle an den Client zurück (12).

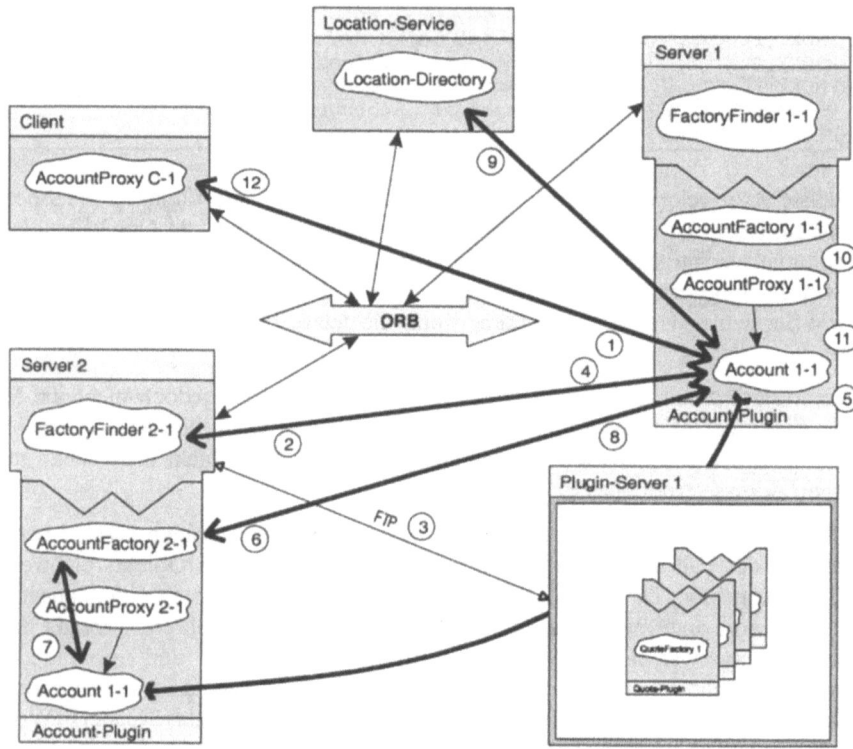

Abb. 3. Ablauf der Migration

Der Client weiß noch nichts von der neuen Kontaktadresse. Diese wird erst aktualisiert, wenn er das nächste mal versucht, mit der veralteten Kontaktadresse auf das Objekt zuzugreifen. Da das Objekt bereits migriert ist, erhält er einen Fehler und muß die aktualisierte Kontaktadresse über den Location Service anfragen.

4 Laufzeiteigenschaften des Plug-In-Modells

Im folgenden werden zwei Rechner betrachtet, die über ein lokales Ethernet exklusiv miteinander verbunden sind. Rechner Jungle verfügt über einen Intel Pentium II Prozessor, 266 MHz, und ist mit Windows NT sowie Orbix Version 2.2C01 ausgestattet [Orbix], der Rechner Beach verfügt über einen Intel Pentium Prozessor, 100 MHz, und ist mit Windows 95 sowie ebenfalls Orbix 2.2C01 ausgestattet. Während der Messungen wurden nur die Programme ausgeführt, die für die Tests notwendig waren.

Zunächst sollen die Dauern für Funktionsaufrufe betrachtet werden, wobei von einem lokalen Funktionsaufruf ausgegangen wird. Abb. 4a stellt die Dauer des Aufrufs bis zur Rückkehr der Antwort dar. Zunächst wurde ein Aufruf innerhalb eines klassischen Servers betrachtet. Ein solcher Server verwendet einen normalen Proxy, der keine zusätzliche Zeit benötigt. Diesem Aufruf ist ein Server gegenübergestellt, der einen Smart-Proxy verwendet, so wie er im vorangegangenen Abschitt für das Plug-In-Modell vorgestellt wurde. Mittels dieser Architektur wird die Migration eines Objekts erst möglich.

Vergleicht man die in Abb. 4 dargestellten Werte, so benötigt die Verwaltung des Smart-Proxies wesentlich mehr Zeit. Zu beachten ist in der Graphik die logarithmische Darstellung – der Smart-Proxy verbraucht mehr als 100mal so viel Zeit wie der normale Proxy. Allerdings ist diese Zeit auch relativ zu betrachten, d.h. eine einfache Funktion rechtfertigt die Verwendung eines Smart-Proxies wohl weniger, umfangreichere Funktionen werden dadurch jedoch verhältnismäßig gering belastet.

Findet ein Funktionsaufruf entfernt statt, so wird in Abb. 4b noch einmal in einen RPC, bei dem sich beide Prozesse auf dem gleichen Rechner befinden, und einen RPC, der wirklich entfernt auf einem anderen Rechner ausgeführt wird, unterschieden. Die Zeit wird jeweils aus Sicht des Clients betrachtet. Als Vergleichswert ist zusätzlich die Zeitdauer für die einfache Operation angegeben, einen Zahlenwert in einen String zu konvertieren. Es ist ersichtlich, daß die Kommunikation über den ORB in jedem Fall mehr Zeit verbraucht, als eine Kommunikation ohne ORB. Interessant ist hierbei, daß es quasi keinen Unterschied macht, ob der Aufruf auf dem gleichen oder einem entfernten Rechner stattfindet, auf dem langsamen Rechner ist der Aufruf sogar schneller, wenn der Serverprozeß auf einem anderen Rechner läuft. Offensichtlich benötigt der Server mehr Rechenleistung als der Client, so daß der schnelle Rechner als Server den Kommunikationsoverhead des Netzwerkes wieder ausgleicht.

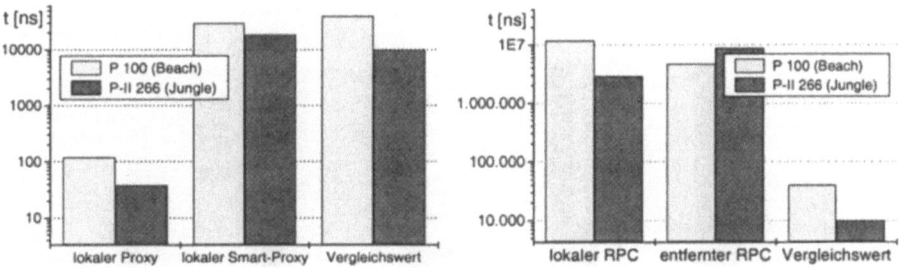

Abb. 4. Zeitdauern für a) lokale Funktionsaufrufe und b) Funktionsaufrufe über den ORB

Der durch die Verwendung des Smart-Proxies entstehende zusätzliche Aufwand wurde noch detaillierter untersucht und ist in Abb. 5 dargestellt. Insbesondere wurde der zusätzliche Aufwand für den Funktionsaufruf gemessen, die Entscheidung, ob das Objekt lokal oder entfernt liegt, sowie die Behandlung CORBA-spezifischer Fehler. Diese drei in Abb. 5a dargestellten Größen benötigen relativ wenig Zeit. Die eigentliche Dauer entsteht durch die Verwendung des Mutexes im Kontext eines möglichen Multithreadings. Hierbei ist in Abb. 5b zwischen Belegung und Sperrung des Mutexes unterschieden. Die langen Zeiten resultieren aus dem Kontextwechsel zum Betriebssystem und einer ggf. erforderlichen Synchronisation mit anderen Threads. Diese Zeitdauern sind auf beiden Rechnern recht ähnlich. Würde man nun noch auf die Verwendung einer Multithread-Unterstützung verzichten, so würde die durch einen Smart-Proxy benötigte Zeit noch einmal stark reduziert werden können und eine Proxy-Verwendung auch bei einfachen Funktionen sinnvoll erscheinen.

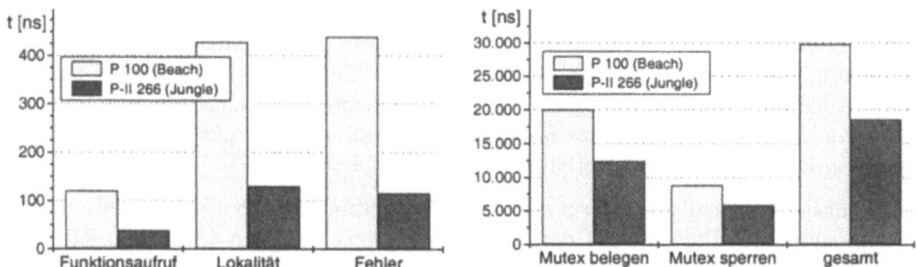

Abb. 5. Migrationsbestandteile a) mit geringem zeitl. Anteil; b) für die Verwaltung der Mutexe

Für die Migration ist es ferner interessant, zu betrachten, welche Zeit der Transport eines Plug-In-Moduls benötigt. Die eigentliche Übertragung kann über den ORB oder ein klassisches Netzwerkprotokoll erfolgen, wobei letzteres vorzuziehen ist. Ein Plug-In-Modul hat eine Größe von wenigstens 100 KB, und über den ORB ist lediglich eine Datenrate von wenigen Kilobyte pro Sekunde erreichbar. Beispielsweise dauerte die Übertragung eines Moduls von 200 KB Größe über den ORB 43 Sekunden, was einer Datenrate von 4,8 KB/s entspricht. Alternativ sollte daher ein Netzwerkprotokoll wie FTP oder das Microsoft-spezifische Protokoll SMB verwendet werden.

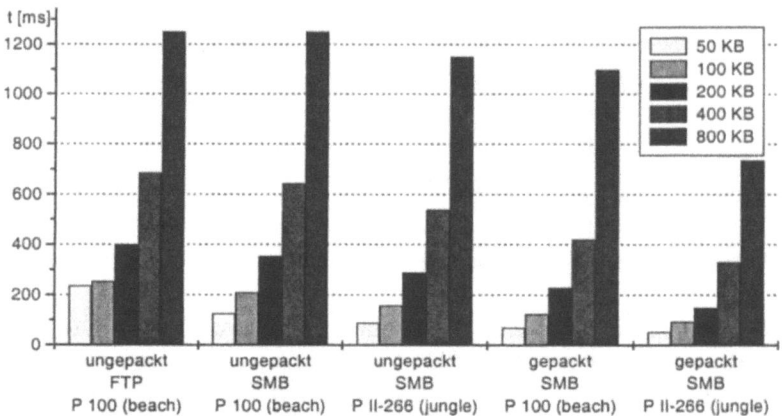

Abb. 6. Zeitdauer für die Übertragung unterschiedlich großer Plug-In-Module

Abb. 6 stellt die Übertragungsdauern für variierende Größen eines Plug-In-Moduls graphisch dar. Demnach sollten möglichst kleine Module übertragen werden. Durch den konsequenten Einsatz von Dynamic Link Libraries (DLLs) ist es möglich, die Plug-In-Module auf den wesentlichen Code zu reduzieren. Eine weitere Möglichkeit zur Reduzierung des Codes besteht darin, Daten zu komprimieren und empfängerseitig wieder zu entpacken. Die kürzeste Datenübertragung resultiert durch das Ablegen komprimierter Plug-In-Module, deren Übertragung und Entpackung. Für den schnelleren Rechner ergibt sich so ein Gewinn bis 40%.

Technisch gesehen handelt es sich bei dem Plug-In-Modul um eine DLL. Wird diese das erste Mal geladen, d.h. vom Betriebssystem in den Hauptspeicher geschrieben, so werden interne Datenstrukturen angepaßt. Beim Anfordern der DLL durch einen weiteren Prozeß braucht diese Library nicht neu geladen zu werden. Diese verschiedenen Fälle für die Initialisierung eines Plug-In-Moduls sind in Abb. 7 dargestellt. Die für die Initialisierung des Plug-In-Moduls erreichte Zeit kann hierbei jedoch nicht als verbindlich betrachtet werden, da jedes Plug-In-Modul unterschiedliche Aufgaben ausführt, die in Abb. 7 dargestellten Werte beziehen sich auf das Account-Beispiel.

Ist das Plug-In-Modul auf dem entfernten Rechner initialisiert und eine Factory für einen gewünschten Objekttyp verfügbar, so benötigt die eigentliche Migration eine relativ konstante Zeit. Am Beispiel des Account-Objekts soll ein Migrationsvorgang lokal und entfernt für den langsamen und schnelleren Rechner analysiert werden. Dabei werden je sechs Teilprozesse unterschieden: (1) Factory suchen, (2) Zustand sichern, (3) Datenstrom konvertieren, (4) Kopie erzeugen, (5) Proxy anpassen und (6) Objekt löschen. Die einzelnen Zeitdauern sind in Abb. 8 dargestellt.

Da das Bestimmen einer Factory mittels eines RPCs zum Factory Finder erfolgt, entspricht die gemessene Zeit von der Größenordnung her der eines einfachen RPC-Aufrufs. In einem komplexeren Szenario könnte der Factory Finder bei Vorhandensein verschiedener Factories eine gleichmäßige Lastverteilung vornehmen, indem er die Menge möglicher Factories zurückliefert oder rotierend eine der möglichen Factories.

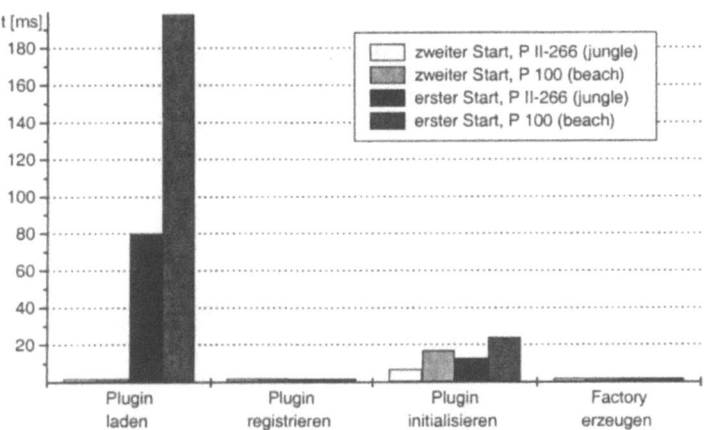

Abb. 7. Dauer der Initialisierung des Plug-In-Moduls

In dem hier betrachteten Szenario wird jedoch statisch immer die erste Factory verwendet. Daher ist die für das Suchen der Factory angegebene Zeit als Untergrenze zu verstehen.

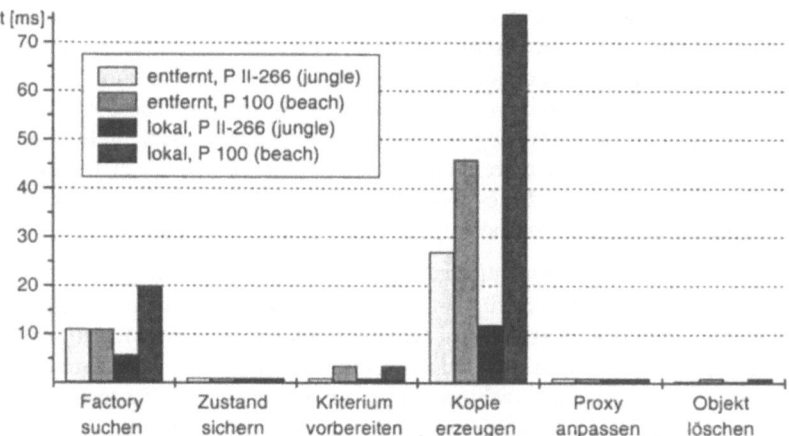

Abb. 8. Zusammensetzung des Migrationsaufwands

Sehr viel Zeit benötigt auch das Erzeugen der Kopie des Account-Objekts. Auch hierzu wird ein RPC eingesetzt, dem der konvertierte Datenstrom mit dem kompletten Objektzustand übergeben wird. Infolge der größeren Datenmenge benötigt der RPC deutlich länger als ein einfacher RPC. Die nachfolgende Anpassung des Proxies und des Löschen des Originals können im Verhältnis zum Zeitaufwand für die gesamte Migration vernachlässigt werden.

Interessant ist bei dieser Betrachtung, daß der langsamere Rechner von dem RPC über das Netzwerk profitiert, da der schnellere Rechner das Ergebnis trotz des aufwendigeren Netzwerktransports in deutlich kürzerer Zeit liefert. Demnach ist die Migration auch insgesamt am langsamsten, wenn ein Objekt zwischen Servern auf dem langsamen Rechner migriert wird.

5 Schlußbemerkungen

Mit dem Plug-In-Modell wurde einen Architektur für einen Objektmigrationsdienst zwischen ORBs unterschiedlicher Hersteller und auf heterogenen Plattformen entworfen. Eine heterogene Migration wurde dadurch erreicht, daß der Programmcode für jede Zielplattform als Plug-In-Modul compiliert und die Zustandsübertragung mittels ORB für eine automatische Konvertierung zwischen unterschiedlichen Zahlendarstellungen durchgeführt wird. Durch dieses Modell werden einige Schwachpunkte bestehender Migrationsdienste vermieden. So ist es möglich, Objekte einschließlich ihres Programmcodes zu migrieren und nicht nötig, auf jedem Server eine aktuelle Programmversion bereitzustellen, die alle potentiellen Objekte implementiert. In dem Modell werden keine spezifischen Eigenschaften des ORBs vorausgesetzt, so daß eine Migration zwischen unterschiedlichen ORBs möglich ist.

Die Einführung eines intelligenten Smart-Proxy, der für die Lokalisierung migrierter Objekte und für die Synchronisation in Mutlithreading-Umgebungen verantwortlich ist, hat erhebliche Vorteile. Dieser Mechanismus kann einfach in bestehende CORBA-Implementierungen integriert werden, ohne Veränderungen am ORB vorzunehmen.

Außerdem entsteht bei der gewählten Methode keine Abhängigkeit von dem ursprünglichen Serverprozeß, in dem das Objekt vorher lag. Hierdurch ist es möglich, einen Rechner komplett zu evakuieren und auszuschalten. Das Ergebnis ist eine deutliche Steigerung der Zuverlässigkeit und auch eine Verringerung der Netzlast.

Die Messungen ergaben interessante Ergebnisse. Plug-In-Module sollten komprimiert auf dem Plug-In-Server abgelegt werden und über ein normales Netzwerkprotokoll an den Client übertragen werden. Der Zielrechner sollte dann die Module entpacken und im lokalen Cache auf der Festplatte speichern. Erfolgt ein Ladevorgang für ein Plug-In-Modul auf einem Server mehrfach, so ist dies ab dem zweiten Ladevorgang erheblich schneller als beim ersten Mal.

Durch die Dominanz des RPCs bei der eigentlichen Migration kann der langsamere Rechner von einem RPC über das Netzwerk profitieren, da der schnellere Rechner das Ergebnis trotz Netzoverhead in deutlich kürzerer Zeit liefert. Ferner besteht beim Plug-In-Modell noch der Vorteil, daß eine Kommunikation ohne ORB möglich und sehr effizient ist.

Die Gesamtdauer einer Migration hängt entscheidend von der Größe des zu migrierenden Objekts ab. Insbesondere ist die Anzahl der Attribute für die Zustandssicherung von Bedeutung, und die Umwandlung des Objekts in einen Datenstrom ist ebenfalls sehr zeitintensiv.

Die Messungen haben ferner ergeben, daß die verwendete CORBA-Implementierung Orbix in einigen Fällen nicht optimal implementiert wurde. Insbesondere ist es verwunderlich, daß der Datentransport innerhalb einer homogenen Umgebung so langsam ist. Durch eine Verbesserung der Leistung des Orbix zugrundeliegenden ORBs würde sich die Geschwindigkeit der Migration weiter erhöhen, so daß die Vorteile des Plug-In-Modells noch deutlicher zu sehen wären.

Literatur

[Ha98]   Haustein, T.: *Objektmigration für CORBA-basierte Verteilungsplattformen.* Diplomarbeit am Lehrstuhl für Informatik IV der RWTH Aachen, 1998

[HAK+97]   Hummel, J.; Azevedo, A.; Kolson, D.; Nicolau, A.: *Annotating the Java Bytecodes in Support of Optimazation.* University of California, Irvine, 1997

[Li98]   Linnhoff-Popien, C.: *CORBA – Kommunikation und Management.* Springer, Berlin, Heidelberg, 1998

[Me97]   Meier, S.: *Objektreplikation unter Orbix.* Diplomarbeit am Lehrstuhl für Informatik IV der RWTH Aachen, 1997

[OMG97a]   OMG: *The Common Object Request Broker: Architecture and Specification (2.1).* Object Management Group, 1997, http://www.omg.org

[OMG97b]   OMG: *CORBAServices: Common Object Services Specification.* Object Management Group, 1997, http://www.omg.org

[Orbix]   Iona Technologies: *Orbix 2 Programming Guide*, 1997, http://www.iona.com

[SHH+97]   van Stehen, M.; Hauck, F.; Homburg, P.; Tanenbaum, A.: *The Architectural Design of Globe: A Wide-Area Distributed System.* IEEE Communications Magazine, 1997

Integration of SNMP into a CORBA- and Web-Based Management Environment

Gerd Aschemann   Thomas Mohr   Mechthild Ruppert

Department of Computer Science, Darmstadt University of Technology, Germany
{aschemann,mohr,ruppert}@informatik.tu-darmstadt.de

Abstract. The management of networks, distributed systems, and distributed applications is an important and growing field in computer science. Besides the classical architectures like SNMP and OSI management, the introduction of new technologies such as the World Wide Web with Java and the availability of standard middleware architectures like CORBA have brought up new challenges. Future developments in the management domain will probably be at least Web-based. However, in any case they should be "integrated".

We present some ideas to integrate both Web-based and CORBA-based techniques into management platforms and discuss new strategies for the integration of the emerging approaches and the classical architectures. We also describe our implementation of an SNMP-CORBA gateway which covers the translation of the information model as well as the communication model. We have extended our System Configuration Tool (SCOT) by a full CORBA interface. Its Web interface has been extended by a generic generator for HTML pages with integrated, and appropriately parameterised applets, which allow to access the SCOT repository as well as other CORBA-based management entities, such as our CORBA-SNMP gateway.

Keywords: CORBA, integrated management, network management, SNMP, Web-based management.

1 Introduction

The management of distributed systems and applications stems from network management, either the management of Wide Area Networks (WAN), which are classically covered by the Open Systems Interconnection (OSI) standards of the International Organisation for Standardisation (ISO), or Local Area Network (LAN) management, which is typically associated with the term Internet Management or SNMP (despite the fact that the Internet was a WAN from its first days). With the upcoming of distributed systems and distributed applications, new technologies arose, such as the World Wide Web (WWW) or shortly Web, and standardised middleware architectures like the Distributed Computing Environment (DCE) or CORBA. These new technologies are a challenge to the world of classical management since they proclaim to make a user's life easier (Web) or provide more general approaches (middleware) than specific solutions. Even in the field of distributed applications the question arises, why the distributed systems should be maintained with a separate protocol like SNMP instead of using the same middleware that is used for realizing the application. Nevertheless, the old world still exists besides the new world, and technologies for integration are required.

In the future, platforms for the management of networks, distributed systems, and distributed applications may have a more open architecture and may provide a framework for different components, like resources, user interfaces, data storages, management services and integration gateways. For the more complex interactions a standard middleware like CORBA may be used. But for the simpler interactions simpler technologies must be provided. On the one hand these simpler technologies are management protocols, like SNMP, for the management of network elements and simple services. SNMP is well established and it is a must to integrate it into any new platform approach. On the other hand, the Web with HTML/HTTP provides a well established user interface for distributed systems and cannot be ignored. It is well suited for more or less static information like the inventory database of a distributed system or the administrative state in the configuration repository. However, this technology reaches its borders when highly dynamic applications must be implemented, e.g., online monitoring of real resources, or real time manipulation of network elements. This cannot be achieved in a suitable way by static HTML pages or the typical interaction interfaces of the Web, i.e., CGI scripts and applications. Here it is the purpose of the platform to enable the development of integrating applications based upon orthogonal interfaces and services embedded into a middleware. With the upcoming integration of CORBA into standard Web browsers, the "static" HTML pages can be easily extended to dynamic applications, since Java as an application language within Web browsers is also well established. These applications may run with only little modifications as management user interfaces. However, Java enabled management applications will not completely replace HTML pages, due to their simplicity and the broad availability of this technology. We believe that there will not be the "one and only" technology for an application domain like distributed management, as other examples in the past have shown.

We enhance such an approach by implementing a gateway to administrate SNMP-manageable systems through CORBA-managers and propose an open environment for CORBA-based management with an integrated Web interface for simple access. Figure 1 sketches some components of such a platform. The solid lined components are already implemented, while the dotted components are subject to concurrent and future work (see Sect. 5).

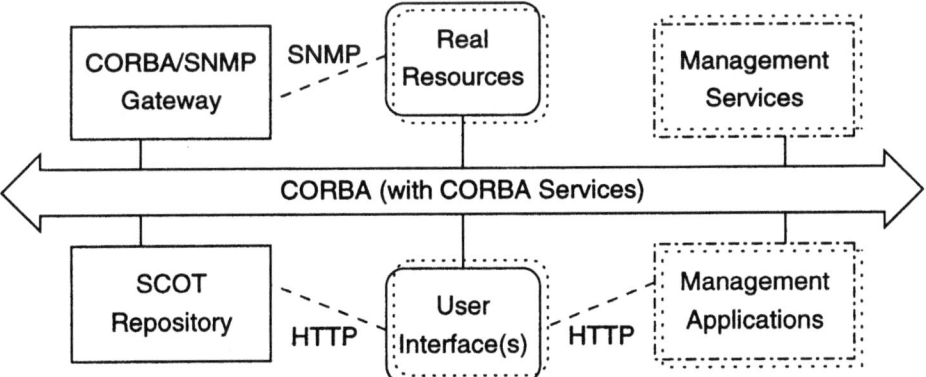

Fig. 1. Open integrated management platform

Structure of the paper

We start with a description of our MIB compiler in section 2 and of our gateway in section 3. Both sections give a short introduction to and a comparison of the appropriate models in SNMP and CORBA (information and communication model). Then the approach to translate one into the other is described. We show an example and give an overview of related work. Section 4 introduces our approach to Web-based management and the integration of the gateway. The last Sect. (5) outlines future work and presents a conclusion.

2 Information Models and the MIB Compiler

An integration of SNMP into a CORBA-based management environment requires two translations: a transformation of the information model and a transformation of the communication model. Our MIB compiler provides a facility to automatically generate a CORBA IDL specification from a given SNMP MIB.

2.1 SNMP Information Model

In SNMP the management information model is described using a subset of the Abstract Syntax Notation One (ASN.1). A generic document determines the structure of management information [19], [23], a so-called Management Information Base (MIB). A MIB is a formal view of the managed objects (MOs) which allow to manage network elements (NEs) as real resources. The description is data type oriented and gives a hierarchical view on a network element by grouping its objects or collections of objects as tables. SNMP allows the definition of traps and notifications as messages which are spontaneously sent from an NE (i.e., its management software, the agent) or another manager to the manager to communicate errors or exceptional behaviour of an object.

Many macros and MIBs are defined by the Internet Engineering Task Force (IETF) working groups, software and hardware vendors, research institutes or other organisations. All MIBs and defined hierarchical structures are embedded in the ISO naming tree [22]. The tree allows to address a particular object by its path through the tree, given by numbers. This path in its numeric form is called Object Identification (OID).

2.2 CORBA Interface Descriptions

The CORBA information model, though not explicitly named by this term, allows for a class-based description of data objects, i.e., their interfaces with attributes and methods are given in a completely object-oriented manner. The so-called Interface Description Language (IDL) has a syntax which is strongly related to C++. A hierarchical naming and scoping of definitions is provided by nested modules.

A CORBA IDL definition is usually translated into (static) stubs and skeletons of a programming language by an IDL compiler. During translation a unique and standardised identification (type identifier) is generated and assigned to the CORBA interfaces and types. This identifier is usually obtained from a certain prefix, a path description of nested modules and interfaces, and a version number. Optionally, all of these parts can be provided by the interface designer (pragma-keyword, see below). Together with an interface repository (IR) these unique identifiers allow for dynamic calls of operations (see Sect. 3.2).

2.3 Translation of MIBs into IDL

To translate SNMP MIBs to CORBA IDLs, we have implemented a compiler [20] which has to cope with several aspects. We do not describe all details of the transformation, but only sketch the most important features. Like any other compiler our translator has to cope with issues like different identifiers, access rights, import/export of identifiers, scoping rules, etc. However, we have to handle some special cases:
- SNMP macros are hard-coded in the compiler, since they only define syntactic and semantic structure, and analysis of the MIB and cannot be extended.
- In general, SNMP object definitions are translated to CORBA interfaces. We have to distinguish three cases. If the entity is simply an SNMP variable, the generated interface gets an attribute of the appropriate type. If the object belongs to a group (a SEQUENCE of SNMP objects), the group becomes an interface and the members become attributes, just as if they were ordinary SNMP variables. If the object belongs to a table, the table contains one special entry object which has the same structure as a group and is translated like a group.
Additionally, IDL ID-pragmas are generated by concatenating the single numbers of the SNMP OID to allow for the easy mapping of CORBA objects to SNMP Object IDs and vice-versa within the gateway.
- Since it is only possible to define a few restrictions on types and ranges in IDL, e.g., the maximum number of elements within a sequence, we have to drop most of this information.
- In order to use traps and notifications of SNMP, we have defined appropriate generic IDL interfaces. The interfaces provide push and pull operations similar to the CORBA Event Service [13]. However, the methods have common SNMP specific parameters (e.g., community name, trap type, time ticks) and a generic parameter of the IDL-type any which holds trap-specific information.
- Parts of MIBs which cannot be mapped to IDL are inserted as comments, e.g., object descriptions or access rights other than readonly.

Figure 2 shows some capabilities of the MIB compiler.

2.4 Related Work

The Joint Inter Domain Management (JIDM) working group of the Open Group (formerly X/Open) has worked out a specification for the translation of the information models of SNMP and OSI/TMN management to CORBA [18]. We picked up some ideas from this work but also made some different design decisions. In most cases we dropped specifications from the JIDM design, since we found them overdone for this tool, e.g., mapping of all ASN.1 types to CORBA (one should keep in mind that JIDM tries to cover both SNMP and OSI management), or mapping of complex SNMP constants to an operation (which must be implemented somehow). One important aspect is that we generate pragma IDs for SNMP OIDs to support dynamic access to SNMP variables through the gateway. Some implementations of the JIDM proposal exist, e.g., [7] [11].

Besides the JIDM approach there exist several tools to translate ASN.1 to other languages. One of them is the Sample Neufeld ASN.1 to C/C++ Compiler (SNACC, [6]) and its derivatives, e.g., for Java [9].

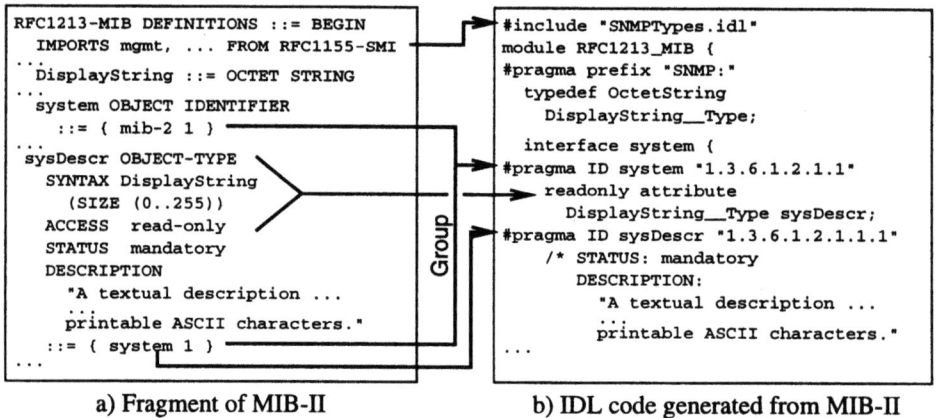

Fig. 2. Translation of SNMP MIB to CORBA IDL

3 Gateway

After describing the "specification translation" of a CORBA to SNMP gateway, we now discuss the "interaction translation".

3.1 Communications in SNMP

In order to make SNMP communications efficient, it was originally built using the User Datagram Protocol (UDP) of the TCP/IP family. So the main character of SNMP communications is that of an unreliable, asynchronous, message based protocol. SNMP knows basically five message types: set request, get request, get next request, response, and trap. Besides some general information like the SNMP version number, message type, request id, and authorisation information, each message contains a list of name-value pairs, a so-called variable binding list. The names are the OIDs of SNMP variables, the values occur only in set requests and in get and get next responses. Get next requests are used to traverse the variables in the order of the OID tree, especially in the case of tables, where the OID of the next variable is not a priori known. The definition of SNMPv2 additionally introduced bulk transfers [24] to minimise the number of protocol messages if, e.g., all values of a table must be transferred.

3.2 Communications in CORBA

While in SNMP there are stronger facilities to define data types, especially to restrict them, in CORBA communications are much more complex. Besides asynchronous (unreliable), synchronous, and deferred synchronous (both reliable) communications, CORBA has to cope with many other aspects, e.g., encoding of operation calls, or different parameter semantics.

However, the CORBA standard [16] proposes some facilities that are particularly useful in a bridging application like our gateway. The definition of the Dynamic Invocation Interface (DII) allows for a client to build up a request during runtime by manually packing the request message as an object, containing the reference of the object to be called, the name of the operation, and its parameters. The generic method `invoke` of the request object returns with the results of the called operation which can be unpacked by the client. The dynamic skeleton interface (DSI) allows the same on the server side, the so-called "servant" [21]. With the DSI, object dispatching is still left to the CORBA object adapter (OA), but operation dispatching is provided by the object itself. The object implements a method `invoke` which is called by the object adapter with passing a request object as a parameter. As part of the DII specification, so-called Context objects were introduced. Context objects are a list of properties (name + string value pairs) which allow to pass additional information with the request to the servant, e.g., about the client environment. They can be seen as dynamic (named) parameters to the servant method, since normally only static parameters defined in the IDL specification are possible.

3.3 Mapping of CORBA Calls to SNMP Requests

Our gateway [12] is currently implemented by five different processes, as shown in Fig. 3. Since we mainly had the integration of SNMP into CORBA in mind, the main access point for CORBA applications is the CORBA Half-bridge (CB). Calls on SNMP objects are performed through the CORBA DII and DSI. Besides the request parameters, encoded in a request object, a context object holds the SNMP agent specific information (agent context), i.e., host, port number, community string etc.

Incoming requests are passed to the SNMP Half-bridge (SB) after mapping the IDL attribute to the corresponding SNMP variable by extracting the SNMP OID from the CORBA IR. Additional parameters for this request are the unchanged agent context and a newly obtained SNMP request context object (invocation context) from the Gateway Information Centre (GIC). This invocation context is later used to associate the SNMP response to the CORBA request. It may also be used to associate errors for this particular SNMP request detected by the Trap Daemon (TD), e.g., authentication errors.

The SB acts as an SNMP entity in manager role and is responsible for encoding and decoding of SNMP messages, i.e., conversion from and to CORBA requests, and communication with SNMP agents. If a request refers to an SNMP table, SB autonomously performs a number of get next requests (or get bulk in SNMPv2) to traverse the table and returns the whole table at once to the caller (by passing it through the CB).

The gateway works as a protocol converter and does not manage any information about potential communication partners, i.e., SNMP agents. To store and provide such information is the duty of a gateway user, who may delegate this task to a particular service or repository, e.g., our SCOT repository (Sect. 4).

It is easily possible to extend the gateway by additional SNMP MIBs, by simply loading them into the CORBA IR. No recompilation or even restart of the gateway is necessary. The gateway can cope with different SNMP versions in a transparent way for the client. In its multi threaded version, the gateway enables concurrent requests from CORBA managers to SNMP managed objects.

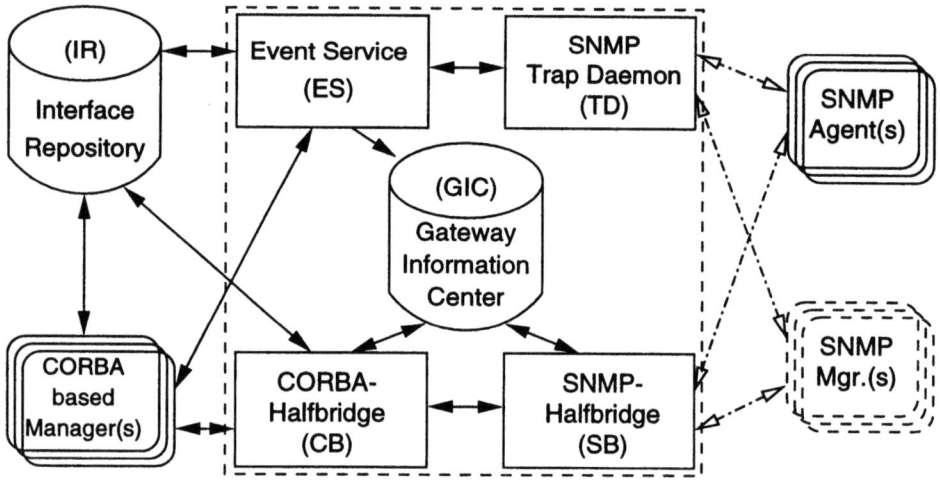

Fig. 3. Components of the gateway

3.4 Mapping of SNMP Traps

The TD receives any trap or notification sent by an SNMP agent. If the message contains an SNMPv2 inform notification, it sends an appropriate confirmation to the originator. Then it forwards the message to the Event Service (ES). The ES unpacks the message and constructs an appropriate CORBA object with the trap type information stored in the IR and forwards this object to the GIC where it might be used to respond to an erroneous client request as described above. Additionally, the event object is stored and can be requested later (polled) by a CORBA client. ES works similar to a specialised CORBA event service which provides forwarding of messages in publisher/subscriber manner and allows for the subscription of additional clients. CORBA manager applications may also register as event consumers with the ES, similar to the standard CORBA event service. Currently it only provides a push interface and untyped events, but can be easily extended by pull interfaces and typed events.

3.5 Implementation and a Client Example

The gateway itself is implemented in C++, currently based on ORBacus [17]. The clients, however, can be implemented in any language which is supported by CORBA and with any inter-operable broker which implements the Internet Inter-ORB Protocol (IIOP). We give a short example in Fig. 4: A context object is acquired from the ORB and the dynamic parameters are stored; a request to get a MIB table is made and afterwards the result can be unpacked.

Table 1 shows some performance measurements of our gateway obtained on a small network of PCs (200 MHz Pentium, Suse Linux 5.1) connected by a shared 10 MBit/s Ethernet. As one would expect, involving the gateway makes the communication much slower. The first row shows the average time needed to complete a call (request + response). In the case of a single value it is slowed down by a factor of nearly 41. Retrieving an SNMP table reduces the overhead and the gateway is only slower by a factor of

```
...
// get the gateway reference somehow
org.omg.CORBA.Object gateway = ...
org.omg.CORBA.Context ctx = orb.get_default_context ();
org.omg.CORBA.Any somedata = orb.create_any();
somedata.insert_string ("1"); ctx.set_one_value ("Version", somedata);
somedata.insert_string ("130.83.14.64");
ctx.set_one_value ("ipaddress", somedata);
org.omg.CORBA.Request request
    = gateway._request ("_get_RFC1213_MIB__snmpInPkts");
request.ctx (ctx);
// the result is always a table, even if it contains only one element
request.set_return_type (tableTagHelper.type());
request.invoke();
org.omg.CORBA.Any res = request.return_value();
tableTag result = tableTagHelper.extract (res);
...
```

Fig. 4. Fragment of CORBA-Java client for the gateway.

3.75. However, the second row shows the real time spent by a command line version of both implementations (using `snmpget` and `snmpwalk` of the UCD SNMP implementation). The response time is much below one second, so it is sufficient for a human user. Only in a few cases of automated tasks, e.g., monitoring of values with a high frequency, it is not appropriate to use the gateway.

Table 1. Performance measurements of requests made through the gateway (Times in ms)

	Single Variable			SNMP Table		
	GW	SNMP	Factor	GW	SNMP	Factor
Call only	29.141 ms	0.717 ms	40.64	61.497 ms	16.479 ms	3.73
Execution time	94.0 ms	38.0 ms	2.474	264.0 ms	59.0 ms	4.475

3.6 Related Work

As for the MIB compiler, we were inspired by the ideas of the JIDM group which resulted in an OMG proposal [15]. It defines a large class hierarchy for SNMP objects and relies on the extension of many CORBA services such as naming service, property service, etc. and provides a powerful framework. However, it also introduces some overhead, e.g., to finally access an SNMP MIB variable. JIDM introduces two new services, a specialised SNMP Naming Service and a specialised SNMP Object Interface Repository. Both specifications are derived from the standard CORBA Naming Service and the standard CORBA Interface Repository. The CORBA SNMP Naming service is used to build a naming hierarchy starting with a virtual node, the SNMP-MIB-ROOT. Beyond this virtual node, the particular hosts in the management domain of a particular gateway each have their own subtree (based on the DNS host name or the IP address of the host). Within one subtree the different MIBs which are accessible on a host can be found. The MIBs contain the SNMP variables, groups, and tables with their symbolic SNMP names. To find the corresponding SNMP OID of an SNMP entity, the symbolic names are mapped to their SNMP OID by the SNMP Object Interface Repository. To retrieve the actual OID of an SNMP instance, at first the Naming Service has to be traversed to find the symbolic name via the host subtree. Then the SNMP Interface Repository has to map the symbolic name to the SNMP OID. Both retrievals require some interactions between the gateway and the involved service. We believe that both mappings are orthogonal and should not be combined. In our approach the retrieval of the host information is left to the client, which may already have this information. In the next section we introduce our generic repository for host configuration information which is one example how clients could gain host specific information which might not only be used in the context of SNMP requests. Additionally we use the standard CORBA Interface Repository to map symbolic SNMP names to SNMP OIDs and therefore avoid the introduction of a new service.

[7] introduces proxy objects (shadow objects) for SNMP objects within its gateway, i.e., caches. This has the advantage that some get requests can be directly answered by the gateway without any SNMP communication. On the other hand it introduces a cache consistency problem, especially if the SNMP resources are concurrently accessed from other managers than the gateway. The thesis [7] states that complex methods to minimise (if not to avoid) consistency problems would be necessary but leaves the solution to this problem open.

[4] summarises two other dynamic approaches to make SNMP resources available through CORBA. Both (GOM and Liaison) do not care about making the exact SNMP MIB specifications available by translating the MIB to an IDL description. They only provide access to SNMP variables by a generic mapping of strings to variable names.

4 Integration of SNMP and SCOT

In [1] we introduced our System Configuration Tool (SCOT). It provides an object repository based upon the prototype instance model [10] which allows for value sharing among objects. Managed objects are described within repository objects as a list of slot objects. A slot is a tuple $S = (name, value, attributes)$. It cannot only hold values and references to other objects but also algorithms (Lisp functions and lambda expressions since it is implemented in Lisp) and therefore is able to compute complex object relationships based upon an embedded object-oriented query language. The main purpose is to provide a specification-driven information model for systems and network management. Administrators can directly specify the administrative state of managed objects. In fact, they can even concentrate on the interesting features they want to model. Every object can serve as a prototype for other objects, which extend or specialise its description. Classical information models as in SNMP or OSI management have a large overhead of operational state descriptions which are not necessary for some administrative tasks like configuration management. Since the repository is embedded into a Lisp platform, it is easy to define management policies and constraints as invariants which can be automatically checked by the repository.

4.1 CORBA Interface

SCOT originally provided only a very simple CORBA interface which allowed to access objects via Lisp expressions as string parameters to a CORBA operation. We have extended the implementation of repository objects and slots by making them directly available as CORBA objects through the CORBA compliant ILU package (Inter Language Unification, [27]). Objects and slots now can be directly accessed by appropriate operations (get and set functions, methods to insert, delete, etc. objects and slots). CORBA management applications can thereby use and manipulate the repository, e.g., to get the context information of a network element for SNMP access through the SNMP CORBA gateway (see above).

4.2 Web Interface

SCOT originally allowed to browse the repository through a Web interface. The repository generated HTML code representing the state of the requested object. With the CORBA extension it became possible to directly launch management applications as Java applets from the object specific HTML pages. Such applications can be common utilities like an object editor for the administrative state of the objects or a generic SNMP MIB browser or more dedicated applications like performance monitoring tools, event browsers, or user interfaces of other CORBA management applications (see Sect. 5).

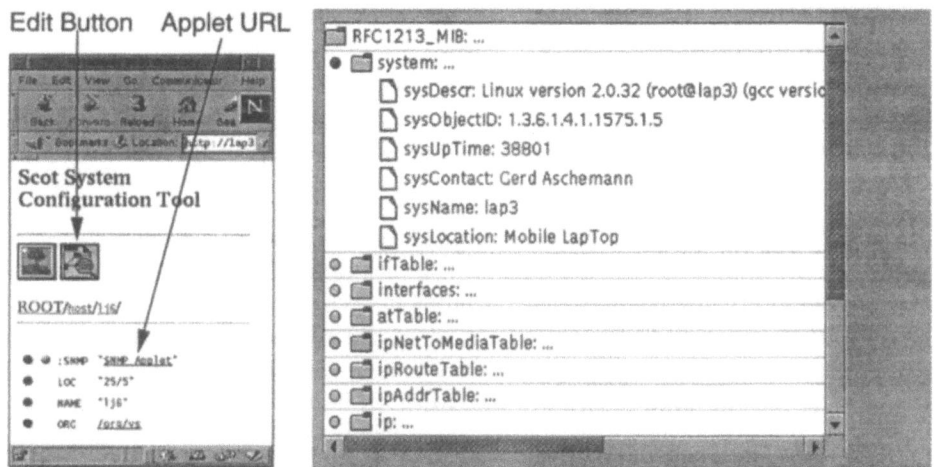

Fig. 5. SCOT standard HTML page and SNMP browser applet

Figure 5 shows an example of a repository object and the launch points for two different applets and a generic SNMP MIB browser as an example for such an applet. The browser can be started by clicking on the embedded URL in the : SNMP-slot of the shown object. Such applets must be parameterised by object specific values. The parameters are, e.g., its stringified inter-operable object reference (IOR) or a reference to the object in a name-server, the available MIBs on the real resource, etc. We have implemented a generic CGI script to start such an parameterised applet with appropriate HTML code.

4.3 Related Work

With the growing popularity of the WWW several approaches for the integration of Distributed Management into Web-based user interfaces have been proposed (see appropriate conferences, e.g., NOMS and IM). Only few of them provide a generic architecture to cover or at least integrate the whole spectrum of management issues.

In general it can be said that there are two directions for current development. Some approaches, e.g., Web-based Enterprise Management (WBEM, [26]) and the Java Management API (JMAPI, [25]), try to introduce completely new models and service architectures: WBEM with the Common Information Model (CIM), and the so-called CIM Object Manager (CIMOM), JMAPI with the JMAPI Object Model, the so-called Appliances, and communications based on the Java Remote Method Invocation (RMI). Both architectures try to integrate other architectures, mostly SNMP, by internal gateways. Others try to provide a seamless integration between the different management worlds by a translation or gateway approach, e.g., Liaison [2] (see also Sect. 3), Integrated Web-Based Management Architecture [8], or the Web-based TMN integration proposed in [3]. Our architecture belongs to the second group and tries to combine the established Web technologies for simple tasks as browsing through resources and visualisation with automatic translation of protocols on a CORBA basis. We try to rely on HTML/HTTP as much as possible and only use Java applets if the HTML/HTTP-based access is not sufficient.

5 Future Work and Conclusions

We are currently investigating the implementation and integration of additional services to provide an open integrated platform for the management of networks, distributed systems, and distributed applications as required in Sect. 1 and outlined in Fig. 1.

Besides the currently implemented repository, the Web interface, and the CORBA SNMP gateway which is an example for management gateways in general, we are going to integrate a service for management scripts [5] in the near future. Other components will be a CORBA-based agent on the managed resources and a stand-alone user interface (Web-based user interfacing is sometimes too restricted for some purposes). Besides these generic components we are developing more complex management applications like a migration tool for services which may rely on highly sophisticated CORBA services like the Object Transaction Service [14].

We have presented the design and implementation of an gateway for the access of SNMP resources by CORBA managers. It has minimal overhead in comparison to other approaches while allowing dynamic access and runtime extension. It can be run stand-alone to integrate SNMP with CORBA management. Furthermore, we have extended our SCOT repository by a full CORBA interface. In combination with SCOT's Web interface and the CORBA-based SNMP gateway this allows for the complete integration of SNMP management into Web-based management without introducing completely new protocols and services.

References

1. G. Aschemann and R. Kehr. Towards a Requirements-based Information Model for Configuration Management. In *Proceedings of 4th International Conference on Configurable Distributed Systems*, pp. 181–189. IEEE Computer Society Press, May 1998.
2. F. Barillaud, et al. Network Management using Internet Technologies. In *International Symposium on Integrated Management (IM)*. 1997.
3. Z. Canela, et al. Integrating Web-Based User Interfaces in TMN Systems. In *Network Operations and Management Symposium (NOMS)*. 1998.
4. L. Deri and B. Ban. Static vs. Dynamic CMIP/SNMP Network Management Using CORBA. In *4th International Conference on Intelligence in Services and Networks (IS&N)*. 1997.
5. R. Fröhning. *Entwurf und Implementierung eines CORBA-basierten Servers für Skripte und autonome Applikationen zum Management verteilter Systeme und Netze*. Diploma's thesis, FG Verteilte Systeme, FB Informatik, TU Darmstadt, Aug 1998.
6. GMD Fokus. SNACC Homepage. http://www.fokus.gmd.de/ovma/freeware/snacc/entry.html.
7. T. Höller. *Entwurf und Realisierung eines CORBA/SNMP Gateways*. Diploma's thesis, TU München, Aug 1996.
8. J. W.-K. Hong, et al. Web-based Intranet Services and Network Management. *IEEE Communications Magazine*, pp. 100 – 110, Oct 1997.
9. IBM. SNACC for Java. http://www.alphaworks.ibm.com/formula/snaccforjava.
10. H. Lieberman. Using Prototypical Objects to Implement Shared Behavior in Object-Oriented Systems. In *Proc. of the OOPSLA '86*, pp. 214–223. Oct 1986.
11. S. Mazumdar, et al. Web based management: Corba/snmp gateway approach. http://nsm.research.bell-labs.com/~mazum/CorbaSnmp/, 1998.
12. T. Mohr. *SNMP-Management mit CORBA — Transformation des Kommunikationsmodells*. Diploma's thesis, FG Verteilte Systeme, FB Informatik, TU Darmstadt, Apr 1998.
13. Object Management Group. CORBA Event Service Specification, Mar 1995.
14. Object Management Group. CORBA Object Transaction Service Specification, Nov 1997.
15. Object Management Group. CORBA/TMN Interworking - SNMP Part, Feb 1998.
16. Object Management Group. The Common Object Request Broker: Architecture and Specification, Revision 2.2, Feb 1998.
17. Object Oriented Concepts, Inc. *ORBacus for C++ and Java*, 1998.
18. Open Group. Inter-Domain Management: Specification Translation, 1997.
19. M. Rose and K. McCloghrie. RFC 1212: Concise MIB definitions, Mar 1991.
20. M. Ruppert. *SNMP-Management mit CORBA — Transformationen im Informationsmodell*. Diploma's thesis, FG Verteilte Systeme, FB Informatik, TU Darmstadt, Apr 1998.
21. D. C. Schmidt and S. Vinoski. Object Adapters: Concepts and Terminology. *SIGS C++ Magazine*, 9(11), NovDec 1997.
22. M. Sloman, ed. *Network and Distributed Systems Management*. Addison-Wesley Publishing Company, 1994.
23. SNMPv2 Working Group, et al. RFC 1902: Structure of Management Information for Version 2 of the Simple Network Management Protocol (SNMPv2), Jan 1996.
24. SNMPv2 Working Group, et al. RFC 1905: Protocol Operations for Version 2 of the Simple Network Management Protocol (SNMPv2), Jan 1996.
25. Sun Microsystems, Inc. Java Management API.
26. J. P. Thompson. Web-Based Enterprise Management Architecture. *IEEE Communications Magazine*, pp. 80 – 86, Mar 1998.
27. Xerox Palo Alto Research Center (PARC). Inter Language Unification. ftp://ftp.parc.xerox.com/pub/ilu/ilu.html.

Incremental Test Case Generation for Distributed Object-Oriented Systems

Holger Fuchs

Institute for Technical Information Systems
University of Magdeburg, PF 4120
39016 Magdeburg, Germany

holger.fuchs@iti.cs.uni-magdeburg.de/holger.fuchs@icn.siemens.de

More and more *distributed object-oriented software systems* (DOOS) have appeared, but not much work exists on testing of these systems in an integrated manner. Instead, the distributed and object features have been tested separately. This paper is dedicated to the test case derivation phase in the development process of a DOOS. It describes our work in addressing a systematic approach and reports a framework for *testing distributed object-oriented systems*, known as TeDOOS. TeDOOS uses a hierarchical decomposition technique to reduce complexity. Each level has its own fault model, test strategy, and test case derivation scheme that addresses the specific requirements of the distributed and object paradigms at their level of abstraction. However, some of the test models already known are adapted and reused at different levels for easy understandability. Moreover, each test level utilizes the test results from the previous level to contain the global test space to a manageable size so that the overall test effort is minimized. The incremental test cases generation for a DOOS is illustrated using the example of a banking system.

1 Introduction

Increasingly, the object-oriented methodology and distributed technologies are being amalgamated [2, 5]. The advantage is obvious: the complexity and dependencies of the entities can make use of the object model in a distributed system to break down the intensive design process into efficient constructs. Many of the concepts of object-oriented programming are currently finding widespread application in loosely coupled distributed systems. The advanced techniques contributed by CORBA, OLE, Java, and WWW have greatly promoted the approach of distributed object technology [28]. However, *distributed object-oriented software systems* (DOOS) presents a major challenge for testing and maintenance. Many problems known to object-oriented systems are compounded in the distributed system environment, especially those related to concurrency. Some solutions have been proposed in each area individually. Like other software systems, a DOOS must be thoroughly tested before use.

Besides software analysis, software testing refers to a means of the verification process within the software development cycle to meet the objectives of a software system [6]. Whereas *software analysis* aims at the verification of certain properties of the system based on a static description model of the system, *software testing*, on the other side, deals with checking the correctness of the real implementation of the system against its specification [13, 25]. This approach requires (1) the derivation of test cases from a suitable specification of the system, (2) the execution of these test cases in a test execution phase, and (3) the assessment of the test results obtained in the previous phase.

Much work has been done on analysis [7,16] or testing [8, 9, 12, 20, 21, 23, 26] object-oriented software, while analysis [11] and testing [14, 15, 26, 30, 31] of distributed systems have, on the other hand, received less attention. Furthermore, individual approaches aim at tackling specific issues, and may lose sight of the other properties. For example, protocol testing typically focuses on process communication and control flow and not on method interaction and inheritance. Object testing, on the other hand, concentrates on causal order but may neglect the temporal order of path execution. However, applying each of the testing techniques separately on a DOOS will compound the state space explosion by the distributed and object-oriented factors. What is needed is a unified framework for testing both the distributed and object-oriented properties in the same test method, which would reduce the size of test cases and increase the probability of uncovering faults.

TeDOOS (testing distributed object-oriented systems) represents such an integrated framework for incremental testing of DOOS. This paper is dedicated especially to the realisation of the test case generation phase of TeDOOS. It gives an detailed look to the definition of the fault models and the formal definitions of the description models used for test case generation. The test case generation and the test cases of all levels in TeDOOS are presented by using the example DOOS of a banking system.

In this paper, we assume a DOOS distributed over a loosely coupled network of processors. A collection of objects running in a single processor thread are grouped to form a cluster. Objects in a cluster run sequentially. In other words, there exists only a single control thread through the cluster. This model of a cluster relates to an ordinary sequential object-oriented system. Communication is performed between objects within the same cluster, called *intra-cluster communication*, and between objects of different clusters over an existing network, called *inter-cluster communication*. Here, the clusters of the DOOS run concurrently to one another. Method invocations between different clusters are realized using the message passing principle performing a synchronous communication between participated methods. We allow the DOOS to perform dynamic creation and termination of objects in a cluster.

The next part gives an overview of the TeDOOS framework. Section 3 defines the description models and the fault models involved in the different levels of test case generation. Section 4 introduces at first the banking system as an example DOOS and uses the example to present the details of test case generation of each test level. Section 5 gives an overview about related work in the area of testing and analysis of distributed and object-oriented systems, Section 6 concludes the paper.

2 TeDOOS - an Overview

The TeDOOS approach separates the testing of object-oriented and distributed properties. To handle the various types of interactions found in distributed object-oriented software, TeDOOS is driven by three test levels, each associated with a different fault model and test strategy. Class testing comprises two procedures: (1) *method testing* and (2) *object testing*. The goal of class testing is to validate the class definition of an object. Method testing is essentially unit testing on each method in the class, which is facilitated by the fact that methods in object-oriented programs tend to be rather short. During the test, a *value table* (VT) and a *control flow graph* (CFG) are derived for each method. While method testing focuses on the details of each method, object testing examines the interactions among the member functions (methods) of a class.

Integration testing is realized in two levels of testing: *intra-cluster testing* and *inter-cluster testing*. Intra-cluster testing constructs an *interaction graph* (IG) from the CFGs and combines all interaction graphs afterwards to an *execution graph* (EG).

While intra-cluster testing aims at checking the interaction among objects within a cluster, but also focuses on testing the correct dynamic creation and termination of objects, the inter-cluster testing targets on the interactions between clusters. The model of the inter-cluster test in a *communication graph* (CG) that is constructed from the set of EGs of all clusters.

TeDOOS supports an integrated and incremental approach for software testing. It utilizes the test results from the previous levels. For example, the CFGs derived from the class-code are reused by object testing. Hence the overall test effort is reduced. It is also an incremental framework since the set of elements tested in one level is considered as a basic unit of interaction in the next level. For example, object testing examines method interactions whereas intra-cluster testing uses objects as test units. This is an important concept of TeDOOS. First, the complexity of state space is reduced by this folding technique. Furthermore, given the well-tested paths in the lower level, the next level needs only traverse one of these paths for a comprehensive test coverage. Finally, the same or similar test modelling techniques can be employed at different levels of abstraction in the framework to improve understandability and reduce the complexity of the approach.

The independence of incremental testing levels depends on the strict enforcement of the principle of *information hiding*, with as low coupling among objects as possible. Most notably, the direct manipulation of variables from outside must be prohibited. Thus, an object tested at one can be regarded as a black box by tests at higher levels in TeDOOS. Which means that tests performed at lower levels need not be repeated, and subsequent tests can focus on interactions with the object at their level. This independence forms the essence of the TeDOOS approach.

3 Terminology

Test case generation in TeDOOS requires a set of description models. Table 1 gives an overview of the TeDOOS levels and their corresponding description models in relation to object and focus of testing.

TeDOOS level	object of testing	focus of testing	description model for test case generation
class	method	functionality	value table (VT) control-flow-graph (CFG)
	object	behaviour	finite state machine (FSM)
intra-cluster	cluster	interaction (local method invocation)	interaction graph (IG) execution graph (EG)
inter-cluster	cluster-interaction	interaction (remote method invocation)	interface description communication graph (CG)

Table 1: Relationship between description models and test focus in DOOS

Object and focus of testing are the essentials to defining the fault models. A fault model is required to identify erroneous implementations of a DOOS. Test cases should be derived in such a way that they are able to detect faults of the defined fault model. The following subsections describe the fault models for each level in TeDOOS. Furthermore we present the definitions of the description models for the test case generation.

3.1 Fault Model and Description Models in Class Testing

The fault model in class testing aims at identifying the following types of faults:
- *Data anomalies* such as misspelling, name confusion, deletion of statements and missing initialization of variables.
- *State faults* associated with object behavior. These faults include the selection of a wrong transition for execution and invalid execution of a transition in the FSM of the object.
- *Faults* that are associated with *object instantiating*, such as wrong memory allocations, invalid object names and missing initialization of objects.

Whereas data anomalies can be already detected by static data flow analysis and program code compilation [4, 33], the other two classes of faults must be detected in a test of the dynamic behaviour of the object. The description models for Class Testing are defined as follow:

Definition-1: A *control flow graph* of a method m is a directed graph $CFG_m = (St, E)$, where St denotes the program statements (vertices), and E is a set of directed edges in CFG_m denoting the causal order between the execution of statements in the method.

Definition-2: A *value table VT* of a method m is a (partial) mapping of the form VT_m: $(St \times Var) \rightarrow Val$, where St denotes the set of statements in the method, Var is the set of variables, and Val is the set of possible values for a variable $v \in Var$.

Definition-3: A *finite state machine* of an object o is a 4-tuple $FSM_o = (S, M, \rightarrow, s_0)$, where S is a finite set of states of object o, M is a finite set of method invocations that can be invoked on object o, $\rightarrow \subseteq S \times M \times S$ is a transition relation, and $s_0 \in S$ is the initial state of the object

If no FSM is given in advance, e.g. as a formal specification of the object behaviour, it can be also generated from the program code [18, 19]. In the latter case, the object test merely performs a systematic test of the program code, rather than the test of the implementation of an object against its specification.

3.2 Fault Model and Description Models in Intra-Cluster Testing

Dynamic testing at intra-cluster level concentrates on faults effected by wrong method invocations and wrong or missing instance of objects. The former type of faults may be caused by confusion on method names; the latter may occur if the type of the invoked method is incorrect or the object is not yet instantiated when a method of it is called. All types of faults relevant in intra-cluster testing are given as follows:
- *Wrong method usage*: A method invocation causes the execution of a wrong method. The invocation itself was correct, but a name confusion between methods of different objects with identically names generates this fault.
- *Wrong instantiating of an object*: A method invocation causes the execution of a method with an incorrect type.

- *Missing instantiating*: The invocation of a method was correct, but the object has not yet been instantiated at the time of its invocation.

The test cases that support the detection of the faults are generated from the execution graph in a cluster since this graph expresses the complete communication between its objects. The communication of an object or in other words, the interaction of an object to another object is expressed in the interaction graph.

Definition-4: An *interaction graph* of a method m is a directed graph $IG_m = (V, E)$, where V denotes the set of method names invoked in m, including m itself (nodes in IG_m), and E is a set of two different types of directed edges: (a) method invocations in method m, optionally augmented with predicates to indicate conditions on the invocations and (b) edges to denote dependencies between method invocations.

After the list of interaction graphs of a cluster is constructed, an *execution graph* (EG) is formed by linking and merging the single interaction graphs [34]. Intrinsically, the execution graph represents the behaviour of a cluster in an abstract way.

Definition-5: An *execution graph* of a cluster C is a finite directed graph $EG_C = (V, E)$, where V denotes the finite set of method names in the cluster of the four aforementioned types (vertices in EG_C), and E is a set of two different types of directed edges: (a) method invocations, optionally augmented with predicates to indicate conditions on the invocations and (b) edges to denote dependencies between method invocations.

3.3 Fault Model and Description Model in Inter-Cluster Testing

The fault model of concurrent testing is based on the inter-cluster relationships, such as temporal order and synchronization between clusters. The following faults shall be relevant in the phase of inter-cluster testing:
- *communication faults* between clusters,
- *faults* in the *temporal order* between the execution paths of different clusters.

The first class of faults may occur if the remote invocation of methods between different clusters fail for some reasons, e.g. for unreliable communication links, or a wrong type of the remote method is assumed at the invoking method. Faults of the second class are harder to seize. They occur if the execution of the control flow in a certain cluster advances faster than in another cluster without synchronizing the execution paths in both clusters. Such a missing synchronization leads to unpredictable behaviour of the system. Both fault classes, however, lead finally to deadlocks or livelocks in the system.

The communication graph describes a coarser behaviour than the single execution graphs of the clusters. Only the main methods and entry methods of the clusters as well as methods that invoke methods in other clusters are represented.

Definition-6: A *communication graph* of the DOOS S is a directed graph $CG_S = (V, E)$, where V denotes the set of method names in S, and E is a set of two different types of directed edges: (a) method invocation from method m, optionally augmented with predicates to indicate conditions on invocations and (b) edges to denote method dependencies.

4 Methodology

With the help of an example the following part introduces the test case generation based on the models from TeDOOS as well as the test cases itself within the different levels of testing.

4.1 An Example DOOS

The automatic teller machine (ATM) network model from Rumbaugh's book [27] is utilized as an example DOOS. The system supports a computerized banking network including both human cashiers and ATMs to be shared by a consortium of banks. Each bank provides its own computer to maintain its own accounts and process transactions between them. Figure 2 shows the components in the banking system. An arrow depicts a communication link between two clusters.

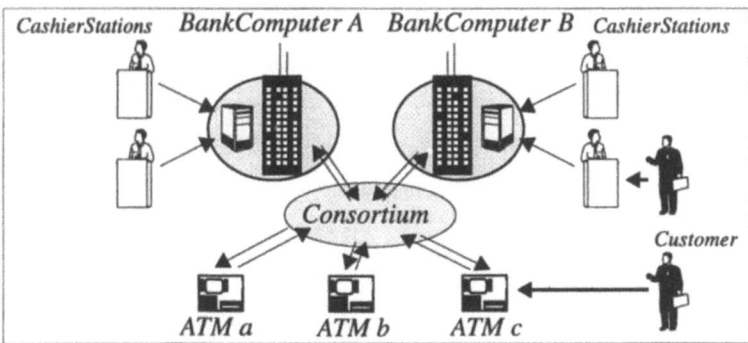

Figure 2: Architecture of the example DOOS banking system

The four cluster types are shown by the inner parts in Table 2. Each cluster may have multiple instances (with the exception of *Consortium*).

BankComputer						ATM	
Bank	Account	CashCard	Consortium	CashierStation	Interface		Port
1-m1:newAccount	2-m1:open	3-m1:createCard	4-m1:putBankInfo	6-m1:openAccount	5-m1:readCard		7-m1:send
1-m2:authorizeCard	2-m2:acentType	3-m2:createPIN	4-m2:verifyCard	6-m2:closeAccount	5-m2:getPin		7-m2:receive
1-m3:depositMoney	2-m3:deposit	3-m3:correctCard	4-m3:verifyPIN	6-m3:applyCard	5-m3:getFunction		
1-m4:withdrawRequest	2-m4:withdraw	3-m4:correctPIN	4-m4:withdraw	6-m4:withdraw	5-m4:getAmount		
1-m5:getAccountInfo	2-m5:acentInfo	3-m5:deleteCard	4-m5:deposit	6-m5:deposit	5-m5:printScreen		
1-m6:validateCard	2-m6:balance	3-m6:deletePIN			5-m6:dispenseCash		
1-m7:unauthorize	2-m7:withdrawAll				5-m7:acceptCash		
1-m8:terminateCard	2-m8:close						
1-m9:terminateAccount	2-m9:issueCard						
	2-m10:checkCard						
	2-m11:checkPin						
	2-m12:cancelCard						

Table 2: Clusters, objects and methods of the banking systems

Each method is labeled for identification with a distinct name. In order to simplify the discussion, only the *BankComputer* cluster and the *ATM* cluster contain multiple objects in this example.

4.2 Class Level

Method testing is based on the control flow graph and the variable table of a method of a class that were generated from the class code. The test is performed for all methods in all classes of a DOOS. In this way, all statements and all conditional branches of a method are executed and tested.

Let us consider the simple class *Account* (bank account) that consists of three attributes *accountNo, customerName,* and *balance* and of several methods of which two are relevant to this discussion: *deposit and withdraw*. Figure 3 illustrates the two methods of the *Account* class specification and the generated value tables and control flow graphs.

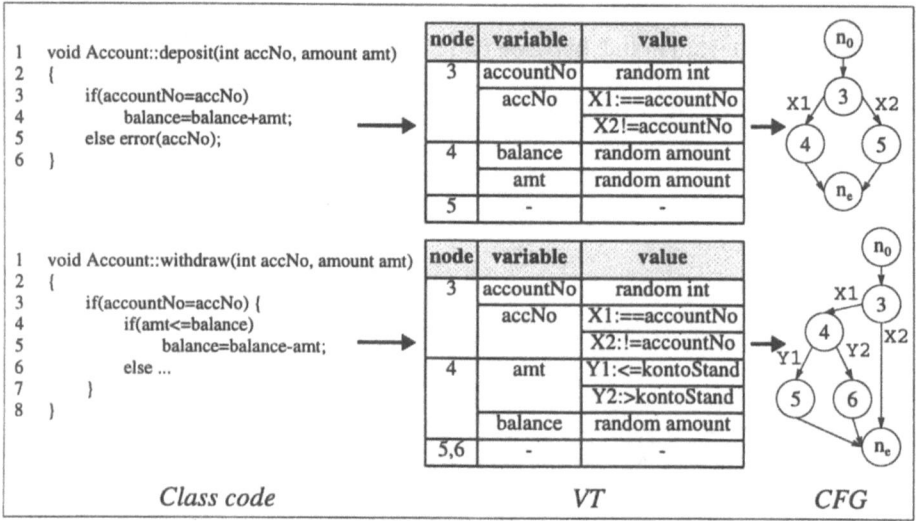

Figure 3: Value table and control flow graph generated from the class definition

Variables other than the three class attributes are formal parameters of the methods. The node column of each value table of a method denotes the statement number and the variable column lists all variables accessed by that method. There are three types of values for variables. The value *don't care* means that the initial value of the corresponding variable is not important. The entry *random* means that a random value is provided for the variable when the method is tested. Finally, each predicate generates a set of specific values for variables. For example, two values of *accNo* are provided in the *deposit* method: one is equal to *accountNo* and the other one is not. They are labelled *X1* and *X2* for identification in the value table of method *deposit*. Within a control flow graph, the symbols n_0 and n_e denote the start and the end nodes, respectively, whereas the labels reference the predicates given in the associated value table. In testing, interactions of a method with other methods are treated as interactions to black boxes, e.g. *error(accNo)* in node 5 of the *deposit* method.

Each predicate-use combination in the value table of a method generates a separate test case. The set of test cases for the method *withdraw* comprises the following set of test sequences:

$$\{n_0 \to 3 \to [X1]4 \to [Y1]5 \to n_e, n_0 \to 3 \to [X1]4 \to [Y2]6 \to n_e, n_0 \to 3 \to [X2]n_e\}$$

The numbers in a test case refer to the nodes in the control flow graph of the method. If a predicate is given in brackets before the node number, this predicate must be fulfilled by appropriate values of method variables in order to continue the execution of the test case.

The second part of class testing refers to object testing. The objective is to identify faults in the implementation an object that violate the predefined permissible object behaviour specified by a finite state machine (FSM). Each path in the FSM describes a legitimate method invocation sequence. A shortest test sequence that covers all method invocations at least once is generated using the transition tour method (such as the Chinese postman algorithm) [1]. It must be noted that object testing cannot be performed at all if no FSM description of a class is given or cannot be derived from the source code of the class.

Figure 4 illustrates the FSM of the *Account* class (with the additional methods *withdrawAll*, *balance*, and *accntInfo*). In testing, the correct causal order of method invocations is examined. For example, the *open* method must be invoked before the first *deposit* method; and a *withdrawAll* method must be followed by a *close* method.

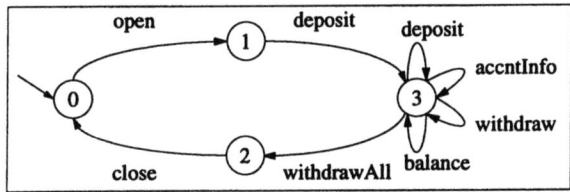

Figure 4: Finite state machine for an object of the *Account* class

After a test sequence is generated, the values of method variables and attributes are set to ensure that the test sequence is executable. This is achieved by using a simple static data flow analysis [22, 33]. For each invoked method in the sequence, the predicate-use values of each path in its control flow graph are examined. The largest matching parameter set is chosen for generating the test cases. For instance, in order to execute the test sequence

open→deposit→withdraw

of an *Account* object, the three methods must use the same value of *accNo*. Therefore, while a random value is allowed in the *open* method, the parameter *accNo* of the *deposit* method must match that one of the *withdraw* method.

4.3 Intra-Cluster Level

A list of interaction graphs is derived from the control flow graphs of all methods in the cluster. An execution graph of the cluster is then constructed as shown for the banking system in Figure 5. Interaction graphs of methods are connected to the root node. Entry methods serve as an interface of that cluster (black nodes). An agent method (grey node) or an entry method is refined until the leaf nodes are replaced by service methods (white node) of the cluster, entry methods of another cluster, or any other method whose interaction graph is already contained in the execution graph.

The parameters at an edge specify the conditions for method invocation. This is illustrated by the *ATM* execution graph in Figure 5b. The six different invocations of service method *5-m5* can be only performed if the following conditions hold (from left to right): *Y1, Y2, Y2&true, Y2&Y3, Y2&Y4* and *Y2&Y4&true*.

Testing a cluster at the level of intra-cluster testing assumes that all other clusters exist already and run correctly. That means, an invocation of an entry method of another cluster is considered as an interaction with a black-box. In order to perform a test run, the test engineer must create conditions that method invocations to other clusters are correctly handled in case that the remaining clusters have not been implemented yet. The usual approach in this scenario is the introduction of so-called *stubs* that emulate the method execution in a remote cluster [24, 20].

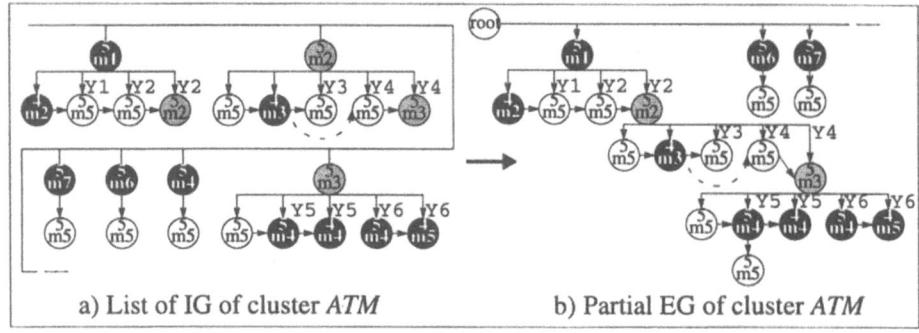

Figure 5: Generation of the execution graph for cluster *ATM*

Test cases in intra-cluster testing are sequences of method invocations. Starting from a root node in an execution graph, a backtracking algorithm derives the path to every leaf node. Special care must be taken if dependency edges between nodes in the execution graph exist since dependencies have to be sufficed. Then, each path through the execution graph specifies a sequence of method invocations that is treated as a test case. Conditions at an edge in the execution graph are considered and must be satisfied if the method, to which the directed edge points, is invoked.

Static data flow analysis is employed to derive suitable values for object variables to obtain executable sequences of method invocations. These values define a particular execution path in a method such that the desired conditions are fulfilled. The selection of suitable values for object variables is a difficult problem. It is motivated however by the so-called *boundary-value principle* that focuses on variable values of the interval boundaries. These boundaries are determined by branching conditions in the control flow of a method. The boundary-value principle is widely accepted and applied in software testing practice in order to reduce the overwhelming number of possible test cases [24, 26].

Figure 6 gives an example of a set of test cases obtained from the execution graph of cluster *ATM* in Figure 5b.

1- root → 5-m1 → S → [Y1]5-m5 → [Y2]5-m5 → [Y2]5-m2 → 5-m5 → S → [Y3]5-m5
2- root → 5-m1 → S → [Y1]5-m5 → [Y2]5-m5 → [Y2]5-m2 → 5-m5 → S → [Y4]5-m5
→ [Y4]5-m3 → 5-m5 → [Y5]5-m4 → 5-m5 → [Y5]S
3- root → 5-m1 → S → [Y1]5-m5 → [Y2]5-m5 → [Y2]5-m2 → 5-m5 → S → [Y4]5-m5
→ [Y4]5-m3 → [Y6]5-m4 → [Y6]S

Figure 6: Intra-cluster test cases for the *ATM* cluster.

The conditions associated to an invocation are placed in brackets in front of the affected method invocation. The invocation of a method in a remote cluster is symbolized by S denoting the execution of a *stub* instead of this method.

Faults, such as type confusion of objects, name confusion of methods, missing instance of objects may result in test runs of wrong or shorter execution paths than represented in the test cases, or even in stopped executions of the test run. Incorrect interactions obtained in a test run can be compared with the intended execution path in the test cases to localize the fault in the cluster of the DOOS.

4.4 Inter-Cluster Level

Since the reachability of all methods within a cluster has been checked at the previous test level, paths within a cluster are not of interest in inter-cluster testing. In the communication graph, it is only necessary to represent the interface methods of a cluster (depicted as black nodes), whereas other agent methods or service methods are suppressed (grey or white nodes).

Note that a communication graph contains now a set of main methods obtained from the execution graphs of the clusters. All main methods start the execution in the communication graph concurrently, i.e., each execution path from a main method through the cluster represents a different control flow concurrent to control flows of other clusters. The size of the communication graph is finite since it is constructed from the finite execution graphs of the clusters.

The communication between the methods of different clusters is assumed to take place synchronously, i.e., if a remote method is invoked, the calling method is blocked until it gets back the result of the remote method invocation. This assumption is respected in the construction algorithm of a communication graph.

Figure 7 shows the communication graph of the banking system example. In this Figure, each execution graph of a cluster is symbolized to lie in a 'plane'. A black node depicts an interface method and conditions that triggers its execution are labelled at the edges. Apart from cluster *Consortium*, all other clusters have more than one instance. Therefore, interleaving of transactions occurs also between different instances of the same cluster.

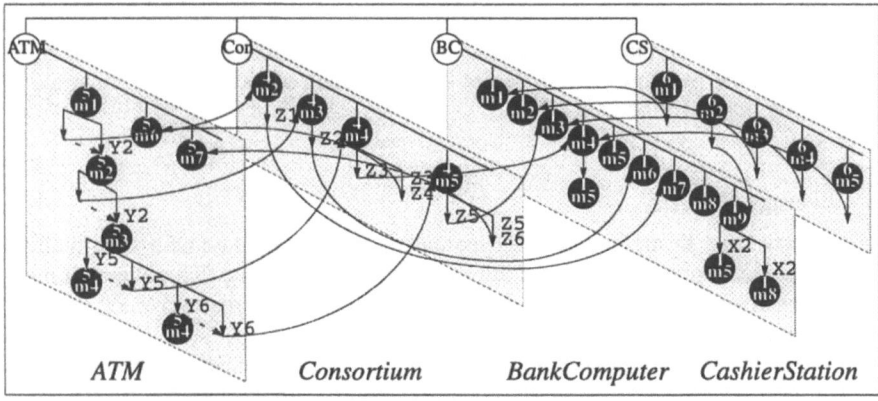

Figure 7: Partial communication graph of the banking system.

The assumption of true concurrency is realistic at the level of inter-cluster testing. To deal with this property, test cases must be able to express concurrency between method invocations. A concurrent test case can be considered as a set of local execution paths through the executions graphs of the clusters in the DOOS.

Each path through the CG represents an executable concurrent run through the system. The test case generation can start from the set of root nodes in the CG and follow all possible execution paths through the graph. The set of all execution paths represents the set of concurrent test cases that covers completely the interface methods in the DOOS and the communication between its clusters.

From the communication graph in Figure 7, the seven sequential test cases in Figure 8a and two concurrent test cases in Figure 8b can be generated. Each cluster with input interactions from the environment starts a possible execution path of method invocations through the DOOS.

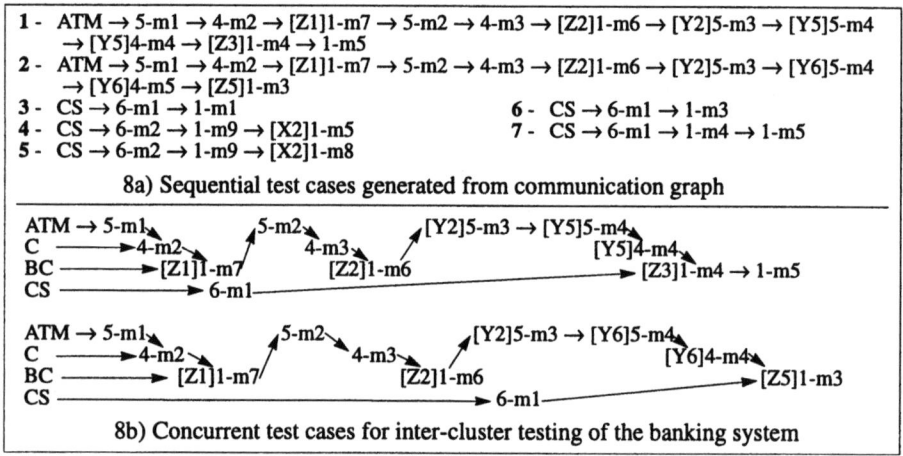

Figure 8: Test cases generated from communication graph

In the example, the clusters *ATM* and *CashierStation* are instances with interactions from a customer. That means, test cases in Figure 8a and Figure 8b start with method invocations from these clusters.

The test case generation creates concurrent test cases that contain method invocations to the same method from different clusters. Such invocations demonstrate synchronization points in the DOOS.

4.5 Coverage Criteria

The test coverage in method testing guarantees that every statement of a method is executed at least once. In object testing a shortest test sequence that covers all method invocations at least once is generated using the transition tour method (such as the Chinese postman tour) [1].

In intra-cluster testing every allowed path of method invocations through the execution graph generates a test case. Therefore, the dynamic analysis guarantees that every interaction between objects in a cluster is executed and tested at least once.

In the communication graph, every executable concurrent path from the set of root nodes to leaf nodes forms a test case. Again, all conditions in the execution path of a communication graph must be satisfied. The results of data flow analysis are used for deriving suitable values for the conditions. Concurrent testing guarantees the coverage of all interface methods between clusters, i.e., every communication link between clusters is executed at least once. The generation of concurrent test cases from the communication graph guarantees that all synchronization points in the system are covered at least once.

5 Related Work

Holzmann [11] developed an analysis tool for communication protocols. Common distributed faults, such as deadlocks and non-progression cycles, can be detected by analysing message channels between connected processes. However, the tool is not designed to handle the fine grain components in a DOOS, such as methods and classes. Ulrich [32] suggests a behaviour model for concurrent systems to reduce the number of global states. However, the object-oriented features are not considered in the model.

Much work on testing object-oriented systems focuses on the definition of the test problem for the categories: program-based class testing, specification-based class testing including integration testing, and methodologies for managing the test process. Harrold [9] developed a technique for applying dataflow testing to class testing. The basic model for testing is a control flow graph of a class, constructed from the program code. Hoffmann [10] presents a state-based approach to automate the test process that is designed especially for a collection of classes. A test graph models the states and transitions of the class under test partially. The tester develops an 'oracle class' to determine the expected behaviour. Together, test graph and oracle are used for test case generation. Kung [17] describes an analysing technique based on graphical models, like object relation diagrams, block branch diagrams, or object state diagrams, used as behaviour description of the system. Interacting objects are modelled as interacting object state diagrams. The models are represented and analysed using state charts.

Kirani [16] describes the causal order of method invocations by a specification of abstract sequences. This technique is important since it detects faults due to inheritance and instantiating problems of objects. However, the temporal order of concurrent processes are not of concern in the specification. Kirani uses the technique in class and integration testing for the generation of test cases. Jorgenson [12] introduces another specification-based test approach for integration testing. After specifying possible sequences of method executions through an object-oriented program, a tester compares the execution in a test run with the expected behaviour in the specification. The test data for the test run are produced using simulation techniques. Siegel [29] presents a hierarchical testing approach. The approach models the dynamic behaviour of methods and classes at different test levels using control flow models, data flow models, state transition models, and transaction flow models. The main drawback of this approach is that each model is considered as a separate description that cannot be reused at other test levels.

In general, the approaches mentioned above adopt traditional testing and analytic techniques that work well in either sequential programs [13, 20] or concurrent systems [4, 15, 32]. Furthermore, the solutions for testing object-oriented systems are not handled satisfactorily. Our testing approach combines existing analyses and testing techniques with new solutions specifically oriented towards the new requirements in a DOOS. The approach was first presented in an earlier version in [34]. Test cases generated by the new testing approach produce an acceptable level of confidence on the correctness of a DOOS as it could be shown for a case study implementation of a conference system

6 Conclusion

I have presented the test case derivation phase within a framework for testing distributed object-oriented software systems, known as TeDOOS. TeDOOS uses a hierarchical decomposition technique to reduce complexity. It employs an integrated incremental testing approach at four levels: class level, intra-cluster level, inter-cluster level, and system level. Each level has its own fault model, test strategy, and test case derivation scheme that addresses the specific requirements of the distributed and object paradigms at their level of abstraction. We have introduced the fault models and the new description models in TeDOOS. However, some of the description models already known are adapted and reused at different levels for easy understandability. The incremental test case generation for a DOOS is illustrated using the example of a banking system. Test cases generated from the example are presented for the different levels of testing in TeDOOS.

An advantage of the new description models is that they can be generated automatically from the program code of the DOOS or from its formal specification. Furthermore, the generated test cases allows the test of dynamic behaviour, i.e. the dynamic creation and termination of objects, since this type of behaviour is preserved in the execution graph. Another feature of our test cases are the consideration of data dependencies by integration of parameters within the test cases.

Future work focuses on implementation of the generators for automatic model generation and test case generation.

7 References

1 Aho, A.V.; Dahbura, A.T.; Lee, D.; Uyar, M. Ü.: *An optimization technique for protocol conformance test generation based on UIO sequences and rural Chinese postman tours*; IEEE Transactions on Communications, vol. 39, no. 11, 1991, pp. 1604–1615.
2 Andleigh, P.K.; Gretzinger, M.R.: *Distributed object oriented data-systems design*. Prentice Hall, 1992.
3 Atkinson, C.: *Object-Oriented Reuse, Concurrency and Distribution: an Ada-based approach*. Addison-Wesley, 1991.
4 Chanson, S.T.; Zhu, J.: *Automatic protocol suite derivation*. Proceedings of INFOCOM '94 Conference on Computer Communications, vol. 2, 1994, pp. 792-799.
5 Chin, R.S.; Chanson, S.T.: *Distributed object-based programming systems*. ACM Computing Surveys, vol. 23, no. 1, 1991, pp. 91-124.
6 Ghezzi, C.; Jazayeri, M.; Mandrioli, D.: *Fundamentals of Software Engineering*; Prentice-Hall International; 1991.
7 Graham, I: *Object-Oriented Methods*. Addison-Wesley, 1994.
8 Hayes, J.H.: *Testing of object-oriented programming (OOPS): A fault-based approach*. Proceedings of 14th ICSE, IEEE Press, 1992, pp. 205-220.
9 Harrold, M.J., Rothermel, G.: *Performing data flow testing on classes*. SIGSOFT Software Engineering Notes, vol. 19, no. 5, 1994, pp. 154-163.
10 Hoffmann, D.M.; Strooper, P.A.: *ClassBench: a Framework for Automated Class Testing*. Software-Practice and Experience, vol. 27, no. 5, 1997, pp. 573-597.
11 Holzmann, G.J.: *Design and validation of computer protocols*. Prentice-Hall, 1991.
12 Jorgensen, P.C.; Erickson, C.: *Object-oriented integration testing*. Communications of the ACM, vol. 37, no. 9, 1994, pp. 30-33.

13 Jorgensen, P.C.: *Software testing - a craftsman's approach*. CRC Press, 1995.
14 Kim, M.; Chanson, S.T.; Kang, S.: *An approach for testing asynchronous communicating systems*. Proceedings of IWTCS'96, 1996, pp. 141-155.
15 Kim, M.C.; Chanson, S.T.; Kim, G.H.: *Concurrency model and its application to formal specifications of asynchronous protocols*. Proceedings of IEEE GLOBECOM, vol. 3, 1995, pp. 1580-4.
16 Kirani, S.; Tsai, W.T.:*Specification and verification of object-oriented programs*. Technical report, University of Minnesota, 1994.
17 Kung, D.C.; Gao, J.; Hsia, P. et.al.: *On regression testing of object-oriented programs*. Journal of Systems and Software, vol. 32, no.1, 96, pp. 21-40.
18 Koskimies, K.; Makinen, E.: *Automatic synthesis of state machines from trace diagrams*. Software Practice and Experience, vol. 24, no. 7, 1994, pp. 643-658.
19 Kung, D.; Gao, J.; Toyoshima, Y. et. al.: *Developing an Object-Oriented Software Testing and Maintenance environment*. Communications of the ACM, vol. 38, no. 10, 1995, pp. 75-87.
20 Marick, B.: *The craft of software testing - subsystem testing including object-based and object-oriented testing*. Prentice Hall, 1995.
21 McGregor, J.D.; Korson, T.D.: *Integrating object-oriented testing and development processes*. Communications of the ACM, vol. 37, no. 9, 1994, pp. 59-77.
22 Mueller, F.; Whalley, D.B.; Le Charlier, B.: *Efficient on-the-fly analysis of program behavior and static cache simulation*. Proceedings of First International Static Analysis Symposium, SAS '94, Springer-Verlag, 1994, pp. 101-15.
23 Murphy, G.C.; Townsend, P.; Pok, S.W.: *Experiences with cluster and class testing*. Communications of the ACM, vol. 37, no. 9, 1994, pp. 48-58.
24 Myers, G.J.: *The Art of Software Testing*. John-Wiley & Sons, New York, U.S.A., 1979.
25 Poston, R.M.: *Automating specification-based software testing*. IEEE Press, 1996.
26 Roper, M.: *Software Testing*. McGraw-Hill Book Company, Berkshire, England, 1994.
27 Rumbaugh, J.; Blaha, M.; Premerlani, W.; Eddy, F.; Lorensen, W.: *Object-Oriented Modeling and Design*. Prentice Hall, 1991.
28 Ryan, T.W.: *Distributed object technology: concepts & applications*. Prentice Hall, 1997.
29 Siegel, S.: *Object oriented software testing*. John Wiley & Sons, 1996.
30 Smith, M.D.; Robson, D.J.: *A framework for testing object-oriented programs*. Journal of object-oriented programming, vol. 5, no. 3, 1992, pp. 45-53.
31 Tai, K.C.; Carver, R.H.: *Testing of distributed programs*. Handbook of parallel and distributed computing, McGraw Hill, 1995, pp. 955-978.
32 Ulrich, A.: *A Description model to support test suite derivation for concurrent systems*. Kommunikation in verteilten systemen (KiVS'97), Springer Verlag, 1997, pp. 151-166.
33 Ural, H.: *Testing sequence selection based on static data flow analysis*. Computer communication, 10(5), 1987.
34 Wong, C.Y.; Chanson, S.T.; Cheung, S.C.; Fuchs, H.: *A framework for distributed object-oriented testing*. Proc. Conference FORTE/PSTV'97; Osaka; Chapman & Hall, 1997, pp. 39-56.

Session 6:

Multicast

Sub-Layer-Hopping:
Optimierte Staukontrolle für IP-Multicast

Stefan Dresler, Markus Hofmann[1], Frank Müller

Institut für Telematik, Universität Karlsruhe
Zirkel 2, 76128 Karlsruhe, Germany
Phone: +49 721 608-6397, Fax: +49 721 388097
E-Mail: [dresler, hofmann,fmueller]@telematik.informatik.uni-karlsruhe.de

Zusammenfassung. Die Multicast-Kommunikation im Internet ist derzeit Gegenstand zahlreicher Forschungsaktivitäten. Konzentrierte sich in jüngster Vergangenheit die überwiegende Zahl der Arbeiten auf die Bereitstellung skalierbarer Mechanismen zur Fehlerbehebung, so rückt derzeit die Entwicklung geeigneter Algorithmen zur Staukontrolle in den Mittelpunkt des Interesses. Eine besondere Herausforderung besteht dabei in der Unterstützung heterogener Kommunikationsgruppen, innerhalb derer die Empfänger unterschiedliche Stausituationen erfahren. Ein vom Konzept her vielversprechender Ansatz ist der sogenannte *Layered-Multicast*, bei dem der eigentliche Datenstrom in mehrere Unterströme (*Layers*) aufgeteilt wird. Bisher scheiterte die praktische Umsetzung dieses vielversprechenden Ansatzes jedoch an der Trägheit heutiger Routingprotokolle. Diese sind nicht in der Lage, auf die notwendigen Wechsel in der Gruppenmitgliedschaft in einer akzeptablen Zeit zu reagieren. Vor diesem Hintergrund wird im vorliegenden Artikel ein Verfahren entwickelt und bewertet, welches trotz der genannten Beschränkungen erstmals die praktische Umsetzung des Layered Multicast in heutigen Netzen ermöglicht.

Einführung

Bedingt durch das exponentielle Wachstum der Benutzerzahlen steigt die Belastung des Internets dramatisch an. Verstärkt wird dieser Aspekt durch den zunehmenden Einsatz datenintensiver Multimedia-Anwendungen und die Nutzung des Internets für die klassische Telefonie. Unter diesen Bedingungen wird ein vollständiger Netzzusammenbruch vor allem durch den Einsatz leistungsfähiger und fairer Mechanismen zur Staukontrolle vermieden. Sie stellen praktisch den Garanten für das Funktionieren des heutigen Internets dar. Ohne solche Mechanismen könnten Stausituationen im Netz nicht aufgelöst werden, was zu einem Kollabieren der Kommunikationsinfrastruktur führen würde. Aus diesem Grund mißt die *Internet Engineering Task Force (IETF)* bei der Bewertung neuer Internet-Protokolle der vorgesehenen Staukontrolle eine außerordentliche Bedeutung bei. Dies trifft insbesondere auch für die Entwicklung und Standardisierung von Multicast-Protokollen zu [MRB98]. Gerade bei der

---

[1] Markus Hofmann arbeitet derzeit im Networking Software Research Department der Bell Laboratories in Holmdel, New Jersey, USA.

Multicast-Kommunikation, welche Daten oftmals an hunderte oder tausende weltweit verteilter Empfänger übermittelt, stellt die Staukontrolle eine äußerst kritische Protokollkomponente dar. Mangelnde Fairneß oder ineffiziente Algorithmen zeigen hier sogleich globale Auswirkungen.

Leider ist der seit Jahren bewährte und etablierte *Slow-Start* Mechanismus von TCP [Jac88] in unveränderten Form nicht geeignet für die Multicast-Kommunikation. Die Staukontrolle von TCP basiert auf einer Anpassung des Sendefensters entsprechend der Rückmeldungen des Empfängers. Im Falle großer Kommunikationsgruppen führen solche Rückmeldungen jedoch zur sogenannten *Sender-Implosion* [Hof98]. Es wurden daher frühzeitig Methoden entwickelt, die den Sender bei der Bearbeitung von Rückmeldungen entlasten und dennoch eine TCP-ähnliche Staukontrolle ermöglichen[2] [Hof96, PSL97]. Jedoch ist die Anpassung der Senderate bei der Multicast-Kommunikation ungleich schwieriger. In diesem Falle müssen mehrere Empfänger berücksichtigt werden, welche unter Umständen unterschiedliche Stausituationen erfahren und verschiedene Ansprüche an die Leistungsfähigkeit des Multicast-Dienstes haben. Multicast-Protokolle mit einer TCP-ähnlichen Staukontrolle passen ihre Senderate in einem solchen Fall stets dem jeweils schlechtesten Empfänger an. Obwohl ein solches Verhalten in vielen Anwendungsszenarien aus Fairneßgründen erwünscht ist, so reduziert es doch deutlich den insgesamt erreichbaren Durchsatz [Hof98].

Wünschenswert ist demnach ein Verfahren, welches unter Berücksichtigung der individuellen Anforderungen und Eigenschaften einzelner Empfänger sowie der augenblicklichen Netzauslastung eine effiziente und zugleich faire Staukontrolle für Multicast-Übertragungen ermöglicht. Ein vielversprechender Ansatz dazu wurde mit dem *Layered Multicast* entwickelt [MJV96, CrV97, CRV98, Cla97], der sich für die Übertragung sowohl von Multimediaströmen als auch von Dateien eignet. Videoströme lassen sich beispielsweise häufig in mehrere Einzelströme aufteilen, von denen einer eine in Auflösung, Frequenz oder Farbinformation reduzierte Version darstellt, welche durch Hinzunahme jeweils weiterer Ströme sukzessive verbessert werden kann [Lan98]. Beim Dateitransfer, dem Schwerpunkt dieses Dokuments, werden die zu sendenden Daten segmentiert und mittels eines geeigneten Kodierungsverfahrens (meist ein Reed-Solomon Code [Lin82, Hen97, Riz97]) transformiert. Die so gebildete Matrix aus Nutz- und Redundanzdaten wird entsprechend einem vorgegebenen Schema an n verschiedene Multicast-Gruppen gesendet (siehe [Vic97]). Diese Multicast-Gruppen bilden jeweils einen sogenannten *Layer* und werden eindeutig durch eine Multicast-Adresse beschrieben. Je mehr Layers ein Empfänger beitritt, desto schneller kann er die Datenübertragung bei gleichzeitig höherer Netzbelastung beenden. Es ist jedoch auch möglich, alle Daten erfolgreich über eine einzelne Multicast-Adresse zu erhalten. Diese Flexibilität ermöglicht es den einzelnen Empfängern, je nach Paketverlustrate den Layers $L_0, \ldots, L_m$ (mit $0 \leq m \leq n-1$) beizutreten und somit eine Ratenanpassung an die aktuelle Stausituation im Netz vorzunehmen.

Abschnitt 2 erläutert dieses Verfahren etwas detaillierter und zeigt zugleich die Probleme bei einer praktischen Umsetzung auf. Das in Abschnitt 3 entwickelte Ver-

---

[2] Dies ist bei sogenannten empfängerorientierten Protokollen, wie beispielsweise SRM [FJM95], *nicht* möglich.

fahren stellt eine praktikable Lösung für diese Probleme dar und ermöglicht eine Steigerung der Durchsatzrate ohne nennenswerten Mehraufwand durch Austausch von Routinginformationen. Dies wird durch Messungen in Abschnitt 4 belegt. In Abschnitt 5 werden die Ergebnisse schließlich zusammengefaßt.

Grundlagen des Layered Multicast

Wie in der Einleitung bereits angedeutet, basiert die Staukontrolle durch Layered Multicast auf dem dynamischen Beitreten und Austreten individueller Empfänger zu den verschiedenen Multicast-Strömen. Der exakte Ablauf ist durch folgenden Algorithmus gegeben:
1. Betrachtet wird ein Empfänger, welcher gerade die Layers $L_0,..., L_i$ empfängt (d.h. er befindet sich in *Session S_i*). Sobald die Paketverlustrate des Empfängers eine bestimmte Schwelle überschreitet, verläßt er den Layer L_i. Bei entsprechender Einteilung der Layers wird die Empfangsrate auf diese Weise halbiert, was einer *multiplikativen Reduktion* gleichkommt.
2. Bleibt die Paketverlustrate für einen Zeitraum $t_p(i)$ unter einem Schwellenwert, so tritt der Empfänger in Layer L_{i+1} ein. Das Intervall $t_p(i)$ ist proportional zum Durchsatz von L_i. Man erhält so eine *additive Anhebung* der Empfangsrate.

Um mit diesem Verfahren einen überlasteten Pfad im Netz zu entlasten, müssen alle betroffenen Empfänger[3] möglichst schnell auf die Stausituation reagieren und geschlossen aus den entsprechenden Layers austreten. Nur dadurch wird eine Reduzierung des Datenaufkommens auf dem überlasteten Link erreicht. Eine solche Synchronisation der Empfänger kann beispielsweise durch Hinzufügen von Kontrollinformationen an die Nutzdaten erreicht werden [CRV98]. Unter der Annahme, daß alle Empfänger den gleichen Algorithmus für die Staukontrolle verwenden und Paketverluste hauptsächlich zwischen Routern auftreten, wird eine einheitliche Sicht der Empfänger auf die Stausituation und damit die Mitgliedschaft in den gleichen Layers gewährleistet.

Von entscheidender Bedeutung für das Funktionieren einer Staukontrolle durch Layered Multicast ist die schnelle Reaktion der Routingprotokolle auf das Austreten einzelner Empfänger. Nur wenn diese Information netzintern schnell genug propagiert wird, ist ein rechtzeitiges Reagieren auf Stausituationen möglich. Wie Messungen gezeigt haben, sind heutige Routingprotokolle, wie beispielsweise das *Distance Vector Multicast Routing Protocol (DVMRP)* [DPW88, Pus98], dazu durchaus in der Lage [Mül98]. In den lokalen Netzen, welche typischerweise die Blätter des Multicast-Routingbaums bilden, vergeht bei Nutzung von *IGMP (Internet Group Management Protocol)* [Dee89] jedoch eine Wartezeit von bis zu 125s bzw. bei *IGMPv2* [Fen98] von bis zu 2s, ehe der Austritt in diesem Subnetz wirklich vollzogen ist. Erst dann kann das Routingprotokoll reagieren und die Information über den Austritt in das Netz propagieren. In dieser Zeit kann sich die Stausituation im Netz jedoch bereits verändert haben. Die Wartezeit ist nötig, da der Multicast-Router — bedingt durch die ungesicherte Übertragung von IGMP-Nachrichten sowie die Unterdrückung

---

[3] Dies sind genau die im Multicast-Routing-Baum stromabwärts liegenden Empfänger.

überflüssiger Antworten der Teilnehmer auf die Anfrage des Multicast-Routers nach Mitgliedern der Gruppe — keine genauen Informationen über die Gruppenmitgliedschaft im Subnetz hat. Um die Verzögerung von 2s bei IGMPv2 weiter zu verringern, wird in [Riz98] die Modifikation des *Multicast-Routing-Daemon* (mrouted) vorgeschlagen. Die vorgeschlagenen Änderungen integrieren eine Heuristik, welche die Antwort einer Anfrage nach noch existierenden Gruppenmitgliedern vorhersagt. Durch diesen Indeterminismus entsteht jedoch eine erhöhte Wahrscheinlichkeit von Austritten aus Gruppen, die noch Mitglieder im Subnetz haben, was zu negativen Auswirkungen auf andere Anwendungen führen kann.

Die beschriebene Austrittsverzögerung führt zum Problem der sogenannten scheinbaren Paketverluste, welche im folgenden am Beispiel in Abbildung 1 erläutert werden.

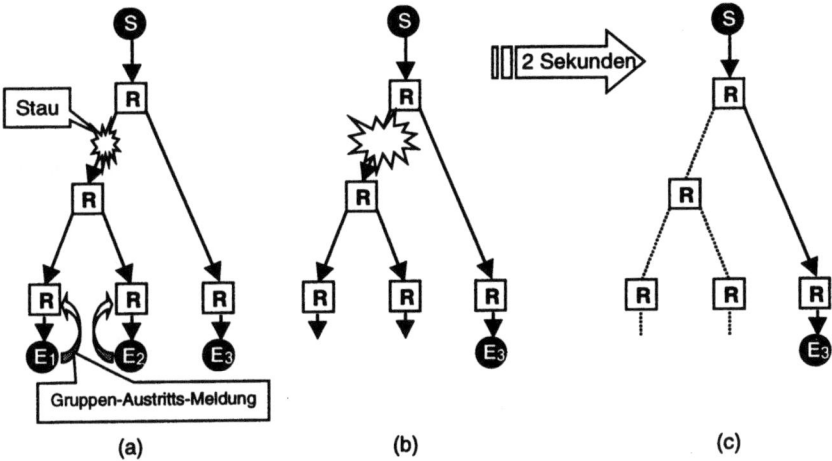

Abbildung 1: Entstehung von scheinbaren Paketverlusten

Die vom Stau betroffenen Empfänger E_1 und E_2 führen einen Gruppen-Austritt, in der Regel für ihren oberen Layer, durch. Damit stoßen sie die Bearbeitung des Austritts im lokalen Netz an (Abbildung 1a). Durch die sofortige Reaktion des lokalen Interface werden ihnen von da an keine Pakete G mehr aus dem Netz in den Protokollstack hochgereicht. E_1 und E_2 sind keine Mitglieder der Empfänger-Gruppe von G mehr. Während IGMP seinen Austritts-Prozeß durchführt und nach verbliebenen Gruppenmitgliedern sucht, ändert sich am Routing-Baum noch nichts. Pakete für G werden also weiterhin bis in die lokalen Subnetze von E_1 und E_2 befördert, obwohl diese nicht mehr an E_1 und E_2 ausgeliefert werden (Abbildung 1b). Für E_1 und E_2 sind diese Pakete verloren, sie müssen später erneut übertragen werden (*scheinbare Paketverluste*). Dieser Zustand dauert für 2 Sekunden an. Sobald der IGMP Austritts-Prozeß abgeschlossen ist, kann das Routing-Protokoll über die Änderungen informiert werden. Daraufhin kommt es zur Anpassung des Routing-Baumes, die nun endlich zur Entlastung auf den überlasteten Teilstrecken führt (Abbildung 1c).

Im folgenden wird eine Technik entwickelt, welche bei Verwendung des Layered Multicast zu einer Verringerung der Austrittsverzögerung aus einem Layer führt, ohne

Veränderungen an existierenden Systemen oder Protokollen durchführen zu müssen. Dabei wird auf den obersten zwei Layers einer Übertragung mit jeweils zwei Sub-Layers gearbeitet, welche alternierend verwendet werden. Diese Technik wird deshalb als Sub-Layer-Hopping bezeichnet.

Die Technik des Sub-Layer-Hoppings

Im folgenden wird zuerst das Konzept des Sub-Layer-Hoppings (SLH) eingeführt, das eine Verringerung der Reaktionszeit des Rückkanals — gebildet durch das Routing im Netzinnern und IGMP im lokalen Berich — verspricht.

Vorstellung des Konzepts

Bereits bei Einführung der Layer wurde die 1:1-Zuordnung zwischen einer Multicast-Datenübertragung und der dafür benutzten Multicast-Gruppenadresse aufgehoben. Jeder Layer bekam seine eigene Gruppenadresse. Nun wird eine weitere Aufteilung vorgenommen. Aus jedem Layer entstehen zwei *Sub-Layers*. In Abbildung 2 ist die Folge dieser sukzessiven Aufteilungen zusammenfassend dargestellt. Die grauen Quader stehen für die Daten und die Pfeile für die Multicast-Gruppenadressen, auf denen sie versendet werden.

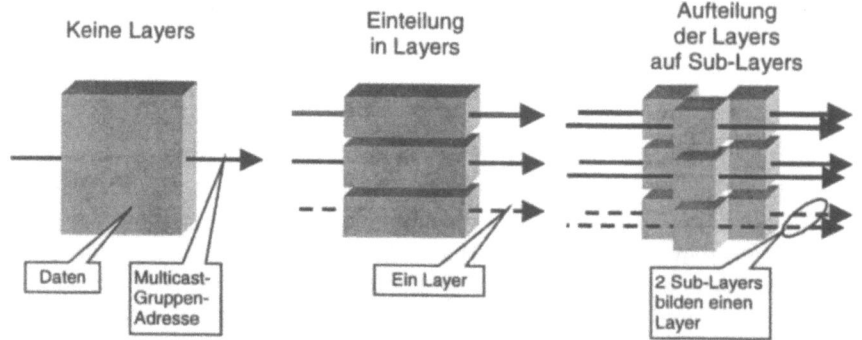

Abbildung 2: Aufteilung der Daten auf verschiedene Multicast-Adressen

Die bisherige Aufteilung der Daten auf verschiedene Layers wird beibehalten. Zusätzlich erfolgt die Übertragung jedes Layers i nun aber über zwei Multicast-Gruppenadressen A_i und B_i. Sie bilden die *Sub-Layers*. Bei der Adressierung der Pakete des Layers i wechselt der Sender in periodischen Abständen zwischen den Ziel-Adressen A_i und B_i (Abbildung 3). Darin besteht die senderseitige Komponente des *Sub-Layer-Hopping*. Die beiden Sub-Layers werden also nie gleichzeitig benutzt. Als *aktiver* Sub-Layer wird immer derjenige bezeichnet, auf dem gerade übertragen wird. Zu diesem Zeitpunkt ist der andere Sub-Layer *passiv*.

Der Zeitraum zwischen den Sub-Layer-Wechseln ist mit 2 Sekunden gerade so lang wie die Gruppenaustrittsverzögerung von IGMP.

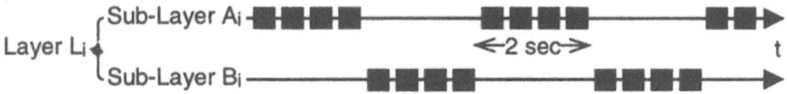

Abbildung 3: Periodischer Wechsel zwischen den Sub-Layers

Durchführung der Staukontrolle

Für die Empfänger sind durch die Einführung der Sub-Layers besondere Punkte während des Datenempfangs entstanden. An diesen sogenannten *Entscheidungspunkten* (EP) findet für einen bestimmten Layer der Sub-Layer-Wechsel statt. Die EP werden mittels in den Datenpaketen enthaltenen Informationen nahezu zeitgleich an alle Empfänger in einem Subnetz verteilt und dienen wie schon bei [CRV98] der Synchronisation. Um unterbrechungsfrei am Empfang eines Layers teilnehmen zu können, müssen die Empfänger hier den Wechsel auf die andere Gruppenadresse mitmachen. Dies ist die empfängerseitige Komponente des *Sub-Layer-Hopping*.

Ein Empfänger führt seine Staukontrolle zunächst nach dem bereits vom Layered Multicast bekannten Prinzip durch: bei Paketverlust wird ein Layer verlassen; bleibt der Paketverlust aus, nimmt man dagegen einen Layer hinzu. Die Entscheidung über Hinzunahme oder Entfernen eines Layers wird nun aber erst am folgenden Entscheidungspunkt in Form von Gruppenein- oder -austritt versandt.

Für den Umgang mit jedem Layer L_i, der Sub-Layer-Hopping benutzt, ergeben sich drei Fälle. Sie sind hier aus der Sicht eines beliebigen Empfängers E, der auf L_i empfängt, aufgeführt:

1. Ist gerade kein Layer-Wechsel nötig, dann wird beim Erreichen des nächsten Entscheidungspunktes ein Sub-Layer-Hopping durchgeführt. Damit ist sichergestellt, daß der Empfang auf L_i über den Wechselpunkt hinaus nahtlos fortschreitet:
   - Für den Sub-Layer, der vor *EP* aktiv war, erfolgt ein Gruppenaustritt.
   - Für den Sub-Layer, der zuletzt inaktiv war, erfolgt ein Gruppenbeitritt.
2. Falls L_i der oberste Layer ist und die Paketverlustrate eine bestimmte Schwelle überschritten hat, muß L_i verlassen werden. Am nächsten Entscheidungspunkt werden folgende Aktionen durchgeführt:
   - Für den Sub-Layer, der vor *EP* aktiv war, erfolgt ein Gruppenaustritt.
   - Für den Sub-Layer, der zuletzt inaktiv war, erfolgt *kein* Gruppenbeitritt.
3. Bleibt die Paketverlustrate, während L_i der oberste Layer ist, solange unter einem Schwellenwert, daß L_{i+1} hinzugefügt werden kann, dann erfolgt am nächsten Entscheidungspunkt ein Gruppenbeitritt in den ab dort aktiven Sub-Layer von L_{i+1}.

Die Motivation hinter der Einführung des Sub-Layer-Hopping war eine Verbesserung der Leistung des Rückkanals. Deshalb muß man von diesen drei Fällen insbesondere den zweiten näher untersuchen. Dazu soll das Beispiel in Abbildung 4 betrachtet werden.

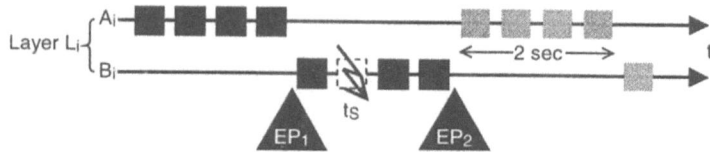

Abbildung 4: Staubehandlung beim Einsatz von Sub-Layer-Hopping

In der Abbildung sind Paketankünfte auf dem höchsten Layer L_i aus der Sicht eines Empfängers E dargestellt. Wir nehmen an, daß vor dem Entscheidungspunkt EP_1 kein Stau aufgetreten sei, während zwischen EP_1 und EP_2 Stau entsteht. An den beiden Entscheidungspunkten kommt es in diesem Beispiel zu folgenden Abläufen:

- Bei EP_1 wird ein Sub-Layer-Wechsel gemäß dem ersten Punkt von oben durchgeführt. Für die Gruppe A_i wird ein Gruppenaustritt, für B_i ein Gruppeneintritt veranlaßt.
- Zum Zeitpunkt t_S wird nun Stau erkannt. Der Empfänger merkt sich, daß er aus L_i austreten muß, führt den Austritt aber noch nicht durch. Dadurch wird verhindert, daß aus den Paketen, die zwischen t_S und EP_2 noch ankommen, scheinbare Paketverluste werden. Es ist zu beachten, daß diese Verzögerung des Gruppenaustritts keinerlei Verzögerung der Reduzierung des Datenaufkommens nach sich zieht. Insbesondere wird dadurch die Reaktionszeit für die Staubehebung *nicht* erhöht. Dies liegt darin begründet, daß selbst bei einem sofortigen Austritt zum Zeitpunkt t_S wegen der Austrittsverzögerung von IGMP noch bis mindestens EP_2 Daten in das Subnetz weitergeleitet werden.
- Bei EP_2 schließlich greift der Empfänger auf die Information zurück, daß Stau aufgetreten ist, und entscheidet sich dafür, den Layer L_i zu verlassen. Er führt zunächst den Austritt aus B_i durch, den er auf jeden Fall gemacht hätte. Danach tritt er jedoch nicht in A_i ein. Damit ist der Austritt aus L_i vollzogen. Es kommt hier nach EP_2 zu keiner zusätzlichen Austrittsverzögerung. Von den grau dargestellten Paketen sieht E nichts mehr.

Bemerkenswert daran ist, daß der Routing-Baum von L_i direkt nach dem Entscheidungspunkt, an dem der Layer verlassen wird — in diesem Beispiel war das EP_2—, an die neue Situation angepaßt ist und keinen Ast für A_i in Richtung E mehr hat. Das liegt daran, daß E — den Regeln des Sub-Layer-Hopping folgend — bei EP_1 bereits aus der Gruppe A_i ausgetreten ist. Da der Abstand zwischen EP_1 und EP_2 gerade 2 Sekunden beträgt, wird dadurch die Austritts-Verzögerung überbrückt, und bis nach EP_2 wieder die Gruppe A_i aktiv wird, ist ihr Routing-Baum bereits beschnitten.

Die Zeit, die das Routing braucht, um Gruppenaustritte für einen Routing-Baum zu verarbeiten und den Baum daraufhin entsprechend anzupassen, wird hier also dadurch verdeckt, daß während ihrer Dauer keine Pakete vom Sender auf der betreffenden Gruppen-Adresse gesendet werden. Bis dort wieder gesendet wird, ist der Routing-Baum an die Änderungen angeglichen.

Nach jedem Entscheidungspunkt wird der Routing-Baum für die danach aktive Multicast-Gruppe eines Sub-Layers teilweise neu aufgebaut, wobei nur zu jenen Empfängern Äste führen, die dies explizit durch einen Gruppen-Eintritt am Entscheidungspunkt angefordert haben. Man nutzt hier die Eigenschaft des Multicast-Routing aus, daß es auf die Bearbeitung von Gruppen-Eintritten hin optimiert wurde. Diese führen innerhalb weniger Millisekunden zur Anpassung des Routing-Baumes [Cla97, DrH97][4]. Für Gruppen-Austritte entsteht dagegen die schon mehrfach beschriebene Verzögerung mit all ihren negativen Nebenwirkungen.

Zwischen benachbarten Layers führt der Sender eine Verschachtelung der Sub-Layer-Wechsel durch. Auf jedem Layer mit ungeradem Index sind die Sub-Layer-Wechselpunkte um ein halbes Sendefenster versetzt. Dadurch kann die Reaktion auf heftige Stausituationen, für deren Beseitigung der Austritt aus dem obersten Layer alleine nicht ausreicht, weiter optimiert werden. Abbildung 5 zeigt die Vorteile der versetzten Anordnung von Entscheidungspunkten (unten) im Vergleich zu einer möglichen Anordnung, bei der die Entscheidungspunkte auf jedem Layer gleichzeitig vorkommen (oben). Zusätzlich sorgt diese Verschachtelung noch für die gleichmäßigere Verteilung der Gruppenein- und -austrittsmeldungen auf dem Netz.

Bewertung des Sub-Layer-Hoppings

Zum Nachweis der Leistungsfähigkeit des Sub-Layer-Hoppings wurde das Protokoll zum einen einer analytischen Untersuchung unterzogen, welche in der erweiterten Fassung dieses Berichts [DrH98] nachzulesen ist. Zudem wurden in der Programmiersprache C unter Digital UNIX 4.0 und Sun Solaris 2.5.1 und 2.6 sowohl die Basis-Staukontrolle aus [CRV98] realisiert als auch die erweiterte Staukontrolle mittels SLH. Anschließend wurden Tests im weltweiten MBone durchgeführt mit Rechnern in Braunschweig, Mannheim, Karlsruhe und bei Eurecom in Sophia Antipolis, Südfrankreich. Einzelne Tests wurden außerdem auf den Strecken nach Amherst, Montreal und London durchgeführt. Die beiden Staukontroll-Protokolle traten jeweils abwechselnd gegeneinander an. Durch die zeitliche Nähe und wiederholte Durchführung der Messungen wurde sichergestellt, daß beide Protokolle unter den gleichen Rahmenbedingungen im Netz operieren konnten. Die Tests wurden an verschiedenen Tagen und zu unterschiedlichen Tageszeiten wiederholt. Durch geeignete Wahl der zu übertragenden Datenmenge lag die Dauer der Testläufe stets im Bereich einiger Minuten bis zu einer Viertelstunde.

Übertragen wurden leere Pakete der Größe 512 Byte. Paketgröße, Anzahl der Layers und Basisrate auf Layer 0 sind konfigurierbar. Die Steigerung der Layer-Raten wurde auf den Faktor 2 festgelegt.

---

[4] Es wurde gezeigt, daß bei Tests mit Endsystemen in Karlsruhe, Braunschweig und Hannover (TTL-Entfernungen von 1, 18 und 38) die mittlere Join-Zeit zwischen 27 ms auf kürzeren Strecken und 54 ms auf längeren Strecken – mit starker Streuung – betrug. Dabei lag der jeweils letzte Gruppenaustritt (Leave) in dieser Gruppe zwischen 0 und 6 sec zurück. Die maximal gemessenen Zeiten für einen Join lagen bei ca. 400 ms.

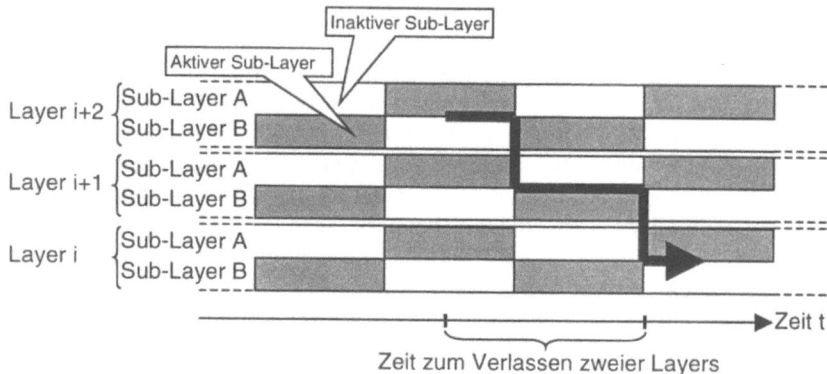

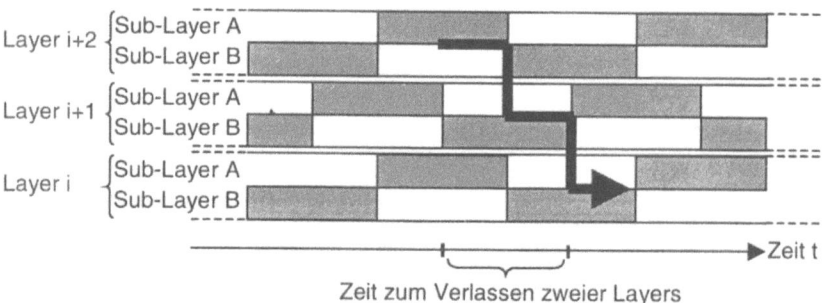

Abbildung 5: Beschleunigung kaskadierter Austritte

Informationen über die Rate werden in jedem Sende-Thread durch die Variablen `sndwnd_time` und `sndwnd_packets` repräsentiert. In einem Sendefenster der Länge `sndwnd_time` Millisekunden werden `sndwnd_packets` Pakete übertragen. Wegen Beschränkungen der Timer-Auflösung auf 10ms werden dabei jeweils `sndwnd_packets` Pakete als Burst gesendet.

Durch Mitführen einer Bitmaske in jedem Paket des Layer 0 ist auf der Seite des Empfängers garantiert, daß ständig ein Paketstrom empfangen wird, der durch die `sublayer_mask` darüber informiert, welcher Sub-Layer auf jedem Layer gerade aktiv ist.

Bei den Tests standen drei Fragestellungen im Mittelpunkt:
1. Erreicht das Protokoll einen stabilen Arbeitspunkt?
2. Wie verbessert sich die Reaktionszeit durch SLH?
3. Wie verbessert sich der Durchsatz?

Stabilität des Arbeitspunktes: Die Stabilität der SLH-Implementierung zeigt sich vor allem dort, wo das Protokoll einen hohen Layer erreicht und halten kann. Bei einer hohen Empfangsrate kann dieser Zustand nur dann stabil sein, falls der Empfänger sich richtig auf die Sub-Layer-Wechselpunkte synchronisiert hat und dort keine Paketverluste durch verspätete Reaktionen entstehen. Diese Verluste würde der Empfänger zwangsläufig als Stausignale interpretieren. Ein stabiler Zustand könnte dann nicht gehalten werden.

Die Messungen im MBone zeigten, daß die SLH-Staukontrolle unter den genannten Bedingungen einen stabilen Zustand z.B. auf Layer 4 sicher erreicht und dann halten kann. Ein Empfänger prüfte beispielsweise in periodischen Abständen auf ungenutzte Bandbreite, indem er den Layer 5 hinzufügte. Dies überstieg jedesmal die maximale Empfangsrate, und es fand wieder ein Rücksprung auf Layer 4 statt.

Reaktionszeit: Für jeden Austritt aus einem Layer wurde die Zeit berechnet, die zwischen dem Auftritt des Staus und dem Erreichen des nächsten Entscheidungspunktes verging. Von diesen Werten wurden anschließend der Mittelwert (970 msec), die Varianz (390 msec) und das Minimum (31 msec) berechnet. Die Messungen bestätigen also, daß sich die Austrittsverzögerung des Layered-Multicast durch SLH auf die Hälfte reduzieren läßt, mit geringer Standardabweichung.

Durchsatzsteigerung: Ergebnisse der vergleichenden Messungen zwischen der Basis-Staukontrolle und der erweiterten Staukontrolle sind in Abbildung 6 dargestellt. Grundlage sind 6 Testreihen mit insgesamt 70 Messungen. Pro Testreihe wurden dabei die Mittelwerte der Paketverlustraten und der Durchsatzsteigerungen ermittelt und gegeneinander aufgetragen.

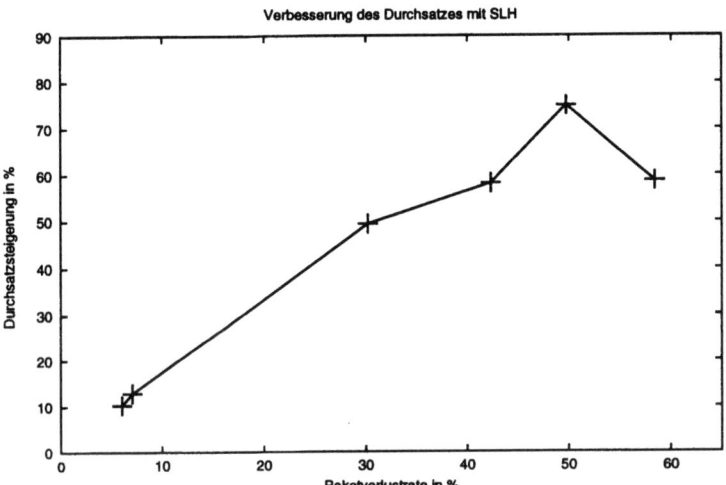

Abbildung 6: Vergleichsmessungen zwischen der Basis-Staukontrolle und der erweiterten Staukontrolle mit SLH

Bereits bei niedrigen Paketverlustraten um 5 Prozent bringt SLH eine deutliche Steigerung des Durchsatzes. Mit zunehmender Anzahl von Stausituationen und der damit verbundenen Steigerung der Paketverlustrate nimmt die Verbesserung durch SLH noch zu. Bei Verlustraten um 50 Prozent sind zur Staubehandlung oft Gruppenaustritte über mehrere Layers hinweg in kurzer Zeit nötig. Hier erzielt SLH deshalb eine besonders hohe Durchsatzsteigerung gegenüber der Basis-Staukontrolle, im Test bis zu ca. 75%. Eine überproportionale Steigerung des Durchsatzes gegenüber der Fehlerrate (75% mehr Durchsatz bei 50% Paketverlustrate) ist deshalb möglich, weil bei SLH keine scheinbaren Paketverluste auftreten. Bei sehr hohen Verlustraten (und damit geringen Durchsatzraten) fällt der Effizienzgewinn auf einen geringeren Wert zurück, weil mitunter während der Zeit, in der das SLH-Verfahren noch Mitglied einer Multicast-Gruppe ist, während das Basisverfahren bereits ausgetreten ist, keine oder nur wenige Pakete gesendet werden und damit auch nur relativ wenige scheinbare Paketverluste auftreten.

Zusammenfassung der Bewertung

Als Ergebnis der Analysen ergibt sich ein gutes Bild für die erweiterte Staukontrolle mit Sub-Layer-Hopping. Nur in Fällen, in denen die Empfänger lediglich den unteren Layers beigetreten sind, ergibt sich eine gewisse Mehrbelastung der Router durch die erweiterte gegenüber der Basis-Staukontrolle. Ansonsten sind die Unterschiede vernachlässigbar. Zwar gibt es in der erweiterten Staukontrolle mehr Prune- und Graft-Meldungen als ohne SLH, aber die dadurch schneller erzielbare Entlastung der Router von der Paket-Weiterleitung im Falle von Stau wiegt diesen Nachteil auf. Die Gegenüberstellung der Verfahren in Tests bestätigen, daß eine gemessen an der Fehlerrate überproportionale Steigerung der Durchsatzrate möglich sind.

Zusammenfassung

Die durch das herkömmliche Layered Multicast realisierte Staukontrolle ist nur eingeschränkt in der Lage, schnell auf Staus zu reagieren. Sub-Layer-Hopping reduziert die beim Layered Multicast sonst vorhandene, durch IGMP verursachte Austrittsverzögerung aus Layers, ohne Modifikationen an den Systemen zu erfordern. Außerdem werden scheinbare Paketverluste vermieden, welche die erzielbare Effizienz bei der Basisvariante des Layered Multicast unnötig verringern. Durch diese Maßnahmen wird die Effizienz des Layered Multicast erhöht, wie Analysen und Tests belegen. SLH reagiert schneller auf Stausituationen als das Basisverfahren und sorgt besonders bei hohen Paketverlustraten für eine Steigerung des Durchsatzes und damit im Mittel für eine kürzere Zeit, bis die übermittelten Nutzdaten bei den Empfängern vollständig vorliegen. Bei sich nicht stark ändernder Paketverlustrate wird ferner ein stabiler Arbeitspunkt erreicht.

Als weiterführende Arbeiten sind Messungen zur Multicast-Router-Belastung denkbar sowie zum Join-/Leave-Verhalten zwischen Multicast-Routern.

Literatur

[Cla97] Robert Clauß: *Fehlerbehebung in heterogenen Kommunikationsgruppen.* Diplomarbeit am Institut für Telematik, Universität Karlsruhe, Mai 1997.

[CrV97] J. Crowcroft, L. Vicisano: *One to Many Reliable Bulk-Data Transfer in the MBone*, Hipparch'97, Uppsala, Schweden, Juni 1997.

[CRV98] Jon Crowcroft, Luigi Rizzo, Lorenzo Vicisano: *TCP-like congestion control for layered multicast data transfer.* IEEE Infocomm '98, März 1998.

[Dee89] S. Deering: *Host Extensions for IP Multicasting*, STD 5, Request for Comments (RFC) 1112, Internet Engineering Task Force (IETF), August 1989.

[DPW88] S. Deering, C. Partridge, D. Waitzman: *Distance Vector Multicast Routing Protocol*. Internet Request for Comments RFC 1075, November 1988.

[DrH97] Stefan Dresler, Markus Hofmann: *Adaptive Error Correction in IP Multicast Communication*. 6th Open Workshop on High Speed Networks, Stuttgart, 8.-9. Oktober 1997.

[DrH98] Stefan Dresler, Markus Hofmann: *Sub-Layer-Hopping: Optimierte Staukontrolle für IP-Multicast (Erweiterter Bericht)*. Technischer Bericht 24/98 der Fakultät für Informatik, Universität Karlsruhe, 1998.

[Fen98] Bill Fenner: *Internet Group Management Protocol, Version 2*. Request For Comments (RFC) 2236, Internet Engineering Task Force (IETF), November 1997.

[FJM95] S. Floyd, V. Jacobson, S. McCanne, C.-G. Liu, L. Zhang: *A Reliable Multicast Framework for Light-weight Sessions and Application Level Framing*. Computer Communication Review, Vol. 25, No. 4, Proc. of ACM SIGCOMM'95, Boston, MA, USA, August 1995.

[Hen97] Jean-Charles Henrion: *An Efficient Software Implementation of a Forward Error Correcting Code*. Proceedings of IDMS'97, Darmstadt, September 1997.

[Hof96] Markus Hofmann: *A Generic Concept for Large-Scale Multicast*. International Zurich Seminar on Digital Communication, 21.-23. Februar 1996, Zürich, Schweiz, Hrsg.: B. Plattner, Lecture Notes in Computer Science, No. 1044, Springer Verlag, 1996.

[Hof98] Markus Hofmann: *Skalierbare Multicast-Kommunikation in Weitverkehrsnetzen*. Dissertation an der Universität Karlsruhe, infix Verlag, Februar 1998.

[Jac88] V. Jacobson: *Congestion Avoidance and Control*; Proc. of SIGCOMM'88, Stanford, CA, USA, August 1988.

[Lan98] Hans-Peter Lang: *Unterstützung heterogener Gruppen durch hierarchisch codierte Teilströme*. Diplomarbeit am Institut für Telematik, Universität Karlsruhe, Mai 1998.

[Lin82] J. H. van Lint: *Introduction to Coding Theory*. Springer Verlag, 1982.

[MJV96] S. McCanne, V. Jacobson, M. Vetterli: *Receiver-Driven Layered Multicast*, SIGCOMM'96, Stanford, CA, USA, August 1996.

[MRB98] A. Mankin, A. Romanow, S. Bradner, V. Paxson: *IETF Criteria for Evaluating Reliable Multicast Transport and Application Protocols*. Internet Request for Comments, RFC 2357, Juni 1998.

[Mül98] Frank Müller: *Staukontrolle für heterogene Multicast-Gruppen im Internet*. Diplomarbeit am Institut für Telematik, Universität Karlsruhe, Juli 1998.

[PSL97] S. Paul, K.K. Sabnani, J.C.-H. Lin, S. Bhattacharyya: *Reliable Multicast Transport Protocol (RMTP)*. IEEE Journal on Selected Areas in Communications, Vol. 15, No. 3, Seite 407-421, April 1997.

[Pus98] T. Pusateri: *Distance Vector Multicast Routing Protocol*, Internet-Draft (work in progress), August 1998.

[Riz97] Luigi Rizzo: *Effective Erasure Codes for Reliable Computer Communication Protocols*. Computer Communication Review, ACM Special Interest Group on Data Communication, Vol. 27, No. 2, April 1997.

[Riz98] Luigi Rizzo: *Fast group management in IGMP*. Proceedings of Hipparch '98, 15.-16. Juni 1998, UCL, London, UK, außerdem auf Freenix '98, 1998.

[Vic97] Lorenzo Vicisano: *Notes on a Cumulative Layered Organization of Data Packets Across Multiple Streams With Variable Rate*. Technical Report, UCL, London, UK, 1997.

The Case for FEC Fueled TCP-like Congestion Control

Frank Brockners

Universität zu Köln, Zentrum für Paralleles Rechnen (ZPR)
brockners@zpr.uni-koeln.de

Abstract. This paper describes the design of a new rate and congestion controller (RCR) which employs FEC (forward error correction) support. The design follows the design principles of TCP but uses FEC to assure TCP-competitiveness. It is targeted primarily at one to many reliable bulk multicast data transfer. It shares bandwidth with other TCP flows fairly and is able to compensate drawbacks due to low responsiveness. The concept of RCR is validated by analytical and simulation results. The heuristic analysis is based on a new extended model for flows which implement a congestion control algorithm similar to TCP. Simulations and theoretical analysis for multicast as well as unicast setups show that already a very moderate level (some %) of redundancy suffices to strengthen a flow suffering from long delays and high loss probabilities.
Keywords: Congestion Control, Forward Error Correction, Reliable Multicast.

1 Introduction

Congestion control is vital for the internet. The end-to-end congestion control mechanisms employed in TCP [7] have been a critical factor for the robustness of the internet. During recent years new applications with transport requirements not covered by TCP emerged. Applications which are based on delay-sensitive, semi-reliable or rate-based real-time streams are suitable examples. Besides these unicast setups, the whole class of point to multipoint communication falls into this group. Upcoming applications like distributed visualization or the frequently discussed push-technology benefit from a reliable multicast (RM) service supporting high data rates. Multicast is a multiplier. Effects on e.g. throughput and performance are therefore not limited to just one but possibly to n paths. High loss probabilities coupled with long delays in the control loop of a closed loop congestion controller are among the major challenges for a controller.

In point to multipoint scenarios the design space of a congestion control algorithm is spanned by the metrics *scalability, fairness, stability, variability* and *responsiveness*. While most of the scalability research concentrates on solving the feedback implosion problem (e.g. [5],[13]) we focus on the control loop which adapts the emission rate. This paper presents an algorithm which is *TCP-friendly*[1] *and TCP-competitive* in the way that it is able to compete with TCP-flows even under conditions of high loss probabilities

---

[1] Up to 90% of today's internet WAN traffic uses TCP as transport protocol. This motivates new protocols to take TCP as reference and adjust their congestion control to be *TCP-friendly*. [4] defines a flow to be TCP-friendly, if the arrival rate of the flow does not exceed the bandwidth of a corresponding TCP connection under the same circumstances.

and low responsiveness. In the absence of explicit congestion signals from the network, the responsiveness (and the throughput if TCP-like congestion control is also used) of a closed loop congestion control algorithm depends on the packet round trip time (RTT) the sender observes [3]. Reliable multicast environments usually suffer from large RTT as the feedback aggregation/suppression introduces further delay into the already long RTT. An RM connection therefore usually receives even less throughput than the TCP-friendliness law permits.

Our flow- and congestion controller RCR solves the contradiction between responsiveness and fairness with the help of forward error correction (FEC). FEC adds parity packets to the original data. These enable a receiver to reconstruct the original data even under conditions of loss. Besides reducing the number of necessary transfers of one individual packet [11], FEC works as a high pass filter for the loss signal. In case of low, uncorrelated loss the source will not be requested to slow down. With FEC, every receiver filters his individually observed loss signal and only reacts if loss exceeds a certain level which could be tolerated through FEC coding. If such a scheme is run with a couple of TCP connections in parallel, we observe the following: If loss is distributed equally among all active connections, TCP will also discover the loss situation and immediately correspond to it. Immediate means *faster* than the reliable multicast connection running in parallel. Once the high-pass (FEC) filter produces an output signal, a receiver issues a congestion notification packet which is forwarded towards the source leading the source to adjust its emission rate. On choosing an appropriate level of redundancy the bandwidth is distributed fairly among all flows.

2 The design of the rate controller

The rate controller (RCR - a Rate Controller supported by Redundancy) implements a closed loop congestion control algorithm similar to TCP but adds FEC support to the control loop. Quite a lot of the current RM environments use a preconfigured emission rate. TCP-friendly rate controllers [8] have been proposed for unicast [15] and also reliable multicast environments [10], [17]. LTRC, as presented in [10], achieves competitiveness by adjusting the reaction of the controller to loss depending on the amount of loss encountered by the receivers. RLC [17] follows an open loop control scheme using multiple multicast groups and layered FEC. RCR is the first controller to actually implement and analyze the effects of FEC deployment within the controller. In contrast to controllers implementing loss tolerance at the source, FEC focuses loss tolerance on the receivers. This reduces the susceptibility of the controller to delay in the control circuit and the amount of control traffic from the receivers which would otherwise be aggregated or suppressed. In contrast to TCP (which is clocked by ACKs) the RCR is clocked by time as long as the time interval between two packets is smaller than the time-outs for rate increase or rate decrease. Otherwise the packet-scheduler clocks the controller.

Although being designed for a reliable multicast environment (because big latencies in the control process are common for reliable multicast) the concepts of the controller apply to unicast environments as well.

RCR assumes a one to many reliable multicast framework, e.g. like [1], which is tree-based, receiver-initiated and where certain receivers are *designated* (see RMTP [13]).

They have the capability to retransmit data. Source *and* receivers participate in the congestion control scheme of RCR. Receivers issue *negative acknowledgments* (NAK) or *congestion notification messages* (CGN). NAK are sent to *designated receivers* (DR) to request retransmissions, while CGN are directed towards the source. CGN messages notify the sender about congestion. They decouple congestion from retransmission control. Both types of feedback messages are unicasted and follow the control tree. The following sections describe the part of the sender as well as the part of the receiver of the control process in detail.

2.1 Sender

The flow and congestion control of the sender consists of a start and a main phase. During the start phase the sender multiplicatively increases the emission rate. After being notified of congestion, the sender switches to the main phase. From then on, emission rate strictly follows "linear increase – multiplicative decrease". Prior to sending, the data is grouped to blocks of k packets and encoded with a (n, k) Reed-Solomon code[2]. Please always refer to figure 1 for the following outline.

Increasing the rate ρ by at maximum one packet per RTT, as shown in figure 1, is a conservative but stable approach. It keeps the results of the rate increase visible to the sender. Rate decrement also follows a very conservative approach. Choosing the minimum $\min\{\rho(pkt_i), \rho/2\}$ also enhances the stability of the control circuit. $\rho(pkt_i)$ is independent from influences of the network or the control circuit. It therefore removes any delays from the control circuit.

The computation of the round trip time r has a significant influence on the overall behavior of the control circuit. It determines the gradient of the emission rate and subsumes buffer effects in the network as well as propagation and processing times. A close timely relationship between sender and receivers like in TCP does not exist in the multicast case. To determine a value analogously to the RTT in the unicast case, RCR uses the concept of *unicast decomposition* [6]. A multicast session to N receivers is viewed as a set of independent unicast sessions, each with a RTT of r_i. Due to the lack of positive acknowledgments, RCR uses the NAK and CGN packets to carry the timing information. RCR again employs a conservative approach by choosing r as the maximum $\max\{r_i\}$ RTT *noticed*. Note that when using NAK for the RTT computation we automatically measure the RTT of the connection suffering from congestion. If for example the congested path is close to the source, the sender receives a congestion signal quite fast and therefore computes a smaller RTT. NAK from receivers which noticed the loss later than the one close to the source are suppressed. They do not influence r.

Besides, we checked for two modifications from the direct analogy to the emission control of TCP.

- *Choosing a factor different from 2 for multiplicative decrease:* Dependent on the loss a receiver observes, we used factors between 1.3 and 2. Our simulations in com-

---

[2] The (n, k) RS-code takes k original packets and produces $n - k$ parities. It is capable of recovering the original k data packets from any k different packets out of the n coded packets [16].

▷ initialization
  • set emission rate ρ to minimum $\rho \leftarrow \rho_{min}$ (ρ_{min} is preconfigured)
  • initialize timers T_+/T_- for rate increase/decrease
▷ start phase (finished by the first receipt of a CGN or NAK)
  if (timer T_+ expired)
    • increase the rate: $\rho \leftarrow c_{start}\rho$
    • reset timer T_+ for rate increment

▷,▶ schedule event (packet scheduler with rate ρ)
  • transmit/retransmit (if any) a packet pkt_i
  • save value $\rho(pkt_i)$ for later reference
▶ receipt of a NAK for packet pkt_i
  • schedule pkt_i for retransmission
▶ receipt of a CGN for packet pkt_i
  • compute new round trip time r, reset T_+
  • *if* (timer T_- expired)
    - decrease the rate: $\rho \leftarrow \min\{\rho(pkt_i), \rho/2\}$
    - adjust the rate increment: $\Delta\rho \leftarrow t_+/(r^2 2^\zeta)$
    - adjust the cycle number: $\zeta \leftarrow (\zeta+1) \mod Z$ (if $Z \neq 0$); $\zeta \leftarrow 0$ (otherwise)
    - reset the timer T_- for rate decrement
▶ timer T_+ expired
  • increase the rate: $\rho \leftarrow \rho + \Delta\rho$; reset T_+.

Fig. 1. Events (denoted by ▷ (start phase) ▶ (main phase)) and their actions at the sender. In our experiments we used the following heuristic constants: $c_{start} = 5/4$; timers T_+ and T_- use an interval of $t_+ = t_- = 0.2sec$. Given t_+, the defined rate increment $\Delta\rho$ results to exactly one packet per RTT as in TCP: The controller increases the rate roughly by $1/r$ pkt/sec each r seconds, or by $1/r^2$ pkt/sec/sec. Therefore we have an increase by t_+/r^2 every t_+ seconds.

plex network setups have shown that determining reasonable values for the loss rate is a difficult and sometimes impossible task. The amount of loss and the time of detection are not always correlated. Furthermore a sender usually reacts to the first CGN which possibly does not carry the correct *global* loss rate.

• *Adjusting the gradient of the emission rate $\Delta\rho$ after each drop:* This is what we call the "cycle number Z". It stepwise cuts back the gradient $\Delta\rho$ by half and resets the original value after Z steps. It aims at reducing the packet drops per time interval. Its effectiveness is discussed in section 4.

2.2 Receiver

As stated above, receivers fall into two groups, i.e. the DR and normal receivers. DR control their rate similar to the sender. They couple their retransmission rate to the emission rate of the sender by constantly probing the rate new data packets arrive at. The full set of events and actions is given in figure 2.

Receivers filter the packet loss signal to decide, whether to send an NAK or CGN. Generally the number of lost packets ℓ falls into one of three possible sets. The (n,k)

```
▷ initialization
    • set emission rate ρ to minimum ρ ← ρ_min (ρ_min is preconfigured)
    • timer for rate increase T₊ and decrease T₋
▶ receipt of a data packet pkt_i with sequence number sn_i
    if (arrival in sequence)
        • compute incoming rate ρ with a moving average
        • initialize timers T₊/T₋ for rate increase/decrease
    else
        • filter loss signal
            - case (loss ∈ 𝒯): tolerance – no action necessary
            - case (loss ∈ 𝒞): congestion – issue a CGN
            - case (loss ∈ ℛ): retransmission necessary – issue a CGN and a NAK
▶ receipt of a CGN for packet pkt_i
    • forward the CGN towards the source
▶ receipt of a NAK for packet pkt_i
    • if (pkt_i was already received) schedule a retransmission of pkt_i
    • if (timer T₋ expired)
        - decrease the rate: ρ ← ρ/2
        - adjust the rate increment: Δρ ← t₊/(r²2^ζ)
        - adjust the cycle number: ζ ← (ζ+1) mod Z (if Z ≠ 0); ζ ← 0 (otherwise)
        - reset the timer T₋ for rate decrement
        else send a NAK for pkt_i towards the source
▶ schedule event (packet scheduler with rate ρ)
    • if (any packets to retransmit) retransmit to local group at rate ρ
▶ timer T₊ expired
    • increase the rate: ρ ← ρ + Δρ; reset T₊.
```

Fig. 2. Events and their actions for a designated receiver. The computation of $\Delta\rho$ uses a constant value for r, as the RTT cannot be computed at the receivers. We used $r = 1sec$ in our experiments, which should be an upper bound to values common in the internet. Note that under normal conditions, retransmissions are sent with one half of the rate, the source sends the packets at. Receivers constantly measure the rate ρ of incoming packets. On receiving a NAK, the receiver halves this rate ρ and possibly retransmits the packets. As NAK and CGN packets are usually issued the same time, the sender will also half its rate. So during retransmit, the sum of both rates should be at maximum the rate before the NAK was issued.

RS-Code allows us to directly associate numbers of lost packets with these sets[3]. Let a be a number, with $k < a \leq n$.

- *tolerance set* $\mathcal{T} = [0, a-k]$: If $\ell \in \mathcal{T}$, the receiver tolerates the loss. $\mathcal{T} \neq \emptyset$ enhances the throughput of RCR in setups with competing TCP connections. TCP backs off its rate in the face of loss, whereas RCR does not – as long as $\ell < a - k$. Besides, as Nonnenmacher et al. analyze in [11], $\mathcal{T} \neq \emptyset$ reduces the number of necessary transmission of an individual packet.

---
[3] The definition of these sets is not limited to FEC employment but may also be used with other loss tolerant transmissions, e.g. video. We focus on FEC here.

- *congestion set* $C = (a-k, n-k]$: If $\ell \in C$, RCR interprets the percentage of losses as congestion and requests the source to slow down through a CGN. Retransmissions are not necessary.
- *retransmission set*: $\mathcal{R} = (n-k, \infty)$: If $\ell \in \mathcal{R}$, loss has reached a serious percentage and cannot be recovered through FEC only. NAK and CGN are issued to request packet retransmissions of missing packets *and* to slow down the source.

If $\ell \in C \cup \mathcal{R}$ we call a packet loss *significant*. It is most desirable that the working point of the controller oscillates between $\mathcal{T}$ and C. Our following analysis shows that the choice of the parameters k, n has a major influence on the overall behavior of the controller. Our following analysis concentrates on FEC. Therefore we choose $a = n$.

3 A steady state model of the controller

In this section we develop a model of the rate controller and map it onto a very simple network scenario with only two connections: One TCP and one RCR connection, both competing for bandwidth on a single link. The goal is to analyze the FEC influence on the overall throughput as well as on parallel TCP connections. This model yields an insight into the effects of introducing redundancy FEC and a cycle (for adjusting the gradient of the emission rate) into the control circuit.

The model presumes random early detection (RED) gateways because the assumption of uncorrelated packet loss does not hold for drop tail gateways. The model presented in this paper generalizes those in [3] and [9]. The model is strictly targeted at the analysis of a steady state and does not try to be correct in a microscopic view.

The rate with which packets are dropped at the gateway is approximated by an independent poisson process. Hence, the packet losses are uncorrelated and equally distributed. α denotes the average percentage of the total bandwidth the TCP connection consumes, when a packet is dropped. We assume that a TCP packet is dropped with constant probability p, a RCR packet with probability q. The assumptions are not realistic but have been shown to be able to describe the behavior of TCP-SACK and (partially) TCP-Reno in situations where congestion is the only source of packet loss, TCP timeouts do not occur and the system is in a steady state [9].

The model assumes that both connections use the multiplicative decrease, linear increase algorithm for their rate control. The gateways detect congestion if the sum of the incoming rates exceeds the maximum transfer rate W of the gateway. When detecting congestion, the gateway drops a packet of one of the connections. This makes the referring connection drop its rate to half of the current value. The TCP connection cannot rely on FEC to recover from the loss and therefore has to react to the loss situation and reduce the size of the congestion window to half of its original size. The RCR connection only has to react to a loss with a certain probability, depending on the level of redundancy.

For a direct comparison, the window controlled emission rate of TCP has to be translated into an equivalent emission rate ρ. Let r_1 be the RTT of the TCP and r_2 the RTT of the RCR connection. The TCP flow increases its window by roughly one packet of size s (in bit) per RTT.

3.1 Generalized model

The generalized model introduces FEC redundancy and the cycle number Z (with $\zeta = 0, 1, \ldots, Z$) to adjust the gradient of the emission rate after each rate drop. Because of the introduction of the cycle number into the control process, the system is no longer stateless and can no longer be interpreted as a markov process. The markovian property that the present state must be independent of the past states is violated.

Let α_i, β_i be the percentage of bandwidth occupied by TCP and the RCR connection respectively, when a significant packet drop happens. The ith significant packet drop takes place at time t_i. α_i and β_i are only defined for the discrete times t_i. At time t_i we have $\alpha_i + \beta_i = 1$. A packet drop is said to be significant if either the TCP or the RCR connection reacts to the drop. We use "•" to represent the event that the TCP connection registers a significant packet loss and "○" to represent the event that the RCR connection registers a significant packet loss. Let the probabilities for the two events be p and q: $P(\bullet) = p, P(\circ) = q$, with $p + q = 1$. Further, let $\Delta t_{i+1} = t_{i+1} - t_i$ be the time elapsed between two packet drops. α_∞ and β_∞ denote the expected values of α and β for the steady state, i.e. for $i \to \infty$. Each α_i (and analogously β_i) is defined by a corresponding event vector $e = (e_1, \ldots, e_i)$ out of the event space E_i. $E_i = \{(e_1, \ldots, e_i) \mid e_j \in \{\bullet, \circ\}\}$. $\alpha_i(e)$ defines a function mapping the event space E_i to the interval $[0, 1]$.

The corresponding iteration formulas for each $\alpha_i(e)$ and $\beta_i(e)$, which are deduced in the next section, are applied according to the event sequence defined by e. $\alpha(0) = \alpha_0$ is randomly chosen from the interval $(0, 1)$.

We obtain the expected value $E(\alpha)$ for α as

$$\alpha_\infty = \lim_{i \to \infty} E(\alpha_i) = \lim_{i \to \infty} \sum_{e \in E_i} P_i(e) \alpha_i(e) \tag{1}$$

with $P_i(e) = p^{n_\bullet} q^{i - n_\bullet}$ denoting the probabilility of event $e \in E_i$. $n_\bullet$ signifies the number of significant packet drops the TCP connection registers: $n_\bullet = \#\{j \mid e_j = \bullet\}$.

Other interesting expected values include the expected value of the transferred amount of data D_i and the expected value of the length of time interval T_i for i significant drops. The bandwidth of the TCP connection in steady state results to $\mathcal{W} = \lim_{i \to \infty} D_i / T_i$. In steady state we obtain:

$$\mathcal{W} = \lim_{i \to \infty} \frac{D_i}{T_i} = \lim_{i \to \infty} \frac{\sum_{e \in E_i} P_i(e) D(\alpha_i(e))}{\sum_{e \in E_i} P_i(e) T(\alpha_i(e))}$$

The determination of the iteration formulas falls into two parts, dependent on the connection which has to react on a significant packet loss.

Case A: The TCP connection registers a significant packet loss (Event "•") If the TCP connection registers a packet loss, it reduces its actually consumed bandwidth from $\mathcal{W}\alpha_i$ to $\mathcal{W}\alpha_i/2$. The RCR connection keeps its part $\mathcal{W}\beta_i$ of the bandwidth. During the time

Δt_ζ between two consecutive significant packet drops at times t_i and t_{i+1} the TCP connection receives an additional part of $W\Delta\alpha = W(\alpha_{i+1} - \frac{\alpha_i}{2})$ of the overall bandwidth W, whereas the RCR connection receives an additional part of $W\Delta\beta = W(\beta_{i+1} - \beta_i)$. The index ζ of Δt_ζ denotes the actual value of the cycle number.

At time t_{i+1} the following equation holds for the bandwidth of the congested link:

$$W\frac{\alpha_i}{2} + W\Delta\alpha + W\beta_i + W\Delta\beta = W$$

With a relationship $W\Delta\alpha = \Delta t_\zeta \frac{s}{r_1^2}$ (refer to figure 1; s denotes the size of a single packet) between $\Delta\alpha$ and Δt_ζ we obtain the expression determining the iteration step from α_i to α_{i+1} for the condition that the TCP connection drops its rate at t_i

$$\alpha_{(i+1),\zeta} = \alpha_i \frac{1}{2}\left(1 + \frac{1}{1+\frac{r_1^2}{2^{2\zeta}r_2^2}}\right) = \overset{\bullet}{S}_\zeta \alpha_i \quad \text{with} \quad \overset{\bullet}{S}_\zeta = \frac{1}{2}\left(1 + \frac{1}{1+\frac{r_1^2}{2^{2\zeta}r_2^2}}\right)$$

Inserting this result, we obtain $\Delta t_\zeta = \frac{W}{s}\alpha_{i+1}\frac{1}{\frac{2}{r_1^2}+\frac{1}{2^{2\zeta}r_2^2}}$ and can derive the transferred amount of data $D_{\zeta,i}$ for the TCP connection during Δt_ζ with respect to α_{i+1}.

$$D^{\text{TCP}}_{\zeta,i} = \int_{t_i}^{t_{i+1}} W\alpha(t)dt = \alpha_{i+1,\zeta}W\Delta t_\zeta - \frac{1}{2}\Delta t_\zeta^2 \frac{s}{r_1^2} = \alpha_{i+1,\zeta}^2 \frac{W^2 r_1^2}{2s}\frac{3+2\left(\frac{r_1}{2^\zeta r_2}\right)^2}{\left(2+\left(\frac{r_1}{2^\zeta r_2}\right)^2\right)^2}$$

The transferred amount of data for the RCR connection is obtained analogously.

Case B: The RCR connection registers a significant packet loss (Event "○") The computations here are completely similar to the previous case because the equations are symmetric in α and β. The values are derived analogously. For $\alpha_{(i+1),\zeta}$ we obtain

$$\alpha_{(i+1),\zeta} = 1 - \overset{\circ}{S}_\zeta + \alpha_i \overset{\circ}{S}_\zeta \quad \text{with} \quad \overset{\circ}{S}_\zeta = \frac{1}{2}\left(1 + \frac{1}{1+\frac{2^{2\zeta}r_2^2}{r_1^2}}\right)$$

Evaluation of $E(\alpha)$ with the assumption $Z = 0$ With the assumption of a stateless process ($Z = 0$) we can evaluate equation (1) which defines the expected value for α and show that in this special case the bandwidth will be distributed according to the equations derived in [3].

To compute the expected value $E(\alpha)$ we first derive an iteration formula for $E(\alpha_{i+1})$ as a function of $E(\alpha_{i+1})$. With a given event vector $e = (e_1, \ldots, e_{i+1}) \in E_{i+1}$ we denote the corresponding event vector formed out of the first i components as $\hat{e}$: $\hat{e} = (e_1, \ldots, e_i) \in E_i$.

$$E(\alpha_{i+1}) = \sum_{e \in E_{i+1}} P(e)\, \alpha_{i+1}(e) = \sum_{\substack{e \in E_{i+1} \\ e_{i+1} = \bullet}} P(e)\, \alpha_{i+1}(e) + \sum_{\substack{e \in E_{i+1} \\ e_{i+1} = \circ}} P(e)\, \alpha_{i+1}(e)$$

$$= p\,\overset{\bullet}{S} \sum_{\hat{e} \in E_i} P(\hat{e})\, \overset{\bullet}{S} + q(1 - \overset{\circ}{S}) + q\, \overset{\circ}{S} \sum_{\hat{e} \in E_i} P(\hat{e})\alpha_i(\hat{e})$$

$$= p\,\overset{\bullet}{S}\, E(\alpha_i) + q(1 - \overset{\circ}{S}) + q\, \overset{\circ}{S}\, E(\alpha_i)$$

This iteration defines a Banach series which converges to the fixed point α_∞. Using $q = 1 - p$ we obtain for α_∞: $\alpha_\infty = \frac{(1-p)(1-\overset{\circ}{S})}{1 - \overset{\circ}{S} + p(\overset{\bullet}{S} - \overset{\circ}{S})}$. If we additionaly employ $\alpha_\infty = p$ (possible with RED) and solve this quadratic equation for α_∞ we finally obtain

$$p_{\text{noFEC}} = \alpha_\infty = \frac{1}{1 + \frac{r_1}{r_2}} \tag{2}$$

as the only reasonable solution. This result proves that our model is consistent with those in [3] and [8] and contains their results for the special case $Z = 0$.

It is now possible to describe the effects of varying drop probabilities but we still lack a description of the FEC influences. The next section links the actual influence of FEC usage to the model. The derived relationship between p and (n, k) assumes a complete usage of the redundancy $n - k$ for the purposes of congestion control.

3.2 Relationship between packet loss probability p and the parameters (n, k)

Let V be the total number of losses at the gateway. The total number of losses is composed of the number of lost packets belonging to the TCP connection V_{TCP} and those belonging to the RCR connection V_{RCR}. It is $V = V_{\text{TCP}} + V_{\text{RCR}}$. For the packet loss probability of the TCP connection we obtain $p_{\text{noFEC}} = V_{\text{TCP}}/V$ and in analogy $1 - p_{\text{noFEC}} = V_{\text{RCR}}/V$. If FEC is used for the flow control of the RCR connection, $\frac{n-k}{n} V_{\text{RCR}}$ of the original V_{RCR} packet losses are no longer significant. Note that ignoring packet loss leads to further losses, since neither of the two connections reduces its emission rate. Besides, the relative redundancy $\frac{n-k}{n}$, the absolute size of n and k is also significant for the process. The absolute size of n determines the amount of data $D(\Delta t_\zeta)$ being transferred by the TCP flow between two subsequent packet drops. As TCP does not employ a cycle number we have $\zeta = 0$ here.

$$D(\Delta t_{\zeta=0}) = \frac{\alpha_\infty + \alpha_\infty/2}{2} \Delta t_{\zeta=0} = \frac{3}{4}\alpha_\infty \frac{\alpha_\infty r_1^2}{2s} = \frac{3}{8}\frac{\alpha_\infty^2 r_1^2}{s}$$

Dividing the number of packets $D(\Delta t_\zeta)/s$ (s again denotes the size of a single packet) by n results in the number of transferred blocks b in the time interval Δt_ζ.

$$b = \lceil \frac{3}{8n} \frac{\alpha_\infty^2 r_1^2}{s^2} \rceil \tag{3}$$

If the assumption of poisson distributed losses holds (section 4 shows that this is a real simplification), $b(n-k) - 1$ of the $b(n-k)$ packet losses are tolerable during Δt_ζ.

Now we can calculate the loss probability of the TCP connection, which equals the expected value for a reaction of the TCP connection.

$$\begin{aligned} p_{\text{FEC}} &= \frac{V_{\text{TCP}}}{V} + \frac{b(n-k)-1}{b(n-k)}\frac{V_{\text{RCR}}}{V}\frac{V_{\text{TCP}}}{V} + \left(\frac{b(n-k)-1}{b(n-k)}\frac{V_{\text{RCR}}}{V}\right)^2 \frac{V_{\text{TCP}}}{V} + \ldots \\ &= \lim_{z \to \infty}\left(\frac{V_{\text{TCP}}}{V}\sum_{i=1}^{z}\left(\frac{b(n-k)-1}{b(n-k)}\frac{V_{\text{RCR}}}{V}\right)^{i-1}\right) = \frac{V_{\text{TCP}}}{V}\frac{1}{1-\left(\frac{b(n-k)-1}{b(n-k)}\frac{V_{\text{RCR}}}{V}\right)} \\ &= \frac{1}{1 + \frac{1}{b(n-k)}\left(\frac{1}{p_{\text{noFEC}}} - 1\right)} \end{aligned} \qquad (4)$$

For low levels of redundancy ($k/n > 0.9$) equation (4) is very sensitive to changes of k/n. The RCR connection already becomes less resilient for small values $n-k$ and reduces TCP throughput significantly. The reason for this behavior can also be derived from the TCP control loop, which has a strong sensitivity to a change of the packet loss probability.

4 Heuristic analysis

This section compares the results of the model with those obtained from a prototypical implementation of the congestion controller. We extended the network simulator ns-2 [12] to support our reliable multicast framework [1]. The implementation was done in C++ and OTcl. In the absence of an interaction free representation for equation (1) with $Z \neq 0$ we realized the iteration formulas as functional programs and evaluated them with tool *Mathematica*. First we analyze the influence of different parameters on the overall behavior of the controller. Then we present some simulation results of a larger network with randomly distributed RCR and TCP connections.

4.1 FEC-Redundancy

This section analyzes the influence of FEC onto the control circuit for our setup with just two competing connections with equal RTT ($r_1 = r_2$). As both connections are point to point, the results apply to a TCP connection using redundancy as well.

Figures 3 and 4 visualize the influence of the redundancy on the throughput of the two connections. Dashed lines describe these theoretic results. Triangles show the simulation results. Values are mean values over a simulation time of 400 seconds. The packet size was chosen to be 536 bytes for both connections, the gateway uses RED queue management with a queue length of 30 packets. The cycle number was $Z = 0$. $n - k$ can be interpreted as a measure for the TCP disconformity. In a setup where both connections receive the same throughput, 10%-15% redundancy are enough to reduce the throughput of TCP to the half of the original value. The very good responsiveness bears dangers when higher levels of redundancy are deployed. If a high level of redundancy is used to minimize control traffic and retransmissions, one should not use the full redundancy for the control circuit but choose $C \neq \emptyset$ ($a \neq n$). The larger the FEC blocks are, the more effective is the use of redundancy (see figure 3). If the block length n grows while the relative level of redundancy is kept constant, the number of recoverable packets $n - k$, which is crucial for the behavior of the controller, grows as well. So the controller becomes even less sensitive to packet loss for growing n if k/n is kept constant. In order to prevent this, we suggest choosing relatively small k.[4]

Figures 3 and 4 indicate that the model developed in the previous section is well suited for a heuristic analysis of the controller. A small number of iterations already suffices to describe the effects qualitatively and quantitatively (We used 20 iterations. This results in a relative error of less than 1%.). The limitations of the model become obvious in figure 5. The solid continuous curve is the result of the analytic model. The measured values are usually slightly bigger than the calculated ones. This is partly due to the assumption of poisson distributed losses. The nature of statistical fluctuation is such that a random pattern of losses usually exhibits some clustering of the losses. So it happens that more than $n - k$ losses fall into one block. This reduces the amount of packets actually transferred between two significant losses. In figure 5 we varied the amount of data (with FEC blocks as unit) being transferred between two significant losses. We used multiples of the number of blocks b (from equations (3) and (4)) as parameter. The results are shown with dashed lines in figure 5. Most of the measured values fall into the region between the curves for b and $b/2$. As we are more interested in the phenomena involved in the process, we will continue to use the plain poisson model in the following calculations. But one has to be aware of the fact, that this choice is a major simplification and is useless for setups of greater complexity [14].

4.2 Cycle number Z

The cycle number controls the gradient of the emission rate after a drop. The idea is to compromise between a good adaptation to the present bandwidth situation and the need to reduce control traffic. The simulation results in figure 6 match the expectations: The bigger Z the less throughput the TCP connection receives and the more throughput the RCR connection receives. Already a small percentage of redundancy is able to compensate for the cycle number effects. Figure 7 shows the relative prolongation for cycle numbers 1, 2 and 3 as a function of the relative redundancy k/n (T_Z denotes the expected value for a time interval with a fixed amount of significant losses). Cycle numbers reduce the number of significant losses per time interval. As FEC and the cycle number are expected to work hand in hand, the effect of the cycle number is maximized for small $n - k$. Not surprisingly, this advantage is not for free: Figure 8 shows up to what percentage the cycle number reduces throughput. Transmissions, which are not targeted at the maximum possible speed may choose to use a cycle number.

---

[4] This is also motivated by the current software codecs based on linear block codes. They perform well for k up to $k = 32$ [16].

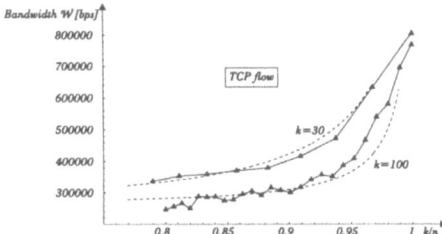

Fig. 3. Throughput of the TCP flow as a function of k/n for $k = \{30, 100\}$.

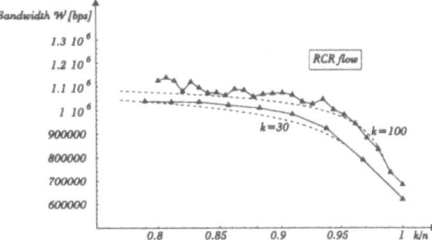

Fig. 4. Throughput of the RCR flow as a function of k/n for $k = \{30, 100\}$.

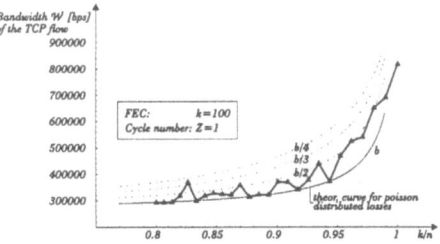

Fig. 5. Blocking effects under the assumption of poission distributed losses.

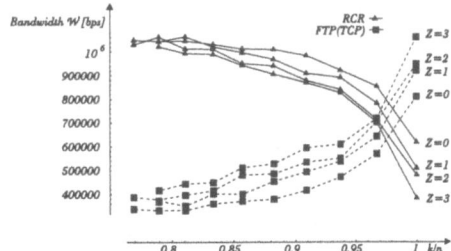

Fig. 6. Measures in which the number of cycles Z (0,1,2,3) and (k, n) were varied.

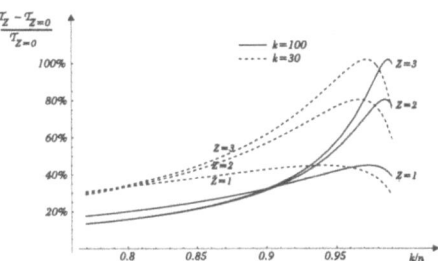

Fig. 7. Influence of the cycle number Z and the FEC parameters on the duration of the transmission.

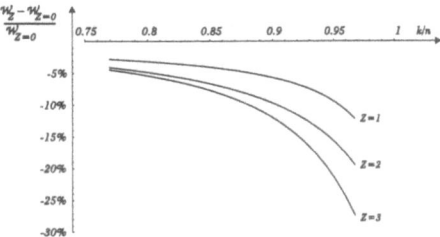

Fig. 8. Influence of the cycle number Z and the FEC parameters on the mean bandwidth consumed by the RCR flow ($k = 30$).

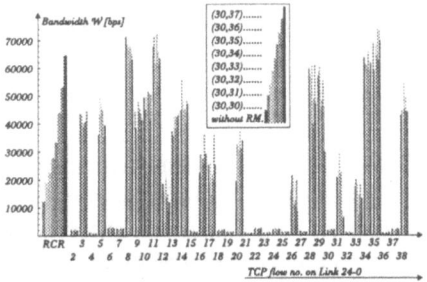

Fig. 9. FEC influence on throughput in medium sized networks.

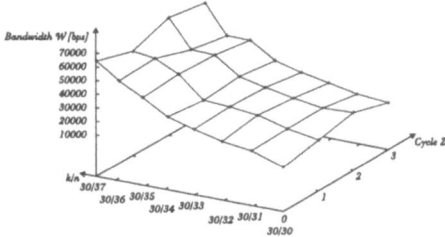

Fig. 10. Influence of FEC and cycle number in the medium size test network.

4.3 Simulation of a bigger network

The previous sections focussed on the behavior of the protocol in a simple unicast environment to distill the central features. This section puts attention to bigger networks, where analytic modeling becomes impossible and simulation is the only means of evaluation.

We used the topology generation tool *tiers* [2] to create a simple medium sized test network, shown in figure 11. As the simulation results focus on a single backbone link (the link which connects the 'backbone' nodes 0-24), we have chosen no inter network redundancy at WAN level for the test network. Besides the multicast traffic, which originates at node 109 and is targeted towards 20 destinations (nodes in black boxes), we randomly created 100 TCP connections connecting 100 randomly chosen ftp-clients to a set of 20 randomly chosen 'servers'. This random setup resulted in a total number of 38 flows on link 0-24. The routers use RED queue management with a queue size of 10 packets.

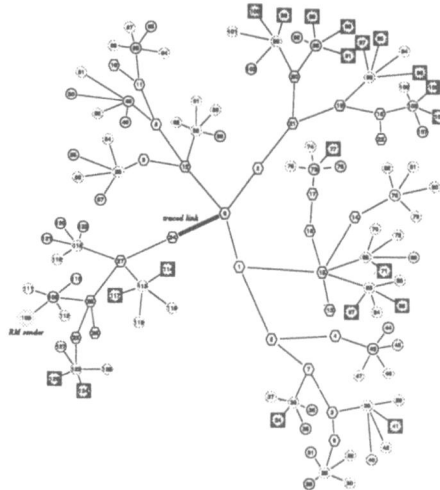

Fig. 11. *Test network*

Figure 9 shows the mean bandwidth that each of the 38 flows receives for a simulation time of 400 seconds. Nine different bars for each flow represent the throughput of the flow for a different level of redundancy used by the server. The leftmost bar shows the situation in the network without any reliable multicast data transfer, whereas the rightmost bar reflects the situation for a multicast data transfer with $(k, n) = (30, 37)$. The measured values for the RCR connection are shown with wider bars. The outcome of the simple model with just two connections qualitatively holds for this larger setup: The higher the level of redundancy, the larger the average throughput of the RCR connection. The effect on the TCP connections is no longer easy to quantify. The same is true for the cycle number. As shown in figure 10 the throughput of the RCR connection is nearly independent of the value of Z. We therefore conclude, that modifying the control process by means of a cycle count *is not* the way to go. FEC yields more benefits.

5 Conclusion and future work

This paper describes a new TCP conformant congestion control scheme primarily designed for reliable multicast data transfers. It integrates TCP-friendliness *and* TCP-competitiveness. TCP shows up to be a hard competitor for bandwidth, as reliable multicast transfers usually suffer from high packet loss probabilities and large delays in their control loop. The use of FEC within the controller makes it TCP-competitive. TCP-friendliness is achieved by a TCP conformant rate controller interpreting packet loss as a congestion signal.

Besides the design of the controller, the primary focus of this paper is the analysis of the introduction of FEC into the control loop. Therefore we developed a new, extended model for flows with a congestion control scheme similar to TCP. As shown, already moderate levels of redundancy (up to 10% with FEC-block sizes of about 30 packets) may significantly change the bandwidth distributions among competing flows. This raises the question how to detect the level of redundancy that compromises best between TCP-friendliness and TCP-competitiveness. Furthermore, one may discuss the idea of dynamically adapting the loss filter function of the receivers as well as the level of redundancy of the sender to the needs of the data transfer *and* those of the network. The necessary classification of the controller needs further analysis in complex network setups as well as for other reliable (multicast) protocols.

References

1. Brockners F. Bulk Multicast Data Transfer – towards the Integration of FEC and ARQ using a Lightweight Feedback Control Tree. Univ. of Cologne, ZPR, Tech.Rep. 97-279, July 1997.
2. Donar B.D. A Better Model for Gernerating Test Networks. In *Proceedings of IEEE Global Telecommunications Conference GLOBECOM 96, London*, November 1996.
3. Floyd S. Connections with Multiple Congested Gateways in Packet-Switched Networks, Part 1: One-way Traffic. *Computer Communications Review*, 21(5), October 1991.
4. Floyd S., Fall K. Promoting the Use of End-to-End Congestion Control in the Internet. Submitted to IEEE/ACM Transactions on Networking, February 1998.
5. Floyd S., Jacobson V., McCanne S., Liu C.G., Zhang L. A Reliable Multicast Framework for Light-weight Sessions and Application Level Framing. In *Proceedings of the ACM SIGCOMM Conference '95*, pages 342–356, October 1995.
6. Golestani S.J. Fundamental Observations on Multicast Congestion Control in the Internet, 1998.
7. Jacobson V. Congestion Avoidance and Control. *Computer Communication Review*, 18(4):314–329, August 1988.
8. Mahdavi J., Floyd S. TCP-Friendly Unicast Rate-Based Flow Control. Technical note sent to the end2end-interest mailing list, January 1997.
9. Mathis M., Semke J., Mahdavi J., Ott T. The Macroscopic Behavior of the TCP Congestion Avoidance Algorithm. *Computer Communication Review*, 27(3), July 1997.
10. Montgomery T. A Loss Tolerant Rate Controller for Reliable Multicast. Technical report, West Virginia University, NASA-IVV-97-011, August 1997.
11. Nonnenmacher J., Biersack E., Towsley D. Parity-Based Loss Recovery for Reliable Multicast Transmission. In *Proceedings of ACM SIGCOMM '97, Cannes, France*, 1997.
12. NS-2: UCB/LBNL Network Simulator ns version 2. http://www-mash.cs.berkeley.edu/ns.
13. Paul S., Sabnani K., Lin J., Bhattacharyya S. Reliable Multicast Protocol (RMTP). *IEEE Journal on Selected Areas in Communication*, 15(3):407–421, April 1997.
14. Paxson V., Floyd S. Wide-Area Traffic: The Failure of Poisson Modeling. *ACM Computer Communication Review*, 24(4), October 1994. SIGCOMM '94 Symposium.
15. Rejaie R., Handley M., Estrin D. RAP: An End-to-end Rate-based Congestion Control Mechanism for Realtime Streams in the Internet. In *Proceedings of IEEE Infocom*, 1999.
16. Rizzo L. Effective Erasure Codes for Reliable Computer Communication Protocols. In *Computer Communications Review*, April 1997.
17. Vicisano L., Crowcroft J., Rizzo L. TCP-like congestion control for layered multicast data transfer. In *Proceedings of IEEE Infocom '98, San Francisco, USA*, March 1998.

Reliable Multicast via Satellite: Uni-directional vs. Bi-directional Communication

Matthias Jung, Jörg Nonnenmacher, Ernst W. Biersack

Institut Eurecom
06904 Sophia-Antipolis, France
{jung,nonnen,erbi}@eurecom.fr

Abstract

We investigate reliable multicast communication over satellite networks. We compare a scenario where receivers can use a feedback channel to signal loss to a scenario where no feedback channel is available. We show that the introduction of a feedback channel is the key to allow for bandwidth-efficient, robust, and fully reliable multicast communication via satellite.

Keywords: Satellite, Reliable Multicast, Error Control, FEC, ARQ, Feedback channel

1 Introduction

The use of satellite systems becomes more and more attractive and feasible due to reduced costs and advances in technology. With the deployment of several global satellite networks, satellite communication will soon be ubiquitously available. Satellite networks are a natural broadcast medium providing high data rates [1][2], and are therefore well suited to any kind of multicast communication.

Unfortunately, satellite links suffer from relatively high bit error rates compared with todays terrestrial fiber trunks. While in the Internet packet loss is assumed to happen mainly due to congested routers, in wireless networks interference is the origin of most lost or damaged packets. Error recovery is therefore a very important issue with regard to reliable multicast communication where all data is reliably delivered to all receivers [3]. Two techniques of error recovery are well known: Automatic Repeat reQuest (ARQ) where lost *packets* are retransmitted, and Forward Error Correction (FEC) where so called *parity* (or redundancy) *packets* are sent along with the original packets to recover potential loss [4]. While ARQ requires a feedback channel, FEC does not.

In this paper, we investigate the importance of the availability of a feedback channel to guarantee full reliability and efficient bandwidth usage for multicast communication. In Section 2, we present our scenarios and assumptions. In Section 3, the numerical results of an evaluation of our scenarios with regard to bandwidth usage are explained. The paper is concluded in Section 4.

2 Model

2.1 The service

We investigate the reliable transfer of an application data unit (ADU) of size f, which can be a file, for instance, from one source to a number of r receivers. For the transfer the ADU is segmented into N packets of size s. Reliable transfer hereby means that all N packets must be delivered to all r receivers. The definition of reliability will be relaxed by introducing a **residual error probability** α expressing that at least one receiver may not receive at least one packet. Full reliability therefore means that $\alpha = 0$.

2.2 The scenarios

We examine two scenarios, for each of which transmission is performed via a standard geostationary satellite. For more information about the characteristics of our example satellite see the appendix.

In **Scenario FEC**, the r receivers are not able to communicate back to the source. This means that they can not signal the loss of a packet. Any ARQ protocol is therefore not adequate and FEC [5] becomes the only technique to deal with loss. Our recovery protocol is the following: the N packets are sent in so called **transmission groups** (TG) consisting of k original packets and h parity packets that are derived from the original packets by using a Reed-Solomon-Coder [6]. The receiver can deliver all k packets of a transmission group to its application when at least k out of the total number of $n = k + h$ packets have been received. It does not matter which out of the $k + h$ packets arrive, but only how many. Losses of original packets are recovered using parity packets. One parity packet thereby can recover the loss of a different packet at different receivers. This scenario can never guarantee full reliability, but only a reliability of $1 - \alpha$, since there will always be a residual probability that less than k packets arrive. Since the bit error rate may vary over time, Scenario FEC also has to cope with the difficulty of how to dynamically select the right value for the number of parity packets h per TG to achieve a given residual error probability.

In **Scenario HY**, there exists a terrestrial feedback channel allowing the receivers to send feedback messages to the source. This gives us the possibility to use a more sophisticated error recovery protocol that has proven to be a scalable and bandwidth efficient reliable multicast protocol [5]. This protocol is a hybrid ARQ type 2 protocol that combines ARQ and FEC, and works as follows: original packets at the source are arranged in transmission groups of initially k packets. For every transmission group a sufficient[1] number of parity packets h is coded and stored. The source sends initially only the k original packets per TG. Receivers indicate the source how many packets for a particular TG are lost. The source then sends as many parity packets as necessary (the maximum number packets lost by any receiver) belonging to the corresponding

---

[1] We assume that an infinite number of parities is available.

TG. That means, all packets retransmitted are *parity packets*, original packets are sent only once at the beginning. The receiver begins to decode as soon as he has k packets – no matter if parity or original packets.

An illustration of the two scenarios is given in Figure 1. The Scenarios are taken from [7].

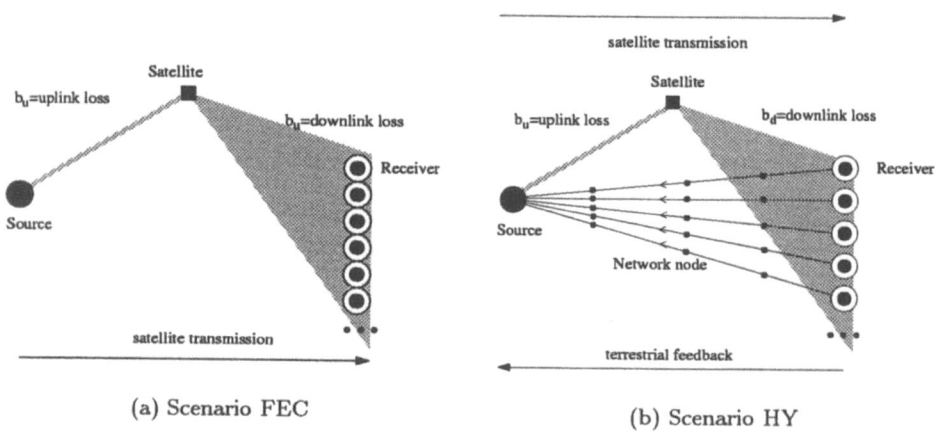

Fig. 1. Scenarios

2.3 The loss model

The source is sending packets of size s via the **uplink** to the satellite in the sky where the packets are forwarded via the **downlinks** to the r receivers on the earth. There is no coding or decoding in the satellite, i.e. the satellite just acts as a repeater.

The probability that a bit is damaged and unrecognizable (corrupted) is called **bit error rate** b. The bit error rate is assumed to be constant over the time of a transfer session. We assume that bit errors happen independently from each other (no burst loss), which will give us an upper bound on the packet loss probability. A whole packet is assumed to be lost when at least one bit is damaged. The packet loss probability p is hence dependent on the packet size s and can be calculated by $p = 1 - (1 - b)^s$. We distinguish **packet loss on the uplink** occurring with probability p_u and **packet loss on the downlinks** occurring with probability p_d. A packet that is lost on the uplink will be lost for all receivers, a packet lost on a downlink will be lost for only one receiver. Due to stronger antennas, the bit error rate is normally lower on the uplink than on the downlink. For reasons of simplicity, we assume that the bit error rate on uplink and downlink are the same.

Current satellite systems normally use FEC on link level to detect and correct bit errors (Viterbi codes, Reed-Solomon codes). Link level FEC is implemented in hardware and its *parameters* are adjustable only by the satellite provider. We assume that link level FEC is completely turned off (we will discuss later why).

Our Reed-Solomon-Coder/Decoder that produces and decodes the parity packets is located in the end-systems at the sender and the receivers, and is implemented in software [4]. The Reed-Solomon-Coder/Decoder deals with *erasures* only. For each packet there is a checksum to detect bit errors (corruptions). A corrupted packet is then thrown away, i.e. turned into an erasure.

2.4 The impact of rain

Rain causes an attenuation between $8dB$ and $10dB$ for frequencies between $12GHz$ and $14GHz$ [8], [9]. This increases the bit error probability b by a factor between 10 and 200. We examine rain on the uplink as well as rain for a certain percentage of downlinks. For our evaluations, we model rain by increasing the bit error rate b by two orders of magnitude on either uplink or downlinks.

2.5 The performance measure

We compare the two Scenarios with regard to the bandwidth they use. The expected bandwidth usage $E[B]$ is represented by the total number of packets sent divided by the number of data packets sent. For **Scenario FEC** $E[B]$ corresponds to the relationship of the sum of data and parity packets to the data packets per transmission group, hence:

$$E[B_{FEC}] = (k + h)/k \qquad (1)$$

The parameter k is thereby freely adjustable by the source. The number of parity packets h is calculated in dependence of the reliability required. The **degree of reliability** $\Im$ is defined as the probability that every receiver receives every packet (i.e. the whole file). Let α be the residual error probability expressing that at least one packet is lost for at least one receiver. The degree of reliability $\Im$ is then $\Im = 1 - \alpha$.

One packet arrives at all receivers when it is not lost at the uplink and not lost at any downlink. A packet can be reconstructed when at least k out of the $k + h$ packets sent arrive at all receivers. The exact formula to calculate the reliability can be found in the Appendix.

For **Scenario HY** we compute the expected bandwidth usage $E[B_{HY}]$ via simulation in Matlab. $E[B_{HY}]$ expresses the relationship between the sum of all original packet k and all retransmitted parity packets $E[M]$, and the original packets k. The number of original packets k per transmission group is again a parameter to be chosen by the source, the value of the random variable M denoting the number of parities transmitted is a result obtained from the simulations of the protocol described above. A complete transmission round is repeated 1000 times to smooth the results.

$$E[B_{HY}] = (k + E[M])/k \qquad (2)$$

Later we will use the expression **bandwidth gain**. We define bandwidth gain for Scenario X over Scenario Y as:

$$B_{gain_X} = E[B_Y]/E[B_X] \qquad (3)$$

3 Numerical Results

3.1 Influence of communication parameters

We consider the transfer of a file of length f to r receivers for a given bit error rate b on the uplink and the downlinks. File size f, number of receivers r, and bit error rate b are considered to be parameters that are fixed for a session. By contrary, packet size s, number of original packets k per TG, and the residual error probability α for Scenario FEC can be adjusted. The residual error rate of Scenario FEC will be $\alpha = 10^{-4}$ for all experiments if not indicated differently. For Scenario HY this parameter is always $\alpha = 0$, i.e. *full reliability* is assured for all receivers.

In Figure 2(a), we see the impact of the bit error rate b on the bandwidth usage $E[B]$ for both scenarios. For any bit error rate b the needed bandwidth $E[B]$ is significantly higher for Scenario FEC than for HY. The bandwidth gain of Scenario HY is even growing with the bit error rate b.

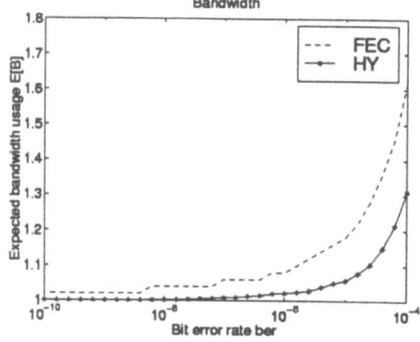
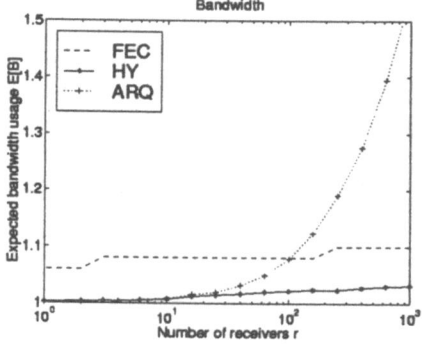

(a) Bandwidth usage varying bit error rate b: $r = 100, \alpha = 10^{-4}, f = 100KBytes, s = 100Bytes, k = 50$.

(b) Bandwidth usage for varying number of receivers: $\alpha = 10^{-4}, b = 10^{-6}, f = 100KBytes, s = 100Bytes, k = 50$.

Fig. 2. Bandwidth usage for varying bit error rate and number of receivers

When we vary the number of receivers r as in Figure 2(b), Scenario HY is superior for the whole range of r. The reason for that phenomena is the different information available at the sender for the two scenarios: while Scenario FEC can calculate only the *expected value* of the packets lost, Scenario HY receives feedback about the number of packets lost and therefore knows the *exact number* of packets lost. In order to meet the given reliability, Scenario FEC needs to send more parity packets than may actually be needed. We see that even a simple ARQ, where lost original packets are retransmitted, protocol achieves better bandwidth usage for up to $r = 100$ receivers. However, Scenario FEC scales much better for a growing number of receivers r.

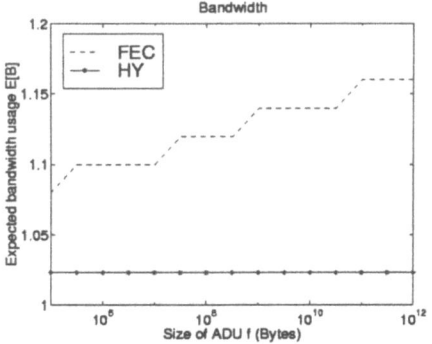 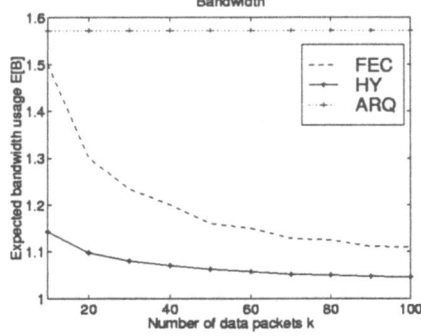

(a) Bandwidth usage for varying ADU size f: $b = 10^{-6}, r = 100, s = 100 Bytes, k = 50$.

(b) Bandwidth usage for varying number of data packets k: $b = 10^{-6}, \alpha = 10^{-4}, r = 100, f = 100 KBytes, s = 1 KB$.

Fig. 3. Bandwidth usage for varying ADU size and TG size

A very interesting result can be seen in Figure 3(a). In order to achieve a reliability of $1 - \alpha$ for Scenario FEC, the need for adding parity packets h per transmission group (TG) and hence the bandwidth usage per packet is growing with the size of the file f. In contrary, for Scenario HY the bandwidth usage per packet is independent of the size of the file f. This is due to the fact that Scenario FEC depends on probabilistic calculations. For every TG there is still a residual error probability. The more TGs are send, the higher the residual error probability α for the whole file, and the more parities must be coded. By contrary, for Scenario HY the residual error probability of the whole file is not affected by the residual error probability of the TGs since we have always $\alpha = 0$.

For the number of original packets k per TG, we can see in Figure 3(b) that for both scenarios a high TG size k yields higher efficiency. The results for a simple ARQ protocol – which does not know TGs – is depicted additionally. For

Scenario FEC, high TG sizes are much more important than for Scenario HY, which is largely insensitive to k. The bandwidth gain for Scenario HY is much higher for small TG sizes k. Both curves are converging towards 1 for infinite k.

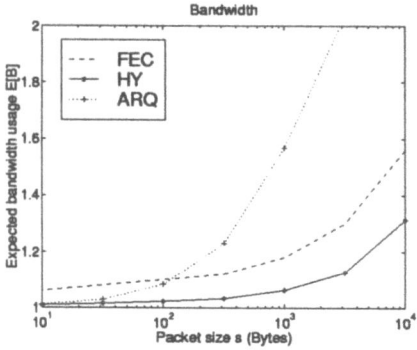
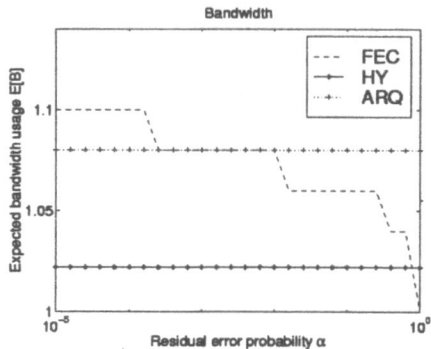

(a) Bandwidth usage for varying packet size s (overhead 5 Bytes): $b = 10^{-6}, r = 100, f = 100KBytes, k = 50$.

(b) Bandwidth usage for varying residual error rate α: $b = 10^{-6}, r = 100, f = 100KBytes, s = 100Bytes, k = 50$.

Fig. 4. Bandwidth usage for varying packet size and residual error probability

We now investigate the influence of the packet size s on bandwidth usage $E[B]$. The effect of the packet size s can be seen in Figure 4(a). The larger the packet size s, the higher the bandwidth usage $E[B]$ for all scenarios including a simple ARQ protocol. Since we have assumed that bit errors occur independently, this is due to the fact that the smaller the units of loss (packets), the less data is needed to repair the loss. Assume that one bit is corrupted: for a packet of size $s = 10 Bit$ only $10 Bits$ must be repaired, for a packet of size $s = 100 Byte$ all $100 Bytes$ are lost.

We already said that with Scenario FEC no full reliability can be achieved. We therefore defined the residual error probability α, which was $\alpha = 10^{-4}$ in all experiments before. In Figure 4(b) we see what happens when the residual error probability α is varied for Scenario FEC. The bandwidth usage $E[B]$ for Scenario FEC decreases rapidly with the reliability constraint. However, to achieve the same bandwidth usage $E[B]$ for $r = 100$ receivers as Scenario HY, the residual error probability is at least $\alpha = 0.5$, which cannot be called reliable multicast anymore. To reach the bandwidth efficiency of a simple ARQ scheme, still a residual error probability of more than $\alpha > 10^{-3}$ must be accepted.

We could see that for all parameters considered, the Scenario HY shows better bandwidth efficiency than Scenario FEC. Even a simple ARQ scheme performs better for a small number of receivers. Only by largely relaxing the reliability constraint, the same bandwidth usage could be achieved as in Scenario HY. We saw for Scenario HY that a wide range of packet size and transmission group size lead to efficient bandwidth usage.

3.2 Influence of rain

Rain may concern the uplink from the source to the satellite or the downlinks from the satellite to the receivers. There are two problems concerning rain on the downlink: first, the source has no knowledge about the rain (rain on the uplink is at least visible) and how many and which receivers are concerned. The second problem is the problem of heterogeneity. Some receivers may experience no loss or low loss, while the receivers affected by the rainy downlinks suffer from high loss rates.

In Figure 5(a) we see what happens when the bit error rate is increased by two orders of magnitude due to rain. Rain on the uplink as well as on 10% downlinks causes for both scenarios a significant increase of the bandwidth usage. But for Scenario FEC the impact of rain is stronger than for Scenario HY compared with the case of no rain.

The influence of loss on the uplink is independent from the number of receivers r. This explains why the number of receivers r has a stronger impact on the bandwidth usage for rain on a constant percentage of downlinks than for rain on the uplink.

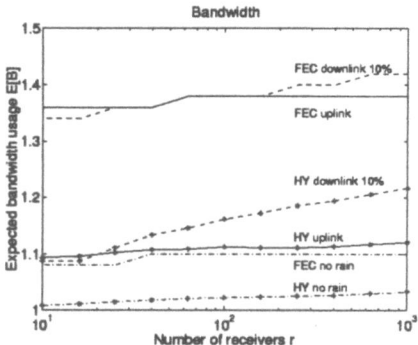
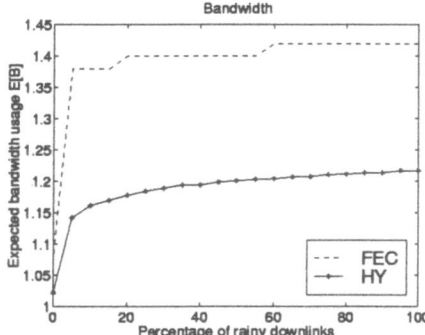

(a) Bandwidth usage for uplink rain for varying number of receivers: $\alpha = 10^{-4}, b = 10^{-6}, b_{rain} = 10^{-4}, f = 100KBytes, s = 100Bytes, k = 50$.

(b) Bandwidth usage for downlink rain for varying percentage of rainy downlinks: $\alpha = 10^{-4}, b = 10^{-6}, b_{rain} = 10^{-4}, f = 100KBytes, s = 100Bytes, k = 50$.

Fig. 5. Scenario with Rain

It is interesting that rain for only 10% of the downlinks has a worse impact on bandwidth usage $E[B]$ than rain on the uplink although uplink loss concerns all receivers. On the other hand we can see in Figure 5(b) that the bandwidth does not increase a lot with the percentage of rainy downlinks for both scenarios. This two effects are due to the specific characteristic of a satellite network: a packet lost on the uplink, is lost for all receivers. One parity packet is sufficient for all receivers to repair one loss on the uplink. Loss on a downlink concerns only one receiver, for all other receivers the parity packet sent is useless and causes waste of bandwidth.

So far we have assumed for the Scenario FEC that the source knows the bit error rates b_u and b_d and adjusts the amount of parities accordingly to achieve a target α. In reality this is typically not the case. Figure 6 shows that assuming a wrong value for the bit error rate b has a disastrous impact on the reliability $\Im$. An increase in the bit error rate by only one order of magnitude can decrease the reliability from almost $\Im = 1$ to almost $\Im = 0$.

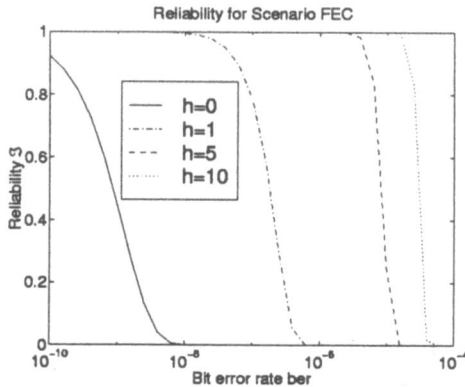

Fig. 6. Reliability for Scenario FEC varying bit error rate b: $r = 1000, f = 100KBytes, s = 100Bytes, k = 50$.

Since correct estimations of the bit error rate b are difficult and wrong values lead either to high losses or bandwidth waste, Scenario FEC seems not to be well suited for reliable multicast communication when a high number of receivers is involved.

4 Conclusion

We compared reliable multicast transmission over satellite links for a scenario without a feedback channel and a scenario with a feedback channel when using state-of-the-art error control protocols. We could see that for all cases the feedback scenario was more bandwidth-efficient than the no-feedback scenario. It also guarantees 100% reliability whereas the no-feedback scenario provides reliability only with a certain probability. The most serious problem of a scenario without feedback channel is the need for parameter estimation (bit error rate): To allow for a stable communication of high reliability under unknown loss conditions will often lead to wasting bandwidth unnecessarily. Scenario HY that uses a hybrid error control protocol with feedback adapts automatically to changing parameters. It does not need any parameter estimation. This makes it robust against high bit error rates due to rain and a high number of receivers. We therefore conclude that the introduction of a feedback channel is the key prerequisite for reliable multicast via satellite.

Acknowledgment

Eurecom's research is partially supported by its industrial partners: Ascom, Cegetel, France Telecom, Hitachi, IBM France, Motorola, Swisscom, Texas Instruments, and Thomson CSF.

References

1. William W. Wu, "Satellite communications," *Proceedings of the IEEE*, vol. 85, no. 6, June 1997.
2. D.M. Chitre, "The role of satellite communication in the isdn era," *International Journal of Satellite Communications*, vol. 10, pp. 209–215, 1992.
3. Georg Carle and Ernst W. Biersack, "Survey of error recovery techniques for ip-based audio-visual multicast applications," *IEEE Network Magazine*, November/December 1997.
4. L. Rizzo, "Effective erasure codes for reliable computer communication protocols," *Computer Communication Review*, vol. 27, no. 2, pp. 24–36, Apr. 1997.
5. J. Nonnenmacher, E. W. Biersack, and D. Towsley, "Parity-based loss recovery for reliable multicast transmission," in *SIGCOMM '97*, Cannes, France, Sept. 1997, pp. 289–300.
6. A. J. McAuley, "Reliable broadband communications using a burst erasure correcting code," in *Proc. ACM SIGCOMM 90*, pp. 287–306. Philadelphia, PA, Sept. 1990.
7. Matthias Jung, "Error control for reliable multicast services over satellite links," M.S. thesis, University of Mannheim/Institut Eurecom, Sophia Antipolis, France, Sept. 1997.
8. G. Maral and M. Bousquet, *Satellite Communications Systems*, John Wiley and Sons, 2nd edition, 1993.
9. J.J. Spilker, *Digital communications by satellite*, Prentice-Hall, 1977.

A Satellite Communication Parameters

We consider a standard geostationary satellite with the following characteristics:

- The Equivalent isotropic radiated power of the sending earth station: $EIRP_{ES} = 70$ dB(W)
- The operating frequency of the sending earth station: $f_u = 14$ GHz
- The bandwidth of earth station and receiver is $W = 72$MHz

- Atmospheric wave attenuation on up- and downlink: $L_A = 0.3$ dB
- The figure of merit of the satellite receiving antenna: $(G/T)_{SL} = 6.3\,\text{dB}(K^{-1})$
- The EIRP of the satellites sending equipment: $EIRP_{SL} = 43.6$ dB(W)
- The operating frequency of the sending satellite: $f_d = 12$ GHz
- The figure of merit of the earth station receiving antenna: $(G/T)_{ES} = 26.2$ dB(K^{-1})
- Earth station and satellite can send with a data rate between $R_{min} = 1 Mbit/s$ and $R_{max} = 40 Mbit/s$
- The calculations of the carrier power-to-noise spectral density C/N_0 yield: $(C/N_0)_u = 97.2 dB(Hz)$ and $(C/N_0)_d = 91.8 dB(Hz)$.
- The corresponding bit error rates depend on the used data rate R. Using coherent QPSK encoding and demodulation (no FEC), the calculations give a bit error rate for the uplink between $1.0 \cdot 10^{-6} \geq b_u \geq 2.7 \cdot 10^{-10}$. The same calculations for the downlink yield $1.8 \cdot 10^{-5} \geq b_d \geq 4.3 \cdot 10^{-9}$.

B Calculation of Reliability for Scenario FEC

In this section, we derive the formula to calculate the probability for Scenario FEC that all r receivers receive a file of size f without any corruption. The file is split into N packets of size s, i.e. $f = Ns$, and sent in transmission groups (TGs) of n packets including k original and $h = n - k$ parity packets.

A packet is assumed to be lost when at least one of its s Bits is corrupted. Given the bit error rate b_u on the uplink, the probability that a packet is lost between earth station and at the satellite is hence $p_u = 1 - (1 - b_u)^s$, for the downlink accordingly $p_d = 1 - (1 - b_d)^s$ per receiver. The probability that all receivers receive a *certain packet* when no FEC is used is hence $\Im(r, p_u, p_d) = (1 - p_u)(1 - p_d)^r$. The reliability that all receivers receive the complete file of size $f = Ns$ when no FEC is used is then

$$\Im(s, N, r, b_u, b_d) = [(1 - b_u)^s (1 - b_d)^{sr}]^N \quad (4)$$

The reliability can also be expressed in dependence of f by

$$\Im(f, r, b_u, b_d) = [(1 - b_u)(1 - b_d)^r]^f \quad (5)$$

Things are getting more complicated when FEC is used. It is no longer necessary that every single packet arrives correctly, but at least k out of the $n = k + h$ packets sent per TG. This can be expressed using the cumulative *Binomial Distribution*: the probability that an arbitrary TG arrives at the satellite is $\sum_{i=k}^{n} \binom{n}{i}(1 - p_u)^i p_u^{n-i}$. The probability that this TG arrives at all the r receivers depends on how many packets arrived at the satellite: let $i \geq k$ out of n packets arrive at the satellite, then at least k out of the i packets must arrive for all r receivers. Since the file is divided in N/k TGs, the reliability that all N/k TGs arrive at all r receivers is

$$\Im(k,n,s,N,r,p_u,p_d) = \left[\sum_{i=k}^{n} \binom{n}{i}(1-p_u)^i p_u^{n-i} \left(\sum_{j=k}^{i} \binom{i}{j}(1-p_d)^j p_d^{i-j}\right)^r\right]^{N/k} \quad (6)$$

or expressed as a function of the bit error rates:

$$\Im(k,n,s,N,r,b_u,b_d) = \left[\sum_{i=k}^{n} \binom{n}{i}(1-b_u)^{si}(1-(1-b_u)^s)^{n-i} \left(\sum_{j=k}^{i} \binom{i}{j}(1-b_d)^{sj}(1-(1-b_d)^s)^{i-j}\right)^r\right]^{N/k}$$
$$(7)$$

Towards Scalable Quality-Based Heterogeneous Multicast Services

Bernard Metzler
Technical University Berlin
metzler@prz.tu-berlin.de

Ralph Wittmann, Martina Zitterbart
Technical University Braunschweig
[wittmannlzit]@ibr.cs.tu-bs.de

Abstract. The variety of applications, network technologies, end systems, and user preferences restricts multicast communication. The goal of the AMnet approach outlined in this paper is the provision of scalable quality-based support for heterogeneous group communication. Following the Active Networking approach AMnet flexibly provides heterogeneous communication services inside the network. So-called service modules are used for efficient and flexible service support within intermediate systems. AMnet is designed for an IP based Internet and benefits from its multicast extensions in several ways.
This paper gives an overview of AMnet. The design of an AMnode as an active intermediate system is presented. Furthermore, a simple control and signalling suite for heterogeneous multicast services is proposed.

1 Introduction

One main design principle of the Internet is to permit heterogeneity on network conditions and end systems. To transfer data within this heterogeneous environment all systems interact via a handful of well-defined communication protocols. The use of some fixed communication protocols is intended to provide global interoperability but it also tends to hide heterogeneous demands on end-to-end services if more than two participants interact.

Hiding heterogeneous end system and network properties with homogeneous services is a very helpful feature to provide transparent and efficient point-to-point communication, since - for at least efficiency reasons - both communication partners should interact with common communication parameters. But it might restrict and oversimplify multipeer services such as IP-multicast based multimedia communication. Making heterogeneous service demands explicit can greatly enhance multipeer communication services for the following reasons.

Adapting with heterogeneous services to heterogeneous network and end system conditions such as different delay or bandwidth bounds as well as different application demands within a multicast service is desirable. One of the major motivations behind this is, that receiver on a low-bandwidth link should not be able to degrade the overall service quality of a collaborating group. Seamless group integration is also desirable.

Providing support of heterogeneous group communication in the network, thus, appears to be an important feature of future communication systems. This forms the goal of the AMnet approach outlined in this paper. AMnet aims at providing scalable heterogeneous group communication where participants can individually select service levels. This is transparent to other group members. Required service modules are dynamically downloaded on so-called AMnodes triggered by application requests. Therefore, AMnet implements Active Networking. Moreover, it can be extended to services beyond heterogeneous multicasting since it provides an open infrastructure for active networking. To achieve increased performance, hardware/software-codesign is considered for AMnet.

1.1 Current Heterogeneity Support

Currently, different approaches to signal and provide heterogeneous communication services are published. The provision of heterogeneity can be distinguished in end-to-end support and network support. To provide heterogeneity, a possible action of the sender is to generate a hierarchical encoded output stream. Receivers can select different media qualities by joining appropriate multicast groups related to the coding levels (e.g., [16]). In [2] a communication model is described where hierarchical coding into one output stream allows for lossy decompression at the receiver. Dependent on the loss ratio the original signal can be restored on a corresponding quality level.

The model of integrated services within the Internet [6] is a step towards heterogeneous services. Using the RSVP protocol heterogeneous resource reservation within a multicast communication session is possible. However, current flow specifications limit heterogeneity support to network performance parameters. Another, relatively simple and coarse method of providing differentiated classes of service for Internet traffic is formulated with the diffserv approach. Packets are classified and marked with a small bit-pattern to receive a particular per-hop forwarding behavior on nodes along their path [5].

A well-known way to place enhanced functionality within the network is the establishment of transport level [4] or application level gateways [3], [8]. Common to those solutions is the withdrawal of transparent end-to-end network operation. The gateway system which hosts the additional functionality is the peer entity of both sending and receiving system.

1.2 Active Networking

Another way to provide application-specific functionality within the network is the placement of corresponding functions on routers and switches. Active Networking can be performed via programmable switches or so-called capsules [18]. Where programmable switches execute pre-loaded application code on data packets (out-of-band signalling). Capsules carry themselves the code to be executed on intermediate systems (in-band signalling).

The provision of multicast services with active networking technology is a promising idea. Different research work shows how basic multicast control mechanisms could benefit from the application of both active packets [7] and programmable switches [1]. In particular, sophisticated acknowledgment and congestion control mechanisms for multicast communication are proposed. The core idea of active networks has the potential to efficiently support heterogeneous multicast services. However, this has not yet been investigated in detail. Therefore, AMnet addresses this open research topic and employs active node techniques for the provision of application specific heterogeneous multicast communication services.

The paper is organized as follows. Section 2 introduces AMnet for provision of heterogeneous multimedia multipeer communication and gives some details on the design of AMnodes. Section 3 presents the service model of AMnet and covers the end-to-end management of heterogeneous multicast sessions. Section 4 closes with a summary and an outlook on ongoing research.

2 AMnet: Active Multicasting Network

AMnet is based on the placement of additional functionality inside the network. Service modules are responsible for the adaptation to specific service demands. These modules are dynamically loaded by Active Multicasting Nodes (AMnodes) which form the core building blocks of AMnet. AMnodes operate on the communication path between sender and receivers. In Figure 1 a multicast tree with AMnodes is shown. AMnodes adapt the data sent by sender S to provide different service levels (denoted by different line styles) to the receivers.

Service modules instead of capsules are used for the following reasons:

- Utilizing packets carrying both programs and application data will not scale for multicast associations with a large amount of different service needs.
- Complex filter functions such as media transformation should be supported. Those programs can hardly be signalled within packets.
- A combined hardware/software solution is envisioned [15]. For hardware supported services different programs may be required than for software based services
- Furthermore, one goal of AMnet is to support service heterogeneity transparently to the origin of a data stream. Thus, no additional functionality such as the signalling of target-specific filters should be delegated to the sender.

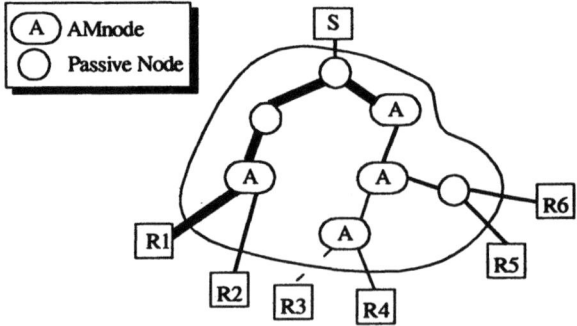

Figure 1 Basic AMnet scenario

2.1 AMnet Service Model

End-to-end service heterogeneity can be expressed at different levels of abstraction. It is limited by the granularity of offered service parameters and its corresponding protocol functions. From an application oriented point of view heterogeneity might be extended to *content-based* service diversity such as content-based congestion policies or even individual acceptable media formats and, thus, corresponding media transformation services. These services might reduce the information contained in the data stream. An example can be seen in colored video that is transformed to black and white video.

Utilizing the AMnet approach, within the network two types of services are simultaneously available: on application-specific requests services can be applied either on a complete data stream or sensitive to its content. The latter requires that certain functionalities are activated dependent on the content of the data stream. In order to provide such content-based services, AMnodes need to manage *application-specific knowledge* at network level. For intermediate systems this is not that unusual and, for example, being implemented in firewalls. However, AMnet may require additional efforts since services are dynamically selected and enforced based on actual data content. The heterogeneous multicast service should satisfy the following constraints:

- **Media independency**: the heterogeneity support should not be restricted to a dedicated media format.
- **Sender transparency**: the sender should not necessarily be involved in heterogeneity support (but, it should not be disallowed from doing so if it is the most efficient way under some circumstances).
- **Flexibility**: the approach should allow for dynamic changes in both the communication infrastructure and the applications demands on communication quality.
- **Scalability**: different communication scenarios with a varying number of participants and network conditions should be supported.

Placing application-dedicated functionality within the network raises some questions: where should those services be located, how should they be established and maintained, how should a receiver be associated to a dedicated service and how should different services be managed within one multipoint communication association.

2.2 Active Multicast Node

An AMnode consists of functional blocks for management and control and a flexible execution environment (see Figure 2) which are discussed in the following sections.

AMnode Service Management. The service management functionality is common to all AMnodes. It is represented by the *AMnet Signalling* entity which implements the service control protocol. It is responsible for the announcement of local service capabilities of the node and the reception of service requests. AMnet Signalling contacts the local AMnet Manager which implements admission control and resource reservation.

AMnode Node Management. Service management of an AMnode is the task of the local *AMnet Manager* and a *QoS Monitor*. The AMnet Manager has to load and/or configure service modules to provide a requested service. Therefore, it receives needed information from AMnet Signalling. The configuration of a service is complemented with appropriate local resource reservation.

After service establishment, a QoS Monitor observes ongoing local service translation and collects information for the AMnet Manager. This functionality is intended to provide the AMnet Manager with information on the current performance and resource consumption of the node. Furthermore, service violations due to local resource shortage are reported to the AMnet Manager. The information can be used to trigger adapted service announcements or to restrict the node from the provision of additional adaptation services. The QoS Monitor operates similar to the module described in [24].

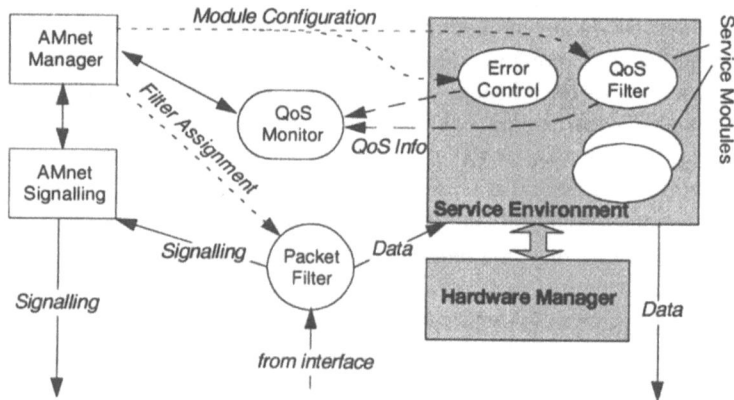

Figure 2 Structure of an AMnode

Service Modules. Service modules are loadable on demand and, thus, allow for dynamic adaptation on modified application requirements. For the transparent end-to-end provision of service heterogeneity two kinds of service modules are necessary: modules that perform media translation (such as media filters) and protocol adaptation modules.

An example of a *media translation module* is presented in [21]. A so-called QoS filter module reduces the bandwidth requirements of MPEG1-encoded video streams for the transmission on low-speed links. That module is related to the filter architecture proposed in [23], but designed for the AMnet architecture. Currently, other QoS filters like video and audio filters and transcoders being under development. Particularly hardware-supported video transcoding engines are built.

Protocol adaptation modules are responsible for the translation of transport protocol semantics and syntax [12]. For example, error control within heterogeneous services can suffer from the problem of heterogeneous semantics of error signalling due to intermediate media transformation: The original acknowledgment issued by the receiver of an altered packet would be misinterpreted by the sender and causes a semantic violation of the transport protocol. Another example is the support of different acknowledgment strategies on different service groups (such as negative and selective positive acknowledgments due to group-specific loss probabilities) which should be transparent to the sender. Therefore, the acknowledgment strategies have to be semantically integrated to provide the sender a consistent view of the multicast communication session.

Execution Environment. Currently an environment is being developed which enables the execution of AMnode functionality. It is shaped for two objectives: to support functional flexibility and to offer an efficient data path through the node in order to cope with the requirements of an AMnode. The environment for the AMnode was designed for HP 9000 computers running HP-UX. It is currently being ported to Linux. The execution environment is discussed in more detail in 2.3.

Hardware Manager. If the AMnode is equipped with dedicated hardware [15], complex services, such as media translation services, can be provided much faster. The hardware manager represents an interface to the hardware. In this case resource management has to follow hardware/software codesign principles.

2.3 Execution Environment

The service modules and most of transport and network layer functionality are located within the application space since this supports more flexibility than in-kernel realizations while the performance can be comparable, e.g. [20],[11]. Flexibility support is only limited by the availability of appropriate service modules. The tight interaction of AMnet modules and transport system functionality within one address space allows for a efficient integration of heterogeneous protocol control information and the efficient provision of service specific protocol functions such as error control.

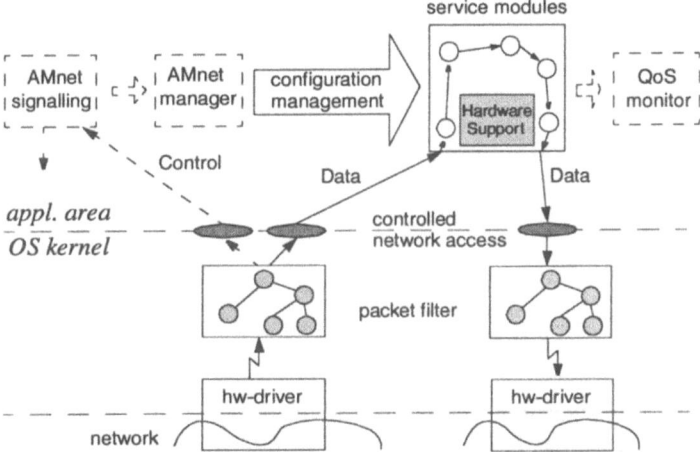

Figure 3 General structure of the service environment

The kernel structure was slightly modified to securely export network access to the application space (see Figure 3). Secure network export is granted by flexible kernel filtering modules that demultiplex incoming data to the appropriate destination in user space. With demultiplexing functionality remaining in the trusted kernel environment each communication protocol entity in user space has only restricted access to network data. Currently we use an extended implementation of the well-known Berkeley Packet

Filter (BPF) [17]. The BPF is extended to hold local state information for the correct assignment of segmented higher level frames. It further provides for some simple operations on outgoing packets to accomplish correct header syntax of application-level generated data.

With the application of a sophisticated memory management (page mapping on the application/kernel boundary and enhanced memory management within the application space) it was possible to avoid excessive data copy operations. First measurements have shown an encouraging performance. The most critical parameter for user-space implementations of transport system functionality is the latency of data passing between network interface and user space transport system. We have measured both in-kernel data demultiplexing performance and the overall delay between network interface and application-level data processing (see Figure 4). The lower curves depict latency between hardware-level packet reception and packet hand-over to the application. The upper curves in Figure 4 shows overall delay during receive processing on the path between network driver and application process. For the measurement, 100 packets per second and receiver where processed on an HP9000/735-99 workstation (packet length: 1024 bytes). The number of simultaneous receivers was varied up to 25.

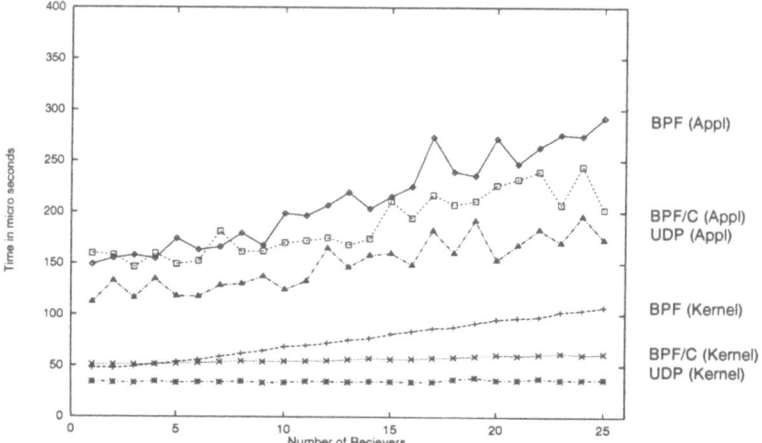

Figure 4 Filter and Network/API-Performance for Data Reception

Due to hashing algorithms within the extended BPF *BPF/C* (Berkeley Packet Filter and Classifier) as well as in the standard UDP-implementation the processing time of the filter engine is only dependent of the hash table size referencing active filtering instances. Using the standard BPF as introduced in [17], the filter processing time increases linear with the number of receivers, resulting in a continually increasing filtering overhead for packet reception (see lower curves). Compared with conventional fixed kernel packet demultiplexing the provided flexibility of the BPF/C filtering engine introduces approximately 20 µs additional delay. This can be derived from the differences between the curves showing raw UDP/IP-performance[1] and BPF/C performance. Using

---
[1] The checksum was switched off to compare the performance at the same level of functionality.

BPF/C, the application-level performance is around an acceptable delay of 150 µs for about 15 receivers. A larger number of simultaneous receiving processes results in additionally increasing delay for all stacks - see upper curves in Figure 4.

3 Service Model

The AMnode forms the technical basis for the provision of heterogeneous services with AMnet. This section describes the service model and the control functions of AMnet in more detail.

3.1 Service Hierarchies

Service heterogeneity within a session needs to be bound to a manageable diversity. Therefore, receivers with similar service demands are logically grouped into distinct multicast receiver groups. They join the corresponding group on demand through IGMP [10]. Figure 5 shows an example data distribution tree, where AMnodes provide different levels of service quality to their local multicast receiver groups

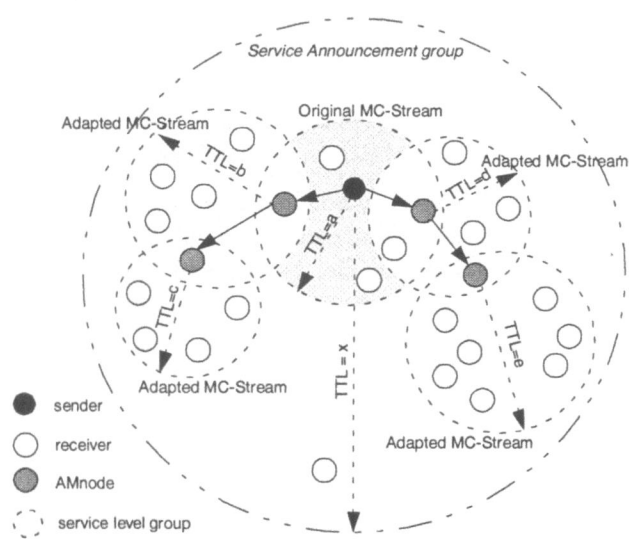

Figure 5 Example multicast tree

Each multicast receiver group within a communication session represents all receivers whose service demands can be resolved with a single multicast service. They form a so-called *service level group*. Each service level group represents a different view onto the same original data corresponding to adaptation within AMnodes. Receiver groups are hierarchically ordered around their local AMnode. These AMnodes are member of a parent service group. This might be an already adapted data stream or the original data dissemination group itself. The scope of an AMnet service group is limited by the actual

TTL value assigned to packets issued by the corresponding active node (see Figure 5). The TTL value of every group must not exceed the scope of the *service announcement group* (see below).

Furthermore, the establishment of service level groups permits the provision of different service qualities within one region without the services interfering each other: two data streams with different media formats or individual error control must sometimes coexist on one wire and have to be distinguishable by the appropriate receivers. The service level groups are distinguishable by their multicast-addresses.

The hierarchical order of service level groups allows for an efficient establishment of different quality levels within a session. One distinct service quality might be easily derived from another already available quality level if, for instance, only a different (weaker) error control policy for network overload conditions has to be inserted into the already adapted data stream.

The service quality experienced at the receiver is a function of the service level for the group and the current network conditions between group source and each individual receiver. The service within a group can only differ in performance-oriented, packet-based service parameters such as delay or loss probability. Other parameters which define the content-based nature of the service are homogeneous (e.g., media format, acknowledgment strategy) within a service level group. However, the distinction of service can be triggered by both: performance oriented parameters and content. Consider two receivers with very different loss probabilities. In that case different acknowledgment strategies might be necessary which requires different service level groups.

The hierarchical ordering of services does not automatically imply hierarchical degradation of *all* service parameters. Some parameters can be provided unchanged, other parameters even improved. As an example, the insertion of a new service can improve media playback quality due to less jitter at the cost of higher, but uncritical delay. This could be useful for video distribution, for example.

3.2 Service Control

In contrast to the capsule approach proposed in [19], AMnet is not based on executable code to be transmitted in data packets. Instead, signalling procedures are provided to request and control service modules. Control of the heterogeneous service is maintained completely out-of-band. This makes sure that new service modules can be easily supported by the AMnet signalling procedures. Moreover, separation of signalling and data transfer decouples AMnet from the used transfer protocols. In a first prototype implementation RSVP was used as the signalling protocol [22]. But RSVP does not offer the flexibility to support optimal allocation of service modules, because RSVP tends to locate the service as near to the source as possible. While this is desirable for media translation, different acknowledgment strategies can not be realized this way. Therefore,

another signalling model for AMnet is being designed. It consist of the following components:
- Session announcement,
- service announcement,
- service module repository, and
- service access.

Session Announcement. A session announcement is advertised by a sender on a separate multicast group - the so called *session control group*. In this group every AMnet session is announced with the well-known Session Announcement Protocol (SAP) [13] of the MBone. The session announcement contains a description of the session, like bandwidth and delay requirements, and content specific information, e.g., data format and compression scheme. This description is used by the session receivers to determine which service modules have to be requested to receive a data stream at a desired quality level. Moreover, the description contains the multicast address of the original data stream and the multicast address of a so called service announcement group.

Service Announcement. Whereas the session control group provides information of all available AMnet sessions, the *service announcement group* forms a data base of the available AMnet services for a given session. This group is used for signalling of heterogeneous service capabilities and demands, i.e., all available service level groups are announced in this group. Therefore, all session participants are member of the service announcement group. If a new service is established by an AMnode, the node advertises the appropriate service description within this group. This way a participant is able to learn about available services.

Service Module Repository. The *service module repository* is a distributed data base which contains service modules and their description. The purpose of the repository is to make service modules available to an active AMnet node in case that a service module is not already cached at that node. Service modules can be stored in the service repository by AMnet users and network management procedures.

Service Access and Localization. The mechanism for service access is very similar to the current practice in the MBone. If a participant wants to use an AMnet service, e.g., media translation or enhanced error control, the participant checks by joining the session´s service announcement group whether the desired service is already available. If the service exists, the participant simply joins the associated group of the nearest AMnode that provides that service. This AMnode can be determined by measuring the hop count, for example. If the service does not exist, the participant may requests that service in the announcement group which causes an AMnode to provide and announce that service. This is a very simple scheme for service location. Especially the topology of the net is not considered. More elaborated mechanisms for service localization are currently under investigation.

4 Conclusion and Outlook

In this paper the AMnet approach for the provision of heterogeneous group communication was presented. AMnet is based on the active networking paradigm. So-called service modules can be dynamically loaded and activated within the network. These service modules provides for individual services within a heterogeneous multicast group.

Innovative steps are the design of an active intermediate system which allows for efficient and flexible service translations. To this end a flexible execution environment for the AMnet functionality was realized. Moreover hardware support for performance critical operations is included.

Current work is focused on the signalling of heterogeneous services. Protocols for the announcement and control of heterogeneous services are under development. A further step will be the design of a descriptive language for the signalling of extended service capabilities such as media transformation or individual error control schemes.

References

[1] D. Alexander et.al.: The SwitchWare Active Network Architecture. IEEE Network Magazine Vol. 12 No. 3, May/June 1998

[2] A. Albanese, J. Blömer, J. Edmonds, M. Luby, M. Sudan: Priority Encoding Transmission. IEEE Transactions on Information Theory Vol. 42, No. 6, November 1996

[3] E. Amir, S. McCanne, H. Zhang: An Application Level Video Gateway. Proc. ACM Multimedia '95, San Francisco, CA, November 1995

[4] H. Balakrishnan, S. Seshan, E. Amir, R. Katz: Improving TCP/IP performance over wireless networks. Proc. of 1st ACM Conference on Mobile Computing and Networking, (Berkeley, California), November 1995.

[5] S. Blake et.al.: An Architecture for Differentiated Services. Internet Draft, August 1998

[6] R. Braden, D. Clark, S. Shenker: Integrated Services in the Internet Architecture: an Overview. Internet RFC 1633, July 1994

[7] M. Calderon, M. Sedano, A. Azcorra, C. Alonso: Active Network Support for Multicast Applications. IEEE Network Magazine Vol. 12 No. 3, May/June 1998

[8] Y. Chawathe, S. A. Fink, S. McCanne, E. A. Brewer: A Proxy Architecture for Reliable Multicast in Heterogeneous Environments. Submitted to ACM Multimedia '98

[9] D. Clark, D. Tennenhouse: Architectural Considerations for a New Generation of Protocols. Proceedings of the SIGCOMM '90 Symposium, September 1990

[10] S. Deering, D. Cheriton, Host Groups: A Multicast Extension to the Internet Protocol. Internet Request for Comment RFC 966, December 1985

[11] Thorsten von Eicken, Anindya Basu, Vineet Buch, Werner Vogels: U-Net: A User-Level Network Interface for Parallel and Distributed Computing. Proc. of the 15th ACM Symposium on Operating Systems Principles, Copper Mountain, Colorado, USA; December 3-6 1995

[12] M. Fieger, M. Zitterbart: Transport Protocols over Wireless Links. Proc. of 2nd IEEE Symposium on Computer and Communications (ISCC'97), Alexandria, Egypt

[13] M. Handley: SAP: Session Announcement Protocol. Internet Draft, November 1996

[14] M. Handley, V. Jacobson: SDP: Session Description Protocol. Internet Request for Comment 2327, April 1998

[15] D. Harbaum, D. Meier, M. Zitterbart: Flexible Hardware Support for Gigabit Routing. Proc. of Kommunikation in Verteilten Systemen (KiVS'99), März 1999

[16] S. McCanne, V. Jacobson, M. Vetterli: Receiver-driven Layered Multicast. ACM SIGCOMM Conference 1996, Stanford, USA

[17] S. McCanne, V. Jacobson: The BSD Packet Filter: A New Architecture for User-level Packet Capture. 1993 Winter USENIX conference, San Diego, CA, USA, January 1993

[18] D. Tennenhouse, J. Smith, W. Sincoskie, D. Wetherall, G. Minden: A Survey of Active Network Research. IEEE Communications, January 1997

[19] D. Tennenhouse, D. Wetherall, Towards an Active Network Architecture, Computer Communication Review, Vol. 26, no. 2, April 1996

[20] C. A. Thekkath, T. D. Nguyen, E. Moy, E. D. Lazowska: Implementing Network Protocols at User Level. ACM SIGCOMM Conference 1993, Ithaca, USA, September 1993

[21] R. Wittmann, M. Zitterbart: Towards support of heterogeneous Multimedia Communications. Proc. of the FTDCS'97, Tunesia, 1997

[22] R. Wittmann, M. Zitterbart: AMnet: Active Multicasting Network. In Proc. of Int. Conference on Communications (ICC'98), Atlanta, GA, USA, June 1998. IEEE.

[23] N. Yeadon, F. Garcia, D. Hutchinson, D. Shepherd: Continuous Media Filters for heterogeneous Internetworking. Multimedia Computing and Networking 1996, San Jose, California, January 29-31, 1996

[24] M. Zitterbart: User-to-User QoS management and monitoring. Proceedings of the IFIP Workshop on Protocols for High Speed Networks, Sophia Antipolis, France, 1996

Session 7:

Infrastrukturen für den elektronischen Markt

Mit TINA zum offenen Dienstemarkt

Klaus-Peter Eckert, Petra Hoepner, Evgenia Rosa
GMD FOKUS, Kaiserin-Augusta-Alle 31, 10589 Berlin
Reza Farsi: Johann Wolfgang Goethe Universität,
FB Informatik, Postfach 11 19 32, 60054 Frankfurt

Abstract

Unter Übernahme von Konzepten aus der verteilten Informationsverarbeitung vollzieht sich gegenwärtig ein Wandel in der informationstechnischen Infrastruktur der öffentlichen Netzbetreiber. Der zunehmende Wettbewerb im globalen Dienstemarkt verlangt nach einer Systemarchitektur, die es den Anbietern von Telekommunikationsdiensten effizienter als bisher ermöglicht, mit der nötigen Flexibilität und Geschwindigkeit gezielt auf Markterfordernisse und Kundenwünsche eingehen zu können. Das Telecommunications Information Networking Architecture Consortium (TINA-C) hat seit 1993 eine Reihe von Architekturen entwickelt, die diese Problematik für den Telekommunikationsbereich adressieren. Bei der GMD FOKUS sind diese Architekturen erweitert und anhand prototypischer Implementierungen in diversen nationalen und internationalen Projekten validiert worden. Im vorliegenden Papier werden die Erfahrungen bei der Realisierung der bei FOKUS entwickelten TINA-konformen PLATIN-Plattform vorgestellt sowie ein Überblick über aktuelle Erweiterungen der TINA-Konzepte gegeben.

1 Einführung

Das Telecommunications Information Networking Architecture Consortium (TINA-C) [1] hat in den vergangenen Jahren eine Reihe von Architekturen entwickelt, die auf der Grundlage der von Open Distributed Processing – ODP [9] entwickelten Konzepte die Basis für zukünftige verteilte, objekt-orientierte Telekommunikationsdienste bieten. Diese Architekturen sind von der GMD FOKUS in mehreren von der Deutschen Telekom AG finanzierten Projekten wie „TINA-Plattform/TANGRAM", „The TINA Trial" (mit France Telecom und Sprint) und Eurescom P715 „Service Platforms" (mit zahlreichen europäischen Telekommunikationsunternehmen) validiert worden. Das Projekt „TINA-Internet-Integration", das von der GMD FOKUS gemeinsam mit dem Technologiezentrum Darmstadt und dem Entwicklungszentrum Berlin der Deutschen Telekom AG sowie der Johann Wolfgang Goethe Universität Frankfurt durchgeführt wird untersucht, wie die von TINA-C entwickelten Architekturen und die einen immer stärkeren wirtschaftlichen Einfluß gewinnende Internet-Technologie zueinander in Bezug gesetzt werden können. Dabei wird insbesondere die Frage untersucht, inwieweit die von TINA-C entwickelten Ansätze auch für die Beschreibung offener Dienstemärkte eingesetzt werden können. Schwerpunkte dieser Überlegungen bilden die Untersuchung des Zugangs für beliebige Internet-Nutzer als Gäste der TINA-Dienstewelt, der online Abschluß von Verträgen zur Nutzung von Diensten, die Beachtung von Sicherheitsanforderungen bei der Übertragung sensitiver Informationen, „intelligente" Informationsmöglichkeiten über angebotene Dienste und die Weitervermittlung der von Dritten angebotenen Dienste.

Das vorliegende Papier gibt einen Überblick über die angesprochenen Themen, die angedachten Lösungen und die bei deren Umsetzung gewonnenen Erfahrungen. Dazu wird einführend ein Überblick über die Implementierung der bei der GMD FOKUS entwickelten, TINA-konformen PLATIN-Plattform [8] gegeben. Anschließend werden die im Projekt „TINA-Internet-Integration" durchgeführten Arbeiten vorgestellt und ein Ausblick über Möglichkeiten zur Erweiterung des TINA-Geschäftsmodells gegeben. Ein Bericht über die Erfahrungen bei der Implementierung der vorgestellten Konzepte rundet das Papier ab.

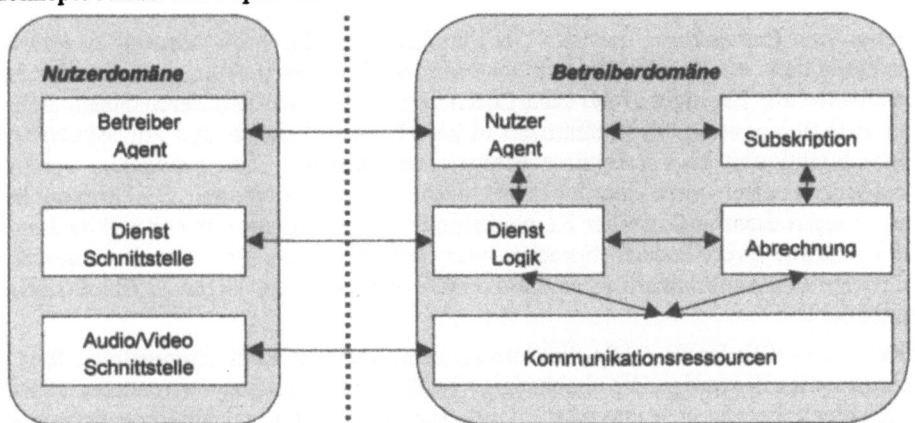

Abbildung 1 - Komponenten der PLATIN-Plattform

2 Die TINA-Plattform der GMD FOKUS

Die PLATIN-Plattform stellt die TINA-konforme Diensteplattform der GMD FOKUS dar. Sie hat Entwicklungen aus unterschiedlichsten extern geförderten Projekten zusammengeführt und zu einer Umgebung integriert, in die bereichsspezifische Anwendungsdienste "implantiert" werden können. Die Plattform stellt diesen Diensten universell nutzbare Plattformdienste wie den Zugang zur Dienstewelt, den Erwerb und die Kontrolle von Zugangsberechtigungen, die Verwaltung von Nutzerdaten einschließlich allgemeinen und speziellen Profilen und die online und offline Abrechnung von erbrachten Dienstleistungen zur Verfügung. Um diesem universellen Anspruch gerecht zu werden, genügt die Plattform einer Reihe von Designmerkmalen:

Die Schnittstellen der Plattformdienste zueinander sind unter Verwendung der ODL konsistent spezifiziert. Ergänzend zu diesen laufzeitrelevanten Schnittstellen existieren ein globales Informationsmodell und Beschreibungen der Informationsflüsse auf Basis typischer Szenarien. Dieses Vorgehen gewährleistet, daß unterschiedliche Implementierungen eines horizontalen Plattformdienstes zur Realisierung spezieller Ausprägungen der Plattform eingesetzt werden können, ohne das Zusammenspiel mit anderen Komponenten und implantierten Dienste zu beeinflussen.

Plattform und implantierte Dienste müssen in einer Umgebung ablauffähig sein, die aus unterschiedlichen technischen und administrativen Domänen besteht. Zur Überwindung der technischen Heterogenität dient das eingesetzte Laufzeitsystem DPE (distributed processing environment). Der Umfang der behandelten administrativen

Heterogenität wird durch das TINA-Geschäftsmodell beschrieben. Die Plattform gibt vor, auf welche Art und Weise Dienstkomponenten in der Domäne des Betreibers bzw. in der Domäne des Nutzers zu starten sind. Es wird festgelegt, wie ein Dienst Information über von der Plattform verwaltete nutzerspezifische Profile und Einstellungen erhalten kann oder wie abrechnungsrelevante Daten an die verarbeitenden Komponenten der Plattform zu übertragen sind.

2.1 Die Laufzeitumgebung der PLATIN-Plattform

Design und Entwicklung der PLATIN-Plattform sind durch die Nutzung des TINA-Objektmodells entscheidend vereinfacht worden. Die Bereitstellung universeller Mechanismen zur Erzeugung und zum Löschen von Objekten und deren Schnittstellen, zur Ermittlung von Objektreferenzen mittels Namensdiensten und zur asynchronen Benachrichtigung über Ereignisse entlasten den Designer und Entwickler von Anwendungsdiensten von verteilungsspezifischen Detailproblemen. Die Entkopplung des Designs dienstspezifischer Komponenten von technologie- und produktbedingten Eigenschaften, verwendeten Sprachen und Betriebssystemen ist eine Voraussetzung für deren Implantierbarkeit in eine universelle Plattform und deren flexible Konfigurierbarkeit.

Durch das DPE der PLATIN-Plattform ist eine verteilte Laufzeitumgebung für Objekte entwickelt worden, die unabhängig von den Eigenschaften verwendeter CORBA Implementierungen eine universelle Grundlage für Design und Implementierung von Diensten in einer Multi-Domänen Umgebung bietet. Identische Schnittstellen für Solaris und Windows Umgebungen, aufrufbar aus C++, Java und Smalltalk Programmen erlauben dem Anwendungsdesigner und Programmierer einen intuitiven Umgang mit Objekten entsprechend den vom DPE behandelten Verteilungstransparenzen.

2.2 Praktische Erfahrungen

Die PLATIN-Plattform ist auf der Grundlage der von TINA-C erarbeiteten Version 5 der Dienstearchitektur in Verbindung mit der Version 1 des Retailer Reference Points RetRP entwickelt worden. Ergänzend zu der durch den RetRP syntaktisch festgelegten Schnittstelle zwischen Nutzer- und Retailer-Domäne wurde ein allgemein einsetzbares Design für die Komponenten der Dienstzugangssitzung entwickelt. Neben Mechanismen zur Verwaltung von Sitzungen sind dabei die Definition von Nutzerprofilen und ein umfassendes Subskriptionssystem erarbeitet worden. Zur Abrechnung genutzter Dienste dient ein Accounting-System, das von den Diensten Informationen über die genutzten Ressourcen erhält und diese mittels Tarifinformationen finanziell bewertet. Zugehörige Managementdienste zur Definition und Überwachung von Nutzern und Diensten sind integraler Bestandteil der Plattform. Darüber hinaus sind zahlreiche, zumeist multimediale Dienste auf der PLATIN-Plattform entwickelt worden.

Die Bestandteile der Access Session sind in Smalltalk unter Verwendung von Distributed Smalltalk (DST) als CORBA-Produkt entwickelt worden. Das PLATIN-DPE hat dabei die Besonderheiten von DST nach außen verborgen, so daß das Zusammenwirken mit anderen Subsystemen auf einheitliche Art und Weise möglich ist. Zur Zeit werden die Bestandteile der Access Session in C++ reimplementiert. Bereits in

C++ sind Subskription, Tarif-Management und Accounting implementiert, wobei Orbix und Visibroker als CORBA Produkte eingesetzt werden. Die Persistenz der erfaßten Informationen wird durch die Anbindung einer objekt-orientierten Datenbank (Versant) sichergestellt. Dabei liegt die Granularität der persistenten Objekte auf programmiersprachlicher und nicht auf CORBA-Ebene. Die auf der PLATIN-Plattform aufsetzenden Dienste sind in der Retailer-Domäne in diversen Sprachen wie Smalltalk, C++ und Java implementiert. In der Nutzer-Domäne sind die Oberflächen weitestgehend in Java realisiert, so daß prinzipiell die Verwendung von Browser-Technologie und dynamischem Laden möglich ist. Die dabei gemachten Erfahrungen bzgl. Ladezeiten, den Einschränkungen durch Java-Security Restriktionen und der Instabilität von Browsern lassen jedoch die Notwendigkeit zur Einführung stabilerer und technologieunabhängiger Installations- und Aktivierungsmechanismen erkennen.

Die Komponenten der Retailer-Domäne sind in einem UNIX/Solaris Umfeld entwickelt. Die Dienstoberflächen sind zumeist unter Solaris und Windows ablauffähig. Das PLATIN-DPE ist für DST, C++ mit Visibroker, Orbix und CoolORB unter Solaris bzw. HP-UX und für Java mit Visibroker unter Solaris und Windows entwickelt worden. Als Transportnetzwerk wird im lokalen Falle das öffentliche Internet verwendet, im Weitverteilungsfalle zumeist TCP/IP über ISDN und bei der Übertragung multimedialer Informationen auch TCP/IP über ATM. In internationalen Projekten konnte das Zusammenspiel der PLATIN-Plattform mit RetRP-konformen Implementierungen basierend auf CORBA Produkten wie NEO, Powerbroker, OrbixWeb oder Mico erfolgreich demonstriert werden.

3 Erweiterungen der TINA-Konzepte

In diesem Kapitel werden die für einen direkten Zugang aus der Internet-Umgebung erforderlichen Erweiterungen der TINA-Konzepte beschrieben.

3.1 TINA und Internet

Die TINA-Dienstearchitektur mit ihrer expliziten Berücksichtigung von Sitzungen, Subskription, Abrechnung und Zustandsspeicherung unterscheidet sich von der Modellierung vergleichbarer Vorgänge im Internet. Dort werden die mit Nutzungsverträgen und Abrechnung verbundenen Vorgänge und Informationen nur implizit und in bisher nicht standardisierter Weise gehandhabt. In einer durch das Internet geprägten Umgebung erweist sich die Rollenaufteilung des TINA-Geschäftsmodells oft als zu komplex, da die Rollen von Kunden und Nutzer häufig zusammenfallen.

Im Projekt „TINA-Internet-Integration" wird daher ein automatischer online Subskriptionsdienst OLS entwickelt, der einem anonymen Nutzer oder Gast die Möglichkeit bietet, nach der kostenfreien Probenutzung eines Dienstes in die Rolle eines Kunden zu wechseln und einen kostenpflichtigen Nutzungsvertrag abzuschließen, der dann den Zugriff auf eine erweiterte Dienstfunktionalität zuläßt. Als Beispieldienst wird ein Kleinanzeigenmarkt KAM entwickelt, der unter Verwendung von Konzepten künstlicher Intelligenz als Prototyp für zukünftige Informationsdienste im Internet angesehen werden kann.

3.1.1 Automatische online Subskription

Beim Subskriptionsvorgang wird ein Vertrag zwischen dem Dienstbetreiber und dem Kunden geschlossen, der die Rechte des Kunden und die nutzerspezifischen Profile festgelegt, die in der Dienstzugangsphase ausgewertet werden. Der OLS Dienst stellt dafür Funktionalität wie das Registrieren/Abmelden eines Kunden, das Ändern von Kundendaten oder das Abonnieren/Kündigen von Diensten zur Verfügung

.Die Realisierung des OLS erfordert weitreichende Erweiterungen der durch Nutzeragenten (user agent – UA) durchgeführten Verwaltungsvorgänge innerhalb der PLATIN-Plattform. Jeder UA kann standardmäßig mehrere Dienstzugangssitzungen mit jeweils mehreren Dienstnutzungssitzungen verwalten. Dieses Konzept spiegelt die Tatsache wider, daß jeder Nutzer an unterschiedlichen Endgeräten eine Zugangssitzung starten kann und dort mehrere Dienste nutzen kann. Sobald der OLS aus einem anderen Dienst heraus angestoßen wird, um die Berechtigung des Nutzers zu erweitern, müssen mehrere Fälle unterschieden werden. Sofern der Nutzer berechtigt ist, auf Kosten des zugehörigen Kunden einen Dienst zu abonnieren, kann dies ohne weitere Konsequenzen geschehen. Sofern eine Nutzung des OLS nur „auf eigene Kosten" des Nutzers möglich ist, muß dieser einen eigenen Nutzungsvertrag als Kunde mit dem Dienstbetreiber abschließen. In diesem Fall wird der Nutzer anschließend durch zwei UA beim Betreiber repräsentiert: Als Nutzer eines fremden Kunden und selber als Kunde. Die Kontrolle über den ursprünglichen Dienst muß dazu von dem ersten UA an den neu erzeugten UA* transferiert werden. Dieser Mechanismus ist auch beim Übergang vom Gaststatus zum Kundenstatus anzuwenden.

3.2 Berücksichtigung von Sicherheitsaspekten

Die realisierten Dienste OLS und KAM bergen diverse Sicherheitsrisiken hinsichtlich der Integrität, Vertraulichkeit und Abrechenbarkeit von Nutzer- und Nutzungsdaten, die als typisch für die betrachtete Internet-Umgebung angesehen werden können:

- Die *Authentifizierung* von Dienstnutzern und Betreibern ist erforderlich, um deren Identität sicherzustellen;
- Kostenpflichtige Aktionen dürfen nur von *autorisierten* Dienstnutzern ausgeführt werden;
- Die zwischen Dienstnutzer und Dienstbetreiber transferierten Daten müssen *unverfälscht* übertragen werden und sind ggf. *vertraulich* zu behandeln;
- Die *Interoperabilität* von Sicherheitsmechanismen und -protokollen ist erforderlich.

Eine standardisierte TINA-Sicherheitsarchitektur zu diesen Anforderungen existiert bisher nicht, jedoch sind Vorschläge in [3] und [4] zu finden. Darin wird von der Annahme ausgegangen, daß sich die Objekte innerhalb einer Domäne gegenseitig vertrauen, dies jedoch im allgemeinen nicht für domänenübergreifende Aktionen gilt. Daraus folgt, daß die Aktionen zwischen Retailer-Domäne und Nutzer-Domäne gesichert werden müssen. Dienstzugang, die Registrierung und Authentifizierung der Dienstnutzer sowie die Autorisierung der Dienstnutzung sind als sicherheitskritisch anzusehen. Für die Dienstnutzungsphase obliegt dem jeweiligen Dienst die Autorisierung für bestimmte Aktionen sowie die Sicherung der übertragenen Daten.

3.2.1 Registrierung und Authentisierung

Um eine Subskription von Kunden zu ermöglichen, muß deren Identität im Rahmen einer Registrierung festgelegt werden. In herkömmlichen Systemen erfolgt diese Registrierung offline, indem sich der Kunde bei einem Betreiber nach dessen Vorschriften ausweist. Bei der online-Registrierung muß die Identität eines Kunden in Abhängigkeit einer definierten Vertrauenspolitik festgelegt werden. Die Vertrauenspolitik obliegt dem Betreiber und kann in Abhängigkeit von Diensttyp und Kostenrisiko sehr unterschiedlich ausgeprägt sein. Beim Beweis der Identität durch das Zertifikat einer vertrauenswürdigen Instanz müssen Betreiber und Kunde dazu einer gemeinsamen Zertifizierungsinstanz vertrauen und jeder potentielle Kunde ein Zertifikat besitzen. Für den nachfolgenden Aufbau einer gesicherte Verbindung zwischen Nutzer- und Retailer-Domäne existieren zwei verschiedene Möglichkeiten:

- Eine sichere Verbindung wird implizit durch die CORBA Security Services zur Verfügung gestellt. Dabei werden Domänen- und andere Authentisierungsinformationen ausgetauscht und Nutzer- sowie Betreiberdomäne gegenseitig authentifiziert.
- Eine sichere Verbindung wird explizit aufgebaut. Dazu wird ein spezielles Authentifizierungs-Interface am RetRP zur Verfügung gestellt. Dieses Interface erlaubt dem Nutzer und dem Betreiber die gegenseitige Verifikation ihrer Identitäten und ihrer Domänen. Die *Nutzerauthentifizierung* erfolgt durch den Vergleich der übermittelten Identifikationsdaten mit den durch die Zugangskomponenten der PLATIN-Plattform verwalteten Nutzerdaten. Bei einer positiven Überprüfung ist der Nutzer zum Dienstzugang entsprechend den im Nutzerprofil festgelegten Grenzen berechtigt. Die *Domänenauthentifizierung* umfaßt die Authentisierung der beteiligten Domänen in der Dienstzugangsphase. Sie erfolgt zwischen den Agenten der beteiligten Kommunikationspartner, dem Provider Agent (PA) in der Nutzer-Domäne und dem Initial Agent (IA) in der Retailer-Domäne.

3.2.2 Autorisierung und Zugriffskontrolle

Die Autorisierung umfaßt die Festlegung und Zuteilung bestimmter Rechte für den Zugriff auf Ressourcen in Abhängigkeit der Rolle des Dienstnutzers. In einer durch das Internet geprägten Umgebung können zwei Rollen unterschieden werden: Ein Nutzer gilt als *Gast*, solange er sich nicht authentifiziert hat. Er kann alle vom Retailer für Gäste freigegebenen Dienste nutzen. Ein authentifizierter Nutzer gilt als *bekannt*. Er darf zusätzlich alle abonnierten Dienste entsprechend der für ihn bzw. des ihm zugeordneten Dienstkunden vertraglich vereinbarten Dienstmerkmale nutzen.

Durch die Personalisierung und Identifizierung von Nutzern werden bestimmte Nutzerattribute vergeben und in der Retailer-Domäne im Nutzerprofil abgelegt. Das Nutzerprofil verwaltet zusammen mit dem Subskriptionssystem die für Autorisierungsentscheidungen und die persönliche Ausprägung von Diensten notwendigen Informationen.

3.3 Der TINA-Internet Kleinanzeigenmarkt

Der im Projekt implementierte Kleinanzeigenmarkt KAM dient nicht nur zur Demonstration der vorgestellten Erweiterungen der TINA-Konzepte. Vielmehr soll er beispielhaft die Anwendung wissensbasierter Konzepte für die Realisierung zukünftiger Informationsdienste zeigen. Hierfür agiert der an der Professur für Verteilte Systeme und Betriebssysteme des Fachbereichs Informatik der Universität Frankfurt entwickelte, wissensbasierte AI-Trader [7] als Kernstück des KAM-Dienstes bei der Ermittlung des Grades an Übereinstimmung zwischen aufgegebenen und gesuchten Kleinanzeigen.

3.3.1 Dienstvermittlung und der AI-Trader

Wie im normalen Leben, brauchen die Beteiligten einer elektronischen Umgebung die Kenntnis darüber, wo sie diejenigen Komponenten finden können, die die von ihnen geforderten Leistungen erbringen können. Während dies in einer statischen Umgebung fest erfolgen kann, braucht man in dynamischen Umgebungen die Hilfe vermittelnder Komponenten, die Dienstanbieter und Nutzer zusammenzubringen. Die Aufgabe eines Vermittlers gewinnt in einem offenen System wie dem Internet zunehmend an Bedeutung. Im Internet als globalem Dienstemarkt tauchen dynamisch neue Anbieter auf und verschwinden wieder. Neue Dienst werden angeboten und existierende zurückgezogen.

Ein erstes Problem bei der Vermittlung ist die Frage, wie Dienstanbieter und Nutzer ihr Angebot bzw. ihre Nachfrage formulieren. Gängige Vermittler wie Suchmaschinen basieren auf reiner Syntaxanalyse. Ein Dienstnutzer wenden sich an die Suchmaschine und versucht mittels der Auswahl *passender* Wörter und eventuell mit Hilfe von logischen Operatoren *zugehörige* Anbieter zu finden. Die Formulierung der Anfrage spielt dabei eine entscheidende Rolle. Wird bei der Fragestellung auf unterschiedliche Wortbestände zurückgegriffen, auch wenn diese gleiche Bedeutung haben, ist der Erfolg der Suche nicht vorherzusehen (z.B. Wohnung und Unterkunft). Außerdem kann man mit dieser Technik nur Angebote betrachten, die eine textuelle Beschreibung besitzen. Anders als Suchmaschinen, setzen die Vermittler in objektorientierten Middleware-Plattformen wie CORBA auf IDL als Beschreibungssprache und somit auf ein getyptes System auf. Aber auch diese Methode ist auf einen rein syntaktischen Vergleich beschränkt.

Der AI-Trader, der im Projekt als Anzeigenvermittler fungiert, setzt im Gegensatz zu den Suchmaschinen nicht auf den Textvergleich. Der Dienstanbieter und Nutzer formulieren ihre Angebote bzw. Nachfragen in sogenannten *Konzeptgraphen*. Konzeptgraphen wurden zur Modellierung des Wahrnehmungsprozeß bei Menschen entwickelt. Das Wurzelkonzept sagt aus, um welchen Dienst es sich handelt. Die Äste (optional) werden dann zur feineren Beschreibung des Dienstes benutzt. Zwei Konzeptknoten sind mittels einer ihre Beziehung beschreibenden Relationskante verbunden, die erste semantische Aussagen zuläßt.

Mit Hilfe einer lexikographischen Datenbank kann man die Fähigkeit des Traders erweitern und ihn in die Lage versetzen, mit Relationen zwischen den Wörtern umzugehen. Diese Wissensbasis wird dazu benutzt, *Synonym*- und *Is-A*-Relationen unter den Konzepten zu erkennen. Der Dienstanbieter und Nutzer können dann den Dienst mit *eigenen* Wörtern beschreiben. Da der Vergleich von Dienstangebot und Nachfrage beim AI-Trader auf dem Vergleich von Graphen beruht, kann der AI-Trader auch eine *teilweise* Übereinstimmung erkennen, was gewichtete Vergleiche ermöglicht.

3.3.2 Der AI-Trader als Anzeigenvermittler

Der KAM-Dienst besteht aus unterschiedlichen Komponenten, die dem Benutzer einerseits und dem UA andererseits verschiedene Operationen anbieten. Der Dienst wiederum greift auf die Komponenten der PLATIN-Plattform zu. Abbildung 2 stellt die Komponenten des Dienstes dar. Die Service-Factory bietet die von der PLATIN-Plattform vorgegebene Schnittstelle an. Diese Schnittstelle wird von dem UA benutzt, um beim Aufbau einer Service Session den Dienst zu starten. Der Access Manager (AccMng) bietet dem Nutzer die Schnittstelle zu dem Dienst. Diese Komponente regelt den Zugriff, führt Buch über verbrauchte Ressourcen, delegiert die Suchanfragen an den AI-Trader und leitet die Anzeigen, die aufgegeben werden, an die Komponente weiter, die diese speichert.

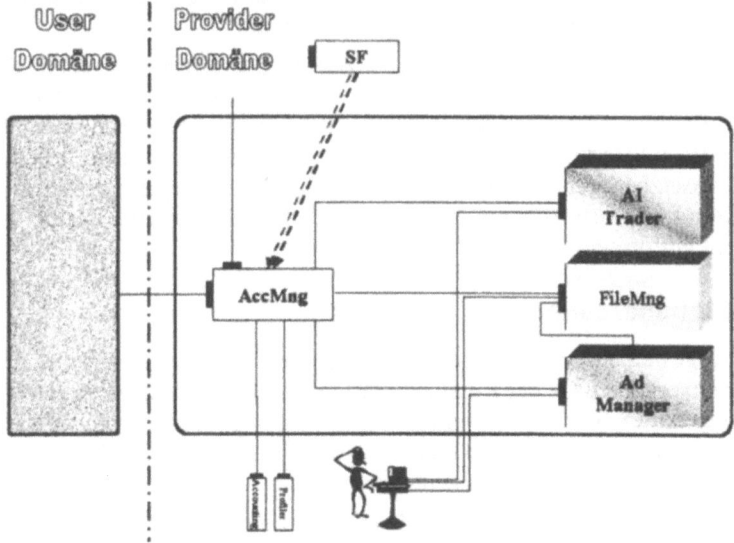

Abbildung 2 - Dienstkomponenten des Kleinanzeigenmarktes

Anbieter übergeben ihre Anzeigen inklusive Beschreibung dem AccMng. Die Anzeige wird zwecks Speichern dem Dateiverwalter (FileMng) weitergereicht. Der korrespondierende Konzeptgraph wird dem AI-Trader übergeben und der Anzeigenverwalter (AdManager) bekommt Informationen über die Anzeige wie z.B. Aufgabe- und Fristdatum, Kontaktadresse oder Zugriffshäufigkeiten.

4 Vermittlung von Diensten Dritter

Das einfache TINA-Geschäftsmodell geht von einer bilateralen Beziehungen zwischen Dienstebetreibern und Kunden aus. Erweitert man dieses Modell um die Rolle des Dienstanbieters, der seine Dienste über den Betreiber an die Endkunden weitervermitteln läßt, so müssen an den Grenzen zwischen den neu identifizierten Domänen Schnittstellen definiert werden. Die Grundidee für die Einführung der zugehörigen RtR (*retailer to retailer*) oder 3Pty (*third party provider*) Referenzpunkte besteht darin, Dienste in einer fremden Domäne starten zu können sowie Einladungen zur Teilnahme an Dienstsitzungen in fremde Domänen versenden bzw. von dort empfangen zu können.

Aus Sicht von TINA geht es bei der Einführung dieser Referenzpunkte primär darum, ein Zusammenspiel verschiedener TINA-konformer Implementierungen zu ermöglichen. Darüber hinaus können auch beliebige Provider-Plattformen so gekapselt werden, daß sie sich nach außen wie ein TINA-konformes System verhalten. In diesem Fall ist ein Zusammenspiel zwischen der Retailer-Plattform und beliebigen Provider-Plattformen über die RtR-Schnittstelle möglich. Zielsetzung ist die Definition einer Schnittstelle, die einerseits unabhängig von der anzuschließenden Provider-Plattform ist. Andererseits muß eine ausreichende Flexibilität gewährleistet sein, um individuelle vertragliche Regelungen zwischen dem Betreiber der Retailer-Plattform und dem Betreiber der Provider-Plattform behandeln zu können.

Der von der GMD FOKUS entwickelte Ansatz zur Definition einer RtR-artigen Schnittstelle orientiert sich an der von TINA-C verabschiedeten Definition des RetRP. Die dort definierten abstrakten Schnittstellen und Operationen werden bei der Definition des RtR wiederverwendet. Dieser eher pragmatische Ansatz verspricht eine schnelle Umsetzbarkeit, hat dagegen jedoch Einschränkungen bezüglich der Übertragbarkeit auf alle vorstellbaren Geschäftsmodelle zwischen den Betreibern der einbezogenen Plattformen.

4.1 Voraussetzungen

Ziel des vorgestellten Ansatzes ist es, von der Provider-Plattform erbrachte Dienste möglichst unverändert aus der Retailer-Plattform heraus zugreifbar zu machen, so daß der Dienst gestartet, benutzt, terminiert und so weit wie möglich aus der Retailer-Welt heraus auch administriert werden kann. Dazu ist es erforderlich, daß in der Retailer-Plattform folgende Informationen gehalten werden:

- Dienstbeschreibung entsprechend den Konventionen der Retailer-Plattform;
- Beschreibungen der Nutzer, die Zugriff auf die Dienste der Provider-Plattform besitzen;
- Nutzer- und dienstspezifische Profile, die bei Bedarf an die Provider-Plattform übertragen werden;
- Beschreibung der technischen Umgebung, von der aus der Nutzer den Zugang zur Retailer-Plattform aufgebaut hat wie Terminal- und Netzwerkcharakteristika;
- Tarifierungsinformationen und Abrechnungsdaten entsprechend den Konventionen der Retailer-Plattform.

Weiterhin sind die konzeptionelle Struktur der Retailer-Plattform und verschiedene sich daraus ergebene Schnittstellen zu berücksichtigen. Zunächst ist die durch den RetRP beschriebene Aufteilung der Plattformkomponenten auf die Retailer-Domäne und die Nutzer-Domäne zu beachten. Bettet man dieses Ausgangsszenario in eine Retailer/Provider-Umgebung ein, so ergibt sich die in Abbildung 3 vereinfacht dargestellte Konfiguration.

Man erkennt eine Schnittstelle zwischen PA und ssUAP in der Nutzer-Domäne sowie eine Schnittstelle zwischen Retailer- und Provider-Domänen. Die erste Schnittstelle ist überwiegend technischer Natur und für eine Reihe von internationalen Projekten (TTT, P715) entsprechend einem Vorschlag der GMD FOKUS festgelegt. Für die zweite Schnittstelle geht der vorliegende Ansatz von der Voraussetzung aus, daß zwischen beiden Domänen stets mindestens eine Access Session aufgebaut ist. Über diese Access Session können Dienste der Provider-Plattform von der Retailer-Plattform aus gestartet, unterbrochen, fortgesetzt und terminiert werden. Die Verwaltung von Kunden, Nutzern und Diensten liegt innerhalb der Retailer-Plattform.

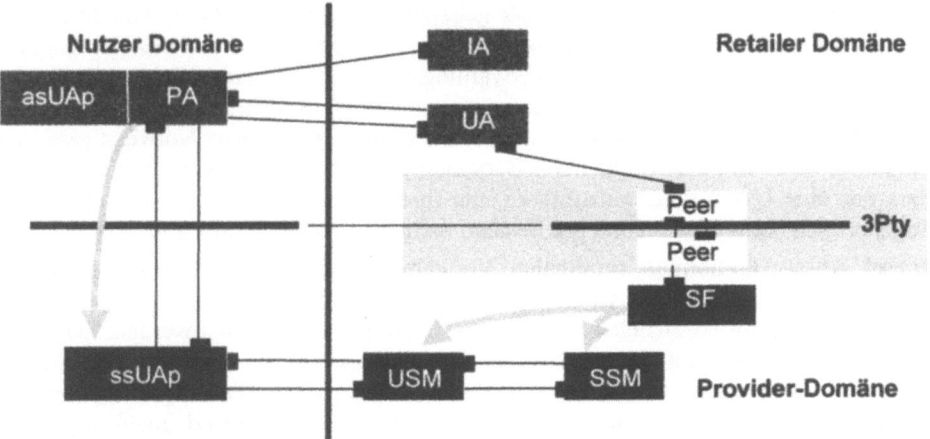

Abbildung 3 - Peer-Objekte als Grundlage kooperierender Plattformen

Auf seiten der Retailer-Plattform wird bei diesem Ansatz das im folgenden detaillierter beschriebene Peer-Objekt eingeführt. Das korrespondierende Objekt in der Provider-Domäne muß im wesentlichen die Funktionalität eines IA/UA-Paares anbieten. Dabei existieren verschiedene Varianten zur Konfiguration der Peer-Objekte, die die unterschiedlichen Vertragsregelungen zwischen Retailer und Provider widerspiegeln.

4.2 Konfiguration der Peer-Objekte

Ziel des vorgestellten Ansatzes ist es, Dienste der Provider-Domäne aus Sicht der Retailer-Plattform genauso starten zu können wie Dienste innerhalb der eigenen Domäne. Aus diesem Grund muß sich das Peer-Objekt innerhalb der Retailer-Plattform dem UA gegenüber genauso verhalten wie eine Objektfabrik SF und die von dieser erzeugte globale Dienstkomponente SSM. Gegenüber den Objekten der Provider-Domäne dagegen muß sich das Peer-Objekt verhalten wie ein Provider Agent (PA). In der einfachsten Version existiert in der Domäne des Retailers nun pro Provider genau ein Peer-Objekt, das alle Dienstanforderungen an genau einen UA (den des Retailer beim Provider) weiter delegiert. Dieser muß die Dienste dann unter Verwendung der Mechanismen der beim Provider vorhandenen Plattform starten. Dieser Ansatz besitzt die folgenden Charakteristiken:

- Alle berechtigten Nutzer des Retailers werden auf einen Nutzer des Providers abgebildet;
- Das Peer-Objekt in der Retailer-Domäne ist für die Verteilung eingehender Nachrichten und Anforderungen auf die Nutzer zuständig;

- Das Peer-Objekt in der Provider-Domäne muß verschiedene Service Sessions verwalten können.

Dieser Ansatz stellt erhebliche Anforderungen an die beidseitigen Verwaltungsmechanismen. Richtet man dagegen pro berechtigtem Nutzer des Retailers einen korrespondierenden UA beim Provider ein, so kann dieser Aufwand reduziert werden. Dieser Ansatz erlaubt auch die Definition von Mischstrategien, so daß den n berechtigten Nutzern auf Seite des Retailers eine Menge von m dynamisch zu vergebenen UA Instanzen auf Seite des Providers gegenüberstehen. Jede dieser UA Instanzen muß in der Lage sein, gleichzeitig mehrere Access Sessions und pro Session mehrere Service Session zu verwalten. Der Verwaltungsaufwand auf beiden Seiten wird reduziert, dafür muß dynamisch pro Nutzer eine Access Session aufgebaut werden. In der Provider-Domäne existieren mehrere UA Instanzen. Um diese Notwendigkeit zu umgehen, kann von der Möglichkeit Gebrauch gemacht werden, auf Seite des Providers nur eine UA Instanz einzuführen, die ihrerseits pro Nutzer des Retailers eine zugehörige Access Session und pro Session mehrere Service Sessions verwalten kann.

Dieser Ansatz kombiniert minimalen Verwaltungsaufwand mit hoher Flexibilität. Welcher der vorgestellten Ansätze jedoch für die Integration einer vorgegebenen Provider-Plattform vorzuziehen ist, muß im Einzelfall entschieden werden. Die Auswahl hängt sowohl vom umzusetzenden Geschäftsmodell als auch von den technischen Gegebenheiten der zu integrierenden Plattform ab. Die Spezifikation der Schnittstellen zwischen beiden Domänen ist jedoch weitestgehend unabhängig von dem gewählten Ansatz. In allen Fällen muß die in der Provider-Domäne residierende Plattform mit einer IA/UA artigen Kapsel versehen werden.

5 Implementierung und Ausblick

Das Papier beschreibt die bei der GMD FOKUS entwickelte PLATIN-Plattform und zeigt die erforderlichen Erweiterungen auf, die bei einer Ausweitung ihres Einsatzbereichs vom Telekommunikationssektor hin zu offenen Dienstemärkten erforderlich sind. Es werden Konzepte zur Unterstützung eines Gastzugang zu Plattformdiensten und zum gesicherten Abschluß von Nutzungsverträgen vorgestellt. Derartige Erweiterungen sind erforderlich, wenn nach außen ein Verhalten gewährleistet werden soll, wie es heutige Internet-Dienste wie beispielsweise Intershop zeigen. Der Vorteil des Einsatzes der PLATIN-Plattform besteht darin, eine dienstunabhängige Verwaltung von Nutzerdaten, Dienstbeschreibungen, Profilen, Nutzungsverträgen und Abrechnungsmechanismen zu bieten. Diese Einheitlichkeit erleichtert den Entwurf neuer Dienste sowie deren Betrieb und Wartung erheblich. Der Kunde hat weiterhin den Vorteil eines einheitlichen Zugangs zur angebotenen Dienstewelt. Die Definition von Schnittstellen zwischen Betreibern und Anbietern von Diensten hat zudem den Vorteil, daß nicht nur dem Kunden als Nutzer gegenüber einheitliche Schnittstellen existieren sondern auch standardisierte Schnittstellen zu Dienstanbietern existieren, die die Einbeziehung ihrer Dienste in den offenen Dienstemarkt erheblich erleichtern. Ein intelligentes Informationssystem über die sich dynamisch ändernde Funktionsvielfalt des Dienstemarktes rundet das Gesamtkonzept ab.

Im Rahmen des Projekts TINA-Internet-Integration sind erste Schritte in Richtung auf den angestrebten offenen Dienstemarkt gegangen worden. Dabei wurden ein dienstspezifischer Internet-Zugang als spezielle PA Oberfläche entwickelt, die notwendigen

Erweiterungen der Access Session einschließlich der Entwicklung eines online Subskriptionsdienstes OLS durchgeführt, ein durch SSL-Mechanismen gesicherter Zugang realisiert und am Beispiel des Kleinanzeigenmarktes KAM ein wissensbasiertes Informationssystem demonstriert. Die Projektergebnisse werden in einer verteilten Umgebung zwischen dem Entwicklungszentrum Berlin der Deutschen Telekom AG, der Universität Frankfurt und der GMD FOKUS gezeigt.

Zukünftige Arbeiten werden sich auf Aspekte wie die vollständige Unterstützung des verallgemeinerten TINA-Geschäftsmodells, die Skalierbarkeit und Ausfallsicherheit der entwickelten Komponenten, die verbesserte Integration von Sicherheitsmechanismen in einer heterogenen Umgebung und die Einbeziehung von online Mechanismen zur Identifizierung von Nutzern in Verbindung mit der Abrechnung genutzter Leistungen beziehen.

6 Referenzen

[1] TINA-C: WWW-Server Homepage; http://www.tinac.com/

[2] Eckert, K.-P.; Alireza A.; Geihs, K.; Farsi, R.: *TINA im Internet - eine innovative Architektur für Entwicklung und Betrieb von Telekommunikationsdiensten*, 2. Anwenderfachtagung der ITG im VDE: Internet - frischer Wind in der Telekommunikation, Oktober 1998, Stuttgart

[3] Garcia-Lopez E.: *Security Architecture Version 1.3*, TINA-C Engineering Note, March 5, 1996

[4] Buttyán L., Staamann S., Wilhelm U.: *CrySTINA: Security in the Telecommunications Information Networking Architecture*, Swiss Federal Institute of Technology, Lausanne, Technical Report, Jan. 1998; WWW-Server Homepage CrySTINA-Projekt: http://lsewww.epfl.ch/~crystina/

[5] Object Management Group (OMG), CORBAservices: Common Object Services Specification, *Chapter 15: CORBA Security Services Specification*, Dec. 1997; WWW-Server OMG Homepage: http://www.omg.org/

[6] TINA-C: *Retailer Reference Point Specifications*, Version 1.0, Januar 1998

[7] A. Puder: *AI-based Trading in Open Distributed Environments*, International Conference on Open Distributed Processing (ICODP'95), Chapman and Hall 1995; ftp://www.vsb.informatik.uni-frankfurt.de/pub/papers/1995/icodp95.ps.gz

[8] GMD FOKUS: PLATIN-Plattform; http://www.fokus.gmd.de/cc/platin/

[9] ISO ODP: Open Distributed Processing; http://www.iso.ch:8000/RM-ODP

[10] OMG: CORBA Spezifikation: http://www.omg.org

Realisierung des VHE und maßgeschneiderter Dienste in CORBA-basierten IN[1]

Axel Küpper

RWTH Aachen, Lehrstuhl für Informatik IV
Ahornstr. 55, 52056 Aachen
kuepper@informatik.rwth-aachen.de

Kurzfassung. Telekommunikationsdienste in zukünftigen UMTS-Mobilfunknetzen werden in einem hohen Maße personalisierbar und individuell konfigurierbar sein, was durch das Konzept des VHE ermöglicht wird. Des weiteren wird der Wettbewerb zwischen verschiedenen Anbietern u.a. dadurch geprägt, daß neben einer Palette von Standarddiensten anbieterabhängige, maßgeschneiderte Dienste offeriert werden. Diese neuen Dienste stellen hohe Anforderungen, die weit über den Funktionsumfang der heutigen Capability-Sets 1 und 2 im IN hinausgehen. Dieser Beitrag beschreibt einen Ansatz zur Verwirklichung des VHE und maßgeschneiderter Dienste in einem durch die Verteilungsplattform CORBA realisierten IN. Es wird gezeigt, wie die neuen Dienste mit Hilfe der Modellierungssprache UML spezifiziert und entsprechend durch Objekte realisiert werden. Des weiteren werden Verfahren zur Objektmigration erläutert, die das für UMTS-Netze vorgesehene Roaming sowie die Personen- und Sitzungsmobilität unterstützen.

1 Einleitung

Die Telekommunikationsmärkte werden gegenwärtig durch zwei Tendenzen maßgeblich beeinflußt. Auf der technischen Seite steht durch die Entwicklung neuer, hochleistungsfähiger Antennensysteme und Codierungsverfahren die Einführung neuer Mobilfunknetze kurz bevor. In Europa wird das *Universal Mobile Telecommunications System* (UMTS) ab der Jahrtausendwende schrittweise die existierenden Netze des *Global System for Mobile Communication* (GSM) ablösen. Auf weltweiter Basis wird mit dem System *International Mobile Telecommunication by the year 2000* (IMT-2000) ein anderer Ansatz verfolgt, der jedoch zu UMTS kompatibel ist. Neben dem Ziel, den Benutzern "überall und jederzeit" elektronische Kommunikationsdienstleistungen bereitzustellen, fokussieren diese Systeme auch das Zusammenwachsen von Fest-, Mobilfunk- und Datenkommunikationsnetzen, letztere insbesondere unter Einbeziehung des Internets. Die zweite Tendenz hat ihren Ursprung in veränderten wirtschaftlichen und politischen Rahmenbedingungen, welche seit einigen Jahren die Deregulierung der Telekommunikationssysteme propagieren.

Beide Tendenzen führen dazu, daß den Anwendern dieser Systeme eine Vielzahl neuer Kommunikationsdienste von einer Vielzahl neuer Anbieter offeriert werden. Neben einer Standardpalette von Diensten wird jeder Anbieter eigene, sogenannte *maßgeschneiderte Dienste (Tailored Services)* kreieren, welche an die speziellen Bedürfnisse seiner Kunden angepaßt sind [17]. Ferner werden Dienste in UMTS in

---

[1] Diese Arbeiten wurden gefördert im Rahmen des DFG-Schwerpunktprogramms *Mobilkommunikation* (http://dfg-mobil.rwth-aachen.de) unter dem Kennzeichen Sp.230/12-2.

höchstem Maße konfigurierbar und personalisierbar sein. Dies bedeutet, daß Kunden sich Zusatzmerkmale individuell zusammenstellen und das "Look and Feel" der Dienste selbst bestimmen können, was durch das Konzept des *Virtual Home Environment* (VHE) ermöglicht wird [3]. Die Bereitstellung von VHE und maßgeschneiderter Dienste beim Roaming in fremden Netzen sowie die Unabhängigkeit vom gerade verwendeten Endgerät sind weitere Ziele.

Diese neuen Möglichkeiten stellen hohe Anforderungen an die Elemente zur Steuerung der Dienstelogik, die durch *Intelligenten Netze* (IN) bereitgestellt werden. IN in ihrer heutigen Form sind gemessen an den zukünftigen Anforderungen relativ rudimentär und verfügen lediglich über einfache Mechanismen zum Auf- und Abbau von Verbindungen sowie für deren Kontrolle. Hinzukommt, daß sich die Entwicklung neuer Dienste und deren Einsatz noch als relativ schwierig erweist, weil Systeme verschiedener Anbieter und Hersteller nicht kompatibel sind und die Programmierung umständlich ist. Die *Object Management Group* (OMG) hat diese Schwäche erkannt und adaptiert seit kurzem ihre Verteilungsplattform *Common Object Request Broker Architecture* (CORBA) für einen Einsatz im Telekommunikationsbereich [1]. Hierdurch findet ein objektorientiertes Modell Einzug, welches Aspekte der Verteilung für den Programmierer transparent macht und zudem mächtige Werkzeuge zur Überwindung von Heterogenität bereitstellt. Diese Prinzipien finden auch innerhalb der *Telecommunication Information Networking Architecture* (TINA) Anwendung, die ein umfassendes Rahmenwerk zur Steuerung zukünftiger Telekommunikationsnetze darstellt [15]. Die Umsetzung von CORBA für IN kann als erster Schritt zur Verwirklichung von TINA angesehen werden.

2 Das Dienstmodell von UMTS

Die Deregulierung der Telekommunikationsmärkte und die damit zu erwartende Dienst- und Anbietervielfalt machen es erforderlich, die im Telekommunikationssektor miteinander interagierenden Instanzen und ihre Beziehungen in einem Rollenmodell darzustellen. In UMTS ist mit dem *Commercial Role Model* ein Rahmenwerk vorgesehen, bei dem auf der Anbieterseite zwischen *Dienstanbieter* (Service Provider), *Netzwerkbetreiber* (Network Operator) und *Mehrwert-Dienstanbieter* (Value-added Service Provider) und auf der Anwenderseite zwischen *Benutzer* (User) und *Kunde* (Subscriber) unterschieden wird [4]. Der Dienstanbieter stellt die eigentliche Dienstelogik zur Verfügung, d.h. er steuert und kontrolliert die Signalisierung und übernimmt administrative Aufgaben aus den Bereichen Abrechnung und Sicherheit. Das Angebot eines Dienstanbieters kann durch einen Mehrwert-Dienstanbieter ergänzt werden, der beispielsweise in der Form eines *Content Provider* bei Video-On-Demand Diensten fungiert. Ein Dienstanbieter ist vertraglich mit einem oder mehreren Netzwerkbetreibern verbunden, welche die benötigte technische Infrastruktur etwa in Form von Basisstationen und dem Backbone-Netzwerk bereitstellen. Ein Kunde registriert sich für einen oder mehrere Dienste bei einem Dienstanbieter und stellt diese Dienste den ihm zugeordneten Benutzern zur Verfügung.

In UMTS vereinigen sich drei verschiedene Formen der Mobilität. Die *persönliche Mobilität* (Personal Mobility) ermöglicht es einem Benutzer an beliebigen Endgeräten unter seiner persönlichen Rufnummer erreichbar zu sein, vorausgesetzt, er hat sich zuvor an dem betreffenden Endgerät registriert. Hierbei ist es im Unterschied zum heutigen GSM egal, ob es sich um ein mobiles (drahtloses) oder um ein mit dem Festnetz verbundenes Endgerät handelt. Die *Endgerätemobilität (Terminal Mobility)* gewährleistet die ständige Erreichbarkeit und das Aufrechterhalten von Verbindungen an einem mobilen Endgerät während der Bewegung eines Benutzers. Dienste können jederzeit von jedem geographischen Punkt des Versorgungsgebietes eines Dienstanbieters abgerufen bzw. ausgeführt werden. Ferner ist in UMTS das Roaming von großer Bedeutung, d.h. Anwender sollen auch von Netzen fremder Dienstanbieter Zugriff auf ihre Dienste haben. Die *Sitzungsmobilität (Session Mobility)* soll die Suspendierung von Diensten erlauben. Dabei wird der gegenwärtige Zustand des Dienstes "eingefroren". Die Wiederaufnahme der Sitzung kann dann von einem anderen Endgerät oder von einem anderen Zugangsnetzwerk möglicherweise eines fremden Dienstanbieters initiiert werden, ohne daß ein erneuter Aufbau der Sitzung erforderlich ist.

UMTS definiert ein Rahmenwerk für Dienste, bei dem zwischen *Basisdiensten (Basic Telecommunication Services)* und *Zusatzdiensten (Supplementary Services)* unterschieden wird, siehe hierzu Abbildung 1. Die Basisdienste werden wiederum in sogenannte *Trägerdienste (Bearer Services)* und *Teledienste (Tele Services)* unterteilt. Trägerdienste umfassen Protokolle für den Informationsaustausch auf den unteren Kommunikationsebenen, die durch eine Anzahl von verschiedenen Attributen charakterisiert werden. Es sind verschiedenartige Trägerdienste vorgesehen, deren Charakteristika den Anforderungen an die jeweilige Übertragung entsprechen, sei es ein Dateitransfer oder die Versendung von Bewegtbildern. Die Teledienste basieren auf einem oder mehreren dieser Trägerdienste. Sie repräsentieren den eigentlichen Dienst, der durch einen Dienstanbieter offeriert wird und für den sich ein Kunde registrieren kann. Sie umspannen ein weites Feld von Anwendungen, welches vom einfachen *Short Message Service* bis hin zur komplexen Multimediakonferenz reicht.

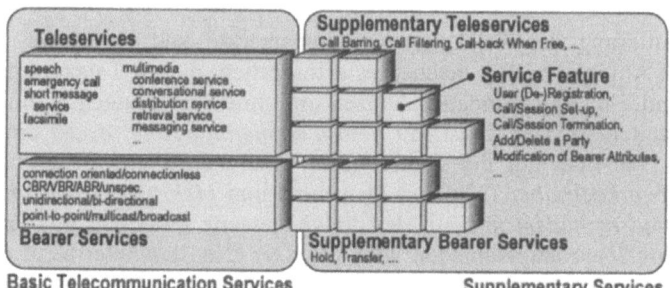

Abb. 1. Rahmenwerk für Dienste in UMTS

Die sogenannten Zusatzdienste lassen sich in der Regel nur in Verbindung mit einem Basisdienst nutzen, wobei sie entweder für Träger- oder Teledienste definiert sind. Typische Beispiele für solche Zusatzdienste sind die Anrufweiterleitung, die Rufzurückweisung oder das Makeln. Mit Hilfe von Zusatzdiensten können Basisdienste ergänzt und personalisiert werden. Sie bestehen aus einer Reihe von *Dienstmerkmalen (Service Features)*, die sich durch den Benutzer individuell aktivieren, konfigurieren und deaktivieren lassen.

Diese Personalisierung von Diensten wird durch das VHE realisiert. VHE ist ein Systemkonzept zur Unterstützung von Diensportabilität, d.h. der Benutzer kann Dienste auf Basis seines Dienstprofils überall und jederzeit in Anspruch nehmen, siehe hierzu [3]. Das Dienstprofil enthält die Konfiguration der Zusatzdienste und erlaubt auch die Konditionierung dieser Konfiguration, z.B. bzgl. der Art des Endgerätes, der Zeit oder des Aufenthaltsort. Dabei werden persönliche Mobilität und Roaming unterstützt, d.h. das Dienstprofil kann von jedem beliebigen Endgerät abgerufen werden und steht auch zur Verfügung, wenn Dienste aus Netzen fremder Anbieter genutzt werden. Das VHE ist in einer Dienstprofilhierarchie organisiert. Der Dienstanbieter hat die absolute Kontrolle über alle Dienste und Dienstmerkmale innerhalb des Profils. Ein Kunde hat lediglich Einfluß auf eine Teilmenge der Konfigurationsmöglichkeiten, während der eigentliche Benutzer den engsten Spielraum bei der Personalisierung hat. Er kann so oftmals nur das "Look and Feel" von Diensten bestimmen oder die Einrichtung von Kurzwahlzielen und des persönlichen Adressbuches vornehmen.

3 Intelligente Netze unter CORBA

IN in ihrer heutigen Form, also mit dem Leistungsumfang des *Capability Set 1* (CS-1), werden ausschließlich in Festnetzen eingesetzt und verfügen lediglich über rudimentäre Mechanismen zum Verbindungsauf- und abbau sowie zur Verbindungskontrolle. Allerdings werden bei den gegenwärtig stattfindenden Standardisierungsarbeiten zum CS-2 und CS-3 auch Funktionen für das Mobilitätsmanagement berücksichtigt, welches eine Erweiterung des IN-Ansatzes um nicht-verbindungsbezogene Operationen vorsehen, beispielsweise für die teilnehmerbezogene Aktualisierung von Aufenthaltsinformationen (*Location Update*).

Das IN gliedert sich in die UMTS-Architektur gemäß Abbildung 2 ein. Demnach besteht ein UMTS-System aus mehreren *Zugangsnetzen* (*Access Networks*), dem *Festnetz* (*Core Network*) und eben dem IN. Dabei ist IN-Funktionalität sowohl in jedem Zugangsnetz als auch im Festnetz enthalten. Ein Zugangsnetz besteht aus einer Anzahl von *Basisstationen* (BTS, *Base Transceiver Station*), welche über eine Vermittlungsstelle, dem sogenannten *Cell Site Switch* (CSS), mit dem Festnetz verbunden sind. Dieses basiert auf B-ISDN und enthält mit dem *Local Exchange* (LE) und *Transit Exchange* (TX) die üblichen Vermittlungsstellen eines B-ISDN-Festnetzes.

Das IN besteht aus einer Vielzahl von *Funktionalen Einheiten* (FE), die für die Signalisierung zuständig sind und im Telekommunikationsnetz verteilt sind. Der Informationsaustausch zwischen den FE verläuft über das *Zeichengabesystem Nr. 7* (*Signaling System No. 7*, SS7), einem OSI-ähnlichen Protokollstack, der den Ansprüchen von Telekommunikationsnetzen bezüglich Zuverlässigkeit und Echtzeit gerecht wird. Für die weiteren Betrachtungen sind der *Mobile Service Control Point* (MSCP) und der *Mobile Service Data Point* (MSDP) relevant. Ersterer enthält die gesamten Prozeduren zur Steuerung der Dienstelogik, letzterer kann als eine verteilte Datenbank angesehen werden, auf die durch die MSCPs zugegriffen wird. Sie entsprechen den in heutigen Festnetzen vorhandenen *Service Control Points* (SCP) und *Service Data Points* (SDP). Der Aufruf der Dienstelogik wird in den Vermittlungsstellen initiiert, welche im IN ebenfalls durch FE abstrahiert sind, den sogenannten *Service Switching Functions* (SSF). Dies geschieht durch das *Basic Call State Model* (BCSM), welches einen endlichen Automaten definiert und den Zustand einer Verbindung repräsentiert. Basierend auf diesem Zustand und eintretenden Ereignissen, beispielsweise ankommenden Verbindungsaufbauwünschen, kann dann ein Aufruf der Dienstelogik, d.h. einer bestimmten Prozedur im MSCP, erfolgen. Nach Beendigung dieser

Prozedur wird die Kontrolle an das BSCM in der SSF zurückgegeben. Somit muß bei der Definition neuer Dienste darauf geachtet werden, daß das standardisierte und anbieterunabhängige BSCM einen entsprechenden Auslöser enthält. Eine detaillierte Einführung in IN gibt [11].

Die durch VHE und maßgeschneiderte Dienste zu erwartenden Anforderungen und die sich abzeichnende Verschmelzung von Telekommunikationsnetzen mit dem Internet legen es nahe, bei der Umsetzung von IN neue Wege zu beschreiten. Die OMG hat mit der Gründung einer *Telecommunication Domain Task Force* zur Spezifikation neuer CORBA-Dienste für die Telekommunikation diesen Anforderungen Rechnung getragen. Eine der bedeutensten Aktivitäten dieser Task Force ist die Adaptierung des CORBA-Rahmenwerkes für das SS7 [12]. Weitere Aktivitäten umfassen die Spezifikation eines Notifikationsdienstes, die Einbindung des *Telecommunication Management Networks* (TMN) sowie die Definition von Zugangsprotokollen zum Einsatz von CORBA in mobilen Endgeräten [13].

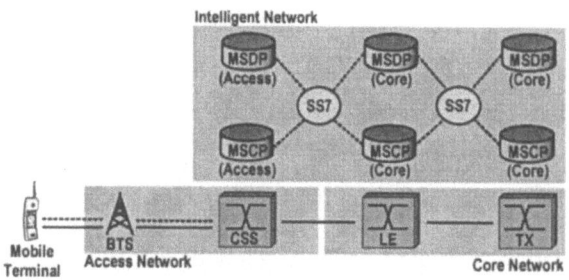

Abb. 2. UMTS-Systemarchitektur

Ziel dieser Bemühungen ist es, die Dienst- und Steuerungslogik von IN durch einen verteilten objektorientierten Ansatz zu verwirklichen. Hierbei setzen sich die FE des IN jeweils durch eine Anzahl miteinander interagierender *Computational Objects* (COs) zusammen. Ein CO ist ein nach dem objektorientierten Paradigma programmiertes Modul, welches durch den Aufruf von Operationen gesteuert wird, die in nach außen hin sichtbaren, fest definierten Schnittstellen liegen. Folgt man diesem Ansatz, würde ein MSCP aus einer Vielzahl solcher COs bestehen. COs setzen auf einem Middleware-Kernel auf, der in CORBA als *Object Request Broker* (ORB) bezeichnet wird. Der ORB realisiert mehrere Transparenzmechanismen, insbesondere solche, welche die physikalische Verteilung der COs verbergen, und ist für das Marshalling und Unmarshalling von Daten zuständig. Ferner verwirklicht er zur Übertragung von Operationsaufrufen und ihrer Resultate zwei Protokollspezifikationen. Das *General Inter-ORB Protocol* (GIOP) ist eine generische Spezifikation, die verbindliche Vorgaben für den Informationsaustausch zwischen ORBs festlegt. Sämtliche ORBs, die ein GIOP-konformes Protokoll enthalten, sind dadurch in der Lage, miteinander zu kommunizieren, auch wenn sie auf unterschiedlichen Transportprotokollen basieren. Die bedeutenste Implementierung des GIOP ist z. Zt. das *Internet Inter-ORB Protocol* (IIOP), welches auf TCP/IP aufsetzt. Das *Environment-Specific Inter-ORB Protocol* (ESIOP) ist die zweite generische Spezifikation. Sie läßt bei der Implementierung mehr Freiheiten als ein GIOP und bietet so die Möglichkeit, die einer speziellen Umgebung angepaßten Dienste auszunutzen [14]. Allerdings geht dieser Vorteil zu Lasten der Interoperabilität; COs welche auf ORBs mit unterschiedlichen ESIOP-Implementierungen basieren, können nur über Brücken miteinander kommunizieren, welche die beteiligten Protokolle aufeinander abbilden.

Basierend auf den beiden generischen Protokollen sind auch zwei Möglichkeiten für die Adaptierung von CORBA für das SS7 vorgesehen. Der Einsatz eines ORB mit SS7-GIOP ist für solche Einheiten sinnvoll, die ein Interworking mit ORBs in fremden Umgebungen, beispielsweise dem Internet, verwirklichen. Die Verwendung eines ORB mit SS7-Protokollstack als ESIOP ist ansonsten aufgrund der Echtzeitfähigkeiten und der hohen Zuverlässigkeit vorzuziehen, jedoch müßten in diesem Fall auch Brückenprotokolle für fremde Umgebungen zur Verfügung stehen [12]. Abbildung 3 zeigt die **Architektur eines CORBA-basierten IN**.

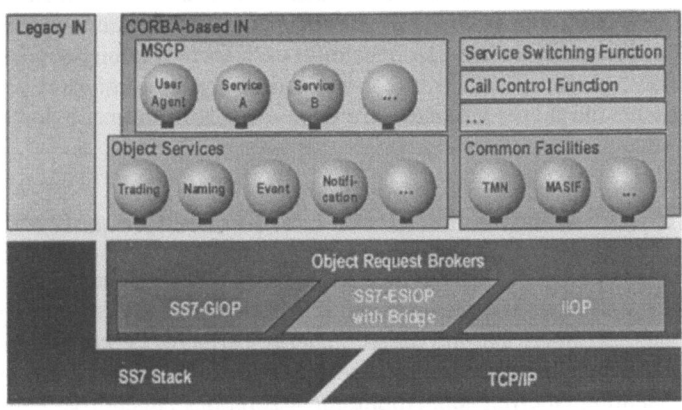

Abb. 3. CORBA-basierte IN-Architektur

Durch die Anpassung von CORBA für das SS7 stehen dem IN auch sämtliche CORBA-Dienste bereit, die sich in die sogenannten *Object Services* und die *Common Facilities* gliedern. Bei ersteren handelt es sich um eine Reihe von Anwendungen, welche die Verteilung von COs steuern und transparent machen. Die Common Facilities hingegen haben eine nicht so allgemeine Ausrichtung, sondern sind auf einen engeren Kreis von Anwendungsbereichen beschränkt. Zusammen mit dem ORB bilden diese beiden Gruppen dann die Grundlage zur Verwirklichung der FE.

Durch die Verwendung von CORBA in IN ergeben sich eine Reihe von Vorteilen im Vergleich zu den bisherigen, proprietären und monolythischen Ansätzen:

Schnelligkeit und Flexibilität beim Einsatz neuer Dienste: Dieser Vorteil beruht vor allem darauf, daß CORBA die physikalische Verteilung von COs transparent hält. Die Initiierung eines Operationsaufrufs sowie ggfs. die Ermittlung der zugehörigen Netzwerkadresse werden durch den ORB durchgeführt und bleiben somit dem Programmierer der Anwendung verborgen. Die Unsichtbarkeit dieser Aktionen bezeichnet man als *Lokalisierungstransparenz*. Sie wird durch den *Trading* und *Naming Service* maßgeblich unterstützt. Beide ermöglichen die Lokalisierung von COs durch das Abbilden ihrer abstrakten Referenzen auf physikalische Netzwerkadressen. Der Trading Service gestattet zusätzlich die Attributierung von COs mit qualitätsbeschreibenden Parametern. Eine andere Form der Transparenz ist die *Migrationstranparenz*, welche die Bewegung von COs zwischen verschiedenen Hosts verbirgt, auf denen sie ausgeführt werden.

Interworking: Wie aus der obigen Architektur bereits ersichtlich wird, verbirgt CORBA die Protokolle und Dienste einer speziellen Umgebung und ermöglicht auf diese Weise das Interworking zwischen heterogenen Netzen, beispielsweise zwischen einem SS7-basierten Signalisierungsnetz und dem Internet. Dadurch lassen sich neu entstehende Anwendungen z.B. aus dem Bereich Internettelefonie nahtlos in traditionelle Telekommunikationsnetze integrieren, und das Zusammenwachsen dieser Netze wird gefördert.

Skalierbarkeit und Fehlertoleranz: Durch die Möglichkeit, COs mit Hilfe der Migration auf andere Ressourcen auszulagern, ergeben sich neue Möglichkeiten der Skalierbarkeit und der Fehlertoleranz. Mechanismen hierzu können im Rahmen der Lokalisierungs- und Migrationstranparenz verwirklicht werden. Läuft ein bestimmtes System Gefahr überlastet zu werden oder muß es wegen Wartungsarbeiten heruntergefahren werden, können die COs zuvor auf andere Systeme migriert werden. Der gegenwärtige Zustand dieser Objekte wird dabei gesichert und nach der Migration wiederhergestellt.

4 VHE und maßgeschneiderte UMTS-Dienste unter CORBA

An dieser Stelle soll beispielhaft die Realisierung eines maßgeschneiderten Dienstes VideoMonitoring erläutert werden, welcher die Bilder einer Überwachungskamera über ein Mobilfunknetz überträgt und deren Steuerung erlaubt. Ferner soll die Möglichkeit bestehen, die Bilder der Kamera an andere Endgeräte weiterzuleiten, um eine dezentrale Überwachung zu erreichen. Abbildung 4 zeigt das zugehörige UML-Klassendiagramm, welches zusätzlich die Klassen für das VHE enthält und dessen Zusammenspiel mit dem jeweiligen Dienst verdeutlicht.

UML-Klassendiagramm
Der Teledienst VideoMonitoring greift auf Funktionen zweier Trägerdienste der Klasse DistributorService und SignalingService zurück. Die Dienste werden jeweils durch Vererbung von der Klasse TeleService bzw. BearerService abgeleitet, welche allgemeine, für jeden Dienst verbindliche Elemente enthält, so z.B. bzgl. Sicherheit und Abrechnung. Jeder der Trägerdienste enthält eine Anzahl von Attributen, welche seine Art charakterisieren. Die hier aufgeführten Attribute entsprechen den Richtlinien von [2]. Ein Trägerdienst vom Typ DistributorService übernimmt die Übertragung der Videodaten von der Überwachungskamera zum (mobilen) Endgerät. Es handelt sich um einen unidirektionalen, verbindungsorientierten Dienst mit variabler Bitrate, der sowohl die Punkt-zu-Punkt als auch die Punkt-zu-Mehrpunkt Kommunikation unterstützt. Wie der Name vermuten läßt, ist SignalingService für die Übertragung von Steuerinformationen zuständig, in diesem Fall zwischen einem Endgerät und der Kamera. Dieser Dienst ist bidirektional und verbindungslos.

Die Träger- und Teledienste können jeweils durch Zusatzdienste ergänzt werden. Exemplarisch sind hier die Dienste ForwardingService und MulticastService aufgeführt. Ersterer ist auf den Teledienst VideoMonitoring bezogen und ermöglicht die Weiterleitung der Videodaten zu einem zusätzlichen Endgerät. MulticastService ist auf den Trägerdienst DistributorService bezogen und gestattet das Hinzufügen einer zusätzlichen Verbindung zu einer unidirektionalen Punkt-zu-Punkt oder Punkt-zu-Mehrpunkt Kommunikation. Die Klassen der Zusatzdienste werden aus den abstrakten Klassen

TeleSupplementaryService und BearerSupplementaryService abgeleitet. Der Sinn dieser abstrakten Basisklassen liegt darin, unabhängig vom jeweilgen Typ eine für alle Zusatzdienste allgemeingültige Schnittstelle für ihre Steuerung vorzugeben. Auf diese Weise wird eine gewisse Dynamik erzielt, d.h. es können neue Zusatzdienste eingeführt werden, ohne die bestehenden Frontends, durch die sie aufgerufen werden, modifizieren zu müssen.

Die Dienstmerkmale, aus denen sich ein Zusatzdienst zusammensetzt, sind hier in Form von Schnittstellenspezifikationen aufgeführt. Diese Schnittstellen werden durch die Klassen der Basisdienste, in den sie zur Verfügung stehen sollen, implementiert. Dies ist erforderlich, da gleiche Zusatzdienste bei verschiedenen Basisdiensten nur mit unterschiedlichen Implementierungen möglich sind. Durch die Schnittstellen wird dann jedoch eine identische Aufrufsyntax garantiert.

Die Zusatzdienste der Trägerdienste werden durch den jeweiligen Trägerdienst aufgerufen und konfiguriert (siehe die Abhängigkeit zwischen VideoMonitoring und BearerSupplementaryService), während die Zusatzdienste der Teledienste entweder durch das VHE oder durch direkte Interaktion mit dem Benutzer in Anspruch genommen werden.

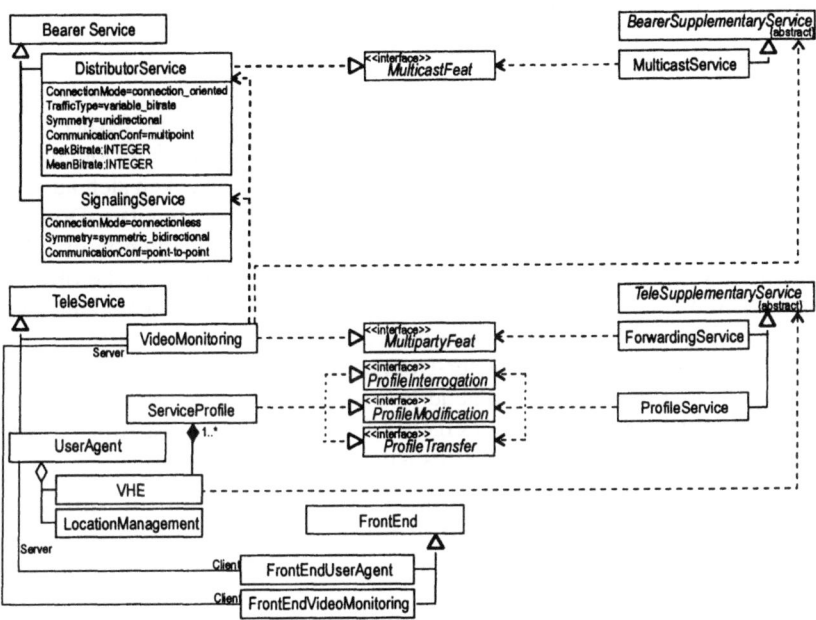

Abb. 4. UML-Klassendiagramm für den Teledient VideoMonitoring und für das VHE

Das VHE ist in einem Objekt der Klasse UserAgent enthalten, der ebenfalls einen Teledienst repräsentiert. Der *User Agent* (UA) ist ein intelligenter Agent, der den mobilen Benutzer im Festnetz eines Dienstanbieters repräsentiert. Dieser "agentenorientierte" Ansatz ist der TINA Service Architecture entnommen [16]. Der UA enthält benutzerbezogene Daten, wie z.B. das VHE, und kann so konfiguriert werden, um in eingeschränkter Form autonom und unabhängig für diesen bestimmte Aktionen durchzuführen. Beispielsweise verfügt der UA über ein Objekt der Klasse LocationManagement, welche das Bewegungsverhalten des Benutzers überwacht und aufzeichnet, und so eine optimale Strategie für dessen Lokalisierung bereithält. Jede Interaktion zwischen dem Benutzer und dem Dienstanbieter verläuft über den UA des Benutzers. Dabei werden Dienstanfragen und ankommende Verbindungsaufbauwünsche von anderen Benutzern durch ein Objekt der Klasse VHE kontrolliert. VHE setzt sich aus einem oder beliebig vielen Objekten ServiceProfile zusammen. Für jeden registrierten Teledienst existiert ein Objekt hiervon, welches die kunden- und benutzerspezifische Konfiguration der zugehörigen Zusatzdienste enthält. Des weiteren kann diese Konfiguration konditioniert sein, beispielsweise mit dem gegenwärtigen Aufenthaltsort oder dem Typ des verwendeten Endgerätes. Auf die einzelnen Dienstprofile kann wiederum durch einen Zusatzdienst des Typs ProfileService zugegriffen werden. ProfileService ist durch mehrere Dienstmerkmale realisiert, welche durch die Schnittstellen ProfileInterrogation, ProfileModification und ProfileTransfer repräsentiert werden und in ServiceProfile implementiert sind.

Schließlich müssen für jeden Teledienst Frontends vorgesehen werden, welche im Endgerät ausgeführt werden und jeweils von der Klasse FrontEnd durch Vererbung abgeleitet werden. In diesem Beispiel sind die Klassen FrontEndVideoMonitoring und FrontEndVHE dafür vorgesehen, welche zu dem jeweiligen Teledienst in einem Client/Server-Verhältnis stehen.

UML-Paketdiagramm
Abbildung 5 zeigt das zugehörige Paketdiagramm, welches die zuvor beschriebenen Klassen in Pakete gliedert und den jeweiligen *Domänen* zuordnet. Ferner zeigt es Abhängigkeiten sowohl zwischen den Paketen als auch zwischen den Domänen auf. Die Domäne des Netzbetreibers und die des Dienstanbieters erstrecken sich auf den jeweiligen Einflußbereich des Festnetzes, während die Kunden/Benutzer-Domäne durch das gerade verwendete Endgerät repräsentiert wird. Die Trägerdienste und die assoziierten Zusatzdienste gehören zur Domäne des Netzwerkbetreibers. Sie offerieren ihre Trägerdienste einem Dienstanbieter, weshalb eine entsprechend gerichtete Abhängigkeit zwischen diesen beiden Domänen besteht. Die Pakete der Frontends und der Telezusatzdienste in der Dienstanbieter-Domäne sind abhängig von den angebotenen Telediensten. Eine Kopie des Frontend-Pakets existiert in der Kunden/Benutzer-Domäne, wobei für jeden Kunden ein eigenes Paket vorgesehen ist, welches die Frontends entsprechend der Registrierung des Kunden aufweist.

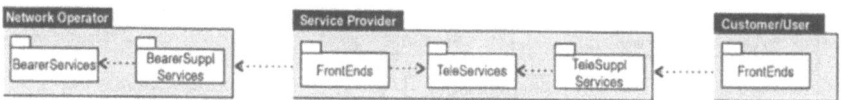

Abb. 5. UML-Paketdiagramm für das UMTS-Dienstrahmenwerk

An dieser Stelle sei angemerkt, daß die hier vorgestellten Diagramme keinen Anspruch auf Vollständigkeit erheben. Es wurde sich im wesentlichen auf die Darstellung von Klassen und ihrer Beziehungen zueinander konzentriert. Auf eine feinere Darstellung und eine syntaktische Beschreibung mit Hilfe von UML-Aktions- und Zustandsdiagrammen wurde aus Platzgründen verzichtet. Eine umfassende Einführung in die Sprache UML liefert u.a. [5].

Basierend auf der formellen Beschreibung durch UML können durch unterschiedliche UML-Compiler sogenannte *Schablonen* in verschiedenen objektorientierten Programmiersprachen erzeugt werden. Die Schablonen bestehen aus den syntaktischen

Definitionen der Klassen, ihrer Beziehungen zueinander (Vererbung, Enthaltenseinsbeziehung) und den in ihr enthaltenen Methoden. Diese Schablonen können dann durch den Programmierer mit der jeweiligen Semantik ergänzt werden, welche entweder aus der formellen UML-Darstellung oder, wo dies nicht ausreicht, aus einer informellen Beschreibung entnommen werden kann. Es existieren Compiler für die Generierung von Java und C++-Code sowie für die CORBA *Interface Definition Language* (IDL). Die Dienste werden dann als COs basierend auf einem ORB durch den Programmierer implementiert.

Anordnung der CO im IN
Nach der Realisierung der Dienste stellt sich nun die Frage, wie und wo die zugehörigen COs im Festnetz plaziert werden. Die linke Seite aus Abbildung 6 (Zugangsnetz und Festnetz des Dienstanbieters A) gibt Aufschluß darüber. Der UA, welcher u.a. das VHE enthält, residiert im MSCP des Zugangsnetzes während der Teledienst Video Monitoring und der Forwarding Service in einem zentralen SCP angeordnet sind. Es ist auch vorstellbar, daß die UAs der Benutzer zentral gesteuert werden, allerdings sieht UMTS aus Gründen der Lastverteilung explizit eine dezentrale Benutzerdatenverwaltung vor, welche sich auf verschiedene Zugangsnetze verteilt. Wo es sinnvoll erscheint, können umgekehrt die COs der Teledienste auch in den Zugangsnetzwerken angeordnet sein.

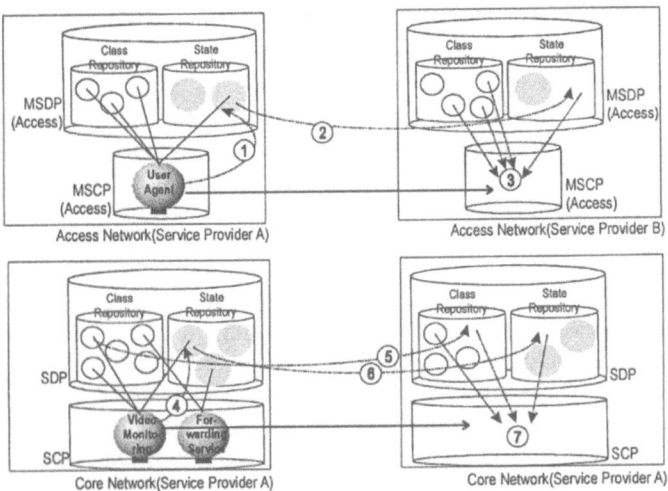

Abb. 6. Realisierung von Telediensten mit COs und ihre Migration

Jeder MSCP und SCP hat mit dem MSDP und SDP eine assoziierte Datenbank, welche jeweils in eine *Klassendatenbank (Class Repository)* und in eine *Statusdatenbank (State Repository)* aufgeteilt ist. Die Klassendatenbank enthält sämtliche Klassen, aus denen sich die COs zusammensetzen. Beim Starten eines COs werden die zugehörigen Klassendateien geladen und instanziiert; das Prinzip ist vergleichbar mit dem von Java-Applets. Befinden sich COs längere Zeit in einem passiven Zustand, werden sie aus dem MSCP bzw. dem SCP entfernt. Der gegenwärtige Status, also der Wert von Variablen und Registern, der in ihnen enthaltenen Objekte wird allerdings zuvor serialisiert und in der Statusdatenbank gesichert. Wird das CO reaktiviert, so erfolgt eine erneute Instanziierung der zugehörigen Klassen. Anschließend wir mit Hilfe der Statusdatenbank der Status wiederhergestellt. Die Suspendierung und Reaktivierung von COs wird durch den CORBA *LifeCycle Service* vorgenommen während die Serialisierung durch den *Externalization Service* erfolgt.

Das in Abbildung 6 dargestellte Szenario verdeutlicht den Ablauf der Migration von COs, wenn sich ein Benutzer aus dem Einzugsgebiet des Dienstanbieters A in das von Dienstanbieter B bewegt. In diesem Beispiel wird davon ausgegangen, daß der Benutzer vor Verlassen von A seine Sitzung des Dienstes Video Monitoring suspendiert und nach Betreten von B reaktiviert. Ferner wird vorausgesetzt, daß der Teledienst UA durch beide Anbieter verfügbar ist, während der maßgeschneiderte Dienst Video Monitoring nur von A angeboten wird.

Zunächst wird der Zustand des UA serialisiert und in das neue Zugangsnetzwerk verschoben, wo eine Reinstanziierung erfolgt. Die zugehörigen Klassen sind im lokalen MSDP vorhanden. Denkbar ist die Durchführung der Migration auch, wenn der Benutzer im Einzugsgebiet von A bleibt, und sich nur in ein Lokalisierungsgebiet mit anderem Zugangsnetzwerk bewegt. Auf diese Weise wird die persönliche Mobilität unterstützt. Der UA wird zu einem mobilen Agenten und das VHE steht immer lokal zur Verfügung. Eine Alternative besteht darin, den UA statisch zu realisieren, d.h. immer in einem Heimat-Zugangsnetzwerk des Benutzers zu belassen. Auf diese Weise würde man sich zwar die relativ teure und zeitaufwendige Serialisierung des Zustands und seine Übertragung ersparen, allerdings würden Signalisierungswege sehr lang, was zu großen Verzögerungen und einer hohen Last im Signalisierungsnetz führen kann. [6] und [8] präsentieren verschiedene Strategien diesbezüglich. [10] zeigt, daß die Effizienz der mobilen Variante in starkem Maße vom Bewegungs- und Anrufverhalten des Benutzers abhängt, weshalb vielleicht ein adaptives Verfahren angebracht ist, welches die stationäre oder die mobile Strategie gemäß dem Bewegungsverhalten des Benutzers anpaßt. Die Steuerung der adaptiven Strategie könnte durch den UA selbst vorgenommen werden, etwa durch die Location-Management-Komponente.

Im Festnetz von Dienstanbieter A wird bei Suspendierung von Video Monitoring der augenblickliche Status des Dienstes serialisiert, d.h. der Wert sämtlicher durch den Benutzer beeinflußbarer Parameter wird gesichert. Anschließend wird das CO beendet. Nachdem der Benutzer das Einzugsgebiet von Dienstanbieter B betreten und eine Reaktivierungsoperation ausgelöst hat, wird zunächst geprüft, welche Klassen in der Klassendatenbank des lokalen SDP vorhanden sind. Da Video Monitoring ein spezieller Dienst von A ist, muß die Klasse VideoMonitoring aus der Datenbank von A geladen werden. TeleService hingegen, die an VideoMonitoring vererbt, ist eine standardisierte Klasse, die deshalb bereits im lokalen SDP enthalten ist. Ferner wird der letzte Status der durch den Benutzer suspendierten Sitzung geladen und zusammen mit den Klassen als CO instanziiert. Durch diese Art der Objektmigration können zum einen maßgeschneiderte Dienste verwirklicht werden, zum anderen wird aber auch die Sitzungsmobilität unterstützt. Durch die Migrations- und Lokalisierungstransparenz bleiben diese Vorgänge anderen Objekten, die eine Bindung mit den migrierten COs haben, verborgen.

5 Schlußbemerkungen und Ausblick

Mit den in diesem Beitrag beschriebenen Ansatz wurde ein neuer Weg für die Vorgehensweise bei der Entwicklung und beim Einsatz neuer Dienste in UMTS aufgezeigt. Das hier vorgestellte Szenario ist natürlich stark vereinfacht, ist die Umsetzung eines Dienstes doch weitaus komplexer und erfordert die Interaktion zwischen einer Vielzahl von COs. Es sollte hiermit aber deutlich werden, welche Möglichkeiten CORBA und seine Dienste bei einem Einsatz in IN bieten, etwa die Verwendung von mobilen Agenten und der Objektmigration.

In weiteren Arbeiten soll ein Prototyp unter Zuhilfenahme der Java-basierten Plattform Voyager als Testbed zur Erzielung von Meßergebnissen entwickelt werden. Die hierbei erzielten Resultate sollen in mathematischen und simulativen Analysen als Parameter Verwendung finden. Von diesen Analysen wird Aufschluß über die Anwendbarkeit der entwickelten Strategien unter Echtzeitbedingungen erwartet. Hierbei kommen Modelle zum Bewegungs- und Anrufsverhalten von Benutzern zum Einsatz, die auch schon in [7] und [9] Verwendung fanden.

6 Literatur

1. Boujemaa, F. et al: *Introduction of Distributed Computing Middleware in Intelligent Networks*, White Paper, OMG telecom/97-09-01, 1997, ftp://ftp.omg.org/pub/docs/telecom/97-09-01.pdf
2. ETSI DTS/SMG-012205U *Universal Mobile Telecommunications System (UMTS); Services and Service Capabilities*; (UMTS 22.05 version 2.0.0)
3. ETSI DTS/SMG-012270U *Universal Mobile Telecommunications System (UMTS); service aspects; Virtual Home Environment (VHE)*; (UMTS 22.70 version 2.0.0)
4. ETSI DTS/SMG-012271U *Universal Mobile Telecommunications System (UMTS); Service aspects; Automatic Establishment of Roaming Relationships*; (UMTS 22.71 version 2.0.0)
5. Fowler, M. et. al.: *UML Distilled*. Addison-Wesley, 1997
6. Ramjee, R., LaPorta, T. F., Veeraragahvan, M.: *The Use of Network-Based Migrating User Agents for Personal Communication Services*. IEEE Personal Communications, Vol. 2 No. 6 (1995) 62-68
7. Rajagopalan, S.; Badrinath, B. R.: *An Adaptive Location Management Strategy for Mobile IP*. Proceedings of the First ACM Mobicom'95, 1995
8. Küpper, A.: *User Agents - An Approach for Service Provision and Location Management in 3rd Generation Mobile Networks*. Proceedings of ICT '98, Greece (1998)
9. Küpper, A.; Imhoff, F.; Hoff, S.: *Evaluation of Agent Concepts for Service Provision in 3rd Generation Mobile Networks*. Proceeding of Personal Wireless Communications '98, Edited by Tadao Saito, Takeshi Hattori and Takehiro Murase, Tokio, 1998
10. Küpper, A; Park, A. S.: *Stationary vs. Mobile User Agents in Future Mobile Telecommunication Networks*. Proceedings of Mobile Agents '98, Lecture Notes of Computer Science, Springer Verlag, 1998
11. Magedanz, T.; Popescu-Zeletin, R.: *Intelligent Networks - Basic Technology, Standards and Evolution*, International Thomson Publishing, 1996
12. The Object Management Group, Telecom Domain Task Force: *Interworking between CORBA and Intelligent Networks Systems*, Request for Proposal, telecom/97-12-06, 1997, ftp://ftp.omg.org/pub/docs/telecom/97-12-06.pdf
13. The Object Management Group, Telecom Domain Task Force: *Supporting Wireless Access and Terminal Mobility in CORBA*, Request for Information, telecom/98-06-04, 1998, ftp://ftp.omg.org/pub/docs/telecom/98-06-04.pdf
14. Redlich, J. P.: *Corba 2.0 - Praktische Einführung für C++ und Java*, Addison-Wesley, 1996
15. TINA-C: *Overall Concepts and Principles of TINA*. Version 1.0 (1995)
 http://www.tinac.com/deliverable/deliverable.htm
16. TINA-C: *Service Architecture*. Version 5.0 (1997),
 http://www.tinac.com/deliverable/deliverable.htm
17. UMTS Task Force: *UMTS Task Force Report*, 1996

Electronic Contracting im Internet[1]

M. Merz[*+], F. Griffel[*], M. Boger[*], H. Weinreich[*], W. Lamersdorf[*]

+ Ponton Hamburg, merz@ponton-hamburg.de

* VSYS - Verteilte Systeme, Fachbereich Informatik, Universität Hamburg,

{merz I griffel I boger I 1weinrei I smueller I lamersd}@informatik.uni-hamburg.de

Abstract

Heute bietet das Internet nicht nur für Großunternehmen sondern auch für kleine Unternehmen Möglichkeiten zur automatisierten Kooperation. Im Bereich des Business-to-Business-Commerce wurden jedoch bisher kleine Unternehmen aufgrund relativ hoher Transaktionskosten eher davon abgehalten, Handelstransaktionen über das Internet durchzuführen. Für solche Anwendungsbereiche wird in diesem Beitrag das COSMOS-Projekt (Common Open Service Market fOr SMEs) und seine Architektur vorgestellt, mit deren Hilfe die Vermittlung von Transaktionspartnern, der Aushandlungsprozeß eines Vertrages sowie das Unterzeichnen und schließlich die Abwicklung der vertraglich vereinbarten Leistungen durch eine verteilte Kollaborationsanwendung unterstützt wird. Dabei basiert die COSMOS-Architektur auf einem einheitlichen Vertragsmodell und unterstützt diese Prozesse in integrierter Form. Architekturell erfolgt der Systementwurf in Anlehnung an den CORBA Business Object Component Architecture (BOCA).

1 Einführung

Jede kommerzielle Handelstransaktion, die über organisatorische Grenzen hinweg abgewickelt wird, führt direkt oder indirekt zu einem Vertrag, der zwischen den beteiligten Parteien geschlossen wird. Dieser Vertrag hält deren Verpflichtungen, die dort definierten Leistungen zu erfüllen, fest. Gleichzeitig definiert er die jeweiligen Rechte, die den anderen Parteien daraus erwachsen. Diese austauschbaren Leistungen sind dabei Dienste, Güter, Rechte oder Zahlungen.

In der Literatur werden für eine derartige Transaktion drei Phasen unterschieden [Schm95]:

- In der *Informationsphase* beobachten Teilnehmer den Markt und unterbreiten möglichen Partnern Angebote. Während der Produktsuche werden dabei Produktspezifikationen - also Preise, Qualitätsmerkmale, etc. - zur Evaluation herangezogen.

---

[1] Das in diesem Beitrag präsentierte Projekt „COSMOS" wird im Rahmen des Vertrages Nr. 26850 (Esprit) von der Europäischen Kommission gefördert

- In der *Verhandlungsphase* treten potentielle Partner zunächst in Verbindung, um über Angebote und Gegenangebote diese Spezifikationen iterativ anzupassen. Dieser Verhandlungsprozeß führt entweder zu einem Zustand der Einigung, oder er wird abgebrochen.
- Schließlich stellt die Vertragsunterzeichnung den Übergang zur *Abwicklungsphase* dar. Diese Phase kann zwischen wenigen Sekunden und mehreren Jahren dauern.

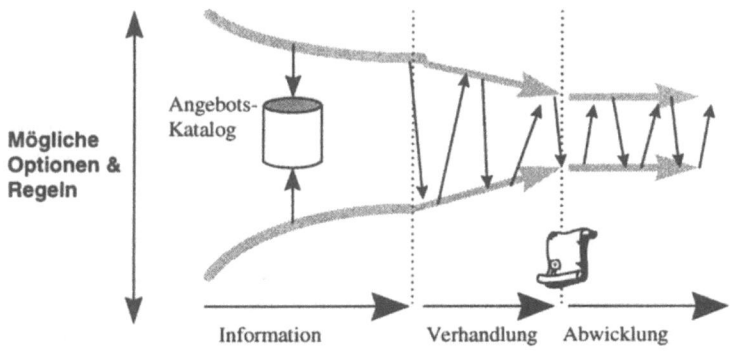

Abb. 1: Phasen einer Handelstransaktion

Aufbau des Papiers

Der Rest dieses Beitrags ist wie folgt organisiert: Abschnitt 2 motiviert das Gebiet des elektronischen Vertragsdienstes und stellt seine Schwerpunkte dar. Anschließend wird die COSMOS-Architektur im Abschnitt 3 dargestellt. Abschnitt 4 befaßt sich mit dem COSMOS-Objektmodell für elektronische Verträge sowie der komponentenbasierten Modellierung ihrer Bestandteile. Im Abschnitt 5 werden aktuelle Schritte zur Implementierung des Systems erläutert. Weitere Literatur – auch zu hier nicht behandelten Fragestellungen – sind der COSMOS-Home-Page zu entnehmen [COSMOS99].

2 Electronic Contracting

Die Metapher des Vertrages ist besonders geeignet, die Verbindung zwischen dem Phasenmodell der ökonomischen Ebene und einer systemtechnischen Unterstützung über alle Phasen herzustellen: Er repräsentiert als zusammenhängendes Dokument die zuvor gesammelte Information, d.h., ausgehandelte Rechte und Pflichten sowie einen Plan zur Erfüllung der fixierten Leistungen. Insbesondere wird die gegenseitige Verpflichtung durch das Leisten der Unterschrift aller Parteien verbindlich und verifizierbar [HaBi93].

Diese Natur des herkömmlichen Vertrages erscheint geeignet, ihn nicht nur auf elektronischem Wege zu erstellen, sondern auch zur Steuerung des Leistungsaustausches heranzuziehen. In diesem Zusammenhang ist insbesondere auf die Arbeiten von Milosevic et al. zu verweisen, in denen eine Architektur zur Verwaltung elektronischer Verträge als Einsatzszenario für das Open Distributed Processing (ODP) diskutiert wird [Milo95, MiAC96].

2.1 Reduzierung der Transaktionskosten

Unter realistischen Bedingungen entstehen durch die Informationsphase sowie den Prozeß der Vertragsaushandlung hohe Transaktionskosten. Üblicherweise treten diese Kosten in Form von Personalkosten für die Recherche, Ausarbeitung von Verträgen sowie die Einbindung Dritter auf. Die üblichen Kostenarten sind dabei:

- *Informationskosten.* Sie treten aufgrund mangelhafter Transparenz beim Verschaffen der erforderlichen Marktübersicht auf. Verlage, Analysten und andere Dienstleister profitieren aufgrund des unvollständigen Wissens der Marktteilnehmer von dieser Intransparenz.

- *Verhandlungskosten.* Eine Verhandlung kann ein langwieriger Prozeß sein, der nicht nur interne Personalressourcen bindet, sondern auch durch mögliche Mißverständnisse hinsichtlich der Vertragessemantik und seiner Handhabung sowie durch die Einbindung Dritter fehleranfällig ist. Schließlich erfordert der Prozeß des Signierens besondere Sicherheits- und Vertrauensmechanismen – insbesondere wenn mehr als zwei Parteien oder mehr als ein Vertrag involviert sind.

- *Abwicklungskosten.* Vertragsparteien könnten bei der Erbringung der vereinbarten Leistung in Verzug geraten, so daß zusätzliche Maßnahmen zur Überwachung der Leistungserfüllung erforderlich sind, die ihrerseits die Transaktionskosten steigern.

Als Situationsbeschreibung kann somit festgehalten werden, daß in der Praxis Transaktionskosten erheblich reduziert werden könnten, wenn ein Softwaresystem eine angemessenere Balance zwischen Automatisierung, Standardisierung, einem verbesserten Geschäftsmodell sowie der Regulierung juristischer Rahmenbedingungen bietet. Insbesondere bei der Nutzung des Internet ist daher eine verteilte Anwendung gefordert, die nicht nur einen einfachen technischen Zugang zum System schafft, sondern gleichzeitig auch organisatorischen und juristischen Anforderungen der Marktteilnehmer gerecht wird.

2.2 Schwerpunkte des Electronic Contracting

Diese Ausgewogenheit bedarf einer angemessenen Dienstinfrastruktur mit wohldefinierten Schnittstellen zwischen den beteiligten Komponenten sowie den zumeist schon bestehenden Softwaresystemen der beteiligten Parteien. Der bisher wohl prominenteste und älteste Ansatz zur Integration von Geschäftsprozessen zwischen Unternehmen ist der Elektronische Datenaustausch (EDI). Hier beschränkt sich die Standardisierung auf die Definition und den Austausch passiver Nachrichtenobjekte, so daß es Anwendern überlassen bleibt, diese Daten sinnvoll zu verarbeiten bzw. den richtigen Zeitpunkt für ihren Austausch zu wählen.

Somit integriert EDI nicht die beteiligten Unternehmen sondern macht sie lediglich interoperabel. Dieses wird durch ein hohes Maß an Standardisierung und Formalisieurng erreicht, jedoch auf Kosten der Unterstützung neuer oder individueller Geschäftsprozesse, für die jeweils spezialisierte EDI-Nachrichtenformate definiert werden müssen. Die Nutzung von EDI ist damit für kleine und mittlere Unternehmen unrentabel.

Andererseits bieten heutige Internet-Technologien weitreichende Möglichkeiten zur Interoperation, jedoch mangelt es hier wiederum häufig an der nötigen Standardisierung, die zur effizienten Kooperation zwischen Unternehmen erforderlich ist.

Während sich nun EDI mit der Datendefinition auf die Festlegung von Nachrichtentypen befaßt, wird beim COSMOS-Projekt das einfache und integrierte Bearbeiten, Signieren und Ausführen von Verträgen unterstützt. Die Zielsetzung besteht darin, Einzelpersonen und kleinen Unternehmen mit wenig Aufwand ein verteiltes System bereitzustellen, welches als begleitendes Instrument zur Abwicklung von Handelstransaktionen eingesetzt werden kann. Ein besonderes Schwergewicht wird dabei auf die Verhandlungsunterstützung und Ausführung gelegt, indem der Vertrag selbst aktiv diese beiden Prozesse beeinflussen kann. Durch die integrierte, halbautomatische Komposition eines Vertrages ist das COSMOS-System in der Lage, in konsistenter Weise Information zur Ausführung der vereinbarten Leistungen im Sinne einer Workflow-Definition einzuschließen. Diese Information hilft, den Vertrag in der Abwicklungsphase zur Ausführung zu bringen.

3 Technologischer Hintergrund

Die COSMOS-Architektur zielt darauf ab, Transaktionskosten sowohl durch *Automatisierung* als auch durch *Integration* zu reduzieren. Dies betrifft vor allem folgende Softwarekomponenten (vgl. Abb. 2):

3.1 Softwarekomponenten der COSMOS-Architektur

- *Online-Kataloge*. Informationen über Marktteilnehmer können heute über Suchmaschinen oder „Gelbe-Seiten"-Dienste erlangt werden. Beiden Ansätze mangelt es jedoch an Selektivität auf der Basis einer geeigneten Menge von Qualitätsattributen. Diese würden Anbietern die Möglichkeit gewähren, nicht nur Teilnehmerinformation, sondern auch Angebote zu registrieren. Nachfragern würden die Attributlisten als Hilfsmittel dienen, um präzisere Anfragen zu formulieren.

- *Broker* arbeiten im Auftrag eines Teilnehmers, um ein Konsortium aus potentiellen Vertragspartnern zu formieren. Sie benötigen sowohl Zugang zum Online-Katalog als auch zu den QoS-Spezifikationen der Nachfrager. Richtlinien zur Auswahl und Navigationsschnittstellen unterstützen Anwender des Brokers in flexibler Form. Als Kernkomponente des Brokers dient ein Trader, wie er im Rahmen der ODP- bzw. CORBA-Standardisierung spezifiziert wurde [ISO97, MJML95, OMG96]. Im Gegensatz zum CORBA-Trader ist der Broker jedoch in der Lage, Angebote zu mehr als einer Spezifikation (der „Import"-Anfrage des Traders) zu liefern. Resultat des

Brokers ist dabei ein *Vertragsvorschlag*, welcher zu jeder vertraglich definierten Rolle eine Partei und für jede Leistungsspezifikation eine von der entsprechenden Partei angebotene Leistung umfaßt. Diese Informationen werden aus dem Angebotsraum des Katalogs ermittelt.

- *Verhandlungsunterstützung.* Eine Verhandlung wird als das gemeinsame Editieren eines Vertrags als strukturiertes Dokumentes aufgefaßt. Jede Modifikation dieses Vertrages wird im Verhandlungskontext von der jeweils empfangenden Partei als ein Vertragsangebot aufgefaßt, welches wiederum als Gegenangebot oder Ablehnung zurückgesendet werden kann. Die Vertragsverhandlung kann unabhängig vom gemeinsamen Editieren durch ein Konferenzsystem - wie z.B. ein Telefon- oder Videokonferenzsystem - flankiert werden. Die Aufgabe der Verhandlungsunterstützung ist dabei erstens eine konsistente und integrierte Dokumentenbearbeitung, zweitens bietet sie die Möglichkeit, zusätzliche Dienste zur Steuerung der Verhandlung hinzuzuschalten [CePW98]. Dieses ist zum einen ein Workflow-System zur Verhandlungssteuerung, welches auf der Basis flexibler, gefärbter Petrinetze [Jens92] den Kommunikationsfluß zwischen den Parteien steuert, zum anderen bietet es für jeden Teilnehmer die Möglichkeit, ein individuelles Strategiemodul hinzuzuschalten, welches – im Rahmen der Definitionen von Verhandlungsrichtlinien – zur Durchführung der Verhandlung von einer Partei beauftragt werden kann [TGML98].

- *Unterstützung des Vertragsabschlusses.* Ein Dokument, welches kollaborativ editiert wurde, kann von den beteiligten Parteien gemeinsam elektronisch signiert werden [Schn95]. Bedingung ist hier die Existenz einer standardisierten externalisierten Repräsentation des Vertrages. Zu diesem Zweck im COSMOS-Projekt eine XML-Repräsentation für Verträge entwickelt worden [GoPr98, COSMOS98]. Wenn menschliche Teilnehmer an der Vertragsverhandlung beteiligt sind, ist es erforderlich die Funktionen einer natürlichen Unterschrift (Warnfunktion, Abschlußfunktion, Authentisierung, etc. [HaBi93]) auf das elektronische Medium zu übertragen. Daher folgt diese COSMOS-Komponente dem Motto „What you see is what you sign": Eine in standardisierter Weise reproduzierbare grafische Repräsentation des Vertrages dient als Grundlage der Unterzeichnung.

- *Abwicklungsunterstützung.* Schließlich wird ein Workflow-System eingesetzt, um die Ausführung von Aktivitäten durch vertraglich spezifizierte Parteien in entsprechender Reihenfolge auszuführen. Dabei sind zwei Formen der Unterstützung möglich: bei *informellen Aktivitäten* (welche durch den menschlichen Benutzer durchgeführt werden) notifiziert das Workflow-System die betreffende Partei, daß eine Aktivität zu verrichten ist. Bei formellen Aktivitäten (die vom Workflow-System etwa durch Methodenaufruf ausgeführt werden können) ist der Austausch geeigneter Parameter- und Resultatobjekte erforderlich [MeLL97].

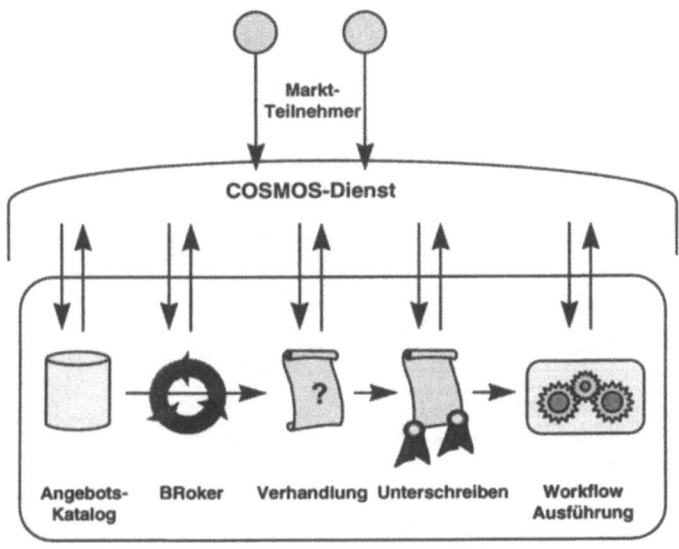

Abb. 2: Funktionen des Electronic-Contracting-Systems

Jeder der erwähnten Dienste kann isoliert angeboten und eingesetzt werden. Die Dienste müssen nicht notwendigerweise vom gleichen Anbieter in Anspruch genommen werden. Der Vorteil einer integrierten Nutzung liegt jedoch in der bruchlosen Übergabe von Objekten zwischen den betreffenden Transaktionsphasen (vgl. Abb. 2): heute werden Online-Kataloge, Groupware- und Workflow-Systeme als Komponenten für die unterschiedlichen Transaktionsphasen eingesetzt, jedoch mangelt es für die Aufgabe des Electronic Contracting Service an der Integration dieser Systeme. Die COSMOS-Architektur spezifiziert aus diesem Grunde Schnittstellen und Funktionen, so daß eine logische Integration hin zum „one-stop-service" erreichbar wird.

4 Das COSMOS-Vertragsmodell

Die COSMOS-Architektur unterstützt alle Transaktionsphasen, daher ist die Nutzung eines einheitlichen Objektmodells über alle Phasen hinweg vorteilhaft. Aus Gründen der Übersichtlichkeit und des beschränkten Platzes wird im folgenden jedoch nur das Vertragsmodell skizziert. Eine ausführliche Behandlung aller Komponenten ist in [MGTM+98] zu finden. Die wesentlichen Merkmale dieses Objektmodells werden im *Vertragsmodell* zusammengefaßt. Es zielt darauf ab, nur jene Vertragsbestandteile zu formalisieren, die semantisch eindeutig abgrenzbar sind und damit eine effiziente Automatisierung erlauben. Abbildung 3 illustriert das entwickelte Objektmodell.

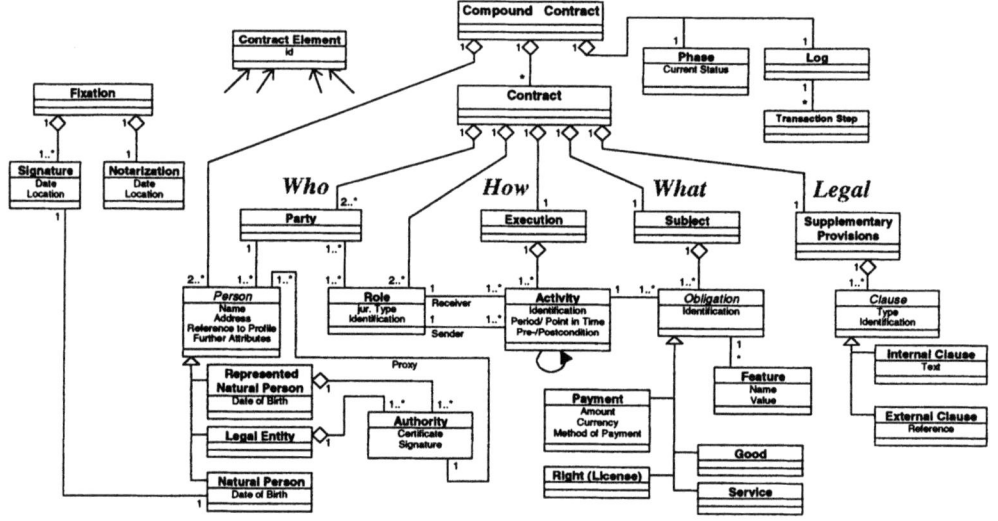

Abb. 3: Das COSMOS Vertragsmodell

Die Bestandteile des Vertragsmodells werden im folgenden nach ihren Schwerpunkten unterschieden:

Das Vertragswerk

- Ein *Vertragswerk* (engl. "compound contract") ist ein Verbund mehrerer Einzelverträge. Dabei können diese jeweils in sich abgeschlossen sein oder untereinander Querbeziehungen besitzen. Das Vertragswerk setzt sich zusammen aus Verträgen, einer Liste von Unterschriften, sowie Meta-Informationen zum Zustand des Vertragswerks.

- *Vertrag*. Ein Vertrag ist ein Objekt, welches sich aus einer Menge von *Klauseln* zusammensetzt und anwendungsspezifisch um zusätzliche Klauseln erweitert werden kann. Ein Vertrag liegt im juristischen Sinne erst vor, wenn alle *Parteien* diesen signiert haben. Ein Vertrag definiert immer mindestens zwei *Leistungen*, die jeweils von einer der Parteien erbracht werden.

- *Klausel*. Ein *Vertrag* besteht strukturell aus Klauseln. Diese sind im wesentlichen den folgenden Bereichen zuzuordnen: Identifikation der Parteien („Wer"), des Vertragsgegenstands („Was"), der Durchführung („Wie") sowie weiteren Bedingungen.

- Auf der Ebene des Vertragswerks werden *Metainformationen* verwaltet, die sich auf einzelne Verträge bzw. das gesamte Vertragswerk beziehen. Diese umfassen *Unterschriften* und *Statusinformationen*.

- *Unterschriften* werden von den *Parteien* für einen *Vertrag* geleistet. Befinden sich mehrere Verträge im Vertragswerk, so hat jede Partei alle Verträge zu unterschreiben, an denen sie als Partei beteiligt ist.
- *Beglaubigung des Notars.* Der *Notar* hat die Unterschriften der Parteien zu validieren und mit seiner eigenen Unterschrift den Zusammenhang dieser Unterschriften mit den Verträgen zu beglaubigen.
- *Statusinformation.* Ein Vertrag kann sich in den Zuständen „Schablone", „Vorschlag", „Angebot" „Agreed", „Unterschrieben", „In Ausführung" befinden. Diese Information kann dem Vertragsobjekt über einen Methodenaufruf entnommen werden. Sie sollte sich aus der Zusammensetzung der Vertragsstruktur ableitbar sein, so daß keine explizite Repräsentation des Zustandes (als Attribut) erforderlich ist.

Parteien

- *Partei.* Organisatorisch wird ein *Vertrag* zwischen zwei oder mehreren Parteien geschlossen. Dabei qualifiziert der Begriff „Partei" einen *Markt*teilnehmer als Vertragsteilnehmer. Er legt jedoch weder die *Rolle* fest, in der die Partei agiert, noch die Person(en), die sie repräsentiert.
- *Personen* treten (synonym für *Teilnehmer*) als Vertragsparteien auf. Dabei können Personen in mehrere Verträge involviert sein. Eine Person kann - gemäß dem Vertragsmodell - entweder eine juristische oder eine natürliche Person sein. In beiden Fällen sind hinreichend Informationen erforderlich zur Authentisierung der Person, zur Integration in Workflow-Prozesse sowie zur Spezifikation der individuellen Anforderungen an die COSMOS-Infrastruktur.
- *Rolle.* Eine *Partei* nimmt für einen individuellen *Vertrag* eine spezielle Rolle ein, z.B. „Verkäufer", „Käufer" oder „Finanzier".

Vertragsgegenstand

- Der *Vertragsgegenstand* setzt sich aus mehreren *Leistungen* zusammen, welche die Parteien untereinander austauschen. Eine Leistung besitzt Qualitätsattribute, die sich von Vertrag zu Vertrag unterschiedlich zusammensetzen können. Eine Leistung (engl. "obligation") repräsentiert grundsätzlich die Übertragung eines Rechts. Dieses Recht kann das Eigentum an einer *Ware*, an *Geld*, einer *Dienstleistung* oder eine *Lizenz* sein. Eine Leistung besitzt immer einen (Leistungs-)Erbringer und einen (Leistungs-)Empfänger. Dabei sind in diesem Bereich auch Abhängigkeiten zwischen Leistungen festzulegen. Diese umfassen im Rahmen der *Durchführung* kausale und temporale Abhängigkeiten zwischen jeweils zwei Leistungen: Bedingungen, unter denen eine Leistung zu erbringen ist, Informationen, die zwischen zwei Leistungen transferiert werden, sowie Informationen, die als Parameter bzw. Resultat einer Leistung auftreten. Leistungen sind im einzelnen:

- *Ware*: Hierbei wird anhand der *Leistungsattribute* eine Produktbeschreibung vorgenommen
- *Dienstleistung*: Die QoS-Parameter eines Dienstes werden hier festgelegt. Ferner kann eine Dienstleistung online – d.h. durch einen Server - erbracht werden. Im Falle der Online-Dienstleistung ist dazu eine URL auf eine *Adapter-Bean* erforderlich, die als Proxy für Methodenaufrufe beim Dienstleister verwendet wird (s.u.).
- *Lizenz*: Hierbei wird eine authentisiertes Datenobjekt vom Leistungerbringer an den -empfänger übermittelt.
- *Geld*: Auch hier wird ein Datenobjekt übermittelt. Es kann sich um eine Zahlungsautorisierung oder um eine elektronische Münze handeln.

5 Implementation

Die Implementation des COSMOS-Systems lehnt sich an die CORBA BOCA (CORBA Business Object Component Architecture) an [OMG98]. Dabei dient der dort definierte *Adapter* als wichtigster Mechanismus zur Integration von Softwaresystemen der Vertragsparteien:

5.1 CORBA Business Objects als Integrationsgrundlage

Die CORBA BOCA wurde als eine der architekturellen Grundlagen für den COSMOS-Dienst gewählt [OMG98]. Hierbei liefern Business Objects eine standardisierte Infrastruktur zur Ausführung von Geschäftsanwendungen (als CORBA-Facility) sowie wiederverwendbare Common Business Objects, welche als elementare Softwarekomponenten für anwendungsnahe Softwareprojekte einsetzbar sind. Als Softwarekomponenten im Sinne der „Componentware" [Grif98] sind Business Objects wiederverwendbare, mit Meta-Informationen versehene, inspizierbare und dynamisch integrierbare Softwaremodule. Die BOCA bietet zudem die Möglichkeit, *Frameworks* für unabhängige Anwendungskomponenten zu spezifizieren.

Unter diesen Voraussetzungen wird davon ausgegangen, daß die Grundlagen für einen offenen Komponentenmarkt erfüllt sind, auf dem die Teilnehmer gegenseitig Softwarekomponenten einbinden. Eine Kohärenz zwischen diesen Komponenten kann jedoch nur gewährleistet werden, wenn eine Standardisierung der Business Objects sowie aller über Organisationsgrenzen hinweg interoperabler Komponenten gewährleistet ist.

Die BOCA führt hierzu den Begriff der Business System Domains (BSD) ein, welche verteilte Objektsysteme charakterisieren, die innerhalb einer abgrenzbaren Organisation (Unternehmen, Abteilung) eingesetzt werden und nach den Richtlinien dieser Organisation konfiguriert und ausgeführt werden. Aus der technischen Perspektive des Electronic Contracting repräsentiert eine BSD eine Vertragspartei und damit die Dienstleistungen, die diese Partei anderen Marktteilnehmern zugänglich macht.

Der synergetische Effekt von Business-Object-Frameworks und deren praktischer Einsatz ist somit eine der wesentlichen Voraussetzungen für einen Electronic Contracting Service im Sinne des COSMOS-Projekts.

Als ein besonderes Konzept der BOCA ist schließlich der *Adapter* zu nennen. Er wird von einem Marktteilnehmer verwendet, um anderen einen logischen Zugangspunkt zu Diensten der eigenen BSD zu bieten. Dabei kann der Adapter als Komponente in die Domänen anderer BSDs herausgegeben werden.

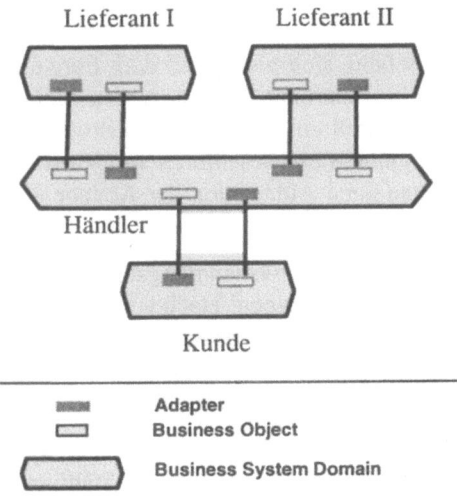

Abb. 4: Business System Domains und Adapter

Technisch kann der Adapter mit dem Client-Stub der CORBA-Architektur verglichen werden, der als Vertreterobjekt für ein Business-Objekt instanziiert werden kann. Im Gegensatz zum CORBA-Stub bildet der Adapter jedoch nicht notwendigerweise die API des Business Objects nur 1:1 ab. Er bietet vielmehr zusätzliche Metainformation über das Business Object und umfaßt lokale Logik z.B. zur Validation von Client-Parametern. Ein Adapter kann somit zur Laufzeit hinsichtlich seiner Eigenschaften inspiziert und zwischen verschiedenen BSDs ausgetauscht werden, um Softwarekomponenten der anderen BSD Zugang zur eigenen Umgebung zu verschaffen. Entsprechend kann durch diese komponentenbasierte Einbindung eine flexible Integration von Softwaresystemen erfolgen. Somit repräsentiert ein Adapter exakt den Teil eines proprietären Softwaresystems, der bewußt an die „Außenwelt" herausgegeben wird (Abb. 4).

Entsprechend sollte damit der Electronic Contracting Service eine Editor-Komponente besitzen, welche Marktteilnehmern die Möglichkeit bietet, andere nach den von ihnen über den Adapter freigegebenen Informationen zu selektieren. Wird dieser Teilnehmer als Partei in den Vertragsentwurf eingebunden, können anhand der Metainformation Ereignisse und Methoden zwischen den Objekten zugeordnet werden. Diese Integration mehrerer Adapter verschiedener Marktteilnehmer definiert somit einen Workflow: Das

Ereignis der einen Partei wird abgebildet auf einen Methodenaufruf bei der anderen, z.B. um den Bestellvorgang bei Unterschreiten des Lagerbestand zu automatisieren. Der Vorteil dieser Technologie liegt im wesentlichen in der flexiblen Zuordnung von Adaptern.

Damit besteht der Verhandlungsprozeß aus der Konfiguration von Business Objekts, der Definition von Beziehungen zwischen diesen sowie der Festlegung von Regeln für ihr Zusammenwirken. Diese Information wird als elektronischer Vertrag festgehalten.

5.2 Status der Implementation

Das COSMOS-Projekt befaßte sich bisher mit dem Entwurf des Vertragsmodells und seiner XML-Repräsentation. Darüber hinaus wurden einige Vertragsschablonen entwickelt, um das Vertragsmodell zu validieren. Als Prototypen stehen Softwarekomponenten zum Editieren, Signieren und Ausführen von Verträgen zur Verfügung; sie zielen darauf ab, den vollständigen Ablauf von der Abgabe eines Angebots bis zur Ausführung des Vertrages zu unterstützen.

Entwicklungen des Katalogs, der Verhandlungsunterstützung sowie des Workflow-Systems der Prototyp-Phase zuzuordnen. Nachdem aufgrund der Prototypentwicklung hinreichende Erfahrungen gesammelt werden konnte, begann seit Dezember 1998 die Implementierung der vollständigen COSMOS-Architektur. Im wesentlichen erfolgt diese Entwicklung mit Hilfe des Java Development Kits 1.1.6 und Oracle 8i als DBMS.

Da sich auch die BOCA-Architektur selbst noch im Stadium der Spezifikation befindet, werden Business Objects mit der notwendigen Funktionalität zunächst im Rahmen des COSMOS-Projekts als erste Prototypen entwickelt.

6 Zusammenfassung

„Electronic Contracting" ist ein vielversprechendes Anwendungsfeld heutiger Internet-Technologien, welche den beteiligten Unternehmen bei geringem Aufwand ein hohes Optimierungspotential beim Verhandeln und Abschließen von Verträgen bieten. Zum anderen stellt dieser Anwendungsbereich hohe technologische und organisatorische Anforderungen an die COSMOS-Architektur, so daß in besonderem Maße Anwenderwissen und Praxisinformationen in den Entwurf einfließen müssen.

Dabei wird der Ansatz der CORBA Business Objects mit dem Ziel verfolgt, diverse Funktionen auf diese Weise in einer standardisierten Umgebung als vorgefertigte Komponenten nutzen, die sonst selbst zu entwickeln wären. Nichtsdestotrotz ist es ebenfalls denkbar, die COSMOS Architektur an andere Umgebungen anzupassen - wie z.B. das San Francisco Framework von IBM [IBM98].

Schließlich eignete sich die COSMOS-Plattform bisher als geeignete Grundlage, um interdisziplinär zwischen Juristen, Wirtschaftswissenschaftlern und Informatikern neue Ansätze im Bereich des Electronic Commerce zu entwickeln und validieren.

7 Literatur

[CePW98]   W. Cellary, W. Picard, W. Wieczerzycki: "Web-based Business-to-Business Negotiation Support". In (F. Griffel, T. Tu,. W. Lamersdorf) *Electronic Commerce*, dpunkt, Heidelberg, 1998

[COSMOS98] COSMOS Project Home Page: http://www.ponton-hamburg.de/cosmos

[MGTM+98]   M. Merz, F. Griffel, T. Tu, S. Müller-Wilken et al.: Supporting Electronic Commerce Transactions with Contracting Services. In: International Journal on Cooperative Information Systems, 4(7), Dezember 1998, S. 1-25

[GoPr98]   C. F. Goldfarb, P. Prescod: "The Xml Handbook", Prentice Hall 1998

[Grif98]   F. Griffel: "Componentware - Konzepte und Techniken eines Softwareparadigmas". dpunkt, 1998

[HaBi93]   V. Hammer, J. Bizer: "Beweiswert elektronisch signierter Dokumente". In: Datenschutz und Datensicherung (DuD) 12/93, S.689-699

[IBM98]   http://www.ibm.com/Java/Sanfrancisco/ technical.html, 1998.

[ISO97]   ISO/IEC IS 13235-1, ITU/T Draft Rec X950-1, Part 1; ODP Trader Spec., 1997

[Jens92]   K. Jensen. Coloured Petri Nets: Basic Concepts, Analysis Methods and Practical Use, Springer 1992.

[MeLL97]   M. Merz, B. Liberman, W. Lamersdorf: "Using Mobile Agents to Support Interorganizational Workflow-Management". In: International Journal on Applied Artificial Intelligence, 11(6), September 1997, S. 551ff

[MiAC96]   Z. Milosevic, D. Arnold, L. O'Connor, Inter-enterprise Contract Architecture For Open Distributed Systems: Security Requirements, WET ICE'96 Workshop on Enterprise Security, Stanford, USA, June 1996.

[Milo95]   Z. Milosevic: „Enterprise Aspects Of Open Distributed Systems", PhD. Thesis, Department of Computer Science, University of Queensland, 1995.

[MJML95]   K. Müller-Jones, M. Merz, and W. Lamersdorf, Kooperationsanwendungen: Integrierte Vorgangskontrolle und Dienstvermittlung in offenen verteilten Systemen. In F. Huber-Wäschle, H. Schauer, and P. Widmayer, eds., GISI 95 - Herausforderungen eines globalen Informationsverbundes für die Informatik, Zurich, pp. 518-525, Springer 1995.

[OMG96]   AT\&T, DSTC, DEC, HP, ICL, Nortel, and Novell. Trading Object Service, OMG Document No.: orbos/96-05-06, Version 1.0, 1996.

[OMG98]   Object Management Group: "CORBA BOCA - Business Object Component Architecture", Spezifikation, OMG Dokument Nr. bom/98-01-07, 1998

[Schm95]   B. Schmid et al.: "Electronic Mall: Banking und Shopping in globalen Netzen". Teubner, Stuttgart 1995

[Schn95]   B. Schneier: "Applied Cryptography: Protocols, Algorithms, and Source Code in C", John Wiley & Sons, 1995

[TGML98]   T. Tu, F. Griffel, M. Merz, W. Lamersdorf: "A Plug-in Architecture Providing Dynamic Negotiation Capabilities for Mobile Agents". In: Proc. 2. Intl. Workshop on Mobile Agents, MA'98, Stuttgart, 1998, Springer LNCS, S. 222-236

Permanent Customer–Provider Relationships for Electronic Service Markets

Thomas Preuß, Jens-Hagen Syrbe, and Hartmut König

Brandenburg University of Technology at Cottbus, Computer Science Institute,
Postbox 10 13 44, D-03013 Cottbus, Germany,
Phone +49-355-69-22 36
{tpreuß,jhs,koenig}@informatik.tu-cottbus.de

Abstract: In recent years the development of distributed applications on increasingly powerful communication networks has become one of the major challenges in communication technologies. Open service markets have been established which offer a multitude of services to an unlimited number of customers. Up to now the relationship between service customer and provider is short-termed, i.e. the services are mediated on demand. On the other hand service providers do not have any obligation to provide certain services or to ensure a defined service quality. They can also withdraw their offer at any time. For many service customers this situation will be acceptable, but for others, especially commercial ones, this might be insufficient. In this paper, we introduce the concept of a permanent service supplier relationship for establishing a permanent relationship between service customers and providers. We describe how such relationships can be set up and suggest a service property scheme for this. Finally we show how these relationships can be implemented by using Virtual Private Resources.

Keywords: Distributed Applications; Trading; Quality of Service; Service Properties; Virtual Private Resources; Open Service Markets; Service Contracts; Contract Enforcement

1 Motivation

In recent years the development of distributed applications on increasingly powerful communication networks has become one of the major challenges in communication technologies. The internet, for example, offers a continuously growing set of services. Open service markets [1] have been set up to support the mediation of services in a heterogeneous environment. They provide a multitude of services to their customers. In an open service market service providers can offer the same or similar services to their clients which differ in the service quality provided. The number and kind of the offered services are continuously changing. Service providers and service customers are decoupled and act autonomously.

A crucial point in open service markets is the question how service providers and customers come together and how flexible the interaction between them can be. Service mediation is mostly based on the trading concept [2–4]. The trading approach supports a short-term relation between service customer and provider. The service customer addresses to the trader in an ad hoc manner, i.e. on demand. There exists no guarantee that a certain service with a defined service quality is provided on the market. In addition, the service provider may withdraw a service offer at any time. Consequently, open service markets are only suited for the single use of a service. After completing a service use no further obligation exists between service customer and provider. An open service market cannot guarantee the repeated use of the same service by the same user. In many cases, especially if users spontaneously address to the market, this modus operandi works well and meets the requirements of the participants. However, for users who need a defined certainty that a service is provided, e.g. for establishing commercial relationships, this is insufficient.

Considering commercial electronic markets we can distinguish two types of relations or service invocations: short-term relationships, i.e. ad hoc invocations, as mostly applied for yellow page services, and stable long-term relationships. Car production, for example, is based on long-term supplier relationships [5]. Most of the car components are not produced by the manufacturers themselves. They are subcontracted with other manufacturers which often have to deliver them in a just-in-time manner. Supply contracts regulate the delivery of the components from the subcontractors to the manufacturer which assemble the cars. These contracts specify among other items the kind of the components, possible options, quality requirements, the time between order and delivery, and the minimum and maximum number of components delivered per day.

Open service markets on the other hand do not allow such long-term relationships between service providers and service customers. As electronic service markets will form more and more the basis for commercial relationships mechanisms for long-term or permanent relationships between service provider and customers will be required. Therefore, we believe that service mediation and management in electronic service markets have to be supplemented by facilities which ensure an obligatory long-term provision of services with a guaranteed quality and which allow their repeated use.

In this paper we discuss how these mechanisms should look like. We introduce the concept of a permanent service supplier relationship as a supplement to the ad hoc service mediation supported by the trading concept. We present the elements needed to establish such a relationship and show how they can be implemented. The paper is organized as follows. In Section 2 we describe the permanent service supplier relationship approach and discuss the cases when long-term relationships are needed. In Section 3 we extend the concept of service properties with features for guaranteeing certain properties. Section 4 describes how permanent service supplier relationship can be implemented. Finally we draw conclusions on further research steps.

2 Permanent Service Supplier Relationships

In order to establish a long-term relationship between service provider and service customer the latter requires certainty that the needed services are available and that they are provided and executed with the desired properties. For supporting such a relationship in an open service market we propose the concept of permanent service supplier relationships. A **permanent service supplier relationship** represents, similarly to subcontracting in commercial relations, a long-term relationship between service customers and service providers to enable the repeated use of obligatory provided services. The concept should be understood as a supplement to the spontaneous service invocation provided so far in open service markets.

A permanent service supplier relationship is based on a supply contract which is negotiated and concluded between the service provider and the service customer. The contract specifies the service type, the service properties, the availability of the service, its capacity, and the cost of its use. The contract is concluded on a bilateral basis, i.e. the service provider exports the service only to its contract partners but not generally to the open service market. Note that the service provider can also offer the service to the service market for spontaneous invocations but it has to assure that the conditions of the contracts will be fulfilled. Consequently, a service provider has to negotiate contracts with all customers with which it wants to establish permanent relationships. The service customers on the other hand have to conclude contracts with all service suppliers from which they want to permanently import a service.

Permanent service supplier relationships give the certainty to the customer that a requested service will be available when needed and that the service will be executed with the required service properties. On the other hand, the service provider has the certainty that these services will be invoked as agreed in the contract. It can plan the sharing of resources by the service users and can sell other shares to other customers. Thus the provider can increase the degree of the resource utilisation and its profit as well.

The employment of permanent service supplier relationships is especially useful for services that require expensive hardware and software resources or large efforts for their development and maintenance. It moves the responsibility for developing and maintaining the services to the provider and allows the customer to focus on its core business.

Application Areas of Permanent Service Supplier Relationships
To illustrate potential application scenarios for permanent service supplier relationships we use the role concept of the stakeholder model of the TINA Service Architecture [6]. This role concept introduces four roles: consumer, retailer, broker and third party provider. A consumer uses services which are offered by a broker or a retailer. The retailer gives the consumer access to services provided by a third party provider. It may also use services delivered by other third party providers. The third party provider again may access services of other third party providers. The broker supports the establishment of relationships between the above mentioned partners by the provision of a trading functionality.

Considering the potential circle of applications which require a long-term relationship between service provider and customer we can identified the following three application scenarios:

Outsourcing of Services
To decrease cost a company may outsource a services provided so far internally. As replacement it permanently binds a related external service which is offered by a retailer [7,8]. As this service remains essential for the operation of the consumer, its availability as well as certain service properties have to be guaranteed by the retailer. Figure 1 shows a typical outsourcing situation. The white boxes represent the participants while the grey boxes correspond to their role according to the TINA Service Architecture.

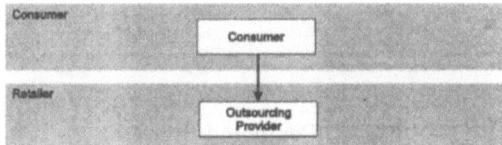

Fig. 1. Outsourcing

Integration of external services in an internal service market
When setting up an intranet it might be necessary to permanently integrate external services which cannot be provided by the enterprise itself or the provision of which is too expensive.

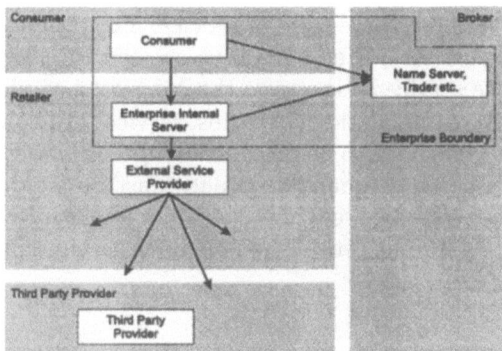

Fig. 2. Integration of External Services into an Enterprise Intranet

In figure 2 an external service is offered at an internal service market. The enterprise server forwards the request to an external service provider. It is in the retailer role with respect to the consumer.

Composed Services
A retailer or a service provider commercially may offer services in the open service market which use in part "purchased" services of other retailers or service providers (see figure 3). To provide such composed services the retailer or the service provider has to count on the provision and the needed properties of the subservices provided by the other providers.

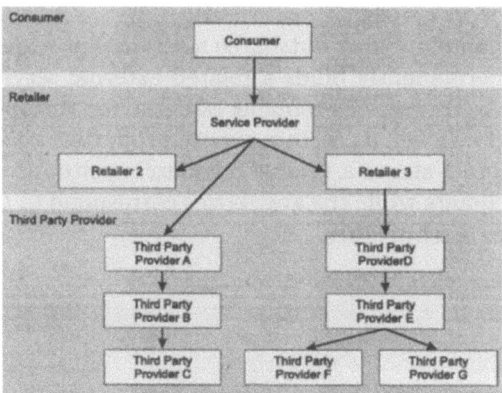

Fig. 3. Composed Services

The subservices may be composed services again. These subsubservices and their properties also have to be guaranteed. This way a "service supplier chain" similary to the product supplier chains in industry [9] can be established. The participants of such a chain have not be aware of the chaining relation. They only know the respective consumer of their service and the provider (retailer) of the used subservices.

The provider of the composed service may have supplier relations to multiple retailers which provide the same type of service. Thus it can increase the availability of the composed service and improve the service properties by selecting the most appropriate service at the time the composed service is requested.

In each of the above application scenarios, services are bound for a longer period of time. The services have to be provided obligatorily. Beside the availability, service properties have to be guaranteed and must be fixed between consumer and provider. The contract between the consumer and the retailer or third party providers, respectively, can be established via open service markets using trading services.

3 Describing Guaranteed Service Properties

A critical issue of approaches for service mediation is the matching of the offers of the service providers with the requirements of the service customers. The long-term provision of services with guaranteed properties is a new approach goes beyond existing concepts for open service markets and trading in particular. In this section, we introduce a new categorisation of service properties and propose a new model for the description of these properties.

In the trading approach [2–4] available services are advertised in service offers. Each of them is an instantiation of a service type. It is characterised by its interface type which determines the computational signatures and the behaviour of the service visible at the interface. The interface type describes the name, the parameters, and the order of the actions. Services of the same interface type behave identically in terms of actions visible at the interface.

But neither the internal behaviour of the server nor the result and the way of the service execution are prescribed by the interface type. Additional characteristics - the service properties - describe non-computational aspects of a service. Two computational services may offer identical interfaces (method names and parameters) but may differ in the accuracy of the result depending on the number of iterations and the cost of using the service. Such a service property is described by a service property name and a service property value. Trading distinguishes two types of service properties which are classified according to the change frequency into static and dynamic ones.

However, this model of describing service properties is inappropriate for long-term provision of guaranteed services because it does not allow to express issues relating to the capacity and provision of services such as the number of service invocations or the time slots of the service provision during a longer period of time. The specification of pairs consisting of service property names and single values, as applied in the trading approach, is too inflexible for service properties with a long-term obligation. In this case it is easier to specify a range of acceptable values. For these reasons, we suggest a different approach to the specification of service properties.

A New Categorization of Service Properties
We propose to distinguish service properties into five groups. As criterion for the subdivision we use the matter described by the service property:

- **Service Scope Properties** specify the suitability of a service according to a specific request. Let us, for example, consider two traffic information systems [10] of the same service type. The first one searches for routes in Germany whereas the second offers its service for the United Kingdom. It is easy to see that both services have the same operational interface, but they are nearly disjoint in relation to their potential users. If scope properties are not fulfilled, i.e. the service is out of scope, it is objectively or subjectively of no benefit to the user, as, for instance, a traffic information system for the wrong country.

- **Service Result Properties** describe the result of service invocations, i.e. "what" is provided: Two services of the same service type may produce different output. Two traffic information systems for the same geographical area may differ in the integration of up-to-date information (road work, traffic jams etc.) as well as in the granularity (e.g. the incorporation of smaller roads).

- **Service Execution Properties** describe aspects of the execution of a single service request. They describe non-computational properties visible at an interface, i.e. "how" the result is produced. Examples of such properties are the response time of a traffic information system. These properties mostly depend on the efficiency of the used hardware and software and their utilisation degree. Also security-related properties belong to this group, since

security issues apply to the whole execution process but are not visible in the result.
- **Service Provision Properties** characterize the availability and reliability of a service provision. For example, two traffic information systems providing the same service scope and service execution properties can be specified with different availability and reliability. Further they may have different time slots for service provision or maintenance, respectively.
- **Service Capacity Properties** describe another aspect of the long-term provision of services. These properties specify the number of service use within a certain time unit. For example, the capacity of a route finder can be specified by the number of search requests per week.

Description of a Single Service Property
When a service is provided in a distributed environment, it has to cope with constantly changing environmental parameters such as variations of the load of a server, temporary overload situations, and breakdowns. These changes may influence the quality of the service provision. The service property specification should take these aspects into account and provide means to express tolerable variations in the values. Such a description is particularly needed for repeatedly services because each service invocation takes place in a potentially different environmental situation. Therefore, it seems more appropriate to use an extended definition of service properties which comprises serveral values rather than only one. Figure 4 illustrates such a specification [11]. It consists of the following values:

- A **target value** that indicates the value of a property at which the service operates at its optimum.
- A **lower and upper threshold** that define the range in which the service operates without any interferences.
- A **minimum and maximum value** that determine the range in which the service provision is possible at all.
- A **variation parameter** that specifies the degree and the range of tolerable changes of the value.
- A **commitment parameter** that indicates the commitment of the server to enforce this property (In figure 4 the commitment value is illustrated by the height of the walls at the upper and lower thresholds.). A commitment value of 0 indicates that there is no obligation to ensure that the property has a value between the upper and the lower threshold. For such a commitment value there is no impediment to go beyond the threshold. A value of 1 indicates that the commitment is enforced in any case. A value in the range of 0 and 1 defines the probability with which the commitment will be enforced.
- Special care has to be taken for those situations in which the value of the property is between the minimum and the maximum but beyond the upper and lower thresholds. The possible reactions are specified in the **adaption parameter**. There are several possibilities of behaviour: to indicate the fault,

to request adjustment, to do both: adjust and indicate, to cancel the service invocation, or simply to do nothing.

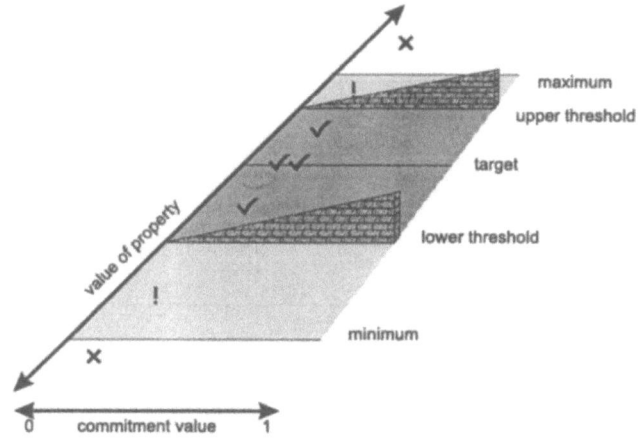

Fig. 4. Specification of Service Properties

Not all of these elements of a service property specification are mandatory. For instance, the variation preassumes a sense of distance between two values. This is only useful for properties which are specified by numeric values. Although individual elements can be omitted, at least one of the values is necessary.

4 Implementing Permanent Service Supplier Relationships

In this section we describe how permanent service supplier relationships can be implemented by using **Virtual Private Resources (VPRs)** [11]. A Virtual Private Resource represents a service or a set of services that can be bought and permanently bound by the service customer. The availability of the services as well as the fulfilment of their parameters are guaranteed by the service provider in a **VPR contract**.

VPR Architecture
An architecture to provide VPRs is presented in figure 5. Thick lines represent service execution calls whereas thin lines correspond to calls within the infrastructure of the VPR provider domain.

The VPR concept distinguishes between a customer and a provider domain. An organisation or enterprise that has contracted a VPR is called a **VPR Customer**. Applications and/or human users belonging to the customer are called **VPR Users**.

The **VPR Provider** is a company offering services with assured properties which are implemented on **VPR Servers** within the provider domain. VPRs appear as private resources to the customer and users. The provision of these "private" resources remains hidden to the customer, i.e. the implementation is a matter of the VPR provider only. The physical resources used to provide the services can be shared between different customers. On the other hand, several servers can be used for providing a single VPR.

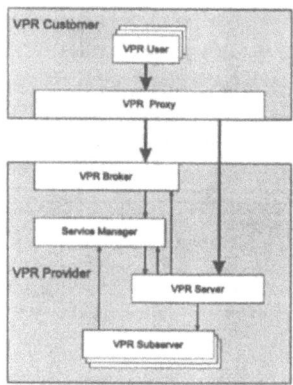

Fig. 5. The VPR Architecture

VPR Scenarios

The components of the VPR architecture have to interact to supply the users with the appropriate services. The following five phases can be distinguished: contract negotiation, VPR request, VPR use, profiling and accounting, and contract enforcement.

Contract Negotiation

The VPR contract defines the terms of the VPR use, the obligation of VPR customer and VPR provider, the accounting policy and the measures in case of contract violation. The VPR contract can be either manually negotiated by representatives of both partners or automatically between a specially authorized VPR user and the VPR broker using such a framework as proposed in [12]. The contract negotiation requires a good knowledge of the degree of resource utilisation to estimate whether new obligations resulting from additional contracts could be met.

VPR Request

Whenever a VPR user wants to access the VPR provider domain it has to invoke the **VPR Proxy** which is the representative of the VPR in the customer domain. It appears as the server that provides the requested services to the VPR user.

Figure 6 shows a message sequence chart to illustrate the request phase. The VPR proxy contacts the **VPR broker** to get the address of the **VPR server**, which executes the desired operations. The VPR broker manages the selection and the setting up of the VPRs. It represents the provider's interface to the customer. The VPR broker initiates the mapping of the VPRs onto physical resources. It is also responsible for the negotiation of VPR contracts and the collection of information about uses of the VPRs.

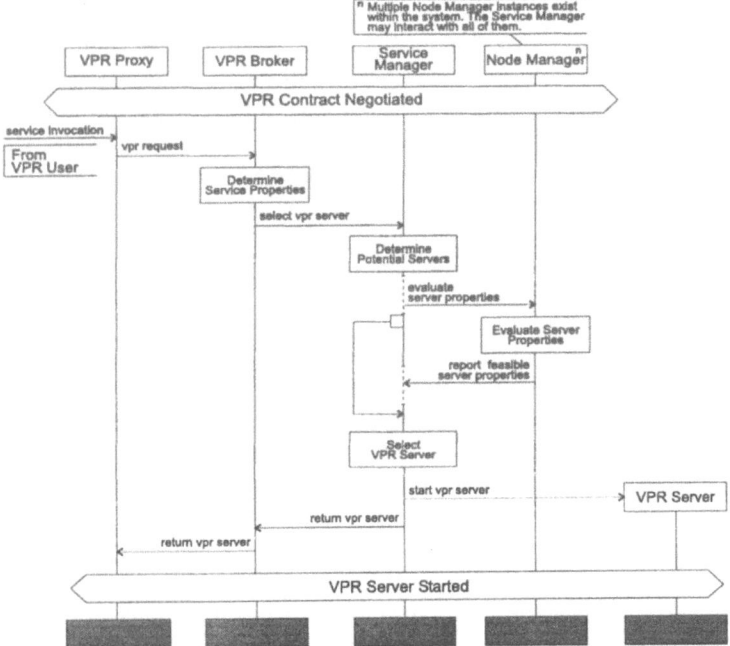

Fig. 6. Message Sequence Chart of a VPR Request

The **Service Manager** executes the formation of the VPR according to the specification received from the broker. It selects appropriate servers and subservers. The service manager possesses the functionality of a trader extended by functions for selecting servers that are optimally suited for the required service properties. The selection is based on the current load of the servers and utilisation profiles of former invocations. These profiles are generated after each VPR use.

VPR Use

After selecting and activating the VPR server a reference is returned to the VPR proxy. The latter invokes the server and waits for results which are then delivered to the VPR user. The proxy also provides a management interface which can be used by the VPR user to access information on the services and the properties of the VPR services.

Profiling & Accounting

After finishing the VPR use, the provider collects profiling and accounting data. Accounting data indicate how much of the provider's resources have been used, the number of requests, and/or the load they caused. It is used for billing the use of the VPR. They are also stored to calculate long-term properties (e.g. average execution time). Profiling data indicate what resources were used. They serve for internal "controlling" purposes (see below).

Contract Enforcement

The contract enforcement ensures that the VPR provider does not violate individual terms of the contract during VPR use and the contract as a whole for the time of contract validity. Unlike [12] we apply a two-tier approach. The first level comprises reactive measures taken by the node managers such as changing the priorities of servers or migrating servers to different nodes or standby resources [11]. The second level consists of post-use reaction. For this, observers constantly monitor the progress of the VPR invocation in order to measure the values of dynamic service properties and to generate the profiles [13]. These profiles are taken into account for selecting servers for new invocations to minimize the number of emergency actions. The evaluation of accounting data by the VPR broker represents the long-term aspect of the post-use reaction.

VPR Contracts
The VPR contracts are a crucial element in the VPR concept since they describe the obligations of the VPR provider. To describe the service properties which have to be guaranteed by the VPR customer using the scheme introduced in section 3, a contract specification language has been defined[14, 15].

5 Final Remarks

In this paper we have argued for the need of permanent relationships between service customer and providers in electronic service markets. We have introduced the concept of a permanent service supplier relationship as a supplement to the spontaneous service mediation applied so far. Permanent service supplier relationships are characterised by a stable and obligatory provision of services. Such relationships give the customer the certainty that a service is permanently available with guaranteed properties and that it can be used repeatedly. We have shown three application scenarios where these are required features: outsourcing, integration of external services and composed services. But generally speaking, the employment of permanent service supplier relationships is especially useful for services that require expensive hardware and software or large efforts for their development and maintenance.

Permanent relationships between service customer and providers need additional means for the definition of the terms of their relationship. We have proposed a new categorization of service properties which in particular describes the requirements of a long-term, repeated use of a service. In order to take the changing conditions of the distributed environment more easily into account, we have suggested an extended description scheme for service properties that allows a more detailed definition of the properties.

Further we have shown how permanent relationships can be implemented by using virtual private resources. The feasibility of the concept is being proven by implementing a prototype traffic information system [10] which searches – based on the current traffic situation – for an optimal route using the best combination of the available means of transport. The system has been implemented on the CORBA platform Orbix. In the next research steps, we will refine the VPR concept by introducing security features, performance measurements and control, and automatic contract negotiation. Currently, the VPR concept neglects the influence of the network on the service provision because we originally focused on computational services. However, a VPR provider can also bind network resources as a VPR with guaranteed service properties and include the network between customer and provider into the VPR provider domain.

In future research, we will also investigate and compare the driving forces of permanent service supplier relationships and open service markets. By applying transaction cost theory we want to derive criteria for the suitability of both concepts for the different transaction types.

References

1. W. Lamersdorf M. Merz, K. Müller-Jones. Agents, services, and electronic markets: how do they integrate? In *Proceedings of the IFIP/IEEE International Conference on Distributed Platforms*, Dresden, Chapman & Hall, 1996.
2. R. v. d. Linden, J. Sventek. The ANSA Trading Service. *IEEE Distributed Processing Technical Committee Newsletter*, 14, 1 1992.
3. M. Bearman. Tutorial on ODP Trading Function. *Part of the Proposed Draft Amendment 1 to ISO/IEC 13234*, 1995.
4. ISO Draft International Standard IS 13235. Information Technology - Open Distributed Processing – ODP Trading Function, 1996.
5. T. Nishiguchi, J. Brookfield. The Evolution of Japanese Subcontracting. *Sloan Management Review*, 39(1), Fall 1997.
6. TINA Consortium. Service Architecture, Version 5.0, 1997.
7. M. C. Lacity, R. Hirschheim. *Beyond the Information Systems Outsourcing Bandwagon*. John Wiley & Sons, 1995.
8. H. Raghav Rao, K. Nam, A. Chaudhurry. Information Systems Outsourcing. *Communications of the ACM*, 39(7):27–28, July 1996.
9. D. L. Lee. Lean Production in an International Supplier Chain. *Sloan Management Review*, 39(2), Winter 1997.
10. T. Preuß, J.-H. Syrbe. An Integrated Traffic Information System. In *Proceedings of the Sixth International EuropIA Conference on the Applications of Computer Networking in Architecture, Construction, Design, Civil Engineering and Urban Planning*, Edinburgh, Europia Productions, 1997.
11. T. Preuß, J.-H. Syrbe, H. König. Virtual Private Resources – An Approach for Long-term Binding of Services. In *Proceedings of the First International Enterprise Distributed Object Computing Workshop, Brisbane*. IEEE CS Press, 1997.
12. Z. Milosevic, A. Berry, A. Bond, K. Raymond. Supporting Business Contracts in Open Distributed Systems. In *Proceedings of the 2nd International Workshop on Services in Distributed and Networked Environments (SDNE'95), Whistler, Canada, IEEE Computer Society Press*, 1995.
13. R. J. Friedrich, J. A. Rolia. Performance Evaluation of a Distributed Application Performance Monitor. In *Proceedings of the IFIP/IEEE International Conference on Distributed Platforms*, Dresden, Chapman & Hall, 1996.
14. T. Preuß, J.-H. Syrbe. Specifying Long Term Obligations of Service Provision. Technical Report 98-03, BTU Cottbus, Department of Computer Science, 1998.
15. J.-H. Syrbe. Accounting and Property Calculation for Virtual Private Resources. Master's thesis, BTU Cottbus, 1998.

Session 8:

Industrie: Multimedia-Anwendungen und -Systeme

Digitale Netze in Wohnungen – Unterhaltungselektronik im Umbruch

Stephan Abramowski, Heribert Baldus, Tobias Helbig
Philips Forschungslaboratorien, Weißhausstr. 2, 52066 Aachen
Email: {abramow, baldus, helbig}@pfa.research.philips.com

Zusammenfassung: Durch die Digitalisierung von Informationen und die Vernetzung von Produkten steht die Unterhaltungselektronik vor weitreichenden Veränderungen. Neue Anwendungen in Wohnungen versprechen mehr Unterhaltung und Flexibilität, wobei die Anwendungen fundamental auf Know-how der Kommunikationstechnik und verteilten Systeme basieren werden. Aufgrund der Anforderungen hinsichtlich Stabilität, Bedienbarkeit, Qualität und Preis wird es jedoch nicht möglich sein, existierende Technologien einfach zu kopieren. Statt dessen hat eine intensive Suche nach neuen Lösungen begonnen. Das Papier präsentiert die Vision hinter digitalen Netzen in Wohnungen und beschreibt Problemstellungen und Standardisierungsbestrebungen.

1. Einleitung

Kommunikation und verteilte Systeme verändern die Welt. Sie ermöglichen und bewirken einen Übergang hin zu zunehmender Digitalisierung von Informationen, der Verbindung bisher unabhängiger Produkte, sowie interoperablen, netzwerkbasierten Lösungen.

Dieser Übergang vollzieht sich in nahezu allen Bereichen, wie z.B. in der Bürodatenverarbeitung, der Telefonie oder der Filmindustrie. Er beginnt meist in professionellen Umgebungen und migriert dann in den Konsumentenbereich. Mit digitalen Netzen in Wohnungen wird dieser Übergang die Unterhaltungselektronik erfassen und verändern.

Digitale Netze lassen sich in verschiedenen Bereichen finden bzw. dringen in diese vor: Telefonnetz, Internet, Zugangsnetze zu Wohnungen für Übertragung digitalen Fernsehens. Wenn durch solche Netze Informationen digital bis an die Haustür geliefert werden, liegt es nahe, diese auch in Wohnungen weiter zu übertragen und von den Vorteilen der Digitalisierung zu profitieren. Digitale Netze in Wohnungen (engl.: In-Home Digital Networks, IHDN) lassen sich anhand der notwendigen Bandbreiten in folgende Klassen unterscheiden:

- Steuerung: einige kBit/s zum Austausch von Steuerinformationen, z.B. für Heizung oder Licht
- Sprache/Daten: einige wenige Mbit/s zur Übertragung z.B. von Sprache, Emails oder WWW-Seiten
- Audio-/Videounterhaltung: 100 Mbit/s und mehr zur Übertragung von Musik, Fernsehen und Video mit höchsten Qualitätsansprüchen

Die zukünftigen digitalen Systeme in Wohnungen werden aus einem Netzwerk von interagierenden Geräten und Komponenten bestehen, welche im Zusammenspiel die Anwendungen für den Konsumenten erbringen (Abbildung 1). In ihrer Gesamtheit bilden diese Bausteine damit die vernetzte Umgebung für Anwendungen, d.h. sie bilden ein verteiltes System mit einem nach außen hin einheitlichem Systemabbild.

Dieses System muß in mehrerlei Hinsicht offen sein:

- Es muß lauffähig sein auf der Basis heterogener drahtgebundener und drahtloser Netze verschiedener Hersteller.
- Es muss unterschiedlichste Gerätetypen unterstützen hinsichtlich deren Funktionalität und Leistungsfähigkeit.
- Es muss offene Schnittstellen für Softwarekomponenten unterschiedlichster Hersteller anbieten.

Bei genauerer Betrachtung zeigt sich, daß zum Aufbau digitaler Netze in Wohnungen viele klassische Probleme der Bereiche Kommunikation und verteilte Systeme erneut auftauchen, allerdings unter veränderten und erschwerten Randbedingungen. Insbesondere ein IHDN für Audio- und Videounterhaltung stellt ein verteiltes Kommunikationssystem dar, welches höchste Ansprüche erfüllen muß in Bezug auf:

- Benutzerfreundlichkeit (einfachste Installierbarkeit und Benutzerschnittstellen)
- Qualität (reiner, ungestörter Klang; beste Bildqualität)
- Preis (Kosten-/Nutzen-Verhältnis bei Einsatz neuer Geräte und Anwendungen)
- Stabilität und Flexibilität (ohne fachmännisches Systemmanagement)

Ein Kopieren existierender Technologie ist nicht geeignet, diese Anforderungen zu erfüllen. Für angemessen Lösungen ist ein erneutes und intensives Nachdenken in akademischer und industrieller Forschung gefragt. Das Papier präsentiert die Vision, die sich hinter IHDNs verbirgt, strukturiert Technologien, die für deren Realisierung nötig sind, geht auf den aktuellen Stand der Standardisierung näher ein und beschreibt die sich ergebenden Problemstellungen für Forschung und Industrie.

2. Die Vision vom digitalen Netzwerk in der Wohnung

Digitale Netze in Wohnungen werden Kommunikation und Kooperation zwischen bisher unabhängigen Geräten ermöglichen und analoge Verbindungen schrittweise verdrängen.

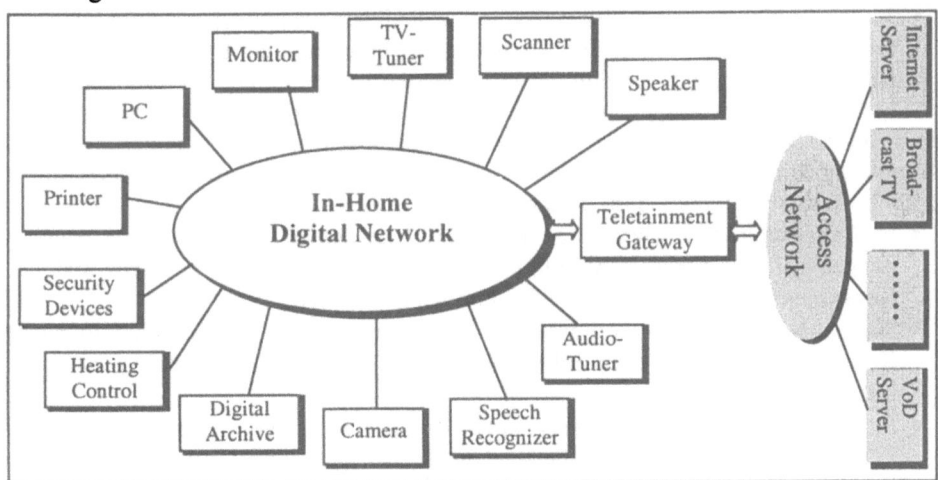

Abbildung 1: Zukünftige digitale Hausnetze

Dies ermöglicht mehr Flexibilität in schon bekannten Anwendungen sowie völlig neue Anwendungen. Welche Anwendungen sich letztlich am Markt durchsetzen, ist heute noch eine offene Frage. Im weiteren werden deshalb Ideen für Anwendungen vorgestellt und die Anforderungen beschrieben, die für die Akzeptanz bei Konsumenten und für die technische Realisierbarkeit erfüllt sein müssen.

Werfen wir einen Blick in die Wohnung der Zukunft (Abbildung 1): Geräte der Unterhaltungselektronik und Heim-PCs sind untereinander über ein Netzwerk verbunden. Basierend auf dieser Infrastruktur machen neue Anwendungen das Leben interessanter, leichter und sicherer:

- Zugriff auf jede Datenquelle (Set-Top Box für Satellit oder Kabelanschluß, digitale Videorecorder, CD- und DVD-Spieler, Überwachungskameras...) von jedem TV-Monitor (Wohnzimmer, Schlafzimmer, ...) aus
- Integration von Fernsehen und Videokonferenzanwendung erlaubt Videokonferenzen im Wohnzimmer, die jederzeit unterbrechungsfrei auf dem TV oder dem PC im Arbeitszimmer fortgesetzt werden können.
- Interaktion von Fernsehen und PC unterstützt es, Urlaubsvideos auf dem PC zu schneiden, in Wohnungsarchiv einzuspielen und vom Fernseher aus abzurufen.
- Die Integration mit einem Überwachungssystem erlaubt es, auf jedem Bildschirm einen Blick auf den schlafenden Säugling, die Person an der Haustür oder das Bild der Überwachungskamera zu werfen.

Die wohl wichtigste Voraussetzung für die Akzeptanz solcher neuen Anwendungen ist einfachste Bedien- und Wartbarkeit des Systems, indem sich alle Bestandteile selbst konfigurieren:

- Plug&Play: Die Installation eines neuen Gerätes beschränkt sich auf den Anschluss der Stromversorgung und (falls keine drahtlose Kommunikation) das Einstecken des Kommunikationskabels. Der Rest läuft automatisch und ohne jede Störung des schon laufenden Systems.
- Flexible Systemreaktion bei Fehlern in (Hardware- und Software-) Komponenten; Selbstdiagnose.
- Mittels Spracherkennung erkennen Geräte die ihnen zugehörigen Befehle.
- Die angebotenen Programme können nach individuellen Bedürfnissen personalisiert werden; aus der Flut der eingehenden Informationen wird entsprechend gefiltert und automatisch aufgezeichnet, um freie Abrufbarkeit zu ermöglichen.

Eine offene Systemarchitektur wird es nun ermöglichen, statt abgeschlossener Komplettsysteme individuelle Hardwarekomponenten und Softwareapplikationen getrennt zu erwerben und zu installieren:

- Neu angeschlossene Hardwarekomponenten werden durch vorhandene Anwendungen selbst erkannt, ihre Benutzerschnittstellen verfügbar gemacht und der Konsument über neu verfügbare Funktionen informiert.
- Die Software neuer Anwendungen, die schon vorhandene Hardware in neuer Kombination benutzt, kann in Läden oder durch Herunterladen vom Internet gekauft und installiert werden.
- Funktionen und Geräte sind entkoppelt, wodurch neue Dienste für Konsumenten möglich werden. Somit stellt beispielsweise das temporäre Leihen eines virtuellen Videorecorders außerhalb der Wohnung kein Problem mehr dar.

Aus diesen für den Benutzer sichtbaren Eigenschaften ergeben sich eine Reihe von Anforderungen, die bei der Realisierung eines IHDN und somit bei der Realisierung eines verteilten Systems zu beachten sind. Im nächsten Abschnitt wird deshalb ein Überblick über die auf verschiedenen Abstraktionsebenen anstehenden Problemstellungen gegeben.

3. Referenzmodell für IHDN-Systeme

Ein bedeutender Schritt hin zur Entwicklung einer offenen Systemarchitektur für IHDNs ist die richtige Wahl der Abstraktionsebenen zur Klassifizierung der benötigten Technologien und somit zum Verständnis des Problemraums. Eine Vielzahl von Technologien auf verschiedenen Abstraktionsebenen werden für die Realisierung von IHDNs benötigt. Das Ziel des Referenzmodells ist es, den Rahmen für die Einordnung dieser Technologien zu geben. Das Verständnis über die Zusammenhänge verschiedener Technologien wird dadurch erleichtert ebenso wie die Kommunikation zwischen Fachleuten unterschiedlicher Gebiete und das Erkennen von Lücken und Überschneidungen.

6	Anwendungen und Benutzerschnittstellen
5	Dienstekomponenten und anwendungsspezifische Dienstepakete
4	Verteiltes Betriebssystem
3	Datenformate/Kodierung
2	Logische Gerätetreiber (interne Kommunikationsprotokolle)
1	Physische Geräte (Kommunikationsverbindungen)

Abbildung 2: Abstraktionsebenen des IHDN

Für jede Ebene sind verschiedene, in Konkurrenz stehende Technologien vorhanden bzw. im Entstehen und werden für unterschiedliche Realisierungen von IHDNs auch eingesetzt werden. Die Bewertung der Technologien im Hinblick auf eine bestmögliche Kombination stellt hierbei eine komplexe Aufgabe dar. In den nächsten Abschnitten wird deshalb eine nähere Charakterisierung der Abstraktionsebenen anhand ihrer Funktionalität vorgenommen, verbunden mit Beispielen für die Technologien.

3.1 Physische Ebene der Geräte und Kommunikationsverbindungen

Die physische Ebene stellt die physischen Geräte für das Erzeugen, Beschaffen, Umwandeln und Darstellen von Daten (wie Musik, Filme, ...) in der Wohnung bereit. Sie bietet des weiteren die physischen Mittel zur Übertragung dieser Daten innerhalb der Wohnung und zur Anbindung der Infrastruktur in der Wohnung an Daten und Dienste externer Anbieter mittels Zugangsnetzen.

Beispiele für Eigenschaften der Ebene:
- Physische und elektrische Dimensionen von Kabeln und Steckern
- Frequenzen, Modulationstechniken; Signale und ihre Kodierung
- Geräteparameter (Hardwaretechnologie, Dimensionierung des Chassis', ...)

Beispieltechnologien:
- Netzwerktechnologie:
  - Twisted Pair, Koax, Lichtwellenleiter, Infrarot und Funk, Powerline
- Gerätetechnologie:
  - Zugangsgeräte (z.B. POTS/ISDN/xDSL-Modem, HFC-Modem, ...)
  - Endgeräte (z.B. Laufwerktechnologie für D-VHS, Monitor und Schaltungstechnologie für Fernseher, PC, Radio, Lautsprecher, Sicherheitsgeräte, ...)

3.2 Gerätetreiber und untere Kommunikationsprotokolle

Die Ebene der Gerätetreiber und der unteren Kommunikationsprotokolle abstrahiert als erste der Ebenen von physischen Eigenschaften und beschreibt logische Schnittstellen und Abläufe. Sie stellt die Mittel bereit, auf Gerätefunktionen und Daten sowohl lokal (im Gerät) als auch entfernt (über Gerätegrenzen hinweg) zuzugreifen.

Aus Sicht der Geräte beinhaltet dies vor allem die Spezifikation abstrakter Aufrufschnittstellen und geeigneter Interaktionsabläufe. Für den Kommunikationsteil des Systems umfaßt die Ebene u.a. Zugriffsmechanismen auf Kommunikationsmedien, Adreßschemata, Nachrichtenformate und Funktionen zum Verbindungsmanagement.
Beispiele für Eigenschaften der Ebene:
- Medienzugriffsmechanismen
- Management von Kommunikationsmedien (Adressierung, Nachrichtenformate, logische Netzwerkinfrastruktur, ...), Verbindungs- und Bandbreitenmanagement
- Unterstützung abstrakter Geräte (Funktionalitäts- und Schnittstellen-Spezifikation) und Kommunikationsmuster für die Interaktion mit Geräten

Beispieltechnologien:
- Gerätetreiber, Geräteschnittstellen und Interaktionsmodelle:
  - AV/C Command Sets für spezielle Geräte [2]
  - CE-Bus Common Application Language (CAL) [4]
- Untere Kommunikationsprotokolle:
  - IEEE 1394 [1], ATM, Ethernet; in Zukunft zunehmend drahtlos
  - Internetworking (z.B. IP)
  - IEC 61883 Verbindungs- und Datenflußmanagement, Funktionssteuerung [7]

3.3 Datenformate und Kodierung

Die Ebene der Datenformate beinhaltet Datenmodelle und Kodierschemata für den Austausch digitalisierter Informationen zwischen Geräten. Mit den Mechanismen können Daten kodiert, dekodiert und transkodiert werden. Ebenfalls fällt hierunter die Verschlüsselung von Daten zum Schutze des Copyrights. Die Wahl der Datenformate und Kodierung hat direkt Einfluß auf die wahrnehmbare Qualität dargestellter Daten und auf die Leistungsanforderungen für deren Verarbeitung (z.B. Kodier-/Dekodier-Asymmetrie bei MPEG).
Beispiele für Eigenschaften der Ebene:
- Schemata zur Kodierung und Komprimierung von Inhalten
- Verschlüsselungstechniken

Beispieltechnologien:
- Audio- und Video-kodierstandards (z.B. MPEG-x, H.261)

3.4 Verteiltes Betriebssystem

Die Ebene verteilter Betriebssysteme stellt eine Laufzeitumgebung für Objekte bereit, die in Geräten ausgeführt werden. Sie ermöglicht es den Objekten, ohne Wissen über die zugrundeliegende Kommunikationstechnologie miteinander zu interagieren. Die Ebene entkoppelt Funktionen von Geräten und macht eine physisch auf einem beliebigen Gerät realisierte oder dynamisch bereitgestellte Funktion logisch im gesamten IHDN verfügbar. Damit wird ein homogenes Systembild bereitgestellt, welches die physische Verteilung von Objekten verbirgt. Die Lokationsinformation über Geräte oder Funktionen wird somit zu einer Eigenschaft, die bei Bedarf genutzt werden kann, jedoch nicht mehr für die Kommunikation benutzt werden muß.
Beispiele für Eigenschaften der Ebene:
- Entfernte Methodenaufrufe; Ereignisverwaltung
- Ein- und Auspacken von Parametern
- Namensgebung, Trading und Suche nach Objekten

Beispieltechnologien:
- CORBA, Common Object Services Specification (COSS)
- Microsoft Windows - DCOM, Active X
- JAVA RMI und verwandte Dienste

3.5 Dienstkomponenten und anwendungsspezifische Dienstpakete

Die Ebene der Dienstkomponenten und anwendungsspezifischen Dienstpakete stellt sowohl generische Dienste zur Nutzung durch verschiedene Anwendungen bereit, als auch Dienste, die für spezielle Anwendungsgebiete zugeschnitten sind. Diese Ebene wird oft auch mit dem Begriff „Middleware Services" beschrieben. Sie ist von großer Bedeutung für das Gesamtsystem, da sie (Quasi-)Standards für wiederzuverwendende Bausteine festlegt.

Beispiele für Eigenschaften der Ebene:
- Anwendungs- und Systemmanagement
- Dienste für Lizenzierung und Sicherheit (Authentifizierung, Verschlüsselung, ...)
- Steuerung und Synchronisation des Flusses von Echtzeitdaten (Musik, Film)
- Ressourcenmanagement im verteilten System

Beispieltechnologien:
- DSM-CC, DMIF [3]; HAVi [6]
- Telekonferenzsysteme

3.6 Anwendungen und Benutzerschnittstellen

Diese Ebene realisiert die Anwendungslogik und bietet Benutzerschnittstellen, die es dem Mensch erlaubt, mit dem IHDN-System zu interagieren. Durch geeignete Nutzung der Dienstkomponenten werden 'klassische' Anwendungen wie Fernsehen, Videorecorder-Fernseher-Kombinationen oder Radio weiterhin vorhanden sein, zusätzlich können durch die Kombination von Anwendungen in den Bereichen TV, Audio, Video, WWW und Sicherheitstechnik neue Anwendungsfelder erschlossen werden. Weitere Anwendungen können aus der neuartigen Strukturierung des Systems erwachsen. Als Beispiel sei hier der virtuelle Videorecorder benannt, der von einem externen Anbieter angemietet wird. Aufgrund der Entkopplung von Funktionen und Geräten wird er wie ein physisch in der Wohnung befindliches Gerät steuerbar sein.

Anwendungsfunktionen werden über Benutzerschnittstellen zugreifbar. Die Schnittstelle zum Benutzer ist multi-modal, d.h. sie erlaubt Interaktionen über die unterschiedlichen Sinne des Menschen auf natürliche Weise.

Beispiele für Eigenschaften der Ebene:
- Benutzerschnittstellen und Interaktionsmodelle
- Geräte für Benutzereingaben
- Anwendungen (siehe einleitende Beispiele)

Beispieltechnologien:
- Fernbedienung; Graphische Benutzerschnittstellen für Fernseher
- Spracherkennung zur Kommandoeingabe
- WWW-Browser

4. IHDN – Basistechnologien und Standardisierung

Die Vielfalt der neuen Problemstellungen, die für die zukünftigen digitalen Hausnetze zu lösen sind, spiegelt sich wieder in einer großen Zahl von Forschungs- und Entwicklungsaktivitäten, sowie zugehörigen Standardisierungen.

Die wesentlichen aktuellen Forschungsprojekte in diesem Kontext sind MINT (Multimedia communication on Integrated Networks and Terminals), ATMmobil sowie COMMEND (Consumer Multimedia Networks in Digital). Beispiele für Industrieaktivitäten sind DAVIC (Digital Audio Video Council), ein umfangreiches Konsortium, das vollständige Systeme für zukünftige TV und Multimedia-Dienste spezifiziert, sowie das ATM Forum, welches ATM Hausnetze konzipiert, um somit ATM Ende-zu-Ende Verbindungen bis zum Endgerät zu ermöglichen. Desweiteren definiert die Video Electronics Standards Association VESA herstellerunabhängige Video-Schnittstellen für den Computer-Bereich und entwickelt zusätzlich Hardware- und Softwarestandards für digitale Hausnetze [10]

Für heutige kommerzielle Lösungen wird für die Kommunikation zwischen Geräten der Standard "IEEE 1394" als gemeinsame Basis favorisiert. Er wird daher im folgenden Kapitel eingehender erklärt und bewertet, zusammen mit den auf 1394 aufbauenden Standards und Industrieaktivitäten, IEC 61883 und HAVi.

4.1 IEEE 1394 Kommunikationsstandard

4.1.1 Technologie

Unter dem Namen 'FireWire' von Apple entwickelt, ist der 1995 verabschiedete Standard IEEE 1394 [1] die zunehmend eingesetzte Technik zur Hochgeschwindigkeitskommunikation für vernetzte digitale Endgeräte, primär der Unterhaltungselektronik. Der Standard definiert sowohl die Kommunikations-Hardware, als auch Kommunikationsprotokolle und die grundlegenden Software-Architektur zur Systemverwaltung.

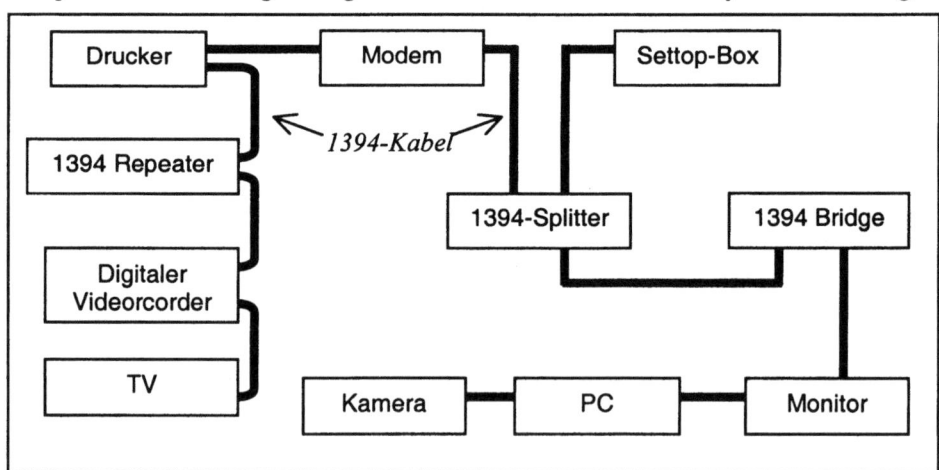

Abbildung 3: Beispiel eines IEEE 1394-Netzes

Die einzelnen Endgeräte (Knoten) werden mittels seriellem Kabel an einen gemeinsamen 'logischen' Kommunikationsbus angeschlossen; insgesamt mit einer verfügbaren Bandbreite von derzeit bis zu 400 MBit/sec. Mehrere 1394 Bus-Segmente können über 'Bridges' gekoppelt werden.

4.1.2 Protokolle

IEEE 1394 definiert 3 Protokollschichten, Physical Layer, Link Layer und Transaction Layer, und liegt damit in den Ebenen 1 und 2 unseres IHDN Referenzmodells. Alle drei Schichten werden durch das 'Serial Bus Management' gesteuert.

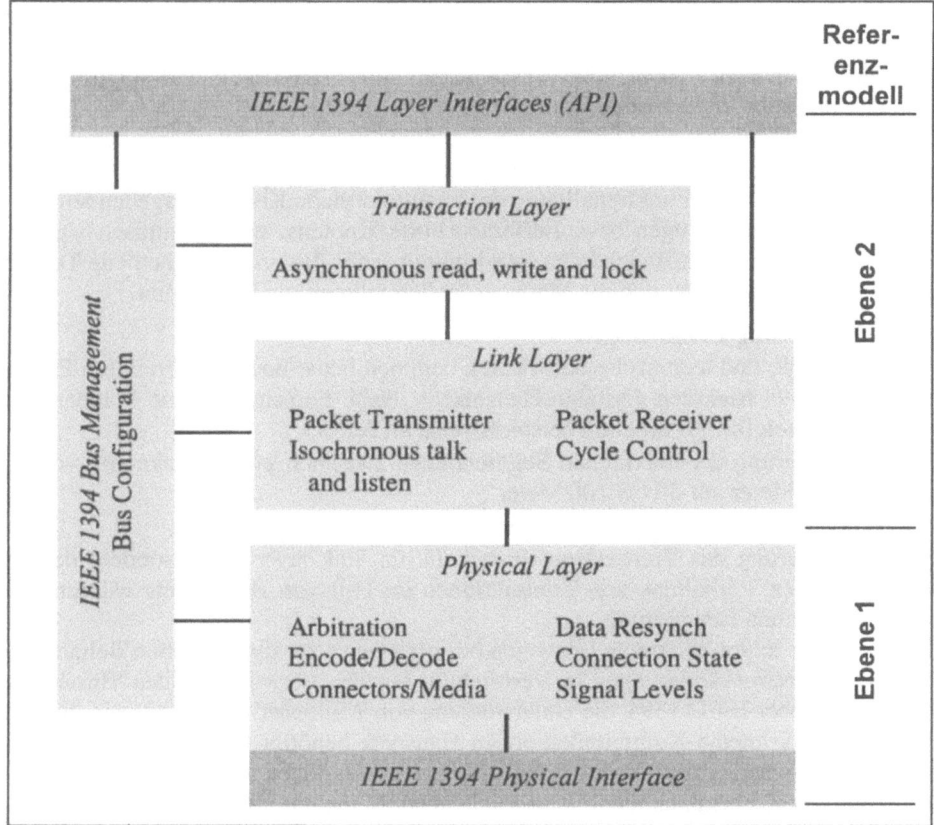

Abbildung 4: Protokollebenen des IEEE 1394

Ähnlich zum OSI-Modell definiert der 'Physical Layer' elektrische und mechanische Eigenschaften von Steckern und Kabeln, Signaldarstellung, sowie den Zugriff auf den seriellen Bus. Der 'Link Layer' bietet die isochrone und asynchrone Übermittlung von Datenpaketen zwischen einzelnen Knoten. Die asynchrone Übertragung erfolgt auf Datagramm-Basis, wobei der Erhalt jedes Pakets vom Empfänger bestätigt wird. Echtzeitanwendungen, wie Audio-/Videoübertragung, die garantierte Übertragungsbandbreite benötigen, werden durch die isochronen Übertragung ermöglicht; die benötigten Zeit- und Synchronisationssignale werden ebenfalls im link layer bereitgestellt. Der 'Transaction Layer' unterstützt asynchrone Lese-, Schreib- und Lock-"Transaktionen". Beim Schreiben wird eine Nachricht vom Sender zum Empfänger übertragen, entsprechend beim Lesen eine Nachricht vom Empfänger zum Sender. Lock – Transaktionen bieten unteilbare "test-and-set" Funktionalität.

Basierend auf diesen bereitgestellten Protokollen, können Anwendungen entweder direkt kommunizieren oder ihrerseits höhere Protokolle realisieren, wie beispielsweise ein Internet Protokoll über IEEE-1394 Netze.

4.1.3 Bus-Management
Zur (Konfigurations-)Steuerung aller drei genannten Ebenen dient das Bus-Management mit verschieden umfangreicher Funktionalität in drei Betriebsarten:
- Non-managed: ausschließlich asynchrone Datenübertragung
- Limited management: zusätzliche Bereitstellung und Verwaltung von bis zu 64 isochronen Übertragungskanälen
- Fully managed: zusätzliche Bus-Konfigurationsverwaltung und -Optimierung, automatische, dynamische Konfiguration von Geräten.

Bei jedem Systemstart wird die Gesamt-Topologie aller angeschlossenen Knoten und deren Verbindungen dynamisch neu ermittelt, und anschließend für die beiden genannten Management-Funktionalitäten der verantwortliche Knoten ausgehandelt
Bei jedem neuen Einfügen bzw. Entfernen eines Knotens, was dynamisch während des Systembetriebs stattfinden kann, wird mittels eines 'Bus-resets' eine neue Topologie-Ermittlung ausgelöst und die Manager-Rollen teilweise neu bestimmt.

4.1.4 Bewertung/Erfahrungen
Konzeptionelle und technische Schwächen hemmen heute noch den breiteren Einsatz von IEEE 1394 basierten digitalen Hausnetzen. Neue Forschungs- und Standardisierungsaktivitäten [8], [9] arbeiten beispielsweise an der
- Vergrößerung der maximalen Segmentlänge zwischen zwei Netzknoten von zur Zeit 4,5 Meter auf 50 bis 100 Meter
- Erhöhung der Bandbreite auf 1,6 und 3,2 GBit/sec
- Verbesserung des Transaktions-Protokolls im 'link layer', insbesondere des undefinierten Verhaltens von Transaktionen im Fall von Bus-Resets während der Transaktions-Bearbeitung.

Nach wie vor fehlen effiziente Lösungen beispielsweise zur dynamischen Behandlung von Konfigurationsänderungen in Verbindung mit der Verwendung des 'Bus-Reset', oder bei 'IP über IEEE-1394' die Unterstützung von 'Multicast'-Verbindungen, was für effiziente Multimedia-Kommunikation im Hausnetz benötigt würde. Desweiteren ist eine Leistungsbewertung insbesondere großer Installationen mit vielen Knoten und häufigen Bus-Resets noch nicht in ausreichendem Maße durchgeführt worden.

4.2 IEC 61883
Dieser Standard[7] definiert eine digitale Schnittstelle für IEEE 1394-konforme Audio- und Videogeräte; er umfaßt die Übertragungspaket-Formate für Audio- und Videodaten, die Steuerung der Datenströme, sowie die Verwaltung der Netzwerkverbindungen. Außerdem wird ein Protokoll für die Steuerungsbefehle im digitalen Netz festgelegt. Im einzelnen sind folgende Funktionen spezifiziert:
- Isochronous data flow management

Zur Steuerung der isochronen Datenflüsse wird das Modell eines 'plugs and plug control register' verwendet. Die virtuellen Stecker -jedem Endgerät zugeordnet- dienen zur Terminierung isochroner Datenkanäle über 1394. D.h. eine isochrone Verbindung beginnt am 'Ausgangstecker' des Senders, und endet entsprechend am Eingang des Empfängers. Gesteuert wird der Datenfluß über diese Stecker mittels der Kontroll-Register. Diese können potentiell von jedem Gerät, das am gemeinsamen 1394 Bus angeschlossen ist, mittels asynchroner Transaktionen angesprochen werden.
Sowohl Punkt-zu-Punkt als auch Multicast-Verbindungen werden unterstützt, letztere durch sogenannte 'broadcast-out' und 'broadcast-in connections'.

- Connection Management
Hiermit wird Auf-/ Abbau von Verbindungen sowie die Überlagerung mehrerer Verbindungen realisiert, im wesentlichen durch entsprechende Steuerung der betroffenen virtuellen Stecker. Punkt-zu-Punkt Verbindungen können nur von demjenigen, der sie ursprünglich aufgebaut hat, beendet werden, und sind insofern gegen Zerstörung geschützt. Multicast-Verbindungen werden erzeugt, indem einer existierenden, geschützten Verbindung eine oder mehrere ungeschützte hinzugefügt werden.
- Function Control Protocol (FCP)
Das FCP dient zur Steuerung von Endgeräten, die an 1394 Netze angeschlossen sind. Kontroll-Befehle werden generell als asynchrone Nachrichten über 1394 verschickt. Das Protokoll umfaßt die Beschreibung der entsprechende Paketstruktur sowie ein Rahmenwerk für die Befehlsstruktur. Befehlssätze für spezielle Geräte wurden in dem Standard AV/C [2] Kommandomengen festgelegt.

4.3 HAVi - Home Audio/Video Interoperability

Eine gemeinsame Software-Architektur, die für die Unterhaltungselektronik die problemlose Zusammenarbeit von Geräten und Anwendungen unterschiedlicher Hersteller ermöglicht, ist das Ziel eines internationalen Firmenkonsortiums[5].
Diese Architektur bildet die Grundlage für dynamisch konfigurierbare, 'offene', digitale Hausnetze, in denen verschiedene Anwendungen über standardisierte Schnittstellen kooperieren können [2]. Hierzu definiert HAVi eine Reihe von Diensten, die, zu einer IHDN-Middleware zusammengefaßt, eine herstellerunabhängige Plattform für systemunabhängige, verteilte Anwendungen im digitalen Hausnetz bieten:
- 1394 Communication Manager - ermöglicht asynchrone und isochrone Kommunikation auf der Basis von 1394
- Event Manager - Meldung von Zustandsänderungen des Netzes und von Objekten
- Stream Manager - Verwaltung/Steuerung von Audio- und Video Datenströmen
- Registry - Verwaltung aller im verteilten System verfügbarer Dienste
- Device Control Module (DCM) - Komponente zur Steuerung eines Endgeräts
- DCM Manager - Verwaltung (Installation, Entfernung) von DCM Modulen.

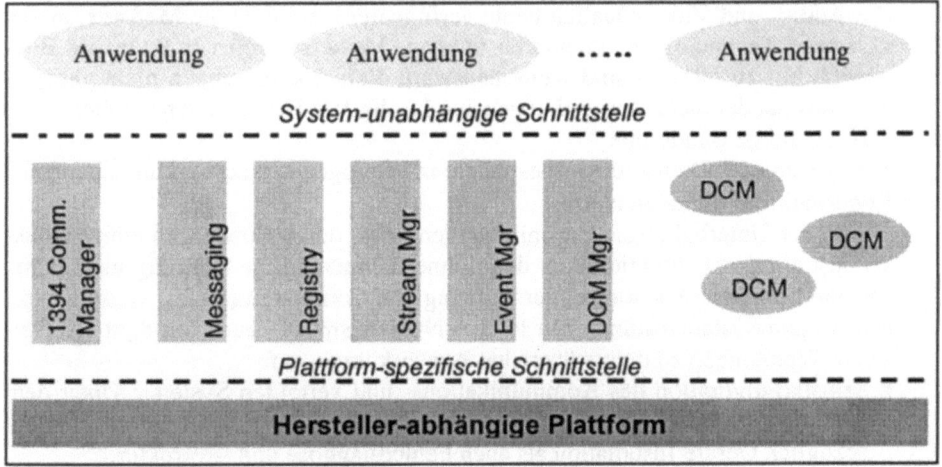

Abbildung 5: HAVi Architektur

Mit dieser Architektur können im Prinzip alle Endgeräte, die IEEE 1394 sowie IEC 61883 (Audio-/Video Transport und Steuerung) erfüllen, in einem HAVi System genutzt werden. Allerdings sind proprietäre Erweiterungen nötig, wenn Endgeräte eingesetzt werden sollen, die noch nicht von HAVi standardisiert wurden. Zwei unterschiedlich restriktive Interoperabilitätsstufen definieren den Umfang, in dem ein Gerät die HAVi Spezifikation erfüllt, und daraus bedingt die erreichbare Funktionalität. Die bisher spezifizierte Architektur wird als nächstes um die Bereiche Sicherheit, Robustheit des Gesamtsystems, und verbesserte Ressourcen-Verwaltung ergänzt.

5. Problemstellungen für verteilte Systeme und Anwendungen

Digitale Netze in Wohnungen treten dazu an, bereits in Wohnungen vorhandene Technologien der Unterhaltungselektronik zu ersetzen und zu ergänzen.
Sie werden sich nur dann durchsetzen können, wenn
- das gewohnte Preis-Leistungsverhältnis zumindest erhalten bleibt oder sogar verbessert wird.
- ein signifikanter Nutzen (besserer Unterhaltungswert, mehr Möglichkeiten, ...) sichtbar ist und akzeptiert wird.

Diese Anforderungen zu erfüllen, erfordert Lösungen für eine Reihe von Problemstellungen, die in ihrer Kombination neuartig und aufgrund der Gegensätzlichkeit möglicher Lösungsstrategien ausgesprochen herausfordernd sind. Im folgenden wird ein Überblick über die Problemstellungen gegeben.

- Kosten für Lösungen
  Für Geräte der Unterhaltungselektronik sind die Gesamtkosten sind äußerst eng kalkuliert und Kommunikationserweiterungen dürfen nur einen kleinen Anteil daran bilden. Preisgünstige Realisierungen sind deshalb unabdingbar mit Auswirkungen auf:
  - Begrenzte Prozessorleistung und Speicherkapazität
  - Komplexität von Kommunikationslösungen
  - Effiziente Nutzung aller aktuell verfügbaren Ressourcen des Gesamtsystems
  - Leistungsaufnahme während des Betriebs
- Wahrnehmbare Qualität
  Die Audio- und Video-Qualität heute verfügbarer Geräte ist die Meßlatte, an der sich neue Technologien orientieren müssen. Verbesserungen (z.B. in der Bildqualität hin zu HDTV) sind wünschenswert, Verschlechterungen nicht akzeptabel. Dies hat deutliche Auswirkungen auf das digitale Hausnetz hinsichtlich
  - Notwendige Bandbreite
  - Sicherung der Dienstgüte insbesondere in heterogenen Netzwerkumgebungen
- Robustheit des digitalen Netzes
  Geräte der Unterhaltungselektronik werden heute durch Einstecken einiger Stekker installiert und funktionieren dann ohne fachmännische Wartung über Jahre. Sie funktionieren ohne die bei der Nutzung von Computern (leider) vertrauten regelmäßigen Systemabstürze. Ein solches Nutzungsmuster auch mit digitalen Netzen in Wohnungen zu unterstützen hat Auswirkungen auf:
  - Selbstkonfiguration des Kommunikations- und verteilten Systems: Unter dem Schlagwort Plug&Play wird ein administratorfreier Betrieb angestrebt, sowohl bezüglich Geräte-Installation als auch Fehlerdiagnose und -korrektur.
  - Sicherheit, Schutz der Privatsphäre und des Copyrights

- Stabilität des hochdynamischen verteilten Systems und Konsistenz des Systemabbildes im Normalbetrieb und in beliebigen Fehlersituationen (z.B. beim Ausschalten eines in einer verteilten Anwendung genutzten Gerätes)
• Mit digitalen Netzen in Wohnungen wird neben der verbesserten Nutzung auch der Mißbrauch prinzipiell ermöglicht. Dies hat Auswirkungen auf
  - den Schutz der Privatsphäre (unerlaubte Zugriffe von außerhalb) sowie Schutz unerwünschten Gebrauchs innerhalb der Wohnung („Kindersicherung")
  - Schutz der Eigentumsrechte an Musik- und Filmdaten.

6. Zusammenfassung und Schlußfolgerungen

Es gibt Visionen von digitalen Netzen in Wohnungen. Sie versprechen mehr Unterhaltung, mehr Flexibilität und neue Anwendungen. Die Phantasie zum Erdenken möglicher Szenarien hat insbesondere die Unterhaltungselektronik-Industrie erfaßt, da sich ihr Kernmarkt mit dem Wandel der Technologie drastisch ändern kann, und gleichzeitig neue Unternehmen aus dem Bereich der Computertechnik als Kooperationspartner und Konkurrenten auftauchen. Die Folge ist unter anderem eine Vielzahl von Standardisierungsaktivitäten, in denen in unterschiedlichsten Kombinationen darum gerungen wird, welche Technologien in welcher Form mit welchen Schnittstellen zu dem verteilten Kommunikationssystem in der Wohnung kombiniert werden sollen. Diese Bestrebungen finden zu einem Zeitpunkt statt, zu dem

• noch keine Klarheit über die Reaktion von Konsumenten auf die auf sie zukommenden Möglichkeiten besteht
• ein weites Feld von ungelösten Problemen besteht, die insbesondere in ihrer Kombination echte Herausforderungen darstellen.

Die Suche nach Lösungen im Bereich der digitalen Netze in Wohnungen und deren Anbindung an Infrastrukturen außerhalb verspricht deshalb ein Thema zu bleiben, das uns in Industrie und Forschung bis weit in das neue Jahrtausend hinein begleiten wird. Dieses Thema bildet damit eine konkrete Fortsetzung der Forschungsarbeiten, die seit Ende der 80er Jahre unter dem unscharf spezifizierten und völlig überstrapazierten Begriff „Multimedia" ihren Anfang nahmen.

7. Literatur

[1] 1394-1995 - IEEE Standard for a High Performance Serial Bus, IEEE, 1995
[2] AV/C Digital Interface Command Set, V.2.0, 1394 Trade Association, 1997
[3] Digital Storage Media Command and Control, ISO/IEC JTC1/SC29/WG11
[4] EIA 600.81 Common Application Language (CAL) Specification, Draft, Electronic Industries Association, 1996
[5] Home Audio/Video Interoperability, Specification for Networking Digital AV Appliances; http://www.sv.philips.com/news/press/havipress.html
[6] HAVi core specification, http:// www.sv.philips.com/news/press/havipress.html
[7] IEC 61883 Digital Interface for Consumer Audio/Video Equipment, International Electrotechnical Commision, 1997
[8] P1394.1 - High Performance Serial Bus Bridges, IEEE - New standard project
[9] P1394.2 - Standard for Serial Express: A Scalable Gigabit Extension to the IEEE Standard Serial Bus - Approved Publication of IEEE
[10] VESA Home Network (VHN) - Home Network Protocols and Services, VESA Home Networks Committee, 1997

Web Call Center

Internet-Enhanced Voice Communication with Coordinated Interworking between PSTN and Internet

Markus E. Lautenbacher

Siemens AG,
Information and Communication Networks,
Hofmannstr. 51, D-81359 Munich, Germany.
Markus.Lautenbacher@icn.siemens.de

Abstract. This work describes the Web Call Center - an Internet-based extension to the concept of classical call centers in the PSTN. The Web Call Center offers coordinated interworking between the PSTN and Internet. Hence, it allows for new forms of call center-like communication adding value to the installed PSTN base.
The system is economically very attractive since it requires only standard PSTN and Internet technology to link both types of networks.
A special feature of the Web Call Center is joint, full duplex Synchronized Web Surfing. This feature allows for communication between several distributed parties forming a so-called Surf Group. Surf groups use separate communication channels for voice and Web content and are initiated very easily via a Web browser based GUI.
The Surf Group concept is very flexible. It can be applied not only to fields such as value-added communication in e-commerce, but also to distance learning, multimedia enhanced hotlines, telemedicine, etc.
The paper describes the basic architecture of the Web Call Center and the concept of Synchronized Web Surfing. Next, it explains in detail the corresponding service in the context of e-commerce. It discusses the benefits of Internet-based call centers and comments on the relation to other new areas such as Internet telephony and the IETF PINT working group on PSTN-Internet Interworking.

1 Introduction and Outline

For decades the telephone has now been the established means for interpersonal voice communication. In business settings this communication is often mediated by call centers. However, in recent years yet another communication medium, the Internet, has quickly entered the picture. The Internet, in particular the World Wide Web, is about to become the number one choice for multimedia information retrieval in the form of text, graphics, animations, sound,... It is therefore a logical step in the technical evolution of call centers to pick up on the Internet trend and go beyond present call center concepts by integrating Web-based techniques. The aim is to combine voice-oriented telephony and multimedia-oriented

Web surfing into a new enhanced form of communication which is mediated by Internet-based call centers.

Currently, these next generation Internet-based call centers attract a lot of attention. This work describes the 'Web Call Center' concept and prototype developed by Siemens Information & Communication Networks in Munich, Germany.

The paper is organized as follows: Sect. 2 describes the Web Call Center in detail. The section starts with a motivation for the Web Call Center from an application perspective, then describes the underlying architecture and walks the reader step-by-step through an e-commerce application scenario. Next, we explain the key concepts of Synchronized Web Surfing/Surf Groups and the associated benefits. Sects. 3 and 4, respectively, outline additional application scenarios other than e-commerce, some implementation details, and evolution scenarios to include Internet telephony and the approach taken by the IETF PINT working group. The paper ends with a short summary and conclusion.

2 Web Call Center

2.1 Motivation for a Web-Based Call Center

Today, one of the economically most promising areas in Internet related applications is e-commerce. E.g. in a recent study Forrester Research [FR98] predicted an increase in sales via e-commerce in Germany from only 234 million in 1998 up to 16.1 billion US$ in 2001.

E-commerce goes beyond the traditional approach of printed mail order catalogs. Instead, stock items are offered on-line via an e-commerce site (with a Web server acting as the front end) as indicated in Fig. 1 (a). While the customer is connected to the Internet, he can browse on-line through the stock offerings using simple navigation by mouse. At the same time he can enjoy multimedia add-ons like little animations, sound, etc. which a regular printed mail order catalog cannot offer. However, when it comes to actually ordering goods or seeking expert advice before making a purchase, many people still prefer to talk to a human service agent.

This leaves Web-based e-commerce with the problem of how to establish appropriate communication channels between the customer and a service agent directly off the e-commerce site in a convenient manner. The problem becomes particularly interesting when multiple types of content are involved in the communication about to happen: multimedia Web content from the on-line catalog and voice for the direct customer-agent conversation.

Fig. 1 (b) indicates a solution using our so-called Web Call Center (WCC). After the customer has requested a communication channel to a service agent by clicking on a corresponding icon, the WCC coordinates any further interaction between the involved parties: customer, service agent, and e-commerce site. Here, the WCC acts as a mediator for a voice-data conference between the customer and the agent. The data stream comes via the Internet from the e-commerce site, while regular phones are used for the voice part of the conference.

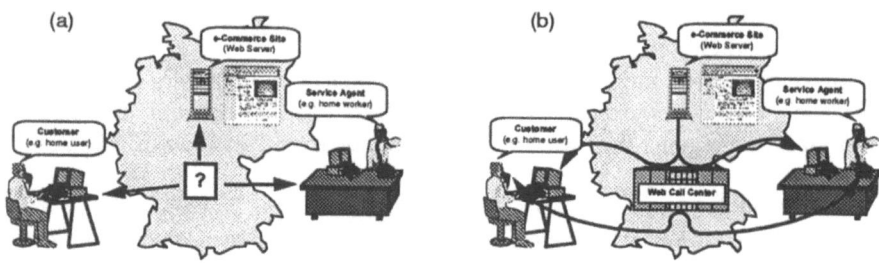

Fig. 1. (a): Typical communication problem in an e-commerce scenario involving customer, service agent, and e-commerce site. (b): Solution with a voice-data conference between customer and agent mediated by the Web Call Center.

As will become clear later, the WCC approach can be generalized to any communication scenario where multimedia content is transmitted over the Internet and voice is transmitted over the Public Switched Telephony Network (PSTN). Conference initiation, setup and control is done conveniently using modern, user friendly Web techniques.

2.2 Web Call Center Architecture

The architecture of the Web Call Center only consists of a few simple entities. The corresponding schematic overview is shown in Fig. 2.
The basic entities for the architecture of the WCC can be described as follows:

Customer: The customer must only have a standard PC and a regular telephone. The PC is connected via a POTS line to an Internet Service Provider (ISP) for Internet access and is equipped with a mainstream Web browser. The phone must be on a second POTS line that is independent from the line for the PC. Alternatively, the customer may have ISDN service.

Web Call Center Server: The WCC server runs on a service node that belongs to the operator of the PSTN. The network operator offers the operation of the WCC infrastructure as a service to businesses that either want to outsource their call center infrastructure or that are to small to operate their own. (Alternatively, large corporations could buy and operate their own WCC infrastructure and just get proper access to the PSTN from the network operator.) Attached to the WCC, there is a Call Control Module to setup a voice call between the customer and a suitable service agent over the PSTN. The Call Control Module connects the speech path between customer and agent phones (voice bridge). Physically it can e.g. consist of some standard Computer Telephony Integration (CTI) hardware that is directly integrated into the service node. Alternatively, the Call Control Module can use PSTN/ISDN Intelligent Network (IN) principles to set up the calls (call party handling) or an operator support system (3rd party call control). Finally, the WCC server also has access to the billing system in the PSTN in

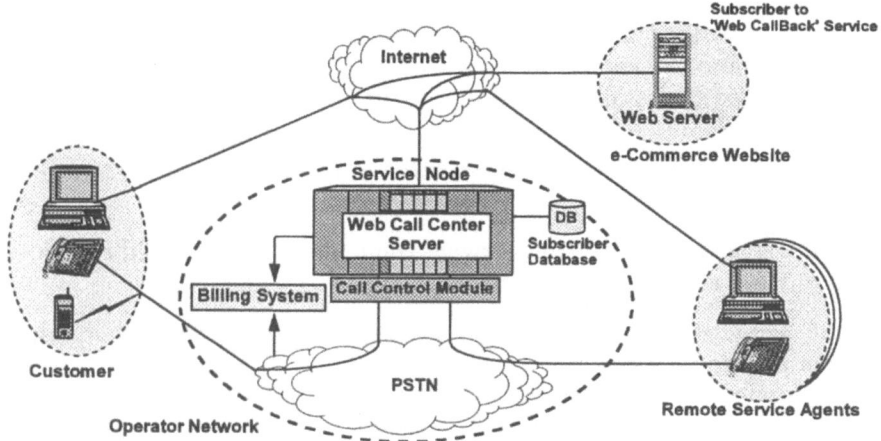

Fig. 2. Basic entities for the architecture of the Web Call Center.

order to allow for advanced billing options for the customer-agent connection.

E-Commerce Website: The operator of the e-commerce site must have a subscription to the Web Call Center service offered by the network operator. This allows even small businesses to offer call center services to their customers without having to invest in the corresponding infrastructure and also its operation. In practice, there would be a number of e-commerce sites operated by different businesses that have subscribed to the PSNT operator's Web Call Center service. The WCC is capable of offering call center service to several e-commerce sites simultaneously. However, for simplicity Fig. 2 only shows a single e-commerce site. From the point of view of the WCC, the e-commerce site is just a regular website communicating via the HTTP protocol [LF96,FG97]. The Web pages on the e-commerce site contain special icons which the customer can click if he wants to speak to a real agent. The icons are in fact standard Web links pointing to the URL of the WCC server. This means that the trigger for the user to initiate the service can be embedded in any website by simply using standard HTML [WW98] tags.

Service Agent(s): Service agents work on behalf of one or several e-commerce websites. Before they are able to serve customers they have to logon to the WCC, authenticate themselves and signal their availability and readiness to take calls. A single service agent basically has the same equipment as a customer: phone and standard PC with Web browser. In addition, the PC runs a small 'watchdog' utility program in the background (a daemon/service UNIX/Windows terminology). The 'watchdog' utility pops up a browser window on the agent's screen to notify him once a request from the WCC to handle a customer callback request has come in. In practice, several agents would be working for a single e-commerce site. Agents do not need to be co-located with the WCC but can be distributed geographically over a wide area, e.g. working at home or in a different part of the country. The WCC will route calls to the various agents based on their affiliation with a particular e-commerce site, availability, skill set, time of day,...

2.3 Step-by-Step Service Description for the Web Call Center in E-Commerce

In e-commerce, a typical customer-agent communication mediated by the WCC would proceed along the following lines:

- The customer surfs the Web from his PC at home, from a public terminal, from an info-terminal in a department store,...
- Eventually, he/she enters an e-commerce website of particular interest to him. The e-commerce site is enhanced with a subscription to the Web Call Center service offered by the PSTN operator.
- If the customer wishes to talk to a human service agent (e.g. to obtain expert advice and/or to buy the product) he/she clicks on the 'Talk-to-Real-Agent' icon embedded in the Web pages of the e-commerce site.
- The Web server of the e-commerce site relays the callback request to the WCC server running on a service node.
- Via a standard HTML form, the WCC server collects callback data from the customer: customer name and phone number, callback time, preferred language, existing customer ID,... With HTTP, the 'Referer' request-header field allows the HTTP client to specify, for the HTTP server's benefit, the address (Uniform Resource Identifier - URI) of the resource from which the Request-URI was obtained [LF96,FG97]. In the WCC server this capability of HTTP is used to transparently retrieve the Uniform Resource Locator (URL) of the web page from which the customer has triggered the request for a real agent. This URL is extremely valuable information for the agent in order to prepare himself up-front for handling the customer in a more personalized manner.
- The WCC performs an Automatic Call Distribution (ACD) to one of the remote service agents. The weighting function for ACD contains criteria like agent availability, skill set, language spoken, time of day, time since last call taken,...
- The WCC notifies the agent of the waiting customer request by contacting the 'watchdog' utility on the agent's PC. The 'watchdog' constantly listens to a known TCP/IP port and in case pops up a corresponding notification browser window on the agent's PC screen.
- The agent gets all information which is available about the customer (name, last URL visited, any available customer history,...) downloaded into his browser. Based on this information, the agent can prepare himself up-front to better serve the customer.
- Once the agent signals back to the WCC that he is ready to serve the customer, the WCC sets up a voice-data conference between the customer and the assigned service agent (see Fig. 3 for an illustration):

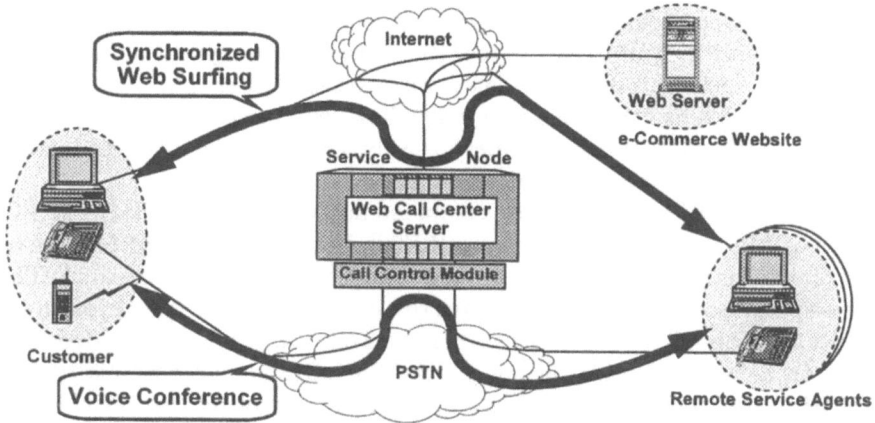

Fig. 3. Voice-data conference between customer and agent mediated by the WCC server.

- A voice conference call between customer and agent phone is set up by the Call Control Module of the WCC over the PSTN.
- A data conference is set up by forming a so-called Surf Group with customer and agent as the participants. Multimedia content is distributed over the Internet to all members of the Surf Group. As will be explained in the next subsection in greater detail, a Surf Group provides 'Synchronized Web Surfing' to all of its members.
- With access of the WCC to the billing system in the PSTN advanced billing options become possible: if the customer eventually makes a purchase, the callback is free for him, otherwise not. Moreover, any purchase may be added directly to the customer's phone bill thus avoiding e.g. possible risks of credit card transactions over the public Internet.

2.4 Surf Groups and Synchronized Web Surfing

Synchronized Web Surfing is a key feature in the WCC and closely related to the concept of Surf Groups.

A Surf Group is a group of people who see the same content displayed in the Web browser on their individual PCs at any time. So, whenever a member of a Surf Group steers his browser to a new location by clicking on a corresponding link, all other browsers in this Surf Group will automatically change their window to the new location, too. We call this feature of keeping the browser windows synchronous inside a Surf Group 'Synchronized Web Surfing' (SWS). With our implementation of the WCC SWS works full duplex, that is from customer to agent and vice versa. Moreover, as a Surf Group can consist of two or more people, synchronization also works among groups of more than two people.

SWS offers considerable added value to communication in e-commerce. In enables the service agent to easily steer the customer through the on-line product catalog. The agent can drive the sales conversation rather than bothering with clumsy explanations over the phone what link the customer should click next. Vice versa, SWS enables the customer to easily direct the service agent to exactly those products he is interested in.

Technically SWS is achieved by combined application of HTTP [LF96,FG97] and the MIME multipart content-type [LE98]. Both HTTP and MIME are open IETF standards supported by all common Web browser implementations. Therefore no special software or plug-ins have to be installed on the participating PCs in order to enable SWS. A user can benefit from the SWS value-added feature simply on a 'walk-in' basis by joining the Surf Group, pointing his mouse to some URL and clicking on it. The rest is taken care of by the WCC. We call this the 'zero impact on user equipment' paradigm. We consider zero impact to be particularly important for e-commerce where very often a lot of potential customers stumble over an e-commerce site just by accident and want to start using its value-added features without having to install some enabling software first.

SWS is not only applicable to e-commerce scenarios. As will be shown in Sect. 3 other application scenarios can benefit from it, too.

2.5 Benefits of the Web Call Center Approach

The WCC approach offers a number of economical benefits to both customer and operator of the e-commerce site. These benefits are not available with call center solutions that do not offer value-adding through PSTN-Internet interworking as outlined here.
The economical benefits are:

- The customer can launch and tailor the callback request in a point-and-click fashion without any holding for an available agent. Using his familiar Web browser, he conveniently switches from anonymous web pages to a personalized phone connection e.g., to discuss confidential matters with a service agent or to supply credit card information.
- No PBX equipment is needed by the operator of the e-commerce site like in traditional call centers. A subscription to the WCC service offered by the network operator is sufficient.
- The e-commerce operator benefits from an increased 'customer catch rate' via the WWW due to a more convenient service offering. Fast personalized service to each individual customer due to information collected up-front via the Internet is possible. This allows business operators to differentiate themselves from their competition.
- The routing of the voice connection to the service agent in the PSTN can be optimized (e.g., least cost routing criteria).
- Seamless billing that combines the PSTN and Internet service charges in a single bill is possible.

- Network operational costs resulting from customers usually waiting on hold in the conventional freephone queue are reduced.
- Service agents do not have to be co-located with neither the e-commerce site nor the WCC. Instead, service agents can be geographically distributed to optimize costs of labor or to adapt to legal restrictions on working hours.

3 Further Application Scenarios for the Web Call Center

The applicability of the WCC is not limited to e-commerce. In particular the SWS/Surf Group feature allows to bring added value to a number of other application scenarios, too:

Distance Learning: Here, the service agent is replaced by the teacher, while a group of students replaces the single customer. The ability of the concept of Surf Groups to handle SWS for more than two people and to synchronize in both directions are again essential in this application scenario: the teacher can guide his students to pages in an on-line version of a text book (stored on a Web server), while also any of the students can point the teacher and the rest of the class to particular pages in the text book. Thus, the WCC allows for a cost effective version of an electronic classroom using only standard phone and PC equipment in situations where students are e.g. spread out over remote rural areas.

Multimedia-Enhanced Hotline: For a premium rate, a user (a.k.a. customer) can get advanced hotline support. In the usual hotline scenario the user and the hotline service agent would have a regular phone conversation usually each with a copy of the printed manual in front of them. With a multimedia-enhanced hotline however, an on-line version of the product manual is kept on a Web server. Using the WCC with SWS, the customer and hotline service agent can then mutually point each other to the relevant pages in the on-line manual while still having the usual hotline voice conversation over the phone. Access to the billing system in the PSTN allows to charge for this premium hotline service differently from the regular hotline support.

Telemedicine: Here the customer is replaced by a doctor, the service agent is now a X-ray specialist and the e-commerce website is replaced by a hospital X-ray image database with a Web front end. From his office the doctor can remotely (after appropriate authentication) browse through his patient's X-ray image record as conveniently as conventional Web surfing. If he needs the advice of a X-ray specialist on a particular image, he can initiate a corresponding voice-data conference mediated by the WCC. Security and privacy issues have to be addressed properly in this medical context. Techniques like e.g. Secure Socket Layer, Transport Level Security, strong encryption,... could be employed here.

4 Implementation, Evolution, and Relation to Standards

Implementation: At Siemens Public Communication Networks, we have developed an implementation of the WCC with SWS and other features as outlined in earlier sections.

Our implementation consists of two standard Intel Pentium PCs (customer and agent) running Microsoft Windows NT 4.0 with Netscape Navigator 4.x. The WCC is hosted either on a Sun SPARCStation running Solaris 2.51 or a third Intel Pentium PC with Windows NT 4.0. On both platforms the WCC runs a Web server capable of Java Servlet technology.

The WCC server itself is written completely in Java and integrated into the Web server via Java Servlet technology. This allowed for a very fast and flexible implementation of the system, and a high degree of platform portability.

With our implementation we have successfully verified Surf Groups with SWS for two and more participants. Several Surf Groups can exist in parallel at the same time on the WCC server. Within a particular Surf Group, requests for synchronization of content are handled on a FIFO basis.

Evolution: The architecture of the WCC as shown in Fig. 2 is not limited to transmitting the voice content exclusively over the PSTN.

With appropriate Internet telephony applications installed on the PCs of customer and service agent, voice could be transmitted over the Internet channel as well. This approach allows to drop the original requirement for having two independent phone lines or ISDN service. Voice and data would travel over a single phone line that connects the PC with some ISP for Internet access.

By the time we started the WCC project, Internet telephony was not yet able to deliver the required quality of service and reliability. With the technology becoming more and more mature and accepted, Internet telephony becomes however an interesting alternative for providing the speech channel, too. The result is an integrated voice-data service using IP as the common underlying transport.

Relation to Standards: At the IETF the PINT (PSTN and Internet Internetworking) working group [PT98] is concerned with defining a protocol to trigger certain so-called PINT benchmark services from the Internet in the PSTN.

One of the PINT benchmark services is called 'Click-to-Dial'. With Click-to-Dial after a corresponding icon has been clicked, a Web server passes two phone numbers as parameters from the Internet on to some PSTN entity (e.g. an IN system) along with the request to set up a call between those two numbers.

Once the PINT protocol has been finalized by the IETF, implementation of the WCC Call Control Module (see Fig. 2) as a PINT client-server system will allow for an open, fully standards-based solution for handling call control in the WCC.

5 Summary and Conclusion

5.1 Summary

The WCC is an Internet communication application with coordinated interworking between the PSTN and the Internet.

The system uses standard components and is based on open Internet standards. It combines the approach of classical PSTN call centers with the approach of the World Wide Web. Special features like joint, full duplex Synchronized Web Surfing between customer and agent, and the 'zero-impact on user equipment' paradigm for ensuring a maximum of service users enable the WCC to bring added value into e.g. e-commerce related communication.

The WCC is easy to use since the graphical user interface to the WCC is a just a standard Web browser. The setup of voice-data conference is done in point-and-click fashion.

Text and multimedia content is transmitted over the Internet, while for voice a classical PSTN connection is used. The system builds on the flexible adaptation to new media in the IP world, and quality of voice connections in the PSTN.

The WCC only relies on standard PC hardware, standard OS (UNIX, Windows) and Web browser, standard telephone sets. The solution is thus very cost effective both with respect to the call center infrastructure and to the equipment needed per service agent. The equipment required on the side of the customer is standard for any of today's home/office users.

The design of the WCC does not require co-location of the call center infrastructure, service agents, and e-commerce site. Instead using the worldwide Internet and telephone network, it allows for an arbitrary geographical distribution of customer, service agents, call center infrastructure and e-commerce site. Hence, agents can be for instance home workers or working in areas with less restrictive laws on legal working hours.

The approach of the WCC is very flexible and allows for a wide range of applications in e-commerce, distance learning, advanced multimedia hotline, telemedicine, and more.

New technological developments like Internet telephony and the forthcoming IETF PINT standard can be incorporated in the architecture for the WCC described here.

5.2 Conclusion

The Web Call Center is an approach where network value-adding is achieved by intelligent interworking between the existing PSTN and Internet features. It combines the predicted high-growth market of Web-based e-commerce over the Internet with the installed base of the telephony network.

Our goal is to achieve network value-adding by integration of Internet and PSTN features. Value-adding intelligence is not located solely in IT equipment at the network boundaries but also the leverage of intelligence existing inside the PSTN is applied. Effectively, this translates to added value for network operators, ISPs, businesses and customer. In this evolutionary network scenario for the PSTN, investments in existing networks are reused for the creation of new and advanced Internet services.

References

[FR98] Forrester Research Inc.: E-Commerce Study, April 1998,
URL: http://www.forrester.com/

[LE98] E. Levinson: The MIME Multipart/Related Content-type (RFC 2387), August 1998,
URL: http://www.rfc-editor.org/

[LF96] T. Berners-Lee, R. Fielding, and H. Frystyk: Hypertext Transfer Protocol - HTTP/1.0 (RFC 1945), May 1996,
URL: http://www.rfc-editor.org/

[FG97] R. Fielding, J. Gettys, J. Mogul, H. Frystyk, T. Berners-Lee: Hypertext Transfer Protocol - HTTP/1.1 (RFC 2068), January 1997,
URL: http://www.rfc-editor.org/

[PT98] IETF PINT (PSTN and Internet Internetworking) Working Group: PINT Charter, October 1998,
URL: http://www.ietf.org/html.charters/pint-charter.html

[WW98] W3C (World Wide Web Consortium): Hypertext Markup Language Specification - HTML 4.0, April 1998,
URL: http://www.w3c.org/TR/REC-html40/

Eine Dienstgüteabbildungs- und –steuerungsarchitektur zur Gewährleistung unterschiedlicher Dienstgüteklassen für Ferntraining und –lernen

Reinhold Eberhardt
Christian Rueß
DaimlerChrysler AG, Forschung und Technologie 3, Ulm
Postfach 2360, 89013 Ulm
Tel: ++49-731-505-2103
Fax: ++49-731-505-4110
{eberhardt, ruess}@dbag.ulm.DaimlerBenz.COM

Zusammenfassung

Die Bereitstellung von Trainings- und Lerninhalten am Arbeitsplatz bzw. in der Nähe des Arbeitsplatzes über unternehmensinterne Kommunikationssysteme ist eine zunehmend wichtiger werdende Ergänzung zum bisherigen Schulungs- und Trainingsangebot für das lebenslange Lernen der Mitarbeiter eines Unternehmens. Die Kommunikationssysteme und verteilten Anwendungen für Ferntraining und –lernen müssen in der Lage sein, multimediale Inhalte in verschiedenen Qualitätsstufen zum Lernenden zu bringen. Da heute in Unternehmen eingesetzte Kommunikationsinfrastrukturen meistens nicht in der Lage sind, den Dienstgüteanforderungen solcher Anwendungen gerecht zu werden, müssen im Gesamtsystem aus Kosten- und technischen Gründen dedizierte Kommunikationssysteme eingesetzt werden. Um die verschiedenen Klassen von Dienstgüte, die von den Kommunikationssystemen angeboten werden, zu beherrschen, ist es sinnvoll, den eigentlichen Transportstrom von der Steuerung desselben zu trennen. In dieser Arbeit wird eine Dienstgüteabbildungs- und -steuerungsarchitektur zur Übertragung von multimedialen Daten über heterogene Kommunikationssysteme vorgestellt und mit anderen Arbeiten verglichen. Des weiteren wird eine Implementierungsstrategie aufgezeigt, die es ermöglicht, das System in heterogenen Betriebssystem- und Kommunikationsumgebungen einzusetzen.

Keywords: Multimediasysteme, -verfahren und –dienste; Middleware; verteilte Anwendungen; Hochleistungsnetze; Dienstgüte; ATM

1 Einführung

Die Arbeitswelt ist heutzutage dadurch geprägt, daß sich die Mitarbeiter durch die immer kürzeren Innovationszyklen in einem fortwährenden Lernprozeß befinden. Hierbei ist es die Aufgabe der Unternehmen, daß sie ihren Mitarbeitern ein den Bedürfnissen beider Seiten entsprechendes Angebot an internen und externen Weiterbildungsangeboten zur Verfügung stellen. Um dieses Weiterbildungsangebot für verschiedene Lehr- und Lernformen anbieten zu können, muß die Systemarchitektur so flexibel und skalierbar ausgelegt sein, daß verschiedenste Medien-, Server- und Kommunikationstechnologien verwendet werden können. Dies gilt insbesondere für hochvolumige Medientypen wie Videos. Beispielsweise muß das System in Abhängigkeit von der Middleware- und Kommunikationstechnologie in der Lage sein, Videos, die mit verschiedenen Kompressionsverfahren wie MPEG-2, MPEG-1, H.263 oder im proprietären Realvideoformat encodiert wurden, mit einer entsprechenden Dienstgüteanforderung zu übertragen.

Um diesen Anforderungen gerecht zu werden, sind in den End- und Kommunikationssystemen verschiedene Maßnahmen notwendig, um eine Ende-zu-Ende-Dienstgüte gewährleisten zu können. In diesem Beitrag wird ein Lösungsansatz für eine Dienstgüteabbildungs- und –steuerungsarchitektur zur Gewährleistung unterschiedlicher Dienstgüteklassen für Ferntraining und –lernen präsentiert.

2 Grundlagen

Eine Anwendungsprogrammierschnittstelle (Application Programming Interface, API) stellt in der Regel Dienste des Betriebssystems bzw. anwendungsspezifische Dienste über eine definierte Schnittstelle bereit. APIs verbergen die Komplexität und Implementierungsdetails vor den Anwendungsprogrammierern. APIs findet man auf unterschiedlichen Ebenen. APIs auf hohem Abstraktionsniveau wie CORBA, DCOM und RMI [1] sind für den Entwurf verteilter, objektorientierter Anwendungen prädestiniert. Eine Ebene darunter findet man typischerweise APIs, die den direkten Zugriff auf die Netzwerkfunktionalität der Schicht erlaubt. Die BSD-Socket-Schnittstelle von UNIX und die WinSock-Schnittstelle von Microsoft sind hierfür typische Beispiele. APIs der unteren Schichten stellen einen direkten Zugriff auf verschiedene Kommunikationstechnologien wie ATM, Ethernet etc. über die Sicherungsschicht bzw. Netzwerkschicht bereit.

Der Begriff Dienstgüte (Quality of Service, QoS) wird als Forschungsthema in verschiedenen Anwendungsgebieten untersucht. Ursprünglich stammt die Bezeichnung aus Forschungen über Kommunikationssysteme, die multimediale Anwendungen mit kontinuierlichen Medien wie Audio und Video unterstützen sollen. Wenig später wurde erkannt, daß Dienstgüte nicht nur im Kommunikationssystem selbst garantiert werden muß, sondern auch in diversen anderen Systemteilen [2]. In [3] wird Dienstgüte als „Gesamtheit der Qualitätsmerkmale eines Kommunikationsnetzes aus der Sicht der Benutzer eines betrachteten Dienstes" definiert. In [4] wird Dienstgüte auch auf andere Systemschichten übertragen und eine Unterscheidung zwischen Bedien-, Anwendungs-, System- und Kommunikationsdienstgüte getroffen. Der Begriff der Dienstgüte und damit die Dienstgütebeschreibung ist auf den verschiedenen Abstraktionsebenen sehr unterschiedlich, allerdings müssen diese Beschreibungen für eine Realisierung nahtlos von einer Abstraktionsebene auf eine andere Ebene abgebildet werden. Bei der Dienstgütebeschreibung für Kommunikationssysteme besteht der Konsens, daß Durchsatz, Verzögerung, Verzögerungsvarianz und Zuverlässigkeit die bestimmenden Dienstgüteparameter sind.

3 Systemüberblick

Der in Abbildung 1 dargestellte Systemüberblick gibt die für den Kern unserer Arbeit wichtigsten Systemteile wieder:

- Ein satellitengestütztes Ferntrainingssystem mit interaktiven Rückkanälen, die auf ISDN beruhen,
- ein Video- und Medienserver mit einem hierarchischen Speichermanagement,
- ein Webserver mit verschiedenen Abfragemechanismen (Suche, Verzeichnis, Schlagwort, usw.),
- einem Abrechnungsserver sowie
- Hotlinedienste.

Nicht aufgeführt in der Abbildung sind die

- Arbeitsplätze der Content Manager und Trainer,
- Arbeitsplätze der Endnutzer bzw. Endgeräte in den Schulungsräumen und
- als wesentlicher Bestandteil das Kommunikations- und Middlewaresystem.

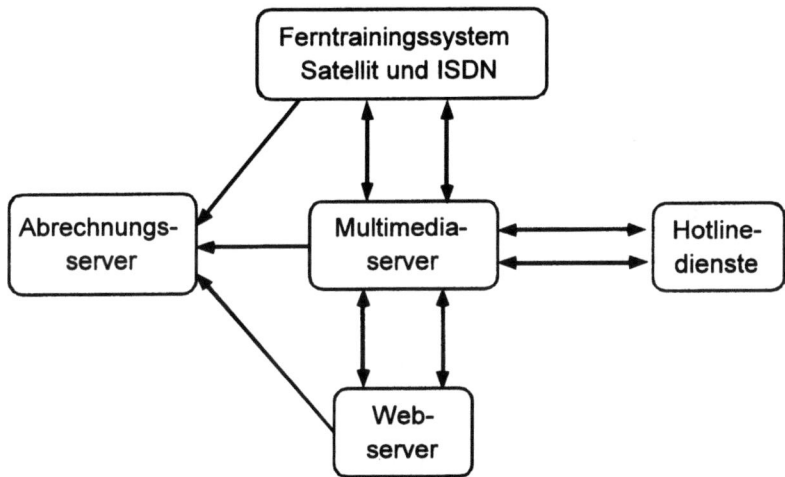

Abbildung 1: Systemüberblick

Nachfolgend beschränken wir uns auf dieses Kommunikations- und Middlewaresystem, weil es neben dem Medienserver eines der beiden wesentlichen Elemente der Systemarchitektur ist.

Die Kommunikationssysteme müssen in der Lage sein, mit dem MPEG-2-Verfahren encodiertes Audio- und Videomaterial zu Schulungsräumen, die über ganz Europa verstreut sind, und zu dedizierten Arbeitsplätzen der Content Manager, Konzeptersteller und Trainer zu übertragen. In einem nächsten Schritt sollen die Voraussetzungen dafür geschaffen werden, daß Audio- und Videomaterial niedriger Qualität zusammen mit multimedialem Trainingsmaterial für das Lernen in Gruppen und das individuelle Lernen an jedem Arbeitsplatz mit Intranetzugang zur Verfügung gestellt werden kann. Die heutzutage üblicherweise verwendeten „Computer Based Training Disks (CBT-CDs)" werden über das Intranet durch aktuelle Schulungsinformationen ergänzt oder durch ausschließlich über das Intranet bereitgestellte Versionen ersetzt. Der Vorteil ist, daß aktuelle Informationen mit in Schulungen eingearbeitet werden können und im zweiten Fall die Produktion und Verteilung der CDs entfällt.

Das Middlewaresystem muß in der Lage sein, die erwähnten Systembestandteile auf einem hohen Abstraktionsniveau, in einer skalierbaren Art und Weise und basierend auf offenen Standards zu integrieren.

4 Anforderungen an das Kommunikations- und Middlewaresystem aus Sicht der Anwendung

Die Anforderungen an das Kommunikations- und Middlewaresystem ergeben sich aus der Prozeßkette von der Produktion bis zum Konsum des Lernmaterials. Das Ausgangsmaterial wird in einer sehr guten Qualität hergestellt und in Abhängigkeit von der Lernform, des Lernziels, Kosten- und technischen Randbedingungen in unterschiedlichen Qualitäten und auf unterschiedlichen Medien dem Konsument angeboten. Weil es sich hierbei um einen Dienstleistungsprozeß handelt, müssen Abrechnungsverfahren im Prozeß inbegriffen sein.

Als Ausgangsmaterial werden Text, Grafiken, Bilder, (3D-)Animationen, Audio- und Videosequenzen verwendet. Als Übertragungs- bzw. Speichermedien innerhalb der Prozeßkette kommen folgende Alternativen in Frage:

- Übertragungsmedien
  - Satellit
  - Hochgeschwindigkeitsnetze (ATM, Fast Ethernet)
  - Intranet (heterogenes Netz)
- Tertiärspeichermedien für Archivierung
  - CD-ROM
  - VHS-Bänder
  - (Digital-)Betacam
  - DVD (zukünftig)

Im Rahmen dieses Papiers sind die Medien Hochgeschwindigkeitsnetze und Intranet von Interesse und werden deshalb genauer betrachtet. Als Hochgeschwindigkeitskommunikationssystem wird im Produktionsbereich ATM eingesetzt, weil ATM heute und in absehbarer Zeit die einzige Technologie ist, die die für die Übertragung kontinuierlicher Daten wie Audio und Video notwendige Dienstgüte zur Verfügung stellen kann. Das audiovisuelle Material wird in der Regel mit dem MPEG-2-Verfahren encodiert und im Medienserver gespeichert. Ob eine automatische Transcodierung von MPEG-2 in andere Videokompressionsformate mit geringerer Audio-/Videoqualität möglich ist, wird derzeit untersucht. Das DaimlerChrysler-Intranet ist ein weltumspannendes Konzernnetz, das diverse Kommunikationstechnologien (Ethernet (shared/switched/fast), Token-Ring, FDDI, ATM, Frame Relay,...) verwendet. Die Standorte sind mit sehr unterschiedlichen Bandbreiten (n * 64 kbit/s bis 155 Mbit/s) untereinander vernetzt. Deshalb muß davon ausgegangen werden, daß die Lernenden über eine sehr unterschiedliche und über die Tageszeit variierende Bandbreite vom Arbeitsplatz zu einem zentralen Lernmedienserver verfügen können. Aus diesem Grunde ist in einer weiteren Ausbaustufe ein verteiltes System geplant, welches aus einem zentralen Medienserver und weiteren cachenden bzw. replizierenden Servern besteht. Dadurch kann den Nutzern eine bessere und leichter zu garantierende Dienstgüte angeboten werden, ohne daß zuvor das gesamte Intranet ausgebaut werden muß.

Damit die Gesamtanwendung auf mehrere Rechner verteilt werden kann, die Komplexität der Verteilung vor der Anwendung selbst aber weitestgehend verborgen bleibt, wird als Middlewareinfrastruktur CORBA [5] eingesetzt. Dadurch kann die Anwendung sehr gut strukturiert und funktional eigenständige Systemteile (z.B. Abrechnungsserver) gekapselt und ggf. verteilt werden. Gleichzeitig kann CORBA auch dazu verwendet werden, den Transport von zeitkritischen Daten, wie Audio und Video, und die Steuerung dieser Datenströme logisch zu trennen.

Für die Akzeptanz des Gesamtsystems sind die Dienste zur Dienstgüteabbildung und -steuerung von besonderer Bedeutung. Unter Dienstgüteabbildung (QoS mapping) versteht man die Umwandlung einer Dienstgütebeschreibung von einer Abstraktionsebene auf eine andere Ebene. Unter Dienstgütesteuerung versteht man die Steuerung, Durchsetzung und Überwachung der Dienstgütebeschreibungen auf den verschiedenen Abstraktionsebenen.

5 Systemarchitektur

5.1 Dienstgüteabbildungs- und -steuerungsarchitektur

Die für diese Arbeit relevanten Veröffentlichungen [6] [7] [8] zeigen, daß es Vorschläge für eine Dienstgüteanpassungs- und -steuerungsarchitekur erst ansatzweise gibt. Folgende Anforderungen, die zum Teil bereits im letzten Abschnitt beschrieben wurden, waren für unsere auf Java und CORBA [5] aufsetzende Architektur maßgebend:

- Eine heterogene Netzinfrastruktur, bestehend aus Satellit, ATM und Intranet,
- heterogene Ausrüstung auf der Seite der Server (z.B. Videoserver, Webserver, Datenbanksystem für Videometadaten, Betriebssysteme etc.),

- Integration weiterer Dienste, wie z.B. Nutzer- und Abrechnungsverwaltung, Transcodierung von Videodaten etc.,
- heterogene Ausrüstung auf der Seite der Klienten (z.B. Betriebssysteme, Performanz, Speicherausbau etc.) und
- Skalierbarkeit und Verwendung offener Standards.

CORBA wird als Middlewaresystem verwendet, um die Systembestandteile sowohl auf der Klientenseite als auch auf der Serverseite zusammenzufügen. Auf der Serverseite ist CORBA für den Entwurf und Implementierung eines verteilten Systems, welches beispielsweise auf einfache Art und Weise verschiedene Rechner für Lastverteilung nutzen kann, die Ideallösung. Der Zugriff auf Altsysteme oder die Integration von Datenbanksystemen kann einfach und effizient erfolgen [9].

Durch den Einsatz von Java auf der Klienten- und Serverseite wird die Plattformunabhängigkeit erreicht. Dies gilt insbesondere dann, wenn auch die CORBA-Implementierung selbst in Java erfolgte. Allerdings muß auf der Serverseite noch untersucht werden, ob Java-basierte ORBs ausreichend leistungsfähig sind.

Durch die Trennung des Audio- und Videotransportstroms von der Steuerung dieses Transportstroms kann die in Abbildung 2 dargestellte Architektur sowohl die speziellen Eigenschaften der Kommunikationsinfrastuktur (z.B. ATMs QoS, weitverbreitete Nutzung des Intranets) als auch CORBA für den Steuerstrom nutzen. Dieser Ansatz wurde im wesentlichen durch die Aktivitäten bei TINA-C (Telecommunication Information Networking Architecture Consortium), bei der OMG [7] und durch die Aktivitäten für die Weiterentwicklung des Internets [8] beeinflußt.

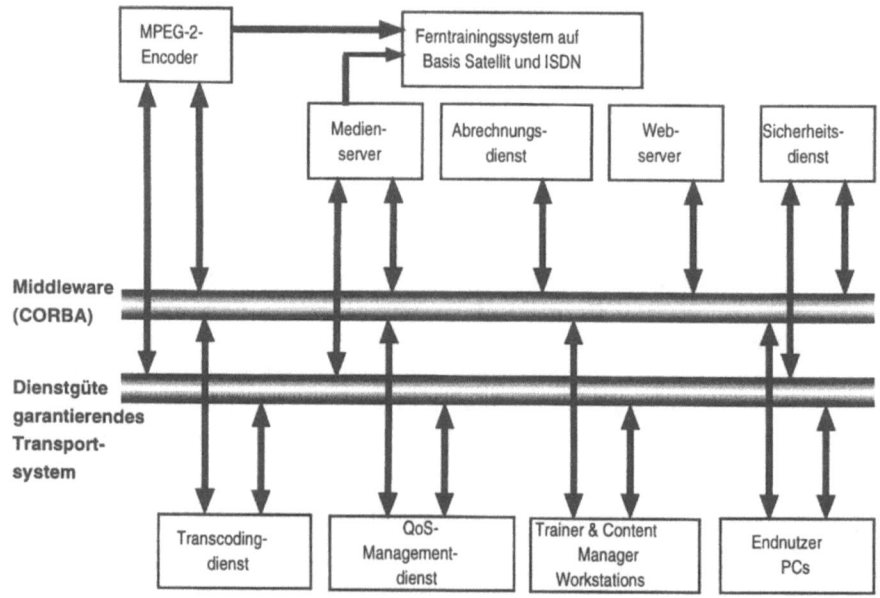

Abbildung 2: Systemarchitektur

Der Dienstgütemanagementdienst hat zwei Aufgaben zu erfüllen: Erstens die Transformation von Dienstgütebeschreibungen einer Abstraktionsebene in eine andere Ebene, d.h. Dienstgüteabbildung, und zweitens die Steuerung der Diensterbringer auf den verschiedenen Ebenen. Als Grundvoraussetzung für die Durchführbarkeit dieses Ansatzes gilt, daß sämtliche Systembestandteile funktional sauber voneinander getrennt sind, im objektorientierten Sinne gekapselt und die Schnittstellen mit Hilfe der CORBA IDL (Interface Definition Language) beschrieben sind. Meistens ist der Zugriff auf Systemressourcen wie Betriebs- und Kommunikationssystem nur über die in Abschnitt 2 beschriebenen APIs möglich. Weil diese APIs meistens auf einem sehr niedrigen Abstraktionsniveau angesiedelt sind und zusätzlich vom Betriebs- und Kommunikationssystem abhängen, wurde von uns in [10] ein Lösungsansatz für eine systemunabhängige API vorgeschlagen. Dieser Ansatz läßt sich nahtlos in die hier beschriebene Architektur einfügen, weil sie die oben beschriebenen Voraussetzungen, Schnittstellenbeschreibung in IDL und Implementierung in Java, erfüllt.

In Abbildung 3 ist die QoS-Managementarchitektur dargestellt und zeigt noch einmal detailliert die Trennung des eigentlichen Medienstroms von dessen Steuerung. Es ist ein unidirektionaler Transportstrom mit zwei Endpunkten, wovon einer als Quelle und der andere als Senke agiert, abgebildet. Über die Schnittstellensteuerobjekte werden die Quellen, Senken und das Echtzeittransportsystem gesteuert. Die Schnittstellensteuerobjekte kommunizieren mit dem QoS-Managementdienst über den Basic Object Adaptor (BOA) von CORBA. Alle Schnittstellen zwischen den Objekten sind mittels IDL definiert.

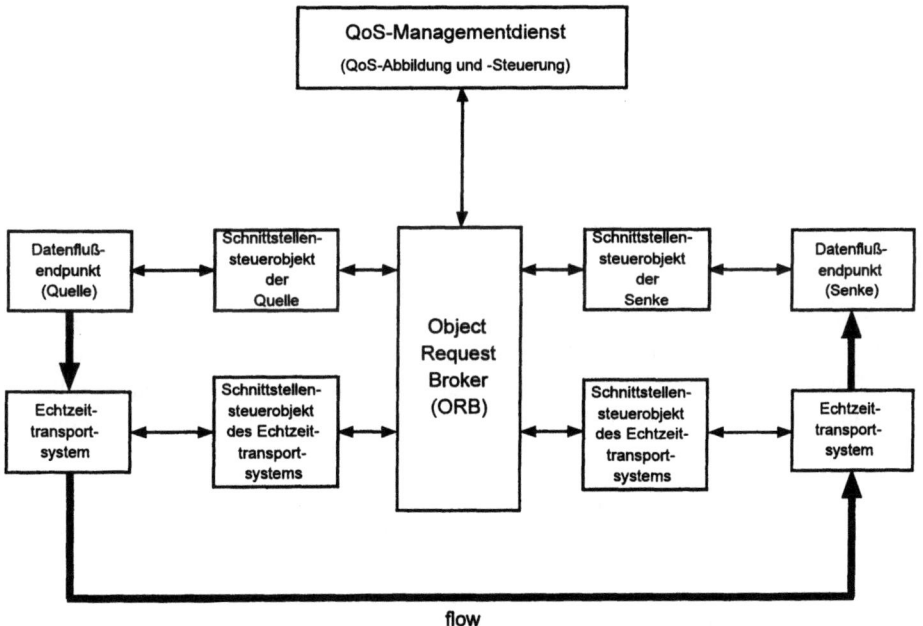

Abbildung 3: QoS-Managementarchitektur

5.2 Steuerung und Management von kontinuierlichen Medien

Die Steuerung und das Management von kontinuierlichen Medien stellt einen Teilaspekt des hier beschriebenen Gesamtsystems dar. Die OMG entwickelt momentan Spezifikationen für Schnittstellen zu Telekommunikationssystemen, insbesondere zur Steuerung und zum Management von Audio/Video-Strömen [7]. Die hier entwickelte Architektur ist an diese Spezifikation angelehnt und für den hier vorliegenden Anwendungszweck angepaßt. Dadurch soll die Möglichkeit gegeben werden, zu einem späteren Zeitpunkt das vorhandene System mit einer vollständigen Implementierung der OMG-A/V-Streaming-Spezifikation zu integrieren. Momentan wird hierzu eine Betaversion von OrbixMX [11] evaluiert.

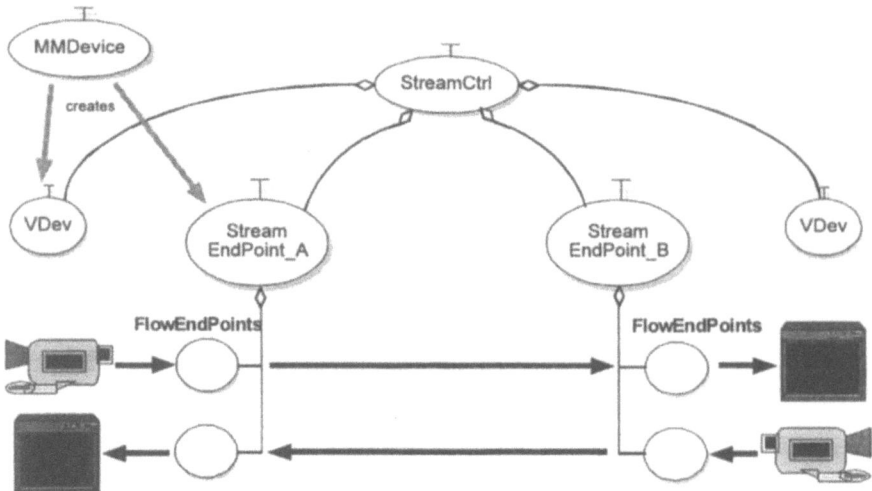

Abbildung 4: Beispiel einer bidirektionalen Videoverbindung entsprechend der OMG-A/V-Streaming-Spezifikation

Abbildung 4 zeigt am Beispiel einer bidirektionalen Videoverbindung einige Aspekte der OMG-A/V-Architektur. Ein Strom (Stream) faßt mehrere logisch zusammengehörende Datenflüsse („Flows") zusammen. Durch die Schnittstellen „StreamEndPoint" und „FlowEndPoint" ist die Steuerung dieser Objekte möglich (Start, Stop, Connect, etc.).

Das Objekt MMDevice stellt die Abstraktion eines Multimediagerätes dar und besitzt zum einen eine Schnittstelle zur Konfiguration (Aufzeichnungsqualität, -format etc.). Zum anderen erlaubt die Schnittstelle, das Gerät über einen oder mehrere Ströme mit anderen Geräten zu verbinden. Zur Unterstützung mehrerer Verbindungen liefert das MMDevice jeweils ein StreamEndPoint sowie ein virtuelles MMdevice (VDev-Schnittstelle) zurück. Über die VDev-Schnittstellen ist die strombezogene Steuerung des Gerätes möglich.

Das StreamCtrl-Objekt abstrahiert die kontinuierliche Medienübertragung zwischen virtuellen Geräten. Es erlaubt den Aufbau (binding) zwischen den virtuellen Geräten, Steuerkommandos (Start, Stop, Pause etc) sowie die Konfiguration der QoS-Parameter für die Verbindung. Zudem werden Ströme zwischen StreamEndpoints – ohne dahinter liegende virtuelle Geräte – unterstützt. Dies erlaubt den Medienaustausch zwischen verteilten Applikationskomponenten.

5.3 Realisierungskonzepte

Zur Realisierung der oben beschriebenen Architektur bietet sich CORBA als plattformübergreifende Verteilungsplattform an. Gleichzeitig bietet der Einsatz von Java eine Portierbarkeit von Komponenten auf unterschiedliche Betriebssysteme, welche vor allem auf der Klientenseite – bei Endnutzern mit unterschiedlichen Systemen – von Bedeutung ist.

Eine vollständige Implementierung aller Komponenten in Java ist aber an folgenden Stellen nicht möglich bzw. sinnvoll:

- Auf Serverseite kann aus Performanzgründen eine Teilimplementierung in nativem (nicht-Java) Code nötig sein.
- Auf Server-/Klientenseite muß die Java-Plattform erweitert werden, um auf Hardware und spezielle APIs zuzugreifen, wie native-ATM, Hardware-MPEG-Encoder und -Decoder, Video-Server-API.

Im zweiten Fall bietet sich die Implementierung nativer Java-Methoden an, um die benötigte Funktionalität in Java bereitzustellen.

Für die vorliegende Anwendung verfolgen wir die folgende Implementierungsstrategie:

Für die Einbindung des MPEG-2-Encoders werden native Methoden in Java realisiert, welche die Basiskonfiguration des Encoders sowie Start und Stop des Encodiervorganges zulassen (siehe MMDevice-Schnittstelle des letzten Kapitels). Über das Java Native Interface (JNI) sind diese Methoden aus Java heraus ansprechbar. Durch die Einbettung in ein CORBA-Objekt ist das Objekt über das Netz ansprechbar.

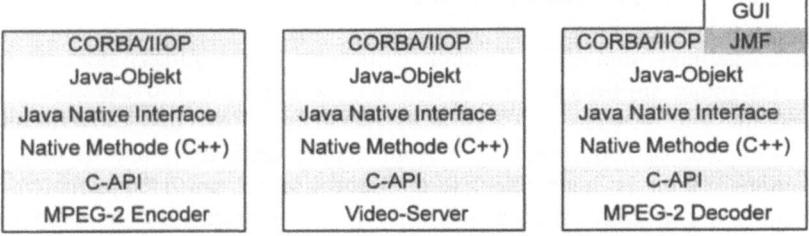

Abbildung 5: Verwendung von Java/CORBA und nativen Code

Analog wird bei der Integration des Videoservers vorgegangen, wobei die entsprechenden Konfigurations- und Steuerkommandos unterstützt werden müssen.

Bei der Integration von Multimediawiedergabegeräten wird eine Integration mit dem Java Media Framework (JMF) [12] angestrebt. Das JMF unterstützt bereits eine Vielzahl von Medienformaten (MPEG 1, Quicktime etc.). Für die Integration von Hardware MPEG-2-Decodern muß wiederum die Integration über nativen Code stattfinden. Das Multimediawiedergabegerät stellt ebenfalls ein MMDevice dar und verfügt daher über eine entsprechende CORBA-Schnittstelle.

Bezugnehmend auf die in Abbildung 3 dargestellte Gesamtarchitektur realisieren die in Abbildung 5 dargestellten Objekte die Quellen und Senken sowie die Steuerschnittstelle. Zu klären ist noch, wie das Echtzeittransportsystem realisiert wird und wie es mit den Quellen und Senken gekoppelt wird (Abbildung 6).

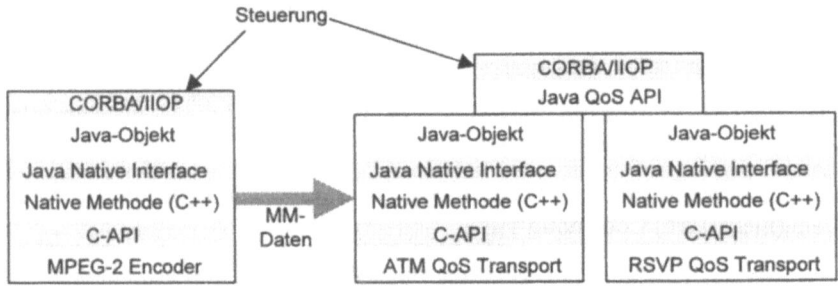

Abbildung 6: Java QoS API und Kopplung mit den Multimediageräten

Die Steuerung des Transportsystem soll ebenfalls über das JNI aus der Java-Plattform heraus möglich sein und muß per CORBA in das verteilte System integriert werden. Die Integration einer ATM-API in Java wurde bereits in [13] näher betrachtet. Um weitere Protokolle (RSVP etc.) unter einer gemeinsamen API bereitzustellen, wird eine weitere Abstraktionsebene (Java QoS-API) eingeführt [10]. Bei der Kopplung dieser API mit den Multimediageräten ist zu beachten, daß der Multimediadatenstrom auf möglichst niedriger Ebene (native Code) weitergeleitet wird. Die Java- und CORBA-Schicht wird lediglich für die Steuerung verwendet.

5.4 Implementierungsstatus

Das auf Satelliten- und ISDN-Technik beruhende Ferntrainingssystem ist seit 2,5 Jahren erfolgreich im Einsatz. Das System wird an ungefähr 150 Tagen pro Jahr für das Training von Service- und Vertriebspersonal im PKW- und LKW-Bereich der Marke Mercedes-Benz eingesetzt. Die Kombination von Satellit und ISDN als Kommunikationssysteme ist augenblicklich die beste Lösung, um hochqualitative Videoübertragung und interaktive Rückkanäle zu relativ niedrigen Kosten europaweit bereitzustellen. Wir haben durch eine prototypische Realisierung nachgewiesen, daß das Ferntrainingssystem durch die Übertragung von MPEG-2-Transportströmen über „native ATM" auch nach Nordamerika erweitert werden kann [14] [15].

SGIs Videoserverprodukt Mediabase wurde als Basiskomponente für den Medienserver ausgewählt. Ausschlaggebend hierfür waren u.a. erstens die Unterstützung von MPEG-2, MPEG-1, H.263 und RealVideo und zweitens die Skalierbarkeit und flexible Erweiterbarkeit. Aufgrund von Erweiterungen des SGI-Betriebssystems IRIX, ist es möglich, sowohl Videos mit einer niedrigen Bitrate (z.B. H.263, RealVideo) als auch Videos mit einer hohen Bitrate (MPEG-2, MPEG-1) unter Einhaltung von Dienstgütegarantien abzuspielen. Mediabase benutzt derzeit noch proprietäre Technologien für die Steuerung und das Management von Audio- und Videoströmen. Um die in Abschnitt 3 beschriebenen Teilsysteme integrieren zu können, wird Mediabase entsprechend der in diesem Kapitel beschriebenen Systemarchitektur erweitert.

Auf der Klientenseite werden derzeit die Schnittstellensteuerobjekte für die Senken (Hardware- und Softwaredecoder) und auf der Serverseite für die Quellen (Encoder bzw. Videopumpe) realisiert. Gleichzeitig wird auf Klienten- und Serverseite das Schnittstellensteuerobjekt für das Echtzeittransportsystem für „native ATM" realisiert.

6 Andere Forschungsarbeiten

Im Forschungsbereich wurde die Steuerung von Medienströmen und die Abbildung von Dienstgüteparametern als wichtiges Thema erkannt. Neben proprietären Lösungen sind momentan zwei Richtungen erkennbar:

Lösungen, die auf der von der IETF-Arbeitsgruppe MMUSIC (Multiparty Multimedia Session Control) [16] [17] erarbeiteten Protokollfamilie aufbauen und Lösungen, die die OMG A/V-Streaming-Spezifikation [7] als Ausgangsbasis verwenden.

Die von der MMUSIC-Arbeitsgruppe spezifizierten Protokolle sind in verschiedenen Entwicklungsstadien. Im Kontext dieser Arbeit hat RTSP (Real-Time Streaming Protocol) [8] die größte Bedeutung. RTSP benutzt die existierende Webinfrastruktur und kann als Protokoll zur Fernbedienung von Internetvideorecordern angesehen werden. RTSP wurde von Real Networks, Netscape Communications und der Columbia University entwickelt und beim IETF als Vorschlag eingereicht.

An Arbeiten, die auf der OMG A/V-Streaming-Spezifikation basieren, sind die A/V-Erweiterungen von TAO [18], Ionas OrbixMX [11] und die Arbeiten von NEC C&C [19] zu nennen. Bei all diesen prototypischen Implementierungen handelt es sich um Teilimplementierungen der OMG A/V-Streaming-Spezifikation und alle sind noch in einem zu frühen Entwicklungsstadium, um entscheiden zu können, ob sie als Komponente in unser Gesamtsystem integriert werden können.

7 Zusammenfassung und Ausblick

Unsere Erfahrungen mit APIs unterer Schichten haben gezeigt, daß deren Abstraktionsniveau für Anwendungsprogrammierer zu niedrig ist [10]. Deshalb schlagen wir in dieser Arbeit vor, das Dienstgütemanagement via wohldefinierten Schnittstellen auf einem für Anwendungsprogrammierer hohen Abstraktionsniveau zur Verfügung zu stellen. Durch die Erweiterung des „Distributed Object Computing"-Paradigmas um nahtlose QoS-Unterstützung von den Kommunikationsschichten bis zu den Anwendungsschichten wird ein deutlicher Fortschritt erzielt. CORBA kann damit sowohl für die Steuerung von Transportströmen als auch zur Integration von Teilkomponenten des Ferntrainings- und Schulungssystems angewendet werden.

In den zukünftigen Arbeiten werden wir die Systemarchitektur verfeinern und das System in Hinsicht auf verteiltes Videocaching, Gruppenlernen, Web-based Training (WBT) und Wissensmanagement erweitern.

Literaturverzeichnis

[1]   D. Curtis, "Java, RMI and CORBA," OMG 1997.
[2]   R. Steinmetz and L. C. Wolf, "Quality of Service: Where are We?," *Proc. of IFIP Fifth International Workshop on Quality of Service (IWQOS'97)*, Columbia University, New York, USA, 1997.
[3]   ITG, Begriffe der Nachrichtenverkehrstheorie ITG 5.2/03, 1998.
[4]   R. Steinmetz and K. Nahrstedt, *Multimedia: Computing Communications and Applications* : Prentice-Hall, 1995.
[5]   "The Common Object Request Broker Architecture and Specification, 2.0 ed.," Object Management Group July 1995.
[6]   DAVIC, "DAVIC 1.0 specification," Digital Audio-Visual Council December 1995.
[7]   D. McGrath, T. Rutt, and J. Ottensmeyer, "Control and Management of Audio/Video Streams," Object Management Group telecom/97-05-07, May 1997.
[8]   H. Schulzrinne, A. Rao, and R. Lanphier, "Real-Time Streaming Protocol (RTSP)," Internet Engineering Task Force (IETF) draft-ietf-mmusic-rtsp-08.ps, January 15 1998.
[9]   R. Eberhardt, C. Rueß, C. Sinner, and H. Scherand, "Electronic Commerce - A Comparative Study of Web Based Database Access," *Proc. of International Switching Symposium (ISS'97)*, Toronto, 1997.
[10] R. Eberhardt, C. Rueß, and R. Rusnak, "Communication Application Programming Interfaces with Quality of Service Support," *Proc. of IEEE International Conference on ATM (ICATM '98)*, Colmar, France, 1998.
[11] Iona Technologies, "OrbixMX - A Distributed Object Framework for Telecommunication Service Development and Deployment," White Paper, April 1998.
[12] Sun, SGI, and Intel, "Java Media Players Specification Version 1.0.3," November 6 1997.
[13] ATM Forum SAA/API Working Group, T. Jespen and J. Shaffer, "Java ATM API Description - Proposed Outline, Revision 1," ATM Forum ATM Forum/97-1044R1, February 1998.
[14] R. Eberhardt, C. Rueß, and R. Sigle, "Performance Measurements in Local and Wide Area ATM Networks," *Proc. of Broadband Communications '98*, Stuttgart, 1998.
[15] R. Eberhardt, "Video Trials on a Transatlantic ATM Network," *Proc. of ATM Year '97 Europe*, London, 1997.
[16] MMUSIC, "Multiparty Multimedia Session Control," http://www.ietf.org/html.charters/mmusic-charter.html, 1998.
[17] H. Schulzrinne, "A comprehensive multimedia control architecture for the Internet," *Proc. of 7th Int. Workshop on Network and Operating System Support for Digital Audio and Video (NOSSDAV'97)*, St. Louis, Missouri, USA, 1997.
[18] N. S. Sumedh Mungee, Douglas C. Schmidt, "The Design and Performance of a CORBA Audio/Video Streaming Service," *Proc. of HICSS-32 International Conference on System Sciences, minitrack on Multimedia DBMS and the WWW*, Hawaii, 1999.
[19] S. Weinstein, M. Suzuki, J. P. Redlich, and S. Rao, "A Distributed Object Architecture for QoS-Sensitive Networking," NEC, Technical Report 98-R-003, 1998.

Session 9:

Leistungsmessung und -bewertung

Ein Tool für Performance-Messungen in IP-basierten Netzen

C. Roppel, R. Habermann, H. Dörken

Deutsche Telekom AG

Technologiezentrum Darmstadt

Kurzfassung

Die Überwachung und Messung von objektiven, international festgelegten Leistungskenngrößen spielt in IP-basierten Netzen eine zunehmend bedeutsame Rolle, da eine steigende Anzahl von Diensten bestimmte Qualitätsmerkmale für eine zufriedenstellende Funktion voraussetzen. In diesem Papier werden Inhalte und erste Ergebnisse eines Projekts vorgestellt, daß die Prototypentwicklung eines Meßsystems zum Ziel hat, daß die aktuell diskutierten Qualitätsparameter in IP-Netzen erfassen kann. Neben einigen Grundlagen zur Definition der relevanten Qualitätsparameter werden Eigenschaften des entwickelten Meßsystems bezüglich des generierten Testverkehrs beschrieben. Im Rahmen der Beschreibung der Meßumgebung wird auf mögliche Betriebskonzepte, Methoden zur Synchronisation der Uhren in den verteilten Meßstationen sowie die Implementierung des PC-basierten Meßwerkzeugs unter dem Betriebssystem Windows95 eingegangen.

1 Einleitung

Die Spezifikation, Messung und Auswertung von eindeutigen Leistungskenngrößen in Telekommunikationsnetzen liegt sowohl im Interesse des Kunden als auch des Netzbetreibers. Dies gilt in besonderem Maße für Netze, deren Verkehrseigenschaften die einwandfreie Funktion der unterstützten Dienste nicht durchgängig gewährleisten können. IP-basierte Netze bieten ein deutliches Beispiel, da hier einerseits die starken Teilnehmerzuwächse und andererseits steigende Durchsatzansprüche sowie Dynamik der Dienste immer wieder Engpässe in diesem paketvermittelten Netz verursachen. Selbst bei reinen „best effort"-Diensten kann z. B. eine relativ hoher mittlerer Durchsatz ausschlaggebend für Kundenentscheidungen sein.

Für den Kunden äußert sich die mangelhafte Leistung des Netzes z. B. durch sehr lange Wartezeiten beim Laden von Daten aus dem WWW bis hin zur Nichtverfügbarkeit des Netzes über spürbare Zeiträume. Für viele Kunden wäre es wünschenswert, die durch den Provider erbrachte Leistung anhand von meßbaren Größen nachvollziehen und beurteilen zu können. Die Netzbetreiber sind andererseits daran interessiert, Engpässe rechtzeitig zu erkennen, um diese durch gezielte Maßnahmen beheben zu können. Weiterhin sehen sich Kunden und Provider mit einer steigenden Anzahl von Performance-Analysen konfrontiert, die auf fragwürdigen, nicht standardisierten Meßmethoden basieren. In dieser Situation gewinnen die bei IETF und ITU-T aktuell laufenden Arbeiten zur Definition von Qualitätsparametern für IP-basierte Netze (IP Performance Metrics, IPPM) zunehmend an Bedeutung.

In diesem Papier werden Inhalte und erste Ergebnisse eines Projekts dargestellt, dessen Hauptziel die frühzeitige Entwicklung eines IPPM-Meßwerkzeuges ist, das für den Einsatz sowohl beim Kunden als auch beim Netzbetreiber geeignet ist. Ein solches Tool sollte an beliebigen Standorten im Netz einsetzbar sein (Abb. 1) und auch unidirektionale Messungen von Paketlaufzeiten unterstützen. Mindestens eines der verteilten Meßsysteme wird mit Funktionen zur Wahrnehmung zentraler Aufgaben wie Datensammlung, Überwachung und Steuerung der Messungen ausgestattet. Das Ziel des breiten Kundeneinsatzes des Tools macht zwangsläufig die Kopplung an eine verbreitete Hard- und Software-Plattform sowie die Einhaltung geringer Kosten erforderlich. Dies führte zur Entscheidung für eine PC-basierte Lösung unter dem Betriebssystem Windows95.

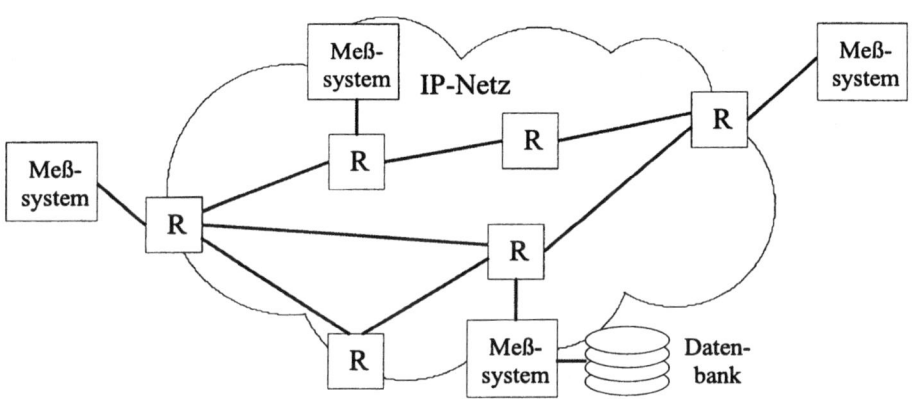

Abb. 1: Grundkonzept der Meßanordnung

Im folgenden Kapitel werden zunächst die aktuell verfügbaren Grundlagen der Qualitätsparameter für IP-basierte Netze betrachtet. Im 3. Abschnitt des Papiers werden Eigenschaften der Meßsysteme bezüglich des generierten Testverkehrs beschrieben. In Kapitel 4 wird näher auf die Meßumgebung unter Berücksichtigung von Betriebskonzepten und Implementierung der Meßwerkzeugs eingegangen.

2 Qualitätsparameter für IP-basierte Netze

Zur Zeit wird sowohl bei der IETF als auch bei ITU-T an RFCs bzw. Empfehlungen zur Definition von Qualitätsparametern für IP-basierte Netze gearbeitet. Bei der IETF wurde dafür die IPPM (Internet Protocol Performance Metrics) Working Group gegründet. Alle Dokumente befinden sich noch im Entwurfsstadium, so daß jederzeit Änderungen der derzeitigen Festlegungen möglich sind.

Die Definition von Qualitätsparametern erfordert zunächst die Festlegung von Meßpunkten und Referenzereignissen. Meßpunkte können physikalische Schnittstellen oder abstrakte Definitionen innerhalb eines Protokollstapels sein. Im Falle der physikalischen Schnittstelle können Referenzereignisse oft nur angenähert bestimmt werden. Dies gilt z. B. für ein Ereignis „Paket wurde Empfangen", wenn das Paket fragmentiert wurde. Paketlaufzeiten werden im allgemeinen zwischen zwei Meßpunkten MP_1 und MP_2 definiert als die Differenz zwischen dem Zeitpunkt t_1, wenn das erste Bit eines Pakets an MP_1 gesendet wurde, und dem Zeitpunkt t_2, wenn das letzte Bit des Pakets an MP_2 empfangen wurde (Abb. 2). Dies bedeutet, daß die Laufzeit von der Paketlänge und der Bitrate der Übertragungssysteme abhängt. Eine solche Definition ist sinnvoll in dem Sinne, daß ein Transportprotokoll ein Paket erst nach dessen vollständigen Empfang verarbeiten kann.

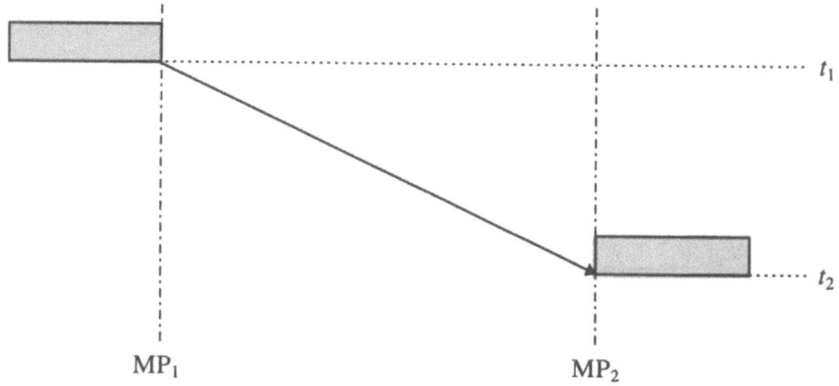

Abb. 2: Zur Definition der Paketlaufzeit

In [10] wird als Meßpunkt die physikalische Schnittstelle eines Hosts festgelegt. Die Definition der Paketlaufzeit in [1] entspricht der in Abb. 2 angedeuteten Festlegung. Bei duplizierten Paketen wird die Laufzeit für das zuerst eintreffende Paket bestimmt. Falls die Laufzeit einen maximalen Wert T_{max} überschreitet, gilt das Paket als verloren. Als erster Ansatz kann $T_{max} = 255$ s verwendet werden, der maximale Wert des TTL (time to live)-Feldes des IP-Headers. Verlorene Pakete bekommen für die Laufzeit den Wert "undefiniert" zugewiesen. Durch diese Festlegung ergeben sich jedoch Probleme bei der Berechnung statistischer Größen aus einer Meßreihe. Sinnvoller erscheint eine Definition, bei der die Laufzeit sich nur auf die tatsächlich übertrage-

nen Pakete bezieht. Eine Beurteilung der Netzgüte ist ohnehin nur möglich, wenn gleichzeitig Aussagen über Paketlaufzeiten und -verluste gemacht werden können.
Definitionen zur Erfassung von Paketverlusten werden in [2] diskutiert. Pakete, die zwar empfangen wurden, aber fehlerhaft sind (d. h. Pakete mit einem oder mehreren Bitfehlern), zählen als verlorene Pakete. Ein Paket zählt ebenfalls als verloren, wenn die Laufzeit den Wert T_{max} übersteigt.

Weitere Arbeiten betreffen einen Verbindungstest [7] und Laufzeitschwankungen [3]. Beim Verbindungstest werden in einem Intervall von 60 s 20 Pakete gesendet. Die Sendezeitpunkte der Pakete in diesem Intervall sind zufällig verteilt. Der Test gilt als fehlgeschlagen, wenn kein Paket empfangen wurde. Laufzeitschwankungen werden als die Differenz der absoluten Laufzeiten aufeinanderfolgender Pakete definiert.

Die Arbeiten bei ITU-T bezüglich der Definition von Qualitätsparametern für IP-basierte Netze orientieren sich an existierenden Empfehlungen von ITU-T zur Dienst- und Netzgüte [4]. Ausgehend von der Definition von Meßpunkten und Referenzereignissen werden Parameter für Paketlaufzeit, Laufzeitschwankungen, Fehlerhäufigkeit, Verlusthäufigkeit, Fehleinfügungsrate und Verfügbarkeit definiert. Die Definition der Laufzeitschwankungen ist analog zum ATM-spezifischen Qualitätsparameter der 2-Punkt-CDV (cell delay variation) [12]. Im Gegensatz zu den Festlegungen in [2] wird zwischen fehlerhaften und verlorengegangenen Paketen unterschieden und die Paketfehlerhäufigkeit als weiterer Parameter definiert.

Falls für eine längere Zeit kein Pfad zwischen Sender und Empfänger verfügbar ist, sollte dies bei einer Messung berücksichtigt werden. Dies geschieht im allgemeinen über die Definition der Verfügbarkeit, indem die Qualitätsparameter sich nur auf eine verfügbare Verbindung oder Pfad beziehen. Dadurch wird erreicht, daß eine längere Unterbrechung nicht in die Messung beispielsweise der Paketverlusthäufigkeit eingeht, da die Qualität der Verbindung nur für die Zeit erfaßt werden soll, in der ein Dienst diese Verbindung auch tatsächlich nutzen konnte.

In [4] wird die Verfügbarkeit (IP service availability) mit Bezug auf die Verlusthäufigkeit definiert. Wird ein Schwellenwert überschritten, gilt die Verbindung als nicht verfügbar, bei Unterschreiten des Schwellenwerts gilt die Verbindung als wieder verfügbar. Die Verlusthäufigkeit kann aber nur mit Bezug auf eine Anzahl von Paketen bestimmt werden. Diese Definition setzt daher beim Empfänger die Kenntnis über die Paketrate des Senders voraus. Alternativ dazu wird folgende, rein zeitabhängige Definition vorgeschlagen:

- Ein (beliebiger) Pfad zwischen Sender und Empfänger gilt als nicht verfügbar, wenn in einem Intervall $t_{NV} = n \cdot T_{max}$ keine Testpakete empfangen wurden. Die Zeit der Nichtverfügbarkeit zählt ab Beginn des Intervalls t_{NV}.
- Ein (beliebiger) Pfad zwischen Sender und Empfänger gilt als verfügbar, sobald ein Testpaket empfangen wurde.

Im Status „Nichtverfügbar" wird die Auswertung einer Messung unterbrochen, d. h. Paketverluste in diesem Zeitraum gehen nicht in das Meßergebnis ein.

3 Testverkehr

3.1 Pakettyp

Zur Definition des Pakettyps zählen Angaben zum IP-Header und zum Transportprotokoll, soweit von diesen ein Einfluß auf die Meßergebnisse zu erwarten ist. Zunächst sollte immer der Standard-IP-Header der Länge 20 byte verwendet werden. Pakete mit optionalem, längerem Header erfahren in den Routern oft eine größere Verarbeitungszeit, so daß das Meßergebnis beeinflußt werden kann. In manchen Routern sind Verkehrsmanagementfunktionen implementiert, die das TOS (type of service)-Feld des IP-Headers auswerten [9]. Routing oder Scheduling können dann vom Wert dieses Feldes abhängen. Zur vollständigen Beschreibung einer Messung gehört daher auch die Spezifikation des TOS-Feldes.

Prinzipiell sollte zur Messung der Performance auf der Ebene der IP-Schicht kein Transportprotokoll verwendet werden, da Verarbeitungszeiten für Protokolle oberhalb der IP-Schicht das Meßergebnis verfälschen. Aus Gründen der oft einfacheren Realisierbarkeit kann ggf. auf UDP (user datagram protocol) aufgesetzt werden. Aufgrund der einfachen Struktur von UDP (es wird lediglich ein Header von 8 byte hinzugefügt und es sind keine Maßnahmen zur Fehlerkorrektur implementiert) sind nur minimale Einflüsse auf das Meßergebnis zu erwarten. Je nach den in den Routern implementierten Verkehrsmanagementfunktionen kann jedoch die Behandlung der Pakete vom Transportprotokoll (TCP/UDP) oder der Applikation (z. B. FTP, DNS-Abfrage) abhängen [9]. Um solche Funktionen meßtechnisch zu erfassen, müssen entsprechende Protokoll-Header spezifiziert und dem Testpaket hinzugefügt werden.

3.2 Informationsfeld

Die Festlegung eines einheitlichen Informationsfeldes würde Messungen zwischen unabhängig voneinander implementierten Meßsystemen erlauben. Allerdings ist z. Zt. weder von IETF noch von ITU-T eine entsprechende Definition bekannt. In der Implementierung eines Prototyps (siehe Kapitel 4.3) wird ein Informationsfeld nach Abb. 3 verwendet. Es enthält folgende Felder:

- Type: dient der Kennzeichnung verschiedener Meßpakete für zukünftige Erweiterungen
- Len. (Length): gibt die Länge des Informationsfeldes in byte an
- TS type (Time Stamp Type): kennzeichnet Format der Zeitmarke
- A/R (Accuracy/Reserved): dient der Übermittlung der Genauigkeit der Zeitinformation
- SN (Sequence Number): 32-bit-Sequenznummer
- TS (Time Stamp): Zeitmarke, die den Sendezeitpunkt des Pakets angibt

- $\overline{\text{Len.}}$, $\overline{\text{SN}}$ und $\overline{\text{TS}}$: Len., SN, und TS werden invertiert und nochmals übertragen, um Bitfehler erkennen zu können
- Pad: variable Anzahl vordefinierter Bytes zum Auffüllen des Datenfeldes, um eine vorgegebene Paketlänge zu erzielen

Type	Len.	$\overline{\text{Len.}}$	TS type	A/R	SN	$\overline{\text{SN}}$	TS	$\overline{\text{TS}}$	Pad
1	1	1	1	1	4 byte	4 byte	x byte	x byte	y byte

Abb. 3: Format des Informationsfeldes (Type = 1)

Mit Hilfe des *Type*-Feldes können verschiedene Testpakete identifiziert werden. Zur Zeit sind zwei Typen vorgesehen: Steuerpakete (Type = 0) und Meßpakete (Type = 1). Mit Hilfe der Steuerpakete kann ein (proprietäres) Protokoll zur zentralen Verwaltung der Meßsysteme realisiert werden.

Das *TS type*-Feld gibt Format und Länge der Zeitmarke an. Die Werte 0-15 sind für standardisierte Formate reserviert, Werte größer 15 für proprietäre Formate.

Die drei niederwertigen Bits des *A/R*-Feldes enthalten Angaben über die Genauigkeit der Zeitinformation des Senders. Die Zeitmarken beziehen sich auf UTC (universal time coordinated) als weltweit einheitliche Normalzeit. Die Werte des *A/R*-Feldes haben folgende Bedeutung:

- 0: Fehler relativ zu UTC nicht spezifiziert
- $1 \leq x \leq 7$: Fehler relativ zu UTC $\leq \pm 10^{-x}$ s

Die Genauigkeitsangaben bzgl. der Zeitmarken können z. B. zur Angabe von Vertrauensintervallen verwendet werden. Die fünf höherwertigen Bits des A/R-Feldes sind frei für zukünftige Erweiterungen.

Bei der Länge des *SN*-Feldes von 32 bit ergibt sich ein Übertrag nach $4{,}29 \cdot 10^9$ Paketen. Es muß gewährleistet sein, daß die Zeit zwischen zwei Überträgen des SN-Zählers größer als t_{NV} (siehe Kapitel 2) ist. Bei einem zweimaligen Übertrag innerhalb eines Zeitraums $< t_{NV}$ könnte die Anzahl der Paketverluste nicht mehr korrekt bestimmt werden. Weiterhin kann erst in Verbindung mit der Auswertung der Sendezeit der Pakete zwischen einem Zählerübertrag und einer Vertauschung von Paketen unterschieden werden, da IP nicht garantiert, daß Pakete in der gesendeten Reihenfolge beim Empfänger eintreffen.

Im *TS*-Feld steht die Sendezeit des Pakets. Das TS-type-Feld erlaubt die Spezifikation verschiedener TS-Formate. Im aktuell verwendeten Format hat das TS-Feld eine Länge von 10 byte. Die Auflösung der Zeitmarke beträgt 1 μs. Jeweils 4 bit enthalten BCD-codiert den Sendezeitpunkt bezogen auf UTC in Einheiten von Sekunden (10^{-6} s, 10^{-5} s, ..., 10^1 s), Minuten (10^0 min, 10^1 min), Stunden (10^0 h, 10^1 h), Tagen (10^0 d, ..., 10^2 d) und Jahren (10^0 a, ..., 10^3 a).

Die Erkennung von Bitfehlern basiert auf der Wiederholung der Felder Len., SN und TS. Diese Felder können sich von Paket zu Paket ändern, während die anderen Felder statisch sind. Die Wiederholung wurde gewählt, da dies nur eine minimale Verarbeitungszeit im Sender erfordert, und die Länge des Informationsfeldes unkritisch ist. Andere Verfahren, wie z. B. die Berechnung von CRC- oder Parity-Bits, erfordern eine höhere Verarbeitungszeit, die die Meßgenauigkeit nachteilig beeinflußt. Durch das Invertieren der Felder werden auch das Duplizieren von Bytes oder systematische, vom Bitmuster abhängige Fehler erkannt. Im Empfänger kann durch einen einfachen Vergleich der Felder die Anzahl der Bitfehler bestimmt werden. Sie ist gleich der Anzahl der identischen Bits. Bitfehler bleiben unerkannt, wenn exakt die gleichen Bits in beiden entsprechenden Feldern verfälscht werden. Die Wahrscheinlichkeit hierfür ist abhängig von der Länge der Felder, aber unabhängig von der Lage der Felder relativ zueinander[1].

Das *Pad*-Feld wird mit einer vorab berechneten PRBS (pseudo random binary sequence)-Folge aufgefüllt. Dies ist erforderlich, da auf manchen Links Komprimierungsverfahren eingesetzt werden, so daß die Paketlaufzeit vom Bitmuster abhängen kann.

3.3 Paketrate

Die Paketrate des Testverkehrs wird von den Paketabstandszeiten bestimmt. Konstante Paketabstandszeiten haben den Nachteil, daß der Testverkehr dann leicht manipuliert werden kann, da die Sendezeitpunkte der Pakete bekannt sind. Wird darüber hinaus mit niedriger Rate gesendet, können ggf. periodische Effekte, z. B. der periodische Auf- und Abbau einer Warteschlange und die damit verbundenen Auswirkungen auf die Laufzeiten, nicht erfaßt werden.

Nach [10] sollen daher die Paketabstandszeiten dT exponentialverteilt sein, d. h. $F(t) = P(dT \leq t) = 1 - e^{-\lambda}$. Der Parameter λ entspricht der mittleren Paketrate. Allerdings können auch andere Verteilungen sinnvoll sein, wenn z. B. Testverkehre bestimmte Dienste nachbilden sollen (konstante Paketabstandszeiten, On/Off-Quelle usw., siehe auch Kapitel 3.5).

Die Paketabstandszeiten bzw. die Sendezeitpunkte der Pakete können entweder während der Messung oder vor Beginn der Messung erzeugt werden. In letzterem Fall werden die Sendezeitpunkte für die geplante Meßdauer vorab berechnet, in einer Tabelle abgelegt und während der Messung abgerufen. Hier ergibt sich das Problem, daß durch die Anzahl der Werte eine maximale Länge des Meßintervalls vorgegeben ist. Bei der Berechnung der Werte während der Messung kann es vorkommen, daß sehr kleine Paketabstandszeiten nicht eingehalten werden können. Eine andere Möglichkeit ist die Vorausberechnung und Zwischenspeicherung einer Anzahl von Wer-

---

[1] Für zufällige, unabhängige Bitfehler kann eine Obergrenze für die Wahrscheinlichkeit für unerkannte Bitfehler angegeben werden mit $P \approx \sum_{i=1}^{k} \binom{k}{i} \rho^{2i}$ (Bitfehlerwahrscheinlichkeit ρ, Feldlänge k in bit). Für $\rho = 10^{-6}$ und $k = 80$ bit erhält man z. B. $P = 8 \cdot 10^{-11}$.

ten. Weitere Werte werden während der Messung berechnet und ebenfalls zwischengespeichert. Der Sendezeitpunkt des nächsten Pakets kann dann immer den zwischengespeicherten Werten entnommen werden.

3.4 Paketgröße

Die Paketgröße kann bezogen auf die Dauer einer Messung fest (aber konfigurierbar) oder variabel sein. Eine variable Paketgröße kann zur Formung bestimmter Verkehrsprofile erforderlich sein (siehe Kapitel 3.5). Bei variabler Paketgröße muß eine geeignete Verteilung definiert werden.

Die minimale Größe eines UDP/IP-Testpakets mit einem Informationsfeld nach Abb. 3 ergibt sich aus der Länge des IP-Headers (20 byte), des UDP-Headers (8 byte) und des Informationsfeldes (33 byte) zu 61 byte. Die maximale Größe eines Testpakets einschließlich Header ist gleich der maximalen Länge eines IP-Pakets und beträgt 65535 byte. Router können IP-Pakete fragmentieren, wenn diese 576 byte Länge überschreiten oder für ein bestimmtes Schicht-2-Protokoll (data link layer) zu lang sind. Die maximale Paketgröße, die ein Pfad unfragmentiert überträgt, ist in letzterem Falle die MTU (maximum transmission unit)[2] [5]. Der Einfuß, den die Paketgröße auf die Laufzeit hat, ist durch Messungen zunächst zu untersuchen. Eventuell kann eine „typische", für Messungen geeignete Paketgröße bestimmt werden.

3.5 Verkehrsprofile

Verkehrsprofile definieren Pakettyp und typische Verteilungen für Paketabstandszeiten und Paketgröße, um bestimmte Dienste nachzubilden. Damit kann die Performance, die ein solcher Dienst im Netz erfährt, meßtechnisch erfaßt werden.

Ein Verkehrsprofil für Voice-over-IP beispielsweise hängt vom verwendeten Sprachcodec bzw. von dessen Bitrate und Rahmenlänge ab [6]. Während für Dienste, die UDP verwenden, meist relativ einfach charakteristische Werte bestimmt werden können, ist dies bei Diensten, die TCP verwenden, vergleichsweise schwierig, da das Verkehrsprofil dann auch von der Laufzeit und der Paketverlustwahrscheinlichkeit im Netz abhängt. Ein Verkehrsprofil mit einer großen Paketrate erfordert eine große Verarbeitungsgeschwindigkeit in den Meßsystemen. Diese Verkehrsprofile generieren dann auch eine merkliche zusätzliche Last für das Netz. Solche Messungen können nur vereinzelt und gezielt zur Beurteilung der Performance für einen bestimmten Dienst durchgeführt werden, im Gegensatz zu umfangreichen Dauermessungen mit sehr niedrigen Paketraten, die der ständigen Überwachung dienen.

---

[2] Die MTU eines Pfades kann mit Hilfe eines Path MTU Discovery Programs bestimmt werden, welches das "Don't Fragment"-Bit setzt und sukzessive die Paketgröße erhöht.

4 Meßumgebung

4.1 Betriebskonzepte

Je nach Anwendung werden unterschiedliche Anforderungen bezüglich der Leistungsfähigkeit und der Administration an das Meßsystem gestellt. Folgende Betriebskonzepte sind denkbar:

- Im Netz verteilte Meßsysteme arbeiten autonom unter der Verantwortung verschiedener Netzbetreiber oder auch Kunden. Messungen zwischen Systemen verschiedener Betreiber/Kunden erfolgen nach gegenseitiger Absprache.
- Im Verantwortungsbereich eines Netzbetreibers können zentral (über ein proprietäres Protokoll) gesteuerte Meßsysteme eingesetzt werden.
- Ein Netzbetreiber bietet seinen Kunden die Möglichkeit, Messungen vom Arbeitsplatzrechner zu vom Netzbetreiber bereitgestellten Servern durchzuführen.

Aufgrund dieser unterschiedlichen Konzepte wird es sicherlich verschiedene Tools geben, bei denen das Verhältnis zwischen Aufwand (und den damit verbundenen Kosten) und Leistungsfähigkeit für eine bestimmte Anwendung optimiert ist. Zwei allgemeine Aussagen über die grundsätzliche Arbeitsweise der Meßsysteme lassen sich ableiten:

- Messungen können gleichzeitig zwischen mehreren (> 2) Meßsystemen erfolgen. Die Anzahl der Messungen (d. h. der Sende- und Empfangsprozesse), die ein Meßsystem gleichzeitig verarbeiten kann, hängt von der Leistungsfähigkeit des Systems ab.
- Sende- und Empfangsprozeß auf verschiedenen Meßsystemen sind unabhängig voneinander, d. h. können unabhängig voneinander gestartet oder gestoppt werden. Dies bedeutet, daß ein Empfangsprozeß bei Beginn einer Messung keine Annahmen über Zählerstände u. ä. des Senders machen kann.

4.2 Herstellung des Zeitbezugs zwischen den Meßstationen

Die Messung unidirektionaler Paketlaufzeiten erfordert eine Synchronisation der Uhren der Meßstationen, von denen die Zeitmarken abgeleitet werden. Als weltweit einheitliche Normalzeit bietet sich UTC (universal time coordinated) an. Abweichungen der Uhren von der Normalzeit gehen direkt in das Meßergebnis und damit die Meßgenauigkeit ein. Typische, in Rechnern verwendete Uhren zeigen eine nicht zu vernachlässigende Drift, d. h. sie gehen schneller oder langsamer relativ zur Normalzeit. Eine einmalige Synchronisation der Uhren, z. B. bei Beginn einer Messung, genügt daher nicht, vielmehr muß eine ständige Nachregelung erfolgen.

Die Synchronisation räumlich entfernter Uhren erfolgt durch den Empfang und die Auswertung von Zeitcodes, die von Zeitzeichenradiosendern oder Navigationssystemen ausgesendet werden. Zeitzeichenradiosender können in vielen Gebieten Europas und Nordamerikas empfangen werden. In Deutschland wird zu diesem Zweck der Sender DCF-77 in Mainflingen von der Physikalisch-Technischen Bundesanstalt betrieben. Um den Einfluß der Signallaufzeit korrigieren zu können muß die Entfernung Sender-Empfänger bekannt sein. Aufgrund von Änderungen der Signallaufzeit bedingt durch atmosphärische Einflüsse kann eine Genauigkeit von einigen Millisekunden erzielt werden.

Eine größere Genauigkeit läßt sich mit Hilfe des satellitengestützten Navigationssystems GPS (Global Positioning System) erreichen. GPS kann für die Synchronisation von Uhren verwendet werden, da für die genaue Positionsbestimmung auch die Abweichung der Empfängeruhr von der GPS-Systemzeit bekannt sein muß. Mit dem für zivile Zwecke verfügbaren Verfahren können Uhren mit einer Genauigkeit von einigen Mikrosekunden zur Systemzeit synchronisiert werden. Ein Nachteil der Synchronisation über Zeitzeichenradiosender oder GPS ist mit den erforderlichen Antennenanlagen verbunden, da am Meßort (z. B. in Kellerräumen) oft mit nicht ausreichenden Empfangsbedingungen zu rechnen ist.

Eine weitere Möglichkeit der Synchronisation bietet das Network Time Protocol (NTP) [8]. NTP beruht auf einer Hierarchie von Zeitservern, die z. B. über GPS zu UTC synchronisiert sind. Zwischen Servern und Clients werden über das Internet mit Zeitmarken versehene Pakete zur Messung der Schleifenlaufzeit (round trip delay) ausgetauscht. Der Client prüft anhand verschiedener Kriterien, welcher Server als Referenz dienen soll. Für die Regelung der lokalen Uhr wählt der Client aus den letzten n Messungen diejenige mit der kleinsten Schleifenlaufzeit aus. Mit NTP läßt sich eine Genauigkeit von einigen Millisekunden erzielen. Dies bezieht sich jedoch auf die mittlere Genauigkeit über einen großen Zeitraum. Ein Client, der eine Zeitabweichung feststellt, kann seine lokale Uhr kontinuierlich nachregeln, aber auch abrupt nachstellen. Falls ein solches Ereignis während einer Messung eintritt, kann dies zu gravierenden Meßfehlern führen [11]. Dennoch kann NTP als Software-basierte Lösung für sehr einfache Implementierungen interessant sein.

Eine weitere Variante stellen Schätzverfahren dar, bei denen aus den während einer Messung ausgetauschten Zeitmarken die relative Abweichung der Uhren geschätzt wird. Durch anschließendes Skalieren der Zeitmarken mit ermittelten Parametern (Zeitoffset und Drift) kann dann ebenfalls die Laufzeit bestimmt werden [13]. Diese Verfahren basieren jedoch darauf, daß der physikalische Weg im Netz und damit die minimale Laufzeit für Hin- und Rückrichtung gleich ist. Während dies z. B. für ATM-Netze gilt, ist dies in IP-basierten Netzen nicht immer gewährleistet, so daß solche Schätzverfahren nur eingeschränkt verwendet werden können.

4.3 Implementierung

Für die Implementierung eines Prototyps wurde, ausgehend von den in Kapitel 4.1 beschriebenen Betriebskonzepten, ein zentral gesteuertes System ausgewählt

(Abb. 4). Als Qualitätsparameter werden zunächst die Paketlaufzeit [1] und Paketverluste [2] realisiert.

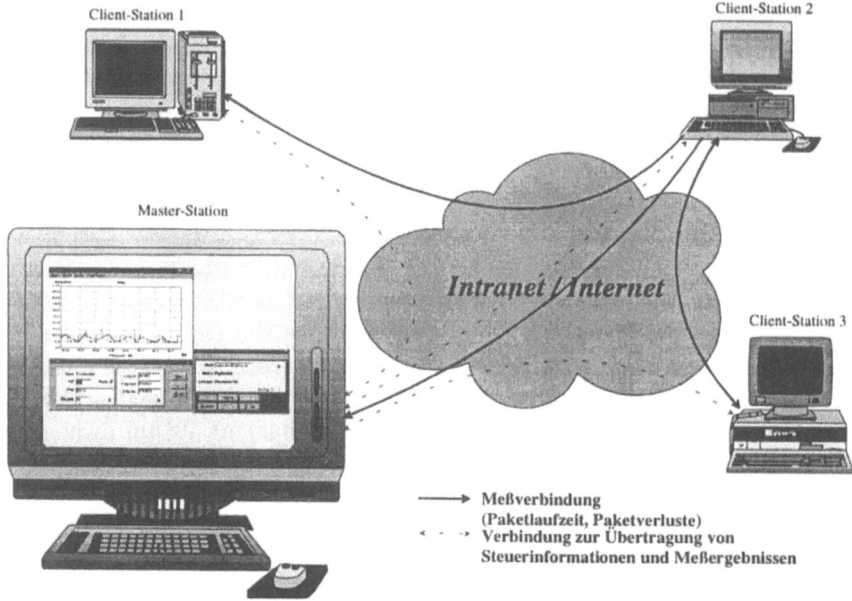

Abb. 4: Struktur des IPPM-Meßsystems

Das Meßsystem besteht aus einer Master- und mindestens einer Client-Station. Die Master-Station hat folgende Aufgaben:

- Starten und Stoppen des Meßsystems auf den Client-Stationen
- Einstellen der Meßparameter (IP-Adresse, Port, mittlere Paketrate)
- Online-Monitoring der Meßgrößen
- Abruf und Abspeichern der Meßergebnisse von den Client-Stationen
- Offline-Anzeige und Nachverarbeitung der Meßergebnisse
- Durchführen von zentralen Software-Updates auf Client-Stationen

Die Client-Stationen führen die eigentlichen Messungen durch. Sie versuchen, beim Start eine Verbindung zur Master-Station aufzubauen. Falls dies gelingt, werden die Meßergebnisse zur Master-Station übertragen (Online-Monitoring, zentrale Speicherung der Meßdaten), andernfalls werden sie lokal abgespeichert. Eine Client-Station hat folgende Aufgaben:

- Parametergesteuerter Aufbau der Meßverbindungen
- Lokale Sicherung der Meßergebnisse
- Übertragung der Meßergebnisse zur Master-Station (automatisch oder auf Abruf)
- Periodische Statusmeldungen an die Master-Station

4.4 Aktueller Stand der Arbeiten

Die Implementierung des IPPM-Meßmoduls ist zur Zeit in der ersten Phase, in der die Auswahl der Hardware, des Betriebssystems und der Entwicklungsumgebung erfolgen soll. In dieser Phase sollen mit Hilfe eines Prototypen Messungen im Intranet der Deutschen Telekom AG durchgeführt werden. Aufgrund der Meßergebnisse erfolgt die Entscheidung für die endgültige Implementierung des Meßmoduls.

Bei der Realisierung des Prototypen wurde insbesondere auf kurze Entwicklungszeit, geringe Kosten und breite Einsetzbarkeit geachtet. Aufgrund dieser Anforderung wurde eine vorläufige Auswahl der Hardware, des Betriebssystems und der Entwicklungsumgebung vorgenommen, die im folgenden aufgelistet ist:

- Hardware: Standard-PC(Pentium-Klasse >=100MHz)
- Betriebssystem: Windows95
- Entwicklungsumgebung: Borland Delphi 3.0
- Synchronisation der PC-Uhren: DCF77-Einschubkarte

4.5 Entwicklung des Prototypen

Mit Hilfe der Entwicklungsumgebung DELPHI 3.0 von Borland wurde, aufsetzend auf Windows-Sockets (32-bit), ein Prototyp entwickelt. Der Prototyp besteht aus einer Steuerung und einem Online-Anzeigeinstrument. Die Synchronisation der Uhren mittels der DCF-Module ist noch nicht realisiert. Mit diesem Prototypen wurden erste Messungen durchgeführt, um den Einfluß des Betriebssystems auf die Meßergebnisse zu ermitteln. Die verwendeten Meßpakete hatten eine Länge von 300 Byte und wurden mit UDP übertragen.

Zunächst wurde mit einer Meßstation die Schleifenlaufzeit (round trip delay) durch den IP-Stack dieser Station gemessen. Außer dem Protokoll-Stack war in dieser Meßstation kein anderes Anwendungsprogramm aktiv. Die Messungen ergaben, daß die Verzögerung durch den Protokoll-Stack nicht konstant war, sondern um den Mittelwert von 0,6 ms in einem Bereich von ± 100 µs schwankte. Dieses Verhalten läßt sich durch die sonstigen erforderlichen Aktivitäten des Betriebssystems erklären (wie z. B. Hintergrundprozesse).

Um die Einflüsse der Netzwerkkarten zu studieren, wurden ebenfalls Messungen der Schleifenlaufzeit unter Verwendung von zwei Meßstationen durchgeführt. Beide Meßstationen waren nicht über ein Intranet, sondern direkt miteinander verbunden (Abb. 5). Die Ergebnisse dieser Messung sind in Abb. 6 in Form der grafischen Online-Anzeige des Meßsystems dargestellt.

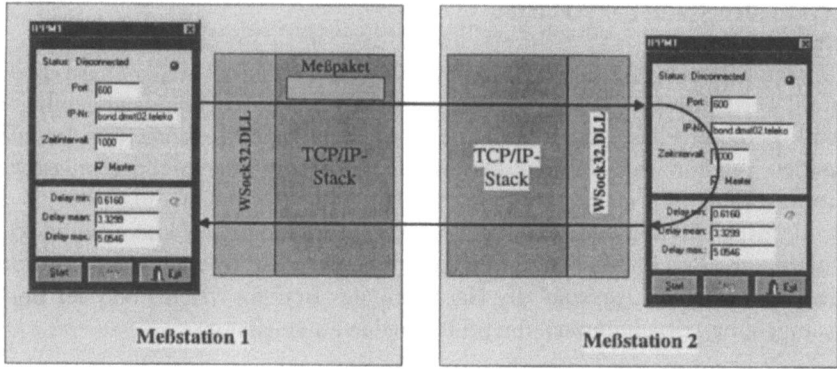

Abb. 5: Messung der Schleifenlaufzeit durch die Protokoll-Stacks von zwei Meßstationen

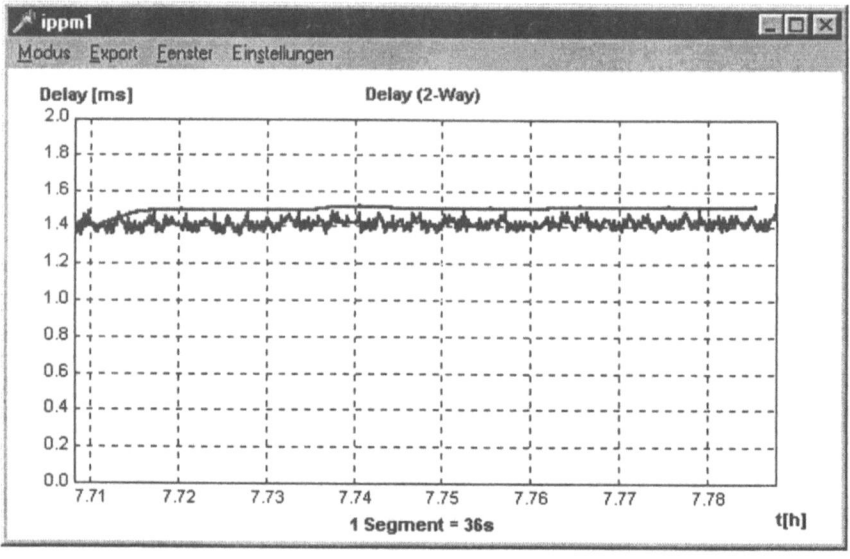

Abb. 6: Paketlaufzeiten beim Durchlaufen von zwei Protokoll-Stacks

Bei dieser Messung resultierte der Einfluß von Betriebsystem und Netzwerkkarten in Laufzeitschwankungen von ca. ± 130 µs. Unter den vorgegebenen Entwicklungszielen sind die genannten Ergebnisse bezüglich der Meßgenauigkeit in einem tolerierbaren Bereich. Dazu muß als Randbedingung eingehalten werden, daß am Meß-PC nur der TCP/IP-Stack geladen ist sowie alle nicht benötigten Hintergrundprozesse (wie z. B. Web-Server, Scheduler) und Applikationen beendet sind. Diese Ergebnisse sind noch durch weitere Untersuchungen zu untermauern. Hierzu gehören auch Integration und Test der DCF-Module.

5 Zusammenfassung

In diesem Papier wurden die Inhalte und erste Ergebnisse eines Projekts erläutert, daß die Entwicklung eines Prototypsystems zur Messung einiger der bei IETF diskutierten Qualitätsparameter in IP-Netzen zum Ziel hat. Breite Anwendbarkeit und geringe Kosten waren die wesentlichen Randbedingungen bei der Erstellung des Konzepts. Die wichtigsten Grundlagen zur Definition der relevanten Qualitätsparameter wurden beschrieben. Es wurde gezeigt, welche Eigenschaften der generierte Testverkehr der realisierten Meßsysteme hinsichtlich Pakettyp, Informationsfeld und Paketgröße besitzt. Die Bedeutung von Verkehrsprofilen wurde kurz diskutiert. Im Rahmen des vorgestellten Realisierungskonzepts stand die Erläuterung möglicher Betriebskonzepte und Verfahren zur Synchronisation der Uhren in den verteilten Meßstationen im Vordergrund. Abschließend wurde auf die Implementierung des Meßwerkzeugs auf PC-Basis unter dem Betriebssystem Windows95 und erste Ergebnisse eingegangen.

Die weiteren Arbeiten werden sich auf die Weiterentwicklung des Prototyps und dessen Einsatz im Rahmen von Messungen konzentrieren. Zukünftige Aspekte betreffen den Einsatz unter IPv6 und Punkt-zu-Mehrpunkt-Verbindungen.

Literaturhinweise

[1] Almes, G. et al.: A One-way Delay Metric for IPPM. Internet Draft, November 1997.
[2] Almes, G. et al.: A Packet Loss Metric for IPPM. Internet Draft, November 1997.
[3] Demichelis, C.: Instantaneous Packet Delay Variation Metric for IPPM. Internet Draft, July 1998.
[4] ITU-T Draft Recommendation I.35IP: Internet Protocol Data Communication Service - IP Packet Transfer and Availability Performance Parameters. Geneva, 1998.
[5] Keshav, S.: An Engineering Approach to Computer Networking. Addison-Wesley, 1997.
[6] Kostas, T. J., Borella, M. S., Sidhu, I., Schuster, G. M., Grabiec, J., Mahler, J.: Real-Time Voice over IP Over Packet-Switched Networks. IEEE Network, pp. 18-27, January/February 1998.
[7] Mahdavi, J. et al.: Connectivity. Internet Draft, November 1997.
[8] Mills, D. L.: Internet Time Synchronization: The Network Time Protocol. IEEE Trans. Commun., Vol. 39, No. 10, pp. 1482-1493, October 1991.
[9] Newman, P., Minshall, G., Lyon, T. L.: IP Switching - ATM under IP. IEEE/ACM Trans. Networking, Vol. 6, No. 2, pp. 117-129, April 1998.
[10] Paxson, V. et al.: Framework for IP Performance Metrics. Internet Draft, February 1998.
[11] Paxson, V.: On Calibrating Measurements of Packet Transit Times. SIGMETRICS '98.
[12] Roppel, C.: Qualitätsparameter der ATM-Schicht. In: J. Claus, G. Siegmund (Hrsg.): ATM Handbuch. Heidelberg: Hüthig-Verlag, Dezember 1997.
[13] Roppel, C.: Estimating cell transfer delay in ATM networks using in-service monitoring methods. IEEE Global Communications Conference GLOBECOM 95, 13.-17. November 1995, Singapur.

Performance Comparison of Media Access Protocols for Packet Oriented Satellite Channels

Andreas Weber *
University of Stuttgart, Institute of Communication Networks and Computer Engineering, Pfaffenwaldring 47, D-70569 Stuttgart, Germany

Abstract

Satellite systems for mobile communications will start operation in the next few years. They will support circuit switched low bandwidth channels for the transmission of speech. For the transmission of packet oriented data, these channels are not very convenient, due to the long connection set-up and release phases. Hence, a special access protocol for packet oriented data transfer is required.
In this paper the analysis of a class of access protocols that combine the advantages of the pure random and reservation access schemes is presented. The analysis method is based on the iterative solution of the corresponding state equations. The results of the analysis, i.e. carried load and transfer delay, are presented for a system with 20 ground stations. The stability of the protocols is investigated and the bandwidth requirements of the combined protocols is compared to Slotted ALOHA.

Introduction

The availability of a terrestrial mobile communication service depends on the availability and the reach of a base station of a mobile network and, hence, on the infrastructure of the mobile service. In areas of low offered load, the installation and maintenance of a network which supports mobile services is not profitable. Satellite services may fill this gap. They are available in the entire area of coverage of the satellite system. Especially LEO and ICO satellite systems with inclined orbits allow a permanent global coverage [1]. Satellites with geo-synchronous orbits are not convenient if regions of higher latitude are to be covered.
LEO or ICO satellite systems offer permanent global coverage and low transmission delays. They are designed for connection oriented and circuit switched transmission of low bandwidth constant bit rate services (cf. [1] and [2]). For the transmission of data packets, these circuit switched channels are not convenient due to the long connection set-up and release phases and due to the limited bandwidth during the transmission phase. The transmission of data packets is also required for the so called initial access of a mobile terminal to a satellite system.
An access protocol for packet oriented data transmission in a satellite system has to fulfil the following requirements:
- It has to cope with a long transmission delay.
- Collisions of data packets have to be resolved as fast as possible.
- The access protocol has to have a good stability even in high load situations.

---

* The author is now with Alcatel Corporate Research Center, Stuttgart.

- The co-ordination of the channel access between the ground stations can only be performed via the satellite.
- A low mean value and variance of the transmission delay is required.

In a typical satellite system the ground stations always have to use the satellite in order to exchange information. Especially the required media access protocol has to be executed via satellite. Consequently, it takes at least one round trip delay (RTD) until a ground station is informed about the result of any action it has performed. For the transmission of data packets via a satellite channel, two basic approaches exist:

In the first approach, called *Random Access*, the ground station transmits every packet at random. Consequently, collisions may occur which have to be resolved by the access protocol. Pure and Slotted ALOHA are examples for random access protocols (cf. [3], [4]). In situations of low offered loads, Random Access has the advantage of a transmission delay close to the physical possible minimum of one RTD. On the other hand, Random Access is unstable, especially if a high total load is generated by a large number of low load stations, which is typical for the generation of initial access messages in a satellite system which supports mobile communications.

In the second approach, called *Reservation Access*, the stations request bandwidth for every data packet that has to be transmitted (cf. [5], [6]). Additionally to the data channel, a request channel for the transmission of reservation requests is required. Reservation Access is sensible if a data packet is significantly longer than a request packet. The problem of media access is shifted from the data channel to the request channel. The minimal transmission delay for reservation access is always greater than the twofold RTD. On the other hand, reservation access can reach a carried load close to 100% of the data channel in high load situations.

Combined Access Protocols try to combine the advantages of random access and reservation access protocols. In [7] ... [14] some representative examples for combined access protocols are presented. Most of them use transmission frames with variable or constant frame duration. In order to send signalling information or requests, all these protocols use a signalling channel. Signalling sub-channels are either exclusively allocated to the ground stations or a contention protocol is used for the access of the signalling channel. Most of the combined protocols decide independently for every packet, if the transmission is performed in random or reservation mode, while other protocols switch the whole system into random access or reservation access mode, respectively. The bandwidth assignment for data packets transmitted by reservation is either performed by a central controller (On Board Processor, OBP) or by a distributed algorithm implemented in every ground station. For a detailed description and comparison of various combined access protocols please refer to [18].

Performance Analysis of a Class of Satellite Access Protocols

In the basic configuration the analysed system consists of M ground stations and a global beam satellite which is working as a repeater. The presented analysis can also be used for multibeam satellite systems. In this case, the satellite informs the ground stations about success or failure of the transmission of data and request packets via a

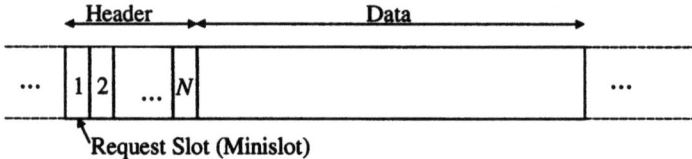

Fig. 1: Frame format of the analysed access protocols

response channel. Consequently, multibeam satellites include an OBP which is able to detect collisions of request and data packets.

The analysed class of access protocols uses, e.g., the slot format shown in Fig. 1. The data part is able to carry one data packet of constant length. A request field is able to carry one reservation request for the transmission of a data packet. Due to the smaller length of reservation requests compared to data packets, the bandwidth required for the requests is much lower than the bandwidth for the data transmission. The number M of stations in the system is always greater than the number N of request slots per data slot. In order to compensate inaccuracies of the synchronisation of ground stations and satellite, request fields and data parts have to be separated by short guard times.

Common Properties of the Analysed Protocols

A ground station willing to transmit a new data packet sends a request in a randomly chosen request field of the next slot. All successful reservation requests are queued in a virtual distributed queue. The definition of a *successful* request depends on the protocol. The virtual queue is implemented as two types of counters included in all ground stations. The *public counter* of all ground stations always has the same value and represents the present queue length. The *private counter* represents the present place of an individual reservation request and, hence, of the corresponding data packet. A ground station starts a private counter for every successful request. Consequently, more than one private counter in a station may be active at the same time.

At the start of the system, all counters are initialised to zero. If the ground stations are informed about a successful reservation request, the public counter is incremented. If a reservation request of a station is successful, the corresponding station copies the present value of the public counter into a private counter. At the beginning of every data slot, public and private counters are decremented if their values are greater than zero. If the value of a private counter of a station is decremented from 1 to 0, the station sends the corresponding packet in reserved mode. As long as the value of the public counter is greater than zero, the next slot is reserved. The data part of this slot is occupied by the data packet waiting at the first place of the virtual queue.

A station is blocked if it takes part at a collision resolution (see Fig. 2). A blocked station repeats the collided reservation request. A blocked station or a station that sends a packet in reserved mode is not permitted to generate a new packet or a reservation request for a new packet.

For every new generated packet, the station always sends a reservation request. Depending on the channel state (random mode, reserved mode) and on the protocol, the station may at the same time send the data packet. A collision resolution is started if at

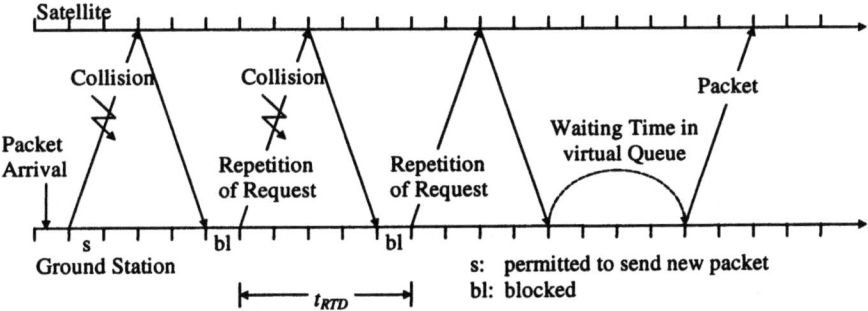

Fig. 2: State of a ground station

least two reservation requests collide. A station involved in a collision resolution repeats the reservation request but it does not repeat the corresponding data packet until the reservation request is successful.

For the analysis of all protocols, it is assumed that a non blocked station generates packets with a probability of σ, $0 \leq \sigma \leq 1$. In a real system, packets are generated independently from the state of the ground station but they are held back by a higher layer protocol until the station is permitted to send new packets.

Individual Properties of the Analysed Protocols

- *Reservation Access:* A random access of the data part of a slot is not allowed.
- *CRRMA/UCA:* Combined Random and Reservation Multiple Access/Uncontrolled Channel Access corresponds to UCA-CRRMA presented in [8], except that a station involved in a collision resolution is not permitted to repeat the collided data packet. If the next slot is in random mode (i.e. public counter = 0) a station willing to send a new packet occupies the data part of the next slot. If the data packet is transmitted successfully in random mode, the corresponding reservation request is rejected, i.e. this request is not successful even if it is not collided.
- *CRRMA/CCA1:* Combined Random and Reservation Multiple Access/Controlled Channel Access 1 corresponds to CRRMA/UCA, except during collision resolution: If a slot is not reserved, the data part is converted into N'-N request slots during a collision resolution. During collision resolution, no new packets are generated, i.e. all stations are blocked.
- *CRRMA/CCA2:* Combined Random/Reservation Multiple Access/Controlled Channel Access 2 corresponds to CRRMA/CCA1, except that during a collision resolution new packets may be generated.

Basics of the Analysis

The analysis of the protocols is based on a model published in [8] where it is assumed that the number of stations is infinite. Consequently, the presented protocols are not stable or, in other words, for a packet generation probability $\sigma > 0$ and for the time $t \to \infty$ the number of collisions j will be infinite ($j \to \infty$) and the throughput will be

$S = 0$. In the following, the protocols are analysed in more detail and with a finite number M of ground stations using an iterative approach.

The analysis is based on a discrete time Markov chain. Every state j represents the number of stations involved in a collision resolution at the present time slot. A state transition from state j to state k corresponds to a system where presently j and one RTD later k stations are involved in a collision resolution. This state transition happens with probability P_{jk}. Defining A as random variable for the number of new generated data packets, J and K as random variables for the number of stations presently and after one RTD involved in a collision resolution, respectively, and C as random variable for the state of the present time slot ($\mathbf{b}$ = reserved mode, $\overline{\mathbf{b}}$ = random mode), the law of total probability yields:

$$P_{jk} = \sum_{a=0}^{M} \sum_{c \in (\mathbf{b},\overline{\mathbf{b}})} P\{C=c|J=j\} P\{A=a|C=c,J=j\} P\{K=k|A=a,C=c,J=j\} \quad (1)$$

The present time slot is in the reserved mode if at least one reservation request is waiting in the distributed queue or if at least $R = 1$ successful request enters the queue at the present time slot. R is a random variable for the number of successful requests presently entering the distributed queue. Q is a random variable for the queue length.

$$P\{C=\mathbf{b}|J=j\} = P\{Q=0\} P\{R \geq 1|J=j\} + (1 - P\{Q=0\}) \quad (2)$$

For (2), it is assumed that the probability that the queue is empty is independent of J, which is valid if the number of time slots per RTD is much greater than one. The distributed queue can be modelled as $D^{[x]}/D/1$ system (see, e.g., [15] and [16]). The probability $P\{Q=0\}$ required for (2) is derived from the analysis of a $D^{[x]}/D/1$ system:

$$P\{Q=0\} = \begin{cases} \dfrac{1-E[R]}{P\{R=0\}} & \text{if } E[R] \leq 1 \\ 0 & \text{if } E[R] > 1 \end{cases} \quad (3)$$

The conditional probability $P\{R \geq 1|J=j\}$ is complementary to $P\{R=0|J=j\}$. For the computation of $P\{R=0|J=j\}$ it is more convenient to look at K as number of collisions for the present state and J as number of collisions one RTD before. $P\{R=0|K=k\}$ can be calculated using the law of total probability:

$$P\{R=0|K=k\} = \sum_{j=0}^{k} P\{J=j|K=k\} P\{R=0|J=j,K=k\} \quad (4)$$

$P\{J=j|K=k\}$ is the reverse time state transition probability and can be obtained by exchanging condition and event of P_{jk} using the state probabilities π_j and π_k:

$$P\{J=j|K=k\} = \left(\pi_j/\pi_k\right) P\{K=k|J=j\} = \left(\pi_j/\pi_k\right) P_{jk} \quad (5)$$

$P\{R=0|J=j,K=k\}$ is the probability that no reservation request is successful if a state transition from J to K happens. It can also be obtained using the law of total probability:

$$P\{R=0|J=j,K=k\} = \sum_{a=k-j}^{M} \sum_{c \in (\mathbf{b},\overline{\mathbf{b}})} \left[P\{C=c|J=j\} P\{A=a|C=c,J=j,K=k\} \right. \\ \left. P\{R=0|A=a,C=c,J=j,K=k\} \right] \quad (6)$$

In (6) the relation $P\{C=c|J=j,K=k\} = P\{C=c|J=j\}$ is used, which is valid because the probability for a reserved mode transmission is independent from the future of the system. The conditional probability $P\{A=a|C=c,J=j,K=k\}$ is obtained from $P\{K=k|A=a,C=c,J=j\}$ by exchanging event $K = k$ and condition $A = a$:

$$P\{A=a|C=c,J=j,K=k\} = \frac{P\{A=a|C=c,J=j\}}{P\{K=k|C=c,J=j\}} P\{K=k|A=a,C=c,J=j\} \quad (7)$$

The conditional probability $P\{K=k|C=c,J=j\}$ required for (7) is derived from $P\{K=k|A=a,C=c,J=j\}$ using the law of total probability:

$$P\{K=k|C=c,J=j\} = \sum_{a=k-j}^{M} P\{A=a|C=c,J=j\} P\{K=k|A=a,C=c,J=j\} \quad (8)$$

For (3) the unconditional probability $P\{R=0\}$ that no request is generated is required. $P\{R=0\}$ is obtained using (4) and the law of total probability:

$$P\{R=0\} = \sum_{k=0}^{M} P\{R=0|K=k\} \cdot \pi_k \quad (9)$$

The unconditional probability $P\{R=r\}$ is required for the computation of $E[R]$ in (3) and (13). It is obtained using the law of total probability and the relation $R = A+J-K$:

$$P\{R=r\} = \sum_{j=0}^{M} \pi_j \sum_{a=0}^{M-j} \sum_{c \in (b,\overline{b})} [P\{C=c|J=j\} P\{A=a|C=c,J=j\} \quad (10)$$
$$P\{R=r|A=a,C=c,J=j\}]$$

The following four conditional probabilities differ for the analysed access protocols and have to be computed separately for every protocol:
- $P\{A=a|C=c,J=j\}$
- $P\{K=k|A=a,C=c,J=j\}$
- $P\{R=r|A=a,C=c,J=j\}$
- $P\{R=0|A=a,C=c,J=j,K=k\}$

The time dependent state probabilities $\vec{\pi}(t) = (\pi_0(t), \pi_1(t), ..., \pi_M(t))$ are computed iteratively starting from the initial state $\vec{\pi}(t) = (1, 0, ..., 0)$:

$$\vec{\pi}_c(t+t_{RTD}) = \vec{\pi}_c(t) \cdot [P_{jk}(t)] \quad (11)$$

For every iteration step, $P_{jk}(t)$ has to be computed using (1). For the computation of $P_{jk}(t=0)$ the conditional probability that the channel is reserved is set to $P\{C=b|J=j\}|_{t=0} = 0$. The iteration (11) is repeated until a stationary state is reached. The throughput S consists of the data packets transmitted in reserved and in random mode. Consequently:

$$S = \sum_{j=0}^{M} \pi_j \left(P\{C=b|J=j\} + P\{C=\overline{b}|J=j\} \cdot P\{A=1|C=\overline{b},J=j\} \right) \quad (12)$$

The total mean transmission time t_d of a data packet depends on the mean time t_C a data packet is in collision resolution, the mean time t_W a data packet waits in the distributed $D^{[x]}/D/1$ queue and the constant transmission time t_T which corresponds to the propagation delay plus one slot time (see also [8]). The time $t_C = E[J_{Sys}]/S$ is obtained by Little's Law. $E[J_{Sys}] = t_{RTD} \cdot E[J]$ is the mean number of collided packets waiting for collision resolution in the whole system.

$$t_d = t_C + (t_{RTD} + t_W)\frac{E[R]}{S} + t_T$$
$$= \frac{E[J_{Sys}]}{S} + \left(t_{RTD} + \frac{E[R^2]-E[R]}{2E[R](1-E[R])}\right)\frac{E[R]}{S} + t_p + 1 \quad (13)$$

For the calculation of the probability that a given number of requests are successful, the hypergeometric distribution $B(x,y,z)$ is required. $B(x,y,z)$ gives the probability that x requests are uncollided if y requests choose independently one out of z request slots. In [8] a recursive solution for the hypergeometric distribution is given.

$$\eta(x,y,z) = \binom{z}{x}\binom{y}{x}x!(z-x)^{y-x} - \sum_{i=1}^{V(y,z)-x}\binom{x+i}{i}\eta(x+i,y,z) \quad (14a)$$

$$V(y,z) = \begin{cases} y & \text{if } y \leq z \\ z-1 & \text{if } y > z \end{cases} \quad (14b)$$

$$B(x,y,z) = \eta(x,y,z)/z^y \quad (14c)$$

$\eta(x,y,z)$ is the number of patterns with x uncollided requests and $V(y,z)$ is the maximal possible number of uncollided requests, if y requests are distributed independently over z request fields.

In the following, as an example, the four protocol dependent conditional probabilities will be derived for CRRMA/CCA1. Using this protocol, new packets are only generated if no collision resolution takes place in the present slot, i.e. if $J = 0$. In this case, all stations that do not send a packet in the reserved mode generate packets with probability σ:

$$P\{A=a|C=c,J=j\} = \begin{cases} \binom{M-1}{a}\sigma^a(1-\sigma)^{M-1-a} & \text{if } (j=0)\cap(c=b) \\ \binom{M}{a}\sigma^a(1-\sigma)^{M-a} & \text{if } (j=0)\cap(c=\overline{b}) \\ 0 & \text{if } (j>0)\cap(a>0) \\ 1 & \text{if } (j>0)\cap(a=0) \end{cases} \quad (15)$$

For the calculation of $P\{K=k|A=a,C=c,J=j\}$ it has to be considered that CRRMA/CCA1 converts the data part of a slot into N'-N additional request slots if no packet is transmitted in the reserved mode during collision resolution:

$$P\{K=k|A=a,C=c,J=j\} = \begin{cases} B(j-k,j,N') & \text{if } (j>0)\cap(a=0)\cap(c=\overline{b}) \\ B(a-k,a,N) & \text{if } (j=0)\cap(a\geq 0)\cap(c=\overline{b}) \\ B(a+j-k,a+j,N) & \text{if } [(a=0)\cup(j=0)]\cap(c=b) \\ 0 & \text{otherwise} \end{cases} \quad (16)$$

If $A \neq 1$ or if the present slot is reserved, the conditional probability that $R = r$ successful reservations are generated is derived from (16) using the relation $R = A+J-K$. If $A = 1$ new packet is generated and if the slot is not reserved, the considered packet is successfully transmitted in random mode and, consequently, no reservation is generated:

$$P\{R = r \mid A = a, C = c, J = j\} =$$
$$\begin{cases} P\{K = a + j - r \mid A = a, C = c, J = j\} & \text{if } (a \neq 1) \cup (c = \mathbf{b}) \\ 1 & \text{if } (a = 1) \cap (r = 0) \cap (c = \overline{\mathbf{b}}) \\ 0 & \text{otherwise} \end{cases} \quad (17)$$

For the calculation of $P\{R=0 \mid J=j, K=k, A=a, C=c\}$ it is more convenient to look at the two possible cases $J = 0$ and $A = 0$ separately:

$$P\{R=0 \mid A=a, C=c, J=0, K=k\} = \begin{cases} 1 & \text{if } [(k=a) \cap (a \neq 1)] \cup \\ & \quad [(k=0) \cap (a=1) \cap (c=\overline{\mathbf{b}})] \\ 0 & \text{otherwise} \end{cases} \quad (18a)$$

$$P\{R=0 \mid A=0, C=c, J=j, K=k\} = \begin{cases} 1 & \text{if } j = k \\ 0 & \text{otherwise} \end{cases} \quad (18b)$$

Results

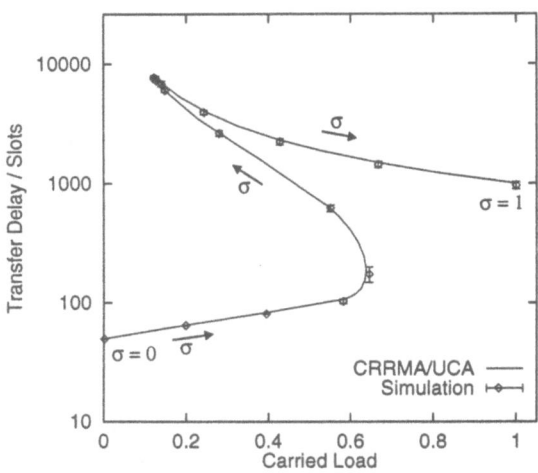

Fig. 3: Transfer Delay t_d versus Carried Load S for CRRMA/UCA.

The results presented in this chapter refer to a system with $M = 20$ Stations and an RTD of $t_{RTD} = 50$ Slots. The number of minislots per slot is $N = 3$. For CRRMA/CCA1 and CRRMA/CCA2, the number of request slots during collision resolution is $N' = 10$. All results have been verified by simulations which showed a very good correspondence. In the presented diagrams, the lines refer to the analysis and the dots with confidence intervals refer to the simulation. The confidence level is 95%. For both, simulation and analysis, the input parameter is the message generation probability σ. Calculated or simulated results are the total transmission time t_d and the carried load S. The analysis method presented in this paper was also applied to CRRMA/UCA, CRRMA/CCA2, and Reservation Access. For the analysis of Slotted ALOHA, the method presented in [4] was modified in order to consider RTDs with $t_{RTD} > 1$ Slot. Fig. 3 and Fig. 4 show the usual presentation of delay and load in one diagram. For low σ (e.g. σ < 1/M in case of CRRMA/CCA1), the transfer delay of CRRMA/UCA and CRRMA/CCA1 is smaller than $2t_{RTD}$ and $3t_{RTD}$, respectively. This corresponds to the most frequent scenarios for small σ:

- The data packet is successful in random mode ($t_d = t_{RTD}$).

- The data packet collides but the corresponding reservation request is successful ($t_d = 2t_{RTD}$).
- Data packet and corresponding reservation request collides and the subsequent collision resolution with $N' > N$ is successful ($t_d = 3t_{RTD}$, only CRRMA/CCA1).

The carried load for CRRMA/UCA reaches a local maximum of $S \cong 0.65$. If σ is increased above the point corresponding to the maximum of the carried load, S decreases and t_d increases, because of the increasing collision probability for reservation requests. If σ is increased further, the carried load of CRRMA/UCA again increases while t_d decreases due to a capture phenomenon: For σ = 1, after the start of the system, the reservation requests and the data packets of all M stations will collide. After a (long) period of time, one of the M reservation requests will be successful. The corresponding station transmits its packet in reserved mode and, after a further RTD, generates a new data packet, which is successfully transmitted in random mode while all M-1 other stations are involved in a collision resolution. The considered station continues to transmit data packets in random mode until one of the other stations successfully transmits a reservation request. In this way, all stations alternate with each other in transmitting data packets. The mean transfer delay in the high load case is $M \cdot t_{RTD} = 1000$ Slots and may be derived using Little's Law. On the other hand, due to the large coefficient of variation of the transfer delay, an efficient operation of the system is not possible for σ = 1. The transfer delay of CRRMA/CCA1 is infinite in the region corresponding to $S = 1$ due to the mean value of the successful reservation requests per slot is $E[R] > 1$. Consequently, in this region the of-

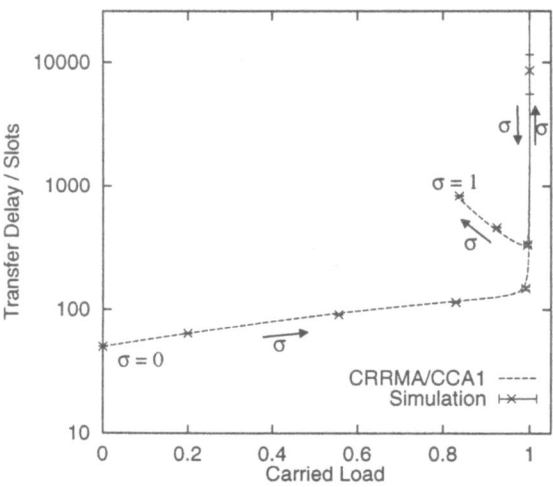

Fig. 4: Transfer Delay t_d versus Carried Load S for CRRMA/CCA1.

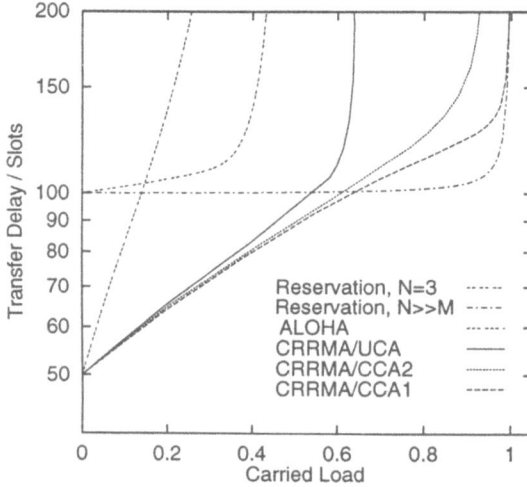

Fig. 5: Transfer Delay t_d versus Carried Load S for Reservation Access with $N = 3$ and $N \to \infty$, ALOHA, CRRMA/UCA, CRRMA/CCA1 and CRRMA/CCA2.

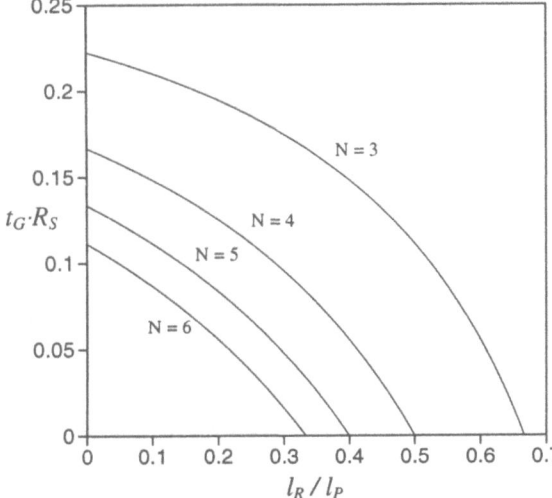

Fig. 6: Guard Time t_G versus length of the request field l_R for equal bandwidth requirments of slotted ALOHA and combined random / reservation protocol.

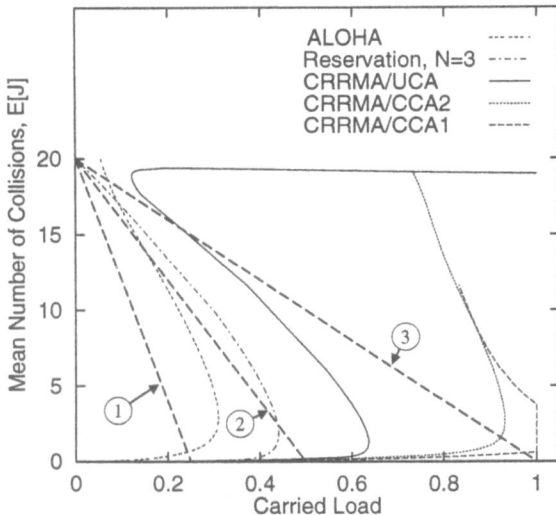

Fig. 7: Mean Number of Collisions $E[J]$ versus Carried Load S for ALOHA, Reservation Access, CRRMA/UCA, CRRMA/CCA2 and CRRMA/CCA1 and load lines for $\sigma = 0.0125$ ①, $\sigma = 0.025$ ② and $\sigma = 0.05$ ③.

fered load to the distributed queue is greater than one. If σ is further increased, S decreases and t_d is finite again. For CRRMA/CCA1 no capture effect exists due to the conversion of the data field into request fields during collision resolution. Fig. 5 shows the transfer delay versus the carried load for all protocols defined above. Only the region of efficient operation is shown. The results for the ideal Reservation Access ($N \to \infty$) is also shown. The realistic Reservation Access with $N = 3$ and the Slotted ALOHA protocol show the poorest performance. The protocols with combined random and reservation access are much more efficient. Only CRRMA/CCA1 reaches (with $N = 3$) the maximum possible throughput of one data packet per slot. For greater N the performance of CRRMA/UCA and CRRMA/CCA2 approaches the performance of CRRMA/CCA1.

Due to the additional bandwidth required for the request fields, we need a closer look to the bandwidth efficiency of the different protocols. Defining l_D and l_R as the length (in Bits) of data and request field, respectively, t_G as the guard time between two adjacent fields, and R_S as the slot rate, we are able to compute the required channel bit rate R_C for the slot structure according to Fig. 1:

$$R_C = [l_D + N \cdot l_R + (N+1)t_G R_C] R_S \qquad (19)$$

ALOHA does not require request fields. On the other hand, the maximum throughput for slotted ALOHA is much smaller than one data packet per slot. For stability, the slot rate should be approximately $b_A = 3$ times higher than the packet arrival rate. Consequently, the channel bit rate for slotted ALOHA is:

$$R_A = l_D / [1/(b_A R_S) - t_G] \qquad (20)$$

After solving (19) for R_C and after equating the channel bit rates R_C and R_A, a dependence between the guard time t_G and the request field length l_R for equal bandwidth requirement for Slotted ALOHA and combined random/reservation protocols can be derived (see Fig. 6). If a given pair of t_G and l_R is above the curve corresponding to the given number N of request fields per slot, Slotted ALOHA shows the better bandwidth efficiency and vice versa.

Fig. 7 shows the mean number $E[J]$ of stations that are involved in a collision resolution versus the carried load S. The diagram also contains the load lines for $\sigma = 0,0125$, $\sigma = 0,025$, and $\sigma = 0,05$. The operation point corresponds to the point of intersection of load line and the equilibrium contour (see [17]). The system is stable if exactly one point of intersection exists. Consequently, all protocols yield stable operating points for all σ. Higher loads for $N = 3$ and $M = 20$ are possible with CRRMA/CCA1 and CRRMA/CCA2. For $\sigma = 0.0125$ and $\sigma = 0.025$, Slotted ALOHA and the 'realistic' Reservation Access, yield a stable but mismatched operating point. For $\sigma = 0.05$, CRRMA/UCA yields a stable but mismatched operating point.

Conclusions and Outlook

This paper addresses media access protocols for satellite links and for packet oriented traffic. The access protocols may be used, e.g., for the transmission of signalling information or data packets via the uplink between mobile satellite telephones and satellites. An iterative analysis method has been presented which allows the performance evaluation of a class of access protocols that combine random and reservation access. As an example, the analysis of a combined protocol, namely CRRMA/CCA1, has been shown in detail. As a result, the performance, the stability, and the bandwidth efficiency of three different combined protocols, reservation access, and Slotted ALOHA has been evaluated and compared. It has been shown that CRRMA/CCA1 has the best performance with respect to transfer delay and stability. The bandwidth requirement corresponds to the other analysed combined protocols and to the 'realistic' reservation protocol. Slotted ALOHA uses a simpler slot structure but requires a higher slot rate in order to provide a throughput comparable to the combined protocols. An upper boundary for the guard time and the length of the request slots has been calculated, for which the combined protocols show a better bandwidth efficiency than Slotted ALOHA. Additionally to the detailed presentation of the performance analysis of all protocols, the author shows in [18] a simulation of all protocols in a realistic non stationary ICO environment. The protocols are used for the initial access of the satellite system. In this environment, CRRMA/CCA1 also shows the best performance with respect to stability and transfer delay.

Acknowledgement

The author would like to thank his colleagues Joachim Charzinski and Michael Schopp for many helpful discussions.

References

[1] Markus Werner, Axel Jahn, Erich Lutz, Axel Böttcher: ANALYSIS OF SYSTEM PARAMETERS FOR LEO/ICO-SATELLITE COMMUNICATION NETWORKS. *IEEE JOURNAL ON SELECTED AREAS IN COMMUNICATIONS*, VOL. 13, No. 2 (1995) 371-381.

[2] Dieter Kühner: VOM HIMMEL HOCH: MEHRWERTDIENSTE ÜBER SATELLITEN SOLLEN TERRESTRISCHE BALD ABLÖSEN. *COMPUTER ZEITUNG*, No. 22 (1995).

[3] Norman Abramson: PACKET SWITCHING WITH SATELLITES. *AFIPS CONFERENCE PROCEEDINGS*, VOL. 42, NATIONAL COMPUTER CONFERENCE, NEW YORK (1973) 695-702.

[4] Raphael Rom, Moshe Sidi: MULTIPLE ACCESS PROTOCOLS - PERFORMANCE AND ANALYSIS. *SPRINGER VERLAG*, NEW YORK (1990).

[5] Shuji Tasaka: MULTIPLE-ACCESS PROTOCOLS FOR SATELLITE PACKET COMMUNICATION NETWORKS: A PERFORMANCE COMPARISON. *PROCEEDINGS OF THE IEEE*, VOL. 72, No. 11 (1984) 1573-1582.

[6] Lawrence G. Roberts: DYNAMIC ALLOCATION OF SATELLITE CAPACITY THROUGH PACKET RESERVATION. *AFIPS CONFERENCE PROCEEDINGS*, VOL. 42, NATIONAL COMPUTER CONFERENCE, NEW YORK (1973) 711-716.

[7] Stephen F.W. Ng, Jon W. Mark: A MULTIACCESS MODEL FOR PACKET SWITCHING WITH A SATELLITE HAVING SOME PROCESSING CAPABILITY. *IEEE TRANSACTIONS ON COMMUNICATIONS*, VOL. COM -25, No. 1 (1977) 128-135.

[8] Hyong W. Lee, Jon W. Mark: COMBINED RANDOM/RESERVATION ACCESS FOR PACKET SWITCHED TRANSMISSION OVER A SATELLITE WITH ON-BOARD PROCESSING: PART I - GLOBAL BEAM SATELLITE. *IEEE TRANSACTIONS ON COMMUNICATIONS*, VOL. COM-31, No. 10 (1983) 1161- 1171.

[9] Hyong W. Lee, Jon W. Mark: COMBINED RANDOM/RESERVATION ACCESS FOR PACKET-SWITCHED TRANSMISSION OVER A SATELLITE WITH ON-BOARD PROCESSING - PART II: MULTIBEAM SATELLITE. *IEEE TRANSACTIONS ON COMMUNICATIONS*, VOL. COM-32, No. 10 (1984) 1093- 1104.

[10] Tak-Shing P. Yum: THE DESIGN AND ANALYSIS OF THE SCHEDULED-RETRANSMISSION MULTIACCESS PROTOCOL FOR PACKET SATELLITE COMMUNICATIONS. *PROCEEDINGS OF THE IEEE INTERNATIONAL CONFERENCE ON COMMUNICATIONS*, PAPER 8.7, SEATTLE (1987) 278-283.

[11] Eric W.M. Wong, Tak-Shing Yum: A CONTROLLED MULTIACCESS PROTOCOL FOR PACKET SATELLITE COMMUNICATION. *IEEE TRANSACTIONS ON COMMUNICATIONS*, VOL. 39, No. 7 (1991) 1133-1140.

[12] Shuji Tasaka, Kenichi Ishida: THE SRUC PROTOCOL FOR SATELLITE PACKET COMMUNICATION - A PERFORMANCE ANALYSIS. *IEEE TRANSACTIONS ON COMMUNICATIONS*, VOL. COM-34, No. 9 (1986) 937-945.

[13] Duei Tsai, Jin-Fu Chang: A HYBRID CONTENTION-BASED TDMA TECHNIQUE FOR DATA TRANSMISSION. *IEEE TRANSACTIONS ON COMMUNICATIONS*, VOL. 36, No. 2 (1988) 225-228.

[14] Dipankar Raychaudhuri: ANNOUNCED RETRANSMISSION RANDOM ACCESS PROTOCOLS. *IEEE TRANSACTIONS ON COMMUNICATIONS*, VOL. COM-33, No. 11 (1985) 1183-1190.

[15] Mark J. Karol, Michael G. Hluchyj, Samuel P. Morgan: INPUT VERSUS OUTPUT QUEUEING ON A SPACE-DIVISION PACKET SWITCH. *IEEE TRANSACTIONS ON COMMUNICATIONS*, VOL. COM-35, No. 12 (1987) 1347-1356.

[16] Leonard Kleinrock: QUEUEING SYSTEMS VOLUME 1: THEORY. *JOHN WILEY & SONS*, NEW YORK (1975).

[17] Leonard Kleinrock, Simon S. Lam: PACKET SWITCHING IN A MULTIACCESS BROADCAST CHANNEL: PERFORMANCE EVALUATION. *IEEE TRANSACTIONS ON COMMUNICATIONS*, VOL. COM- 23, No. 4 (1975) 410-423.

[18] Andreas Weber: EFFIZIENZ DES VIELFACHZUGRIFFS AUF PAKETORIENTIERTE KANÄLE IN SATELLITENSYSTEMEN FÜR DIE GLOBALE MOBILKOMMUNIKATION. 66. BERICHT ÜBER VERKEHRSTHEORETISCHE ARBEITEN, *INSTITUT FÜR NACHRICHTENVERMITTLUNG UND DATENVERARBEITUNG*, UNIVERSITÄT STUTTGART, 1998.

Performance and Cost Comparison of Mirroring- and Parity-Based Reliability Schemes for Video Servers

Jamel Gafsi and Ernst W. Biersack
(gafsi,erbi)@eurecom.fr

Institut EURECOM, B.P. 193, 06904 Sophia Antipolis Cedex, FRANCE

Abstract. *In order to provide a reliable service, a video server must be able to reconstruct lost information during disk failure. We focus in this paper on reliability schemes that add redundancy within the server. We study two redundancy-based alternatives: mirroring-based schemes and parity-based schemes. We analyze in this paper these two alternatives and propose their adequate data layouts. We then compare them in terms of the server performance (throughput) and the costs of a single stream. Our results show that mirroring-based reliability is more cost effective than parity-based reliability. We obtain the, at first glance, surprising result that a server that uses mirroring, which doubles the storage requirement, has lower per stream costs than a server that uses parity-based reliability.*

Keywords: Video server, reliability, mirroring, RAID5

1 Introduction

Video servers typically store a huge number of voluminous video files. As the number of files to be stored increases, the number of storage components required, typically SCSI hard disks, increases as well. However, the larger the video server is, the more vulnerable to disk failures it becomes. In order to ensure uninterrupted service even in the presence of a disk failure, a server must be able to reconstruct lost information. This can be achieved by using redundant information [1]. We distinguish two ways to add redundancy within a server: a mirroring-based and a parity-based way.

The video server is assumed to use *round based scheduling*: The service time is divided into equal-size time intervals. Each admitted client is served once every time interval: the *service round*. Additionally, the server uses the SCAN algorithm for data retrieval from disks. We also assume CBR-coded streams with constant block size.

A very important design issue of a video server concerns the layout (striping) of video data on multiple disks. We assume that each video object is partitioned

---
[1] There are also non-redundancy based schemes to mask the loss of data that we do not discuss in this paper.

into video segments that are stored/distributed over the disks. Two striping techniques were studied and compared in the literature: the Coarse-Grained Striping algorithm (*CGS*) and the Fine-Grained Striping algorithm (*FGS*). *CGS* retrieves for one client a large video segment from a single disk during one service round. During the next service round, the next video segment is read from the next disk. In contrast to *CGS*, *FGS* retrieves for one client D small video segments from all D disks of the server during *each* service round. Thus, the number of disk accesses per service round is D for each client.

Many papers have shown that the Coarse-Grained Striping algorithm (*CGS*) performs better than the Fine-Grained Striping algorithm (*FGS*) in terms of throughput for the same amount of resources when assuming a non-fault tolerant video server as well as for a fault-tolerant video server using parity (RAID5 for *CGS* vs. RAID3 for *FGS*) [1–5]. The terms video segment and disk retrieval block are used interchangeably and denote the amount of data retrieved for one client from one disk during a service round.

1.1 Related Work

Reliability in video servers has been addressed in lots of work, either in the context of parity-based schemes, e.g. [2–4, 6, 7], or in the context of mirroring-based schemes [8–10].

There is very little literature on modeling cost issues in video servers. Doganata [11] looks at the different components of a video server that has both, secondary and tertiary storage, and is mainly concerned with the modeling of a video server based on using a storage hierarchy. A detailed cost comparison of different reliability schemes in disk-based video servers as presented in this paper has to the best of our knowledge not been done previously.

2 Reliability

To be fault-tolerant, a video server must store some redundant information that is used to reliably deliver a video object even when one or more disks fail. The amount and the placement of redundant information are decisive in terms of the number of disk failures that can be tolerated and also for the load balancing between the surviving disks in the server. There are two major models for a fault-tolerant video server: (i) mirroring-based and (ii) parity-based.

A first choice to make when using redundant information is to decide whether to store the redundant data separately on (i) dedicated disks or to store the original and redundant data on (ii) the same disks. We will limit our discussion to the second case since it allows us to achieve higher throughput and better load balancing than (i) . We now consider *what* kind of redundant information to store.

2.1 Parity-Based Reliability

The parity-based technique consists of storing *parity* data in addition to the existing *original* video data. RAID2-6 schemes use this approach to ensure against disk failures. When a disk failure occurs, parity information is used to reconstruct the failed original data. RAID5 [12] requires a small amount of additional storage volume for each video to protect against failure, since one parity disk retrieval block is needed for each $(D-1)$ original disk retrieval blocks. The $(D-1)$ original and the one parity disk retrieval blocks build a **parity group**. We first assume a RAID5 scheme with sequential parity placement, as shown in Fig. 1. Fig. 1 shows for a video server with D disks, how one video object is stored using the RAID5 scheme considered: A video object is assumed to be partitioned exactly into N_{vs} video segments where $N_{vs} = Z \cdot D \cdot (D-1)$, $Z \in \{1, 2, ...\}$.

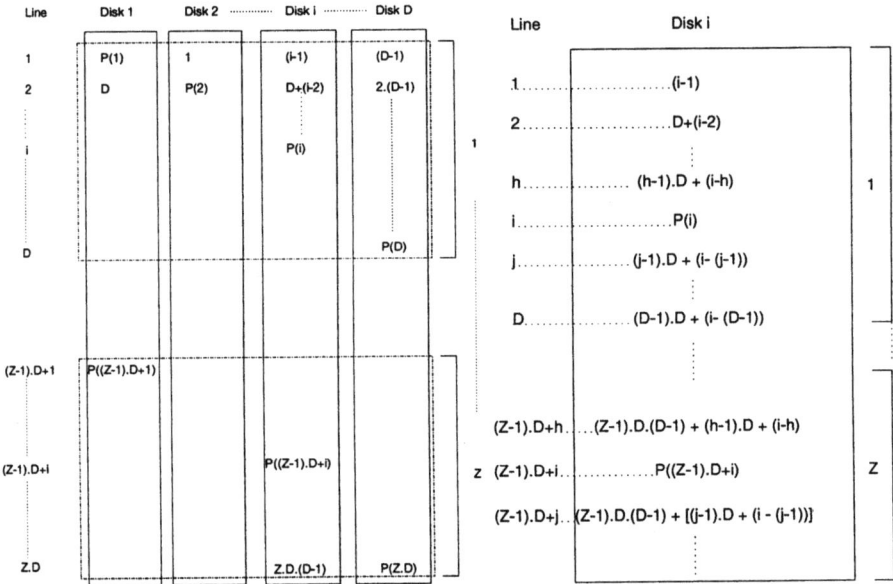

(a) RAID5 data layout for one video object stored on a video server with D disks.

(b) Storage of one video object on disk i.

Fig. 1. RAID5 data layout.

As Fig. 1(a) shows, the data placement within the server is represented by placing the numbers inside a matrix that contains D columns (*the disks*) and

$(Z \cdot D)$ retrieval lines (*the parity groups*). Fig. 1(b) shows the storage layout of original and parity disk retrieval blocks that are stored on a given disk i ($i \in [1, ..., D]$) of the server.

Although the additional storage volume is small for RAID5, the server needs additional resources in terms of I/O bandwidth and main memory requirements when working with a disk failure. The amount of additional resources for RAID5 depends on the choice between the second-read strategy and the strategy that stores a whole retrieval line as we will explain in details in section 3.3. Let us call the RAID5 scheme described in this section CGS_{Par}.

2.2 Mirroring-Based Reliability

The mirroring-based technique consists of entirely *replicating* each video segment, with the original and the copy being on different disks. Mirroring is also called *RAID1* by Lee et al. [13] [14]. Mirroring will double the storage volume required but prevents the I/O bandwidth from doubling in case of failure as does RAID5 with the second-read strategy [15]. In the following discussion, we use the terms mirroring and replication interchangeably.

In order to coherently compare RAID5 and mirroring, we chose a mirroring scheme that only protects against a single disk failure as is the case for RAID5. The considered mirroring scheme is similar to the one proposed in [9] (the doubly striped scheme) and to the one we discussed in [16] (the one-to-all assignment scheme).

The storage of the *original* as well as *replicated* disk retrieval blocks follows a round-robin order. Fig. 2 shows the storage layout of original disk retrieval blocks of one video object and how the original blocks of disk d_i are replicated over the remaining disks. Let us call the mirroring scheme considered in this paper CGS_{Mirr}.

3 CGS_{Mirr} vs. CGS_{Par}

We distinguish two operation modes for a video server: the *normal operation mode*, where all server components work, and the *disk failure mode*, where one of the disks failed. In order to perform reliability, the video server should allocate a part of its available resources (disk space, I/O bandwidth, buffer) to be needed in disk failure mode. In this section, we calculate the amount of these resources needed for CGS_{Mirr} as well as for CGS_{Par}. Finally, we compare both schemes with respect to the costs of a single admitted stream.

3.1 Storage Volume Requirement

We assume the following situation. The size of a disk retrieval block is fixed to 1Mbit. For CGS_{Par}, a parity group consists of $(D-1)$ original disk retrieval blocks and one parity block. Thus, for each $(D-1)$ Mbit of original data, 1 Mbit overhead is needed for CGS_{Par}. Therefore, *one* additional disk is needed for

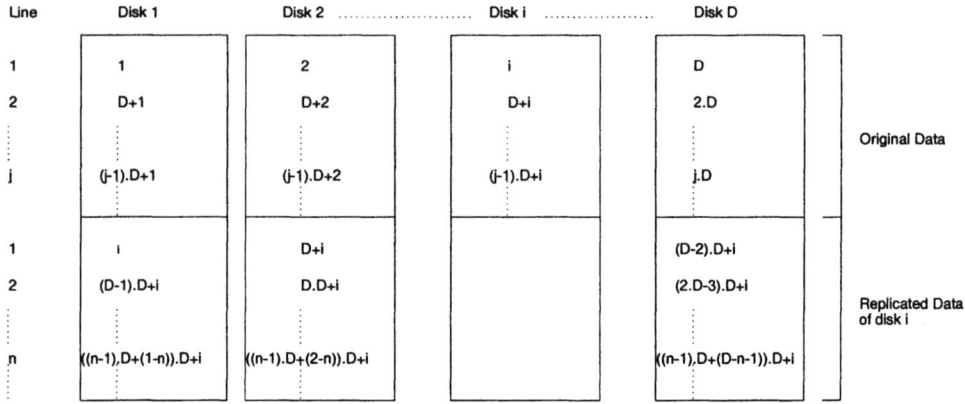

Fig. 2. Mirroring data layout for one video object stored on a video server with D disks.

CGS_{Par}. CGS_{Mirr}, however, needs double as many disks as required to store original video data.

3.2 Bandwidth Allocation for Reliability

During normal operation mode, each disk can not exploit its entire available I/O bandwidth. It must keep unused a part of its I/O bandwidth that is needed when working during disk failure mode, which reduces the maximum number of streams [2] that can be admitted. Let us define the throughput as the maximum number of clients that the video server can simultaneously admit. We use in this paper the throughput results that are derived in [4]. Let Q_d^{nom} denote the maximum number of streams that can be served from a single disk during normal operation mode. When one out of the D disks fails, the remaining $(D-1)$ disks must support more streams than when working in normal operation mode. Let Q_d^{fom} be the maximum number of clients that can be supported from each of the surviving disks after one disk failed [3]. We calculate Q_d^{fom} as Eq. 1 shows, where r_p, r_d, t_{stl}, t_{seek}, and t_{rot} denote respectively video playback rate, inner track transfer rate, settle time, seek time, and worst case rotational latency. These parameters take the following values: $r_p = 1.5$ Mbps, $r_d = 24$ Mbps, $t_{stl} = 1.5$ ms, $t_{seek} = 20$ ms, and $t_{rot} = 11.11$ ms.

$$Q_d^{fom} = \frac{\frac{b_{dr}}{r_p} - 2 \cdot t_{seek}}{\frac{b_{dr}}{r_d} + t_{rot} + t_{stl}} \qquad (1)$$

---

[2] We use the terms streams and clients interchangeably throughout the paper.
[3] *nom* denotes normal operation mode and *fom* denotes failure operation mode.

Q_d^{nom} and Q_d^{fom} have the following relationship: $Q_d^{nom} = \left\lfloor \frac{D-1}{D} \cdot Q_d^{fom} \right\rfloor$

Consequently, the overall server throughput Q^{nom} during normal operation mode follows Eq. 2:

$$Q^{nom} = D \cdot Q_d^{nom} = D \cdot \left(Q_d^{fom} - \left\lceil \frac{Q_d^{nom}}{D-1} \right\rceil \right) \qquad (2)$$

Note that the overall server throughput Q^{nom} is the same during both, normal operation mode and disk failure mode.

3.3 Buffer requirement vs. Throughput

We assume that the buffer requirement is for the case of *shared* buffer management where each video stream has been assigned a dynamically changing portion of a *common* buffer. We have shown in [4] that the total buffer requirement B^{nom} for *CGS* during normal operation mode is : $B^{nom} = Q^{nom} \cdot b_{dr}$, where Q^{nom} is the server throughput as described in Eq. 2, and b_{dr} denotes the size of a disk retrieval block. During disk failure mode, the amount of buffer needed may change depending on the reliability scheme and the retrieval strategy used. The buffer requirement also depends on the throughput that the server can achieve. We focus in sections 3.3 and 3.3 on the buffer requirement as well as on the throughput for both, CGS_{Mirr} and CGS_{Par}.

Buffer requirement and Throughput for CGS_{Mirr} CGS_{Mirr} replicates original disk retrieval blocks belonging to a single disk over all the other $(D-1)$ disks of the server. During disk failure mode, disk retrieval blocks that would have been retrieved from the failed disk are retrieved from the remaining disks. Thus, original disk retrieval blocks are replaced by mirrored disk retrieval block. Accordingly, CGS_{Mirr} requires the same amount of buffer during normal operation mode (B^{nom}) as well as during disk failure mode (B_{Mirr}^{fom}): $B_{Mirr}^{fom} = B^{nom}$. Note that the throughput Q_{Mirr}^{nom} of CGS_{Mirr} equals Q^{nom} (Eq. 2): $Q_{Mirr}^{nom} = Q^{nom}$

Buffer requirement and Throughput for CGS_{Par} In a parity-based scheme, a group of disk retrieval blocks are needed to reconstruct a lost disk retrieval block: When one original block is lost, a X-OR operation is performed over $(D-2)$ original blocks and one parity block to decode the information initially contained in the lost block. We see two alternatives to ensure a reliable service for CGS_{Par}. The first alternative is called the **buffering strategy** ($CGS_{ParBuff}$) and the second one is the **second-read strategy** (CGS_{ParSec}).

The Buffering Strategy : During normal operation mode, the buffer is immediately liberated after consumption. When a single disk fails, original as well as parity disk retrieval blocks are sequentially retrieved (during consecutive service rounds) from disks and must be temporarily stored on the buffer (for many service rounds) to reconstruct the lost original disk retrieval block. This requires additional buffer space. In the following, we calculate the amount of needed buffer when assuming the worst case situation.

Assume a single disk failure is happening during service round $k-1$. At most, all Q_d^{nom} disk retrieval blocks that should have been retrieved from this failed disk must be *reconstructed*. However, to reconstruct one failed disk retrieval block for one stream, $(D - 1)$ disk retrieval blocks are *sequentially* retrieved (during $(D-1)$ successive service rounds) and *temporarily stored* in the buffer.

The retrieval schedule of a $CGS_{ParBuff}$-based server is depicted in Fig. 3(a) for a simple scenario with 4 disks. $Q1$, $Q2$, $Q3$, and $Q4$ denote lists of clients. Each client is in exactely one list. Each list is served from one disk ($d1$, $d2$, $d3$, or $d4$) during one service round and from the next disk (round robin order) during the next service round. In Fig. 3(a), we attribute to each of the lists ($Q1, Q2, Q3$, and $Q4$) the corresponding disk ($d1$, $d2$, $d3$, or $d4$) from which data must be retrieved during service rounds k, $k+1$, $k+2$, $k+3$, and $k+4$. Let us assume that disk $d1$ fails during service round $k-1$ and let us focus on the data retrieval for clients in list $Q4$: During service round k, blocks are retrieved from disk $d4$; during service round $(k+1)$ no data is retrieved, since $d1$ has failed, during service round $(k+2)$ data is retrieved from disk $d2$, and during service round $(k+3)$ from disk $d3$. At the end of service round $(k+3)$, blocks of disk $d1$ can be reconstructed.

Fig. 3(b) shows the buffer occupancy for one stream during disk failure mode. A parity group contains 3 original disk retrieval blocks and one parity disk retrieval block (D_{rb}). The first block is assumed to be lost. To reconstruct the stream, *three times* b_{dr} buffer space is needed.

Generally, given a server with D disks, each stream needs $(D-1)$ times b_{dr} buffer space during disk failure mode. Thus, the buffer requirement for all Q^{nom} streams during disk failure mode is: $B_{ParBuff}^{fom} = (D-1) \cdot Q^{nom} \cdot b_{dr} = (D-1) \cdot B^{nom}$. The last Eq. shows that the buffer requirement *dramatically increases* for a $CGS_{ParBuff}$. For the amount of buffer calculated above, the throughput $Q_{ParBuff}^{nom}$ equals Q^{nom} (Eq. 2): $Q_{ParBuff}^{nom} = Q^{nom}$.

The Second-Read Strategy : We have seen that the buffer requirement is very high for $CGS_{ParBuff}$. In order to reduce the amount of buffer needed, one can use the second read strategy that performs as follows. Instead of temporarily storing all remaining disk retrieval blocks that belong to the same parity group, the server retrieves every original disk retrieval block twice: one read to deliver the original block and another read to reconstruct the lost block. Using a second read strategy, the number of reads will double and therefore the number of clients admitted per disk $Q_{d-ParSec}^{nom}$ for CGS_{ParSec} is the half of Q_d^{nom}: $Q_{d-ParSec}^{nom} = \frac{Q_d^{nom}}{2}$ and the server throughput Q_{ParSec}^{nom} is to get as: $Q_{ParSec}^{nom} = \frac{Q^{nom}}{2}$. Further, an additional buffer is needed $((D-1) \cdot Q_{d-ParSec}^{nom} \cdot b_{dr}$ to store data during the second read and perform decoding of the missing disk retrieval block. Thus the total buffer requirement B_{ParSec}^{fom} for the second read strategy during disk failure mode is: $B_{ParSec}^{fom} = Q_{ParSec}^{nom} \cdot b_{dr} + (D-1) \cdot Q_{d-ParSec}^{nom} \cdot b_{dr}$.

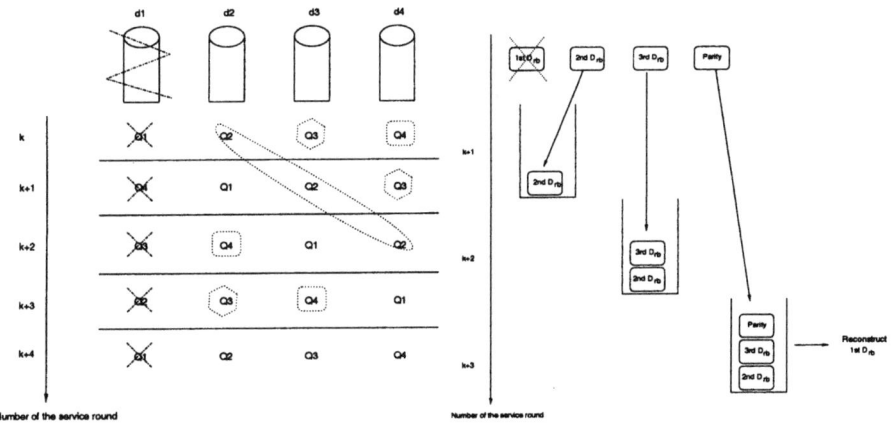

(a) Retrieval schedule and reconstruction of lost blocks.

(b) Buffer requirement.

Fig. 3. Disk failure mode for $CGS_{ParBuff}$ with $D = 4$.

3.4 Comparison between CGS_{Mirr} and CGS_{Par}

Comparison Metrics In order to compare CGS_{Mirr} and CGS_{Par} in terms of both, the server costs and the server performance, we derive in this section the comparison metric *the costs of a single stream C_{stream}*. To get the costs of a single stream, we proceed as follows. We calculate the total server costs C_{server} as the costs of the storage volume (hard disks) and the main memory volume (buffer requirements): $C_{server} = P_{mem} \cdot B + P_{disk} \cdot V$

Where P_{mem}, B, P_{disk}, and V denote respectively the price of 1 Mbyte of main memory, the buffer requirements in MByte, the price of 1 Mbyte of hard disk, and the storage volume required in MByte. Typically price figures are $P_{mem} = 13\$$ and $P_{disk} = 0.5\$$. Since these prices change very fast, we will consider the relative costs by introducing the cost ratio between P_{mem} and P_{disk}: $P_{mem} = \alpha \cdot R \cdot P_{disk}$, where R is the initial ratio between P_{mem} and P_{disk}, with: $R = \frac{13}{0.5} = 26$, and α is the so called *relative ratio factor*. Thus, we derive the *relative* server costs function as [4]: $C_{server} = P_{mem} \cdot B + \frac{P_{mem}}{\alpha \cdot R} \cdot V$. The costs of a single stream are then obtained by dividing the total server costs C_{server} over the server throughput Q that can be reached:

$$C_{stream} = \frac{P_{mem} \cdot B + \frac{P_{mem}}{\alpha \cdot R} \cdot V}{Q} \quad (3)$$

---

[4] The term "relative" means that the server costs are determined by P_{mem} and and the relative ratio factor α.

Results In order to coherently compare the two reliability schemes CGS_{Mirr} and CGS_{Par} [5] and calculate the corresponding throughput and buffer requirement for each scheme. Subsequently, we calculate the costs per stream (Eq. 3) for each of the schemes.

Fig. 4 shows the throughput of CGS_{Mirr}, $CGS_{ParBuff}$, and CGS_{ParSec}. For the same total number of disks D in the server, CGS_{Mirr} and $CGS_{ParBuff}$ achieve the same throughput, whereas CGS_{ParSec} has a lower throughput.

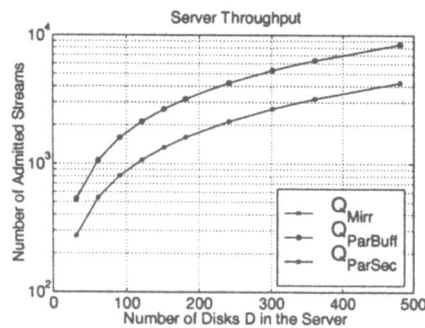

Fig. 4. Overall Server Throughput for CGS_{Mirr}, $CGS_{ParBuff}$, and CGS_{ParSec}

Fig. 5 plots the server and stream costs for CGS_{Mirr} and $CGS_{ParBuff}$. The relative ratio parameter α takes the values 2, 1, and 0.5. Decreasing the value of α means decreasing the ratio between the costs per unit (1 MByte) of memory and hard disk. Since we fixed the memory costs per unit, decreasing α will increase the costs per unit of hard disk and therefore the total server costs.

In Fig. 5(a), we show that the total server costs for CGS_{Mirr} is lower than the one for $CGS_{ParBuff}$ for all values of α. More relevant are the costs per stream, which are depicted in Fig. 5(b). We observe that CGS_{Mirr} is more cost effective than $CGS_{ParBuff}$ for all values of α. We also observe that the costs of one stream are independent from the number of disks in the server for CGS_{Mirr}. However, for $CGS_{ParBuff}$, the costs per stream grow when the total number of disks increases.

CGS_{Mirr} is much more cost effective than $CGS_{ParBuff}$. This is due to the very high amount of buffer that is required for $CGS_{ParBuff}$. We saw in section 3.3 that CGS_{ParSec} avoids the huge buffer requirement of $CGS_{ParBuff}$ when working during disk failure mode. However, CGS_{ParSec} keeps unused the half of each disk I/O bandwidth. In the following, we compare CGS_{Mirr} with CGS_{ParSec}. Fig. 6 shows the costs results of these two schemes.

In Fig. 6(a), we plot the total server costs for the different values of α. We see that CGS_{Mirr} and CGS_{ParSec} are close in terms of the server costs.

---

[5] For CGS_{Par}, we will consider both strategies $CGS_{ParBuff}$ and CGS_{ParSec}

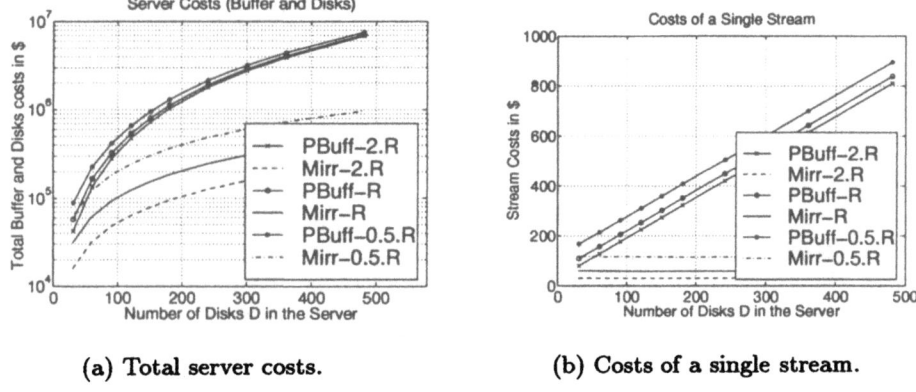

(a) Total server costs.

(b) Costs of a single stream.

Fig. 5. Server costs and stream costs for CGS_{Mirr} and $CGS_{ParBuff}$ with $\alpha = 2, 1, 0.5$.

The costs of a single stream are shown in Fig. 6(b). We observe that a single stream for CGS_{ParSec} costs more than a single stream for CGS_{Mirr}. Compared with the costs of a single stream for $CGS_{ParBuff}$ (Fig. 5(b)), we see that CGS_{ParSec} reduces the costs of a single stream. Since CGS_{ParSec} cuts the throughput into half, the costs per stream are twice the costs for CGS_{Mirr}.

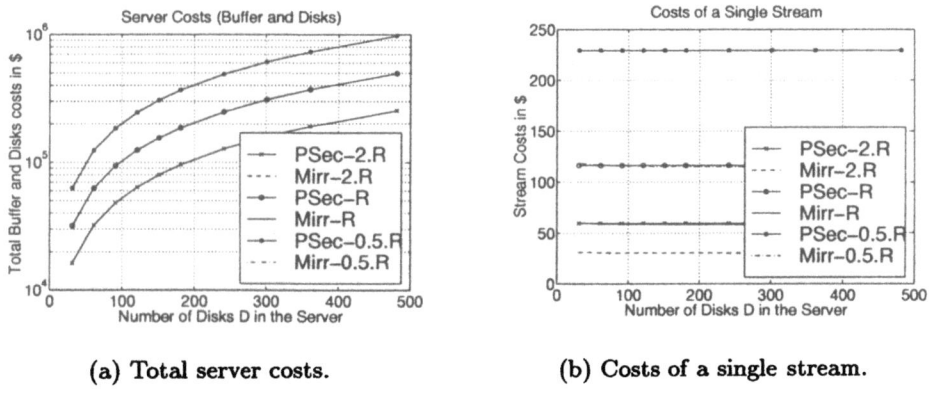

(a) Total server costs.

(b) Costs of a single stream.

Fig. 6. Server costs and stream costs for CGS_{Mirr} and CGS_{ParSec} with $\alpha = 2, 1, 0.5$.

We have seen in this section that CGS_{Mirr} has the highest throughput and has always the lowest costs per stream. $CGS_{ParBuff}$ suffers under a very high buffer requirement during disk failure mode and CGS_{ParSec} looses the half of the available I/O bandwidth to perform the second-read strategy.

4 Improving the Performance of Parity-Based Schemes

The results of section 3 show that CGS_{Mirr} outperforms RAID5 (CGS_{Par}) in terms of throughput and the costs of a single stream. To improve the performance and cost effectiveness of parity-based schemes, a parity scheme is needed that (i) avoids the huge buffer requirement as for $CGS_{ParBuff}$, and (ii) avoids cutting the throughput into half as for CGS_{ParSec}.

In order to reduce the buffer requirement during disk failure mode, the parity group size should be reduced: for RAID5, the size of a parity group increases with the number of disks in the server. Hence the dramatical increase of the buffer requirement when the number of disks grows. In order to keep the buffer requirement independent from the increase of the number of disks, the parity group size should be constant. Let us assume that the total number of disks is a multiple of the parity group size. Note that decreasing the parity group size decreases the buffer requirement, whereas the storage overhead to store parity blocks increases. Let us keep constant the parity group size ($D_g = 10$). Fig. 7 shows data layout for $CGS_{cluster}$ for a parity group. Original disk retrieval blocks of one video object are stored in a Round Robin manner among all available D disks of the server. A parity group is built out of only $(D_g - 1)$ *original* disk retrieval blocks and one *parity* disk retrieval block. In Fig. 7 we only show the data layout of the first retrieval group (disks 1 to D_g) of the server.

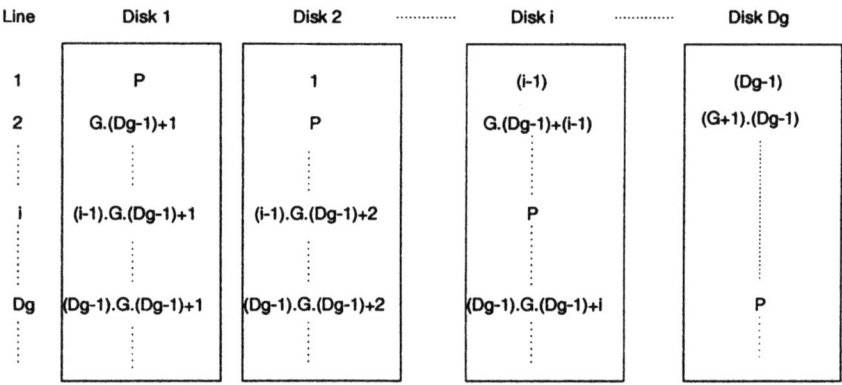

Fig. 7. Parity data layout of the first retrieval group (disks 1 to D_g) for $CGS_{cluster}$.

5 CGS_{Mirr} vs. $CGS_{cluster}$

5.1 Storage Volume Requirement

For each $(D_g - 1)$ disks, one additional disk is needed with $CGS_{cluster}$. For instance, if original data require 36 disks [6], 4 additional disks are needed to

---
[6] We use the same assumptions as in section 3.1

build 4 parity groups, each containing $D_g = 10$ disks. Since we maintain D_g constant, the storage overhead for $CGS_{cluster}$ increase when the total number of disks increments. Based on the number of disks D_{org} needed to store original data, the number of disks needed for $CGS_{cluster}$ is: $D_{cluster} = \lceil \frac{D_{org}}{D_g-1} \rceil \cdot D_g$. $CGS_{cluster}$ requires more disks than CGS_{Par}, since the former has a smaller parity group size than the latter. However, $CGS_{cluster}$ is able to cope with many disk failures so far disks that fail do not belong to the same parity group.

5.2 Throughput and Buffer Requirement

The buffer requirement and throughput of CGS_{Mirr} are already given in section 3.3.

For $CGS_{cluster}$, the load of a failed disk is not distributed over surviving disks of the server, but only over the remaining disks of the parity group. Thus, each disk has to keep unused a higher fraction of its available I/O bandwidth than for CGS_{Par}. The relationship between Q_d^{nom} and Q_d^{fom} for $CGS_{cluster}$ is (compare with section 3.2): $Q_d^{fom} = Q_d^{nom} + \lceil \frac{Q_d^{nom}}{D_g-1} \rceil$. Consequently, the overall server throughput $Q_{cluster}^{nom}$ for $CGS_{cluster}$ follows the following formula: $Q_{cluster}^{nom} = D \cdot \left(Q_d^{fom} - \lceil \frac{Q_d^{nom}}{D_g-1} \rceil \right)$.

During disk failure mode, additional buffer space is needed to store disk retrieval blocks that belong to the same parity group in order to reconstruct the lost block. Since only one parity group is concerned, only streams that are consuming data from the affected parity group will need additional buffer space. Therefore, the buffer requirement $B_{cluster}^{fom}$ for $CGS_{cluster}$ is: $B_{cluster}^{fom} = Q_g^{nom} \cdot (D_g - 1) \cdot b_{dr} + (Q_{cluster}^{nom} - Q_g^{nom}) \cdot b_{dr}$, where Q_g^{nom} is the maximum number of streams that can be served within one parity group (with D_g disks): $Q_g^{nom} = (D_g - 1) \cdot Q_d^{nom}$

5.3 Comparison between CGS_{Mirr} and $CGS_{cluster}$

We use for the comparison between CGS_{Mirr} and $CGS_{cluster}$ the same comparison metrics as presented in section 3.4 (Eq. 3). We plot in Fig. 8 the server throughput for CGS_{Mirr} and $CGS_{cluster}$. The throughput for CGS_{Mirr} is slightly higher than the one for $CGS_{cluster}$.

Next we study the costs of the server and per stream for CGS_{Mirr} and $CGS_{cluster}$. Fig. 9 shows these costs for different values of the relative ratio α ($\alpha = 2, 1, 0.5$). Fig. 9(a) plots the total server costs for CGS_{Mirr} and $CGS_{cluster}$. We observe that the server costs are close to each other for both schemes for all three values of α.

We show in Fig. 9(b) that the costs per stream are always higher for $CGS_{cluster}$ than for CGS_{Mirr}. When we consider only parity-based schemes, we see that $CGS_{cluster}$, Compared with the results of Figs. 4, 5(b), and 6(b), provides the best performance in terms of the server throughput and the costs of a single stream.

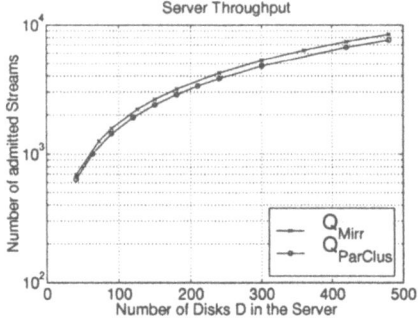

Fig. 8. Overall Server Throughput for CGS_{Mirr} and $CGS_{cluster}$

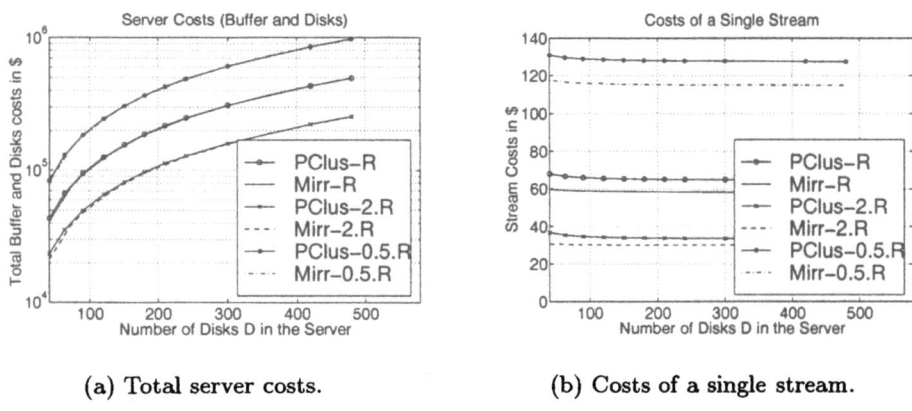

(a) Total server costs.

(b) Costs of a single stream.

Fig. 9. Server costs and stream costs for CGS_{Mirr} and $CGS_{cluster}$ with $\alpha = 2, 1, 0.5$.

6 Conclusion

Mirroring-based schemes, as compared with parity-based schemes, significantly simplify the design and the implementation of video servers. In fact, mirroring does not require any synchronization of reads or additional processing time to decode lost information, which is needed for parity. Another advantage of mirroring is the disruption time after a disk failure: Mirroring takes one service round to send the mirrored data block expected. Parity, however, takes many service rounds to retrieve all blocks belonging to the parity group of the lost block. Thus, the disruption time is higher for parity-based schemes than for mirroring-based schemes.

In addition to the well known advantages of mirroring-based schemes cited above, we have shown in this paper that mirroring outperforms parity: Our results show that CGS_{Mirr} is the most cost effective scheme, compared with all parity-based schemes considered ($CGS_{ParBuff}$, CGS_{ParSec}, and $CGS_{cluster}$).

Furthermore, mirroring always achieves highest throughput, compared with each of the parity-based schemes.

References

1. F. A. Tobagi, J. Pang, R. Baird, and M. Gang, "Streaming raid(tm) – a disk array management system for video files," in *Proceedings of the 1st ACM International Conference on Multimedia*, (Anaheim, CA), August 1993.
2. R. Tewari, D. M. Dias, W. Kish, and H. Vin, "Design and performance tradeoffs in clustered video servers," in *Proceedings IEEE International Conference on Multimedia Computing and Systems (ICMCS'96)*, (Hiroshima), pp. 144–150, June 1996.
3. B. Ozden et al., "Disk striping in video server environments," in *Proc. of the IEEE Conf. on Multimedia Systems*, (Hiroshima, Japan), pp. 580–589, jun 1996.
4. J. Gafsi and E. W. Biersack, "Data striping and reliablity aspects in distributed video servers," *To appear in Cluster Computing: Networks, Software Tools, and Applications*, November 1998.
5. E. W. Biersack and J. Gafsi, "Combined raid 5 and mirroring for cost-optimal fault-tolerant video servers," *Subm. to IEEE Transactions on MM*, Sept 1998.
6. D. A. Patterson, G. Gibson, and R. H. Katz, "A Case for Redundant Arrays of Inexpensive Disks (RAID)," in *Proceedings of the 1988 ACM Conference on Management of Data (SIGMOD)*, (Chicago, IL), pp. 109–116, June 1988.
7. M. Holland, G. Gibson, and D. Siewiorek, "Architectures and algorithms for online failure recovery in redundant disk arrays," *Journal of Distributed and Parallel Databases*, vol. 2, July 1994.
8. D. Bitton and J. Gray, "Disk shadowing," in *Proc. of the 14th int. conference on VLDB, L. A., Aug. 1988*, pp. 331–338, 1988.
9. A. Mourad, "Doubly-striped disk mirroring: Reliable storage for video servers," *Multimedia, Tools and Applications*, vol. 2, pp. 253–272, May 1996.
10. W. Bolosky et al., "The tiger video fileserver," in *6th Workshop on Network and Operating System Support for Digital Audio and Video*, (Zushi, Japan), Apr. 1996.
11. Y. N. Doganata and A. N. Tantawi, "Making a cost-effective video server," *IEEE Multimedia*, vol. 1, pp. 22–30, Winter 1994.
12. P. M. Chen, E. K. Lee, G. A. Gibson, R. H. Katz, and D. A. Patterson, "Raid: High-performance, reliable secondary storage," *ACM Computing Surveys*, vol. 26, pp. 145–185, June 1994.
13. E. K. Lee, *Performance Modeling and Analysis of Disk Arrays*. PhD thesis, University of California at Berkley, 1993.
14. P. M. Chen, E. K. Lee, G. A. Gibson, R. H. Katz, and D. A. Patterson, "Raid: High-performance, reliable secondary storage," *ACM Computing Surveys*, 1994.
15. M. Holland, G. Gibson, and D. Siewiorek, "Architectures and algorithms for online failure recovery in redundant disk arrays," *Journal of Distributed and Parallel Databases*, vol. 2, July 1994.
16. J. Gafsi and E. W. Biersack, "Performance and reliability trade-offs for replicated video ser vers," *Subm. to the Parallel and Distributed Computing and Practices Journal*, Sept 1998.

Session 10:

Web und Multimedia-Dokumente

WEBRES: Towards a Web Operating System

Oliver Krone[‡] and Simon Schubiger[¶]
[‡]Swisscom, Information Technology and Applications, Bern, Switzerland
[¶]Institut d'Informatique, Université de Fribourg, Switzerland
http://www-iiuf.unifr.ch/~schubige

Abstract. The success of the World Wide Web has broaden the way for general distributed computing using a large set of heterogeneous computers. Unfortunately the resources made available on the Web are almost information only and interaction between users is limited to a few special applications. A Web Operating System (WOS) [8] tries to provide solutions for this problem and generalizes the use of different resources on the Web.

In this paper we solve the problem of resource presentation on the Web by developing resource sets that act as an interactive meeting point of users and (Internet) resources. Resources can range from abstract concepts such as CPU-power to physical resources such as printers. Multiple users can participate in a resource set and share their local resources through a graphical user interface similar to today's desktop environments.

1 Introduction

The Web Operating System's (WOS^{TM}) goal is to provide a platform which allows the user to benefit from the computational potential offered by the Web. It is aimed at making available to all sites of the network resources to execute computations for which local resources are missing [10].

Because designing a central decision making tool on the Web for resource allocation is impossible, the Web Operating System will be a distributed and *versioned* system [9]. Different versions of a operating system are running simultaneously on the network providing different versions of services. In case a given version is not capable of dealing with a particular request for a service, the service request is passed to another version.

To face dynamism, generalized software configuration techniques, based on a demand driven technique called *eduction* are used for the WOS. The kernel of a WOS is a general *eductive engine*, a reactive system responding to requests from users or other eductive engines using *warehouses* which will provide the necessary components for fulfilling service requests. This approach allows interaction with many different warehouses, each offering different versions of services, resource management techniques, applications, platforms, hardware, and so on.

The WOS works in the following manner: A request is made by a user to run a particular program, along with specified data and quality of service parameters. The request is sent to the closest eductive engine, which might reside anywhere on the Web. Upon reception of such a request, the engine performs a lookup operation in its software warehouses to determine if it actually has the requested program and checks whether the local machine can fulfill the requested quality of service paramaters. The engine might refuse the service or transfer the request to one or more other eductive engines, until finally an engine accepts responsibility for the request.

For more details about the WOS see [12] and [3], a somewhat more operating system related approach can be found in [13] or [1]. Other approaches which have a somewhat similar objective include Charlotte [4] and [2].

Our contribution to the WOS, the WEBRES project, covers the sharing aspects of resources in the WOS. Eevery user should be able to share his local resources with other users. In addition to that WEBRES enables users to combine and use different resources for interactive problem solving.

The rest of this paper is organized as follows: in Section 2 we sketch the architecture of WEBRES, Section 3 is devoted to a description of the implementation of WEBRES and Section 4 concludes this paper.

2 Architecture of WEBRES

The software architecture of WEBRES is depicted in Figure 1. There are three components: a *resource set* as the implementation of a coordination space to manage shared resources, the *user interfaces* for interaction purposes, and machine-local *resource servers* used to export local resources to the global Web. It is important to note, that the user interfaces and the local resource server can be used independently. A user benefiting from resources on the Web typically invokes a user interface only, whereas machines which provide certain resources automatically, may run a local resource server only.

2.1 Resources

A resource is everything that can be manipulated by a given host. Resources may have some physical representations such as a printer or a file. But also abstract concepts such as CPU-power are considered as resources. Due to the heterogeneous nature, there exists no common interface to a resource. However, resources can easily be classified. An open set of properties will describe each resource in addition to an open set of operations. A printer for example can be described by some properties like the type and vendor of the printer, its operations as printing a page.

All these features map very well to an object oriented model. In fact, this is the reason why a (Java) class hierarchy is used to organize the different kinds of resources (see Section 3.2). Fields and methods implement properties and operations.

The object framework acts just as a "wrapper" for the native resources. So the full power and features of the native software and hardware are kept. Since the object framework is open and extensible, there are no restrictions on fields and methods, legacy software as well as new technologies can be integrated.

The class hierarchy together with a version number property form a two dimensional version space. This is a simplified variant of the more general versioning approach taken by the WOS [9].

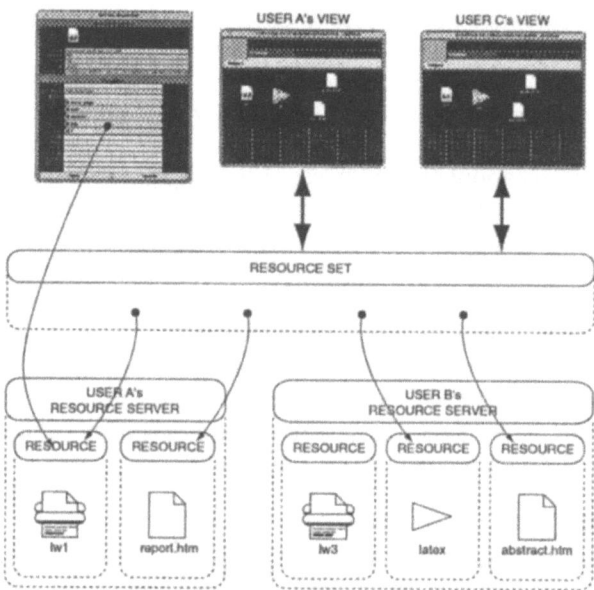

Fig. 1: An overview of the relations between a resource set, two resource servers and two user interfaces.

Resource Components. A resource consists of a presentation part, a property part, inputs and outputs, see Figure 2.

A *presentation* provides an interactive interface to a resource at user level. A resource has at least two standard presentations: "Iconic" and "Inspector". The "Iconic" presentation is used to manipulate a resource, the "Inspector" presentation allows a user to view and change properties of a resource. Generic implementations are provided for the standard presentations, but they can be extended or replaced for the needs of a particular resource. Resources can add additional presentations in order to provide specialized user interfaces.

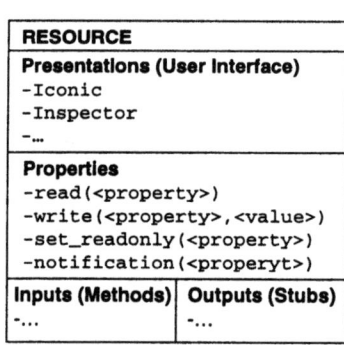

Fig. 2: The structure of a resource.

The *properties* represent the state of a resource. The resource framework automatically collects all public fields of a class used to implement a resource. These fields are then published as properties and are accessible from the outside through the appropriate **read** and **write** calls. In addition, a property can be marked read-only and notifications allow a client to get informed upon a change of a property.

The *inputs* of a resource are all public methods of a resource. Like the properties, the inputs and their corresponding calling interfaces are collected and published by the resource framework automatically.

The *outputs* are stubs provided by the implementer of a resource. An output can be linked at runtime to one or more input if the interfaces match. An execution of an output stub by a resource will result in a parallel execution of all linked inputs.

The resource framework uses the runtime class information available through the java.lang.reflect package to collect and publish the features of a resource. Therefore, no extra work is required in order to implement a resource compared to the writing of another Java class.

2.2 Resource Servers

Locally available resources are managed by a resource server running on the host where these resources are accessible. The resource server is responsible to publish the local resources and their interfaces on the network. A resource server might also act as meta-server. Instead of accessing a resource directly, it will translate the calls to some other protocol such as the WOS Request Protocol [7].

2.3 Resource Sets

In order to allow sharing of resources, the local resources published through the resource server have to be stored in a globally accessible place, called a *resource set*. A resource set is a network wide accessible directory of a subset of resources located on that network. Resource sets are presistent objects that may be reused and modified over time. A resource set can be seen as a coordination space [6], a medium which enables coordination of distributed applications through sharing.

As far as the implementation is concerned, a resource set can be located anywhere on a network and may be distributed and replicated. Resources can dynamically be added to and removed from a resource set. The resource set is responsible for tracking the location and the availability of resources. For example, if a local resource server breaks down, the resource set has to temporarily remove the resources as they are no longer accessible.

2.4 User Interface

As stated before, a graphical presentation is mandatory to render the resources on the Web accessible.

A graphical user interface following the well-known desktop metaphor is implemented in WEBRES. In addition to "standard" desktop functionality, the user interface includes a new feature called resource linking which is not present in usual GUIs. Resource linking allows to connect the output of a resource with the input of another resource. The pipe operator of the UNIX shell is, although limited, an implementation of resource linking. In the interface used for interaction, this linking will be done graphically and yields to a data-flow network. A data-flow through the network acts as a transaction in a resource set and can be used for problem solving. Properties, inputs and outputs can be matched and interconnected arbitrarily since all resources publish their interfaces.

Because a resource is responsible for its graphical presentation (see Section 2.1), every resource has the possibility to provide its appropriate interface – if necessary. By shifting parts of the user interface to the resources, the WEBRES user interface is simplified and allows future extensions by means of resources.

3 WEBRES Implementation

The whole system is implemented in Java using Java's remote method invocation (RMI). Before we give an overview of the implementation of each component, we focus on runtime linking, a technique central to the implementation of WEBRES.

3.1 Runtime Linking

Although Java's dynamic binding provides a great deal of flexibility, it has two shortcomings. (1) In order to allow dynamic binding to work, caller and callee have to agree on the argument types *and* the operation name. (2) Dynamic binding is a one-to-one relation. It is not possible to call multiple callees without some work on the caller side (such as registering the callees in a list and loop over the list on each call).

To illustrate these two points, let's take a GUI push button class as an example. A client class should be able to provide the semantics of the action performed when a user clicks the button. The simplest approach would be an abstract button class that leaves the implementation of the click operation open to the subclass. This implies that the client class has to inherit from the button class and implement the click method. Doing so has two problems: Firstly, only one action can be triggered by the click operation. Secondly, for every application button, a new subclass must be written.

A second approach, taken by many GUI frameworks, is specifying an interface for button clients. Now a button accepts any class that implements the button client interface. If the button uses a list to keep track of its clients, even more than one client can react to a click action. This is exactly where dynamic binding plays in. The button has no clue about the implementation on the client side of the interface, but as long as the clients adhere to the interface, the button can call its dynamically bound clients. One problem still remains: in order to make the dynamic binding work, the clients are enforced to use the name given in the interface for its implementation of the click action. Although a client class can now implement as many interfaces as it wishes, for example a menu action and the button click, it is not possible to implement the actions for two or more different button clicks. If a client is registered at multiple buttons it has to do some internal dispatching to figure out which of the buttons finally caused the invocation. This reintroduces huge case statements known from the old-style event loop based GUI programming.

Runtime linking used by WEBRES tries to solve all these problems. Its basic idea is that a caller and a callee agree on the number and types of the arguments to enable invocation. A class specifies its caller interface and as long as this interface matches a callee interface, a link can be established. To come back to the button example, a button class will declare that it can call other objects upon a click, as long as they adhere to the click-caller interface. A client class can now implement as many click-actions, preferably naming them closer to the semantics of the action itself than just "click" as is was implied by the interface approach. All that remains is linking this actions to their corresponding buttons. The implementer is free to choose the appropriate implementation of its user interface core, there are no more restrictions such as naming and inheritance. In addition, the runtime linking is a good place to put the client registration and the handling of multiple clients.

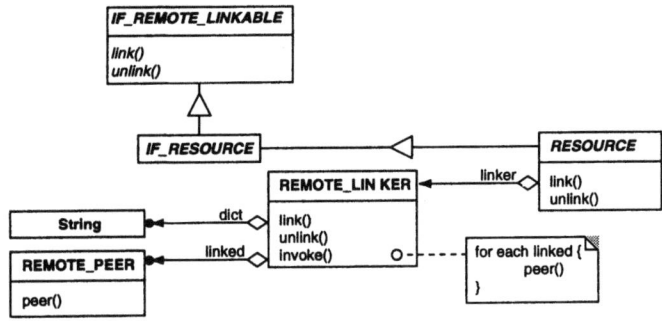

Fig. 3: Classes used for runtime linking.

Class Hierarchy for Runtime Linking. Beside its usage in the GUI library of WEBRES, runtime linking is the basic mechanism to build networks of interconnected resources. In the following, a caller interface is called an output in the resource context, and client methods are called inputs respectively. Figure 3 is an expanded view of the class relationships used for runtime linking. The main functionality is implemented by the REMOTE_LINKER class. The RESOURCE just delegates the link() and unlink() operations to its linker.

Two dictionaries are maintained by a REMOTE_LINKER. The dict dictionary stores the registered outputs of this linker. For a given output name it returns the output's signature (its argument types). The linked dictionary stores for each output the inputs linked to it. An input of a remote object is stored as a REMOTE_PEER object, inputs of local objects are stored as (input, object) pairs.

The three steps, creation, linking and invocation are shown in Figure 4. A resource creates its associated linker (linker). The linker first creates a dictionary (dict) and adds (put()) all the declared outputs to it. A second dictionary (linked) is then created that will hold lists of associated inputs.

Runtime linking now creates a remote peer (a_remote_peer) that builds an interface for the target object by looking up the methods (getMethods()) on the target object. Finally the remote peer is added (put()) to the linked directory. From now on a link is established between the resource (a_resource) and the target object (not shown) by going through the remote peer (a_remote_peer).

For invocation, the linked directory is consulted (via get()) to obtain a list of linked remote peers. Then all remote peers in the list (see Figure 4) are called. The remote peers (a_remote_peer in this example) propagate the call to the target object (invoke()). Because there are normally multiple inputs connected to one output, it makes no sense to use a return value. The only restriction imposed by runtime linking is therefore that inputs do not return a value. This fact is also reflected in the naming, indicating a uni-directional flow of information from an output to multiple inputs. Limiting the flow to one direction allows the remote linker to execute the input invocations in parallel, because there is no need to await result values. The implementation of WEBRES uses a thread for each input and executes therefore the invocations in parallel.

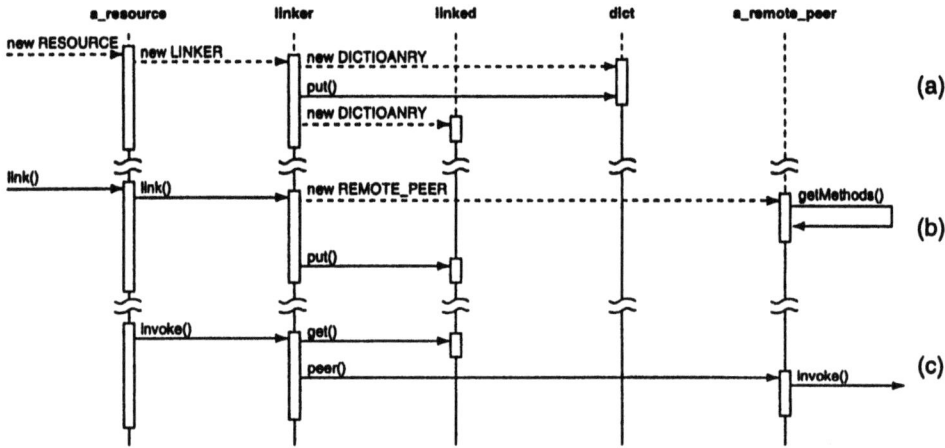

Fig. 4: The creation of a resource (a), the runtime linking (b) and the invocation through a link (c).

Remote Objects. The REMOTE_PEER class plays an important role in the overall picture. Implementing a remote object using Java RMI requires a remote interface, an implementation and the stub and skeleton classes generated by rmic. This implies that every client using callback features of a resource such as notifications has to provide four classes. To avoid this multiplication of classes, the REMOTE_PEER class bridges the gap. Figure 5 illustrates the problem.

Case (a) shows what happens if an object is passed from host B to host A. Because the object has no remote interface, a copy is created in host A's address space. All subsequent invocations of the resource will go to this copy instead of the original object.

Case (b) shows the solution using a remote interface. The implementer has to write a remote interface for every class that will be involved in callback operations. From the interface, rmic generates a stub and a skeleton class for every remote interface.

Although case (c) introduces an additional level of indirection (step 7 was not necessary in case (b)), it implies no additional work for the implementer. In fact, the REMOTE_PEER class collects the information normally compiled into the stub and skeleton classes by rmic at runtime. Thanks to the Java runtime class information, the REMOTE_PEER class can obtain all required information about a class (method signatures) to dynamically create a remote representation of any class. Using the remote peer approach frees the implementer of writing remote interfaces.

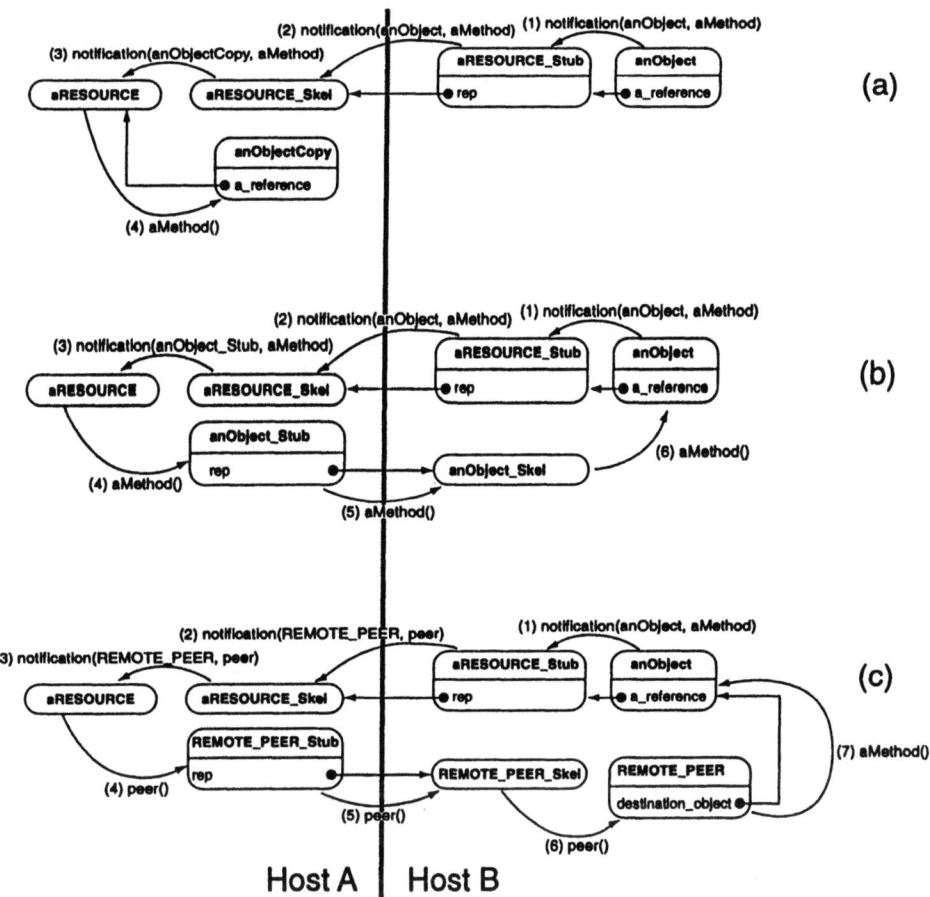

Fig. 5: (a) Passing an object for callback creates a new copy on host A, notifications will be lost. (b) Creating remote interfaces (stubs and skeletons) adds for each class three additional components. (c) Using a single remote peer class that works for all classes.

3.2 Resources

The five components of a resource introduced in Section 2.1 are implemented as follows:

Presentations. Obtaining a presentation for a resource is a three step process. Firstly, the presentations() operation returns an array of presentations provided by a specific resource such as "Iconic", "Inspector" or "Interactive". Such a presentation name can then be mapped to a class name by the presentation() operation. Instantiating this class yields finally the requested presentation for the resource.

Standard properties. Every resource shares some common properties, captured in the standard properties section. Every resource can be queried about its version through the version() operation in order to distinguish between different implementations. The url() and server_url() operations allow a client to locate the resource server of the resource as well as the location of the resource on the server. To provide drag and drop operations in the user interface, each resource declares the kinds of resources it accepts through the dropables() operation. The name() operation identifies the *instance* of the resource in contrast to class_name() which identifies the *implementation class* of a resource. Resource names are unique per resource server. Therefore, a resource is unambiguously identified through its name and its resource server.

Manipulation of properties. An array of all properties can be obtained through the properties() operation. Given a property name, individual properties are obtained by the property() operation. Each property has an id which is passed to the set_read_only(), read_only() and notification() methods. Set_read_only() and read_only() deal with the property access. The read only attribute is inherited, so read only properties such as version will remain read only in subclasses. Given a property id, an object and the name of an operation on this object, the notification() operation installs a notification which will perform the given operation on the given object upon change of the specified property.

Inputs. The available inputs are returned by the inputs() operation. The input_id() operation performs the mapping between an input name an its id. This id can be used in subsequent calls to invoke() to perform the operation associated with this input.

Outputs. Finally, the outputs() operation returns an array of possible outputs of the resource. These outputs can then be linked at runtime to argument type compatible inputs.

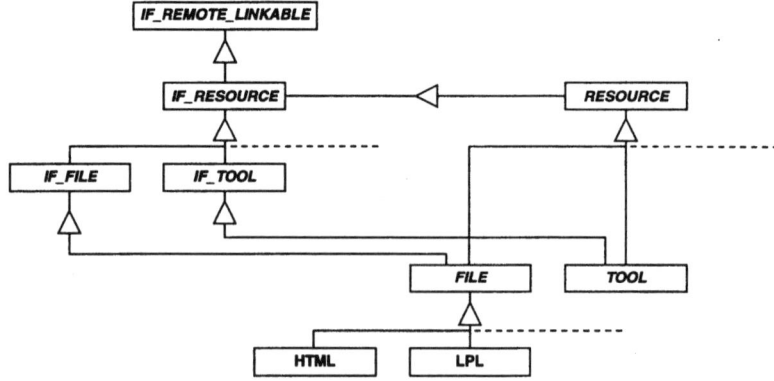

Fig. 6: Class hierarchy of resource related classes.

As it can be seen in Figure 6, the RESOURCE class inherits from IF_REMOTE-
_LINKABLE through the IF_RESOURCE interface. The IF_REMOTE_LINKABLE interface provides runtime linking to the client.

The left hand side of Figure 6 shows the interfaces used for the resource framework. The top-level IF_RESOURCE interface was presented before. Each class of resources that share broad similarities such as files (IF_FILE) and command line tools (IF_TOOL) has an augmented interface to simplify its usage.

The right hand side of Figure 6 shows the corresponding concrete classes. The RESOURCE class serves as base for all subclasses which specialize the base class and extend the range of services provided. The RESOURCE class implements all of the operations requested by the IF_RESOURCE interface. In addition, additional operations such as directly instantiating a presentation are also implemented here.

3.3 Resource Servers

The installation of a resource server is a three step process: (1) Reading a list of resources and registering their instances; (2) Registering the resource server at the local rmiregistry; (3) Waiting for incoming requests. The resource list is stored in a file on the host where the resource server is running.

3.4 Resource Sets

The implementation of resource sets is similar to the resource server. Again, a file on the host where the resource set is running saves the persistent state. The main difference between a resource server and a resource set lies in the handling of resources. Where a resource server holds *instances* of resources, a resource set just holds *references* to resources. Therefore (resource server, resource) pairs are stored in the state file of a resource set instead of instantiations. The state file is normally maintained by the resource set itself and does not need any user interaction. Upon startup, the state file is parsed and the resource set registers itself at the local rmiregistry. The resource set tries to obtain then a reference to a resource for every (resource server, resource) pair by contacting the appropriate resource server.

A resource set provides the following operations: empty() returns true if this resource set is empty, false otherwise; has() returns true if the given resource is in the resource set, false otherwise; item() returns the first resource in the set with a name that matches; packed_array() returns a resource set as an array of resources; put() adds a resource to a resource set and remove() removes a resource from a resource set. Due to the desktop metaphor, resources are arranged in a 2 dimensional space, the desktop. For this purpose location() returns the location of a resource and move() moves the resource in a resource set to a new location.

3.5 User Interface

In analogy with "Desktop" interfaces, a user should be able to perform the following actions through the user interface of WEBRES: (1) Authenticate itself through a login interface. (2) Access the resource set and the resources located

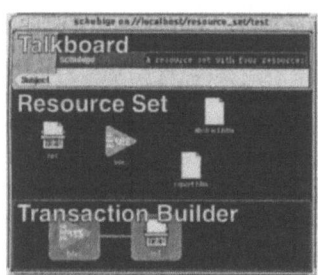 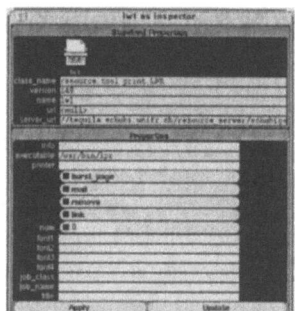

Fig. 7: The user interface. **Fig. 8:** The Inspector presentation of the lpr tool.

in it. (3) Contribute its local resources to the resource set. (4) Interactively manipulate and interconnect the resources in the resource set. (5) Communicate with other users currently connected to the resource set.

Figure 7 shows the main working area, or the "Desktop". It is split into three parts. The *Talkboard* on the top allows real-time chatting between users (requirement 5). Chats are ordered by subjects and users are distinguished by different colors. Requirement 1 is implemented by a user screen that allows login and user administration.

The central area is the shared view of the resource set (requirement 2). A user can interactively manipulate resources in this view. A menu of the user's local resources allows the user to contribute its resources to the set (requirement 3). The first standard presentation, "Iconic" allows interactive invocation of inputs, inspection of outputs and instantiation of other presentations.

The second standard presentation "Inspector" is shown in Figure 8. It presents all properties of a resource in an human readable form. Read and write properties are changable by the user through this presentation.

Although the framework supports resource linking by means of runtime linking, this feature is currently not yet supported in the user interface. It is planed to use SUN's JavaSpaces [11], a generalization of the Linda coordination model [5], as the implementation framework for resource sets. Unfortunately JavaSpaces was not available at the time the implementation phase for the first prototype terminated.

4 Conclusion and Future Work

This paper presented an approach for interactive resource sharing on the Web. Every user can share his/her local resources with other users and shared resources are collected in a persistent resource set which implements a coordination space of [6]. Users contributing resources to a resource set can combine and use the resources in the resource set for interactive problem solving. Collaboration of geographically dispersed people is facilitated by using the well known desktop metaphor augmented by a powerful link technique to interact with the resource set. For the realization of WEBRES we introduced runtime linking, an extension of dynamic binding, which proved to be a powerful implementation mechanism for various components of WEBRES.

There is a broad range of interesting places where a system such as WEBRES can be useful. To mention a few:

- Making applications, environments or special hardware remote accessible which are bound due to license or other constraints to a specific location.
- Building project specific dataflow networks such as automatic document distribution.
- Using a resource set for distributed software development.
- Using a resource set as a coordination space, experimental resources (for example agents) can be observed and inspected at runtime.
- By "wrapping" more and more resources, finally a user may access the Web resources in the same way as local resources.

Further work will include a resource set implementation based on JavaSpaces.

References

1. A. Alexandrov, M. Ibel, K. Schauser, and C. Scheiman. Superweb: Towards a global web-based parallel computing infrastructure. In *Int. Parallel Processing Symposium*, Geneva, Switzerland, April 1997.
2. G. Aloisio, M. Cafaro, R. Williams, and P. Messina. A distributed Web-based metacomputing environment. *Lecture Notes in Computer Science*, 1997.
3. G. Babin. Requirements for the Implementation of WOS^{TM} Protocols. In H. Unger, editor, *Distributed Computing on the Web (DCW'98)*, Universität Rostock, Rostock, Germany, June 1998.
4. A. Baratloo, M. Karaul, Z. M. Kedem, and P. Wyckoff. Charlotte: Metacomputing on the web. In *Proc. of the 9th Int'l Conf. on Parallel and Distributed Computing Systems (PDCS-96)*, 1996.
5. N. Carriero and D. Gelernter. Linda in Context. *Communications of the ACM*, 32(4):444–458, 1989.
6. O. Krone and M. Aguilar. Bridging the Gap: A Generic Distributed Hierarchical Coordination Model for Massively Parallel Systems. In *Proc. '95 SIPAR-Workshop on Parallel and Distributed Computing*, Biel, Switzerland, October 1995.
7. P. Kropf. WOS Request Protocol. Université Laval, Département d'Informatique, December 1997.
8. P. Kropf, J. Plaice, and Herwig Unger. Towards a Web Operating System (WOS). Technical report, Université Laval, Département d'Informatique, Sainte-Foy (Québec), Canada, G1K 7P4, 1997.
9. S. Lamine and J. Plaice. Simultaneous Multiple Versions: The Key to the WOS. In [3].
10. S. Lamine, J. Plaice, and P. Kropf. Problems of computing on the WEB. In A. Tentner, editor, *High Performance Computing 1997*, Atlanta, GA, June 1997.
11. Sun Microsystems, Inc. *JavaSpace^{TM} Specification*. Sun Microsystems, Inc., 2550 Garcia Avenue, Mountain View, CA 94042-1100 U.S.A, 0.4 edition, June 1997.
12. H. Unger and P. Kropf. Overview about the Resource Management in the Web Operating System (WOS^{TM}). In [3].
13. A. Vahdat, P. Eastham, C. Yoshokawa, E. Belani, T. Anderson, D. Culler, and M. Dahlin. WebOS: Operating system services for wide area applications. Technical Report CSD-97-938, University of California, Berkeley, May 6, 1997.

Distributed Cache Index

Bernd Lamparter, Isabell Fouquet
IBM Global Services
Vangerowstraße 18
69115 Heidelberg

EMail: blampart@de.ibm.com

Abstract

Distributed-Cache-Index ist ein Verfahren zur effizienten Zusammenarbeit von Caching-Web-Proxies. Im Unterschied zu anderen Verfahren wird ein globaler, verteilter Index aller Dokumente aufgebaut, ohne eine zusätzliche Hierarchie von Caching-Rechnern einzuführen. Die Dokumente verbleiben im Gegensatz zu ihrem Index auf dem Caching-Rechner, bei dem das Dokument zuerst angefordert wurde. Das Verfahren ist skalierbar und sowohl für ein lokales Netz als auch innerhalb des Backbones z. B. eines Internet-Service-Providers einsetzbar.

1 Einleitung

Seit dem Beginn der Verbreitung des World-Wide-Web im Jahre 1994 beschweren sich die Nutzer über langsame Ladezeiten. Ein wesentliche Verbesserung bringen hier Caching-Proxies, da oft angefragte Dokumente aus dem lokalen Cache anstatt über langsame Leitungen von langsamen Servern bezogen werden.

Viele Studien z. B. [1, 8, 6] zeigen die Effektivität von Caches. Bereits im Browser werden Seiten gecacht, da die Benutzer immer wieder auf die gleichen Seiten zugreifen. Genauso fordert eine Gruppe von WWW-Nutzer teilweise die gleichen Seiten an, so daß es Sinn macht, diese Seiten auf Servern möglichst nahe an den Benutzern zu speichern.

Das Hypertext-Transfer-Protocol (HTTP) [3, 2] definiert nicht nur den Zugriff auf Dokumente, es besitzt auch Protokollelemente zur Kontrolle des Cachens von Dokumenten. Damit ist es einem Original-Server möglich, das Verfallsdatum u. ä. zu setzen und damit zu vermeiden, daß Benutzer veraltete Dokumente aus dem Cache bekommen. HTTP erlaubt die Verkettung mehrerer Proxies, so daß für einen Proxy ein definierter Weg besteht, Dokumente von einem anderen Proxy zu beziehen, ohne daß Meta-Daten verloren gehen.

Für Internet-Service-Provider (ISP) oder Unternehmen bedeutet Caching nicht nur eine Service-Verbesserung, da Dokumente aus dem Cache i. A. schneller beim Kunden sind als aus dem Internet, sondern auch eine enorme Einsparung an Bandbreite bei ihrer Verbindung zum Internet. Eine Übersicht zur Funktionalität und Architektur von Caching-Web-Proxies findet sich in [7].

Während in kleineren und mittleren Unternehmen einzelne Proxies ausreichen, benötigen große Unternehmen und große ISPs eine größere Anzahl an Proxies, um die Kunden mit guter Performance bedienen zu können. Hier stellt sich nun die Frage, wie diese einzelnen Proxies verknüpft werden können, d. h. wie können diese Proxies Dokumente untereinander austauschen. Existiert keine Verknüpfung unter den Proxies, so werden Dokumente unter Umständen mehrfach aus dem Internet bezogen.

Die erste große Entwicklung zum Verbinden mehrerer Caches ging vom Harvest-Cache-Projekt aus [4]. Mit dem im Harvest-Projekt entwickelten ICP (Internet Cache Protocol) [11] können die Caches auf mehrere Arten miteinander verbunden werden:

Parent-Relation: Es gibt mehrere kleine Caches und mehrere große Caches. Wenn ein Proxy ein angefordertes Dokument nicht selbst im Cache hat, wendet er sich an einer seiner Parents, der das Dokument seinerseits aus seinem Cache oder aus dem Internet holt.

Sibling-Relation: Hat ein Proxy ein Dokument nicht in seinem Cache, so fragt er einen oder mehrere Siblings, ob diese das Dokument schon in ihrem Cache haben. Bei einer positiven Antwort holt er das Dokument vom entsprechenden Sibling, andernfalls aus dem Internet.

Mit ICP kann ein Proxy einen anderen nach dem Vorhandensein eines Dokumentes befragen. Der Angefragte antwortet mit einem „HIT" oder einem „MISS". Bei einem „HIT" wird das entsprechende Dokument mit einem HTTP-Request von diesem Proxy abgeholt, antworten alle mit „MISS" oder gar nicht, so wird das Dokument aus dem Internet bezogen.

Die beiden Relationen Parent und Sibling können unabhängig voneinander angewandt werden, d. h. zuerst werden die Siblings angefragt und danach erst ein oder mehrere Parent-Caches. Üblicherweise werden die Dokumente im eigenen Cache abgelegt, unabhängig davon von wo sie bezogen wurden. Es ist aber auch möglich ein Dokument nur auszuliefern und nicht zu cachen. Damit können Siblings gemeinsame Caches mit nicht redundantem Inhalt aufbauen. Dieses Verfahren bedeutet eine höhere Anzahl an Zugriffen auf einen anderen Cache und sollte daher nur in einem lokalen Netz angewandt werden.

Die beiden Verfahren eignen sich sehr gut, falls der Parent-Cache-Rechner nicht überlastet wird bzw. solange die Anzahl an ICP-Queries nicht zu hoch wird. Erfahrungsgemäß [11] sollten nicht mehr als fünf Siblings pro Request befragt werden.

Ein anderer Ansatz wird von Microsoft vorgeschlagen [5], eine frühere Arbeit zu dieser Idee findet sich in [10]. Das Cache-Array-Routing-Protocol (Carp) geht von eng benachbarten Caches aus. Diese werden mittels einer Auswahlfunktion disjunkt aufgebaut. Dazu berechnet jeder Proxy des Arrays einen Hashwert aus der URL und kombiniert diesen mit den Hashes der Namen der beteiligten

Proxies. Der Proxy mit der maximalen Kombination gilt als zuständig und der Request wird an diesen weitergeleitet. Der zuständige Proxy holt das Dokument aus dem Cache oder aus dem Internet und leitet es entsprechend weiter.

Die beiden vorgestellten Protokolle haben ihre spezifischen Vor- und Nachteile. ICP ist nicht skalierbar, funktioniert aber auch auf größere Entfernung. Das Dokument wird dann lokal nochmal gecacht. Carp hingegen skaliert hervorragend, da bei jedem Request maximal zwei Proxies beteiligt sind. Es hat aber den Nachteil, daß ein Dokument jedesmal neu von einem anderen Proxy bezogen werden muß. Daher bietet sich Carp vor allem für das Bilden eines Clusters in einem lokalen Netzwerk an.

Ein verteiltes, skalierbares Verfahren für einen „Distributed WWW Cache" wird in [9] vorgestellt. Das Verfahren beruht auf einer 2-Level-Hierarchie mit zusätzlichen Managern. Der erste Level nimmt die User-Requests entgegen und fragt die Manager, wo im second-Level sich das Dokument befindet, bzw. wo es zu hinterlegen ist, falls es aus dem Internet geholt werden muß. Dies bedeutet aber, daß auch Dokumente, die womöglich nie mehr benötigt werden zu einem zweiten Server transportiert werden müssen.

Das im nächsten Kapitel vorgestellte Verfahren vermeidet die jeweiligen Nachteile der vorgestellten Verfahren, d. h. es ist skalierbar und in einem Weitverkehrsnetz anwendbar. Es kann auch mit den bereits vorgestellten Verfahren kombiniert werden.

2 Funktionsweise

Sowohl ICP als auch Carp gehen von einer Integration des Index und der eigentlichen Dokumente aus, d. h. dieselbe Maschine ist sowohl für den Index als auch für das Dokument selber verantwortlich. DCI löst diese Verbindung auf, d. h. der Index aller Dokumente des Proxy-Verbundes wird separat ein zweites Mal gespeichert. Damit werden alle vorhandenen Caches als ein großer, verteilter Cache betrachtet auf den mittels des globalen Index zugegriffen werden kann.

2.1 Aufbau des Index

Sobald ein Proxy ein Dokument in seinen Cache aufgenommen hat, trägt er diese Tatsache in den global Index ein. Erhält ein anderer Proxy nun eine Anfrage nach genau diesem Dokument, so kann er im globalen Index nachfragen und das Dokument aus dem Cache des ersten Proxy beziehen.

Zum Aufbau des globalen Index bestehen mehrere Möglichkeiten:

- Zentral: Ein einzelner Rechner speichert den globalen Index.

  Nachteile:

  1. Beim Ausfall diese Rechners ist der Index nicht mehr zugänglich.
  2. Der Rechner oder sein Netzzugang kann leicht zum Bottleneck werden.

3. Eine Skalierbarkeit mit der Anzahl Proxy-Rechner ist nicht gegeben.

- Verteilt: Auf jedem Proxy-Rechner wird ein Teil des globalen Index gespeichert.

  Nachteile:
  1. komplexere Verwaltung des Index.
  2. höhere Ausfallwahrscheinlichkeit, allerdings nur für jeweils einen kleinen Teil des Index.

Im weiteren wird der verteilte Index betrachtet. Das Hauptproblem liegt nun darin, eindeutig zu definieren wie der Index auf die Index-Rechner verteilt wird, so daß immer der richtige Index-Rechner angefragt wird [1]. Dazu muß eine Hash-Funktion definiert werden, die in eindeutiger Weise aus der URL einen der Proxies aussucht. Dazu wird zuerst ein 32 Bit Hashwert aus der URL berechnet. Dieser Hashwert wird dann ähnlich wie bei Carp mit einem Hash des Namens der Index-Rechner kombiniert. Der Index-Rechner mit dem Maximalwert der Kombination wird als für den Index dieser URL zuständig erklärt. Der Umweg mit dem Maximalwert wird gewählt, um zu erreichen, daß beim Ausfall eines Index-Rechners nur genau die URLs einen neuen Index-Rechner zugewiesen bekommen, die vorher dem ausgefallenen Rechner zugewiesen waren. Ein einfacher Modulo des Hashwertes bezüglich der Anzahl der Rechner würde die Zuständigkeiten praktisch neu mischen.

2.2 Protokoll zur Verteilung des Index

Jeder Proxy kann damit nach dem Abspeichern eines Dokumentes die URL einem eindeutigen Index-Rechner mitteilen (siehe Abb. 1). Dieser nimmt die URL in seinen Teil des globalen Index auf. Wird nun bei einem anderen Partner-Rechner genau das gleiche Dokument angefordert, so wird er aufgrund der eindeutigen Hash-Funktion beim gleichen Partner nachfragen und von diesem die Adresse des Proxies bekommen, der das Dokument bereits in seinem Cache hat (Abb. 2). Er kann nun das Dokument direkt beim richtigen Partner mit einem HTTP-Request abholen.

Das Verfahren kann noch verbessert werden, wenn der Index-Rechner aus zusätzlichen Informationen abschätzt, ob das Dokument in Zukunft wieder angefragt wird. Wenn ja, dann empfiehlt er dem Proxy das Dokument selbst zu cachen. Wurde das Dokument dagegen längere Zeit nicht mehr angefragt, so empfiehlt der Index-Rechner dem Proxy das Dokument nicht in den eigenen Cache aufzunehmen. Damit bleibt der Cache frei für wichtigere Dokumente.

2.3 Löschen von URLs aus dem globalen Index

Während der täglichen Garbage-Collection werden Dokumente aus dem Cache entfernt. Daher stellt sich die Frage, wie der Index auf dem aktuellen Stand

---

[1] Zum einfacheren Verständnis wird im folgenden davon ausgegangen, daß der globale Index auf den gleichen Maschinen wie die Caches laufen.

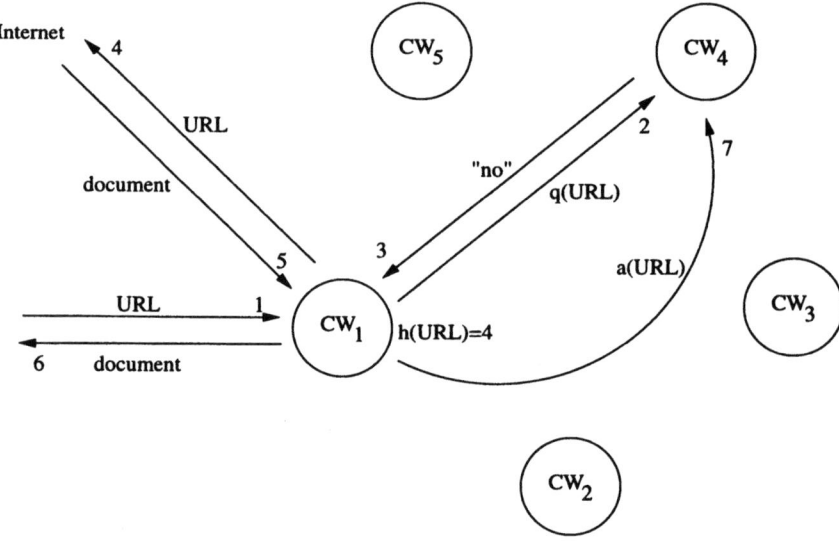

Abbildung 1: Eintrag einer URL in den globalen Index

gehalten werden kann. Dazu wird das Verfallsdatums eines Dokumentes mit im Index gehalten. Trotzdem kann ein Dokument bereits vor seinem Verfall aus dem Cache gelöscht werden. Um den Cache-Index auch dann noch auf dem aktuellen Stand zu halten, bieten sich folgende Verfahren an:

1. Beim Löschen eines Dokumentes wird eine Nachricht verschickt. Nachteile:

    (a) Während der Garbage-Collection werden viele Nachrichten verschickt die Dokumente betreffen die ohnehin gelöscht werden, also wahrscheinlich ohnehin nie mehr angefragt werden.

    (b) Da zu dieser Zeit sehr viele Delete-Nachrichten versendet werden müssen, besteht die Gefahr, daß einige der Nachrichten verloren gehen. Es müßte also ein gesichertes Protokoll entwickelt werden.

2. Bevor der Index-Prozeß eine positive Nachricht versendet, fragt er direkt bei dem Partner nach, der das Dokument haben sollte. Bei einer täglichen Garbage-Collection reicht es aus, beim ersten Zugriff nach der Garbage-Collection einmal nachzufragen. Falls der Proxy seine Garbage-Collection „round the clock" durchführt, muß hier eine Schätzung vorgenommen werden.

Zusätzlich müssen Indizes ebenfalls gelöscht werden, auf die während einer einstellbaren Zeit nicht mehr zugegriffen wurde. Für große Dokumente lohnt es sich beim Cache nachzufragen, ob ein Dokument noch vorhanden ist, da gerade im Cachen von großen Dokumenten eine enorme Einsparung an Bandbreite liegt. Indizes für kleine Dokumente können dagegen ohne Nachfrage gelöscht werden.

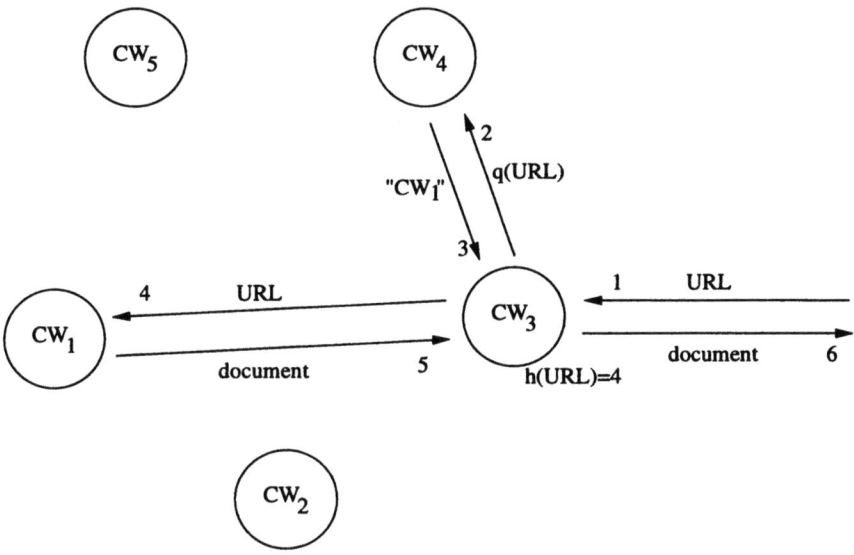

Abbildung 2: Abfrage einer URL aus dem globalen Index

2.4 Speichern der Elemente des Index

Jedes gespeicherte Element besteht aus

- der URL,
- der Adresse des Caches, in dem das Dokument liegt,
- dem Verfallsdatum,
- letzter Zugriffszeit,
- Flag zur Verifikation seit der letzten Garbage-Collection

Die URLs können dabei einen großen Teil des wertvollen Hauptspeichers verbrauchen. Deshalb wird anstatt der URL nur der Hash-Wert abgespeichert.

3 Gemeinsame Garbage-Collection

Ein weiterer interessanter Aspekt ist die gemeinsame Garbage-Collection aller beteiligten Caching-Rechner. Ziel ist es dabei, den Cache aller Rechner als einen großen Cache zu betrachten und Dupletten bevorzugt zu löschen. Die Dokumente werden dazu in drei Kategorien eingeteilt: Sehr wichtige Dokumente, die in jedem Cache verbleiben, weniger wichtige Dokumente, die nur noch einmal im globalen Cache verbleiben sollen und nicht mehr wichtige Dokumente, die gelöscht werden können.

Die Entscheidung, in welche der drei Kategorien ein Dokument fällt, kann dem einzelnen Proxy überlassen werden. Falls nun ein Dokument in die mittlere Kategorie fällt, so fragt der entsprechende Proxy den zentralen Index. Dieser muß nun dafür sorgen, daß alle Proxies bis auf einen das Dokument löschen.

Nun verweist der zentrale Index für jedes Dokument auf genau einen Proxy. Dieser eine Proxy wird als zuständig für dieses Dokument bezeichnet. Fragt nun genau dieser zuständige Proxy den Index, ob das besagte Dokument gelöscht werden soll, so antwortet dieser mit „Nein". Allen anderen Proxies antwortet der Index dagegen mit „Ja". In einem Fehlerfall (verlorenes Announcement) gibt es keinen Verweis, in diesem Fall kann die Anfrage als Announcement verwendet werden.

4 Administration

Wird ein weiterer Index-Rechner zu den bisherigen hinzugenommen, dann ist dieser neue für Indizes zuständig die noch auf anderen Rechnern liegen. Diese Indizes werden auf den neuen Rechner migriert. Außerdem müssen alle Maschinen, die Anfragen an den Index stellen, von dieser Änderung unterrichtet werden.

Es gibt somit eine Unterscheidung zwischen der Administration der Index-Server und der Client-Rechner (=Caching-Web-Proxies). Die interne Administration sorgt für die Verwaltung der Index-Server, also für das An- und Abmelden von Index-Servern. Sie muß jederzeit von allen Index-Servern Kenntnis haben, um diese von Änderungen schnell unterrichten zu können.

Client-Rechner hingegen benützen zwar den globalen Index, d. h. sie tragen Indizes ein und stellen Anfragen. Dazu benötigen sie die jeweilige Formel, um den richtigen Index-Rechner herauszufinden. Da aber die Client-Rechner der Administration nicht vollzählig bekannt sind, kann kein aktives Protokoll verwendet werden, um Änderungen zu propagieren. Vielmehr müssen die Client-Rechner nach einem gewissen Zeitraum selbständig nachfragen ob sich Änderungen der Index-Struktur ergeben haben. Das führt dazu, daß ein gewisser Anteil der Anfragen zu einem falschen Index-Rechner geschickt werden. Diese können die Anfrage mit einem „MISS" beantworten oder an den richtigen Index-Rechner weiterreichen.

5 Zusammenfassung

Es wurde ein skalierbares Verfahren für kooperierende Web-Caches vorgestellt. Mit DCI können sowohl entfernte Caches als auch solche innerhalb eines lokalen Netzes verknüpft werden. Große Service-Provider können damit riesige Caches aufbauen und dadurch die Hitrate deutlich steigern. Dies erhöht die Performance für die Kunden und spart Netzwerkverkehr an den Übergängen zum Internet.

Literatur

[1] Abrams, Marc, Charles R. Standridge, Ghaleb Abdulla, Stephen Williams und Edward A. Fox: *Caching Proxies: Limitations and Potentials*. In: *Proc. 4th Int. Conf. WWW, Boston, MA.*, Dezember 1995.

[2] Berners-Lee, T. und andere: *RFC 2068: Hypertext Transfer Protocol HTTP/1.1*. In: *Network Working Group RFC 2068*, Januar 1997.

[3] Berners-Lee, T., R. Fielding und H. Frystyk: *RFC 1945: Hypertext Transfer Protocol HTTP/1.0*. In: *Network Working Group RFC 1945*, Mai 1996.

[4] Bowman, M., P. Danzig, D. Hardy, U. Manber, M. Schwartz und D. Wessels: *The Harvest Information Discovery and Access System, Internet Research Task Force - Resource Discovery, http://harvest.transarc.com/*.

[5] *Cache Array Routing Protocol (CARP) v1.0, Internet Draft, http://www.csm-usa.com/white/carpspec.html*. 1998.

[6] Duska, Bradley M., David Marwood und Michael J. Feeley: *The Measured Access Characteristics of World-Wide-Web Client Proxy Caches*. In: *Proceedings of the USENIX Symposium on Internet Technologies and Systems*, Dez 1997.

[7] Luotonen, Ari: *Web Proxy Servers*. Prentice Hall, 1997.

[8] Marwood, D.: *Squid Proxy Analysis*. In: *NLANR Cache Workshop 1997*, 1997.

[9] Michal Kurcewicz, Wojtek Sylwestrzak, Adam Wierzbicki: *A Distributed WWW Cache*. In: *3rd International WWW Caching Workshop*, 1998. http://wwwcache.ja.net/events/workshop/papers.html.

[10] Ross, K.: *Hash Routing for Collections of Shared Web Caches*. In: *IEEE Networks*, November 1997.

[11] Wessels, Duane und K. Cally: *ICP and the Squid Web Caches*. IEEE Journal on selected areas in communications, Vol. 16, No. 3, Juli 1998.

Hyperwave als Entwicklungsumgebung für einen Multimedia-Katalog

Uwe Steinmann
Datenverarbeitungstechnik, FernUniversität Hagen
Feithstr. 140, 58084 Hagen
Uwe.Steinmann@FernUni-Hagen.de

Zusammenfassung: Im Rahmen des europäischen Projekts EUROPEMMM entstand ein Multimedia-Katalog, der auf dem Hyperwave Information Server (HIS) aufbaut. Ausgehend von zwei Anwendergruppen – dem Anbieter und dem Verwender von multimedialem Material – orientierte sich die Entwicklung an deren Forderungen an einen Multimedia-Katalog. Zudem ist der Einsatz des Katalogs als verteilte Anwendung vorgesehen, um externe Datenquellen und Dienste einbinden zu können. Schnittstellen, beispielsweise zu einen *Copyright Manager* oder einen *Abrechnungssystem* sind bereits implementiert, werden aber erst in späteren Versionen vollständig genutzt.
Hyperwave bietet durch eine konfigurierbare Internetanbindung gute Voraussetzungen für eine leicht zu bedienende Schnittstelle zum Benutzer. Realisiert wird dies durch *Schablonen*, die mit einer eigens dafür entwickelten Sprache (PLACE) erstellt werden.
Erweiterungen der vorhandenen Schablonen waren notwendig, um das Konzept eines *Einkaufswagens* zum Sammeln von Katalogeinträgen und einer *Arbeitsfläche* zu realisieren, die langfristig zu einer Entwicklungsumgebung zur Erstellung von Multimedia Anwendungen ausgebaut werden soll.
In der aktuellen Version ist es möglich nach Katalogeinträgen zu suchen und diese online bzw. offline zu einfachen Multimedia Anwendungen zusammen zufügen.

1 Einleitung

EUROPEMMM ist ein von der Europäischen Union gefördertes Projekt, mit der Zielsetzung, die Entwicklung, Wiederverwendung, Vermarktung und Speicherung multimedialer Inhalte zu untersuchen [Eur]. Die beteiligten Partner sind sowohl in der Industrie, als auch im universitären Bereich angesiedelt.[1]

Von besonderem Interesse ist die Fragestellung, wie multimediales Material erstellt, modifiziert, wiederverwendet und gespeichert werden kann. Grundlage soll ein *Multimedia-Katalog* mit integrierter Entwicklungsumgebung für einfache Multimedia Anwendungen sein, der auf einer modifizierten und erweiterten Version des Hyperwave Information Servers (HIS) basiert.

---

[1] JOHN WILEY & SONS LTD, UK, ACIT, Münster, FERNUNIVERSITÄT, Hagen, IICM, Graz, IIS MUVIREX, Athen, KONINKLIJK INSTITUUT SPERMALIE, Brügge (Belgien), THE OPEN UNIVERSITY, UK, SAGO SPA, Florenz, SENSOTEC NV, Brügge (Belgien), UNIVERSITÀ DI FIRENZE, Florenz, UNIVERSITÀ DI PISA, Pisa.

Der folgende Abschnitt wird zunächst die wesentlichen Eigenschaften des HIS erläutern. Abschnitt 3 beschreibt die Schnittstellen des Servers zur Außenwelt. Abschnitt 4 erläutert die Implementation des Multimedia-Katalogs unter Verwendung nahezu aller Möglichkeiten, die Hyperwave bietet. Für einen Gesamtüberblick des Projekts sei der Leser auf [Eur] und [SS97] verwiesen.

2 Hyperwave

Hyperwave geht auf eine Entwicklung des IICM in Graz unter Leitung von PROF. HERMANN MAURER zurück [Mau96a, AKM95a, AKM95b]. Die zuvor unter dem Namen HYPER-G entwickelte Software wird seit der Version 2.0 durch die Firma HYPERWAVE, München, kommerziell vertrieben und weiter entwickelt.

Hyperwave bietet eine sehr komfortable Verwaltung einer Vielzahl von elektronischen Dokumenten in beliebigen Formaten. Hyperwave erlaubt zudem die Speicherung von beliebigen *Meta-Daten* mit jedem Dokument. Ein entscheidender Vorteil ist jedoch die interne Trennung der Dokumente von ihren *Hyperlinks*. Sowohl ein Dokument als auch ein Hyperlink werden als *Objekt* mit einer Liste von *Attributen* verwaltet. Diese Vorgehensweise erlaubt es zum einen, bidirektionale Hyperlinks einzuführen und zum anderen, zu jedem Zeitpunkt die Konsistenz der Hyperlinks zu garantieren. Mit einem Dokument, das aus dem Datenbestand gelöscht wird, werden zugleich alle Hyperlinks des Dokuments sowie die darauf verweisenden Hyperlinks gelöscht. Für ein Katalogsystem mit häufigen Modifikation am Dokumentenbestand vermindert insbesondere diese Eigenschaft den Administrationsaufwand erheblich. Mit einem Web Server oder auch Datenbanksystem könnte diese Funktionalität sicherlich nachgebildet werden, allerdings nur mit zusätzlichem Implementationsaufwand.

Die Dokumente sind in hierarchischen Strukturen im Server abgelegt. Die Struktur selbst wird mit *Kollektionen* (`Collections`) aufgebaut, die weitere Kollektionen oder Dokumente enthalten können.

Hyperwave bietet darüber hinaus eine Benutzerverwaltung, die vergleichbar mit der Benutzerverwaltung von UNIX, jedoch leistungsfähiger ist. Die Sichtbarkeit und Modifikationsmöglichkeiten für jedes Objekt (Hyperlink, Dokument oder Kollektion) kann benutzer- bzw. gruppenabhängig definiert werden.

Die Kommunikation mit externen Programmen, wie beispielsweise einer Datenbank, ist mit Hyperwave ebenso möglich. Hyperwave bietet darüber hinaus jedoch weitere Möglichkeiten, von denen ein Katalogsystem profitieren kann. Die Summe dieser Argumente war letztlich entscheidend für die Wahl des Systems. Die folgenden Abschnitte werden sich ausführlich dieser Thematik widmen.

3 Schnittstellen zur Außenwelt

HIS basiert, wie alle Dienste des Internets, auf dem *Client/Server* Konzept. Das dazu notwendige Kommunikationsprotokoll wird mit *Hyper-G Client/Server Protocol* (HG-CSP) bezeichnet[2]. Im Gegensatz zum *Hyper Text Transfer Protocol* (HTTP) ist das HG-

---

[2] Neuerdings auch *Hyperwave Client/Server Protocol*.

CSP ein *sitzungsorientiertes* Protokoll. Eine einmal erstellte Verbindung bleibt also solange bestehen, bis sie entweder von einem der Teilnehmer abgebaut oder nach einer festgesetzten Zeit (*Timeout*) unterbrochen wird. Über dieses Protokoll können alle Funktionen des Servers durch Austausch von Nachrichten ausgeführt werden.

Das HG-CSP ist für den Anwender von Hyperwave nur dann von Bedeutung, wenn eigene Erweiterungen auf dieser Basis erstellt werden sollen. In der Regel ist es allerdings ausreichend das Web Frontend *wavemaster* und dessen Konfigurationsmöglichkeiten zu nutzen (→ Abschnitt 3.2).

Hyperwave kann externe Datenquellen (z. B. Datenbanken) für den Benutzer transparent in den Dokumentenbestand integrieren. Eine Suche in einer Datenbank erscheint damit wie ein Dokument des Servers. Ebenso ließe sich für das Beispiel eines elektronischen Warenhauses ein externes Abrechnungssystem integrieren. Das HGI und CGI bieten sich dazu an und werden im nächsten Abschnitt beschrieben.

3.1 Das HGI und CGI

Das *Hyperwave Gateway Interface* (HGI) ist in Anlehnung an das *Common Gateway Interace* (CGI) entstanden, gliedert sich jedoch deutlich besser in das Gesamtkonzept von Hyperwave ein. Hinter dieser Schnittstelle (*Gateway*) verbirgt sich wie beim CGI ein Programm, welches vom Server instruiert wird und beliebige Daten zurückliefert. Da die Verbindung für eine einstellbare Zeit auch ohne Datenverkehr geöffnet bleibt, werden aufeinanderfolgende Aufrufe deutlich schneller ausgeführt als beim CGI. Erst nach Ablauf einer Maximalzeit ohne Datenaustausch wird die Verbindung abgebrochen.

Eine mögliche Anwendung eines *Gateways* ist der Datenbankzugriff. Über die Meta-Daten des Dokuments lassen sich beispielsweise die Benutzerkennung und eine SQL-Abfrage (*Structured Query Language* [Dat97]) übermitteln. Das *Gateway* extrahiert die Daten gemäß der Anfrage aus der Datenbank und liefert im einfachsten Fall eine formatierte Ausgabe in einem beliebigen Format und dessen *MimeType*.

Der Multimedia-Katalog nutzt diese Schnittstelle, um die vom Benutzer bereits wiederverwendeten Multimedia-Komponenten aufzulisten. Somit ist es dem Katalog Administrator jeder Zeit möglich, das Gesamtvolumen an wiederverwendeten Komponenten für jeden Kunden zu bestimmen und gegebenfalls in Rechnung zu stellen.

Mit Hilfe des HGI lassen sich alle möglichen Schnittstellen zu anderen Datenquellen realisieren, um beispielsweise einen verteilten Datenbestand für den Benutzer transparent zur Verfügung zu stellen. Es wird jedoch zur Zeit noch vornehmlich dazu benutzt, Datenbankinhalte zu Administrationzwecken in den Dokumentenbestand einzublenden.

Die aus dem Web bekannte Schnittstelle CGI [Bou96, Mau96b] wird auch von Hyperwave unterstützt. Die Implementation eines CGI Skripts ist in der Regel einfacher als die eines HGI-*Gateway*, und kann anwendungsabhängig die sinnvollere oder einzig möglich Schnittstelle zur Außenwelt sein. Dennoch erfolgt die Ausführung des CGI Skripts, bedingt durch die Zugriffsmöglichkeiten auf den Dokumentenbestand des HIS, in einer isolierteren Umgebung, als dies bei einem herkömmlichen Web Server der Fall ist. Diese Einschränkung hat Konsequenzen.

Insbesondere sind Skriptsprachen in HTML Dokumenten, z. B. PHP[3] oder Konver-

---

[3]http://www.php.net

tierungsprogramme, die als CGI Skript vorliegen, nur schwer zu implementieren, weil sie in der Regel einen direkten Zugriff auf den Dokumentenbestand des Servers erfordern, was wiederum nur mit erhöhtem Aufwand über das HG-CSP möglich wäre.

Im Multimedia-Katalog wird das CGI unter anderem dazu benutzt, die Benutzerregistrierung und das Herunterladen von Multimedia-Komponenten in einer Datenbank zu protokollieren. Ebenso wird die Auswertung der Benutzerbefragung durch ein CGI Skript realisiert.

3.2 Das WWW-*Gateway*

Neuere Versionen des HIS verzichten vollständig auf proprietäre Clients zur Kommunikation mit dem Server. An ihre Stelle ist das WWW-*Gateway* getreten. Das WWW-*Gateway* bildet den Dokumentenbestand und die gesamte Funktionalität des Servers über eine WWW-Schnittstelle ab. Der Benutzer ist damit in der Lage, mit einem herkömmlichen WWW-*Browser* auf den Server zuzugreifen [Der95].

Das *Gateway* ist ein eigener Prozeß, der sich wie ein Web Server verhält und zwischen dem Hyperwave Server und dem Browser des Benutzers lokalisiert ist. Die gesamte Funktionalität und die Dokumentenhierachie des Hyperwave Servers wird dem Benutzer auf HTML Seiten (*Hyper Text Markup Language*) präsentiert. Wesentlicher Bestandteil des *Gateways* ist die integrierte Programmiersprache PLACE. Auch wenn PLACE nicht die Leistungsfähigkeit anderer Programmiersprachen erreicht, so läßt sich damit die Bedienschnittstelle des Hyperwave Servers in weiten Bereichen nach eigenen Bedürfnissen konfigurieren. In der ursprünglichen Konzeption definiert PLACE lediglich eine Reihe von Platzhaltern, die den Funktionen des Servers sowie Operationen auf Dokumenten entsprechen. Es werden aber auch einfache Kontrollstrukturen, wie beispielsweise Schleifenkonstrukte, unterstützt.

Eine vollständig gestaltete Bedienschnittstelle besteht in der Regel aus einem Satz von ASCII Dateien, die als Schablonen (*PLACE Templates*) für die Bedienschnittstelle dienen. Diese Schablonen beinhalten eine Mischung aus HTML und PLACE Anweisungen.

Die Auswertung der Schablonen erfolgt immer dann, wenn auf ein Dokument oder eine Kollektion zugegriffen wird. Die Platzhalter in den Schablonen werden dabei durch die für das Dokument aktuellen Werte ersetzt und als HTML Seite an den Browser geschickt. Die vollständige Liste aller PLACE Anweisungen enthält über einhundert Einträge.

Für den Multimedia-Katalog bestand die wesentliche Aufgabe in der Modifikation der Schablonen. Als Grundlage wurden die Schablonen der Version 2.0 des HIS verwendet. Die Erstellung vollständig neuer Schablonen ist aufgrund des hohen Aufwands nicht zu empfehlen.

Als vorteilhaft erweist sich insbesondere die Tatsache, daß der Dokumentenbestand des Multimedia-Katalogs und dessen Präsentation klar voneinander getrennt werden können. Eine zur Zeit in Arbeit befindliche Neugestaltung der Katalog-Bedienschnittstelle wäre ohne dies deutlich aufwendiger. Zudem läßt sich der Dokumentenbestand einfach ersetzen oder erweitern.

4 Multimedia-Katalog

Die Entwicklung von multimedialem Lehrmaterial ist aufwendig und häufig kostenintensiv. Die Gründe dafür liegen sowohl in der großen Komplexität solchen Lehrmaterials, als auch in der Nichtverfügbarkeit angemessener Umgebungen, die sowohl das Auffinden konkreten Multimedia-Materials unter Angabe von Suchkriterien ermöglichen, als auch deren Verarbeitung zu neuen Anwendungen. Daraus lassen sich die folgenden Forderungen an einen Multimedia-Katalog ableiten, wobei der Begriff *Multimedia-Komponente* im folgenden für ein beliebiges multimediales Objekt, wie beispielsweise ein Bild, eine Animation, etc. oder deren Kombination in einem Dokument steht.

- Der Katalog sollte plattformunabhängig und im Internet erreichbar sein. Dadurch vereinfacht sich der Zugriff auf einen verteilten Dokumentenbestand.

- Die Wiederverwendung von multimedialen Einzelkomponenten muß möglich sein, um den Entwicklungsaufwand für neue Multimedia-Anwendungen zu reduzieren.

- Unterschiedliche Quellen müssen für den Anwender in einer einheitlichen Umgebung zur Verfügung stehen.

- Der Katalog muß Auskunft darüber geben, welchen Beschränkungen eine Multimedia Komponente unterliegt. In diesem Zusammenhang ist inbesondere das Nutzungsrecht oder *Copyright* der entsprechenden Komponente von Interesse. Gegebenenfalls muß die Einhaltung von Nutzungsbestimmungen überprüft werden (eine in der Regel schwer zu erfüllende Forderung).

- Eine einfache, automatische Abrechnung und Zahlungsweise für gebührenpflichtige Multimedia-Komponenten sollte implementiert sein. Es bleibt dabei zu prüfen, ob gegebenenfalls unterschiedliche Modelle, z. B. ein Abonnementenmodell oder eine komponentenbasierte Abrechnung angeboten werden sollen.

- Die Weiterverarbeitung des Multimedia Materials, sowohl *on-line* als auch *off-line*, sollte dem Anwender frei gestellt sein. Unerfahrene und noch nicht mit herkömmlichen Werkzeugen, beispielsweise Autorensystemen, vertraute Anwender nutzen eher eine integrierte *on-line* Entwicklungsumgebung; vorausgesetzt die Bandbreite des Netzwerks läßt dies zu. Erfahrene Anwender nutzen vorrangig die Möglichkeit, Multimedia Komponenten im Katalog zu finden, sie aber lokal mit den vertrauten Werkzeugen zu bearbeiten.

- Die Bedienung sollte intuitiv sein.

Diese genannten Forderungen orientieren sich vorrangig an den Bedürfnissen von Benutzern des Katalogs, die Multimedia Komponenten in eigenen Anwendungen wiederverwenden möchten. Eine zweite Gruppe von Anwendern – die Anbieter von multimedialem Material – sollen ebenfalls berücksichtigt werden. Für Sie bietet ein Multimedia-Katalog die Möglichkeit ihre Produkte einer großen Anzahl von Anwendern zu offerieren. Ihre Forderungen an einen Katalog sind:

- Keine wesentlichen Einschränkungen bzgl. des Datenformats.
- Statistiken über das Kaufverhalten der Kunden zu erhalten.
- Rückkopplung vom Anwender zu erhalten.
- Die Garantie zu haben, daß ihr Material im Katalog gegen unberechtigten Zugriff geschützt ist.
- Das Material auch in eigenen Datenbanken ablegen zu können und in Katalog lediglich einen Verweis zu plazieren.
- Ein komfortable Bedienschnittstelle, um neues Material jederzeit in den Katalog aufnehmen und altes entfernen zu können.

Der im Projekt EUROPEMMM entwickelte Multimedia-Katalog versucht die oben aufgeführten Anforderung beider Anwendergruppen umzusetzen bzw. Schnittstellen zu bieten, die eine spätere Realisierung ermöglichen. Der Katalog übernimmt eine Vermittlerrolle zwischen dem *Anbieter* und dem *Verwender* der Multimedia-Komponenten und wird auf Basis der Version 2.0 von Hyperwave entwickelt. Die wesentlichen Änderungen und Erweiterung, die notwendig sind, um einen einfach zu bedienenden Multimedia-Katalog zu entwickeln sind:

- Die Neugestaltung der Bedienschnittstelle, um sie von unnötiger Funktionalität zu befreien, die Navigation zu vereinfachen und Erweiterungen vorzunehmen, um weitere Konzepte einfließen lassen zu können. (→ Abschnitt 4.1)
- Eine Anbindung externer Dienste, um gegebenenfalls einen *Copyright Manager*, ein *Abrechnungssystem* oder die automatische Generierung einer CD-ROM zu integrieren. (→ Abschnitt 4.2)
- Die Definition von Meta-Daten zur präzisen Beschreibung der Kataloginhalte sowie deren Struktur. (→ Abschnitt 4.1 und Abbildung 2)

Im folgenden sollen diese Änderungen und Erweiterungen diskutiert und an Beispielen erörtert werden.

4.1 Bedienschnittstelle

Die Bedienschnittstelle des Hyperwave Servers, die durch die mitgelieferten PLACE Schablonen definiert wird, konnte nicht ohne massive Änderungen übernommen werden. Sie ist zum einen zu komplex und bietet zum anderen nicht die Möglichkeiten, die für einen Multimedia-Katalog notwendig sind. Eine Überarbeitung fand auch im Hinblick auf eine gleich gute Unterstützung sowohl graphischer, als auch auch textbasierter Browser statt.

Ein ursprünglich einzelner Satz von Schablonen wurde unterteilt, um spezielle Anpassungen für Teilbereiche des Katalogs zur vereinfachen. So wurde beispielsweise die integrierte Entwicklungsumgebung, auch *Arbeitsfläche* (*Workspace*) genannt, mit eigenen Schablonen definiert. Die folgenden beiden Abschnitte beschreiben die Bedienschnittstelle jeweils aus Sicht der beiden Anwendergruppen, dem Wiederverwender und dem Anbieter von multimedialem Material.

4.1.1 Wiederverwender

Die Struktur des Katalogs ist weitgehend festgelegt. Ausgehend von einer Einstiegsseite findet sich eine hierarchische Struktur, die eine Aufteilung in Themengebiete vornimmt. Auf unterster Ebene befinden sich die *Katalogeinträge*. Abbildung 1 zeigt die Darstellung einer Liste von Einträgen für das Thema *Internet*. Diese Liste enthält für jeden Eintrag, die für einen Wiederverwender wichtigsten Informationen: Titel (als Hyperlink zum Eintrag), Sprache (visualisiert durch eine Flagge) und das Format (visualisiert durch ein Piktogramm) der Multimedia Komponente.

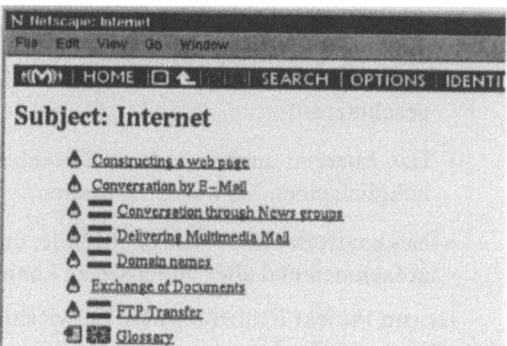

Abbildung 1: Web Browser mit einer Liste von Katalogeinträgen in unterschiedlichen Sprachen und Formaten.

Der Katalogeintrag selbst hat ebenfalls eine feste Struktur und besteht, wie in Abbildung 2 zu sehen ist, aus

- einer Beschreibung (*Description*),

- einer Liste von Meta-Daten (*Attributes*, [SS97] enthält eine vollständige Übersicht),

- einer Information über das Copyright oder sonstigen Einschränkungen, die eine Weiterverwendung betreffen (*Copyright*),

- der Multimedia-Komponente (*Component*) in einem beliebigen Format, wie sie vom Anbieter bereit gestellt wurde und

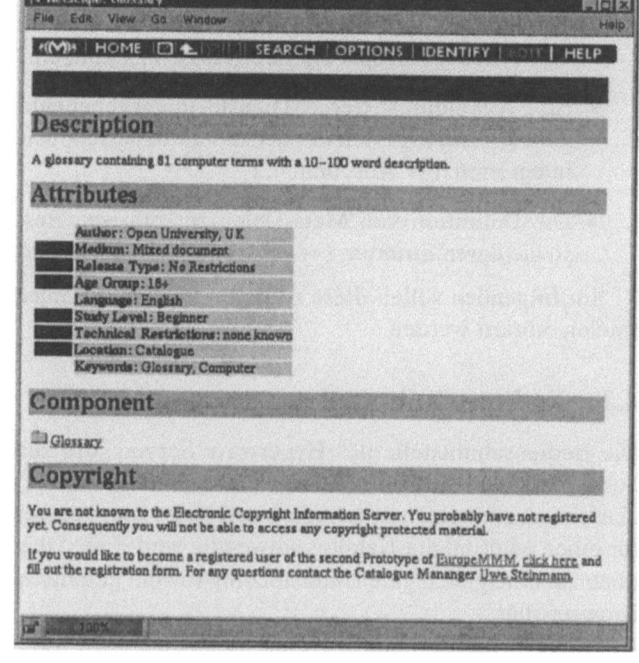

Abbildung 2: Web Browser mit einem Katalogeintrag.

- gegebenenfalls einem Bestellformular (*Order form*), um den Zugriff auf die Komponente zu erhalten, falls dieser durch weitere Mechanismen gesichert ist oder in einem externen Datenbestand abgelegt ist. (Nicht zutreffend für den dargestellten Eintrag.)

Ein Katalogeintrag besteht letztlich aus zwei Textdokumenten – der Beschreibung und dem *Copyright* – sowie der Multimedia-Komponente und wenn notwendig, einem Bestellformular.

Die Verwendung des oben beschriebenen Katalogeintrags ist allerdings erst dann möglich, wenn sich der Anwender beim System anmeldet. Der Katalogeintrag aus Abbildung 2 erweitert sich dann durch zwei Schaltflächen, wie in Abbildung 3 dargestellt ist.

Abbildung 3: Reuse Sektion eines Katalogeintrags.

Aus Sicht des Wiederverwenders ergeben sie zwei mögliche Formen der Wiederverwendung. Das erste Konzept ist vergleichbar zum herkömmlichen Einkaufswagen und ist in der Liste der Forderungen an einen Multimedia Katalog mit *off-line* Weiterverarbeitung bezeichnet. Im Einkaufswagen lassen sich für das späteres Herunterladen Katalogeinträge sammeln. Im EUROPEMMM Multimedia-Katalog wird dieser Bereich infolgedessen *Einkaufswagen (Shopping Cart)* genannt.

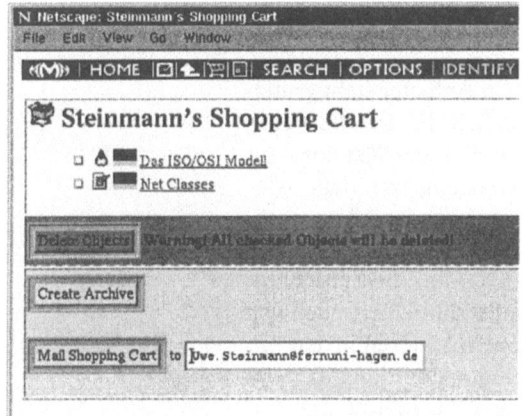

Für eine Wiederverwendung ohne eigenes Autorensystem ist zudem ein Bereich für den Anwender zur Verfügung gestellt, in dem

Abbildung 4: Web Browser mit dargestelltem Einkaufswagen, in dem sich bereits zwei Katalogeinträge befinden.

Komponenten aus dem Katalog mit eigenen Entwicklungen zu neuen Anwendungen kombiniert werden können. Diese Bereich wird im weiteren mit *Arbeitsfläche (Workspace)* bezeichnet. In ihm lassen sich bereits einfache Strukturen aus Dokumenten erzeugen, wie sie etwa für *elektronische Kurse* notwendig sind. Dies sind beispielsweise Inhaltslisten, Abfolgen von Lektionen, zusammengesetzte Seiten aus Komponenten des Katalogs.

Das Übertragen von Material erfolgt durch Betätigen einer der Schaltflächen, die einen Kopiervorgang an den Zielort auslösen. Ein Wechsel in den Einkaufswagen bzw. die Arbeitsfläche erfolgt durch Betätigen einer der Schaltflächen in der Kopfzeile einer jeden Seite des Katalogs.

Bis zu diesem Zeitpunkt entstehen für den Anwender keine Kosten. Erst mit dem „Herunterladen" der Katalogeinträge aus dem Einkaufswagen oder der Arbeitsfläche auf die lokale Festplatte wird dies in einer Datenbank durch ein CGI Skript vermerkt (→ Abschnitt 3.1).

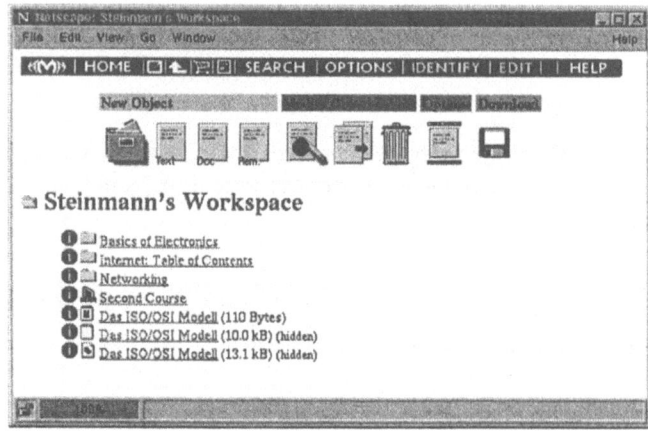

Abbildung 5: Web Browsers mit dargestellter Arbeitsfläche, in der sich bereits Multimedia Komponenten befinden.

4.1.2 Anbieter

Dem Anbieter steht grundsätzlich die gleiche Funktionalität des Katalogs zur Verfügung wie dem Wiederverwender. Von größerem Interesse ist jedoch die Bedienschnittstelle zum Übertragen von neuem Material in den Katalog. Abbildung 6 zeigt einen Ausschnitt des Formulars, in dem die Meta-Daten des neuen Katalogeintrags eingetragen werden müssen. In weiteren Schritten, die hier nicht weiter dokumentiert werden, wird durch Hinzufügen aller Bestandteile ein vollständig Katalogeintrag erzeugt. Der Eintrag wird jedoch erst nach Benachrichtigung des Katalogad-

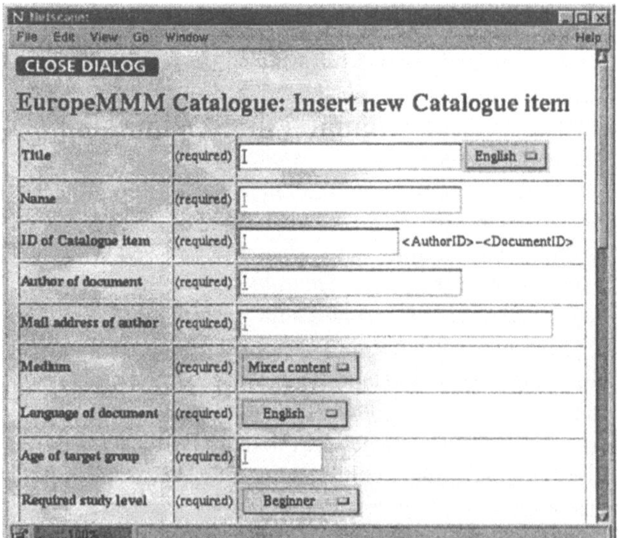

Abbildung 6: Web Browser mit dem HTML Formular, um ein neues Multimedia Objekt in den Katalog aufzunehmen.

ministrators von diesem auf Vollständigkeit und Funktion geprüft und in den Katalog übertragen. In zukünftigen Versionen des Katalogs soll dieser Vorgang durch noch zu entwickelnde Testverfahren weitgehend automatisiert werden.

4.2 Anbindung weiterer Dienste

Der Hyperwave Server dient zur Speicherung des Multimedia Materials sowie dessen Meta-Daten. Die Generierung von *Copyright* Informationen oder die Protokollierung der wiederverwendeten Katalogeinträge sind bewußt ausgelagert worden, um bessere Modularität des Gesamtsystems zu erzielen. Die Anbindung an den Hyperwave Server, und damit die Einbindung in den Katalog, erfolgt über die in Abschnitt 3 beschriebenen Schnittstellen.

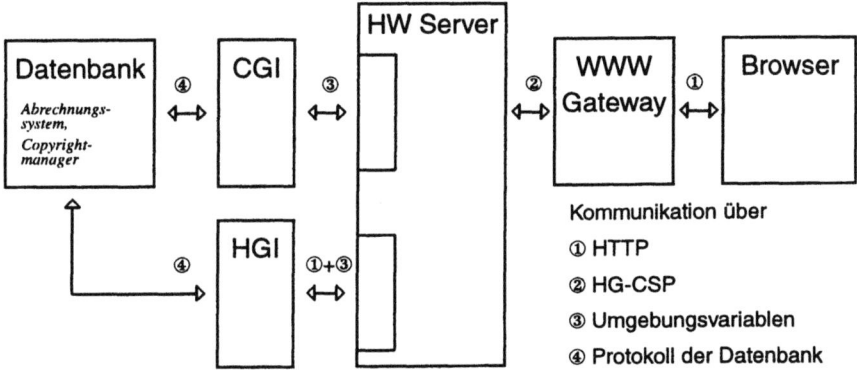

Abbildung 7: Schnittstellen zwischen den beteiligten Funktionsblöcken des Multimedia-Katalogs.

Abbildung 7 zeigt das Gesamtsystem mit allen Schnittstellen, die im Multimedia-Katalog verwendet werden. Teilsysteme, die über ein netzwerkfähiges Protokoll verbunden sind, können auf verschiedenen Rechnern installiert sein.

4.2.1 Copyright Manager

Der *Copyright Manager* hat die Aufgabe, aus der Benutzerkennung oder der IP (*Internet Protocol*) Adresse sowie einer eindeutigen Identifikation des aktuellen Katalogeintrags eine *Copyright* Information zu generieren. Der *Copyright Manager* ist zur Zeit noch als Tabelle einer Datenbank realisiert. Die Kommunikation mit der Datenbank erfolgt über ein CGI Skript. Das CGI Skript liefert aufgrund der obigen Informationen einen Text mit der *Copyright* Information, die in der Datenbank abgelegt ist.

4.2.2 Abrechnungssystem

Kommerzielle Anbieter von Multimedia-Komponenten erlauben eine Wiederverwendung ihrer angebotenen Produkte nur gegen eine festgesetzte Gebühr oder im Rahmen eines Subskriptionsvertrages. Welche Komponenten des Katalogs ein Anwender zu welchen Konditionen verwendet, wird mit dem Herunterladen des Materials in einer Datenbank erfaßt. Der Katalogadministrator kann jederzeit feststellen, welche Komponenten von welchen Anwendern, mit welchem Verwendungsrecht erworben wurden. Die weitere Entwicklung wird sind auch dem Einsatz digitaler Wasserzeichen widmen. Zur Zeit erfolgt noch keine Auswertung der Daten, weil der Zugang zu allen Einträgen für jeden Anwender bis zum Projektende kostenlos ist.

4.2.3 CD-ROM Erstellung

Ein noch nicht weiter in das System integrierter Dienst ist die automatische CD-ROM Erstellung aus den wiederzuverwendenen Katalogeinträgen. Dies könnte insbesondere bei sehr großen Datenmengen sinnvoll werden. Ein solcher Dienst wird durch den Benutzer ausgelöst, vom Hyperwave server gestartet und erzeugt eigenständig aus der Liste der gewünschten Katalogeinträge eine CD-ROM.

5 Schlußbemerkung

Die Entwicklung des Multimedia-Katalogs hat gezeigt, welche Möglichkeiten und Grenzen durch den Hyperwave Information Server bestehen. Die breite Palette der Schnittstellen zur Außenwelt sowie die interne Hyperlink- und Dokumentverwaltung haben die Implementation und Administration stark vereinfacht. Insbesondere die weitgehend problemlose Anbindung externer Dienste vereinfacht den Ausbau zu einer verteilten Anwendung.

Grenzen werden insbesondere durch das WWW-*Gateway* und die Sprache PLACE aufgezeigt. Sie betreffen daher im wesentlichen die Bedienschnittstelle. PLACE ist ursprünglich als Liste von *Platzhaltern* und weniger als vollständige Programmiersprache entwickelt worden. Variablen, einfache arithmetische Operationen, komplexere Kontollstrukturen, Operationen auf Zeichenketten usw. sind nicht vorhanden. Neuer Versionen von Hyperwave erlauben bereits den Einsatz von *server side JavaScript* und beseitigen damit einige der oben genannten Unzulänglichkeiten. Dennoch wird die Weiterentwicklung des Katalogs einen noch flexibleren, eigenen Ansatz, basierend auf PHP3 und dem Apache Web Server verfolgen. Diese Kombination ersetzt den wavemaster und damit auch PLACE vollständig und wird die Skalierbarkeit und die Integration weiterer Dienste verbessern.

Eine sinnvolle Weiterentwicklung des Katalogs betrifft den *Copyright Manager* und die Integrations eines Abrechnungssystems. Die bisher einfache Entwicklungsumgebung soll weiterentwickelt werden, um auch kommenden Anwendungsansprüchen gerecht zu werden.

Die Bedienschnittstelle bietet Verbesserungsmöglichkeiten im Hinblick auf eine ansprechende Gestaltung, die jedoch in einer zur Zeit entwickelten, neuen Version weitgehend umgesetzt sind.

Der bisher noch auf einem Server befindliche Datenbestand soll in Zukunft auf eine beliebe Anzahl von Servern verteilt werden. Anbieter von Multimedia Komponenten können dann auf eigenen Systemen ihre Produkte anbieten, ohne daß der Kunde die vertraute Umgebung wechseln muß.

Eine Evaluation des Systems mit ca. 70 Personen aus den Bereichen Bibliotheken, Verlagswesen und Entwicklung von Lehrmaterialen wird zur Zeit durchgeführt.

Literatur

[AKM95a] ANDREWS, KEITH, FRANK KAPPE und HERMANN MAURER: *The Hyper-G Network Information System.* J.UCS, 1(4), 4 1995.

[AKM95b] ANDREWS, KEITH, FRANK KAPPE und HERMANN MAURER: *Serving Information to the Web with Hyper-G.* Computer Networks and ISDN Systems, 27(6), 4 1995.

[Bou96] BOUTELL, THOMAS: *CGI Programming in C & Perl.* Addison-Wesley, 1996.

[Dat97] DATE, CHRISTOPHER JOHN: *A guide to the SQL standard: a user's guide to the standard relational language SQL.* Addison-Wesley, 1997.

[Der95] DERLER, CHRISTIAN: *The World Wide Web Gateway to Hyper-G: Using a Connectionless Protocol to Access Session Oriented Services.* Diplomarbeit, TU Graz, 3 1995.

[Eur] EUROPEMMM: *http://www.fernuni-hagen.de/EuropeMMM.*

[Hyp] HYPERWAVE: *Hyperwave Programer's Guide.*

[KKW97] KNAPP, ALEXANDER, NORA KOCH und MARTIN WIRSING: *EPKML: Eine Spezifikationssprache für elektronische Produktkataloge.* Technischer Bericht Ludwig-Maximilians-Universität München, 1997.

[Mau96a] MAURER, HERMANN: *The next generation WEB solution.* Addison Wesley, 1996.

[Mau96b] MAURER, RAINER: *HTML und CGI Programmierung.* dpunkt, 1996.

[SS97] STEINMANN, UWE und DAVID SHEARER: *Reusing Multi-Media Components: A Catalogue Implementation.* In: *Advances in Information Technology: The Business Challenge,* 1997.

Adaptive Scheduling of Multimedia Documents

Stefan Wirag

Institute of Parallel and Distributed High-Performance Systems (IPVR),
University of Stuttgart, Breitwiesenstr. 20-22, D-70565 Stuttgart, Germany,
wirag@informatik.uni-stuttgart.de

Abstract. Multimedia documents are of importance in several application areas, such as education, advertising and entertainment. Since multimedia documents may comprise continuous media, such as audio and video, the presentation of those documents may require a significant amount of processing and network resources. The amount of resources available during a presentation depends on the system configuration and the current system load. Hence, it can happen that there are not enough resources to render a multimedia document according to the specification resulting in a reduced presentation quality. To cope with those situations, documents can integrate presentation alternatives permitting to adapt the document presentation to different system configurations and load conditions. In this paper, we present an adaptive scheduling algorithm which allows to adapt documents conform to our document model Tiempo in environments with best-effort assignment of resources.

1 Introduction

Due to their expressive power, multimedia documents have become attractive for many application areas, such as education, advertising or entertainment. Multimedia documents combine continuous media objects (e.g., video, audio or animation) and discrete media objects (e.g., graphic or text). In a distributed environment, documents are typically stored on *servers*, from which they are retrieved for presentation. The actual presentation takes place at a *presentation terminal*, such as a PC, a Set-Top-Unit, or even a mobile device in future times. When a user initiates the presentation of some document at a terminal, the terminal takes over the responsibility for orchestrating this presentation, i.e. it schedules the access to remote servers, the playout of data units etc.

In order to present a multimedia document, a certain amount of resources is needed. For example, processing and buffer resources are needed at the terminal to present the document, while network resources are required to transfer the media objects associated with the document from the server to the terminal.

The amount of resources available strongly depends on the system configuration and the current system load. Clearly, a workstation connected to a high-speed network allows for a higher quality presentation than a PDA linked to a radio network. One approach to overcome this problem of heterogeneity is to have different versions of the same "logical" document, one for each potential configuration. Another approach is to have one document that is able to adapt to the capabilities of the underlying system. We prefer the second approach since it avoids redundancy and does not have to predict numerous configurations.

Even if we only consider one type of terminal and one type of network, variations in the system load may cause different amounts of resources to be available. Without resource reservation, the resources available for a presentation may change while the presentation is in progress. If the underlying system provides for resource reservation, the resources needed to present a (mono-media) object (e.g., a video clip) can be determined and reserved prior to its presentation. However, reservation in general cannot prevent resource shortages to occur during the presentation of interactive multi-media documents. For interactive documents, it is not feasible or even possible to reserve all resources required to render the entire document in advance. Rather, resources are reserved and released incrementally while the presentation progresses, which again can lead to resource shortages.

When a resource shortage occurs there are basically three ways to react to it. First, just ignore it and accept the quality of the presentation to be decreased *somehow*. Second, abort the presentation, and third, adapt the presentation in a *user-controlled manner* to the given resource situation. To enable the last alternative, flexible document models and adaptive scheduling algorithms are required, which allow to compile different presentations from a given document specification depending on the resource situation.

In our flexible document model *Tiempo (Temporal integrated model to present multimedia-objects)* [6, 8], documents are composed of single media objects, such as video, audio or text, and composite media objects, such as pages. The desired adaptability is achieved by *selection groups* which allow to define alternative media objects or presentation parts representing the same information in different form and *Quality of Service ranges* which allow to specify alternative presentation behavior for media objects. These abstractions can be applied in combination to achieve a high degree of adaptability. The adaptive scheduling algorithm of Tiempo uses the flexibility in documents to adapt the presentation to alternating resource situations. The algorithm schedules a presentation such that not more resources are needed than available and that the available resources are distributed optimal between media objects. Thus, resource shortages need not result in an uncontrolled reduced presentation quality of Tiempo documents.

The remainder of the paper is structured as follows: In Section 2 we present the concepts of the Tiempo model. Then, we describe our adaptive scheduling concept. In Section 4 the model used to represent a document specification during the presentation is described. Section 5 presents the adaptive scheduling algorithm. Related work concerning is described in Section 6. Finally, we summarize our results.

2 The Tiempo Document Model

2.1 Basic Concepts

Tiempo is an interval-based model, in which documents are composed of single media objects and composite media objects. A media object is modeled by a temporal space, a presentation interval and a projection. The *temporal space (TS)* represents the content and layout information associated with the media object. The *presentation interval* represents the period the media object is presented. The *projection* describes which and how many data units of the TS are presented per second in the presentation interval. The concept of a projection allows to present media objects with other than recording-time properties. Interaction objects, such as buttons or sliders, have additional *interaction intervals*. Each such interval represents the period in which a particular user-interaction (e.g. click with mouse) is accepted.

A TS consists of a finite time axis on which data units such as video frames, audio samples or pictures are positioned. The arrangement of data units and the extent of a single media objects TS is fixed when its content is generated. To define the temporal layout of a composite media objects TS, presentation intervals of included media objects are arranged by *interval operators* [6]. In Figure 1, the left side shows a simplified composite media object specification and the right side shows how the temporal layout of the presentation is generated by projection of TSs. In the example, the interval operator "before" specifies that the animation should be started 1 second after the video has stopped.

An interaction is described as a relation between an interaction interval and the affected projections, interaction and presentation intervals. Assigned actions can imply the start or end of intervals, they can pause, freeze and speed up the playout [7].

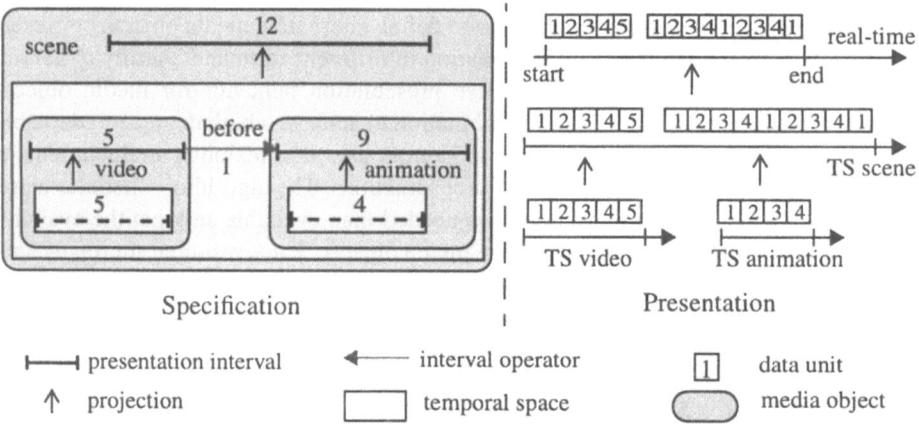

Fig. 1. Tiempo specification example

2.2 Modeling of Adaptivity

The Tiempo model allows for adaptivity on the object- and attribute-level [8]. Adaptivity on the object level can be specified by so-called *selection groups*. A selection group contains a number of presentations that can be selected alternatively. Whenever a selection group is performed, the underlying system selects and presents exactly one of these alternatives. A presentation alternative can be a single or arbitrarily complex composite media object. Selection groups can be nested to specify selections at various levels of abstraction. Moreover, priorities can be assigned to presentation alternatives to indicate which alternative should be preferred when more than one can be implemented.

Figure 2 shows an abstract representation of a document part with nested selection groups. The outer group includes two presentation alternatives. While the first alternative is a text object, the second one consists of an animation object and another selection group. The inner selection group provides three presentation alternatives, a speech object, a subtitle sequence and an empty object. According to the selection group semantics, the presentation system has the option to present the text or the animation with either the speech sequence, the subtitles or no further explanation. In the outer selection group, the alternative with the animation has the highest priority (100) and hence should be selected provided the required resources are available. In the inner selection group, the speech object is the preferred alternative (priority 80), followed by the subtitles (priority 60) and the empty object (priority 0).

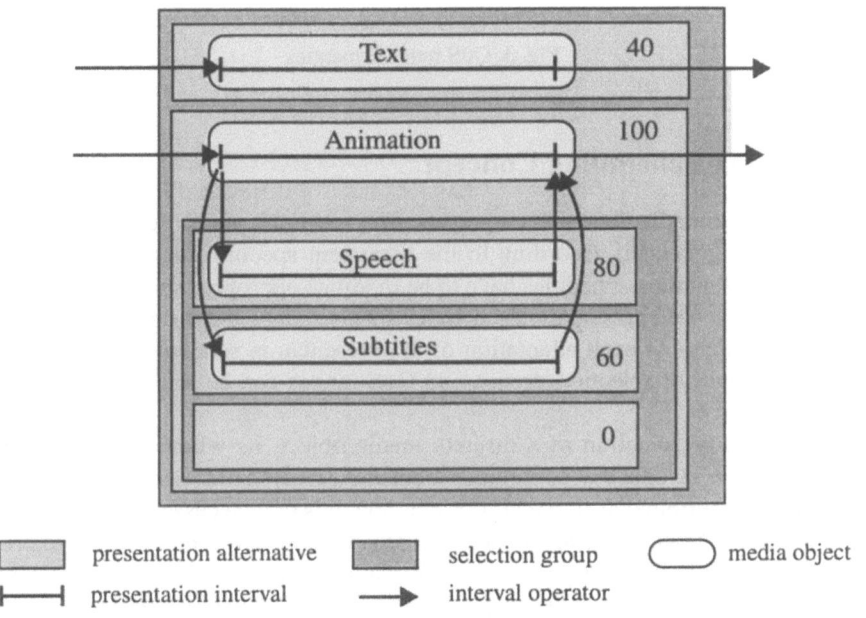

Fig. 2. Document specification with selection groups

Adaptivity on the attribute-level is modeled by so-called *Quality of Service (QoS) ranges*. QoS range arguments can be used to specify the extent of presentation and interaction intervals, the presentation speed and the delays implied by interval operators. Based on this information, a presentation system can select extent, speed or delay values within the specified QoS ranges according to the current resource situation. To indicate which values of QoS ranges are preferred, priorities are assigned to the contained values. The priority structure of a QoS range is defined by anchor points. The QoS range on the left side of Figure 3 might define the extent of a presentation interval, which can be between 10 seconds and 55 seconds. In the example, an extent of 10 seconds has the priority 30, an extent of 55 seconds has the priority 70, and an extent of 35 seconds has a priority of 100. With the extents between 10 and 35 linear increasing priorities from 30 to 100 are associated, and with the extents between 35 and 55 linear decreasing priorities from 100 to 70 are associated. Here, the presentation system should implement an extent of 35 seconds for an optimal presentation quality.

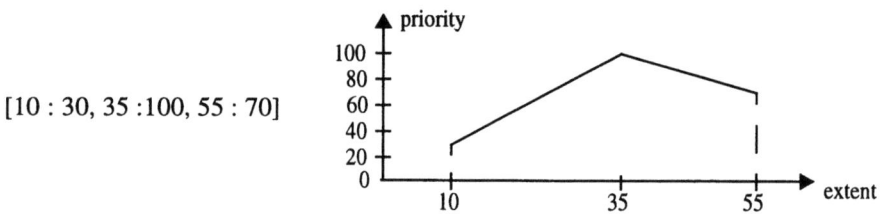

Fig. 3. QoS range semantics

3 Adaptive Scheduling Concept

To render a multimedia document, a presentation schedule, which guides the presentation, has to be generated according to the document specification. If documents are interactive, presentation schedules have to be modified appropriately when interactions occur. In our approach presentation schedules are also adapted dynamically to changing resource situations. At each adaptation of the presentation schedule, it is determined which alternatives of selection groups and QoS ranges can be implemented with the available resources.

To start the presentation of a discrete media object, its whole content has to be preloaded. As we assume that continuous media objects are transferred as a stream from the server to the terminal during their presentation, it is only necessary to preload a portion of the content. Since Tiempo documents are interactive, it is not possible to preload all media objects before the document presentation is started. Hence, our scheduling concept considers for each media object a separate *preloading phase* and a *presentation phase*. Because of the preloading it is not possible to simply adopt an existing adaptive stream synchronization approach such as [5], which adjusts the playout rate to the changing resource situations. To determine instants the preloading is started at, we have to make assumptions about the resource situation in the future. Further, we have to know how much resources will be needed to preload and present objects.

3.1 Resource Requirements of Media Objects

In the preloading phase media objects consume bandwidth and CPU cycles as well as an increasing amount of buffer needed to store the transferred data at the terminal. For our algorithm we assume that a function $V_i(v_i)$ is given which describes the amount of data that has to be transferred to start the playout of media object i with speed v_i. For discrete media objects, V_i is a constant equal to the size of the media objects content. For continuous media objects, V_i depends on the average size of data units (e.g. frames) and the stream start-up delay. We further assume that a function $C(b)$ is given, which describes how much CPU load is produced to receive b bytes per second.

In the presentation phase we neglect the CPU load produced to display a discrete media object since we assume this CPU load to be low. A continuous media object needs CPU resources continuously during its presentation. We assume that a function $C_i(v_i)$ is given that describes how much CPU load is produced to present a continuous media object i with speed v_i. These functions mainly depend on the time needed to decompress data units and have to be determined experimentally.

To be able to redisplay a discrete media object, it has to be buffered during its presentation. If a continuous media object is transferred as stream during its presentation, buffer is needed to compensate jitter. We assume that a function $P_i(v_i)$ is given describing how much buffer is consumed to playout a media object i with speed v_i. For discrete media objects P_i is equal to V_i multiplied by the compression factor. For continuous media objects P_i depends on the average size of a data unit and the applied stream synchronization mechanism.

In the presentation phase a discrete media object needs no bandwidth. Whereas if a continuous media object is transferred in real time, bandwidth is needed. We assume that a function $B_i(v_i)$ exists that describes how much bandwidth is needed to present media object i with speed v_i. These functions can be determined based on the average size of data units of the object. We further assume that the information is given, which resources, such as an audio device, are needed by media objects exclusively.

3.2 Prediction of Resources Situations

Our approach is to predict the resource situation in the future based on information about the resource situation in the past. The bandwidth that has been available in the recent past can be determined by monitoring the transferred data volume. CPU and buffer resources can also be monitored. The monitoring of the transferred data volume allows not to detect how many resources are actually available, since only information about the really used bandwidth can be delivered. Hence, it is assumed that $d\%$ more bandwidth resources are available than currently used, if all data has been transferred as planned. On base of this information the resource situation in the future is extrapolated. For our algorithm we assume that the extrapolation of a resource i is given by a monotonous function $R_i(t)$ which describes how many units of the resource are predicted for instant t.

4 Preparations for the Adaptive Scheduling

To generate *Mathematical Programmes*, which are used to schedule a document, we represent a specification as directed acyclic graphs called *scheduling graphs*.

4.1 Scheduling Graphs

It is not possible to efficiently solve Mathematical Programmes integrating different overlappings of media objects. Hence, we generate for each possible overlapping of media objects a separate scheduling graph.

In a first step, we generate a provisional scheduling graph for each possible combination of presentation alternatives of selection groups. In a provisional scheduling graph each interval in a specification is modeled by two nodes representing its start- and end-event. These nodes are related by an edge which represents the delay between the nodes respectively events. A TS is also modeled by two nodes representing its start- and end-event. According to the specified projection, presentation interval nodes and TS nodes are related by appropriate edges. All our projections can be modeled by introducing appropriate edges. Delays implied by interval operators are modeled as edges between presentation interval nodes, interaction interval nodes and TS nodes.

The edges in a scheduling graph are labeled with the possible delay values between the nodes. If speed values, interval lengths and delays implied by interval operators are specified as QoS ranges, edges will be labeled with a value range that contains all possible delays. In Tiempo the projections define how fast data units of a TS are presented. As the nodes of the scheduling graph should describe instants of the real time, delay values specified in a TS i have to be divided by the value $v_{e,i}$ that represents the effective speed in the TS. The effective speed $v_{e,i}$ of a TS i is defined recursively by $v_{e,i} := v_i \, v_{e,j}$ where v_i is the speed defined for the projection from TS i to TS j and $v_{e,j}$ is the effective speed of TS j.

For each provisional scheduling graph the possible event instants associated with the nodes of the graph are computed applying the algorithm used in the project planing model CPM [4] to compute the start and end instants of project tasks. With the help of the computed event ranges it is now possible to generate scheduling graphs representing a particular overlapping of media objects as follows.

We insert in a provisional scheduling graph between two nodes a and b associated with a presentation interval a directed edge from a to b and from b to a, if the event ranges of the nodes have common instants and there is no edge between a and b. Both edges are labeled with a value range [0, infinite]. Then we generate for each possible combination of additional edges a separate scheduling graph. Such a scheduling graph implies totally ordered presentation interval nodes. In other words, we have a particular overlapping of media objects.

Each such scheduling graph consists of a fixed set of segments. A segment is characterized by a fix number of presented media objects. When a scheduling graph was generated, we check whether media objects which need the same resources exclusively are overlapping in a segment. If this is the case, the scheduling graph causes a resource violation and has to be omitted.

After all scheduling graphs have been generated from the provisional scheduling graphs, the scheduling graphs are arranged in a sorted list according to the object-level presentation quality they imply. The presentation quality of a scheduling graph is given by the sum of priorities of the contained presentation alternatives. All scheduling graphs derived from one provisional scheduling graph have the same object-level quality.

4.2 Generation of Mathematical Programmes

In a next step we generate for each scheduling graph in the list a Mathematical Programme. A Mathematical Programme is an optimization problem subject to constraints in $\Re^n$ of the form:

Maximize $f(x)$
subject to
$g_i(x) = 0 \quad (i = 1, \ldots, m)$
$x \in S \subset \Re^n$.

The vector $x \in \Re^n$ has components $x_1, \ldots, x_n$ which are the variables of the problem. The function f is called the *objective function* and the set of conditions $g_i(x) = 0$ ($i = 1, \ldots, m$) and $x \in S$ is the set of the *constraints* of the problem. The optimal solution of such a problem is a vector x^* that fulfills the constraints and maximizes the objective function. A Mathematical Programme of this form is constructed for each scheduling graph.

The scheduling graph in Figure 4 is used to illustrate the generation of a Mathematical Programme. It shows the scheduling graph of a composite media object including two continuous media objects. The grey rectangles show how edges are affected by the different speeds in the TSs.

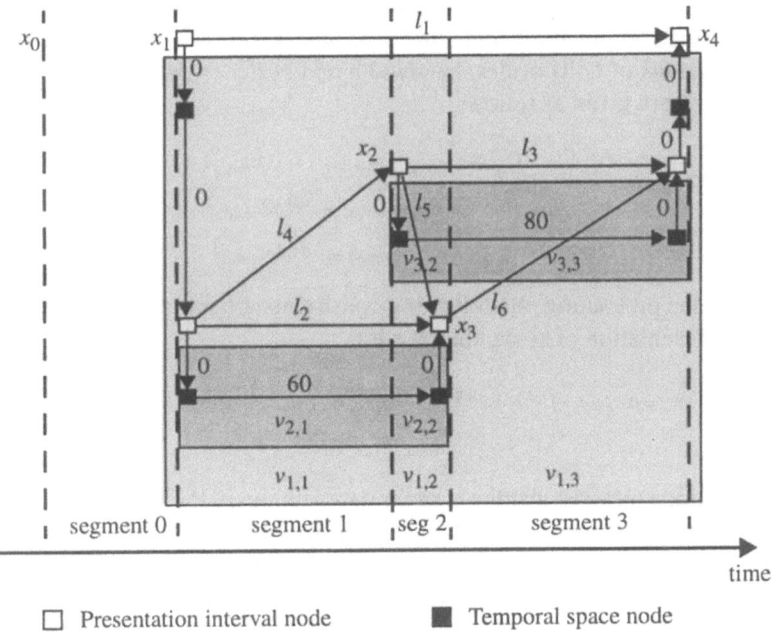

Fig. 4. Scheduling graph example

Constraints representing the document specification. We introduce for each node in a scheduling graph a variable x_j ($x_j \geq 0$; $x_{j+1} \geq x_j$) representing the instant the event associated with the node occurs (If nodes are related by edges with length zero only one common variable is introduced). To be able to consider the preloading of the objects starting in the first segment, we assume that there is a further segment before the first segment given by the scheduling graph. A variable x_0 represents the start of this segment. For the speed of a TS i specified by a QoS range we introduce for each segment s a variable $v_{i,s}$ ($v_{i,s} \geq 0$). For flexible edges i in the graph, we introduce variables l_i ($l_i \geq 0$) representing the length of the edges. Figure 4 shows which variables have to be introduced in the scenario.

With the help of these variables a scheduling graph can be described representing each edge by a constraint. The resulting length of an edge depends on the speed in the segments the edge crosses. An edge h that crosses segment i to segment j can be represented by a constraint of the form

$$(x_{i+1} - x_i)\, v_{e,h,i} + (x_{i+2} - x_{i+1})\, v_{e,h,i+1} + \ldots + (x_j - x_{j-1})\, v_{e,h,j} = l_h.$$

In this equation x_i and x_j are placeholder for the variables representing the start-instant respectively the end-instant of the edge. x_{i+1} to x_{j-1} are placeholders for variables representing the border of the segments $i+1$ to $j-1$. $v_{e,h,k}$ is a place holder for the term $v_{a,k}$ $v_{b,k}$ ..., which is the product of the speed of all TSs in segment k which contain the edge directly or indirectly. l_h is the variable that represents the length of the edge. If the edge has a constant length the right side of the equation consists of this constant.

Constraints representing resource limits. To guarantee that not more resources are required by the computed schedule than available, resource constraints are introduced. The requirements of CPU cycles, bandwidth and buffer to present the media objects o in a segment s are given as follows:

$$C_s := \sum\nolimits_{o \text{ presented in } s} C_o(v_{e,o,s})$$
$$B_s := \sum\nolimits_{o \text{ presented in } s} B_o(v_{e,o,s})$$
$$P_s := \sum\nolimits_{o \text{ presented in } s} P_o(v_{e,o,s}).$$

To describe the preloading, the following constraints are introduced for each segment s where the presentation of some objects starts:

$$\sum\nolimits_{j=0,\ldots,s-1} b_j (x_{j+1} - x_j) + w_{L,s} - m_{L,s} = \sum\nolimits_{o \text{ starts in } s} V_o(v_{e,o,s}),$$
$$w_{L,s} \geq 0, \quad m_{L,s} \geq 0, \quad b_j \geq 0.$$

This constraint expresses that the transfer data volume in the segments before segment s has to be greater than the preload volume of the objects started at x_s. The variable b_j represents the bandwidth used in segment j to preload objects. To express the buffer requirements for preloading we have to introduce for all segments s the following equations:

$$L_s = L_{s-1} + b_{s-1}(x_s - x_{s-1}) - \sum\nolimits_{o \text{ starts in } s-1} V_o(v_{e,o,s-1}), \quad L_0 = 0.$$

These equations express that the amount of needed buffer L_{s+1} at the end of a segment s is equal to the amount of buffer at the start of the segment increased by the data volume transferred in the segment and decreased by the preload volume of objects whose presentation is started in the segment. To restrict the CPU usage, we introduce for each segment s the constraint:

$$C_s + C(b_s) + w_{C,s} - m_{C,s} = \text{Min}\{R_C(x_s), R_C(x_{s+1})\}, \quad w_{C,s} \geq 0, \quad m_{C,s} \geq 0.$$

For the bandwidth resource we introduce for each segment s a constraint:

$$B_s + b_s + w_{B,s} - m_{B,s} = \text{Min}\{R_B(x_s), R_B(x_{s+1})\}, \quad w_{B,s} \geq 0, \quad m_{B,s} \geq 0.$$

For the buffer resource we introduce for each segment a constraint:

$$P_s + L_{s+1} + w_{P,s} - m_{P,s} = \text{Min}\{R_P(x_s), R_P(x_{s+1})\}, \quad w_{P,s} \geq 0, \quad m_{P,s} \geq 0.$$

In the equations $R_r(x_s)$ represents the predicted available amount of resource r at the segment border x_s. As it is not possible to generate constraints that reflect the detailed course of such a function, we consider the minimum value of a function $R_r(x_s)$ in each segment. The variables $w_{r,s}$ are slack variables which describe how many units of resource r are not used in the segment. The variables $m_{r,s}$ are slack variables which describe how many units of resource r are missing in a segment. By constructing resource constraints in this way, it is also possible to compute a solution if there are not enough resources available.

Representation of QoS ranges. A QoS range of the form $[\pi_1:\rho_1, \pi_2:\rho_2, \ldots, \pi_k:\rho_k]$ restricting a variable l or v is represented as follows:

$$l = \sum_{i=1,\ldots,k} \pi_i l_i, \quad W_l := \sum_{i=1,\ldots,k} \rho_i l_i, \quad l_i \geq 0,$$

$$\sum_{i=1,\ldots,k} l_i = 1,$$

$$\sum_{i=1,\ldots,k;\ i-1 \bmod 2 = 0} [\ (l_i + l_{i+1}) (\sum_{j=1,\ldots,k;\ j \neq i;\ j \neq i+1} l_j)\ ] = 0,$$

$$\sum_{i=2,\ldots,k;\ i \bmod 2 = 0} [\ (l_i + l_{i+1}) (\sum_{j=1,\ldots,k;\ j \neq i;\ j \neq i+1} l_j)\ ] = 0.$$

A QoS range with k anchor points is represented by three equations and k variables. The function W_l assigns to each value l a priority value as defined by the QoS range. The functions W_l are needed to construct the objective function.

Objective function. The objective function F of the Mathematical Programme is constructed as follows:

$$F := \sum W_l + \sum W_v - M \sum m_{r,j}.$$

In F all functions W_l and W_v are added. The slack variables containing amounts of resources that are missing are inserted multiplied by a big negative number M. Thus, in the optimal solution (where the objective function has a maximum) these variables have minimum values and the variables representing QoS range values have values with high priorities.

5 Adaptive Scheduling Algorithm

Whenever one of the functions R_i changes significantly, we compute an adaptation of the presentation schedule. Therefore, we start with the first Mathematical Programme in the list. Let us assume that the current adaptation takes place in segment s. To represent the course of the already presented part of the specification, we omit resource constraints and constraints describing edges which are related to the presentation before s. In the remaining constraints we assign to the variable x representing the start of s the current presentation time value. Further, we introduce in the constraints describing the transfer volume requirements to preload objects a constant which describes the amount of already transferred data. Then we compute the optimal solution of the Mathematical Programme. If the value of the objective function is positive, we have found a solution which do not cause resource violations. If the objective function is negative, there is a resource violation. In this case we have to compute the optimal solution of the next Mathematical Programme in the list.

If all Mathematical Programmes cause resource violations, we can implement the solution with the biggest objective function value or we can abort the presentation. To compute the optimal solution of a Mathematical Programme we apply the Generalized Reduced Gradient Method [3].

From the optimal solution of the 'best' Mathematical Programme start- and end-instants as well as speed values can immediately be derived for the presentation schedule. Whereas instants to start the preparation of media objects have to be determined by moving backwards through the schedule starting with the media object that will be presented last. For each media object we compute a preparation instant so that the amount of resources not used to present media objects between the preparation instant and the start instant of the object is sufficient to preload the appropriate part of the object.

6 Related Work

Various temporal models and synchronization concepts have been developed for multimedia presentations, but only a few models provide for adaptive documents.

Firefly [1] is event-based, which means that the start and end of media objects are modeled as instants. The delay between related events is described by a minimum, optimal and maximum value. Additionally, costs are defined for shrinking the extent of an object to minimum or extending it to maximum. To automatically compute the optimal schedule out of these values, a linear programming algorithm has been proposed. However, the scheduling algorithm does not consider the resource situation when the presentation schedule is created.

In CHIMP [2] temporal aspects of media objects are modeled by flexible constraints, which allow to specify ranges for the temporal values. It is possible to specify alternative constraints and to assign priorities. The concept to adapt presentations to different resource situations is equivalent to the concept we propose. Available resources are also predicted and distributed between simultaneous presented media objects. Compared with CHIMP, our model allows a finer granularity with regard to the specification of priorities. Further, CHIMP does not integrate abstractions such as selection groups and it does not provide for variable presentation speeds.

7 Conclusion

To perform multimedia presentations under different resource situations, adaptable document models are required. The Tiempo model offers selection groups to represent alternative presentation parts consisting of media objects and interval operators. With QoS ranges alternative presentation behavior of media objects or interval operators can be defined. Hence, Tiempo conform multimedia documents can integrate a high degree of flexibility and resource shortages need not result in a reduced presentation quality.

The presented adaptive scheduling algorithm is designed for environments with best-effort assignment of resources. It allows to adapt flexible presentations to changing resource situations. Whenever an adaptation is necessary, the algorithm selects presentation alternatives such that the available resources are distributed optimal between simultaneously presented media objects. First performance measurements are encouraging. For a document with 15 media objects and 20 interval operators a scheduling time of 800 ms is needed on a SUN Sparc 20.

Currently, a presentation system is implemented on base of the described concepts. With the help of this presentation system we will investigate how the resource information can be gained efficiently and which parameter deliver the best adaptation results.

References

1. Buchanan, M.C.; Zellweger, P.T.: Scheduling Multimedia Documents Using Temporal Constraints. In Proc. International Workshop on Network and Operating System Support for Digital Audio and Video, San Diego, USA, 1992, pp. 223–235.
2. Candan, K.S.; Prabhakaran, B.; Subrahmania, V.S.: CHIMP: A Framework for Supporting Distributed Multimedia Document Authoring and Presentation. In Proc. ACM Intl. Conference on Multimedia, Boston, USA, 1996, pp. 329-339.
3. Neumann, K.: Operations Research Verfahren, Band I. Carl Hanser Verlag, München Wien, 1975, pp. 292-296.
4. Neumann, K.: Operations Research Verfahren, Band III. Carl Hanser Verlag, München Wien, 1975, pp. 191-207.
5. Rothermel, K.; Helbig, T.: An Adaptive Protocol for Synchronizing Media Streams. ACM/Springer Multimedia Systems, Vol. 5 No. 5, 1997, pp. 324-336.
6. Wahl, T.; Rothermel, K.: Representing Time in Multimedia Systems. In Proc. IEEE Intl. Conference on Multimedia Computing and Systems, Boston, USA, 1994, pp. 538–543.
7. Wahl, T.; Wirag, S.; Rothermel, K.: TIEMPO: Temporal Modeling and Authoring of Interactive Multimedia. In Proc. IEEE Intl. Conference on Multimedia Computing and Systems, Washington DC, 1995, pp. 274-277.
8. Wirag, S.: Modeling of Adaptable Multimedia Documents. In Proc. Interactive Distributed Multimedia Systems and Telecommunication Services; International Workshop, IDMS'97, Darmstadt, Germany, 1997, pp. 420-429.

Session 11:

Wegewahl und Signalisierung

Güte hierarchischer Wegewahl in PNNI

Bernhard Quendt, Bernhard Zumbusch

Lehrstuhl für Kommunikationsnetze, Technische Universität München,
D-80290 München, Germany
[Quendt,Zumbusch]@ei.tum.de

Zusammenfassung Als Teil der PNNI-Spezifikation hat das ATM-Forum 1996 ein neuartiges, adaptives Wegewahlverfahren vorgestellt. Obwohl quellenbasiert, wird Skalierbarkeit auf beliebig große Netze erreicht. Die hierarchische Wegewahl sieht vor, daß der Quellknoten den Weg durch zunehmend entfernte Netzregionen mit abnehmendem Detaillierungsgrad festlegt. Sie basiert auf einem hierarchischen Abbild des Kommunikationsnetzes, der hierarchischen Netzsicht des Quellknotens, deren Hierarchieebenen durch Gruppierung und Zusammenfassung von Netzbereichen gebildet werden. Aufgrund der Zusammenfassung kann eine optimale Wegewahl im Quellknoten nur näherungsweise erfolgen.
In vorliegender Arbeit wird erstmals der Ansatz unternommen, den Einfluß der wichtigsten Charakteristika der Teilnetzzusammenfassung auf die Güte der hierarchischen Wegewahl qualitativ und anhand eines einfachen Modellnetzes auch quantitativ zu erfasssen. Darüberhinaus wird gezeigt, wie Zusatzinformationen über Wegabschnitte in der Nähe des Zielknotens die Güte der hierarchischen Wegewahl verbessern können.

1 Einleitung

Verteilte Anwendungen bedingen häufig ein hohes Maß an Datenaustausch zwischen den beteiligten Einheiten. Wegewahlverfahren mit dem Ziel einen optimalen Pfad über die einzelnen Verbindungen eines Kommunikationsnetzes zu bestimmen, sind vor diesem Hintergrund von großer Bedeutung.
Anfang 1996 hat das ATM-Forum mit der PNNI-Spezifikation ([1]) eine flexible, skalierbare Routing-Architektur vorgestellt. Die Wegewahl in PNNI ist dynamisch. Sie paßt sich Änderungen der Netztopologie und der aktuellen Auslastung der Netzverbindungen an.
Um Schleifenbildung bei dynamischer Wegewahl zu verhindern, wird in PNNI das Prinzip der quellenbasierten Wegewahl (Source-Routing) angewandt, bei dem bereits der Quellknoten festlegt, welche Verbindungen bis zum Zielknoten genutzt werden. Voraussetzung ist, daß die aktuellen Eigenschaften der einzelnen Verbindungen (im folgenden gekennzeichnet durch einen allgemeinen Kostenterm) im Quellknoten vorhanden sind. In großen Netzen kann dies schnell zu erheblichen Speicherplatz- und Zeitproblemen führen. Durch Erweiterung des Source-Routing-Prinzips zu einer hierarchischen Wegewahl wird in PNNI Skalierbarkeit erreicht. Die Wegewahl erfolgt weiterhin im Quellknoten, allerdings in zunehmender Entfernung mit abnehmendem Detaillierungsgrad.

Die benötigten Netzinformationen sind in jedem Knoten in Form der hierarchischen Netzsicht gespeichert, einem hierarchisch strukturierten Abbild des Netzes aus Sicht des jeweiligen Knotens. Die einzelnen Hierarchieebenen entstehen durch sukzessive Gruppierung und Zusammenfassung von Netzbereichen. Dies hat zur Folge, daß in der hierarchischen Netzsicht Informationen über entfernte Bereiche auf höheren Hierarchieebenen und damit nur noch stark zusammengefaßt vorkommen. In Abbildung 1 ist ein Beispielnetz und seine Hierarchisierung wiedergegeben.

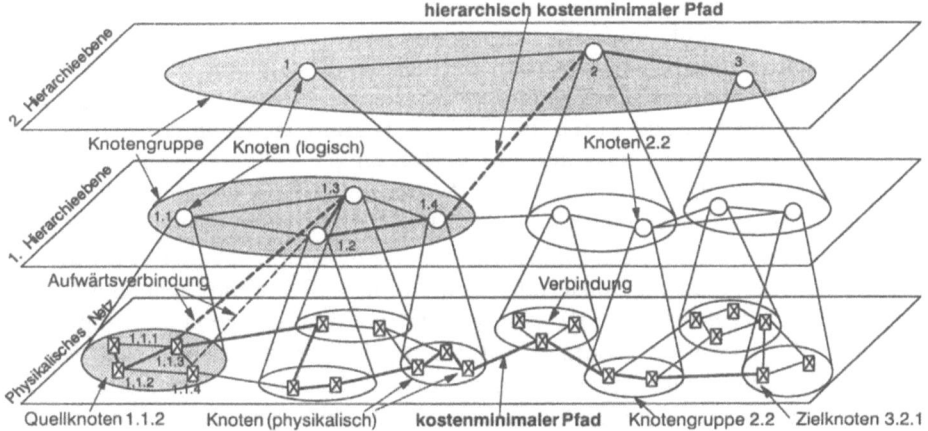

Abbildung1. PNNI-Beispielnetz mit 2 Hierarchieebenen

Die unterste Ebene bildet das physikalische Netz mit den Vermittlungsknoten und Verbindungen (z.B. ATM-VP's). Die Knoten sind über ihre Adressen einzelnen Knotengruppen zugeordnet, die zu je einem Knoten der nächsthöheren Hierarchieebene zusammengefaßt werden. In Abbildung 1 beispielsweise geht Knoten 2.2 aus der Knotengruppe 2.2 hervor. Fortgesetzte Gruppierung und Zusammenfassung führt schließlich zu einem hierarchisch strukturierten Abbild des Netzes. Die hierarchische Netzsicht eines Quellknotens umfaßt hieraus jene Knoten, deren Adresse 'hierarchisch abnehmend' mit der des Quellknotens übereinstimmt. In Abbildung 1 ist grau unterlegt die hierarchische Netzsicht des Knotens 1.1.2 eingezeichnet. Sogenannte Aufwärtsverbindungen (Uplinks) verbinden die Knoten unterschiedlicher Hierarchieebenen.
Der kostenminimale Pfad zwischen zwei Knoten wird in der hierarchischen Netzsicht des Quellknotens durch einen hierarchisch kostenminimalen Pfad angenähert. Dieser setzt sich aus einer Kette von Uplinks und kostenminimalen Teilpfaden auf jeder Hierarchieebene zusammen. In Abbildung 1 sind am Beispiel des Knotenpaares 1.1.2 - 3.2.1 der hierarchisch kostenminimale Pfad und der zugrundeliegende kostenminimale Pfad im physikalischen Netz fett gedruckt.
Gruppierung und Teilnetzzusammenfassung bilden die Kernprozesse beim Auf-

bau einer hierarchischen Netzsicht. Sie beeinflussen die hierarchische Wegewahl
maßgeblich. Während die Folgen der Gruppierung, insbesondere auf den Routingaufwand, zumindest ansatzweise untersucht wurden [5], galt dem Einfluß
der Teilnetzzusammenfassung bisher wenig Interesse. In [1,2] wurden lediglich
verschiedene Verfahren zur Zusammenfassung vorgeschlagen. Grundsätzlich ist
leicht einzusehen, daß mit zunehmender Zusammenfassung die Güte der hierarchischen Wegewahl, d.h. die Genauigkeit abnimmt, mit der die Kosten sowohl
für den Durchgang durch ein Teilnetz, als auch für den Wegabschnitt zum Zielknoten im Inneren eines Teilnetzes abgeschätzt werden können.

Vorliegender Beitrag unternimmt einen ersten Ansatz, den Einfluß der Netzzusammenfassung auf die Güte der hierarchischen Wegewahl zu untersuchen.
Von den zahlreichen Einzelaspekten, die bei der Zusammenfassung eine Rolle
spielen, werden zunächst zwei Einflußgrößen herausgegriffen: der Grad der Hierarchisierung, ausgedrückt durch die Zahl der Hierarchieebenen mit der ein Netz
hierarchisch strukturiert wird und das Verfahren zur Teilnetzzusammenfassung.
Es ist vorstellbar, daß die hierarchische Wegewahl auf der netznahen Schicht einer geschichteten Dienststeuerung (z.B. TINA - Network Layer [3]) zum Aufbau
von Nutzdatenverbindungen eingesetzt wird. Ein vorangehender Kontakt zum
Zielknoten über eine Signalisierungsverbindung auf anwendungsnaher Schicht
(z.B. TINA - Service Layer [4]) kann genutzt werden, um genauere Informationen über die Kosten des Wegabschnitts zum Zielknoten im entfernten Netzbereich an den Wegewahl Prozeß durchzureichen. In einer dritten Untersuchung
wird geklärt, ob sie die hierarchische Wegewahl verbessern können. Neben einer
qualitativen Betrachtung werden für alle 3 Untersuchungen erste quantitative
Ergebnisse auf der Basis eines einfach strukturierten Modellnetzes vorgestellt.

Im weiteren Verlauf werden zunächst notwendige Festlegungen in Erweiterung
zur PNNI-Spezifikation beschrieben (Abschnitt 2), der hier verwendete Begriff
der Güte definiert (Abschnitt 3) und der Einfluß einiger wichtiger Charakteristika der Hierarchisierung qualitativ beschrieben. In Abschnitt 4 wird das Modellnetz vorgestellt, welches die Basis für die quantitativen Untersuchungen bildet,
deren Ergebnisse in Abschnitt 5 aufgeführt und erklärt werden. Abschnitt 6
schließlich faßt die gewonnenen Erkenntnisse zusammen.

2 Festlegungen in Erweiterung zur PNNI-Spezifikation

Die PNNI-Spezifikation [1] enthält nur die Grundprinzipien zur Bildung einer
hierarchischen Netzsicht und zur hierarchischen Wegewahl. Bevor die Güte des
hierarchischen Wegewahlverfahrens untersucht werden kann, ist es erforderlich,
die Verfahren zur Teilnetzzusammenfassung und zur Abschätzung der Zielnetzwegekosten genauer festzulegen.

2.1 Teilnetzzusammenfassung

Die Teilnetzzusammenfassung ist ein wesentliches Merkmal von PNNI. Ihr Ziel
ist es, die Verbindungsinformationen eines Teilnetzes zu wenigen repräsentativen
Daten zu verdichten.

2.1.1 Allgemeine Vorgehensweise. Zunächst sei die allgemeine, zweistufige Vorgehensweise bei der Teilnetzzusammenfassung vorgestellt [2]. Zwei wichtige, konkrete Verfahren werden in Abschnitt 2.1.2 und 2.1.3 genauer erklärt.

Erster Reduktionsschritt. Ein Teilnetz (Knotengruppe, Peer Group) wird in der nächsten Hierarchieebene durch einen sogenannten Mehrportknoten repräsentiert. Abbildung 2 zeigt im oberen Teil exemplarisch 2 Knotengruppen und die zugehörigen Mehrportknoten. Knoten, die eine Verbindung zu einem anderen Teilnetz haben (z.B. 2.1.1, 2.1.4) werden als Grenzknoten bezeichnet und bilden sich in die Ports ab. So wird beispielsweise Knoten 2.1.1 durch den Port P1 des Mehrportknotens 2.1 repräsentiert. Durch den Wegfall der inneren Knoten wird eine erste Reduktion des Teilnetzes erreicht.
Die möglichen Wege zwischen 2 Grenzknoten eines Teilnetzes bilden sich auf Intraknotenverbindungen zwischen den Ports eines Mehrportknotens ab. Verbindungen zwischen den Teilnetzen bilden sich auf Interknotenverbindungen zwischen den Ports unterschiedlicher Mehrportknoten ab. In Abbildung 2 bildet sich z.B. die Verbindung zwischen den Grenzknoten 2.1.4 und 2.2.1 der beiden Teilnetze 2.1 und 2.2 direkt in die Interknotenverbindung P4 - P1 ab. Die Berechnung der Intra- und Interknotenverbindungskosten ist im allgemeinen Fall, in denen die Grenzknoten selbst Mehrportknoten sind, nicht so einfach. Auf das dort gewählte Verfahren wird in Abschnitt 2.1.3 genauer eingegangen.

Zweiter Reduktionsschritt. Intraknotenverbindungen eines Mehrportknotens repräsentieren auf höherer Hierarchieebene den Durchgang durch das zugeordnete Teilnetz. Die Vorschrift, nach der die Kosten einer Intraknotenverbindung berechnet werden, sollte das bei der Wegewahl angewandte Kriterium berücksichtigen. In vorliegender Untersuchung werden Pfade mit minimalen Kosten bestimmt. Es liegt daher nahe, für die Kosten der Intraknotenverbindung die Kosten des kostenminimalen Pfades zwischen den zugeordneten Grenzknoten des repräsentierten Teilnetzes anzusetzen. Im Beispiel erhält die Intraknotenverbindung zwischen P1 und P4 des Knotens 2.1 den Wert 6 des kostenminimalen Pfades zwischen den Grenzknoten 2.1.1 und 2.1.4 (2.1.1 - 2.1.2 - 2.1.4).
Die vollvermaschte Mehrportknotendarstellung eines Teilnetzes (Full Mesh Representation, FMR) erhält man bei Betrachtung aller Port-Port-Verbindungen. Sie hat den Nachteil, daß die Zahl der Intraknotenverbindungen quadratisch mit der Anzahl der Grenzknoten steigt.
Durch einen zweiten Reduktionsschritt wird die Zahl der Intraknotenverbindungen verringern. Die höchste Reduktion an Intraknotenverbindungen wird durch die Einfachknotendarstellung (Simple Node Representation, SNR[1] erreicht [1]). Aus den Kosten aller Intraknotenverbindungen wird ein Durchschnittswert berechnet, der zu den Kosten der Interknotenverbindungen addiert wird. Die Intraknotenverbindungen können dann entfallen, ein Teilnetz wird lediglich durch einen einfachen Knoten repräsentiert. Das Verfahren zur Bildung der SNR wird in Abschnitt 2.1.2 genauer beschrieben. Zwischen den beiden Grenzfällen FMR

---
[1] Im folgenden werden die englischen Abkürzungen FMR und SNR verwendet.

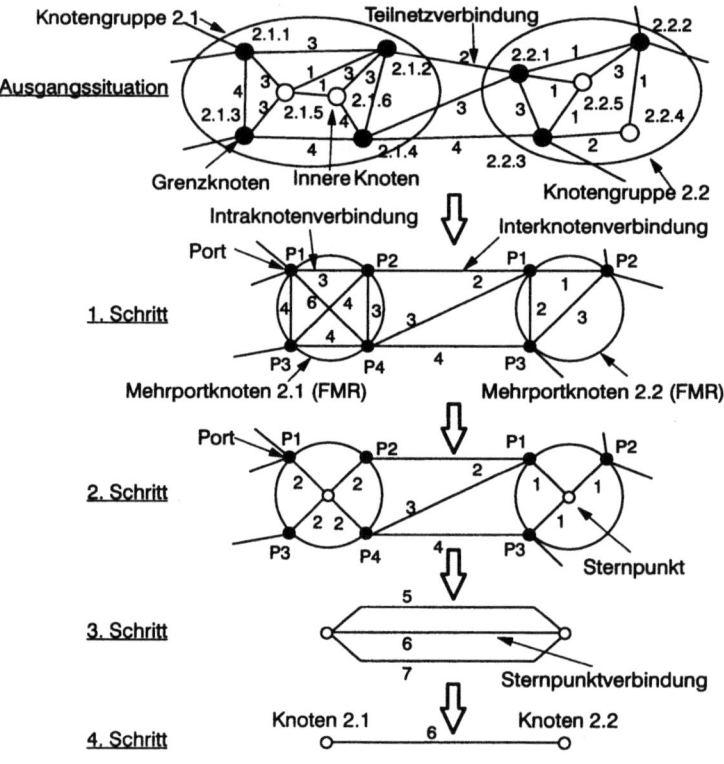

Abbildung 2. Zusammenfassung bei SNR

und SNR sind zahlreiche Zwischenformen denkbar (z.B. die in PNNI vorgeschlagene Complex Node Representation [1]), die aber nicht weiter betrachtet werden.

2.1.2 Zusammenfassung bei SNR. Bei Verwendung der SNR existieren keine Intraknotenverbindungen mehr, die die Durchgangskosten durch das Netz repräsentieren könnten, sie müssen in die Kosten der Interknotenverbindungen einbezogen werden. Bei der Bildung der SNR, beispielhaft dargestellt in Abbildung 2, wird in einem ersten Schritt die FMR eines Teilnetzes gebildet. In einem zweiten Schritt wird die FMR in eine Sterndarstellung umgewandelt. Die Kosten einer Verbindung zwischen Port und Sternpunkt ergeben sich als halber Mittelwert der Kosten aller Intraknotenverbindungen. Unabhängig vom Portpaar werden somit die Durchgangskosten durch ein Teilnetz durch einen einzigen Mittelwert wiedergegeben. In einem dritten Schritt werden die Verbindungen zwischen den Ports zu Sternpunktverbindungen verlängert. Mehrere Sternpunktverbindungen werden abschließend unter Kostenmittelung zu einer Verbindung zusammengefaßt (Schritt 4).

2.1.3 Gewinnung höherer Hierarchieebenen bei FMR. Wie bereits zuvor erwähnt, ergibt sich bei der Bildung höherer Hierarchieebenen ($n \geq 2$) im Falle der FMR die Schwierigkeit, daß Knotengruppen nicht mehr aus einfachen Knoten, sondern aus Mehrportknoten bestehen. Im folgenden wird die Zusammenfassung eines aus Mehrportknoten bestehenden Teilnetzes der Hierarchieebene n (PG_i^n) zu einem Mehrportknoten K_i^{n+1} auf Hierarchieebene n+1 beschrieben (siehe Abbildung 3). Zunächst werden die Grenzknoten B_j des Teilnetzes PG_i^n identifiziert. Sie entsprechen den Ports P_j des Knotens K_i^{n+1} auf Hierar-

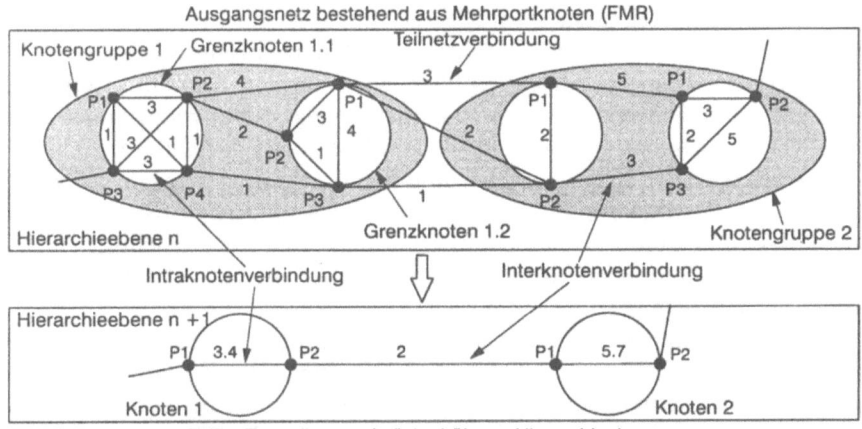

Abbildung 3. Zusammenfassung bei FMR

cheebene n+1. Die Kosten C_{P_j,P_l} der Intraknotenverbindung zwischen 2 Ports P_j und P_l berechnen sich aus den kostenminimalen Pfaden zwischen allen Ports der zugehörigen Grenzknoten B_j und B_l zu:

$$C_{P_j,P_l} = f(C_{P_r(B_j),P_s(B_l)}, \forall r,s).$$

Als Funktion wird in vorliegender Arbeit der Durchschnittswert betrachtet. In Abbildung 3 beispielsweise berechnen sich die Kosten der Intraknotenverbindung P1-P2 als Mittelwert der Kosten der kostenminimalen Pfaden zwischen allen Ports der Grenzknoten 1.1 und 1.2.

Sind zwei Teilnetze der Hierarchieebene n miteinander verbunden, so existieren zwischen den Ports der Grenzknoten Teilnetzverbindungen. Aus deren Kosten berechnen sich die Kosten der Interknotenverbindungen auf Hierarchieebene n+1 ebenfalls über Mittelwertbildung.

2.2 Zielnetzwegekosten und Anbindungskosten des Zielknotens

Aufgrund der zunehmenden Zusammenfassung entfernter Netzbereiche fehlt im Quellknoten die Information über die genaue Lokalisierung des Zielknotens. Liegt der Zielknoten auf physikalischer Ebene nicht in der gleichen Knotengruppe wie der Quellknoten, so ist als Ziel lediglich ein Knoten auf höherer Hierarchieebene, der Zielebene bekannt. Er repräsentiert das Zielnetz, d.h. das Teilnetz, in dem sich der Zielknoten befindet. Die Ordnungszahl k der Zielebene wird über die erste Knotengruppe festgelegt, die gleichermaßen Quell- und Zielknoten umfaßt. In Abbildung 1 umfaßt erst die höchste Knotengruppe Quell- und Zielknoten, die Ordnungszahl der Zielebene ist 2, das Zielnetz wird aus Sicht des Quellknotens durch den Knoten 3 repräsentiert. Je höher die Ordnungszahl k, desto größer ist das Zielnetz und desto weniger präzise lassen sich die Zielnetzwegekosten, d.h. die Kosten für die Wegführung im Zielnetz hin zum Zielknoten angeben.

Wird das Zielnetz durch einen Mehrportknoten repräsentiert, so wird vorgeschlagen [1], die Zielnetzwegekosten über einen fiktiven Knotenmittelpunkt abzuschätzen. Ist wie im Falle der FMR keine Sterndarstellung vorhanden, so kann für die Kosten zwischen Port und fiktivem Mittelpunkt der halbe Durchschnittswert der Kosten aller Intraknotenverbindungen angesetzt werden. Ist vom Zielnetz eine SNR-Darstellung bekannt, so sind die Anbindungskosten des Zielknotens indirekt über die erweiterten Interknotenkosten berücksichtigt. In beiden Fällen sind die Kenntnisse des Quellknotens über die tatsächlichen Kosten im Zielnetz höchst ungenau.

Aus Sicht des Zielknotens, d.h. basierend auf dessen hierarchischen Netzsicht, lassen sich die Kosten vom Zielknoten zu den Ports des Zielnetzes bestimmen. Dieser Vorgang gleicht der hierarchischen Wegewahl, allerdings mit dem Zielknoten in der Rolle des Anfangspunktes und dem Port des Zielnetzes auf höherer Ebene in der Rolle des Endpunktes. Er kann im Zielknoten unabhängig durchgeführt werden. Die Kosten zwischen Zielknoten und den Ports des Zielnetzes werden im folgenden Anbindungskosten des Zielknotens genannt. Sie lassen eine genauere Abschätzung der Zielnetzwegekosten erwarten, als die in [1] vorgeschlagenen Kosten von einem Port des Zielnetzes zu dessen fiktiven Mittelpunkt. Sind die Anbindungskosten im Quellknoten bekannt, so kann dieser zunächst den optimalen Port im Zielnetz bestimmen. Er weist die niedrigsten Gesamtkosten auf, die aus den Kosten vom Quellknoten zum Port und den Anbindungskosten des Zielknotens an diesen Port bestehen. Die Gesamtkosten schließlich können zur Abschätzung der realen Pfadkosten genutzt werden. Es widerspräche dem Ziel der Skalierbarkeit von PNNI, in jedem Quellknoten die Anbindungskosten jedes Zielknotens bereitzuhalten. Möglich ist allerdings, sie vor dem Aufbau der Nutzdatenverbindung über eine bestehende Signalisierungsverbindung zu übermitteln (siehe auch Abschnitt 1).

3 Gütebegriff und Untersuchungsziele

3.1 Definition des Gütebegriffs

$C_{iH(j)}$ seien die Kosten für den hierarchisch kostenminimalen Pfad zwischen Quellknoten i und Zielknoten j, die der Quellknoten auf Basis seiner hierarchischen Netzsicht ermittelt und C_{ij} die Kosten für den kostenminimalen Pfad bei vollständiger Kenntnis des Originalnetzes. Auf Basis eines Kostenvergleichs wird ein Fehlermaß e_{ij} pro Knotenpaar, ein mittlerer Fehler $\bar{e}$ und die Güte der hierarchischen Wegewahl G_H wie folgt definiert:

$$e_{ij} = \frac{|C_{iH(j)} - C_{ij}|}{C_{ij}}, \qquad \bar{e} = \frac{1}{N} \sum_i \sum_j e_{ij}, \qquad G_H = 1 - \bar{e}.$$

3.2 Einflußgrößen und Untersuchungsziele

Die Güte der hierarchischen Wegewahl unterliegt zahlreichen Einflußgrößen. Im folgenden wird genauer untersucht, welche Auswirkung der Hierarchisierungsgrad, das Verfahren der Teilnetzzusammenfassung und die Abschätzung der Zielnetzwegekosten hat. Zunächst erfolgt eine qualitative Beschreibung.

Der Hierarchisierungsgrad läßt sich durch die Zahl der Hierarchieebenen ausdrücken. Jede zusätzliche Hierarchieebene führt zu einer weiteren Zusammenfassung des Originalnetzes. Mit zunehmendem Hierarchisierungsgrad sinkt so die Anzahl der Knoten in der hierarchischen Netzsicht und mit ihr u.a. der Aufwand zur Routenberechnung. Demgegenüber ist zu erwarten, daß die Güte der hierarchischen Wegewahl abnimmt, da insbesondere entfernte Netzbereiche wesentlich stärker zusammengefaßt sind. In der Folge können aus Sicht des Quellknotens die Kosten für den Durchgang und für den Wegabschnitt zum Zielknoten im Inneren eines solchen Teilnetzes nicht mehr so genau abgeschätzt werden. Das erste Ziel vorliegender Arbeit besteht darin, das Verhalten der Güte in Abhängigkeit von der Anzahl der Hierarchieebenen genauer zu untersuchen.

Bei den Verfahren der Teilnetzzusammenfassung ist insbesondere der zweite Reduktionsschritt interessant. Ausgehend von der FMR einer Knotengruppe werden Ports und Intraknotenverbindungen weiter verringert. Dies wirkt sich einerseits positiv auf den Speicherplatzbedarf und den Routingaufwand aus, andererseits sind mit der stärkeren Zusammenfassung weitere Güteeinbußen zu befürchten. FMR und SNR stellen zwei Grenzfälle dar. Alle weiteren Verfahren [1, 2] lassen sich dazwischen einordnen. Das zweite Untersuchungsziel ist daher der Vergleich der beiden Grenzfälle FMR und SNR in ihrer Wirkung auf die Wegewahlgüte.

Wie in Abschnitt 2.2 erläutert, lassen sich bei bekannten Anbindungskosten des Zielknotens die Zielnetzwegekosten genauer abschätzen. Ein letztes Untersuchungsziel besteht darin, zu klären, ob dies auch zu einer verbesserten hierarchischen Wegewahl führt und, wenn ja, welches Ausmaß die Verbesserung annimmt.

4 Modellnetz

Die Wirkung der oben beschriebenen Einflußgrößen auf die Güte der hierarchischen kann nur in Zusammenhang zur zugrundeliegenden Netztopologie gesehen werden. So wird der Vorgang der Teilnetzzusammenfassung und folglich auch dessen Wirkung auf die Wegewahlgüte durch den Vermaschungsgrad der Netzknoten und die Heterogenität der Verbindungskosten beeinflußt. Sind beide hoch, so ist aufgrund der Durchschnittsbildung bei der Teilnetzzusammenfassung mit größeren Güteeinbußen zu rechnen. Darüberhinaus sollte die Netztopologie bei der Knoten-Gruppierung, d.h. bei der Auswahl einer geeigneten Gruppengröße und bei der Zuordnung der Knoten berücksichtigt werden. Neben der Zahl der Hierarchieebenen beinflußt somit die Netztopologie über den Vorgang der Gruppierung die Bildung einer hierarchischen Netzstruktur und deren Wirkung auf die Güte der hierarchischen Wegewahl.

Die Abhängigkeit von der Netztopologie erschwert eine quantitative Betrachtung des Güteverhaltens. Insbesondere bei komplexen Topologien ließe sich nur schwer bestimmen, welche Effekte auf die beschriebenen Einflußgrößen und welche auf Topologieeigenschaften zurückzuführen sind. Für erste quantitative Aussagen wurde daher ein einfacher, regelmäßiger Aufbau des Modellnetzes gewählt (in Abbildung 4 aus Platzgründen am Beispiel eines 64 Knoten-Netzes dargestellt). Tabelle 1 gibt einen Überblick über die Kenngrößen von Modellnetz und

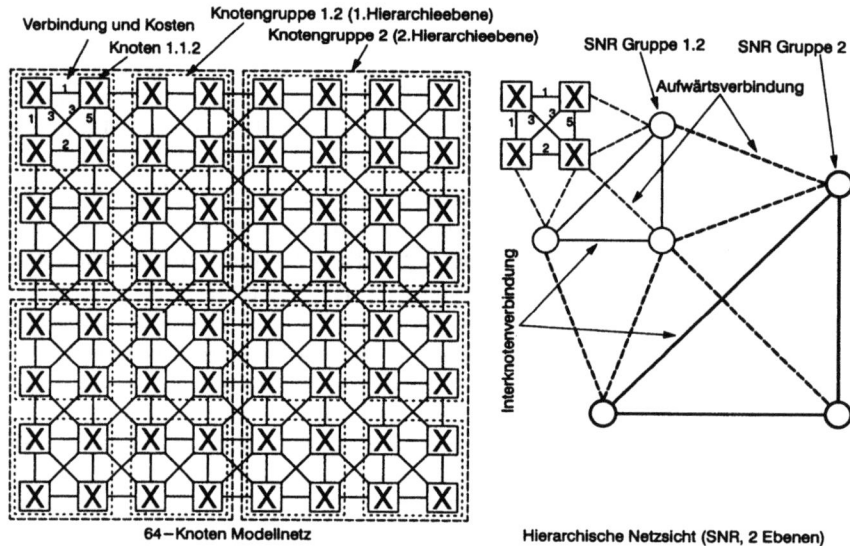

Abbildung 4. Modellnetz

Hierarchisierungsvorgang. Hervorgehoben sind die genauer untersuchten Einflußgrößen.

5 Quantitative Ergebnisse

5.1 Einfluß des Hierarchisierungsgrades bei FMR

Führt man bei der Teilnetzzusammenfassung lediglich den ersten Reduktionsschritt durch, so erhält man die FMR einer Knotengruppe. Tabelle 2 zeigt die erreichbare Reduktion der Knotenanzahl in der hierarchischen Netzsicht (HE = Hierarchieebene(n)). Jeder Port eines Mehrportknotens wird dabei als Knoten gezählt, da er bei der Wegewahl wie ein eigenständiger Knoten berücksichtigt werden muß. Bei einem vier Hierarchieebenen umfassenden Abbild eines 1024

Einflußgröße	Wert
Netzgröße	1024 Knoten
Vermaschung	Je 4 Knoten vollvermascht
Verbindungskosten	Statistisch gleichverteilt (1...5)
Peer Group Größe	Konstant 4 Knoten in jeder Ebene
Anzahl der Hierarchieebenen	1 ... 4
Knotenzusammenfassung	FMR vs. SNR
Schätzung der Zielnetzwegekosten	**Fiktive Knotenmitte vs. bekannte Anbindungskosten**

Tabelle 1. Kenngrößen des Modellnetzes

Knoten-Netzes kann eine Reduktion der Knotenanzahl etwa um den Faktor 20 erzielt werden. Nimmt man eine quadratische Abhängigkeit von der Knotenanzahl an, so läßt sich die Zeit zur Berechnung kostenminimaler Pfade etwa um den Faktor 400 senken. Bei einer Hierarchieebene läßt sich keine Knotenreduktion erreichen. Dies ist auf die gewählte Netztopologie zurückführen, bei der jeder Knoten auch Grenzknoten ist und somit als Port in der ersten Hierarchieebene erscheint. Aufgrund der Vollvermaschung von jeweils vier Ports mit Intraknotenverbindungen sind ursprüngliche Netztopologie und hierarchische Netzsicht bei einer Hierarchieebene identisch.

Originalnetz	1 HE	2 HE	3 HE	4 HE
1024	1024	268	88	52

Tabelle 2. Knotenreduktion bei FMR

Originalnetz	1 HE	2 HE	3 HE	4 HE
1024	259	70	25	13

Tabelle 3. Knotenreduktion bei SNR

In Abbildung 5 ist mit durchgezogener Linie eingezeichnet, wie sich die Güte der hierarchischen Wegewahl bei zunehmender Anzahl von Hierarchieebenen verringert. Zu erkennen ist insbesondere ein deutlicher Rückgang der Güte auf den Wert 0,68 bei vier Hierarchieebenen und ein näherungsweise linearer Abfall (etwa 0,7/Ebene) ab zwei Hierarchieebenen.

Obwohl sich bei einer Hierarchieebene ursprüngliche Netztopologie und hierarchische Netzsicht gleichen, läßt sich kein Gütewert 1 erreichen, da die Zielnetzwegekosten lediglich über einen fiktiven Mittelpunkt abgeschätzt werden.

5.2 Einfluß des Zusammenfassungsverfahrens

Wird bei der Teilnetzzusammenfassung ein zweiter Reduktionsschritt durchgeführt, so läßt sich die Zahl der Knoten in der hierarchischen Netzsicht weiter verringern. Die stärkste Reduktion ist beim SNR-Verfahren zu erreichen. Tabelle 3 zeigt, daß bereits bei einer Hierarchieebene nur noch etwa $\frac{1}{4}$ der Knoten vorhanden sind und bei vier Hierarchieebenen die Knotenanzahl um etwa den

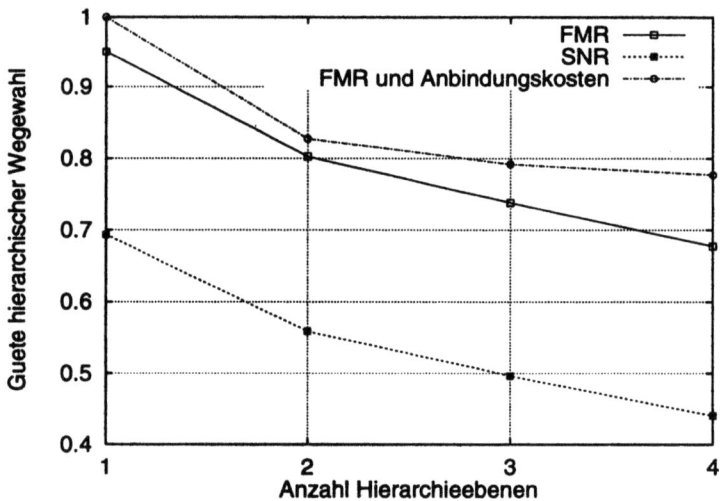

Abbildung5. Güte der hierarchischen Wegewahl

Faktor 80 verringert werden kann. Der Routingaufwand könnte in diesem Fall um mehr als drei Größenordnungen reduziert werden.

Wie bereits bei der qualitativen Betrachtung erwartet, wirkt sich die starke Reduktion ungünstig auf die Güte aus (punktierte Kurve in Abbildung 5). Bereits bei einer Hierarchieebene geht die Güte auf den Wert 0,69 zurück. Bei drei Hierarchieebenen ist der Schätzfehler bereits halb so groß wie die eigentlichen Pfadkosten. Der Abfall der Güte ist auch bei SNR näherungsweise linear. Interessant ist der Vergleich zum Güteverlauf bei FMR. So ist bei Anwendung der SNR die Güte deutlich geringer. Der Unterschied beträgt etwa 0,25 und ist weitgehend unabhängig von der Zahl der Hierarchieebenen. Der Güteabfall bei einer SNR-Hierarchieebene ist bei Anwendung der FMR erst bei vier Hierarchieebenen vorhanden. Bei letzteren ist die Knotenanzahl um den Faktor 5 geringer, was einer Zeitersparnis um den Faktor 25 entspricht. Darüberhinaus können die Güteeinbußen nur teilweise durch die verbesserte Knotenreduktion der SNR kompensiert werden. Bei vergleichbarer Knotenreduktion beträgt der Güteunterschied noch mehr als 0,15 (interpolierte Werte).

Die schlechten Gütewerte zeigen, daß die Teilnetzzusammenfassung mit der SNR-Methode für den praktischen Einsatz in großen Netzen nicht ernsthaft in Frage kommen kann.

5.3 Güte bei bekannten Anbindungskosten

Die zusätzlichen Informationen über die Anbindungskosten des Zielknotens haben keinen Einfluß auf die Knotenreduktion. Die Güte hingegen kann deutlich

gesteigert werden (Abbildung 5, strich-punktierte Kurve): bei vier Hierarchieebenen beträgt der Wert der Güte immerhin noch 0,78. Dies entspricht gemäß Abschnitt 3.1 einem mittleren Fehler von 22 Prozent. Interessant ist auch, daß die Verringerung der Güte mit abnehmender Steigung erfolgt.
Im Vergleich zur FMR bei unbekannten Anbindungskosten verbessert sich die Güte kontinuierlich. Bei vier Hierarchieebenen nimmt der Güteunterschied bereits den Wert 0,1 an. Auf den Schätzfehler übertragen, entspricht dies einer Reduktion um knapp 30 Prozent.
Im Vergleich zur SNR ist die Güte nun selbst bei vier Ebenen noch deutlich besser als dort bei einer Hierarchieebene. Bei vergleichbarer Knotenanzahl in der hierarchischen Netzsicht beträgt die Gütedifferenz (interpoliert) jetzt etwa 0,2.

6 Zusammenfassung

In vorliegender Arbeit wurde erstmals untersucht, wie sich die Güte der hierarchischen Wegewahl in PNNI in Abhängigkeit von verschiedenen Einflußgrößen verhält. Die Auswirkung des Hierarchisierungsgrades und der Verfahren zur Teilnetzzusammenfassung und Abschätzung der Zielnetzwegekosten wurde dabei qualitativ beschrieben und für ein einfaches Modellnetz auch quantitativ untersucht. Es konnte gezeigt werden, daß die Güte mit zunehmender Anzahl an Hierarchieebenen näherungsweise linear absinkt, daß die Güte in hohem Maße von dem gewählten Verfahren der Teilnetzzusammenfassung abhängt - die Darstellung durch einen einfachen Knoten (SNR) bringt wesentlich höhere Güteeinbußen mit sich, als die Darstellung durch einen vollvermaschten Mehrportknoten (FMR) - und daß eine verbesserte Schätzung der Zielnetzwegekosten sowohl die Gütewerte deutlich verbessert, als auch die Steigung verringert, mit der die Güte bei zunehmender Hierarchisierung absinkt.
Aufgrund der Beschränkung auf ein einfaches Modellnetz besitzen die quantitativen Werte nur einen grob richtungsweisenden Charakter. Gleichwohl können sie als Ausgangspunkt für weitere Untersuchungen an komplexeren Modellnetzen und unter Berücksichtigung der zunächst nicht veränderten Einflußgrößen dienen.

Literatur

1. ATM-Forum. *Private Network-Network Interface Version 1.0 (PNNI 1.0), af-pnni-0055.000*, März 1996.
2. W. C. Lee. Topology Aggregation for Hierarchical Routing in ATM Networks. *ACM SIGCOMM Computer Communication Review*, 1995.
3. TINA-C. *TINA-C Network Resource Architecture Version 3.0*, 1997. URL: http://www.tinac.com.
4. TINA-C. *TINA-C Service Architecture Version 5.0*, 1997. URL: http://www.tinac.com.
5. P. Van Mieghem. Estimation of an Optimal PNNI Topology. In *Proceedings of the IEEE ATM'97 Workshop*, Lisabon, May 1997.

Flexible Hardware Support for Gigabit Routing

Till Harbaum, Detlef Meier, Martina Zitterbart, and Dieter Brökelmann
{harbaum|meier|zit|broeke}@ibr.cs.tu-bs.de

Institute of Operating Systems and Computer Networks
TU Braunschweig, Germany

http://www.ibr.cs.tu-bs.de/~harbaum/projekte/heart/heart.html
http://www.ibr.cs.tu-bs.de/~harbaum/projekte/fhipps/fhipps.html

Abstract. Routers and Switches are key building blocks of global networks. Data rates in the range of multiple gigabit per second are flowing trough them and emerging router functionalities (active networking, layer 4 switching, ...) require fast and efficient routers. Therefore, hardware support is needed in order to speed up the performance critical forwarding task.

This paper presents a flexible hardware support and its application for one of the most performance critical parts of a router: the routing table and its search algorithms. The basic principles and components of the hardware platform are outlined. Based on this platform a simple but efficient organization of the routing table and an appropriate search algorithm is presented. Furthermore, hardware support for upcoming router tasks such as RSVP classifier state handling and active networking support is outlined.

1 Introduction

Gigabit and terabit networks are emerging with first pilot networks being established [PS94]. Interworking such networks becomes a challenge due to the extremely high performance requirements [PCB+98].

Interworking units, such as IP routers are key building blocks of the Internet. However, IP routers easily become serious performance bottlenecks in gigabit networks. Performance is, for example, limited by routing table lookups [ZHMB97,TMZB98]. Moreover, the development of an integrated services architecture within the Internet in order to support emerging multimedia applications [BCS94] leads to new requirements for IP routers. Firstly, the

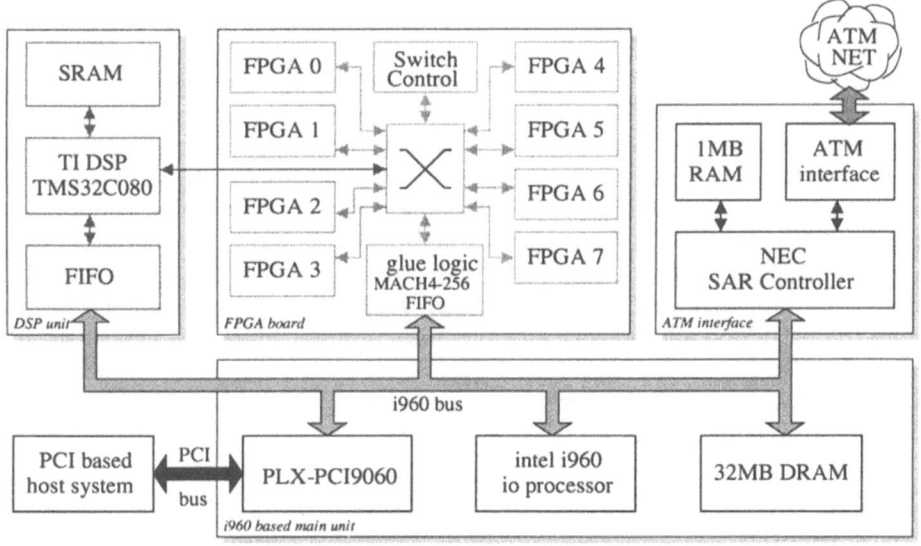

Figure 1. FHiPPs, the Flexible High Performance Platform

longer IP addresses - 128 bit instead of 32 bit - introduced by IPv6 [DH97] require even more efficient mechanisms for routing table lookup. Secondly, the resource reservation protocol RSVP [BZB+97,MBBB97,BZ97] requires state information with respect to reserved resources for individual end-to-end sessions. Within this paper, a concept for high performance routing table lookup for gigabit routers is presented. This includes the design of an associated search algorithm. The approach provides a modular design that can be embedded into various router architectures. For example, into a special purpose architecture [KTZ94] or simply into a general purpose workstation.

Furthermore, new development towards active networks are under way [TSS+97]. They lead to even higher demands on router performance due to dynamically loadable modules and due to application specific data processing.

2 Flexible Hardware Platform - FHiPPs

The flexible hardware platform FHiPPs is an approach that combines the flexibility of standard microprocessor technology with the performance potential of FPGA designs and digital signal processors. FHiPPs is composed of several units that can operate concurrently. Each unit comprises an individual bus as well as interfaces to the other units.

The core of the flexible platform is formed by the FPGA board and the DSP unit (cf., figure 1). The FPGA board supports search engines for routing table lookup and RSVP state table maintenance and lookup. The DSP unit allows to handle complex tasks like video and audio filtering with sufficient performance. The latter is used to support Active Multicasting inside routers [WZ97,WZ98]. Most interfacing is done by the i960 unit. It interconnects with the host system and controls data transmission between the different subsystems and the host system. The various subsystems are attached via the asynchronous local bus of the Intel i960 microprocessor (i960 bus in figure 1). The connection to the host system is implemented by a PCI bridge. This allows direct memory accesses from the local i960 address space to the hosts address space and vice versa. The i960 unit directly connects to the FPGA board enabling easy communication among software based functions executed on the i960 and hardware based functions implemented on FPGAs.

3 HeaRT: High Performance Routing Table

Routing tables form the core building block of any router and can be organized and implemented in various ways. Data structures, such as hashing functions, trees or tries have been applied in different approaches [DBCP97,DKN96,NK98,WVTP97]. Especially, the Patricia trie is very popular for software implementations of the search task in routing tables. However, the Patricia trie appears to be somewhat complex with respect to hardware implementations and it requires a large amount of memory since it stores the complete key (128 bits with IPv6) within each entry. Therefore, we decided to use a new search algorithm that is specifically suited for hardware implementations with low complexity. It also has the ability to store only partial keys ($<$ 128 bit with IPv6) to allow scalable hardware solutions. Hardware approaches are favored due to their better performance potential. Formerly preferred CAM-based approaches [MF93] drop out due to the lack of widely available state-of-the-art CAM memories.

3.1 Routing Table Design

An entry in the routing table needs at least information about the IPv6 address, the Next-Hop IPv6 address and an address mask that should be applied to the entry. A straight forward calculation points out that this results in 384 bit per entry. With regard to a high performance implementation this requires 384 bit wide data paths and a 384 bit wide RAM data bus. This is not feasible for a compact hardware implementation, that targets at the design of small and efficient lookup units.

The approach used within our design combines the subnet mask with the IP address throughout the search process. The algorithm works step by step, i.e., the address is considered as being subdivided into subsequent parts consisting of a common number of continuous bits.

8/16/32 bit	4/5/6 bit	16 bit	16 bit	1 bit	1 bit
address part 0	mask part 0	hit next 0	miss next 0	shift 0	end 0
address part 1	mask part 1	hit next 1	miss next 1	shift 1	end 1
address part 2	mask part 2	hit next 2	miss next 2	shift 2	end 2
address part 3	mask part 3	hit next 3	miss next 3	shift 3	end 3

Table 1. Example of multiple routing table entries for a single IPv6 address

Within each routing table entry, only a single part of the IPv6 address is stored with the associated part of the subnet mask. An address is, for example, stored in portions of 8, 16 or 32 bit [ZHMB97,TMZB98]. For example, in the prototype implementation we consider the 128 bit IPv6 address is being composed of 16 address parts with a length of 8 bit each. Table 1 shows an example where an address is subdivided into 4 parts, address-part 0 to address-part 3. In addition to the parts of the IP address and the subnetwork mask, pointers to the next entry in case of a hit (hit-next) or a miss (miss-next) are needed as well as a shift field and an end field. An entry of the routing table comprises 46, 55, or 74 bit, dependent on the number of bits that belong to an address part (e.g., 8, 16, or 32 bits).

The address parts within the routing table are logically organized as a binary tree, i.e., each node has exactly two successors. Each node of the tree represents a part of the IPv6 address combined with the subnetwork mask as discussed above. The entry point of the tree typically represents the most common default router entry.

During the search process the search engine compares up to one complete address part (e.g., 8, 16, or 32 bits) at once and follows the appropriate branch inside the binary tree until it reaches a leaf (marked by the end bit). This leads to a worst case complexity of 128 search steps per search that is comparable with other trie or tree based search algorithms as presented for example in [DKN96] (max 256 search steps with IPv6). Other algorithms with lower complexities of 15 search steps [DBCP97] or 7 search steps [NK98] are very memory consuming with IPv6 [DBCP97] or require a more complex hardware implementation [DKN96].

In addition to the routing table in HeaRT, a so-called NextHopTable exists. As a result of the search task, the IPv6 address of the next hop is identified by

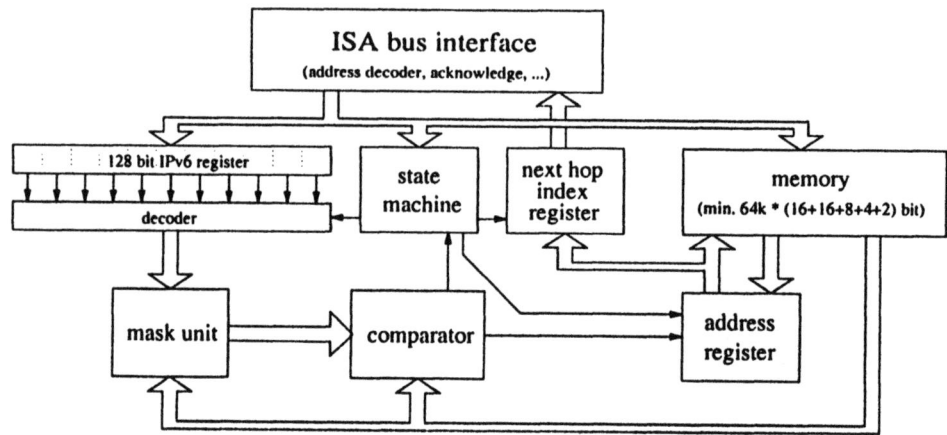

Figure 2. Block diagram of the prototype board

an index to the NextHopTable. This index is generated directly from the address information of the leaf that was reached in the search. The NextHopTable itself is not accessed during the search but once at the end of the search and is stored in a separate low speed memory.

By limiting the size of a stored address part it can be guaranteed that every search step can be done in a single execution step of a very simple search engine. During the search the search engine reads all data (address, mask, branch and control information) in parallel. It masks the input data according to the nodes mask and compares with the stored address within the same clock cycle. Limiting the size of the data stored in each node does not only allow a very easy prototype implementation with low budget hardware. It also makes it possible to implement the HeaRT algorithm into programmable logic with high performance but low density. Higher complexity leads to bigger layouts and bigger layouts lead to greater delays inside a PLD. Therefore easy to handle simple algorithms allow faster implementations. Another advantage of a small and hardware saving design is the possibility to implement more than one system onto the same PLD in parallel. More complex CPU based solutions use multiple CPUs to achieve concurrent routing table lookup [PCB+98]. However, the design and implementation of multi CPU systems is more complex than the FPGA based solution which requires at most two chips (FPGA and RAM) per additional search engine.

3.2 Prototype implementation

For the first prototype cheap off-the-shelf components were used. As memory technology SRAM with an access time of 70 ns was selected. In a higher performing implementation this can easily be replaced with cache-RAMs. without the necessity of a basic redesign of the printed circuit board. High-end memory, such as SDRAM or SGRAM, however, requires a redesign of the board. The printed circuit board was designed as interface card within a PC system. Again, for the first prototype cheap, known and easy to handle technology was used, i.e., the regular ISA-bus. A block diagram of the routing table design is depicted in figure 2.

Both, host CPU and the search machine of the routing table have read access to the memory. The CPU additionally has write access which is needed for creating and maintaining the tree structure inside the table memory. These write accesses are stimulated by the routing protocol. The search entry is written into a 128 bit IPv6 register. After some further initialization by the CPU the search itself runs autonomously inside the HeaRT unit. Depending on the entry point the state machine follows the tree structure to the desired leaf and returns the index of the best match entry. Since comparing, masking and branching is performed in parallel the search performance nearly compares to memory speed. The search for an entry that consists of a 128 bit IPv6 address takes at most 128 search steps and is finalized in 10-15 ms.

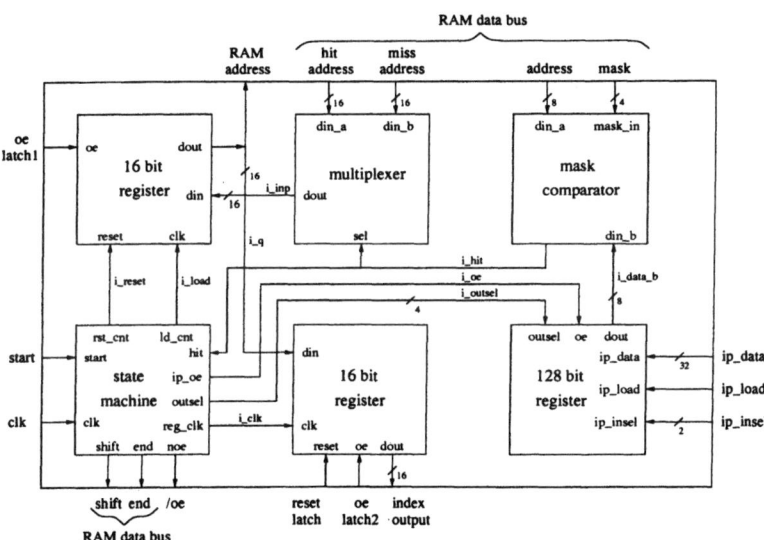

Figure 3. VHDL implementation of HeaRT

The routing design was mapped onto a printed circuit board. The standard ISA bus based prototype board uses low cost and easy to handle SRAM technology (6*128k*8bit). Although the prototype system is based on this low performance technology it achieves a search rate of about 8 to 10 million search steps per second. Of course the ISA bus interface of the prototype board is far to slow to allow communication and data exchange with the host system at this data rate. But the feasibility and performance of the search algorithm and the possibility of a low cost hardware implementation could be verified with the prototype. To gain the same performance a powerful microprocessor based system is needed that is capable of performing 8 million memory accesses, maskings, comparisons and branches per second. As seen with table 2 state-of-the-art CPUs are needed to cope with the speed of the prototype board.

The algorithms used with the prototype implementation can be easily transferred into a VHDL implementation for the flexible platform (cf., figure 3).

4 FHiPPs and HeaRT - High Performance Routing

The eight general purpose FPGAs on the FHiPPs board can be reconfigured "on the fly" (10 ms max for reprogramming of one FPGA). This allows flexible accommodation of the entire system to the demands of the current data flow. This reconfiguration is only needed when the overall amount RSVP traffic changes and a rebalancing of FPGA resources is needed.

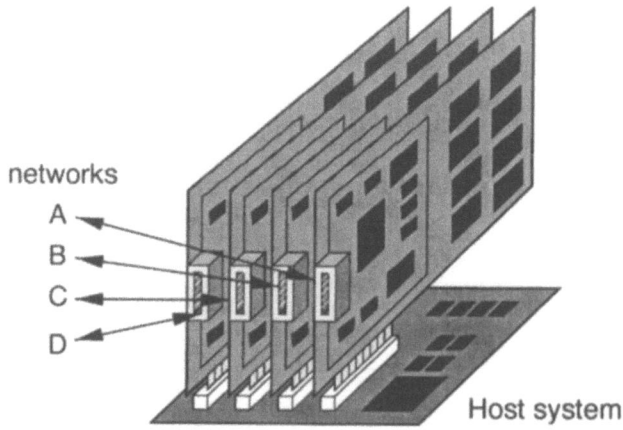

Figure 4. High performance router build of multiple FHiPPs

An RSVP supporting router will need two types of search engines one for the routing engine and one type for the classifier associated with integrated services. The FPGA configuration for both types of search engines is stored in

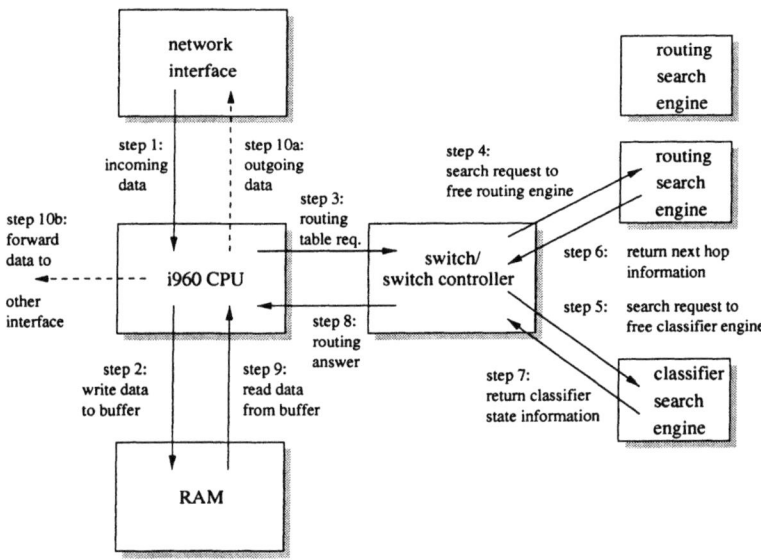

Figure 5. RSVP router operation of FHiPPs

the i960 main memory and can easily be transferred into one or more of the FPGAs. Every single FPGA can work either as a HeaRT based routing search engine or as a classifier search engine. With a clock rate of 33 Mhz each FPGA of the flexible platform achieves four times the speed of the earlier prototype implementation. At this configuration the flexible platform achieves eight times the search speed of the 133 Mhz Pentium with a algorithm optimized for software search and twice the speed of a up to date Sparc Ultra II [NK98]. In addition the flexible platform can easily be scaled by increasing either the clock rate or the amount of FPGAs on the FPGA subunit.

The interconnection between the FPGAs and the i960 CPU is done via a switch. All communication is packet oriented. At boot-up the i960 CPU initializes all eight FPGAs as routing search engines and the ninth FPGA (switch controller) controls the communication between the FPGAs and handles connection requests between the i960 CPU and the FPGAs (cf., figure 6).

During operation the router receives additional information about routing (routing protocols) and reservations (RSVP). With this information the i960 CPU maintains two search tables in its local memory, a routing table and a classifier table. Accesses from the FPGAs to the tables stored in the i960 main memory are too slow to allow high performance search. To achieve high performance the search tables stored in the i960 main memory are copied into the local memory of every FPGA and updated regularly. This allows all eight search engines to work concurrently and independent of each other. In

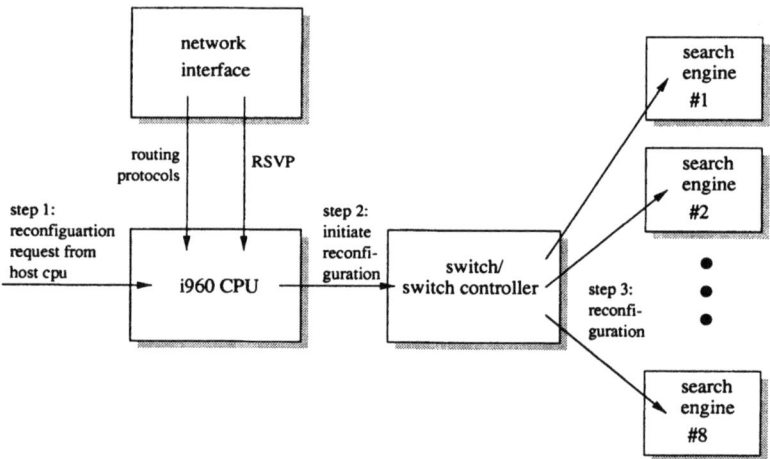

Figure 6. Configuration of FHiPPs

case RSVP packets are received at least one FPGA will be reconfigured to support classifier search. It depends on the ratio between RSVP based traffic and standard traffic how many search engines are reconfigured for classifier search purpose since all standard IP traffic needs only one default entry in the classifier table.

Each time the router receives a data packet (step 1 in figure 5) it is buffered in the i960 main memory (step 2). The source and destination address is extracted and used to create a search request message. In step 3 this message is forwarded to the FPGA board. The switch controller stores the request message until a routing search engine and (if present) a classifier search engine becomes available. The message is now forwarded to a search engine. Once the routing and the classifier search engines have obtained the next hop and the reservation state it is returned to the i960 CPU. With both search results, the routing information and the RSVP state information the data packet is read back from the i960 main memory (step 9) and sent out to the network or forwarded to another FHiPPs subsystem (cf., figure 4).

The switch controller is constantly monitoring the load on the different search engines. This information is used by the i960 CPU to calculate the load distribution inside the FPGA board. If the load is uneven distributed between routing search engines and classifier search engines the CPU reconfigures selected search engines from classifier operation to routing operation or vice versa. This allows optimal usage of the eight search engines and to achieve a high performance with alternating reservations and varying traffic.

5 Performance Comparison

Table 2 shows a comparison between the hardware based HeaRT implementations and other software based algorithms. All values given in this table (except the values for the HeaRT implementation) are taken from the corresponding publications. Except the HeaRT solution all values are given for IPv4 tables. With IPv6 the lookup performance of all algorithms will be somewhat lower. The actual loss of performance with IPv6 depends on the algorithm (see section 3.1). The different complexities given in table 2 describe the number of search steps needed for one complete search. The measurements show that by reducing the number of search steps the single search steps gets more complex and often compensates the advatage of fewer search steps. Since values given for the HeaRT based implementations are values for IPv6 tables the difference between these algorithms are even bigger with IPv6 on the other algorithms. For IPv4 the average lookup time of the prototype board is about 2.500.000 lookups per second and about 66.000.000 lookups per second for the FHiPPs implementation despite the fact, that the HeaRT algorithm was designed for IPv6.

Another advantage of the hardware solution is, that its performance is not affected by other router tasks. With software implementations the routing table lookup competes with routing table maintenance and similar tasks since all these tasks are done by the main CPU. In addition the lookup performance of the router can be expanded by adding additional FHiPPs units to the system or by extending the FHiPPs design to support more FPGAs. Since the concept of the FPGA board uses a very straight forward design it can be easily extended to support more than eight FPGAs.

6 Summary and Outlook

Within this paper, a routing table lookup for gigabit routing architectures has been presented that was specifically designed to support IPv6 routing. The work is based on the design of HeaRT, a high performance routing table with a simple and efficient organization and an associated fast search algorithm. A prototype has been implemented. It has demonstrated the feasibility of the design as well as its performance potential. By migrating onto FHiPPs a very fast search speed can be achieved. Furthermore, this high end platform allows parallel operation of up to eight search engines. Each of this engines can be configured to use either the HeaRT algorithm for fast routing table lookup or other algorithms for RSVP classifier lookup and the like. Future solutions may use the i960 CPU for local IP processing and RSVP handling as presented in [KTZ94] (cf., figure 4). This allows routing, reservation and filtering to be handled completely independent from the host system. Together with the local CPU and a state-of-the-art bus interface the performance can be far beyond the capabilities of high end software solutions.

lookup algorithm	protocol used for benchmarks	complexity with IPv6	overall performance (table size)
LC-Trie [NK98]	IPv4 (32 bit)	$O(\log_2(n)) = 5$	average: ~2.000.000 lookups/sec (Sparc Ultra II, 50k entries)
DP-Trie [DKN96]	IPv4 (32 bit)	$2 * O(n) = 256$	na
Binary Tree with Chunks [DBCP97]	IPv4 (32 bit)	$O(n)/8 = 4$	average: "a few million lookups" (Alpha-333 or PPro-200, 40k entries)
Hashing with Binary Search [WVTP97]	IPv4 (32 bit)	$O(\log_2(n)) = 5$	worst case: ~2.000.000 lookups/sec average: ~10.000.000 lookups/sec (PPro-200, 33k entries)
HeaRT prototype board [ZHMB97]	IPv6 (128 bit)	$O(n) = 128$	worst case: 78.125 lookups/sec average: 625.000 lookups/sec (64k)
HeaRT on FHiPPs	IPv6 (128 bit)	$O(n) = 128$	worst case: 2.062.000 lookups/sec average: 16.500.000 lookups/sec (64k)

Table 2. Performance comparison of routing table lookup algorithms

Routing table lookup is just one example for the potential usage of FHiPPs. With the ATM interface and the DSP unit available it is possible to realize powerful hardware and software based applications. All resources can be shared between the i960 board, the ATM interface, the FPGA board, the DSP unit and the host system. This enables applications to be splitted between the different units. Applications like video conferencing tools will take advantage of the DSP unit and the FPGA board for video and audio processing. The ATM interface allows the reception and transmission without interference to the host system and the powerful bus interface allows direct access to resources of the host system like the graphics interface and frame grabber cards. All these functions are controlled by the i960 unit without accessing or slowing down the host system but with the ability of the host to access all subsystems if desired.

References

[BCS94]   R. Braden, D. Clark, and S. Shenker. Integrated Services in the Internet Architecture: an Overview. RFC 1633, ISI, June 1994.

[BZ97]   R. Braden and L. Zhang. Resource ReSerVation Protocol (RSVP) – Version 1 Message Processing Rules. RFC 2209, ISI/UCLA, September 1997.

[BZB+97]   R. Braden, L. Zhang, S. Berson, S. Herzog, and S. Jamin. Resource ReSerVation Protocol (RSVP) – Version 1 Functional Specification. RFC 2205, Univ. of Michigan, September 1997.

[DBCP97]   M. Degermark, A. Brodnik, S. Carlsson, and S. Pink. Small Forwarding Tables for Fast Routing Lookups. In *Proceedings ACM SIGCOMM '97*, Cannes, France, September 1997.

[DH97]   S. Deering and R. Hinden. Internet Protocol, Version 6 (IPv6) Specification. Internet draft, November 1997.
[DKN96]   W. Döringer, G. Karjoth, and M. Nassehi. Routing in Longest-Matching Prefixes. In *IEEE/ACM Transactions on Networking*, volume 4, September 1996.
[KTZ94]   O. Koufopavlou, A. Tantawy, and M. Zitterbart. IP-Routing among Gigabit Networks. In *Internetworking Conference*, Sophia-Antipolis, France, November 1994.
[MBBB97]   A. Mankin, F. Baker, B. Braden, and S. Bradner. Resource ReSerVation Protocol (RSVP) – Version 1 Applicability Statement. RFC 2208, USC/ISI, September 1997.
[MF93]   A.J. McAuley and P. Francis. Fast routing table lookup using cams. In *Proceedings IEEE Infocom '93*, San Francisco, USA, 1993. IEEE.
[NK98]   Stefan Nilsson and Gunnar Karlsson. Fast address lookup for internet routers. In *Proc. Broadband Communications*, University of Stuttgart, April 1998. IFIP.
[PCB+98]   Craig Partridge, Philip P. Carvey, Ed Burgess, Isidro Burgess, Isidro Castineyra, Tom Clarke, Lise Graham, Michael Hathaway, Phil Herman, Allen King, Steve Kahalmi, Tracy Ma, John Mcallen, Trevor Mendez, Walter C. Milliken, Ronald Pettyjohn, John Rokosz, Joshua Seeger, Michael Sollins, Steve Storch, Benjamin Tober, Gregory D. Troxel, David Waitzman, and Scott Winterble. A 50-Gb/s IP Router. In *IEEE/ACM transactions on networking*, volume 6. ACM, June 1998.
[PS94]   J. Smith Patterson and W. Smith. The North Carolina Information Highway. In *IEEE Network Magazine*, volume 8. IEEE, November 1994.
[TMZB98]   T.Harbaum, D. Meier, M. Zitterbart, and D. Brokelmann. Hardware Assist for IPv6 Routing Table Lookup. In *SYBEN '98*, Zurich, Switzerland, May 1998.
[TSS+97]   David L. Tennenhouse, Jonathan M. Smith, W. David Sincoskie, David J. Wetherall, and Gary J. Minden. A Survey of Active Network Research. *IEEE Communications Magazine*, 35(1):80–86, January 1997.
[WVTP97]   M. Waldvogel, G. Varghese, J. Turner, and B. Plattner. Scalable high speed ip routing lookups. In *Proceedings ACM SIGCOMM '97*, Cannes, France, September 1997.
[WZ97]   R. Wittmann and M. Zitterbart. AMnet: Active Multicasting Network. In *Proc. of the 4th COST237 Workshop*, Lisboa, Portugal, December 1997.
[WZ98]   R. Wittmann and M. Zitterbart. AMnet: Active Multicasting Network. In *Proc. of Intern. Conf. on Communications (ICC'98)*, Atlanta, GA, USA, June 1998. IEEE.
[ZHMB97]   M. Zitterbart, T. Harbaum, D. Meier, and D. Brökelmann. Efficient Routing Table Lookup for IPv6. In *IEEE Workshop HPCS '97*, Chalkidiki, Greece, June 1997.

Strategies for Minimizing the Average Cost of Paging on the Air Interface[1]

Dogan Kesdogan, Andrei Trofimov, Dirk Trossen
Technical University of Aachen
Dept. of Computer Science IV
Ahornstr. 55
D-52074 Aachen, Germany
trossen@i4.informatik.rwth-aachen.de

Abstract: Location Management of mobile users in a cellular network covers tracking and paging (searching) functionality. In this paper a sequential search strategy is proposed which reduces the signaling on the air interface and also considers the user's privacy using implicit addresses. After introducing some related work on paging and reducing the costs of paging, the basic idea of the search strategy is described. The used paging methods are crucial for the effectiveness of this strategy. For that, three different paging methods are proposed using fixed and variable segment sizes. The methods are evaluated according to their costs in terms of delay, bandwidth and paging steps. For that the model is described we used for our simulations. Metrics are defined to evaluate the strategies before presenting our results using an event-driven simulation.

1 Introduction

Since bandwidth is a very scarce resource in radio networks, it is necessary to subdivide the service area into many cells in order to allow the reuse of frequencies. If a call has to be established for a mobile user in a cellular network, for efficient location management it is desirable to know the current cell of the subscriber and transmit the call setup message (called *paging operation* and *paging message*) only in this cell. Unfortunately, the "knowledge" about the current position of the mobile user is not for free. Due to the mobility of the user, it is obvious that the mobile station will enter and leave cells and this information must be updated in the network management to establish mobile terminated calls. The higher the granularity of the managed location information (e.g. one cell) the higher the *Location Update* (LUP) costs due to the update frequency of the location and vice versa. To balance the costs of LUP and paging in GSM [12] a number of cells are grouped to form a *Location Area* (LA). Now, the positions of the users are stored in central databases in terms of LAs and the paging message will be broadcasted in all cells of the LA.

One current trend to minimize the LUP and paging costs uses adaptive and dynamic tracking and paging algorithms ([1][14][16][18][20][21]). The main idea of these algorithms is to collect and compute more information about the user in order to find out an individual mobility and behavior pattern of the user. Using this information, the net-

---

[1]. The work from Dogan Kesdogan was funded by Gottlieb Daimler and Karl Benz foundation. The work from Dirk Trossen was funded by Philips Research Laboratories Aachen.

work should search the whereabouts of the user with minimal signaling effort and the granularity of the location knowledge should depend on the individual call rate and mobility. For example if a user is very mobile and gets few calls the location area for this user should be as large as possible, because small location areas result in wasteful LUP signaling and paging signaling occurs seldom.

Common in all these algorithms is the paging of an address of full length. In this paper we will extend algorithms based on the implicit address approach. Instead of sending a full address we propose only to send segments of the address iteratively until the corresponding mobile user is found. This leads to lower costs in terms of delay, bandwidth and battery costs which is evaluated in this paper.

In chapter 2, we give an overview of related work in the area of paging in mobile networks. In chapter 3, we propose three new dynamic paging strategies based on a new segmentation idea that reduces signaling on the air interface. In chapter 4 a performance analysis of these paging strategies is given based on simulations.

2 Related Work

There was a lot of related work in the area of paging in mobile networks using different techniques to achieve a good performance. This work may be separated in two categories. The first tries to collect information about the environment like mobility patterns and user distribution. This information is used to optimize the paging. Unfortunately these approaches add some overhead to the network and the mobile users. Additionally the privacy of the users (e.g. by collecting mobility patterns) may be violated. The second category tries to optimize the paging strategy itself without any additional information. Of course there are approaches belonging to both categories. This section gives an overview of this work on the area of paging.

The approach in [20] defines a *responsibility area* (RA) for each base station (BS) consisting of the cell of the base station and some of their direct neighbours. The size of the RA is adapted according to the mobility of the mobile stations. Every base station defines its RA autonomously according to routing information of the neighbourhood. Every mobile station registers at a new BS if the RA does not contain its actual location. The paging is started by the BS in a specific RA. The approach is well-performed when using large RA above 1 km [20].

The *Statistical Paging Area Selection* (SPAS) approach in [18] is sending the paging message to areas in a defined sequence which is determined by using statistics collected by the mobile station. These statistics are a collection of visited paging areas (PAs) and the corresponding mean visit time in this PA. Every mobile station determines the sequence of PAs by using the statistics and sends the list to the network periodically (e.g. every 24 hours) in a *paging sequence updating* (PSU) request. When a call is incoming at a BS the paging starts in the PA with the highest priority. When the MS is not found the next PA in the list is chosen and so on. Comparing to the previous approach the paging sequence is defined by the mobile station but there is an additional overhead due to the administration of the paging sequence lists in the network which has to be done for each mobile station. In [18] the evaluation of the approach shows an improvement of about 40% less paging areas which were called.

The proposed *„intelligent" paging* approach in [9] is very similar to the SPAS approach and tries to minimize the paging to one step only. For that, a *probability for a successful first paging step* (PSFPS) is determined using statistics about mobility of the mobile stations stored in the *paging relevant information* (PRI). The location area is divided in two paging areas according to the PSFPS using the PRI. If the first paging failed the paging succeed in the second step. It is clear that the determination of PSFPS is crucial for the success of the paging, but as shown in [9] improvements of about 70 percent are possible.

The *adapted paging* approach proposed in [10] introduces *paging zones* consisting of a cell and their direct neighbours. The paging request is sent in the paging zone where the mobile station was located at its last registration. If the paging failed the rest of the served area is covered. The registration of the mobile stations is done periodically to update the paging zone. In [10] a registration period of 30 minutes is proposed for a paging zone of 9 cells and for a uniform distribution of the mobility. Unfortunately, this assumption is not very realistic, because the mobility of mobile stations fits into patterns and is not uniformly distributed. For that in [11] an improved approach is proposed which uses mobility patterns by determining the *Location Accurancy Matrix* (LAM). In this matrix each row contains the mobility pattern of the registered paging zones. The proposed *adapted paging* in [11] chooses now the cell with the highest probability of a given row. A second *optimal paging* is proposed in [11]. The strategy adds a cell c to a paging zone by determining the expectation of a success with and without c using the algorithm in [10]. The disadvantage of this approach is the overhead of the LAM determination due to the storage of the matrix.

For the *delay constraint paging* algorithms ([16][17]) a probability distribution p_i of the mobile station location is desired and known a priori. A_i is defined as a paging area of cells. Within a PA the paging request is sent to all cells simultaneously. The set $\Psi = (A_1, A_2, ...)$ of PAs with ordered probability is called a *strategy*. The *paging costs* L are defined as the searched cells and the *paging delay* D is defined as the number of searched LAs. The expectation of L and D are determined by

$$E(L) = \sum_{n=1}^{N} s_n \cdot q_n \text{ with } s_n = \sum_{j=1}^{N} k_j \text{ and } q_n = \sum_{i \in A_n} p_i$$

$$E(D) = \sum_{n=1}^{N} n \cdot q_n$$

The parameters are s_n for the number of searched cells, when the mobile station is found in A_n, q_n the probability that a mobile station is found in A_n and k_n the number of cells in A_n. N is the number of paging areas in the strategy.

The joint costs $E(L)+E(D)$ are minimized using different strategies for the delay constraint. The approach differs *unlimited* delay, *maximum*, *weighted* and *mean* delay constraint. The results shows that the costs can be decreased by limited delay.

The *timer-based paging* approach [15] is very similar to the delay constraint approach. This strategy tries to balance the costs for paging and registration without delay constraints. The assumptions like known location probability are the same as in the adapted paging approach. In [15] a time-out parameter t_m is introduced. This time-out is the maximum time until the next registration has to be done when the last known location was cell m. The time-out parameter is determined by the system or by the mobile station. The costs for paging and registration are balanced by determining an optimal set of time-out parameters for each mobile station. The results in [15] show that the paging strategy introduces lower total costs (in term of paging and registration) compared to the conventional LA method when the mobility of the users is higher.

3 Variable Implicit Addresses

After introducing some related work on the area of paging strategies, we are proposing a new approach to reduce paging costs on the air interface. The strategy is based on the idea of *implicit addresses* containing no user-specific information. This address is an alias for a mobile user ([4][7]) to consider the privacy of the mobile user. Until now the implicit address was used as a unit. In this paper we investigate the usage of the implicit address, which is not used in its full length in one broadcast. We call this new type of implicit address *variable implicit address* and analyze the performance gain of this new addressing scheme for cellular networks. First we introduce the main idea of this new type of address before proposing three different paging methods and the realisation of the answering channel.

3.1 Basic Idea

The main idea is to use the implicit address P not always in its full length $n=|P|$. P can be divided in k segments of length $l_i=|P_i|$ (i=1...k) such that

$$\sum_{i=1}^{k} l_i = n. \qquad (1)$$

To address somebody, the segments P_i are broadcasted step by step. The example in figure 1 shows a cell selection for 13 cells and $k=4$ steps. In the first step P_1 is broad-

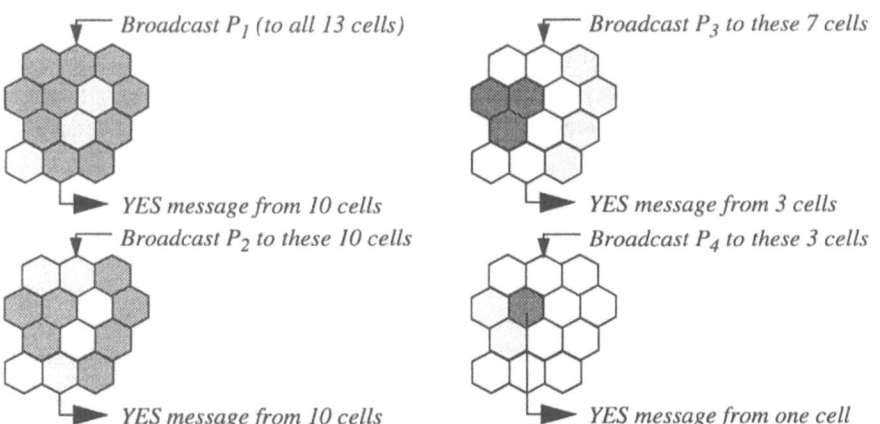

Figure 1: *Example for a Cell Selection Using Variable Implicit Addresses*

casted over the whole area (13 cells). The YES message comes from only 10 cells. In the next step the next segment is broadcasted to this 10 cells and so on. Finally, after the cell selection the called mobile subscriber is located and the communication channels can be established to a certain cell. As smaller the segments are chosen as more steps are needed and as less bandwidth is needed for broadcasting one segment. However, the delay of the call setup procedure increases. The kind of addressing described is called variable because flexibility is given by sending segments and allowing answers within a certain limit. The YES message will use only a small amount of bandwidth for the message transfer from the mobile station to the network.

3.2 Paging Strategies

Three different paging strategies for the variable implicit addressing are proposed:

1. using address segments of fixed size $k=2,..,32$

2. Instead of using a constant segment length we search for the subscribers in steps with decreasing segment length in order to reduce the number of steps needed. That means that the current segment length $r_i=r_{i-1}/2$. Compared to the first strategy this procedure reduces the upper bound of the number of broadcast steps and the delay to $\log_2(n)$. In every broadcast step the number of cells answering YES should on average be halved by this protocol.

3. The third strategy limits the number of paging steps by two. In the first paging step the number of bits is chosen by the means of only one expected answer in the paging area. All concerned mobile stations answer by sending the first 5 bits of their address. These bits are compared to the needed address. If there are more than one right answer the second address part is sent to the appropriate cells. This strategy tries to reduce the paging to one step only. For this the *probability for a successful first paging step* (PSFPS) is determined which is a function of the total address length and the number of mobile stations N given by

$$(1-p)^N \text{ with } p = \left(\frac{1}{2}\right)^{l_{PSFPS}+5} \tag{2}$$

and l_{PSFPS} the length of the first paging step. It is clear that the length l_{PSFPS} is important for the success of the paging strategy. In our simulations a lower bound p_{PSFPS} for PSFPS is given (e.g. 90 percent) and the length l_{PSFPS} is determined by

$$l_{PSFPS} = \min_{l_i} \{PSFPS(l_i) \geq p_{PSFPS}\} \tag{3}$$

with $PSFPS(l_i)$ the probability for a successful first paging step using a first segment of length l_i. The probability PSFPS depends on the distribution of addresses over the paging area and it may be determined by statistics collected in the base station of a paging area. But this forces additional overhead in the base stations to collect this information.

3.3 Realisation of the Answering Channel

For the first two paging strategies, there is no need for a collision free answering channel on the uplink. It makes no difference whether one or more answers are received from one cell. One YES message already causes a broadcast in the next step. Two or more YES messages can be overlaid to one sum YES message (logical OR). The final separation of the subscribers answering in the last step is realized by an authentication procedure, e.g. GSM Challenge Response Procedure. In [5] the realisation using a TDMA channel with a logical OR is described.

For the third strategy, a collision detection is necessary, because we have to know the station which was answering. For that we use *slotted ALOHA* [8] for collision detection using a collision resolving by simply retransmitting the packets in the next slot. There are some more efficient collision resolution mechanisms called *splitting algorithms* [2] which are mostly based on *tree algorithms* [3]. With this collision resolving the throughput of slotted ALOHA is improved especially during high load. These mechanisms are not currently used in our simulations.

4 Performance Evaluation

The main goal of our performance evaluation is the comparison of the costs of our paging strategies. Costs are measured in different metrics like delay and bandwidth. To compare the strategies 2 and 3 with the analytic results of the first strategy [5] we also determine the number of paging steps needed to find the mobile station. It is clear that a trade-off between these costs is necessary to evaluate the paging strategies. E.g. to get low bandwidth performance, strategy 1 with small segments (1 bit) is best suited, but unfortunately this increases the delay of the paging. In this section we introduce our model and the used metrics of our simulations before presenting the results.

4.1 The Model

In our performance evaluation we choose an event-driven simulation. The mobility of the stations is fixed because we assume a uniform distribution of the addresses over the paging area. The number of cells N_{PA} in one paging area is varied for different cluster sizes (7, 10 or 100). Seven is a typical cluster size for GSM systems. Similar to GSM we use addresses of size $n=32$ bits. The number of paging requests per mobile station is exponential distributed with rate λ_a, that means $N*\lambda_a$ requests per hour occur in one paging area with N mobile stations. With the parameter λ_a different load is simulated in our network. For the answering channel we use frames with eight GSM slots of length 0.577 ms. For the slotted ALOHA answering channel two slots are inserted between the up- and downlink.

4.2 The Metrics

Three metrics are used to compare our paging strategies. The first one determines the *total costs on the air interface* in terms of used bytes. For this metric only the paging request on the downlink not the answer on the uplink is inserted in the calculation because the paging channel is the scarce resource in the network. The total costs C_p for our strategies are determined by [13]

$$C_p = N \cdot \lambda_a \cdot \sum_{i=1}^{S_t} c_p^{(i)} \cdot N_{PA}^{(i)} \qquad (4)$$

with $N_{PA}^{(i)}$ the number of cells in step i, $c_p^{(i)}$ the costs of the single paging step in step i [13], N the number of mobile stations, S_t the number of steps of a paging request and λ_a the rate of the incoming requests.

The second chosen metric is the *delay* measured between the incoming paging request at the base station and the answer of the located mobile station. It can be seen that both metrics are quite opposite, because low costs, i.e. by sending only small segments of one bit, result in higher delay.

The third metric is the *number of paging steps* which can be used to determine the battery costs for the mobile stations. Sending many small paging segments is more expensive than sending one large segment. Additionally this metric is used to compare the first strategy with the analytic results of [5].

4.3 The Results

This section introduces our simulation results according to the described model using the three metrics of the last section. The term GSM in our strategies is used for a paging with a complete 32 bit address similar to GSM. For the simulation parameters we use the number of cells per paging area N_{PA} =7 and the incoming calls per mobile station λ_a =0.4/h .

4.3.1 Number of Paging Steps

Comparing the simulation of strategy 1 with the analytic evaluation in [5] it can be seen that the simulation results are very similar to the analytic ones. Figure 2 shows the

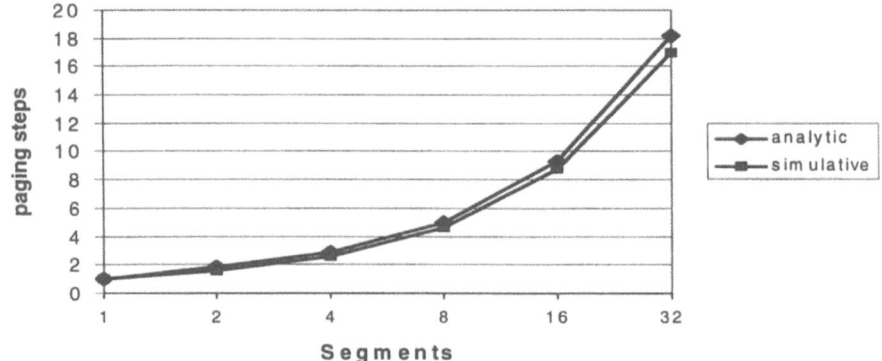

Figure 2: Comparing Number of Paging Steps for Strategy 1 with Analytic Results

results for N=50000 mobile stations. Using small segments results in a high number of paging steps which leads to high battery costs due to sending many segments. Thus using small segments (e.g. 4 bits or smaller) is not very practical. Additionally the number of paging steps to determine a mobile station is a very good indicator for the expected results using the bandwidth and delay metrics. Figure 3 shows the compari-

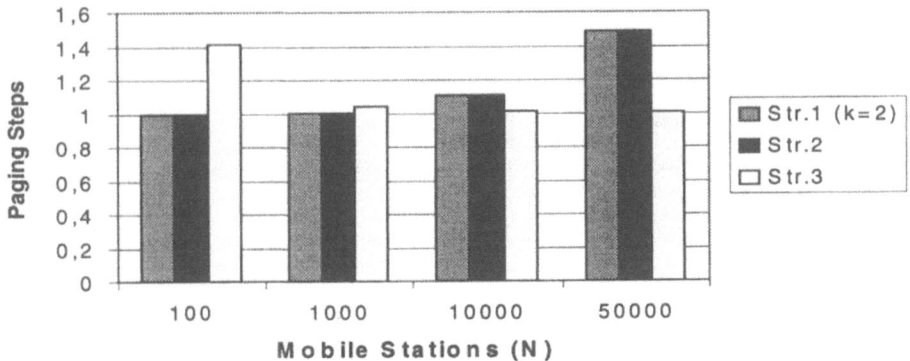

Figure 3: Comparison of Number of Paging Steps for Strategies 1,2 and 3

son of the paging strategies 1 (with 16 bit segments), 2 and 3 with different numbers of mobile stations. It can be seen that only strategy 3 leads to slightly lower paging steps with increasing number of mobile stations because this paging strategy determines the length of the first segment (l_{PSFPS}) depending on the number of mobile stations. All other strategies needs more paging steps when the number of mobile stations is increased.

4.3.2 Costs on the Air Interface

The costs on the air interface measured in bytes are very important because the paging channel is the scarce resource in the network. Minimizing these costs in terms of bytes sent is one goal when choosing an optimal paging strategy. Figure 4 shows the simulation results with different numbers of mobile stations in the paging area for the first strategy. It can be seen that the greatest cost gain results when using 16 instead of 32 bit segments. Thus we use the 16 bit segment paging strategy 1 ($k=2$) in our next comparisons.

Figure 5 compares the paging strategies 1 (with 16 bit segments), 2 and 3 with increasing number of mobile stations. Additionally, strategy 1 with 1 bit segments ($k=32$) is also shown. It can be seen that the costs are very similar for all strategies. For a higher number of mobile stations strategy 1 with 1 bit segments is slightly better than the other strategies but this strategy is not very practical due to the high battery costs. It is clear that the costs on the air interface increase when the incoming rate λ_a and the number of cells per paging area N_{PA} is increased which can be explained by (4).

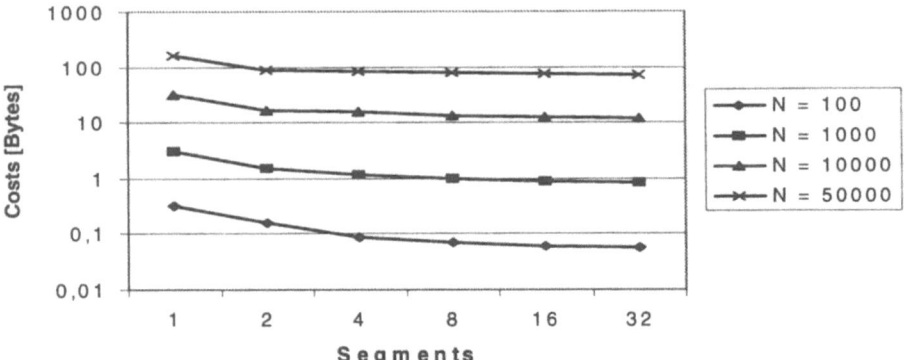

Figure 4: Costs on the Air Interface for Strategy 1

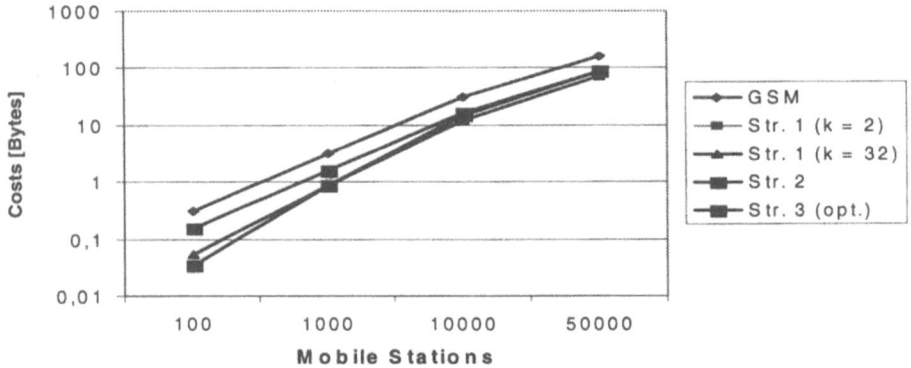

Figure 5: Costs on the Air Interface for Strategy 1,2 and 3

4.3.3 Delay

The delay is measured between the incoming paging request at the base station and the answer of the located mobile station. For strategy 1 and 3 it is clear that the delay is proportional to the number of paging steps because these strategies use a collision-free answering scheme. But for strategy 3 the collision-detection scheme may cause higher delay especially for a higher number of mobile stations. Figure 6 shows the delay for strategy 1 (with 16 bit segments), 2 and 3. It can be seen that especially for a higher number of mobile stations strategy 3 is better suited than the other ones. This is due to the calculation of the optimal segment length in this strategy. When the number of mobile stations increase the segment length increases, too. Thus the probability of a collision decreases. This can be seen in figure 7 where the number of collisions is shown when the number of mobile stations increase. The collisions decrease because the calculated address segment length increases due to the algorithm of strategy 3. Using better collision resolving strategies like in [2] may further decrease the collisions on the uplink.

Varying the number of incoming paging requests (λ_a) does not influence the delay for

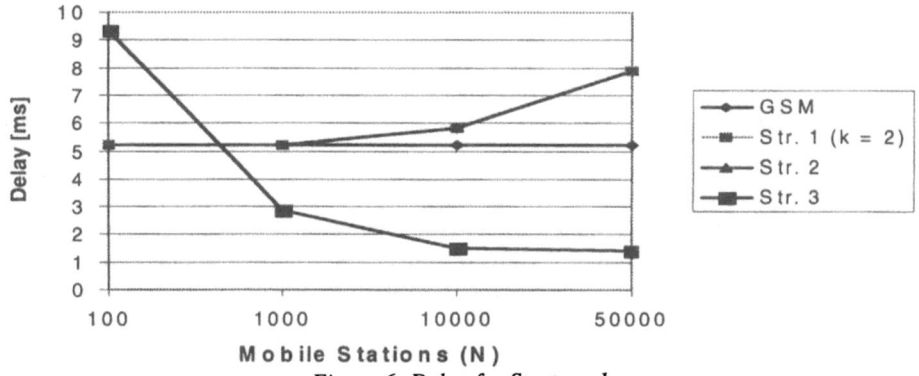

Figure 6: Delay for Strategy 1

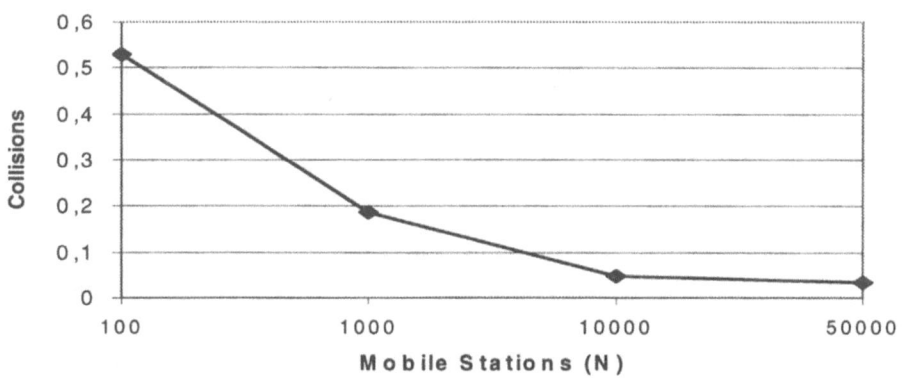

Figure 7: Number of Collisions for Strategy 3

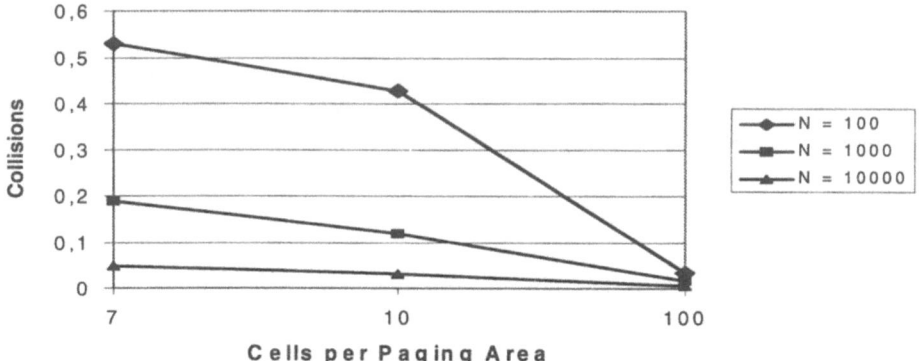

Figure 8: Number of Collisions for Increasing N_{PA}

all paging strategies but increasing the number of cells per paging area N_{PA} decreases the delay for strategy 3 because the collisions on the uplink are decreased. This is shown in figure 8 where the number of collisions is presented by an increasing number of cells per paging area N_{PA}.

5 Conclusion

Implicit addresses may be used to consider privacy in cellular networks. One goal is to minimize the paging traffic because the paging channel is a scarce resource in the network. For that, a variable implicit address concept is proposed which subdivides the address in different segments which are broadcasted to all mobile stations in the paging area. The paging method which is basically responsible for this segmentation of the address is crucial for the amount of paging traffic. Three different methods are proposed in this paper. The first one uses fixed segment sizes, while the second one halves the segment size from step to step. The third method limits the paging steps by two. For this a success probability is calculated depending on the number of mobile stations in the paging area. For this scheme a collision detection on the answering channel is needed while the other ones use a simple TDMA with logical OR because a collision detection is not necessary. For the collision detection a simple slotted ALOHA scheme is proposed. Additionally this scheme adds some overhead to the base stations to collect information for the calculation of the success probability.

All these paging methods are evaluated using three different metrics. The *number of paging steps* is used to express the battery costs of the mobile station. The *total costs on the air interface* are mainly the used bandwidth for the paging requests. At last the *delay* between incoming paging request at the base station and answer of the located mobile station is measured.

Our event-driven simulations show that the third strategy is well suited with respect to all metrics while the fixed-size method is only usable for large segments. Especially for a large number of mobile stations and a larger paging area the third strategy performs better than the other two. But there is additional functionality needed in the base and the mobile stations for the collision detection and the determination of the probability for a successful first paging step. Further investigations may be located in the field of other collision resolving schemes for the third strategy to improve the delay due to less collisions on the uplink. Additionally effective methods to determine the probability for a successful first paging step have to be investigated.

6 References

[1] I.F. Akyildiz, J.S.M. Ho: *Dynamic Mobile User Location Update for Wireless PCS Networks*, ACM-Baltzer J. Wireless Networks, vol. 1, no. 2, pp.187-196, July 1995

[2] D. Bertsekas, R. Gallager: *Data Networks*, Prentice Hall, 1992

[3] J.I. Capetanakis: *The Multiple Access Broadcast Channel: Protocol and Capacity Considerations*, Ph.D dissertation, MIT Dept. of Electrical Engineering and Computer Science, Cambridge, MA

[4] D.J. Farber, K.C. Larsson: *Network Security via Dynamic Process Renaming*, 4th Data Communication Symp., pp.8-18, Quebec, Oct. 1975

[5] H. Federrath, A. Jerichow, A. Pfitzmann, D. Kesdogan, D. Trossen: *Minimizing the Average Cost of Paging on the Air Interface - An Approach Considering Privacy*, IEEE 47th VTC 1997

[6] P.A. Karger: *Non-Discretionary Access Control for Decentralized Computing Systems*, Master Thesis, MIT, Laboratory for Computer Science, Report MIT/LCS/TR-179, May 1977

[7] D. Kesdogan, H. Federrath, A. Jerichow, A. Pfitzmann: *Location managment strategies increasing privacy in mobile communication*, Informations Systems Security, IFIP SEC '96, pp. 37-38, Chapman & Hall, London, 1996

[8] L. Kleinrock: *Queueing Systems Vol. II - Computer Applications*, John Wiley & Sons, 1976

[9] G.L. Lyberopoulos, J.G. Markoulidakis, D.V. Polymeros, D.F. Tsirkas, E.D. Sykas: *Intelligent Paging Strategies for Third Generation Mobile Telecommunication Systems*, IEEE Transactions on Vehicular Technology, Vol.44, No.3, pp.543-553, August 1995

[10] S. Madhavapeddy, K. Basu: *Optimal paging in cellular telephone systems*, ITC'94, vol.1 pp.493-502, June 1994

[11] S. Madhavapeddy, K. Basu, A. Roberts: *Adaptive Paging Algorithms for Cellular Systems*, IEEE 45th VTC, July 1995

[12] M. Mouly, M.-B. Pautet: *The GSM System for Mobile Communications*, ISBN: 2-9507190-0-7, 1992

[13] D. Plassmann: *Location management strategies for mobile cellular networks of third generation*, IEEE 44th VTC 1994

[14] G.P. Pollini, S. Tabbane: *The Intelligent Network Signalling and Switching Costs of an Alternate Location Strategy using Memory*, IEEE 43th VTC 1993

[15] C. Rose: *Minimizing the average cost of paging and registration: A timer-based method*, Wireless Networks 2, pp.109-116, 1996

[16] C. Rose, R.D. Yates: *Ensemble Polling Strategies for Mobile Communications Networks*, IEEE 46th VTC 1996

[17] C. Rose, R.D. Yates: *Paging Cost Minimization under Delay Constraints*, IEEE INFOCOM'95, pp.490-495, Boston, April 1995

[18] M Shirota, Y. Yoshida, F. Kubota: *Statistical Paging Area Selection Scheme (SPAS) for Cellular Mobile Communication Systems*, IEEE 44th VTC 1994

[19] M. Spreitzer, M. Theimer: *Architectural Considerations for Scalable, Secure, Mobile Computing with Location Information*, Proceedings of the 14th International Conf. on Distr. Sys., IEEE 1994

[20] M. Taketsugu, Y. Ohteru: *Holonic Location Registration/Paging Procedure in Microcellular Systems*, IEICE Trans. Fundamentals, Vol. E75-A, No.12, pp.1652-1659, Dec. 1992

[21] H. Xie, S. Tabbane, D. Goodman: *Dynamic Location Management and Performance Analysis*, IEEE 43th VTC 1993

Simulative Untersuchung eines zentral organisierten Vielfachzugriffsverfahrens für drahtlose ATM-Systeme

Jochen Metzler

DaimlerChrysler AG, Forschung und Technologie
89013 Ulm, Deutschland
jochen.metzler@daimlerchrysler.com

Zusammenfassung Drahtlose ATM Netzwerke (W-ATM) stehen seit einigen Jahren im Mittelpunkt zahlreicher Forschungsarbeiten. Die Ergänzung von ATM-Netzen, die ursprünglich für drahtgebundene, breitbandige, fehlerarme Punkt-zu-Punkt-Verbindungen konzipiert wurden, um Funksysteme, wirft eine Reihe von Problemstellungen auf. Keine der ursprünglichen Kanalcharakteristiken trifft auf den Funkkanal zu. Bandbreiten stehen nur begrenzt und mit hoher Fehlerwahrscheinlichkeit zur Verfügung und anstelle der Punkt-zu-Punkt-Verbindung bildet die Luftschnittstelle ein Shared-Medium. Einer der kritischsten Punkte drahtloser ATM-Systeme bildet die Zugriffskontrolle (MAC) der Mobilstationen auf das Funkmedium unter Berücksichtigung der Quality-of-Service (QoS) Anforderungen der unterschiedlichen Datenströme.
Aufbauend auf bekannte Forschungsarbeiten im Bereich drahtloser ATM-Systeme wurde ein erfolgsversprechendes, zentral organisiertes TDMA/TDD Kanalzugriffsverfahren moduliert und simuliert. Die Ergebnisse dieser Arbeit geben Anhaltspunkte zur Weiterentwicklung und Dimensionierung zentral organisierter Zugriffsverfahren und zeigen die Notwendigkeit zur Entwicklung intelligenter Kanalzuweisungsverfahren auf.

1 Modellierung des Kanalzugriffsverfahrens

Das Kanalzugriffsverfahren entscheidet maßgeblich über die Leistungsfähigkeit des gesamten Übertragungssystems. Bei zentral organisierten Zugriffsverfahren teilt die Basisstation die Kanalkapazität unter allen beteiligten Stationen auf. Hierbei müssen die unterschiedlichen Verkehrscharakteristiken und QoS-Anforderungen aller aktiven Verbindungen berücksichtigt werden, damit die ATM-Dienstgüten auch auf der Funkschnittstelle zur Verfügung gestellt werden können. In der Basisstation müssen somit Informationen über die aktiven Verbindungen der Mobilstation gesammelt und in die Berechnung des Kapazitätsbedarfs mit einbezogen werden. Das Kanalzugriffsprotokoll muß ein den Dienstmerkmalen entsprechendes, faires, statistisches Multiplex gemäß der vereinbarten Dienstgüten realisieren. In der Literatur finden sich verschiedene Vorschläge für MAC-Protokolle, die im Großteil ähnliche Konzepte verfolgen und sich lediglich in Details unterscheiden ([BDMMP96],[SW97]). Die grundlegenden Designaspekte werden u.a. ausführlich in [Met98] und [Pet96] dargelegt. Ist der

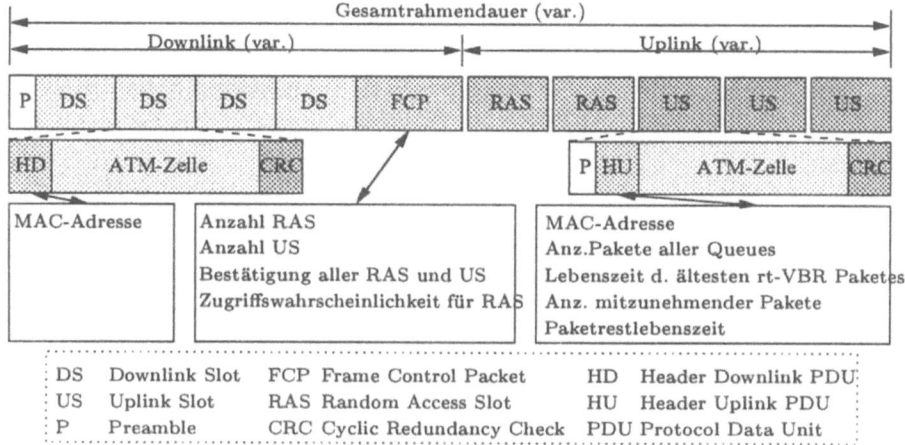

Abbildung 1. Rahmenstruktur

Kanalmultiplex mit TDMA/TDD vorgegeben gibt es verschiedene Strategien Kanalkapazitäten aufzuteilen und Zuweisung sowie Bedarf an Kapazität zu signalisieren.

1.1 Modellierung des zu untersuchenden Verfahrens

Rahmenstruktur Abbildung 1 zeigt die verwendete Rahmenstruktur. Die Anzahl der Zeitschlitze sowie die Gesamtrahmendauer sind variabel und werden dynamisch angepaßt. Jede Sendephase wird durch eine Präambel eingeleitet, in der sich die Empfänger auf den Sender synchronisieren. Der Rahmen beginnt mit der Downlink-Periode, in der die Basisstation Pakete zu den Mobilstationen sendet. Im PPDU-Header steht die MAC-Adresse des Empfängers. Im Anschluß daran sendet die Basisstation das Rahmensteuerpaket, worin sie den Mobilstationen die Anzahl der RAS sowie die Zugriffswahrscheinlichkeit auf diese Slots mitteilt. Weiterhin werden darin die Anzahl und Zuordnung der Uplink-Slots bekanntgegeben. Ebenfalls im Rahmensteuerpaket befinden sich die Quittungen der letzten Uplink-Phase. Um einen Energiesparmodus in den Mobilstationen zu ermöglichen, könnte die Struktur der nächsten Downlink-Phase mit übertragen werden.

Im Anschluß an das Rahmensteuerpaket beginnt die Uplink-Phase, in der zunächst einige Random-Access-Slots zur Verfügung gestellt werden. Zum Schluß kommen die explizit zugewiesenen Slots. In jedem Rahmen gibt es mindestens einen Random-Access-Slot. Tritt in diesem Slot eine Kollision auf, wird die Anzahl der Random-Access-Slots dynamisch angepaßt. Die Rahmendauer wurde auf 46 Slots (22 Downlink, 2 Slots = FCP, 1 RAS, 21 Uplink) begrenzt. Dabei ergibt sich bei dem hier implementierten System eine maximale Rahmendauer von $1.242 ms$. Kommt es in den RAS zu Kollisionen, so wird mit großer Wahrscheinlichkeit, aufgrund des Kollisionsauflösungsmechanismus, ein Paket innerhalb der

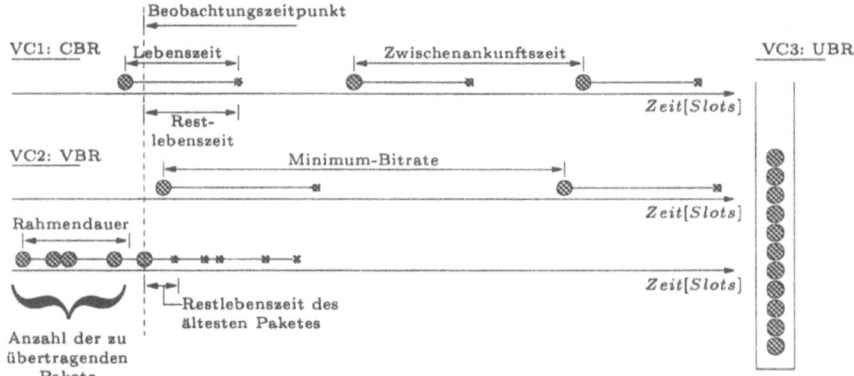

Abbildung 2. Scheduling-Mechanismus

folgenden Rahmen erfolgreich übertragen.

Im Uplink beinhaltet der PPDU-Header neben der MAC-Adresse die dynamischen Parameter, die den Zustand der Mobilstation auf die Basisstation abbilden. Folgende dynamische Parameter wurden in diesem Ansatz gewählt:

- Anzahl aller Pakete in der Station
- Restlebenszeit des ältesten rt-VBR Paketes
- Anzahl der dringenden rt-VBR Pakete [1]
- Restlebenszeit des aktuellen Paketes

Slotzuweisungsverfahren Die Grundidee des Slotzuweisungsverfahrens ist die Trennung zwischen konstanten und variablen Kapazitätsanforderungen einer Station. Dieser Sachverhalt soll anhand von Abbildung 2 erläutert werden.

VC1 liegt beispielsweise eine Quelle zugrunde, die mit konstanter Bitrate Pakete erzeugt. Der Zeitpunkt der "Geburt" eines solchen Paketes ist als großer Kreis dargestellt. Jedes Paket besitzt eine bestimmte "Lebenszeit", in der das Paket übertragen werden muß, da es sonst veraltet ist und verworfen wird. Die Zwischenankunftszeit zwischen einem Paket und dem darauffolgenden ist konstant. Eine CBR-Quelle ist somit durch die Zwischenankunftszeit, die Lebenszeit sowie dem Geburtszeitpunkt des ersten Paketes vollständig bestimmt. Diese Parameter werden bei Verbindungsaufbau der Basisstation mitgeteilt, die sich später lediglich anhand der Restlebenszeit empfangener Pakete dieser Verbindung synchronisiert. Für Pakete dieser Quelle braucht keine erneute Signalisierung erfolgen.

Ebenfalls unkritisch sind Verbindungen der UBR-Dienstklasse, deren Pakete keine zeitlichen Anforderungen an die Übertragung stellen. Diese Pakete werden

---

[1] Mit dringend werden alle rt-VBR Pakete, die eine ähnlich kurze Restlebenszeit besitzen wie das älteste rt-VBR Paket bezeichnet.

nach dem *Best-Effort*-Prinzip behandelt. Eine Signalisierung in einem Random-Access-Slot muß nur geschehen, wenn sich in der Station keine anderen Quellen befinden, die regelmäßig Pakete senden oder, wenn die Puffer zu überfluten drohen.

Problematisch sind jedoch VBR-Quellen, deren Pakete hohe zeitliche Ansprüche an die Übertragung stellen und deren Bitrate sehr stark zwischen minimaler und maximaler Bitrate schwankt. Bei VC2 in Abbildung 2 sind beispielsweise fünf Pakete annähernd zur gleichen Zeit erzeugt worden. Im Parameter *Restlebenszeit des ältesten rt-VBR-Paketes* wird der Basisstation die Dringlichkeit des ersten Paketes mitgeteilt. Würde die Basisstation dieser Station jedoch im nächsten Rahmen lediglich einen Slot zuweisen, würden die anderen vier Pakete womöglich verworfen werden, da ihre Restlebenszeiten ähnlich lange wie die des ältesten Paketes sind. Daher wird der Basisstation zusätzlich mitgeteilt, wie vielen Paketen sie mindestens mit diesem einen Paket noch Slots zuweisen muß. Die Frage ist nun, wie diese erste Signalisierung stattfindet. Besitzt diese Station noch weitere Quellen, so kann die Mobilstation abschätzen, ob eine Signalisierung über ein Paket dieser Quelle noch rechtzeitig erfolgt. Ist dies nicht der Fall, so muß sie auf einen Random-Access-Slot zugreifen. Besitzt die Station allerdings keine sonstigen Quellen, so muß sie auf jeden Fall immer auf einen Random-Access-Slot zugreifen. Andererseits weiß die Basisstation auch, daß die Quelle mit der vereinbarten Minimum-Bitrate in jedem Fall ein Paket vorliegen hat. Das bedeutet, daß auch VBR-Verbindungen zumindest mit der Minimum-Bitrate ähnlich wie bei CBR-Verbindungen gepollt werden müssen. Beim Polling mit der Minimum-Bitrate ist man sicher, keinen Slot einer Station zuzuweisen, die kein Paket vorliegen hat. Jedoch wird ein Polling mit der Minimum-Bitrate in den meisten Fällen nicht genügen und es wird weiterhin eine Vielzahl von Zugriffen auf Random-Access-Slots geben. Ein Polling mit der Maximal-Bitrate würde zwar die Zugriffe auf Random-Access-Slots vermeiden, allerdings würde ebenfalls ein Großteil der Kanalkapazität verschwendet werden, da in Phasen mit niedrigem Verkehrsaufkommen dennoch die volle Kapazität zugewiesen würde. Das Optimum wird somit abhängig von den Dienstgütemerkmalen zwischen minimaler und maximaler Bitrate liegen.

Modell der Funkknoten Der logische Aufbau der Basisstation sowie der Mobilstationen ist in Abbildung 3 dargestellt. Die Paketquellen generieren einen statistisch verteilten Paketstrom. Die Summe aller Quellen bildet die Netzlast LLC_G. Die Mobilstation wertet empfangene Rahmensteuerpakete aus und greift entsprechend auf den Funkkanal zu. Jedes gesendete Datenpaket wird zunächst gespeichert und erwartet im nächsten Rahmensteuerpaket eine Empfangsbestätigung. Bleibt diese aus, kommt es zurück in die Warteschlange und wird erneut gesendet. Im Rahmensteuerpaket bekommt die Mobilstation den Zeitpunkt ihres nächsten Aufrufs mitgeteilt. Anhand dieser Zeit kann die Mobilstation die Dringlichkeit ihrer Pakete abschätzen und entsprechend den Zugriff auf einen RAS kalkulieren. Eine Mobilstation, die im Rahmensteuerpaket einen Slot zugewiesen bekommen hat, jedoch derzeit keine Pakete in ihren Puffern besitzt, generiert

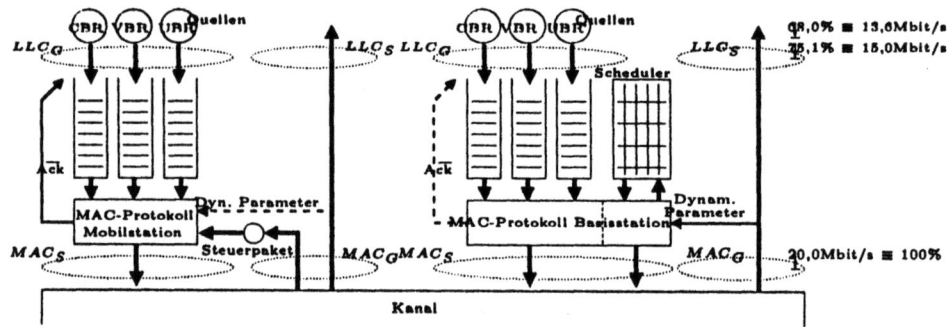

Abbildung 3. Modell der Mobilstation und der Basisstation

ein ALIVE-Paket, in welchem sie der Basisstation ihre dynamischen Parameter mitteilt.

Die Basisstation ist prinzipiell wie die Mobilstation aufgebaut, nur um die Funktion des *Schedulers* erweitert. Jedes empfangene Paket wird analysiert und die dynamischen Parameter im *Scheduler* vermerkt. Aufgrund dieser Daten wird die nächste Uplink-Periode festgelegt.

Zugriff auf Random-Access-Slots: Die Entscheidung, ob auf einen Random-Access-Slot zugegriffen wird, muß die Mobilstation nach Erhalt des Rahmensteuerpakets treffen. Zu diesem Zeitpunkt hat sie die Information, ob ihr in der kommenden Uplink-Periode noch rechtzeitig und ausreichend Kapazität zur Verfügung steht. Zu diesem Zweck teilt die Basisstation einer Mobilstation, welche im letzten Uplink ein Paket gesendet hat, den Zeitpunkt t_{nc} mit, wann sie beabsichtigt, dieser Mobilstation den nächsten Slot zuzuweisen. Es gibt derzeit im Protokoll zwei Bedingungen, die der Mobilstation den Zugriff auf einen RAS gestatten:

— Ist die Simulationszeit t plus der Restlebenszeit τ_{rest} des dringendsten Pakets kleiner als der Zeitpunkt des nächsten Aufrufs t_{nc} plus einer Schutzzeit von der maximalen Rahmendauer T_{rahmen}

$$t + \tau_{rest} < t_{nc} + T_{rahmen}, \qquad (1)$$

so darf auf einen RAS zugegriffen werden.

Unter dieser Bedingung muß davon ausgegangen werden, daß eine Veränderung im Wartespeicher der Mobilstation stattgefunden hat, die von ihrer Dringlichkeit her der Basisstation nicht über die dynamischen Parameter von Paketen in explizit zugewiesenen Slots signalisiert werden kann.

— Außerdem greift eine Mobilstation mit der Wahrscheinlichkeit p in Abhängigkeit vom Fassungsvermögen ihrer Puffer M_Q[2] und der Anzahl der wartenden

---

[2] Maximale Anzahl von Paketen im Puffer

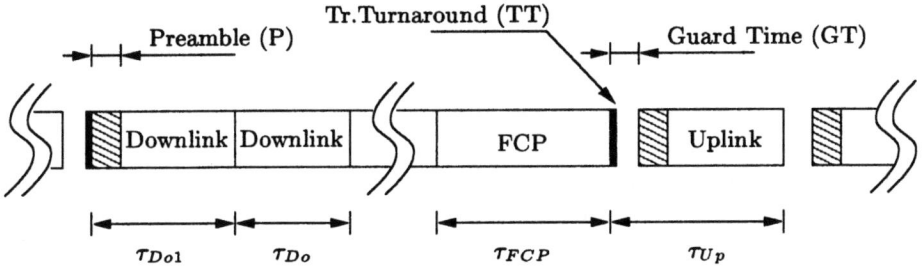

Abbildung 4. Systemzeiten während eines Rahmens

Pakete x auf einen RAS zu, um ein Überlaufen der Puffer und somit einen Paketverlust zu vermeiden.

$$p(x) = 4\frac{4x - 3M_Q}{M_Q} \quad \text{für} \quad \frac{3}{4}M_Q \leq x \leq M_Q,$$
$$\text{sonst } 0 \quad (2)$$

In der Basisstation werden Kollisionen auf den RASs bemerkt. Der Kollisionsauflösungsmechanismus der Basisstation kann das Verhalten der Mobilstationen über den Parameter p_{cs} beeinflussen. Hat sich die Mobilstation für den Zugriff auf einen RAS entschieden, so würfelt sie zunächst gleichverteilt einen der zur Verfügung stehenden RAS aus, um dann mit einer Wahrscheinlichkeit p_{cs} darauf zuzugreifen. Die Anzahl der RAS sowie die Zugriffswahrscheinlichkeit p_{cs} wird von der Kollisionsauflösung in der Basisstation bestimmt und den Mobilstationen im Rahmensteuerpaket mitgeteilt.

2 Systemspezifikation

2.1 Systemzeiten

Abbildung 4 zeigt die in der Simulation auftretenden systemspezifischen Zeiten. Für die in Abschnitt 3 dargestellten Ergebnisse wurden folgende Werte verwendet: P= $2\mu s$(40 Bit); GT= $2\mu s$(40 Bit); $\tau_{FCP} = 52\mu s$(1040 Bit); $\tau_{Do1} = 28\mu s$(560 Bit); $\tau_{Do} = 26\mu s$(520 Bit); $\tau_{Up} = 28\mu s$(560 Bit). Daraus folgt eine maximale Rahmendauer in der Grundkonfiguration von $1.242ms$(24.840 Bit). Jede Sendephase wird mit einer *Präambel* begonnen, während dieser sich die Empfänger auf den Sender synchronisieren. In der Uplink-Phase müssen noch zusätzlich *Guard*-Zeiten zwischen den eigentlichen Sendezeiten eingefügt werden, welche Synchronisationsunsicherheiten zwischen den Stationen ausgleichen. Zudem benötigt jede Station eine gewisse Zeit, um zwischen dem Senden und dem Empfangen umzuschalten (*Transceiver-Turnaround*-Zeit). Aufgrund der systemspezifischen Daten läßt sich eine theoretisch erreichbare Effizienz berechnen.

---

[2] Die Anzahl von Bits beziehen sich auf eine Bruttobitrate von 20Mbit/s auf der MAC-Schicht und werden nur für Effizienzberechnungen verwendet.

Der größtmögliche Rahmen in der Grundkonfiguration beinhaltet 22-Downlink-, 1 Rahmensteuer- und 22 Uplink-Slots. Dies ergibt eine Gesamtrahmendauer von 1.242ms und entspricht bei einer Bruttodatenrate von 20Mbit/s auf der MAC-Schicht 24.840 Bit. In diesem Rahmen können maximal 44 ATM-Zellen mit jeweils 53 Byte transportiert werden. Hierdurch ergibt sich eine maximal erreichbare Effizienz von 75.1%. Darin ist noch nicht mit eingerechnet, daß RASs nur eine Effizienz von 36% aufweisen. Sind im Uplink 2 RASs erlaubt, sinkt die maximal erreichbare Effizienz im Überlastfall auf 73.0%.

2.2 Lastenverteilung

Tabelle 1 zeigt die Kenndaten der verwendeten Quellen. In der Grundkonfiguration sind die Audio- und Video-Quellen von ihrer Anzahl und der erzeugten Datenlast konstant. Die Datenrate der Datenquelle wird variiert, wodurch sich das Protokollverhalten für zunehmende Lasten ergibt. Aus der ATM-Schicht in die

Quelle:	Audio	Video	Daten
PCR	166,6Z/s	7062,5Z/s	
SCR	166,6Z/s	2604,2Z/s	var.
MCR	166,6Z/s	83Z/s	
Eingangslast	64kbit/s	1,0Mbit/s	
Last LLC_G	70,6kbit/s	1,104Mbit/s	
Last MAC_S	79,9kbit/s	1,25Mbit/s	

Tabelle 1. Kenndaten der verwendeten Quellen

LLC-Schicht einfließende Daten werden mit LLC_G, herausfließende mit LLC_S bezeichnet. Analog ist die Bezeichnung von der MAC- zur PHY-Schicht. Auf die unterschiedlichen Quellentypen wurde die Last wie folgt verteilt: Audio (deterministischer Prozeß): 14,8% und Video (autoregressiver Prozeß) 33,1%. Die Datenquellen wurde mittels Poissonprozeß nachgebildet. Der Anteil der Datenquelle an der Gesamtlast variiert. Insgesamt wurden 15 Mobil- und eine Basisstation (BS) mit 21 Audio- (A), 3 Video- (V) und 6 Datenquellen (D) simuliert. Auf die Mobilstationen (MS) verteilten sich die Quellen wie folgt: MS1:(1A, 0V, 0D), MS2:(0A, 1V, 0D), MS3:(0A, 0V, 1D), MS4:(1A, 1V, 0D), MS5+MS6:(1A, 0V, 1D), MS7:(1A, 1V, 1D), MS8-MS15: (2A, 0V, 1D). Während der gesamten Simulationszeit blieb die Anzahl der aktiven Mobilstationen und die Anzahl der Verbindungen konstant.

Statische Kapazitätszuweisung bei VBR-Verbindungen: Aufgrund von Testsimulationen wurde die VBR-Pollingrate für die Grundkonfiguration zu 2ms gewählt. Die Wahl dieses Parameters wird in Kapitel 3.2 diskutiert.

3 Simulationsergebnisse

In Abschnitt 3.1 wird zunächst das allgemeine Verhalten für die in Kapitel 2.1 vorgestellte Konfiguration aufgezeigt. Im folgenden Abschnitten wird die statische Kapazitätszuweisung von rt-VBR-Verbindungen variiert und das Systemverhalten diskutiert. Weitere Diskussionen des Systemverhaltens finden sich in [Met98].

Alle Diagramme sind in Abhängigkeit der Eingangslast LLC_G in Prozent aufgenommen. Auf der Ordinate werden teils prozentuale, teils absolute Werte verwendet. In den meisten Diagrammen ist das Vertrauensintervall der Meßwerte mit einem Konfidenzniveau von 0.95 durch Balken an den Meßpunkten eingezeichnet. In einigen Meßkurven wurden die Vertrauensintervalle aus Gründen der Übersichtlichkeit nicht eingezeichnet. Prozentuale Angaben beziehen sich immer auf 20Mbit/s Bruttobitrate auf der MAC-Schicht.

3.1 Allgemeines Verhalten

In der Grundkonfiguration wurde die Last der Audio- und der Video-Quellen konstant gehalten und die Last der Datenquellen erhöht. Abbildung 5 zeigt im

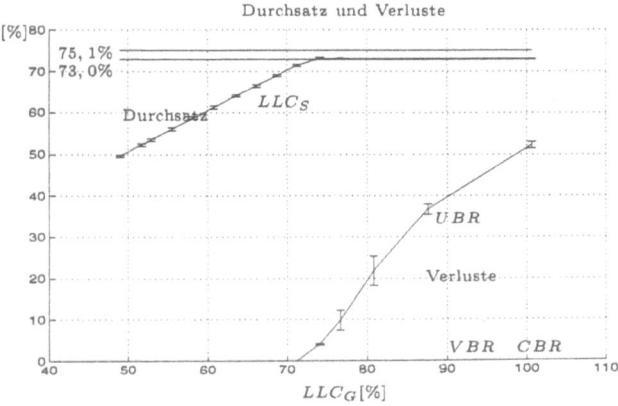

Abbildung 5. Gesamtdurchsatz LLC_S und Paketverluste in der Grundkonfiguration bei steigender UBR-Last

oberen Teil den Gesamtdurchsatz LLC_S und im unteren Bereich die Verlustraten nach Paketklassen sortiert. Bei niedriger Eingangslast werden zunächst alle Pakete vollständig übertragen. Erst wenn das System in die Sättigung gerät, muß entschieden werden, welche Pakete verworfen und welche übertragen werden. Die Pakete der höheren Dienstklassen (VBR & CBR) werden weiterhin vollständig übertragen, lediglich Pakete der UBR-Dienstklasse werden verworfen. Der Gesamtdurchsatz LLC_S steigt zunächst linear an, übersteigt bei ca. 74% Eingangslast die untere Theorielinie um sich dann von oben anzunähern. Dieses Verhalten läßt sich wie folgt erklären: Bei etwa 74% Eingangslast ist der Punkt erreicht, an dem der Rahmen seine Maximallänge angenommen hat und alle explizit zugewiesenen Zeitschlitze mit Datenpaketen gefüllt sind. Aufgrund der verfallenden UBR-Pakete wird auf den einzigen RAS im Uplink gerade so oft zugegriffen, daß die Basisstation im Durchschnitt nur einen RAS pro Rahmen einsetzt. Die obere Theorielinie ist nicht erreichbar, da mindestens ein RAS in jedem Rahmen vorhanden ist und dieser nur zu maximal 36% erfolgreich genutzt werden kann. Da

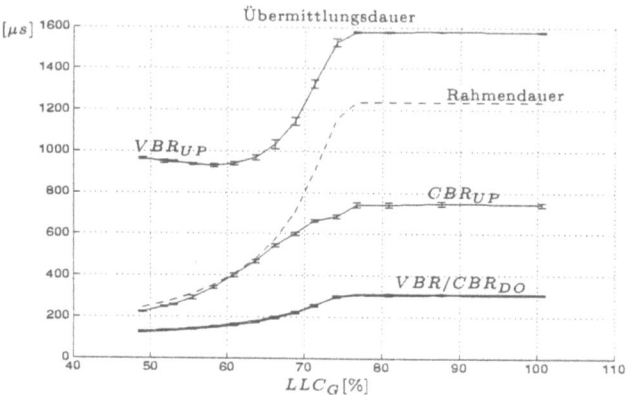

Abbildung 6. Übermittlungsdauer in der Grundkonfiguration bei steigender UBR-Last, nach Paketklassen geordnet

mit den CBR- und VBR-Dienstklassen Echtzeitanwendungen verbunden sind, ist ein weiterer wichtiger Faktor die Übermittlungsdauer der Pakete. Abbildung 6 zeigt die Übermittlungsdauer von Paketen, nach Dienstklassen und Kanalrichtung getrennt. Im Diagramm ist ebenfalls die Rahmendauer über die Eingangslast eingezeichnet. Man erkennt an allen Kurven, daß mit zunehmender Eingangslast und somit auch mit zunehmender Rahmendauer, die Übermittlungsdauer ebenfalls zunimmt. Eine Ursache liegt darin, daß Pakete bei längeren Rahmen im Mittel auch länger auf die Übertragung warten müssen. Ein Paket für den Downlink, das während der Uplink-Phase "geboren" wird, muß mindestens bis zur nächsten Downlink-Phase warten und kommt auch dann erst entsprechend seiner Dringlichkeit an die Reihe. Im Mittel muß dann ein Paket – gleichlange Up- und Downlink-Phasen vorausgesetzt – für die Dauer eines halben Rahmens auf die Übertragung warten. Im hier vorgestellten Verfahren konnte die Übermittlungsdauer im Downlink für Pakete der VBR- und CBR-Dienstklasse sogar unter die halbe Rahmendauer reduziert werden. Dieser Gewinn wird dadurch erreicht, daß die höher priorisierten Pakete der VBR- und CBR-Dienstklasse zu Beginn und niederpriorisierte Pakete der UBR-Dienstklasse am Ende der Sendephase übertragen werden. VBR- und CBR-Pakete werden gleich behandelt. Daher haben diese Pakete in der Downlink-Phase auch die gleiche Übermittlungsdauer und beide Kurven liegen übereinander. In Abbildung 6 ist deutlich zu erkennen,

daß bei niedriger UBR-Last zunächst die Übermittlungsdauer gleich der halben Rahmendauer ist und erst durch zunehmende UBR-Last der Gewinn durch die gezielte Auswahl erbracht wird.
Im Uplink werden wesentlich längere Übermittlungszeiten benötigt. Hierfür gibt es zwei Ursachen:

- Bei VBR-Verbindungen muß der aktuelle Kapazitätsbedarf einer Mobilstation zunächst der Basisstation signalisiert werden, bevor diese der Mobilstation Zeitschlitze zuweisen kann. Es sind in dieser Kurve zwei gegenläufige Effekte zu beobachten. Zum einen nimmt die Übermittlungsdauer bei zunehmender Last zunächst ab. Dieser Effekt ist in Abbildung 7 noch deutlicher zu erkennen und kommt daher, daß mit zunehmender Last die Stationen mehr Pakete zu versenden haben und somit auch häufiger die dynamischen Parameter zur Basisstation senden können. Eine häufigere Signalisierung führt zu kürzeren Übermittlungszeiten. Zum anderen nimmt jedoch auch mit zunehmender Rahmenlänge die Übermittlungsdauer zu, genauso wie dies auch im Downlink zu beobachten ist. Der zweite Effekt kompensiert nun den Gewinn des ersten.
- Bei Paketen von CBR-Verbindungen spielen Signalisierungen keine Rolle. Allerdings besteht die Gefahr, einer Station zu früh einen Zeitschlitz zuzuweisen. Aus diesem Grund wird beim Pollen von Verbindungen der CBR-Dienstklasse eine gewisse Schutzzeit mit eingerechnet, so daß die Basisstation sicher sein kann, keine Station zu früh dran zu nehmen. Für länger werdende Rahmen nimmt die Übermittlungsdauer ebenfalls zu.

3.2 Variation der Anteile statischer Kapazitätszuweisung

Eine wesentliche Eigenart des hier vorgestellten Zugriffsverfahrens ist der Schedulingmechanismus und hierbei insbesondere die Art und Weise, wie Verbindungen der VBR-Dienstklasse behandelt werden. Im Protokoll besteht die Möglichkeit, Verbindungen der VBR-Dienstklasse neben der dynamischen Kapazitätszuweisung für einen bestimmten Verkehrsanteil Zeitschlitze statisch zuzuweisen. Die Fragestellung ist nun, inwieweit eine statische Kapazitätszuweisung bei einer Verbindung mit dynamischen Eigenschaften sinnvoll ist.

Abbildung 7 zeigt die Kurvenschar der Übermittlungszeiten für verschiedene Anteile statischer Kapazitätszuweisungen. Die Pollingrate gibt an, nach welcher Zeitdauer eine Verbindung aufgrund statischer Kapazitätszuweisung in jedem Fall einen Zeitschlitz zugewiesen bekommt. Der Pfeil in Abbildung 7 zeigt in Richtung zunehmender statischer Zuweisung.

In Abbildung 7 wird sehr deutlich, wie durch die statische Kapazitätszuweisung die Übermittlungsdauer stark verkürzt wird. Die oberste Kurve stellt den Fall dar, daß nahezu alle Kapazität dynamisch angefordert werden muß. An dieser Kurve wird der in Abschnitt 3.1 beschriebene Effekt besonders deutlich, daß mit zunehmender Gesamtlast die Signalisierung rascher erfolgt. Diesem Effekt und den damit gerade bei niedriger Last verbundenen langen Übermittlungszeiten wirkt die statische Kapazitätszuweisung entgegen. Wenn fast die

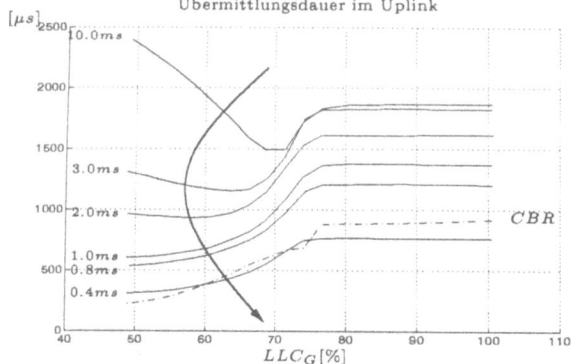

Abbildung 7. VBR-Übermittlungsdauer bei unterschiedlichen Anteilen statischer Kapazitätszuweisung bei Verbindungen der VBR-Dienstklasse. Tabelle über die Anteile statisch zugewiesener Kapazität an der Gesamtkapazität.

gesamte mittlere benötigte Kapazität zugewiesen wird, erreichen die Pakete der VBR-Verbindungen nahezu die Werte der Übermittlungsdauer der Pakete einer CBR-Verbindung.

Bisher wurden Mobilstationen, die lediglich eine einzige aktive Verbindung besitzen, nicht betrachtet. Diese Stationen können dadurch keine Signalisierungsvorteile aufgrund Pakete anderer Verbindungen ausnutzen, was sich vor allem auf die Übermittlungszeit auswirkt. Durch das zyklische Abfragen wird zum einen die Übermittlungsdauer insgesamt gesenkt und zum anderen werden Stationen mit niedriger Datenlast die gleichen Übermittlungszeiten ermöglicht wie Stationen mit hoher Datenlast.

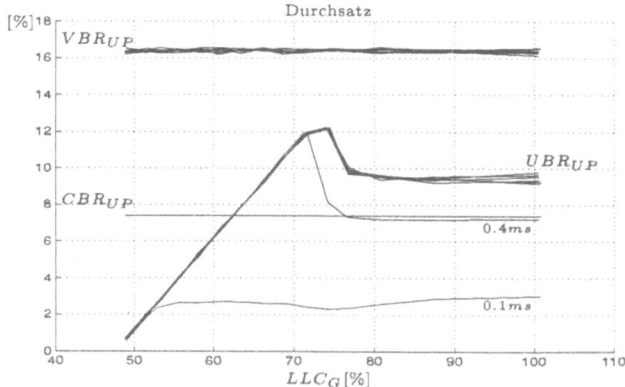

Abbildung 8. Durchsatz bei unterschiedlichen Anteilen statischer Kapazitätszuweisung bei Verbindungen der VBR-Dienstklasse, nach Paketklassen geordnet.

Abbildung 8 zeigt den Durchsatz nach Paketklassen getrennt aufgezeichnet. Bemerkenswert ist, daß unabhängig von der Pollingrate der Durchsatz für die Paketklassen unverändert bleibt. Erst wenn mit einer nahezu mittleren Paketrate Zeitschlitze den Verbindungen zugewiesen werden, kommt es zu Durchsatzeinbußen im Bereich der Verbindungen mit UBR-Dienstklasse. Bekommen VBR-Verbindungen also zuviel Kapazität statisch zugewiesen, vermindert dies den Gesamtdurchsatz auf Kosten der UBR-Verbindungen. Allerdings hat die statische Kapazitätszuweisungen bis zu einem gewissen Grad nahezu keine Auswirkung auf den Gesamtdurchsatz.

Zusammenfassend kann zur statischen Kapazitätszuweisung bei Verbindungen mit variabler Bitrate festgehalten werden: Es ist sinnvoll, auch Verbindungen mit variabler Bitrate einen gewissen Anteil an Kapazität statisch zuzuweisen. Dadurch wird die Übermittlungszeit verringert und die Unterschiede zwischen Stationen mit viel und denen mit wenig Datenverkehr werden ausgeglichen. Andererseits muß aber auch die Menge an statisch zugewiesener Kapazität auf den Quellen-Prozeß abgestimmt sein. Wird zuviel zugewiesen, hat dies den Verlust an Gesamtkapazität zur Folge.

Weitere Simulationsergebnisse und Graphen sowie weiterführende Protokolldiskussionen finden sich in [Met98]

4 Zusammenfassung

Die Ergebnisse dieser Arbeit zeigen, wie stark die Leistungsfähigkeit drahtloser Systeme vom Kanalzugriffsprotokoll und den verwendeten Queuingstrategien abhängt. Es zeigt sich, daß gerade für die Wahl der dynamischen Parameter, der Schedulingmechanismus eine ausschlaggebnde Rolle spielt. Die Simulationsergebnisse zeigen, daß auf DLC-Ebene ein Prioritäten basierter Schedulingmechanismus ausreicht, um den meisten Dienstgüteanforderungen von multimedialen Anwendungen zu genügen.

References

[BDMMP96] F. Bauchot, S. Decrauzat, G. Marmigere, L. Merakos, N. Passas, MASCARA, a MAC Protocol for Wireless ATM, ACTS Summit 1996

[FWSS97] Franz, W.; Wolf, M.; Sinner, C.; Siegle, R.: Industrial Environment: Implications for MAC Protocol. ETSI-BRAN-Standardization Tempere 1997.

[Met98] Metzler, J.: Simulative Untersuchung von zentral organisierten Vielfachzugriffsverfahren für drahtlose ATM-Netze. Diplomarbeit Technische Universität Darmstadt (1998)

[Pet96] Petras, D.; Krämling, A.; Hettich, A.: Design Principles for a MAC Protocol of an ATM Air Interface. ACTS Summit (1996)

[SW97] Sinner, C.; Wolf, M.: Distributed and Dynamic Resource Allocation in Wireless ATM-Access Networks. Ulm Daimler Benz AG. 1997.

Preisträger

Traffic Modeling of Variable Bit Rate MPEG Video and Its Impacts on ATM Networks

O. Rose

Lehrstuhl für Informatik III
Universität Würzburg
Am Hubland
D-97074 Würzburg

1 Introduction

Modeling is finding a representation of reality in a scale we can handle. Modern telecommunication systems are among the most complex technical contributions to our reality. Thus, tremendous amounts of modeling work was carried out and still has to be carried out for the development of the most recent telecommunications technology, the Asynchronous Transfer Mode (ATM). Most of the publications about modeling, however, are primarily concerned with the modeling of the technical system itself since the objective of research was to make it work. Currently, the viewpoint is changing from the pure technical system towards the services that are to be provided by this system and the kinds of traffic that will be carried by these services. In the early stages of ATM research and development, simple traffic models were adequate since the ideas about the traffic were rather vague. For instance, nobody thought about internet or multimedia traffic. Now, as user needs become visible, there is a demand for more accurate traffic modeling. It has to be evaluated under which conditions an ATM-based network is able to carry this traffic while meeting the user's quality requirements.

In this paper, we devote our attention to the most complex part of multimedia traffic, the transmission of video sequences. Since uncompressed video sequences require a bandwidth that even ATM networks cannot provide for a larger number of connections, video compression standards were developed. Among these standards, the ISO Moving Pictures Expert Group (MPEG) standard is favored for video transmission over ATM networks. There are two bit rate modes that can be used for compression, constant bit rate (CBR) or variable bit rate (VBR). We focus on VBR MPEG video since it is attractive for users and network providers. Compared to CBR video, VBR video provides a better quality for the same average bandwidth used. Assuming the same video quality, more VBR than CBR connections can be transmitted over a given ATM link. The disadvantage of VBR video is the problem of controling such traffic sources.

Based on traffic models for VBR MPEG video, we intend to identify traffic properties that may lead to problems in an ATM network and to support their solution. Despite the complex nature of video traffic, it is our intention to keep the models as simple as possible, i.e., in a scale we can handle by both simulation and analysis.

2 MPEG video traffic over ATM networks

Concerning the transmission of MPEG video traffic over packet networks, ATM-based networks in our case, there are a lot of open questions with respect to both coding and telecommunication aspects.

Since the MPEG standards suite only defines the syntax of a bit stream which a standard decoder must be able to decompress, there is a huge variety of different encoding parameter sets and modes. We will focus only on the aspects relevant to transmitting the bit stream over an ATM network. There are two bit rate modes at the encoder output:

- *Constant Bit Rate (CBR)*. The output bit rate of the encoder is held constant by means of a feedback loop control. As soon as the output buffer exceeds a given limit, the coding quality is reduced to decrease the number of bits per frame.
- *Variable Bit Rate (VBR)*. The output bit rate is variable, but the quality of the video is held approximately constant.

From the point of view of the network provider, CBR video has several advantages. Due to the known cell rate, Connection Admission Control (CAC) is very simple. During the holding time of the connection only this cell rate has to be controlled, i.e., only PCR monitoring takes place. Therefore the Usage Parameter Control (UPC) of such a CBR source is simple, too.

For VBR video there are some problems. The definition of an effective bandwidth of a VBR video stream which is needed for CAC is difficult, since the statistical properties of video streams can be very different depending on the coding scheme and the content of the video sequence. Thus, it will be hard to find a small set of parameters to calculate the effective bandwidth of this type of video streams. In a close relationship to this problem is the UPC problem. The selection of the parameters of a VBR video stream to be controlled, and techniques for implementing this strategy are open questions.

Digital video has a number of properties that lead to QoS requirements that differ from other services. Among these QoS requirements are:

- *Cell loss*. The compression of digital video removes a large amount of the redundancy present in the video images. By doing this, it increases the impact of cell loss on the QoS. At present, it is not clear what cell loss probability will be tolerable. This will depend on a number of factors, including the sensitivity of the human visual system to different types of degradation. The effect of cell loss can be reduced by coders that insert particular redundant information into their output bit streams to assist the decoder to minimize the effect of cell loss.
- *Cell delay*. Due to the coding and decoding there is always some delay even when there is no media access, buffering and transmission delay. The delay requirements depend on the video service. For interactive services like video conferencing and video telephony, there should be as little delay as possible. For distribution services like video on demand and TV broadcasting, the

delay usually does not constitute a problem, since the user is not able to notice it. The consequence of these requirements is that no traffic shaping can be done for interactive services, since traffic shaping always produces delay due to buffering cells. Again, the level of delay tolerable in interactive services is not precisely known. One problem will be to give a reliable statement about the maximum delay introduced by the network.

It is easier to guarantee characteristics of cell loss and delay for CBR services. However, for a given network capacity, it is possible to achieve higher quality in the decoded video using VBR compression compared to CBR. Hence, there is good reason to search for techniques for managing networks carrying VBR traffic.

3 Statistical analysis of MPEG video traces

The first steps in modeling a real world's stochastic process are always a thorough analysis of the technical system creating this process and of measurements of the process itself. Here, we are interested in the statistical properties of the output process of an MPEG video encoder. The structure of this output is determined by the coding parameters, such as number of slices, Group of Pictures (GOP) pattern, and CBR or VBR mode.

From the multitude of coding parameter sets and encoder output measurements, we use the following. We focus on one-layer video data streams of MPEG-1 type. Most of the encoders will use this scheme and in case of MPEG-2 multi-layer encoding the statistical properties of the base layer are almost identical to this type of stream. We will only consider VBR encoded video sequences since CBR video is trivial from statistical analysis and modeling point of view. Concerning the encoder output, we focus on frame size measurements.

We generated a number of MPEG encoded sequences that were used for our statistical analysis. Simple statistics are provided such as moments and peak-to-mean ratios for both the frame sizes and the GOP sizes where the GOP size is the sum of frame sizes of one GOP. We fit model distributions to the frame and GOP size histograms and analyze the correlations of both the frames and GOPs. Finally, the long-range dependence or selfsimilar properties of the sequences are examined.

4 Modeling of MPEG video traffic

There are several reasons to develop models for VBR MPEG video traffic and to use them for the performance analysis of ATM networks. The first reason is to extract statistical properties of video traffic which have significant impact on the network performance. We gain a lot of insight if we are able to reduce the statistical complexity of the empirical video data sets. It is true that only the frame size trace from the output of an MPEG encoder contains all statistical information about the encoded video. However, the large number of properties makes it difficult to determine the performance and to identify how certain properties of the traffic impact on this performance. The second reason is the computational complexity of simulations of ATM networks, particularly at cell level. It often takes long simulation runs to obtain results of high accuracy. In some cases, numerical complexity can be considerably reduced using traffic models and standard analytical tools like matrix analysis or discrete-time analysis. The third reason is the need for connection traffic descriptors for video traffic. If the traffic model is simple, i.e., it has only a small number of parameters, these parameters might be used as traffic descriptors for CAC and UPC.

For the development of video traffic models, we can exploit both knowledge about the coding technique, MPEG-1 in our case, and the statistical analysis of measured frame size sequences. The main information from the MPEG standard which we use for model development can be summarized as follows. There are three frame types: I-, P-, and B-frames. A pattern of frame types, called GOP, is repeated continuously to create the encoded frame sequence. The frames of one single GOP strongly depend on each other.

If we wish to create a model at cell level, both the characteristics of the particular ATM Adaption Layer (AAL), that is used for video transmission, and the details of any shaping applied to the cell stream before it enters the network should also be taken into account.

Based on the information presented up to this point, we are already able to develop a scheme with three layers: GOP layer, frame layer and cell layer. Higher layers, such as scenes, can be added if necessary and if the statistical properties of the scene change process are available.

To obtain a cell level model, we have to decide how frames are segmented into cells. This will depend on the considered AAL and on the existence of shaping facilities between video source and ATM network. If a statistical analysis of video cell stream measurements is available it would be possible to base models directly on this material. This approach may lead to simpler models for the cell process.

The presented model development scheme is not a recipe for a perfect video traffic model. It is more the outline of a variety of stochastic modules and the description of how they interact in the case of video traffic. The model developer will have to choose which modules are appropriate for the analysis.

It should be noted that any model needs to be validated. Even quite complex models rely on simplifying assumptions and may ignore significant correlation effects. To obtain useful and reliable performance analysis results, it is important to know how these assumptions affect the results of the analysis.

A large variety of papers about video traffic modeling can be found in the current teletraffic literature. The modeling approaches can be divided into the following classes: Histogram models, Markov models, Autoregressive processes, TES models, Selfsimilar models.

5 Model validation by simulation

In the previous section, we provided an overview on video traffic modeling. For the analysis of a queuing system, however, it is often difficult to decide in advance about the model characteristics necessary to provide useful performance estimates. In our case, the models range from the very simple histogram model to the complex selfsimilar models. To illustrate how simulations support the model selection process, we present studies of two important ATM scenarios. The first scenario consists of a typical UPC scenario. We have a video traffic source whose Sustainable Cell Rate (SCR) is to be policed by the Generic Cell Rate Algorithm (GCRA) given a Burst Tolerance (BT). We are interested in those SCR/BT pairs where the cell loss or tag rate is below a given threshold. The second scenario is an ATM switch or concentrator multiplexing a number of video traffic input lines onto one output line. This scenario is of particular interest since we expect a number of problems for multiplexed VBR MPEG video traffic due to the periodic GOP pattern.

The simulation results lead to a number of conclusions concerning the selection criteria for video traffic models. As expected, the most important system property is the buffer size. In other words, the system memory capacity determines the correlation capabilities a video model should have. In this context, we are able to identify three buffer size intervals: dominated by the periodic frame pattern, dominated by the GOP-level correlations, transition from frame to GOP regime.

6 Conclusion

This paper was concerned with the modeling of VBR MPEG video and the impacts of this kind of traffic on ATM-based communication networks.

A great deal of work was spent to examine the correlation structure of MPEG frame and GOP size sequences. The main results are as follows:

- The frame size traces inhere a periodic pattern due to the GOP-based encoding.
- The GOP size traces show considerable positive correlation over the first few hundred lags.
- There is a strong indication of long-range dependence for almost all sequences.

In other words, the correlation properties change fundamentally with the time scale. As a consequence, the memory capacity of the system to be examined, in our case the size of the ATM switch buffers, will be an important model selection criterion.

The presence of time-scale-dependent correlation characteristics induced the development of a layered modeling approach. Only then, the correlation effects can be decoupled in order to create simple and transparent but yet accurate models. We therefore modeled the GOP size process and derived the frame sizes from the GOP sizes based on the GOP pattern. Since we intended to provide and compare MPEG video traffic models for a wide range of system parameters and analysis techniques, we discussed the properties and parameter estimation of the following models: histogram model, simple Markov chain model, scene-oriented model, autoregressive model, selfsimilar model.

These models represent a large part of the currently applied traffic modeling approaches. The models are of different correlation complexity and the marginal distributions of the generated samples are either discrete or continuous. All models were validated from the statistical view point and with respect to their accuracy in predicting performance measures, such as cell loss and cell delay at switch buffers.

In the course of a simulation study, we discovered that the system behavior is governed by two regimes which can be clearly separated. For small buffers, i.e., in the order of the average frame size of the trace, the system behavior is dominated by the periodic GOP pattern. In this case, it is sufficient to use the histogram model which contains no GOP-by-GOP correlations. If the buffer size is large enough to filter out the periodic pattern the GOP correlations play the most important role. Then, the simple Markov chain model or the autoregressive model should be applied. Only if the buffer sizes are huge, i.e., tens of thousands of cells, the models with the most complex GOP correlation structure, such as the scene-oriented model or the selfsimilar model, should to be used.

In the introduction, we expressed our intention to provide traffic engineers with models for VBR MPEG video traffic in a scale that can be handled. In general, it is possible to find such models at the cost of a limited range of applications. In our opinion, however, a single video model for all purposes is neither necessary nor useful.

We close this paper with a bon mot of George Box emphasizing that modeling should never be an end in itself but an aid to understand our complex world.

"All models are wrong but some of them are useful."

System zur Validierung von Lokalisierungsmethoden für Mobile Objekte

Christof Sieber

Technische Universität Dresden
Fakultät Informatik, Institut für Betriebssysteme, Datenbanken und Rechnernetze
Mommsenstr. 13, D-01062 Dresden, Germany
sieber@ibdr.if.tu-dresden.de

Der zellulare Mobilfunk, verteilte Softwaresysteme mit mobilen Agenten, Personenlokalisierungssysteme sowie Anwendungen im Flotten- und Fahrzeugmanagement haben in den letzten Jahren zunehmend an Bedeutung gewonnen. Die Lokalisierung mobiler Teilnehmer bzw. Objekte ist dabei wichtiger Bestandteil dieser Systeme und grundlegend für deren Arbeitsweise. Diese Arbeit beschäftigt sich mit dem Vergleich verschiedener Lokalisierungsmethoden für mobile Objekte. Zur Durchführung der Untersuchungen wurde ein spezielles Werkzeug entwickelt, um Lokalisierungskonzepte modellieren und unter realitätsnahen Bedingungen im Hinblick auf ihre Leistungsfähigkeit testen und bewerten zu können. Beispielhaft wurden mehrere Konzepte simuliert und die Ergebnisse bewertet.

Einführung

Die Erforschung und der Einsatz verteilter Systeme hat in den letzten Jahren an Bedeutung gewonnen. Es gibt verschiedene Gründe, welche zu dieser Entwicklung beigetragen haben:

1. Netzwerke: Verfügbarkeit leistungsfähiger Netzwerke sowohl im lokalen als auch im globalen Bereich; einheitliche Übertragungsprotokolle und starke Kostenreduzierung

2. Funkübertragung: Datenübertragung via Funkmodem möglich; globale Erreichbarkeit; geringes Gewicht und niedriger Energieverbrauch von mobilen Sende- und Empfangsgeräten; relativ geringe Zugangsgebühren für öffentliche Funknetze; einheitliche Standards

3. Globalisierung der Wirtschaft: geographische Verteilung von Fertigungsprozessen; Dezentralisierung der Unternehmen; Kundennähe; weltweite Präsenz großer Unternehmen

Die Lokalisierung mobiler Objekte ist dabei ein wichtiger Bestandteil dieser Systeme und grundlegend für deren Arbeitsweise. Lokalisierung bedeutet, daß der aktuelle Standort eines mobilen Objektes ermittelt wird. Je nach Anwendung handelt es sich bei den mobilen Objekten um Personen, mobile Rechner, migrationsfähige

Softwareobjekte, Fahrzeuge usw. Die Orte, zwischen denen diese Objekte migrieren, sind ebenfalls unterschiedlich und z.B. im Fall von Mobilfunksystemen Funkzellen oder bei mobilen Agenten Rechnerknoten in einem Computernetzwerk. Wichtige Anwendungsgebiete für die Lokalisierung sind der zellulare Mobilfunk nach GSM[1]-Standard, verteilte Softwaresysteme, der Bereich Mobile Computing, die Personenlokalisierung sowie die Lokalisierung von Fahrzeugen, Flugzeugen, Schiffen, etc.

Neben bereits im Einsatz befindlichen Lokalisierungskonzepten existieren eine Reihe innovativer Ansätze. Insbesondere sei verwiesen auf: [AP91], [BIV92], [BNKS94], [FHP95], [HA95], [LIN94], [MJ94] und [WAN93].

Lokalisierung ist ein Vorgang, der mehrere Instanzen einbezieht und Kommunikation zwischen diesen erfordert. Dadurch werden Kosten verursacht. Aus diesem Grund ist es notwendig, sich mit verschiedenen Konzepten der Lokalisierung zu beschäftigen, um Vor- und Nachteile zu erkennen und entsprechend des konkreten Anwendungsfalls eine Kostenoptimierung vorzunehmen.

Arbeitsweise von Lokalisierungssystemen

In [SIE97A] wird ein allgemeiner Ansatz zur Beschreibung von Lokalisierungssystemen vorgestellt.

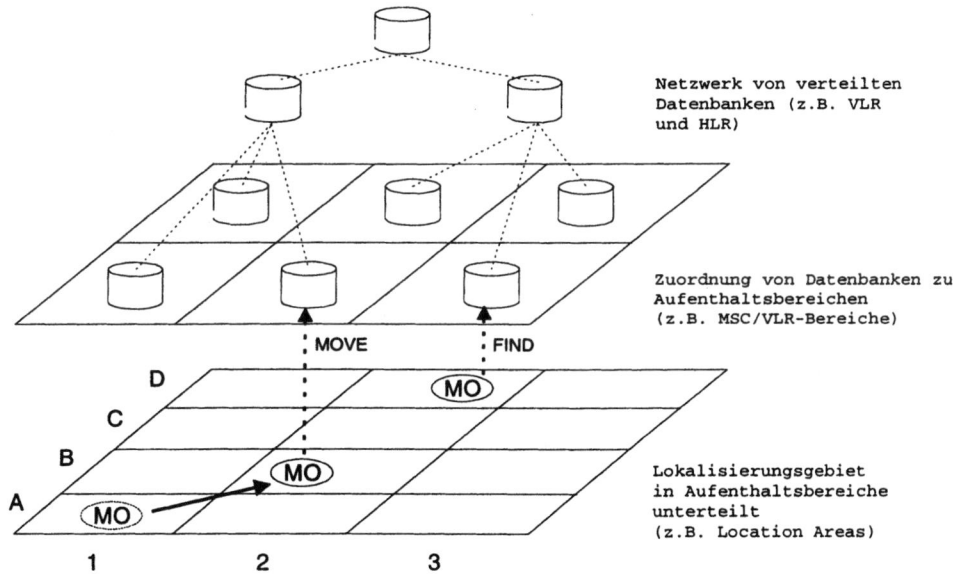

Fig. 1. Allgemeines Modell der Lokalisierung

---

[1] Global System for Mobile Communication

In diesem Modell existieren Aufenthaltsbereiche festgelegter Größe, welche die Genauigkeit der Lokalisierung festschreiben. Die Migration zwischen diesen Bereichen wird vom Lokalisierungssystem registriert. Das System sammelt also schon vor der eigentlichen Lokalisierung Daten über den Aufenthaltsort mobiler Objekte und speichert diese. Die Speicherung erfolgt in verteilt oder zentral angeordneten Datenbanken. Diese Datenbanken sind untereinander vernetzt und bilden Knoten innerhalb eines Netzwerkes. Den Knoten können Aufenthaltsbereiche zugeordnet sein, so daß eine Interaktion notwendig ist, wenn mobile Objekte zwischen diesen migrieren. So erfolgt beispielsweise in Mobilfunksystemen nach GSM-Standard die Aktualisierung eines VLR[2], wenn der zugeordnete Bereich betreten oder verlassen wird. Weiterhin existieren auch Knoten, denen kein Aufenthaltsbereich unmittelbar zugeordnet ist. Knoten speichern also nicht nur Daten mobiler Objekte, sondern besitzen eine erweiterte Funktionalität zur Durchführung der Lokalisierung.

Knoten, denen Aufenthaltsbereiche zugeordnet sind, kommunizieren mit den mobilen Objekten. Dazu stellt das Lokalisierungssystem zwei grundlegende Funktionen bereit, die von den mobilen Objekten auf den betreffenden Knoten aufgerufen werden [AP91]:

- **Move**: Aufruf bei Migration; Aktualisierung des Aufenthaltsortes des mobilen Objektes
- **Find**: Ermittlung des aktuellen Aufenthaltsortes des mobilen Objektes

Die konkrete Realisierung der beiden Operationen **Move** und **Find** entscheidet dabei über die Leistungsfähigkeit des jeweiligen Konzeptes. Die Abbildung der zu untersuchenden Lokalisierungskonzepte auf dieses allgemeine Modell ermöglicht eine einheitliche Modellierung und Bewertung der Konzepte.

Entwicklung eines Tools zur Validierung von Lokalisierungsmechanismen

Das entwickelte Tool gestattet die Modellierung und Simulation von Lokalisierungskonzepten. Dabei werden die zu testenden Konzepte entsprechend vereinfacht modelliert und deren Arbeitsweise simuliert. Während der Simulation werden Daten bzgl. der benötigten Ressourcen erfaßt. Entsprechend des allgemeinen Modells der Lokalisierung sind hier die folgenden Kriterien von Interesse:

1. Rechenleistung, die von jedem einzelnen Knoten erbracht werden muß (hauptsächlich Datenbankoperationen),
2. Benötigtes Speichervolumen in den Knoten,
3. Kommunikation zwischen den Knoten (Austausch von Lokalisierungsinformation),
4. Latenzzeit (Verzögerung durch serielle Datenbankzugriffe und Kommunikation),
5. Fehler (z.B. Falschlokalisierung bei "unscharfen Konzepten") und
6. Anzahl der Knoten , die involviert sind.

---

[2] Visitor Location Register

Durch Vergleich dieser Daten ist eine quantitative Bewertung möglich.

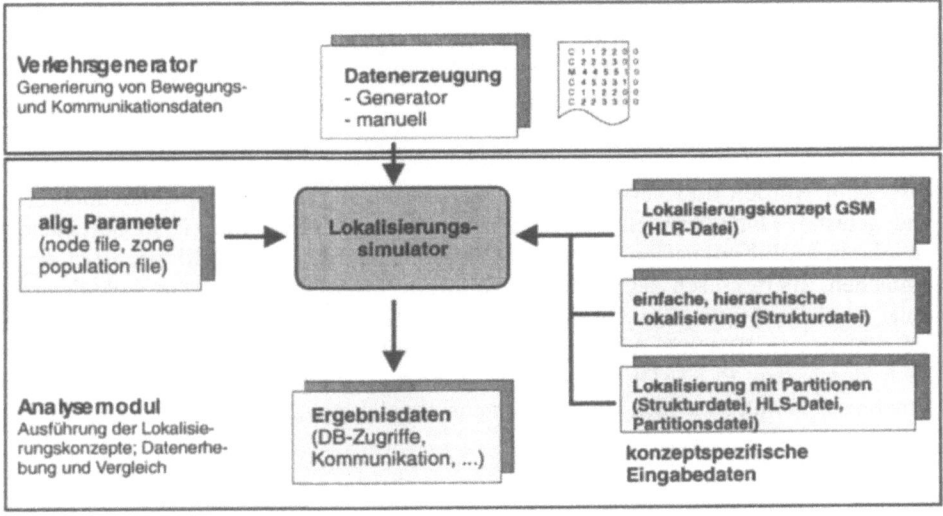

Fig. 2. Aufbau eines Tools zur Validierung von Lokalisierungskonzepten

Die Eingabeparameter des Tools sind:

1. Topologie des Netzwerkes
2. Topologie der Aufenthaltsbereiche
3. Population der Aufenthaltsbereiche mit mobilen Objekten
4. Kommunikations- und Migrationsverhalten der mobilen Objekte
5. algorithmische Beschreibung der Arbeitsweise des zu simulierenden Lokalisierungskonzeptes.

Die Unterteilung in Datenerzeugung und Validierung erwies sich als sinnvoll, da so verschiedene Lokalisierungskonzepte mit den gleichen Eingabedaten getestet werden können. Die Daten wurden einmal generiert, gespeichert und beliebig oft für Simulationsläufe verwendet. Als mögliche Varianten der Realisierung des Validierungstools wurden verschiedene Simulationssysteme und -sprachen untersucht. Die Wahl fiel auf C++, eine "General Purpose" Programmiersprache. Gründe dieser Entscheidung waren: objektorientiertes Design und Implementierung des Tools, Entwicklung und Portierung auf unterschiedliche Plattformen, hohe Performance durch Portierung des Tools auf einen Hochleistungscomputer und die Bereitstellung von Schnittstellen zur Verarbeitung externer Daten.

Simulation und Bewertung der Ergebnisse

Als Eingabeparameter für die Simulation dienten u.a. Daten aus dem PLEIADES Projekt an der Stanford University, USA. Dabei handelt es sich um einen Verkehrsdatengenerator, der unterschiedliche Konfigurationen bzgl. des Kommunikations- und Migrationsverhaltens der mobilen Objekte ermöglicht [LCW97].

Insgesamt wurden drei verschiedene Lokalisierungskonzepte beispielhaft modelliert und getestet. Dabei handelt es sich um die Lokalisierung, wie sie in bestehenden zellularen Mobilfunknetzen zum Einsatz kommt (GSM), die Lokalisierung in einem einfachen, hierarchisch aufgebauten Netzwerk [WAN93] sowie die Lokalisierung unter Berücksichtigung des nutzerspezifischen Migrationsverhaltens entsprechend des Vorschlages in [BIV92]. Als Eingabedaten wurden sowohl manuell generierte, als auch durch den PLEIADES-Generator erzeugte Daten verwendet. Die folgenden Ergebnisse konnten aus den Untersuchungen abgeleitet werden.

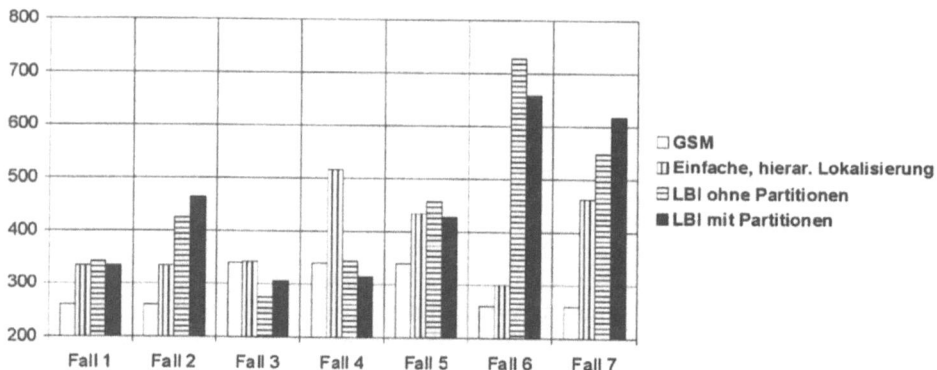

Fig. 3. Anzahl der Datenbankzugriffe für verschiedene Testfälle

In den Abbildungen 3 und 4 werden die Anzahl der Datenbankzugriffe bzw. die Anzahl der Signalisierungsnachrichten in Abhängigkeit vom verwendeten Lokalisierungskonzept dargestellt. Weiterhin werden sieben verschiedene Testfälle betrachtet, die bestimmte Konfigurationen bzgl. des Lokalisierungsnetzwerkes sowie des Kommunikations- und Migrationsverhaltens der mobilen Objekte beschreiben (siehe [SIE97B]).

Die Lokalisierung mit fester Heimatadresse, wie sie im GSM-Standard verwendet wird, hat den Vorteil, daß insgesamt nur eine geringe Anzahl von Datenbankzugriffen für die Lokalisierung bzw. die Aktualisierung erforderlich ist. Als Nachteil sind die hohen Nachrichtenkosten anzuführen, da Interaktionen über große Entfernungen notwendig sind. Zu beachten ist außerdem, daß sich viele Datenbankzugriffe auf wenige Knoten konzentrieren (HLR[3]), da hier sowohl bei der Lokalisierung als auch bei der Aktualisierung Interaktionen notwendig sind.

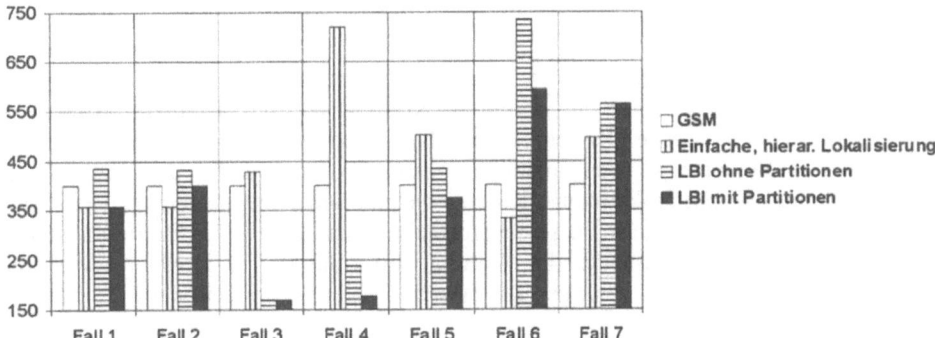

Fig. 4. Anzahl der Signalisierungsnachrichten zwischen den Knoten

Die einfache, hierarchische Lokalisierung bietet den Vorteil, daß sowohl bei der Aktualisierung als auch bei der Lokalisierung Interaktionen zwischen Datenbanken auf einen lokalen Bereich begrenzt werden. Die einfache, hierarchische Lokalisierung schneidet hier vergleichsweise gut ab, da keine Interaktion mit einer weit entfernten, festen Heimatadresse erfolgt. Dieser Vorteil trifft aber nur dann zu, wenn die hierarchische Strukturierung entsprechend dem Mobilitäts- und Bewegungsverhaltens erfolgte. Ist das nicht der Fall, kommt es zu einer Erhöhung der Anzahl an Signalisierungsnachrichten und einer Zunahme der damit verbundenen Nachrichtenkosten. Eine Konzentration von Datenbankzugriffen, wie bei der Lokalisierung nach GSM-Standard, tritt nicht auf. Im Gegensatz zur Lokalisierung über eine feste Heimatadresse ist die Anzahl der sequentiell involvierten Datenbanken höher. Daraus folgt eine größere Latenzzeit der Operationen zur Lokalisierung bzw. Aktualisierung.

Die hierarchische Lokalisierung mit Partitionen erzielht ähnliche Ergebnisse wie das Konzept der einfachen, hierarchischen Lokalisierung. Zusätzlich konnte festgestellt werden, daß die Einbeziehung des nutzerspezifischen Migrationsverhaltens bei der Lokalisierung Vorteile bringt. Das trifft vor allem bei häufigen und regelmäßigen Bewegungen zu. Sowohl die Anzahl der Datenbankzugriffe als auch die Anzahl der zwischen den Knoten ausgetauschten Nachrichten und die damit verbundenen Kosten verringern sich, da weniger Aktualisierungen notwendig sind. Dieser Vorteil wird erreicht durch eine nutzerspezifische Zusammenfassung der Aufenthaltsbereiche, zwischen denen die mobilen Objekte migrieren. Der Aufwand zur Umsetzung ist allerdings bedeutend größer als bei den oben genannten Konzepten, was sich auch im Umfang des Quellkodes für die Modellierung widerspiegelt. Die Effizenz der

---

[3] Home Location Register

Lokalisierung nach diesem Konzept hängt im starken Maße von der Qualität der Partitionenbildung ab.

Zusammenfassung

Als Ergebnis der Arbeit entstand ein Tool zur Untersuchung der Leistungsfähigkeit von Lokalisierungskonzepten in mobilen Kommunikationssystemen. Außerdem wurden drei verschiedene Konzepte simuliert und verglichen. Weiterführende Arbeiten zur Bewertung von Lokalisierungsmethoden, welche das individuelle Migrations- und Kommunikationsverhalten von mobilen Objekten einbeziehen, sind notwendig. Im Rahmen eines Forschungsprojektes am Institut für Betriebssysteme, Datenbanken und Rechnernetze der Fakultät Informatik, TU Dresden, wird das vorgestellte Tool für Untersuchungen auf diesem Gebiet verwendet (siehe [ZS97]).

[AP91] B. Awerbuch und D. Peleg. "Concurrent Online Tracking of Mobile Users". In Proceedings of SIGCOMM'91, Seiten 221-223. September 1991 ftp://ftp.cs.jhu.edu/pub/baruch/RESEARCH-AREAS/FINAL-PAPERS/.

[BIV92] B. R. Badrinath, T. Imielinski und A. Virmani. "Location Strategies for Personal Communication Networks". In Proceedings of IEEE Globecom'92 Workshop on Networking for Personal Communication Applications. IEEE, Dezember 1992, ftp://athos.rutgers.edu/pub/technical-reports.

[BNKS94] Amotz Bar-Noy, Ilan Kessler und Moshe Sidi. "Mobile Users: To Update or not to Update?". In Proceedings of the 13th Annual Joint Conference of the IEEE Computer and Communications Societies on Networking for Global Communication. Volume 2, Seiten 570-576, Los Alamitos, CA, USA, Juni 1994. IEEE Computer Society Press.

[FHP95] Andreas Fasbender, Simon Hoff und Markus Pietschmann. "Mobility Management in Third Generation Networks". In Jan Slavik und Otto Spaniol, Hrsg. Proceedings of the IFIP TC6 International Workshop on Personal Wireless Communications, Aachener Beiträge zur Informatik, Seiten 33-46, Verlag der Augustinus Buchhandlung Aachen, April 1995.

[HA95] Joseph S. M. Ho und Ian F. Akyildiz. "Local Anchor Scheme for Reducing Location Tracking Costs in PCN's". In Proceedings of ACM MOBICOM, Seiten 181-194, November 1995, http://www.ee.gatech.edu/users/joseph/index.html/.

[LCW97] Derek Lam, Donald C. Cox und Jennifer Widom. "Teletraffic Modeling for Personal Communications Services". IEEE Communications, 35(2), Februar 1997. http://www-db.stanford.edu/pleiades/.

[LIN94] Yi-Bing Lin. "Determining the User Locations for Personal Communications Services Network". In IEEE Transaction on Vehicular Technology, Jhrg. 43, Seiten 466-473, 1994.

[MJ94]   Seshadri Mohan und Ravi Jain. "Two User Location Strategies for Personal Communications Services". IEEE Personal Communications Magazin, 2:42-50, 1994.

[SIE97A]   Christof Sieber. "Analyse und Vergleich von Lokalisierungsalgorithmen". Technische Universität Dresden, Institut für Betriebssysteme, Datenbanken und Rechnernetze. Februar 1997. http://mephisto.inf.tu-dresden.de/~sieber/.

[SIE97B]   Christof Sieber. „System zur Validierung von Lokalisierungsmethoden für mobile Objekte". Technische Universität Dresden, Institut für Betriebssysteme, Datenbanken und Rechnernetze. Juli 1997. http://mephisto.inf.tu-dresden.de/~sieber/.

[WAN93]   John Zhonghe Wang. "A Fully Distributed Location Registration Strategy for Universal Personal Communication Systems". IEEE Journal on Selected Areas in Communications, 11(6) Seiten 850-860, 1993.

[ZS97]   Thomas Ziegert und Christof Sieber. "Anwendung von Verhaltensmustern zur Lokalisierung mobiler Teilnehmer". In Promotion tut not: Innovationsmotor Graduiertenkolleg. Otto Spaniol, Hrsg. Aachener Beiträge zur Informatik, Seiten 211-227. Verlag der Augustinus Buchhandlung Aachen. September 1997. http://wwwrn.inf.tu-dresden.de/infos/veroeffentlichungen.html.

LGMP/LGCP: Eine Protokoll-Suite für skalierbare Multicast-Kommunikation im Internet

Markus Hofmann

Institut für Telematik, Universität Karlsruhe[1]
Zirkel 2, 76131 Karlsruhe, Germany
E-Mail: hofmann@acm.org

Zusammenfassung. Neben der klassischen Zweiparteien-Kommunikation gewinnt die Datenübertragung von einem Sender an mehrere Empfänger, die sogenannte *Multicast*-Kommunikation, zunehmend an Bedeutung. Ein großes Spektrum moderner Anwendungen aus den Bereichen verteilte Systeme, verteilte rechnergestützte Gruppenarbeit, Konferenzsysteme und Verteildienste basiert auf der Kommunikationsform des Multicast. Um den Qualitätsanforderungen dieser Anwendungen zu genügen, müssen Kommunikationssysteme über Mechanismen zur Fehlerkorrektur und zur Verkehrssteuerung verfügen. Multicast-Kommunikation erfordert im Gegensatz zur klassischen Zweiparteien-Kommunikation die Unterstützung unterschiedlich großer Empfängermengen. Die Gruppengröße kann von einigen wenigen Kommunikationsteilnehmern bis hin zu einigen tausend Empfängern variieren. Dies erfordert den Entwurf neuer Protokollmechanismen, die hinsichtlich der Empfängerzahl skalierbar ausgelegt sind und die Koordination großer Empfängermengen ermöglichen. Der vorliegende Artikel gibt einen Überblick über die Dissertationsarbeit des Autors, in welcher eine Protokoll-Suite für skalierbare Multicast-Kommunikation im Internet entwickelt, spezifiziert, simuliert, implementiert und bewertet wurde [Hof98].

Einleitung

Erste Ansätze zur Realisierung von Multicast-Diensten basieren auf erweiterten Mechanismen der klassischen Zweiparteien-Kommunikation [Str95], [KoZ96], [MRT98]. Diese sind durch eine senderorientierte Ausrichtung gekennzeichnet, wobei die Verantwortung sowohl für die Steuerung des Datenflusses als auch für die Korrektheit der Datenübertragung der sendenden Instanz obliegt. Zur Durchführung einer Verkehrssteuerung wertet der Sender die Statusmeldungen aller Empfänger aus und regelt den Datenfluß entsprechend dem Zustand der Empfängermenge. Ist diese Vorgehensweise bei der klassischen Zweiparteien-Kommunikation noch unproblematisch, so führt die Bearbeitung einer Vielzahl von Statusmeldungen im Falle großer Kommunikationsgruppen zu einer Überlastung des Senders. Zudem erfordert die Übermittlung mehrerer Statusmeldungen zusätzliche Bandbreite, was insgesamt in

---

[1] Markus Hofmann arbeitet derzeit im Networking Software Research Department der Bell Laboratories in Holmdel, New Jersey, USA.

einer deutlichen Verminderung der effektiven Übertragungsleistung und in einer ineffizienten Ressourcenauslastung resultiert. Auch die klassischen Verfahren zur Fehlerkorrektur, bei welchen die Empfänger fehlende Datenpakete stets direkt beim Sender anfordern, sind nicht geeignet für die Multicast-Kommunikation in Weitverkehrsnetzen. Eine solche Vorgehensweise eignet sich im Falle der Multicast-Kommunikation lediglich für den Einsatz in lokalen Netzwerken. Die Kosten zur Durchführung von Übertragungswiederholungen fallen hier vergleichsweise gering aus. Dagegen ist in Weitverkehrsnetzen die Reduzierung der Netzbelastung ein vorrangiges Ziel. Mit zunehmender Empfängerzahl wächst die Wahrscheinlichkeit eines Paketverlustes und damit die Anzahl notwendiger Übertragungswiederholungen. Messungen im Internet zeigen, daß oftmals bis zu 70% der Datenpakete aufgrund eines Paketverlustes bei mindestens einem Empfänger wiederholt zu übertragen sind [YKT96]. Eine senderorientierte Durchführung von Übertragungswiederholungen führt in diesem Fall zu einem erheblichen Mehrbedarf an Bandbreite und damit zu höheren Kosten. Dies verdeutlicht die Notwendigkeit neuer Fehlerkorrekturmechanismen zur Realisierung skalierbarer Multicast-Dienste, wie sie beispielsweise auch in [NBT97] diskutiert werden.

Aus der geschilderten Problematik ergab sich als Zielsetzung der Dissertation die Entwicklung und die Realisierung eines fortschrittlichen Kommunikationssystems, welches unter Berücksichtigung anwendungsspezifischer Anforderungen einen skalierbaren Multicast-Dienst bereitstellt. Das entwickelte Kommunikationssystem übernimmt dabei Funktionen zum Gruppenmanagement und zur dynamischen Strukturierung der Gruppenmitglieder. Dies ermöglicht erstmals die Berücksichtigung der Gruppentopologie zur Optimierung sowohl der Fehlerkorrektur als auch der Quittungsbearbeitung. Im Gegensatz zu klassischen Ansätzen löst sich das im Rahmen der Arbeit entwickelte Konzept vom senderorientierten Paradigma und bezieht statt dessen alle beteiligten Komponenten aktiv in die Fehlerkorrektur und in die Steuerung der Datenübertragung ein. Dies ermöglicht eine faire Verteilung der Bearbeitungslast auf unterschiedliche Kommunikationsteilnehmer, wodurch der Sender im Vergleich zu klassischen Verfahren deutlich entlastet wird. Ein wichtiger Entwurfsaspekt besteht dabei in der Strukturierung der Gesamtgruppe. Hierfür wurde ein Verfahren entwickelt, das unter Berücksichtigung der Anwendungsanforderungen und der aktuellen Netzauslastung die Kommunikationsgruppe in mehrere funktionale Einheiten aufteilt und deren Koordination übernimmt.

Konzeptentwurf

Ausgehend von einer Analyse existierender Multicast-Protokolle wurden mehrere Algorithmen zur Unterstützung einer skalierbaren Gruppenkommunikation erarbeitet [Hof98]. Die entwickelten Konzepte resultierten in einem generischen Rahmenwerk für skalierbare Multicast-Kommunikation in Weitverkehrsnetzen, dem sogenannten *Local Group Concept (LGC)* [Hof96]. Die grundlegende Idee besteht in einer logischen Strukturierung der globalen Kommunikationsgruppe. Diese wird in mehrere lokale Untergruppen aufgeteilt, welche ihrerseits in einer baumartigen Hierarchie angeordnet werden. Dabei faßt jede lokale Gruppe nahe beieinander gelegene

Kommunikationsteilnehmer zusammen. Als Entfernungsmaß werden mehrere Metriken herangezogen, die in Abhängigkeit vom jeweiligen Anwendungskontext unterschiedlich gewichtet werden. Im Gegensatz zu klassischen Kommunikationsprotokollen können beim Local Group Concept auch Empfänger Übertragungswiederholungen ausführen. Durch Kooperation der Mitglieder einer lokalen Untergruppe werden Übertragungsfehler zunächst ohne Beteiligung des Senders korrigiert. Haben alle Mitglieder einer lokalen Gruppe bestimmte Datenpakete nicht korrekt erhalten, so ist eine lokale Fehlerkorrektur nicht möglich. In diesem Fall werden die fehlenden Daten bei der übergeordneten Teilgruppe bzw. direkt beim Sender angefordert. Das entwickelte Verfahren beschränkt den überwiegenden Teil der notwendigen Übertragungswiederholungen auf den lokalen Bereich einer Untergruppe, was sich in einer deutlichen Entlastung der Weitverkehrsverbindungen niederschlägt. Lokale Übertragungswiederholungen werden durch einen geeigneten Empfänger, den sogenannten *Repräsentanten* der lokalen Gruppe, koordiniert. Dieser wertet zudem die Statusmeldungen der angeschlossenen Empfänger aus, faßt sie in einer einzelnen Nachricht zusammen und übermittelt diese dem Repräsentanten der übergeordneten lokalen Gruppe bzw. dem Multicast-Sender. Diese Vorgehensweise ermöglicht zusammen mit der Dekomposition der Gesamtgruppe in voneinander unabhängige Teilbereiche eine verteilte und damit parallele Steuerung des Datenflusses, was die Skalierbarkeit hinsichtlich großer Empfängerzahlen verbessert.

Protokollspezifikation und simulative Bewertung

Ausgehend von den entwickelten Konzepten wurden zwei voneinander unabhängige Protokolle entworfen, deren Gesamtfunktionalität dem Benutzer über eine erweiterte Anwendungsschnittstelle bereitgestellt wird [Hof98]. Das *Local Group based Multicast Protocol (LGMP)* ist für den eigentlichen Datentransfer verantwortlich. Es operiert auf einer hierarchischen Strukturierung der globalen Kommunikationsgruppe, welche vom *Local Group Configuration Protocol (LGCP)* erstellt wird. Die Anordnung der Untergruppen und damit der Aufbau der Hierarchie erfolgt in Abhängigkeit von den anwendungsspezifischen Anforderungen. Somit wird eine Optimierung der für die Anwendung wichtigen Kenngrößen erreicht. Dies kann beispielsweise die Minimierung der durchschnittlichen Übertragungsverzögerung oder die Reduzierung der globalen Netzlast sein. Aufgrund dynamisch veränderbarer Gruppenzugehörigkeit und schwankender Netzauslastung muß die definierte Gruppenstruktur während der Kommunikation an die aktuellen Gegebenheiten angepaßt werden. Das vom Datentransfer entkoppelte Management der Gruppenhierarchie erlaubt eine weitgehende Unabhängigkeit von Verwaltungs- und Datentransferfunktionen und damit deren parallele Bearbeitung. Der Austausch von Verwaltungs- und Statusinformation erfolgt periodisch, wodurch implizit eine hohe Robustheit und Stabilität des Gesamtsystems erreicht wird.

Simulative Untersuchungen der entworfenen Protokollmechanismen zeigen wesentlich bessere Leistungsdaten im Vergleich zu Verfahren mit ähnlicher Funktionalität. Um die Leistungsfähigkeit und die Skalierbarkeit des entwickelten Konzeptes zu belegen, wurden ausgehend von Meßergebnissen im Internet mehrere

Simulationsmodelle erstellt. Diese ermöglichen eine realitätsnahe Untersuchung von Szenarien mit mehreren tausend Empfängern, was durch Messungen mit einer realen Implementierung kaum zu erreichen ist. Die Ergebnisse zeigen, daß durch die Methode der lokalen Übertragungswiederholungen die globale Netzbelastung deutlich unter derjenigen klassischer Ansätze bleibt, wobei zugleich die durchschnittliche Übertragungsverzögerung merklich reduziert wird.

Implementierung und Bewertung

Zur Umsetzung des Entwurfs wurden die Protokolle LGMP und LGCP als erweiterte endliche Automaten modelliert, die über einen asynchronen Nachrichtenaustausch miteinander kommunizieren [Hof98]. Die Implementierung bildet die Automatenmodelle auf eigenständige Prozesse ab, welche über einen gemeinsamen Speicherbereich miteinander kommunizieren. Beide Prozesse zerfallen intern in mehrere Leichtgewichtsprozesse (Threads), was einen hohen Grad an Parallelität ermöglicht. Die derzeitige Implementierung ist ausgehend von einer anwendungsorientierten Parametrisierung in der Lage, selbständig und ohne manuelles Eingreifen eine geeignete Gruppenhierarchie zu etablieren und diese gemäß den Anforderungen der Anwendung dynamisch an Änderungen im Systemumfeld anzupassen.

Als Implementierungsplattform standen Arbeitsplatzrechner der Firma Digital unter dem Betriebssystem Digital Unix 3.2 und 4.0 sowie SUN Workstations mit dem Betriebssystem Solaris 2.5.1 und 2.6 zur Verfügung. Neben diesen Plattformen wurden die erstellten Implementierungen auch unter Linux 2.0.30 und SCO UnixWare 7.01 erfolgreich getestet. Eine Implementierung von LGCP unter Windows NT 4.0 ist bereits verfügbar, die Portierung von LGMP befindet sich derzeit in Arbeit. Während der Programmerstellung wurde besonders auf eine hohe Stabilität und eine gute Leistungsfähigkeit der Implementierung geachtet. Der erstellte Programmcode ist öffentlich verfügbar und kann über das Internet kostenlos bezogen werden [LGC98].

Neben dem eigentlichen Kommunikationssystem wurde zu Demonstrationszwecken ein Monitorsystem entworfen und implementiert, welches über eine grafische Schnittstelle die jeweils aktuelle Gruppenstruktur visualisiert und ausführliche Informationen zu den einzelnen Kommunikationsteilnehmern bereitstellt. Ebenso wurde ein Java-basiertes Meßsystem entwickelt und implementiert, das eine automatisierte und zentral gesteuerte Durchführung von Messungen zur Bewertung von Multicast-Protokollen erlaubt. Durch seine einfache Handhabung und die hohe Portabilität eignet es sich für den Einsatz in großen globalen Kommunikationsgruppen.

Zur Überprüfung der Korrektheit und der Leistungsfähigkeit der Protokollimplementierungen wurden intensive Tests im MBone unter Beteiligung von Testpartnern in Deutschland, England, Frankreich, Kanada und den USA durchgeführt. Neben der eigentlichen Leistungsuntersuchung stand dabei auch die Überprüfung der Stabilität und der Ausfallsicherheit im Blickpunkt des Interesses. Die zahlreichen Experimente zeigen zugleich, daß die entwickelten Konzepte nicht nur auf dem Papier Bestand haben. Dies ist insbesondere vor dem Hintergrund zu sehen, daß nahezu alle bisherigen Arbeiten auf dem Gebiet der skalierbaren Multicast-Kommunikation nicht durch eine praktische Umsetzung untermauert sind oder allenfalls simulative Untersuchungen der Leistungsfähigkeit enthalten.

Von den zahlreichen durchgeführten Messungen wird im folgenden exemplarisch ein Experiment zum Vergleich von LGMP mit einem senderorientierten Multicast-Protokoll vorgestellt, um die Vorteile des Local Group Concepts in der Praxis zu belegen. Da keine Implementierung eines senderorientierten Multicast-Protokolls zur Verfügung stand, wurden die Vergleichswerte ebenfalls mit dem Local Group based Multicast Protocol ermittelt. Dazu wurde eine „statische" Variante des LGCP verwendet, mit der die jeweilige Gruppenstruktur manuell konfigurierbar ist. Dadurch konnten gezielt bestimmte Anordnungen untersucht werden. Im senderorientierten Fall wird der Sender als alleiniger Gruppenrepräsentant konfiguriert, so daß alle Empfänger ihre Statusmeldungen stets an ihn adressieren. Dies entspricht exakt dem Verhalten eines senderorientierten Protokolls.

An der im folgenden beschriebenen Messung waren die in Abbildung 1 dargestellten Rechner beteiligt. Im einzelnen waren dies Rechner in England (1), den USA (2-4), Frankreich (5, 6), Hannover (7), Dresden (8), Braunschweig (9-16), Mannheim (17, 18), Karlsruhe (19-25), Stuttgart (26-29) und Darmstadt (30-32). Zur Ermittlung der Werte für das senderorientierte Multicast-Protokoll wurden alle Empfänger der lokalen Gruppe des Senders in London zugeordnet. Die Bewertung von LGMP basiert auf der Gruppenstruktur, wie sie in Abbildung 1 dargestellt ist.

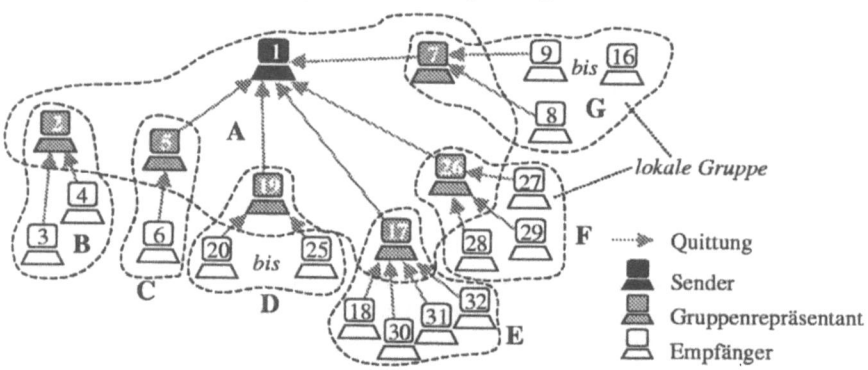

Abbildung 1: Einteilung der Empfänger in lokale Gruppen

Die Messungen wurden am 5.12.1997 im Zeitraum von 17:00 bis 22:00 Uhr durchgeführt, wobei jede Messung fünfmal gestartet wurde. Der Sender übermittelte jeweils eine Datenmenge von 1 MByte. Die maximale Senderate wurde auf 160 Kbit/s beschränkt, um die Übertragungsstrecken im MBone nicht zu überlasten und um eine Störung des Normalbetriebs zu vermeiden.

Die exakten Ergebniswerte dieses und anderer Experimente können [Hof98] entnommen werden. Es zeigte sich, daß bei der Übermittlung von Daten an mehrere Empfänger mit LGMP wesentlich bessere Werte erreicht werden als mit klassischen Multicast-Protokollen. So konnten im Vergleich zu senderorientierten Multicast-

Protokollen die Übertragungszeit der 1 MByte großen Datei auf weniger als die Hälfte und das Datenaufkommen auf etwa ein Viertel reduziert werden. Der Anwender profitiert bei Verwendung von LGMP von einer merklich schnelleren Kommunikation und einem wesentlich kostengünstigeren Datenaustausch.

Zusammenfassung

Zusammenfassend ist zu sagen, daß durch die Popularität und die zunehmende Kommerzialisierung des Internet die skalierbare Multicast-Kommunikation in Weitverkehrsnetzen weiterhin an Wichtigkeit gewinnt. Unterstützt wird diese Tendenz durch die zunehmende Akzeptanz rechnergestützter Informations- und Verteildienste. Die im Rahmen dieser Arbeit entwickelten Konzepte und die erstellten Implementierungen stellen Grundbausteine zur Realisierung skalierbarer Multicast-Anwendungen im Internet dar. Im Gegensatz zu den bisher bekannten Ansätzen im Bereich der Multicast-Kommunikation legt das Local Group Concept (LGC) besonderen Wert auf die automatische Konfiguration und Etablierung der Gruppenstruktur. So ist zur Einteilung der Empfänger in lokale Gruppen keinerlei manuelle Administration erforderlich. Zudem zeichnen sich die definierten Verfahren durch eine hohe Robustheit gegenüber Systemausfällen und Netzwerkstörungen aus. Die Automatisierung der Gruppeneinteilung ermöglicht die dynamische Anpassung der Struktur an sich ändernde Randbedingungen. Damit wird erstmals der praktische Einsatz eines hierarchischen Multicast-Protokolls in hochdynamischen Netzwerken, wie dem Internet, ohne den manuellen Eingriff durch Systemadministratoren ermöglicht.

Literatur

[Hof96] M. Hofmann: *A Generic Concept for Large-Scale Multicast*; International Zurich Seminar on Digital Communication, Februar 21-23, 1996, Zürich, Switzerland, In: B. Plattner (Hrsg.), Lecture Notes in Computer Science, No. 1044, Springer Verlag, 1996.
[Hof98] M. Hofmann: *Skalierbare Multicast-Kommunikation in Weitverkehrsnetzen*. Dissertation an der Fakultät für Informatik, Universität Karlsruhe, erschienen im Infix Verlag, Dissertationen zu Datenbanken und Informationssystemen (DISDBIS), Band 42, ISBN 3-89601-442-0, Februar 1998.
[KoZ96] A. Koifman, S. Zabele: *RAMP: A Reliable Adaptive Multicast Protocol*; Proc. of IEEE INFOCOM'96, San Francisco, CA., USA, März 1996.
[LGC98] Local Group Concept: *Homepage im WWW.* http://www.telematik.informatik.uni-karlsruhe.de/~hofmann/lgc/, Dezember 1998.
[NBT97] J. Nonnenmacher, E. W. Biersack, Don Towsley: *Parity-based loss recovery for reliable multicast transmission*. ACM SIGCOMM'97, Cannes, Frankreich, September 1997.
[MRT98] K. Miller, K. Robertson, A. Tweedly, M. White: *StarBurst Multicast File Transfer Protocol (MFTP) Specification*; Work in Progress, Internet Draft (draft-miller-mftp-spec-03.txt), April 1998.
[Str95] W.T. Strayer (Hrsg.): *Xpress Transport Protocol Specification, Revision 4.0*; Erhältlich vom XTP Forum, Santa Barbara, USA, März 1995.
[YKT96] M. Yajnik, J. Kurose, D. Towsley: *Packet Loss Correlation in the MBone Multicast Network*; Technical Report 96(32), University of Massachusetts at Amherst, 1996.

Ressourcenreservierung für Mobile Systeme

Jörg Diederich

Institut für Betriebssysteme und Rechnerverbund, TU Braunschweig
Email: dieder@ibr.cs.tu-bs.de

Zusammenfassung Die zunehmende Mobilität von Systemen und die Bereitstellung von Dienstgüte für die Übertragung von zeitkritischen Daten wie z. B. Audio oder Video sind zwei aktuelle Bereiche der Forschung. Mobilität über Subnetzgrenzen hinaus läßt sich im Internet durch den Mobile IP Lösungsansatz gewährleisten. Die zur Bereitstellung von Dienstgüte benötigte Signalisierung stellt das Resource ReSerVation Protocol (RSVP) zur Verfügung. Dieser Artikel gibt einen kurzen Einblick, wie sich Mobile IP und RSVP im Unicast-Fall kombinieren lassen.

1 Einleitung

Bewegt sich ein drahtlos an das Internet angeschlossenes mobiles System nicht nur innerhalb seines Heimatsubnetzes, sondern auch zwischen verschiedenen Subnetzen, ist es für andere Systeme im Internet nicht mehr zu erreichen. Mobile IP [Per96] bietet einen Ansatz, den Anschluß von mobilen Systemen an das Internet auch in fremden Subnetzen zu ermöglichen.

Die Übertragung von Daten mit einer bestimmten Dienstgüte vom oder zum mobilen System kann durch eine Reservierung von Ressourcen in allen an der Übertragung beteiligten Systemen erfolgen. RSVP [BraZha97] ist ein Protokoll zur Signalisierung der Daten, die für eine Ressourcenreservierung in allen beteiligten Zwischen- und Endsystemen benötigt werden.

Das Zusammenwirken von RSVP zur Bereitstellung von Dienstgüte und Mobile IP für den Anschluß mobiler Teilnehmer erfordert eine genaue Analyse beider Protokolle. In der diesem Artikel zugrundeliegenden Diplomarbeit [Die98] erfolgt diese Analyse in drei Schritten: Zunächst wird Mobile IP unter dem Gesichtspunkt der Dienstgüte betrachtet. In diesem Fall spielt die Dauer der Unterbrechung einer Verbindung bei einem Subnetzwechsel eine wichtige Rolle. Zur Verkürzung dieser Unterbrechungsdauer existieren zwei Verbesserungsvorschläge: ein schnelles Agent Discovery-Verfahren sowie das Fast-Forwarding Protokoll. Der erstgenannte Vorschlag bewirkt eine Verkürzung der Zeit zur Erkennung eines Subnetzwechsels auf dem mobilen System von max. 1 s auf 20 ms. Der zweite reduziert die Zeit für eine Registrierung mittels Mobile IP auf einen von der Umlaufzeit unabhängigen, konstanten Wert (etwa 20 ms) [FDZ99]. Als zweites wird RSVP unter dem Aspekt der Mobilität untersucht. Das Prinzip der empfängerorientierten Reservierung sowie der Soft-State-Ansatz haben sich hier als positiv herausgestellt. Allerdings sind für eine schnelle Anpassung der reservierten Strecken im Falle eines Subnetzwechsels Änderungen notwendig. Probleme ergeben sich außerdem, wenn man RSVP in lokalen Netzen mit mehreren Funkzellen einsetzt. Damit die Reservierungsanforderung von einem mobilen Teilnehmer nicht zu einer Reservierung in allen Funkzellen eines lokalen Netzes führt, wird die Einrichtung von reduzierten RSVP-Dämonen auf allen Basisstationen vorgeschlagen. Zuletzt erfolgt eine Analyse des Zusammenwirkens von Mobilität und Ressourcenreservierung am konkreten Beispiel Mobile IP und RSVP (siehe dazu auch [Raj96]). Hierbei spielt insbesondere die Verzahnung von Mobile IP und RSVP eine wichtige Rolle, weil damit kürzere Unterbrechungszeiten im Falle eines Subnetzwechsels erreicht werden können. Multicast RSVP-Sitzungen werden nicht betrachtet, weil Mobile IP in diesem Fall nicht nötig ist.

Dieser Artikel betrachtet nach einer kurzen Einführung in Mobile IP und RSVP einen Ausschnitt aus dem dritten Teil der Analyse und geht auf das Zusammenwirken von Mobile IP und RSVP genauer ein. Dabei wird eine Verzahnung beider Protokolle sowie die Einführung von speziellen RSVP-Nachrichten zur Vermeidung von Problemen mit oszillierenden Subnetzwechseln vorgeschlagen. Außerdem sollte Mobile IP geringfügig modifiziert werden, um Probleme mit der Reihenfolge von RSVP- bzw. Mobile IP-Nachrichten zu beseitigen.

2 Grundlagen: Mobile IP und RSVP

2.1 Mobile IP

Damit IP-Pakete für ein mobiles System (MS), das sich nicht in seinem Heimatsubnetz aufhält, trotzdem zu diesem geroutet werden, stellt Mobile IP die sog. Mobility Agents zur Verfügung. Der *Home Agent* (HA) nimmt alle IP-Pakete, die für das MS bestimmt sind, im Heimatsubnetz entgegen und leitet sie mittels eines IPIP-Tunnels [Per96a] zu einem *Foreign Agent* (FA) in dem fremden Subnetz weiter, in dem sich das MS gerade befindet. Dieser übergibt die Pakete an das MS. IP-Pakete vom MS nehmen den direkten Weg zum Empfänger und nicht den Umweg über den HA, so daß sich insgesamt das sog. *Dreiecksrouting* ergibt. Damit der HA das Weiterleiten der Pakete übernehmen kann, muß das MS nach jedem Subnetzwechsel seinen Aufenthaltsort beim HA registrieren. Dazu verschickt es über einen FA im neuen Subnetz eine Registrierungs-Nachricht an den HA, der eine Reply-Nachricht als Bestätigung an das MS sendet.

2.2 RSVP

RSVP (Resource ReSerVation Protocol) stellt die für eine Ressourcenreservierung benötigte Signalisierung zur Verfügung. Im Unicast-Fall schickt der Sender regelmäßig (etwa alle 30 s) Path-Nachrichten an die IP-Adresse des Empfängers, welche mittels des IP-Standardroutings zu diesem gelangen. Alle Router, die auf dem Weg zum Empfänger diese Path-Nachricht empfangen, richten die für eine Reservierung notwendigen Zustandsdaten ein. Für die eigentliche Reservierung sendet der Empfänger dann eine Resv-Nachricht zum Sender. Da das IP-Standardrouting nicht symmetrisch ist, d. h. der Weg eines Paketes vom Sender zum Empfänger sich vom umgekehrten Weg unterscheiden kann, werden Resv-Nachricht anhand der von den Path-Nachrichten übermittelten Zustandsdaten hop-by-hop auf dem umgekehrten Weg der Path-Nachrichten gesendet. Die Zwischensysteme können anhand der übermittelten Reservierungsdaten dann die eigentlichen Reservierungen von Bandbreite oder Pufferspeicher vornehmen.

3 Das Zusammenwirken von Mobile IP und RSVP

3.1 Signalfluß in einer Unicast RSVP-Sitzung mit Mobile IP

Eine RSVP-Sitzung zwischen einem stationären Sender und einem mobilen Empfänger in einem fremden Subnetz zeigt Abbildung 1, wobei die Signalisierung von Mobile IP bereits erfolgreich abgelaufen ist.

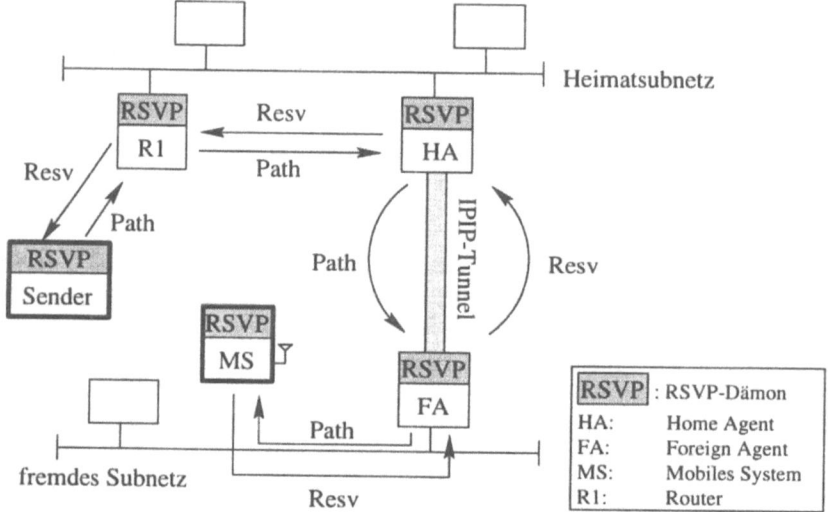

Abbildung 1. Unicast RSVP-Sitzung mit mobilem Empfänger im fremden Subnetz

Der Sender schickt die Path-Nachricht an die Heimatadresse des mobilen Empfängers, die damit zunächst in das Heimatsubnetz gelangt. Der HA nimmt diese stellvertretend für das MS entgegen, kapselt sie in ein IPIP-Paket ein und sendet sie zum FA, welcher die Path-Nachricht wieder auspackt und an das MS ausliefert. Evtl. vorhandene RSVP-Router auf der Strecke HA–FA, die das eingekapselte Paket weiterleiten, erkennen die Path-Nachricht wegen der Einkapselung nicht und können keine korrekte Zustandshaltung und damit keine Reservierungen für RSVP vornehmen.

Die Resv-Nachricht gelangt hop-by-hop in umgekehrter Richtung wie die Path-Nachricht vom Empfänger zum Sender. Damit stellt das Dreiecksrouting von Mobile IP für die Signalisierung von RSVP kein Problem dar. Das MS sendet die Resv-Nachricht an den FA, der sie an den HA mittels IP-Standardrouting schickt. Von dort wird sie ebenfalls hop-by-hop bis zum Sender geleitet. Die Strecke zwischen dem HA und dem FA erfährt keine korrekte Reservierung, weil die von den Path-Nachrichten verbreiteten Zustandsdaten in den Zwischensystemen auf der Strecke HA–FA aufgrund der Einkapselung fehlen. Eine spezielle Reservierung des IPIP-Tunnels [KraTer97] ist daher notwendig.

3.2 Signalfluß von RSVP und Mobile IP nach einem Subnetzwechsel

Für den Fall eines Subnetzwechsels in ein fremdes Subnetz muß nach der Wiederherstellung der Verbindung durch Mobile IP die Strecke vom HA zum MS neu reserviert werden. Der Soft-State Ansatz von RSVP bewirkt, daß nach maximal 45 s der HA eine neue Path-Nachricht generiert, die entlang der neuen Route zum MS gesendet wird. Die RSVP-Spezifikation [BraZha97, S. 49] schlägt zwar als Verbesserung vor, daß bei einer Routenänderung das Routingprotokoll RSVP benachrichtigt, damit sofort eine neue Path-Nachricht generiert werden kann (der sog. Local Repair Mechanismus). Diese Benachrichtigung soll aber erst nach zwei Sekunden erfolgen, damit die Änderung der Route auch in allen beteiligten Systemen vollständig etabliert ist. Für einen Mobilteilnehmer ist diese Wartezeit für eine schnelle Erneuerung einer Reservierung nach einem Subnetzwechsel zu lang.

Mobile IP sollte also unmittelbar nach einem Subnetzwechsel RSVP benachrichtigen, damit dieses die Reservierung auf der neuen Strecke vornehmen kann. Dieser Artikel schlägt dazu vor, daß auf dem HA Mobile IP ein Signal an RSVP sendet, wenn der HA eine Mitteilung über einen Subnetzwechsel eines MS bekommt. Abbildung 2 dokumentiert den Protokollablauf bei der Kombination von Mobile IP und RSVP.

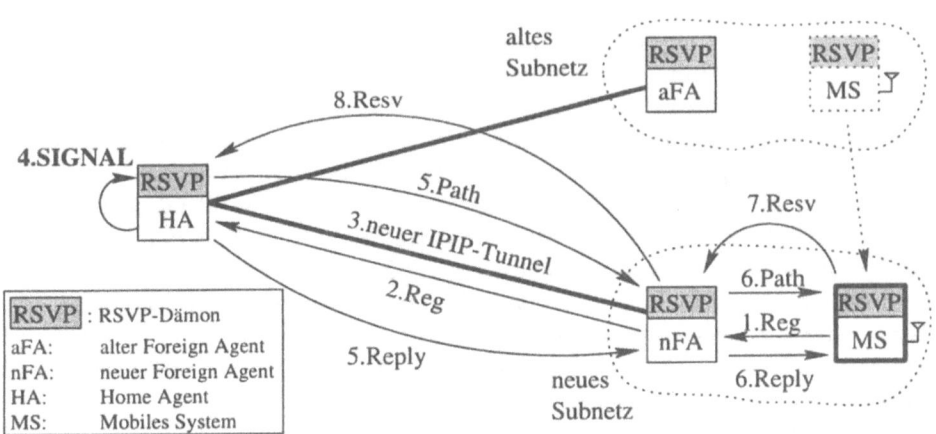

Abbildung 2. Protokollablauf mit Signal bei mobilem Empfänger im fremden Subnetz

Nachdem das MS einen Subnetzwechsel erkannt hat, registriert es sich (1.Reg) beim neuen FA, der die Registrierung an den HA weiterleitet (2.Reg). Wenn dieser die Registrierung akzeptiert, setzt er die entsprechenden Einträge in der Routingtabelle und eröffnet den Tunnel zum neuen FA (3.). An den RSVP-Dämon sendet er nun ein Signal mit der IP-Adresse des MS (4.). Dieser sendet sofort Path-Nachrichten für alle Unicast RSVP-Sitzungen, die die übergebene IP-Adresse als Zieladresse haben, in Richtung des MS (5.Path), d. h. zunächst zum neuen FA. Dazu muß erst eine neue RSVP-Tunnelsitzung zwischen dem HA und dem neuen FA eröffnet werden. Zeitgleich sendet der HA die Antwort auf die Registrierung an den neuen FA (5.Reply). Dieser leitet beide Nachrichten zum MS weiter (6.Path, 6.Reply). Anhand dieser neuen Path-Nachricht stellt der RSVP-Dämon auf dem MS fest, daß sich der letzte Hop vor ihm verändert hat (vom alten zum neuen FA). Deswegen wiederholt er sofort seine letzte Resv-Nachricht (7.Resv), die der neue FA an den HA weiterleitet (8.Resv).

Durch die Einführung des Signals auf dem HA wird also nach einem Subnetzwechsel ohne zusätzliche Verzögerungen (abgesehen von Laufzeiten der Nachrichten) eine neue Reservierung der Strecke vom HA zum MS ermöglicht.

3.3 Identifizierte Probleme beim Subnetzwechsel

Bei der Analyse des im vorangehenden Abschnitt dargestellten Protokollablaufes ergaben sich zusätzlich zur Notwendigkeit einer Kopplung von Mobile IP und RSVP zwei weitere Probleme im Zusammenhang mit oszillierenden Subnetzwechseln sowie durch das gleichzeitige Aussenden der Path- bzw. Reply-Nachrichten.

Die Strecke vom HA zum MS wird nicht korrekt reserviert, falls ein Mobilteilnehmer unmittelbar nach einem Subnetzwechsel wieder zurück in das alte Subnetz wechselt. Wenn auf der Strecke vom HA zum alten FA die alte Reservierung noch intakt ist, d. h. die Soft-State-Timer noch nicht abgelaufen sind, gelangt eine auf das Signal von Mobile IP auf dem HA ausgesendete Path-Nachricht nur bis zum nächsten Hop. Dieser hält noch die alten Zustandsinformationen und leitet die Path-Nachricht deshalb nicht unmittelbar, sondern erst nach Ablauf eines zufälligen Zeitgebers weiter. Dieser Mechanismus soll kurzzeitige hohe Lasten im Netz infolge von synchronisierten RSVP-Nachrichten verhindern. Da die Path-Nachricht nicht sofort bis zum MS gelangt, kann die Situation auftreten, daß der RSVP-Dämon auf dem MS eine periodische Resv-Nachricht sendet, bevor der alte FA eine Path-Nachricht generiert hat. Diese Resv-Nachricht gelangt dann aber zum neuen FA und nicht zum alten, zu dem der Mobilteilnehmer bereits wieder zurückgewechselt ist. Dieses liegt daran, daß der RSVP-Dämon auf dem MS die letzte Path-Nachricht vom neuen FA erhalten hat und somit diesen als seinen Vorgänger gespeichert hat.

Als zweites Problem kann die Path-Nachricht schneller beim FA sein als die zeitgleich abgesendete Reply-Nachricht. In diesem Fall ist die Path-Nachricht nicht korrekt zustellbar, weil der FA die IP-Pakete zum MS erst nach dem Eintreffen der Reply-Nachricht vom HA an das MS ausliefert.

3.4 Lösungen

Das erste Problem kann durch eine Kennzeichnung der Path-Nachrichten behoben werden, so daß jeder RSVP-Dämon auf den Zwischensystemen unabhängig von bereits bestehenden Zustandsinformationen die Path-Nachricht sofort weiterleitet. Eine solche Nachricht soll *ImmPath-Nachricht* heißen. Dementsprechend bekommen auch Resv-Nachrichten ein solches Kennzeichen, um auf der Strecke FA–HA ohne Verzögerung eine Reservierung einzurichten. Sie sollen kurz *ImmResv-Nachrichten* heißen. Nach einem Subnetzwechsel sendet der HA also eine ImmPath-Nachricht zum MS, die ohne Rücksicht auf bereits bestehende Zustandsinformationen schnellstmöglich zum MS gelangt. Dieses reagiert mit einer ImmResv-Nachricht, welche ebenfalls schnellstmöglich zum HA gesendet wird.

Als Lösung des zweiten Problems sollte der FA das Weiterleiten der IP-Pakete bereits beim Eintreffen der Reg-Nachricht vom MS beginnen, also nach 1.Reg in der Abbildung 2. Dies ist die sog. *frühe lokale Unterstützung*. Ein Nachteil ist, daß MobileIP durch diese Änderung geringfügig komplexer wird, weil der FA bei einem Ablehnen der Registrierung durch den HA oder beim Verlust der Reg-Nachricht die lokale Unterstützung wieder beenden muß.

4 Zusammenfassung

Der in diesem Artikel dargestellte Teil einer Analyse der Ressourcenreservierung für mobile Systeme zeigt also, daß die Kombination von RSVP und MobileIP im Hinblick auf das Routing ohne größere Probleme funktioniert, allerdings erfordert der Tunnel zwischen HA und FA eine spezielle Tunnelsitzung. Die gezeigten Anpassungen an MobileIP (frühe lokale Unterstützung) und RSVP (ImmPath- bzw. ImmResv-Nachrichten) sind verhältnismäßig gering, haben aber in einer prototypischen Implementierung ihre Wirksamkeit gezeigt. Weitere wichtige Ergebnisse der Analyse wie z.B. das Fast-Forwarding Protokoll können der dieser Arbeit zugrundeliegenden Diplomarbeit entnommen werden.

Literatur

[BraZha97] R. Braden (ed.), L. Zhang, S. Berson, S. Herzog, S. Jamin: *Resource ReSerVation Protocol (RSVP) — Version 1 Functional Specification*, RFC 2205, Internet Engineering Task Force (IETF), September 1997.

[Die98] J. Diederich, *Ressourcenreservierung für Mobile Systeme*, Diplomarbeit, Technische Universität Braunschweig, Juli 1998.

[FDZ99] A. Fieger, J. Diederich, M. Zitterbart, *Optimierung von Subnetzwechseln mit MobileIP*, in: Kommunikation in Verteilten Systemen, Springer Verlag Berlin (Informatik aktuell), März 1999.

[KraTer97] J. Krawczyk, J. Wroclawski, A. Terzis, L. Zhang: *RSVP Operation over IP Tunnels*, Internet Draft, IETF, August 1997, Work in Progress.

[Per96] C. Perkins, (ed.) *IP Mobility Support*, RFC 2002, IETF, Oktober 1996.

[Per96a] C. Perkins, *IP Encapsulation within IP*, RFC 2003, IETF, Oktober 1996.

[Raj96] B. Rajagopalan, *Mobility and Quality of Service in the Internet*, MoMuc-3, Princeton NJ, U.S.A., 25.–27. September 1996.

Index der Autoren

A
Abramowski 340
Ackermann 144
Albrecht 158
Aschemann 210

B
Baldus 340
Baumgartner 72
Becker 184
Beier 102
Biersack 264, 402
Boger 314
Braun 72
Brockners 250
Brökelmann 476

C
Carle 58

D
Diederich 20, 534
Dörken 376
Dresler 238

E
Eberhardt 363
Eckert 290

F
Farsi 290
Fieger 20
Fouquet 430
Franze 88
Fuchs 222
Fünfrocken 32

G
Gafsi 402
Geihs 184
Griffel 314

H
Habermann 376
Harbaum 476
Haustein 196
Helbig 340

Hoepner 290
Hofmann 238, 528
Hohl 170
Hultzsch 2

J
Jameel 6
Jung 264

K
Karsten 46
Kesdogan 488
König 326
Krone 418
Küpper 302

L
Lamersdorf 314
Lamparter 430
Lautenbacher 352
Linnhoff-Popien 196

M
Mattern 32
Meier 476
Merz 314
Metzler, B. 276
Metzler, J. 500
Mohr 210
Müller 238

N
Neumann 88
Nonnenmacher 264

P
Perkins 3
Pfitzmann 130
Pizzorno 158
Preuß 326

Q
Quendt 464

R
Rensing 144
Rödig 144

Roppel 376
Rosa 290
Rose 514
Roth 114
Rothermel 170
Rueß 363
Ruppert 210

S
Schill 88, 130
Schmitt 46
Schubiger 418
Sieber 520
Steinmann 438
Steinmetz 46, 144
Stümpfle 6
Syrbe 326
Szeby 58

T
Tölle 158
Trofimov 488
Trossen 488

U
Ullmann 4
Unger 114

W
Weber 390
Weinreich 314
Westfeld 130
Wicke 130
Wirag 450
Wittmann 276
Wolf, G. 130
Wolf, L. 46, 144
Wolisz 58

Z
Zitterbart ... 20, 276, 476
Zöllner 130
Zumbusch 464

Springer und Umwelt

Als internationaler wissenschaftlicher Verlag sind wir uns unserer besonderen Verpflichtung der Umwelt gegenüber bewußt und beziehen umweltorientierte Grundsätze in Unternehmensentscheidungen mit ein. Von unseren Geschäftspartnern (Druckereien, Papierfabriken, Verpackungsherstellern usw.) verlangen wir, daß sie sowohl beim Herstellungsprozess selbst als auch beim Einsatz der zur Verwendung kommenden Materialien ökologische Gesichtspunkte berücksichtigen.
Das für dieses Buch verwendete Papier ist aus chlorfrei bzw. chlorarm hergestelltem Zellstoff gefertigt und im pH-Wert neutral.